图书在版编目（CIP）数据

丹阳年鉴. 2017/丹阳市史志办公室编. —北京：方志出版社，2017.10

ISBN 978－7－5144－2613－7

Ⅰ.①丹… Ⅱ.①丹… Ⅲ.①丹阳－2017－年鉴 Ⅳ.①Z525.34

中国版本图书馆CIP数据核字(2017)第255555号

丹阳年鉴(2017)

编　　者：丹阳市史志办公室
责任编辑：李　静

出 版 人：冀祥德
出 版 者：方 志 出 版 社
　　地址　北京市朝阳区潘家园东里9号(国家方志馆4层)
　　邮编　100021
　　网址　http://www.fzph.org
发　　行：方志出版社图书经销中心
　　电话　(010)67110500
经　　销：各地新华书店
印　　刷：丹阳日报社印刷厂

开　　本：889×1194　1/16
印　　张：26.5
字　　数：690千字
版　　次：2017年10月第1版　2017年10月第1次印刷
印　　数：0001～1200册

ISBN 978-7-5144-2613-7　定价：260.00元

丹阳年鉴

(2017)

（总第 19 卷）

主审

陈可可　　黄春年

丹阳市人民政府主办
丹阳市史志办公室承编
方　志　出　版　社

编　辑　说　明

《丹阳年鉴(2017)》以马克思主义、毛泽东思想、邓小平理论、“三个代表”重要思想和科学发展观为指导，贯彻落实习近平总书记系列重要讲话精神和治国理政新理念新思想新战略，坚持辩证唯物主义和历史唯物主义的立场、观点和方法，全面、客观地反映2016年丹阳市政治、经济、文化、社会、自然等方面的基本面貌、发展状况，系统、翔实地记载各行各业取得的新进展、新成就、新经验，出现的新矛盾、新问题以及新探索、新做法，为日常工作和学习提供帮助，为改革开放和现代化建设提供借鉴。编写本年鉴旨在记载丹阳经济社会发展的主要情况，为机关、团体、厂矿、企事业单位及社会各界了解、认识、推介丹阳，提供全面、准确、权威的信息资料，也为编纂各类史书积累史料。

《丹阳年鉴(2017)》共设特载，专记，大事记，丹阳概况，中共丹阳市委员会，丹阳市人民代表大会，丹阳市人民政府，政协丹阳市委员会，中共丹阳市纪委，民主党派·工商联，社团组织，武装·法治，农林·水利，制造业，现代服务业，经科贸活动及企业信息，企业融资上市，综合管理，环境保护，城镇建设，交通运输·邮政，信息化发展，财政·税务·审计，金融，国内贸易，经济贸易与技术合作，科技·防灾，教育，文化·新闻，卫生·体育，社会生活，镇、街道概况，荣誉，统计资料和文件选编类目。

《丹阳年鉴(2017)》采用分类编纂法，全书分类目、分目和条目三个层次。部分分目下增设次分目，采用楷体字，并在标题前后加“·”以示区别。条目为记叙实体，其标题均用黑体字并加“【】”。《丹阳年鉴(2017)》共设35个类目、221个分目、43个次分目，有1031个条目。

《丹阳年鉴(2017)》所用文稿、图照、表格等资料由各部门、单位和各镇区提供，单位负责人审阅，事实与数据均经有关部门核实。在条目或图片、表格后用楷体括署供稿人姓名或供稿单位名称。图片和表格按前后顺序分别统一编号。统计数据以统计部门提供为主，部分由行业或主管部门提供，因统计口径不同，或有差别。计量单位采用国家标准，少量一次文献或特例保留原文用法。

《丹阳年鉴(2017)》卷首设中文目录、英文目录和彩色插页目录，卷末设主题分析索引。对组织机构及单位采用习惯简称，并在书前配有组织机构简称全称对照表。全书所有信息均可通过目录、索引、书眉等检索。

《丹阳年鉴》编审人员

主　　编　朱国祥　邹文学

副 主 编　朱银忠　夏炳忠

责任编校　（按姓氏笔画为序）

尹宏蔚　衷朝霞　孙晓霞　陈春芳

赵卫宁

特约编辑　（按姓氏笔画为序）

丁静静　王宏梅　尹　凯　朱　丹

刘　奇　邹学伟　汪文兰　张晶晶

张　燕　陈　静　季梦琦　周辉平

胡志杰　秦叶红　袁军辉　徐姣嫣

殷　晴

英文翻译　刘爱玲

编　　务　周　俊　潘建平

《丹阳年鉴》供稿单位分管领导名单

（按姓氏笔画为序）

丁旗松　丁　灏　马文捷　马华卫　王　挺　王　文　王立新　王永生
王先中　王国防　王春龙　王标平　王威锋　王彦民　韦天昀　韦立忠
毛浩平　邓伟群　邓金平　邓宜放　卢建平　史乐群　匡洪浩　邢立宏
邢建红　朱伟界　朱学军　朱银忠　任志新　汤　军　汤志明　汤裕品
花国定　李　伟　李青山　李明亮　李和兴　李和明　李建平　李逸民
李新良　杨忠庆　杨鸣强　杨培华　步坚平　吴卫东　吴初新　冷春燕
冷星亚　闵仲鹏　张文华　张西雅　张伟平　张志明　张林生　张京霞
张珍花　张俊辉　张雪芬　张　锐　陆卫平　陆国庆　陈　辉　陈　慧
陈夕方　陈志明　陈国林　陈胜华　陈莉萍　陈雪芳　茅顺龙　林书根
林伟民　周　晶　周宇静　周　军　周荣强　周根葆　周　琴　周辉平
郑志坚　郑　忠　郑　跃　荆玉方　荆亚军　胡云华　胡云萍　姜建忠
洪　锋　姚丹铭　袁小平　袁晓华　贾　伟　夏伟民　夏建新　顾文慧
顾建卫　钱惠文　倪国义　徐文虎　徐菊芳　殷兆龙　殷连华　凌　飞
唐宁锋　唐亦军　浦锦勇　陶振铎　黄　晨　黄锁荣　眭　彬　眭晓骏
眭维民　康　珺　梁振若　彭锁明　葛丹生　蒋志明　蒋新秋　蒋新群
傅　辉　蒯理所　虞　伟　虞爱军　蔡方武　蔡国景　臧家荧　缪建新
樊国强　滕红斌　潘云兴　潘茹华　潘耀南　戴振华　戴　萌　戴新铭
戴　霞

《丹阳年鉴》供稿单位编辑人员名单

（按姓氏笔画为序）

丁　伟　丁忠明　丁夏欢　丁晓霞　丁静静　王　琦　王　阳　王一良
王　平　王丽君　王宏梅　王国民　王荣华　王剑沁　王　铸　王渭清
毛卫华　毛文泽　仇昇平　尹　凯　孔志平　邓舒婷　史华君　冯智超
邢建红　朱　丹　朱丹平　朱君芬　朱晓俊　任珏方　华元成　庄资源
刘　栋　刘　奇　刘春华　孙　芳　孙书平　孙峰峰　孙　悦　孙燕霞
李信华　李晓君　杨　慨　杨　磊　杨建军　杨瑞华　束　峰　肖　鹏
吴红仙　吴铁俊　吴路平　何云华　何　晶　邹学伟　汪文兰　张　娟
张　蔚　张卫莺　张金伟　张建平　张建新　张晶晶　张新彤　张　燕
陆志刚　陆国庆　陆　泉　陈　欣　陈　慧　陈　静　陈军林　陈丽娜
陈秀芬　陈素琴　陈爱芹　陈琴花　杭　佩　杭　颖　欧阳斐　罗　麟
季梦琦　周玄究　周建中　周建农　周　俊　周梦韵　周朝霞　胡志杰
柳燕波　侯范文　俞丽萍　姜红艳　贺利平　贺媛华　秦叶红　袁小平
袁东波　袁军辉　奚小莉　夏一生　夏　婵　夏　琼　夏　婷　钱卫伟
钱文彦　倪国义　徐　涛　徐东方　徐姣嫣　殷　农　殷　鑫　殷旭华
殷　晴　唐　红　唐均一　龚　凯　盛嘉彬　眭丽萍　眭　琛　章宁康
梁伟敏　彭双喜　彭榕莲　董　薇　董洪根　景银山　傅晓霞　曾向阳
温勇杰　裔黎敏　蔡　斌　蔡　喆　臧　磊　樊润辉　潘发明　魏红军
魏红利

《丹阳年鉴》有关组织机构简称全称对照表

简称	全称	简称	全称
市委	中国共产党丹阳市委员会	市实小	丹阳市实验小学
市人大常委会	丹阳市人民代表大会常务委员会	云阳一小	丹阳市云阳第一中心小学
市政府	丹阳市人民政府	市工商局	镇江市丹阳工商行政管理局
市政协	中国人民政治协商会议丹阳市委员会	市质监局	镇江市丹阳质量技术监督局
市委办	中国共产党丹阳市委员会办公室	市食药监局	镇江市丹阳食品药品监督管理局
市政府办	丹阳市人民政府办公室	市发改委	丹阳市发展改革和经济信息化委员会
市人大常委会办	丹阳市人民代表大会常务委员会办公室	市人社局	丹阳市人力资源和社会保障局
市政协办	中国人民政治协商会议丹阳市委员会办公室	市农委	丹阳市农业委员会
市纪委	中国共产党丹阳市纪律检查委员会	市住建局	丹阳市住房和城乡建设局
市政法委	中国共产党丹阳市委政法委员会	市人行	中国人民银行丹阳市支行
市机关工委	中国共产党丹阳市委员会市级机关工作委员会	市农发行	中国农业发展银行丹阳市支行
市法制办	丹阳市人民政府法制办公室	市工行	中国工商银行丹阳市支行
市计生委	丹阳市人口和计划生育委员会	市农行	中国农业银行丹阳市支行
市文广新局	丹阳市文化广电新闻出版局	市中行	中国银行丹阳支行
市广电集团	丹阳市广播电视集团	市建行	中国建设银行丹阳市支行
省丹中	江苏省丹阳中学	市交行	交通银行丹阳支行
市三中	丹阳市第三中学	市农商行	丹阳市农村商业银行
市五中	丹阳市第五中学	市邮储银行	中国邮政储蓄银行丹阳市支行
市六中	丹阳市第六中学	市人保公司	中国人民保险股份公司丹阳市支公司
市八中	丹阳市第八中学	市寿保公司	中国人寿保险股份公司丹阳市支公司
市九中	丹阳市第九中学	市太保财险公司	中国太平洋财产保险公司丹阳市支公司
市实中	丹阳市实验中学	市太保寿险公司	中国太平洋人寿保险公司丹阳市支公司
市职中	丹阳市职业中等专业学校	市医保中心	丹阳市职工医疗保险管理中心
市华南学校	丹阳市华南实验学校		

丹阳市地图

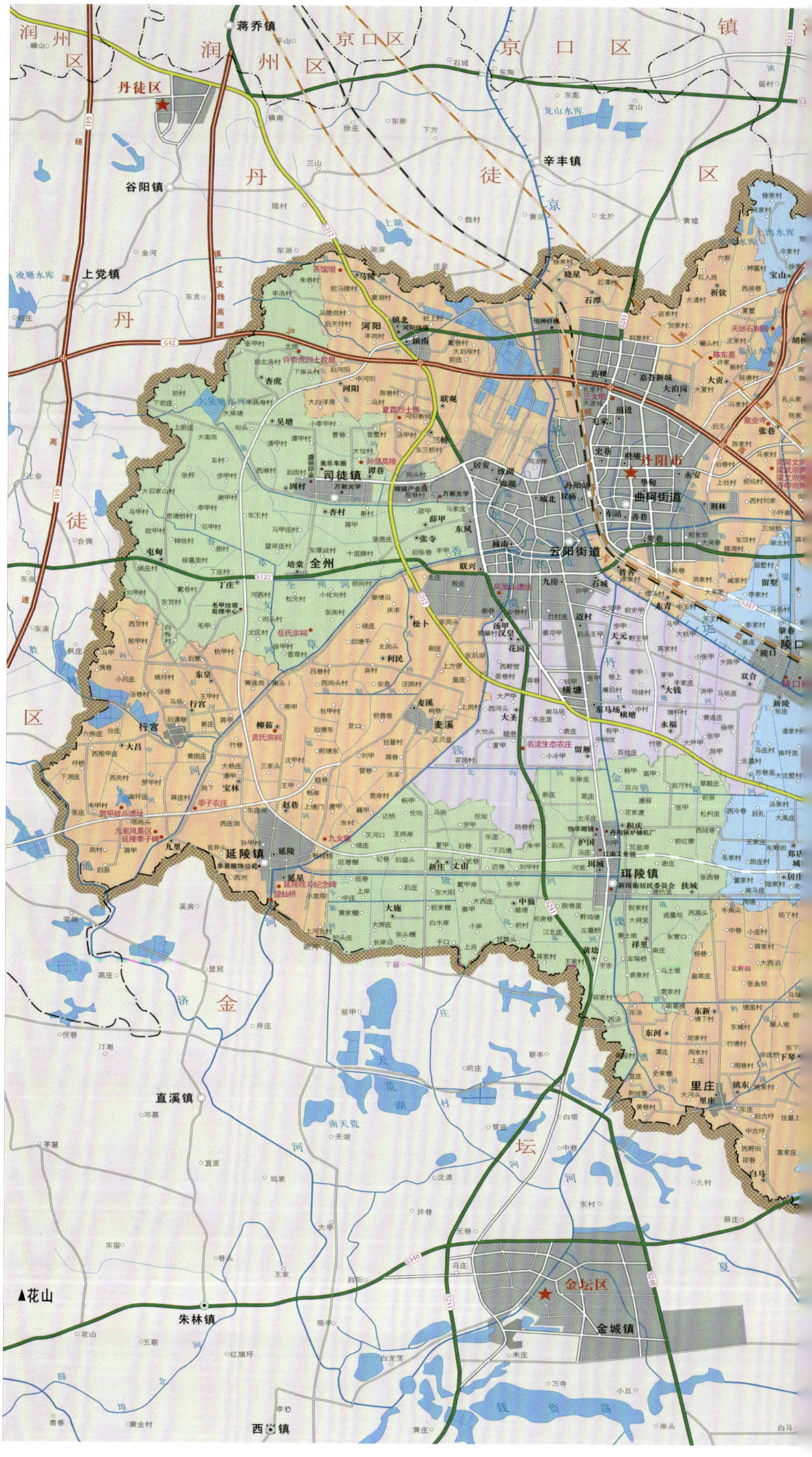

丹阳市规划局制
2015年6月

市徽——天禄

市花——桂花

市树——银杏

丹阳市城区图
后十里店村
前十里店村
练湖化工厂
联观
东三桥村
利市村
岗头村
花园村
恒安村
晓庄村
东庄村
练湖新村
练湖一村
锦湖新村北区
锦湖新村南区
东湖新村
锦湖
鸡龙墩
凸楼头
三姑庙
王家桥
观音山
阜阳新三村
凤美新村
阜阳二村
阜阳一村
大客场
公园新村
人民公园
阳光花园别墅
胡家庄住宅
西门大街
朝阳新村
马家庄新村
长乐小区
西门公寓
水岸春天
天元经济适用房
风雅尚都
东风
东风新村
新庄
东风别墅
西庄
国下
水云新村
兴隆苑
水云东村
和平桥
人民广场
金色家园
金谷小区
中山路
新民中路
千家乐
华阳桥
南门花园
南园村
千家乐苑
香草新村
开泰苑
江南人家
新香草苑
乾泽园
香草苑
凤凰新村
江南嘉园
刘滨新村
海会新村
大定船
东国下
世纪豪都
冷甲
东风小学
石姜堰
刘北庄
丰甲
前姜堰
西观庄
东观庄
新庄
南方名邸
朱庄
凤凰山庄
芳草苑
华南新村
华南实验学校
教师新村
小村里
新世纪花园
许王家
金太阳公寓
万善园
锦尚名都
元房村
三房村
九房
华都锦城
华都锦城（在建）
潮都花城
滨河凤凰城
凤凰山遗址
王贤
北庄
殷庄
和谐家园
西荆村
九房
S122
S122

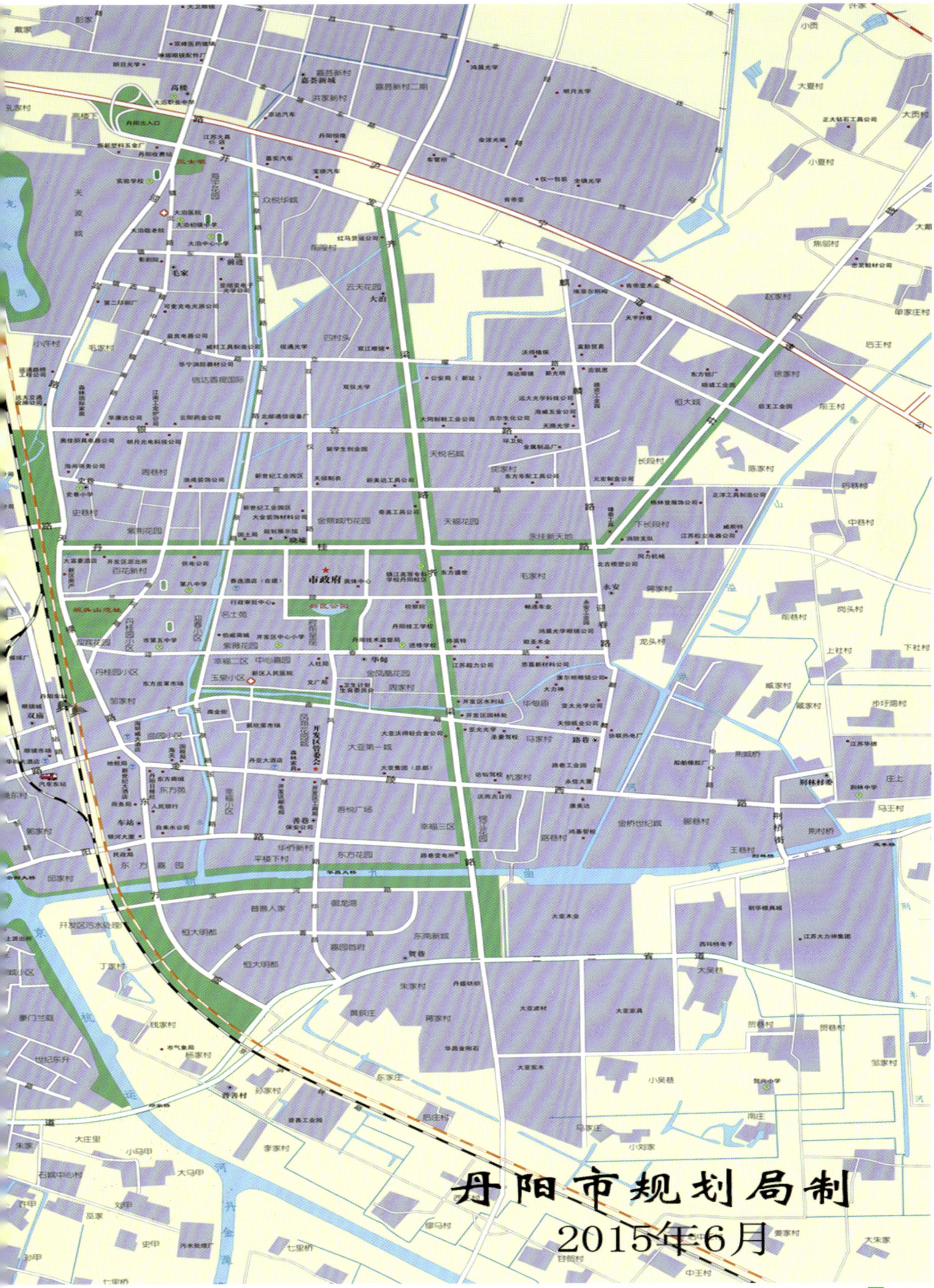
嘉荟新城
洪家新村
嘉荟新村二期
高楼
毛家
前进
云天花园
大泊
四村头
信达香提国际
天悦名城
金鼎城市花园
天福花园
东桂新天地
市政府
新区公园
毛家村
名士苑
紫阳花园
中心嘉园
金凤凰花园
丹桂园小区
大亚第一城
东方苑
车站
吾悦广场
幸福三区
东方花园
东 方 嘉 园
金桥世纪城
恒大城
首善人家
御龙湾
恒大明都
东南新城
嘉园首府
开发区污水处理厂
丁家村
钱家村
世纪东升
黄荡庄
朱家村
蒋家村
东家庄
大庄里
石城中心村
小马甲
大马甲
七里桥
甘都村
中王村
姜家村
大朱家
小吴巷
南庄
小刘家
陈家村
徐家村
赵家村
前王村
后王村
单家庄村
大贡村
大夏村
小贡村
王巷村
马王村
庄上
丹阳市规划局制
2015年6月

丹阳市国民经济

地区生产总值（亿元）

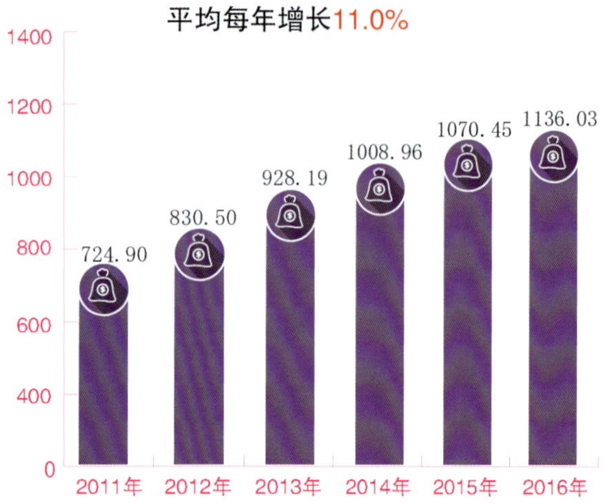

人均GDP（元）

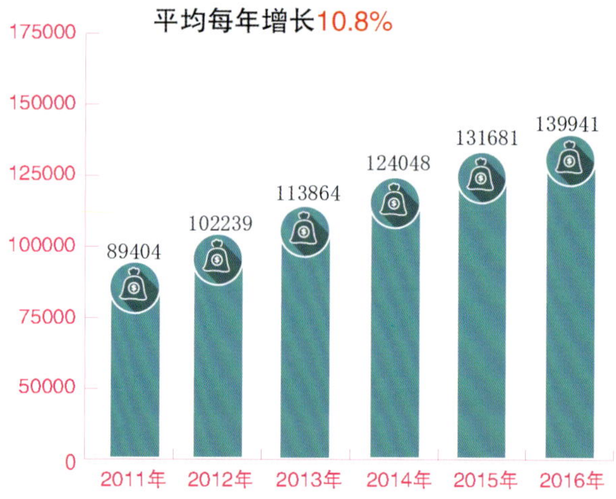

财政收入（亿元）

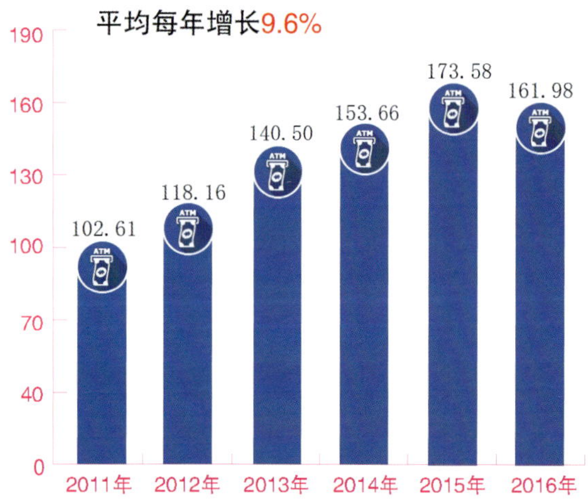

一般公共预算收入（亿元）

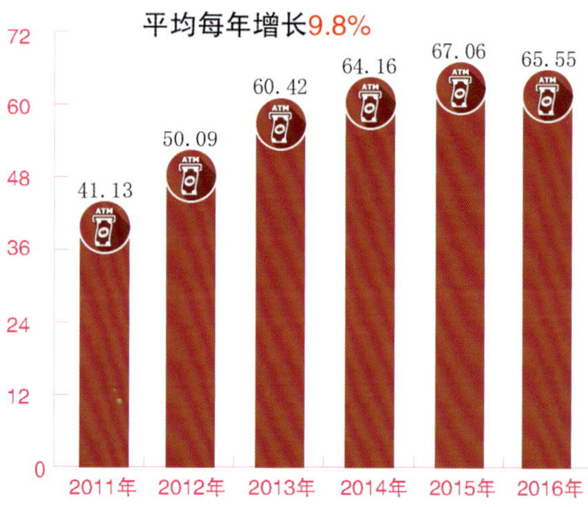

主要指标动态图

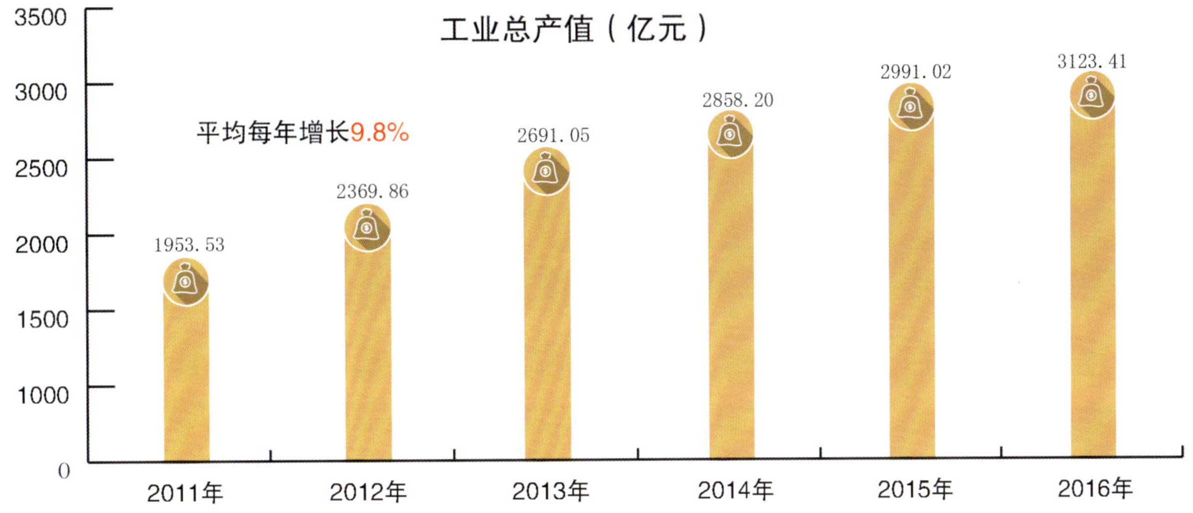
工业总产值（亿元）
平均每年增长9.8%
3500
3000
2500
2000
1500
1000
0
1953.53
2369.86
2691.05
2858.20
2991.02
3123.41
2011年
2012年
2013年
2014年
2015年
2016年

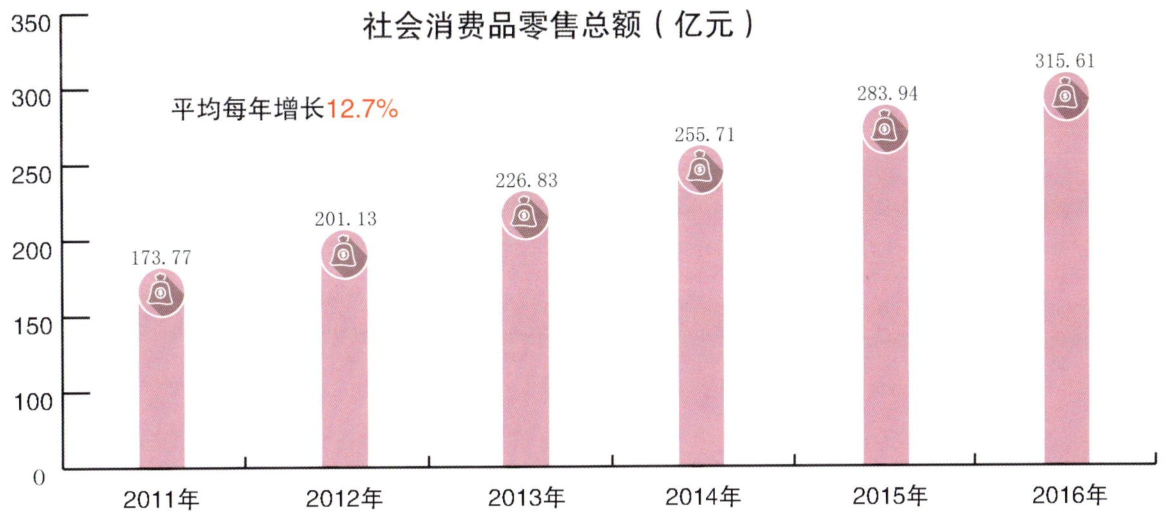
社会消费品零售总额（亿元）
平均每年增长12.7%
350
300
250
200
150
100
0
173.77
201.13
226.83
255.71
283.94
315.61
2011年
2012年
2013年
2014年
2015年
2016年

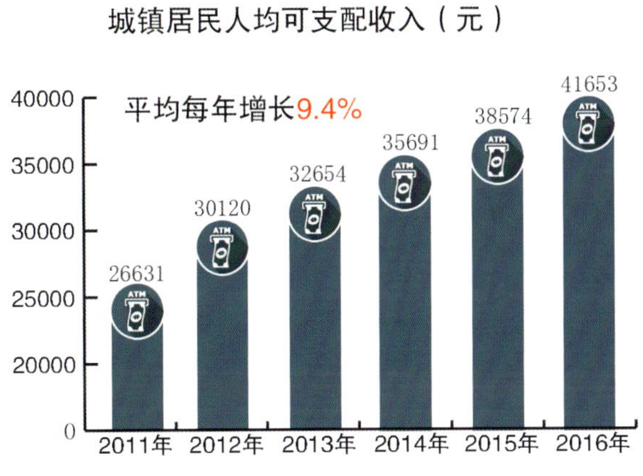
城镇居民人均可支配收入（元）
平均每年增长9.4%
40000
35000
30000
25000
20000
0
26631
30120
32654
35691
38574
41653
2011年
2012年
2013年
2014年
2015年
2016年

农村居民人均可支配收入（元）
平均每年增长10.1%
30000
24000
18000
12000
6000
0
13426
15171
16456
18250
19892
21706
2011年
2012年
2013年
2014年
2015年
2016年

2017年1月3日，中国共产党丹阳市第十三届委员会第二次全体会议在会展中心召开

2017年1月17日，丹阳市第十七届人民代表大会第一次会议在会展中心召开

2017年1月16日，中国人民政治协商会议丹阳市第十五届委员会第一次会议在会展中心召开

丹阳经济

国务院副总理马凯(前右二)视察恒神公司

省长石泰峰(前左三)参观日本汽车零部件产业园展厅

“两学一做”学习教育工作座谈会

丹阳开发区成立于1992年，1993年升格为省级经济技术开发区，是全省首批省级开发区之一。全区行政管辖总面积178平方公里，辖20个行政村、18个社区。年末居民总户数44971户，总人口131341人。建有生命科学产业园、汽车零部件产业园、精密制造产业园、航天航空产业园、科技创业园、众创产业园等特色园区。经过20多年发展，开发区已成为全市重要工业经济集聚区、科技创新引领区、城市建设样板区，综合实力位居全省同等级开发区第3位。

庆祝中国共产党成立95周年大会

开发区在沪签下千万美元项目

开发区

开发区文联成立大会

金秋重点项目集中签约仪式

国家级科技企业孵化器揭牌仪式

“互联网+新资本商业模式”培训

新建项目集中开工仪式

嘉荟新城

仅一公司

江苏省丹阳高新

副省长马秋林（前右二）到开发区调研企业运行

副省长杨岳（前左一）视察开发区大圣幸福农场

市委书记陈可可（中）到开发区考察调研

丹阳高新区（云阳街道）是丹阳市经济和文化中心，总面积72平方公里，辖16个行政村、21个社区居委会，总人口约20万人。丹阳高新区区位优势明显，交通网络发达，服务环境优良，资源要素齐备，集聚各类企业380余家，2016年实现新兴产业销售130亿元。

技术产业开发区

云阳街道新创节目展演

萌娃运动会

“文明在我心 欢乐镇村行”走进云阳街道

人才公寓正式启用

丹凤公园

丹凤公园

丹 阳 市

新春书画展

司徒镇位于丹阳市西部，与丹阳城区接壤，是江苏省20个行政管理体制改革试点镇之一，镇江市唯一的“强镇扩权”乡镇。镇域面积91.73平方公里，辖10个行政村、1个居委会、1个社区，常住人口5万多人。交通区位优势明显，沪宁高速、312国道、122省道、丹西公路穿境而过，沪蓉高速（丹阳西）出入口和扬溧高速出入口近在咫尺。2016年全年完成地区生产总值52.7亿元，比上年增长9.3%。公共财政预算收入2.77亿元，比上年增长18.35 %（由于实施“营改增”，增值税结算方式进行了调整，比上年增幅较大）。居民人均可支配收入 24360元，比上年增长12 %。实际利用外资4312 万美元。先后被评为全国环境优美乡镇、江苏省卫生镇、国家卫生镇。

司徒镇第二十九个敬老节文艺汇演

司徒中心小学庆六一暨社团成果汇报会

集镇全览图

司　徒　镇

现代农业产业园区

文艺汇演

工业产业园

司徒文体公园

丹 阳 市

丹阳市委书记陈可可调研农村建设

丹阳市委书记陈可可现场指挥防汛工作

珥陵镇位于江苏省丹阳市南郊,具有1400余年历史，是丹阳四大古镇之一。全镇总面积83.65平方公里，辖10个行政村，1个社区居委会，总人口50679人。

2016年全年实现地区生产总值28.88亿元,比上年增长15.61%；完成规模以上工业增加值5.22亿元，比上年增长12%；工业应税销售17.83亿元，比上年增长9%；完成规模以上固定资产8.85亿元，比上年增长17%；完成进出口1443万美元，比上年增长5%，其中出口1145美元，比上年增长5%；完成一般预算收入4160万元，比上年增长44.9%；农民人均纯收入24525元。

2016年，珥陵镇获江苏省精神文明乡镇、2015年度村庄环境长效管理先进集体、2015年度镇江市人口和计划生育阳光统计示范单位、2013–2015年度“百村万户”双达标行动先进集体。

市长黄春年察看上新河水利工程

市委宣传部部长李莉珺调研镇江丹和醋业

珥　陵　镇

镇江市副市长雷志强考察扶贫开发项目

珥陵镇第十九届人民代表大会

副市长符红海指导农业现场

中国共产党珥陵镇第十七次代表大会

党员代表开展讨论

任职宣誓

丹阳市导墅镇

市长黄春年调研导墅

丹阳市导墅镇位于丹阳市东南部，是鹤溪河畔的千年古镇，也是中国孔子学会前会长匡亚明先生的故里。镇域总面积80.5平方公里，辖11个行政村、2个社区居委会，年末总户数17218户，人口数49925人。2016年荣获“中国家纺名镇”“江苏省农村电子商务示范镇”“江苏省档案工作四星级”等荣誉称号。

2016年，全镇经济社会保持平稳健康发展，实现“十三五”良好开局，全镇完成地区生产总值40.09亿元、公共财政预算收入4890万元、规模以上固定资产投资18.42亿元、农民人均可支配收入25770元、企业总销售额30.99亿元、规模以上工业增加值21.44亿元、新兴产业销售63.8亿元、实际利用外资500万美元。

镇江市委常委、组织部部长秦海涛(右三)到导墅调研

机关作风建设大会

导墅镇第十七届人民代表大会第六次会议

村党委换届选举大会筹备会议

企业家座谈会

畜禽污染整治工作推进会

匡亚明陈列馆

丹阳市

镇江市委常委、宣传部部长童国祥视察江苏鼎泰

丹阳市市长黄春年视察江苏鼎泰

吕城镇地处丹阳市东南部，因三国时东吴大将吕蒙在此屯兵筑城而得名，距今已有1700多年历史。京杭大运河、沪宁城际铁路、沪蓉高速公路穿境而过，常州机场坐落境内。全镇总面积68平方公里，辖11个行政村、265个自然村、2个社区居委会。年末总户数1.8万余户，总人口5.4万余人。工业以高温合金、轨道交通、轻纺、粮油加工、新材料五个行业为主，每个行业均有代表性龙头企业。镇内高性能合金产业园1平方公里核心区，被镇江市确定为军民融合式高性能合金材料示范基地，享受国家级高新区政策。高效农业以花卉苗木、生态观光农业为主，以粮油加工为基础的农业产业化带动辐射能力较强。由省发改委农村经济产业指导服务中心规划设计的粮油加工贸易集中区，被列为首批江苏省省级农产品加工集中区，有国家级6万吨食用油储备库和大型粮食码头和省级粮食储备库各1座。吕城镇是全国“千强镇”“国家级生态乡镇”“江苏省文明镇”“江苏省重点中心镇”“江苏省创新型乡镇”“江苏省特色文化镇”。

丹阳市首届合金行业供应商洽谈会大会

吕　城　镇

丹阳市政银企合作推进会在吕城镇召开

吕城“三桥”之一——东大桥

吕城“三桥”之一——泰定桥

荷花池二期工程

吕东大桥建成通车

丹阳市延陵镇

镇江市委书记夏锦文（前右一）到延陵镇调研

延陵镇位于丹阳市西南部，与丹徒、金坛接壤，属省级革命茅山老区，是丹阳的四大古镇之一，现全镇总面积116平方公里，耕地面积0.43万公顷，水面面积0.23万公顷，总人口6.7万人，辖13个行政村、2个居委会。延陵历史文化底蕴深厚，境内有6000多年凤凰山遗址、国家“AA”季子风景区、牛郎织女的民间传说等，拥有国家级、省级非遗保护项目2个。区域内交通便捷，沪宁、扬溧两条高速公路和312国道、241省道、122省道、丹茅路、丹西路、丹宝路等交通干道交汇贯通。

2016年，延陵镇完成地区生产总值43.3亿元，比上年增长8.3%；应税销售42.6亿元，增长8.6%；规模以上固定资产投资21.1亿元，增长14.2%；公共财政收入1.47亿元，增长31.3%；农民人均可支配收入17890元，增长9.9%。2016年，荣获省级“四好农村路”示范镇、农村文化工作先进集体、体育工作先进单位等荣誉。

市委书记陈可可在延陵镇上“七一”专题党课

中国共产党延陵镇第十七次代表大会

安徽考察团考察新农村建设

“百村万户达新标行动”挂钩帮扶现场推进会

“为爱延行”志愿者开展敬老活动

丹阳市练湖度假区

1937年的练湖闸

原国营练湖农场

练湖度假区位于丹阳市西北部，区位交通优势突出，沪蓉高速、241省道、京杭大运河穿境而过，练湖度假区规划总面积23平方公里，东至沪宁城际铁路，北至通港路，西至241省道，南至北二环道路。

练湖胜景

练湖新城

丹阳市皇塘镇

皇塘镇位于丹阳市东南部，东临常州25公里，西毗金坛12公里，312国道、340省道横贯全境，水、陆、空交通较为便利，具有较好的区位优势和良好的经济发展环境。全镇总面积80.44平方公里，总人口5.9万人，下辖11个行政村、2个社区居委会。皇塘镇是“全国重点镇”“中国家纺名镇”“全国小城镇发展与改革综合试点镇”“江苏省创新型试点乡镇”“江苏省电子商务示范镇”。

市委书记陈可可（右）调研辰阳电子

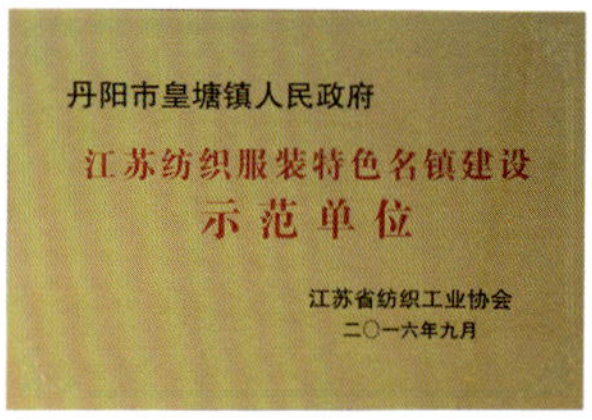

市长黄春年调研吴塘实验学校

吴塘实验学校

市领导视察丁桥洪灾

合发集团

丹阳市陵口镇

镇江市委书记夏锦文（右）调研陵口特色产业

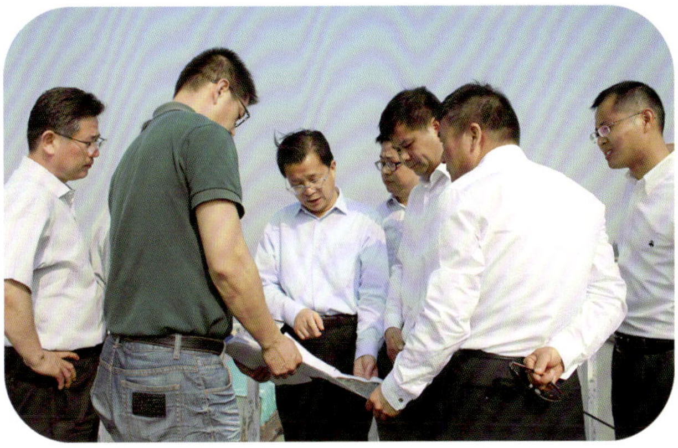

丹阳市领导察看陵口大桥建设现场

市长黄春年调研江苏萧梁物流园

陵口镇位于丹阳市东南部，交通便捷，区位优势突出，312国道、122省道、京沪铁路、沪宁高速、京杭大运河穿境而过。镇政府驻地距离市区9公里，全镇总面积64.5平方公里、集镇面积3平方公里、耕地面积3945公顷，全镇辖12个行政村、2个社区居委会，年末总人口43232人。2016年，陵口镇获中国生态经济强镇、国家生态镇、江苏省环境优美乡镇、江苏省老年人体协工作示范乡镇、镇江市卫生镇、镇江市教育现代化先进镇、镇江市文明镇等荣誉。

陵口镇第十八届人民代表大会

京杭运河中山桥主桥主体吊装

丹阳市访仙镇

综合市场

访仙镇位于丹阳市东郊，东与常州新北区交界，镇域面积74平方公里，辖11个行政村、2个居委会，耕地4285公顷，人口5.1万人。122省道、京沪高铁、沪宁高速、九曲河穿镇而过。

访仙镇历史悠久，具有深厚的历史文化底蕴，是丹阳市“四大古镇”之一。镇内有萧氏宗祠、窦庄庙、近月轩惨案旧址、汤通庆故居等文物古迹。改革开放以来，访仙镇曾入选全国千强镇行列，近几年，又连获江苏省环境优美乡镇、江苏省卫生镇、江苏省文化体育强镇、江苏省汽摩配件优质产品生产示范区、江苏省全民健身活动先进单位、江苏省人口与计生服务窗口示范单位、江苏省农村道路管养及安保工程示范镇、镇江市法治镇、镇江市教育现代化乡镇等荣誉称号，连续多年通过镇江市平安创建考核验收。

2016年，完成地区生产总值29.23亿元、工业销售56.03亿元、工业总产值69.31亿元，规模以上固定资产投资16.01亿元，公共财政收入7485万元，农民人均纯收入28799元。

萧氏宗祠

产业集中区

现代果林园区

最美乡村草塘村

丹阳市丹北镇

2016年7月20日，江苏省和镇江市、丹阳市人大常委会有关领导和丹阳市领导视察丹北人大联络工作站

丹北镇"两学一做"教育工作座谈会

丹北镇总面积115.62平方公里，下辖2个居委会、20个行政村，户籍人口7.8万人，常住人口近15万人。拥有5.68公里的长江夹江岸线资源、15.2平方公里的山林资源，是全国重点镇、全国文明镇，也是丹阳发展的"三大板块"之一。2016年，全镇实现地区生产总值219.45亿元，同比增长6%；工业应税销售349.1亿元，同比增长30.41%；一般公共预算收入7.78亿元，同比增长16.9%。

中共丹北镇委员会第一次代表大会

丹北镇安全生产工作会议

“中国天工砂板乒乓球代表队”建队仪式

2016年丹北镇“春风行动”现场招聘会

农村环境长效管理成效显著

丹 阳 市

界牌镇第十四届人民代表大会第一次会议

界牌镇位于丹阳东北部，东临长江，122省道穿镇而过，常泰高速出口距界牌100米，全镇总面积23.5平方公里，下辖5个社区居委会。2016年，完成地区生产总值69.07亿元，一般预算收入2.57亿元，农民人均可支配收入37886元。先后被评为全国农村教育综合改革先进镇、全国小城镇建设试点镇、江苏省新型示范小城镇、江苏省环境与经济协调发展示范镇、江苏省农村现代化示范镇、省级文明镇、镇江市首富镇、全国千强镇。

国资委副主任黄丹华（中）调研界牌城镇化建设

党员干部参观周恩来纪念馆

界牌镇

产学研合作签约仪式

旭日界牌

界牌中心幼儿园

新孟河工程界牌枢纽

界牌中心小学新校区

丹阳市

金桥村两委班子主要成员研究工作

金桥村现代化居住区

金桥村地处丹北镇东南部，是“全国道德模范”“江苏省基层党支部书记标兵”张雅琴生前工作的所在村。张雅琴先进事迹陈列馆被镇江市委组织部和丹阳市委组织部分别命名为“党员教育示范基地”。

全村拥有土地418公顷，下辖37个村民小组，人口4060人，有11个党支部209名党员。现有村属占地10公顷的“金桥物流”一个，村属工业园5个，工业规模企业50余家，其中上市企业一家。2016年实现工业销售额超过18亿元，先后获得江苏省新农村建设示范村、镇江市新农村建设百村示范点、全国妇联基层组织示范村、全国综合减灾示范社区等荣誉称号。

金桥物流市场

金桥村

張雅琴同志先进事迹陈列馆

金桥村村史展示馆
Golden bridge village pavilion
金桥村村史展示馆

中国丹阳眼镜城

作为传统特色产业和“第一产业”，丹阳眼镜产业经过四十多年的发展、整合，已形成规模化配套产业链及上下衔接的产业体系，具有突出的竞争优势、鲜明的产业特色，举足轻重的行业地位。“全世界每两个人戴的眼镜中，就有一副镜片产自丹阳”。丹阳是世界最大的镜片生产基地、亚洲最大的眼镜产品集散地和中国眼镜生产基地。丹阳眼镜市场也被评为“中国百佳产业集群”“大世界基尼斯之最——中国最大的眼镜交易市场”“全国百强市场”。

江苏省委书记李强（前左三）视察眼镜城

跆拳道奥运冠军赵帅到眼镜城示范跆拳道高手动作

联合国官员代表团访问眼镜城

眼镜城商业内街

副省长马秋林（左四）到眼镜城视察

江苏丹化集团有限责任公司

江苏丹化集团有限责任公司新厂区

通辽金煤化工有限公司

江苏金聚合金材料有限公司

江苏丹化集团有限责任公司（原名江苏省丹阳化肥厂），始建于1958年，为国有独资企业、上市公司、镇江市重点培育企业。1993年被国家确定为大型(Ⅱ)企业，1995年被国务院和国家经贸委确定为国家重点联系企业。为全国重合同守信用企业，连续20年被评为省文明单位，“双凤”牌醋酐为江苏省名牌产品。公司拥有生产醋酐、乙二醇、TAED、乙基苯、对二乙苯、二乙烯苯、DEA、MEA、二氯乙烷等产品的装置十多套，生产用水、电、汽自给。建有l.5公里铁路专用线2条，具备60万吨化工原料及产品的铁路运输、装卸和仓储能力。五十多年来，丹化经历四次创业，取得四次辉煌业绩，尤其在新技术创新上为中国的氮肥工业、石油化工工业、人造板工业和醋酐工业的发展做出重大贡献。2006年，集团公司与上海亚创控股有限公司进行战略合作，通过收购大盈现代农业股份有限公司股份，完成股改和资产重组，丹化集团买壳上市取得成功，更名为“丹化化工科技股份有限公司”。2012年，企业加大科技创新力度，成立了江苏金聚合金材料有限公司，公司以专业的催化剂研究生产为核心。

继往开来，丹化人将传承与时俱进的开拓精神、创新精神、拼搏精神、奉献精神，开创新的世纪，迈步新的征程，始终沿着科学发展的金光大道，走向更大、更优、更强。

大亚科技集团有限公司

大亚科技集团始建于1978年，是中国500强民营企业、国家高新技术企业、农业产业化国家重点龙头企业、国家重点林业龙头企业、国家知识产权示范企业。为上市公司“大亚圣象家居”（股票代码000910）的控股股东和圣象集团的全资控股公司，集团现有家居、包装、汽配和转型产业四大业务板块。建有一个国家级技术中心，三个省级技术中心，两个博士后流动站。

家居产业是大亚集团目前的主导产业，大亚人造板经营规模位居亚洲第一、世界第六，“圣象”“大亚”人造板品牌分别位居中国品牌500强第231位和409位，品牌价值分别为235.92亿元和23亿元，形成了从林业基地建设、生产制造到终端产品销售与服务的完整产业链和价值链，全面构建起圣象大家居产业体系。

包装产业是大亚集团的基础产业，是中国烟草总公司定点的国内最大的卷烟配套材料生产基地，公司生产的0.0045毫米—0.007毫米铝箔产销量位居全国第一，烟用丙纤丝束产销规模占全国市场总量的60%以上，烟标产品多次荣获“亚洲印刷大奖”和“美国印制大奖”等奖项。

大亚汽配生产汽车铝合金轮毂，产品主要出口国际市场，并与菲亚特·克莱斯勒、比亚迪·戴姆勒、长城汽车、日本三菱等行业巨头结成战略合作关系。

按照“盘活存量、控制增量、调整结构、提高效益”的方针进行产业转型，通过调整优化企业资产和资源配置，把一个庞大的制造型企业通过品牌和渠道的拉动整合全球要素资源和市场，使其完全依靠品牌和商誉运营。

大亚科技集团传承创新、智行未来，大亚将坚持“追求卓越、挑战极限、创新发展、敢于担当”的企业精神及“奋斗+责任制”的企业文化，秉承“为市场传递价值、为员工创造福利、为社会贡献效益”的核心价值观，坚定不移实施“五大战略”。

大家居展厅外貌

大家居展厅

超薄型铝箔生产线

铝合金轮毂

投资5000万元的WEPS除尘系统

大亚第一城效果图

丹阳市王府酒店

宴会厅

豪华包厢

江苏省丹阳市王府酒店位于丹阳市南二环路88号，地处原312国道与122省道交汇处，是丹阳市首家四星级标准投资兴建的集餐饮、休闲、娱乐、会议、住宿为一体的大型国际酒店。酒店以欧式风格的装饰与东方神韵的布局为一体，充分体现时尚与尊贵的完美结合。

酒店总营业面积25000平方米，一楼有可容纳100桌的豪华多功能宴会大厅、20桌灯光炫丽的豪华多功能宴会厅，二楼有容纳30桌和40桌的两个多功能宴会大厅，三楼有豪华中餐厅19间，四楼有可同时容纳160人与180人用餐和会议的多功能宴会厅，另有休闲西餐厅、高档沐浴休闲会所、多种格调的豪华标准间、商务单间、行政套房75间。

历经七年，王府酒店以气势恢宏、巍峨壮观、欧式典雅风格建筑屹立在丹阳南大门，以丹阳餐饮娱乐一体化和一流的服务质量，领航丹阳餐饮娱乐产业的转型升级，成为丹阳观光、服务的新风景、新驿站和新名片。

宴会大厅

套房客厅

套房卧室

休息包厢

套房卫生间

酒店夜景

江苏爱伦家

总经理 符惠琴

江苏爱伦家纺有限公司，前身为丹阳市卧室用品厂，创建于1993年，厂区占地面积18000平方米，现有员工350余名。拥有大型梳棉机、绗缝机、包边机、电脑绣花机等先进的流水线设备，年生产能力达2.5亿元，是集科研、生产、经营、外贸于一体的综合性家纺企业。公司生产的品种涵盖绣花类套件、时尚类套件、芯被类、多功能保健类、床（坐）垫类、枕类、宾馆用品类、学生公寓用品类等多种系列产品。

1997年公司与恒源祥集团联盟，成为上海恒源祥家用纺织品有限公司的首批加盟厂，借鉴恒源祥一整套科学规范的管理机制，公司在硬、软件设施上都实现了跳跃式的发展。

2003年，公司率先在行业内通过ISO9001国际质量体系认证，严格的质量体系控制，保证公司产品的质量，产品在行业内获得较好的知名度和美誉度。2011年上半年获得江苏省工业企业AA级信用评级；2008年起，“爱伦”品牌连续获得江苏著名商标荣誉；2012起，“爱伦”品牌连续获得江苏名牌产品荣誉。连续多年荣获“重合同、守信用”及“消费者信得过单位”等称号。

2017上海恒好百年发布会

纺有限公司

2016 公司年会

2017 惠抢节

2017 深圳展会

工厂门市现场抽奖活动

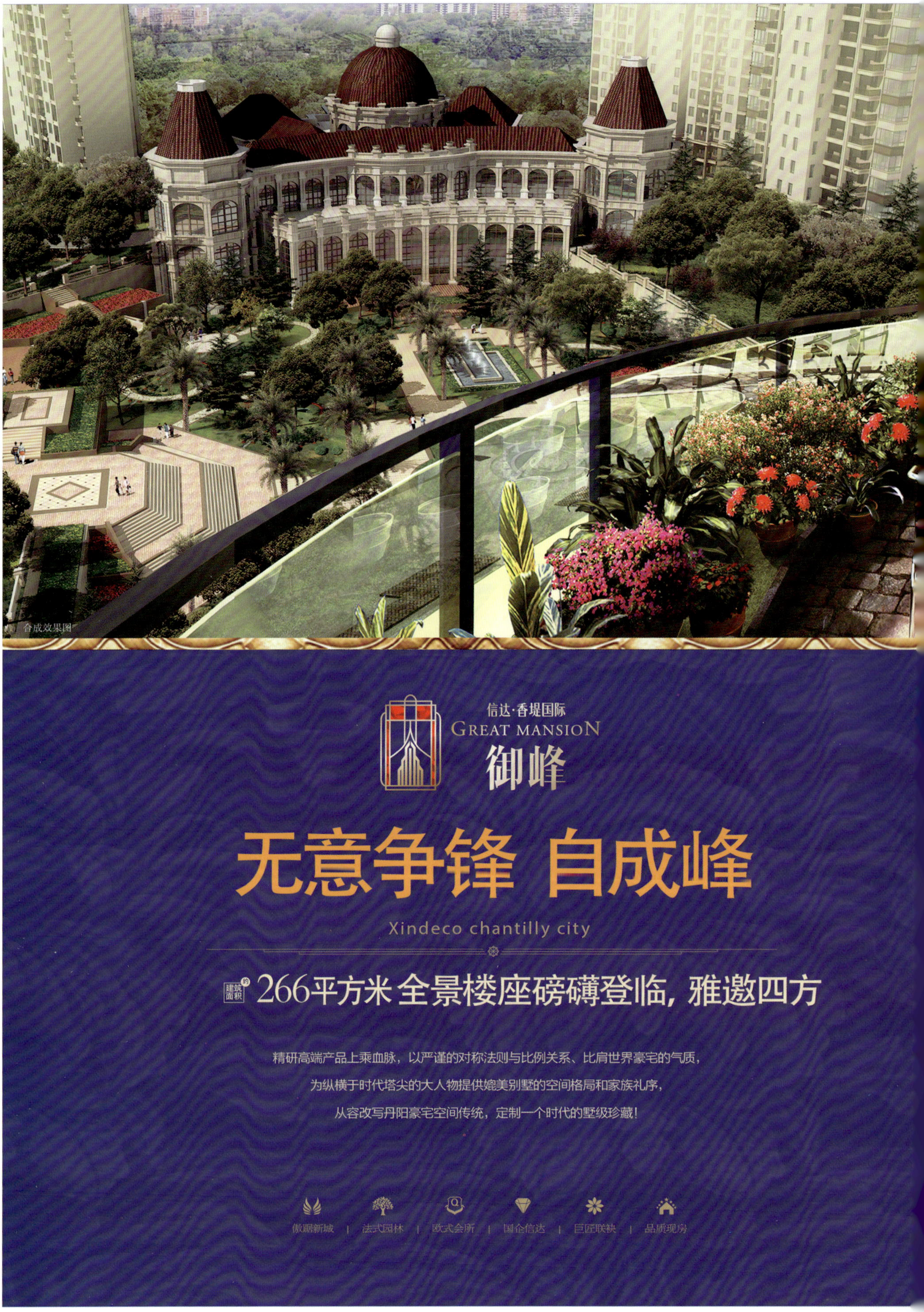
合成效果图
信达·香堤国际
GREAT MANSION
御峰
无意争锋 自成峰
Xindeco chantilly city
建筑面积 266平方米 全景楼座磅礴登临，雅邀四方
精研高端产品上乘血脉，以严谨的对称法则与比例关系、比肩世界豪宅的气质，
为纵横于时代塔尖的大人物提供媲美别墅的空间格局和家族礼序，
从容改写丹阳豪宅空间传统，定制一个时代的墅级珍藏！
傲踞新城 | 法式园林 | 欧式会所 | 国企信达 | 巨匠联袂 | 品质现房

效果图

Xindeco chantilly city

园林韵致

园林是建筑与大自然之间的完美过渡，信达基于人类对自然的崇尚，将西方造园精髓引进，呈现法式花园的恢宏和震撼。

卓然玄厅

圈定家族礼仪轴线，别具一格的礼仪意境空间，契合大人物的专属品位，并衍化成时光映像里的雍容印记，尽显煊赫门风。

实景图

效果图

指纹入户

苛求于礼仪规范，以比肩别墅配备的严格标准，指纹入户，围合私密专属空间，恭迎时代人物归家步履。

专属服务

24小时不间断管家式服务，智能化人性化安全管理，力求让每一位业主都能感受到惬意、体贴、放心的居住感。

意向图

意向图

平层上品

为驾驭非同凡响的空间视界，266平方米精臻平墅，拥270° 三面观景露台、5.7米超阔客厅开间、南北双阳台，境界自此大不同。

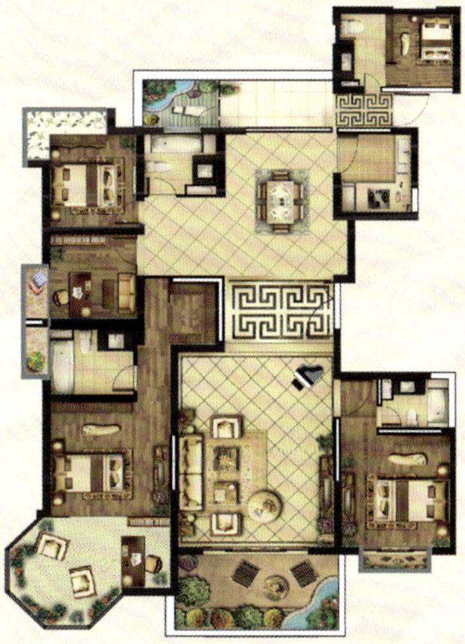

H 户型 | 建筑面积约266平方米
五室二厅三卫

※【餐厨一体】衔接大尺度阳台，享受慢调生活；
※【奢阔会客厅】衔接南北双阳台，无线拓展视野；
※【巅峰主卧套房】270° 观景阳台、衣帽间、独卫，方寸间自成高格；
※【独立景观书房】书香弥漫，蓄养人生大境界。

Vip hotline ©0511 8699 7777 | 营销中心 丹阳市玉泉路与银杏路交汇处 | 开发商 丹阳信达房地产开发有限公司

本广告文字及图片仅供参考，不作为合同要约，其中涉及相关数据及规划前景，最终以政府批准的相关法律文件及双方合同为准。

江苏元龙房地产开发有限公司

江苏元龙房地产开发有限公司组建于2011年11月，是一家专业从事房地产开发的企业。公司由南京市国资委安居集团旗下南京国资新城投资置业有限责任公司与江苏五岳置业投资发展有限公司下属企业丹阳五岳投资发展有限公司共同组建，注册资本2亿元，房地产开发二级资质企业。

公司下设综合部、财务部、合约部、工程部、规划前期部、销售部等部门。2013年7月，成立江苏元龙房地产开发有限公司党支部。同年9月，成立江苏元龙房地产开发有限公司工会。

鸟瞰图

公司参与丹阳市城河北路西侧片区的旧城改造项目。2013年10月底，通过市场挂牌出让的方式，获得一期开发用地约15.6公顷，项目分为A、B、C、D、E、F、G七个地块。A地块约33万平方米，其中7-12号楼于2016年12月底陆续竣工交付；F、G地块地上地下建筑面积约2万平方米，于2015年底实现主体封顶，2017年上半年竣工交付；C地块约为10万平方米，正在规划报建中；D地块项目规划建筑面积约10万平方米，于2016年10月开工建设，正在进行建筑主体建设施工；B地块规划建筑面积约2万平方米、E地块规划建筑面积约5.2万平方米，项目正在规划设计中。

沃得集团
WORLD GROUP

内布拉斯加州州长一行到访沃得集团

镇江市委书记惠建林现场听取产品介绍

江苏沃得集团是从事机械制造生产的民营企业，创立于1988年，致力于打造成中国南方最大的机械制造专业生产基地。集团主要涉及农业机械、压力机械、园林机械、工程机械、汽车零部件等五大产业板块，成员公司21家，其中骨干成员公司包括江苏沃得机电集团有限公司、沃得精机（中国）有限公司、沃得重工（中国）有限公司、江苏沃得农业机械有限公司、江苏沃得植保机械有限公司、江苏沃得房地产开发有限公司等，产品类型在行业内占据领先地位。集团注册资本16亿元，资产总额超200亿元，占地面积400万平方米，员工近2万人，2016年沃得集团销售收入超240亿元。

沃得集团享有中国民营企业500强、江苏省百强工业企业、江苏省创新型领军企业、江苏省民营企业纳税大户、镇江首家境外上市企业等荣誉，集团拥有5家国家高新技术企业。

沃得集团具有先进的管理思想与超前的管理理念、稳健的管理行为、人性化的管理制度。随着沃得信息化平台的不断完善、企业实力的不断增强，沃得将进一步提升核心竞争力。

办公大楼

江苏沃得机电集团有限公司

车间一角

固装车间

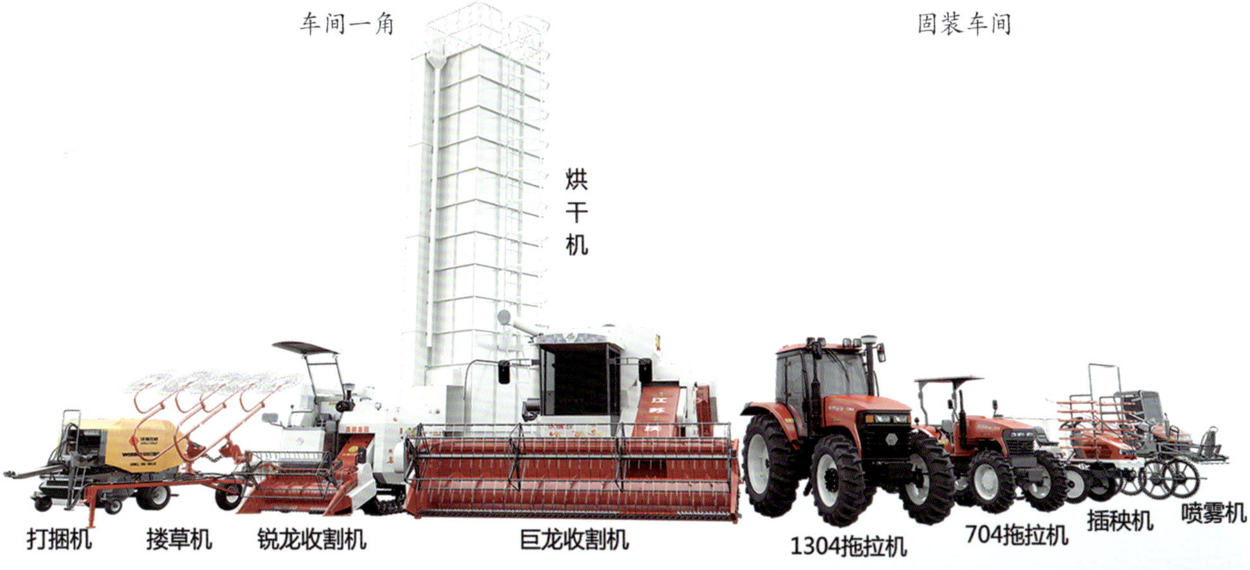

厂房

江苏丹凤集团
JIANGSU DANFENG GROUP

集团大门

文化石

丹凤之家是由江苏丹凤集团投资新建的一所专业为适龄老人提供养老养生、康复医疗、护理照料生活的非营利性一站式医养融合服务机构。坐落于锦绣路666号（丹金路千姿鸟东侧200米，振兴路与锦绣路交叉口）。内设温馨园（居家养老社区）、社区卫生服务中心（社区医院）、护理院、康复医学中心、日间照料中心、老年大学。园区内荷塘月色，四季花开；居室内设施高端、温馨怡人。规划占地10.67公顷，首期6.67公顷。总投资4亿元，首期2亿元。建成后可容纳1600-1800人入住，首期可接纳800人。

温馨园（居家养老社区）

丹凤社区卫生服务中心（社区医院）

丹凤护理院

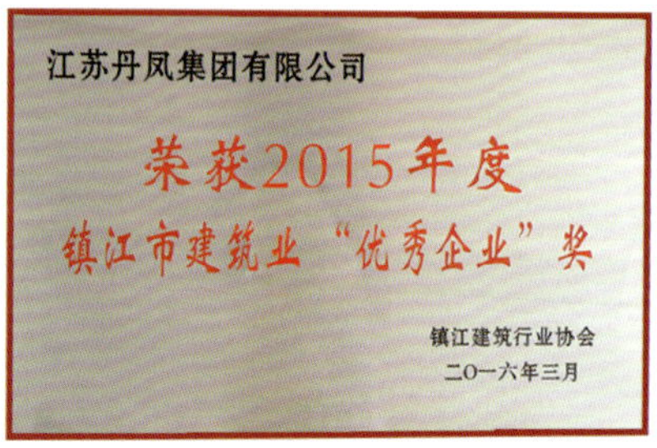

江苏福荣制衣有限公司

产品展示

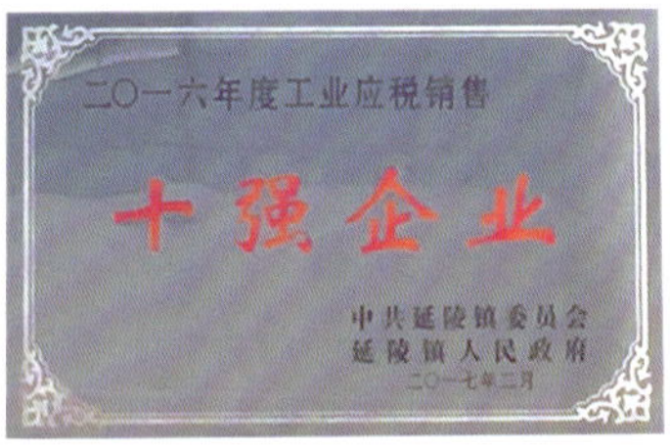

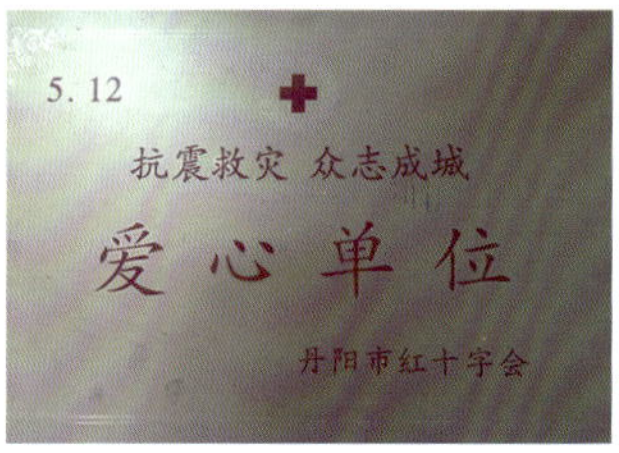

江苏福荣制衣有限公司，成立于2001年3月，是一家专业服装生产企业。

公司坐落在丹阳市延陵镇南二环96号，地理条件得天独厚，距丹阳火车站6公里，距宁沪高速公路入口处8公里，离常州民航机场36公里，与凤凰山遗址为邻。

公司环境优美、设备先进、工艺精湛、管理规范、配套设施齐全。

公司有职工1500多人，工程技术人员300人，主要生产销售各类羽绒服、毛呢大衣、夹克衫和各类休闲裤等。产品远销美国、欧洲及日本等十多个国家和地区。公司拥有各种先进的缝制设备和后道设备，优良的机器设备为承接各种服装订单提供了优良的硬件条件。

新厂美景

新厂大门

丹阳鹏鹞污水处理有限公司

污水处理设备

污水处理设备

污水处理设备

丹阳鹏鹞污水处理有限公司由鹏鹞环保股份有限公司投资建设，采用BOT方式投资、建设和经营。工程一期设计规模为日处理5.5万吨污水，终期达到日处理14万吨污水。丹阳鹏鹞污水处理有限公司BOT建设内容包括珥陵、访仙、导墅、司徒、新桥、后巷6个污水处理厂工程，界牌、埤城、陵口、延陵、皇塘、后巷、新桥、导墅、吕城南、吕城北10个泵站工程以及污水输水管线全长55公里，一期工程BOT总投资2.4亿元。丹阳鹏鹞污水处理有限公司建设的六个污水处理厂对改善市域现有河道水质，恢复水体功能，增大环境容量发挥了显著作用，为涉及区域提供良好的基础设施保障，进一步改善投资环境，提高人民生活质量，为改善太湖流域水环境做出应有的贡献。

珥陵厂全景

新桥厂全景

绿叶锅炉 GREENLEAVES BOILER 江苏绿叶锅炉有限公司

新建现代化厂房

韩国进口绕翅片管机

三厂区鸟瞰图

江苏绿叶锅炉有限公司始建于1954年，是国内最早从事电站锅炉制造的企业之一，主要生产CFB锅炉（75T~480T）、燃气轮机余热锅炉、压力容器和各类锅炉部件。公司占地面积40万平方米，有员工1000余人，是目前国内最大的锅炉零部件生产基地之一。

公司相继获得江苏省高新技术企业、江苏省著名商标、江苏省名牌产品、江苏省电站锅炉工程技术研究中心、江苏省工人先锋号、江苏省民营科技企业、国家AAA级标准化良好行为企业等多项荣誉。

2016年10月，公司邀请日本专家，到公司对现场生产管理进行指导，提高公司精益化生产水平。

2016年12月,占地 2.7万平方米新厂房建成投产，用于HRSG燃气轮机余热锅炉模块的生产制造。

2017年2月，成立企业院士工作站。

2017年6月，上海电气--上海锅炉厂有限公司绿叶制造基地成立。

2017年初，公司提出专注制造，做世界锅炉的制造高地的全新发展战略，致力于实现基地化、智能化、全球化，为社会制造优质锅炉、清洁能源。

目 录

特 载

专 记

大 事 记

丹阳概况

中共丹阳市委员会

丹阳市人民代表大会

丹阳市人民政府

政协丹阳市委员会

中共丹阳市纪委

民主党派·工商联

社团组织

武装·法治

农林・水利

制 造 业

现代服务业

经科贸活动及企业信息

企业融资上市

综合管理

环境保护

城镇建设

交通运输·邮政

信息化发展

财政·税务·审计

金 融

国内贸易

经济贸易与技术合作

科技·防灾

教　育

文化·新闻

卫生·体育

社会生活

镇、街道概况

荣 誉

统计资料

文件选编

彩页目录

（排序不分先后）

51. 丹阳市体育局

52. 丹阳市广播电视集团

53. 江苏有线丹阳分公司

54. 中共丹阳市委党校

55. 丹阳市吕叔湘中学

56. 丹阳市云阳学校

57. 丹阳市华南实验学校

58. 丹阳市实验学校

59. 丹阳市界牌中心小学

60. 丹阳市埤城中心小学

61. 丹阳市发展改革和经济信息化委员会

62. 中国移动

63. 丹阳市规划局

64. 丹阳市民防局

65. 丹阳市旅游局

66. 丹阳市物价局

67. 丹阳市公路管理处

68. 丹阳市交通运输管理处

69. 丹阳市商务局

70. 镇江市丹阳地方税务局

71. 中国农业银行丹阳市支行

72. 丹阳农商银行

73. 丹阳保得村镇银行

74. 浦发银行丹阳支行

75. 南京银行丹阳支行

76. 中国人民财产保险股份有限公司丹阳支公司

CONTENTS

FEATURES

SPECIAL RECORDS

CHRONICLES OF EVENTS

GENERAL SURVEY OF DANYANG

DANYANG COMMITTEE OF THE COMMUNIST PARTY OF CHINA

THE PEOPLE'S CONGRESS OF DANYANG

THE PEOPLE'S GOVERNMENT OF DANYANG

DANYANG COMMITTEE OF THE PEOPLE'S POLITICAL CONSULTATIVE CONFERENCE

DANYANG COMMISSSION FOR INSPECTING DISPLINE OF THE PARTY

DEMOCRATIC PARTIES · ASSOCIATION OF INDUSTRY AND COMMERCE

SOCIAL ORGANIZATIONS

MILITARY AFFAIRS · POLITICS AND LAW

AGRICULTURE AND FORESTRY • WATER CONSERVANCY

MANUFACTURING

MODERN SERVICE INDUSTRIES

ECONOMY, SCIENCE AND TECHNOLOGY, TRADE ACTIVITIES AND ENTERPRISES INFORMATION

CAPITAL OPERATION AND LISTED COMPANIES

OVERALL ECONOMIC CONTROL

ENVIROMENTAL PROTECTION

CONSTRUCTION OF URBAN AND TOWNS

TRANSPORTATION INDUSTRY • POSTAL SERVICE

INFORMATION DEVELOPMENT

PUBLIC FINANCE • TAXATION • AUDITING

FINANCE

DOMESTIC TRADE

COOPERATION AND RELATIONS OF ECONOMY, TRADE AND TECHNOLOGY

SCIENCE AND TECHNICAL · DISASTER PREVENTION

EDUCATION

CULTURE · JOURNALISM

HYGIENE · SPORT

SOCIETY

TOWNS AND SUBDISTRICT OFFICES

HONOUR COLUMN

STATISTICAL DATA

SELECTED DOCUMENTS

报　告

践行新理念　实现新崛起
全力建设充满创新活力的现代化工贸名城

——在中国共产党丹阳市第十三次代表大会上的报告（摘要）

丹阳市委书记　陈可可

（2016 年 7 月 27 日）

图 1　丹阳市委书记陈可可

中国共产党丹阳市第十三次代表大会，是在全面开启“十三五”发展征程、全力建设更高水平小康社会的关键时刻召开的一次重要会议。大会的主要任务是，全面贯彻党的十八大和十八届三中、四中、五中全会精神，深入学习习近平总书记系列重要讲话，认真落实中央和省市委各项战略部署，回顾总结市第十二次党代会以来的工作，研究部署今后五年的目标任务，动员全市各级党组织、全体共产党员和广大干部群众，坚持改革创新，勇于实干担当，践行新理念，实现新崛起，全力建设充满创新活力的“强富美高”苏南现代化工贸名城！

创新实干的五年

市第十二次党代会以来的五年，是丹阳应对重大挑战、经受重大考验、取得重大发展的五年。在省委和镇江市委的正确领导下，我们坚持“领跑镇江、争先苏南”，同心同德、创新实干，以十项重点工作的突破，带动全局工作的提升，保持了经济社会平稳发展、各项事业协调并进的良好态势。

五年来，我们突出科学发展、稳中奋进，综合实力稳步提升。面对严峻复杂的宏观形势，始终保持清醒头脑，积极应对风险挑战，促进经济企稳回升。去年地区生产总值突破千亿元大关，达1070.5亿元；一般公共预算收入67.1亿元、全社会固定资产投资610.1亿元，分别是“十一五”末的2.2倍和2.3倍；工业销售收入五年翻一番，达2712.9亿元。累计新增亿元企业59家、上市挂牌企业39家，各类上市挂牌企业总数达46家。农业科技进步贡献率64.6%、机械化水平91.8%，新型经营主体规模经营面积占比57%。沃得、天工、大亚荣登2015年全省营业收入百强民营企业榜。工业经济发展实力位居全国百强县第28位，综合实力位居全国百强县第18位。

五年来，我们突出结构调整、创新驱动，发展质态持续优化。积极适应新常态，全力以赴调结构、促转型，产业结构更趋合理。新兴产业销售收入占比41%、服务业增加值占比44.7%，分别提高16个百分点和6个百分点。科技进步贡献率60.7%，研发投入占比2.41%。高新技术产业产值占比45%，提高9个百分点。新增国家“千人计划”专家17人、省“双创计划”人才62名、院士工作站5个、省级研发平台15家，新增两化融合示范企业50家、各类高新技术企业128家。“6+1”园区加快建设，产业“三集”有效推进。创成省级高新区，开发区科创园被评为国家级孵化基地，高新区科技小镇被评为省级孵化器。省级以上农业龙头企业实现研发机构全覆盖，“国家长江中下游农业综合试验站”落户丹阳。

五年来，我们突出区域统筹、功能提升，城乡建设扎实推进。优化城乡规划，完善配套设施，不断提升城乡发展水平。坚持规划引领，建立和完善规委会规程，修订城市总体规划、市镇村布局规划，编制一系列专项规划。连续三年实施30个公开承诺当年竣工项目，城乡功能进一步完善。重点片区加快改造，姜家园、城河北路西侧、万善公园等片区棚户区改造总面积53.8万平方米。交通建设取得新进展，完成省道241、省道308、导皇线、丹桂路东延、齐梁路南延、南三环大桥、人民大桥等重点交通工程，改造优化西城区、开发区、高新区和眼镜城等片区路网，全面完成农村道路提档升级。新增城乡公交54条，镇村公交开通率100%。新增停车泊位3300个。城市功能不断完善，建成国际眼镜城二期、金鹰天地、吾悦广场等一批城市综合体。新建丹凤公园，改建万善公园、人民公园。建成职教园等一批学校，开工建设南师大中北学院迁建工程。积极推进人民医院等一批卫生设施建设。建成一批区域供水、供电、供气、雨污分流等重点基础设施。建立完善城市管理体系，初步形成“大城管、数字化”的城市管理新格局。积极推进美丽宜居镇村建设，全面完成村庄环境整治任务，开发区建山村创成镇江第一个全国美丽宜居村庄。

五年来，我们突出节能减排、绿色低碳，生态环境明显改善。加大环境保护力度，严守生态保护红线，严格落实生态功能区布局规划。淘汰落后产能，关转迁化工企业141家，关闭电镀企业16家，建成电镀整治园区，46家企业入驻。开展水环境综合整治，完成内城河、城北分洪道、九曲河（城区）护岸等一批水环境工程。新建城乡污水管网500公里。加强农村面源污染防治，太湖流域考核断面水质持续改善。大运河“四改三”、丹金溧漕河“五改三”基本完成。积极推进香草河、利民河、上新河等一批重点水利工程，有效提升防洪排涝能力。积极推进大气污染防治、宕口整治和生态修复，完成练湖总体规划和上练湖企业搬迁。

五年来，我们突出深化改革、扩大开放，发展活力不断增强。按照改革目录清单，加快政策落地，各项改革有序推进。深化行政审批制度改革，推行并联审批，编制公布行政权力等3张清单，在全省率先实行“三证合一”和“一照一码”，全面推进不动产登记。成为全省首家“军民结合产业示范基地”，创成国家级“新型工业化产业示范基地（军民结合）”。整合沿江三镇成立丹北镇，设立练湖度假区，开发区两轮区划调整到位。深化农村综合改革，推进土地征使用、户籍和公共财政均等化等制度改革，开展农村土地承包经营权确权登记颁证工作。加快开放步伐，累计实际利用外资22.3亿美元、进出口总额115亿美元。

五年来，我们突出以人为本、共建共享，社会民生协调发展。积极顺应群众的需求，实施一系列民生政策，办成了一大批惠民实事。五年民生平均支出占一般公共预算支出比重75.6%。城乡居民人均可支配收入比从2.01∶1缩小到1.94∶1。累计新增就业8.5万人，城镇登记失业率控制在2.5%以内。社会保险覆盖率98.5%，新农合转居民医保5万人。完成两轮“扶村帮户”脱贫任务。成立市慈善总会和各镇（区、街道）分会，募集资金1.8亿元。推进教育优质均衡发展，教育现代化建设基本达到省定标准。深化基层医疗卫生机构综合改革，实施重大疾病保障和大病保险制度。建成文化广场142个，成功举办首届丹阳眼镜文化旅游节。建成全民健身中心，人均体育场地面积2.8平方米。依法治市全面推进，“平安丹阳”“法治丹阳”建设持续深化，信访维稳工作取得实效。

五年来，我们突出从严治党、优化作风，党的建设全面加强。扎实推进党的群众路线教育实践活动和“三严三实三作为”专题教育，认真开展“两学一做”学习教育。严格落实中央八项规定和省市委十项规定，开展十项专项整治，推进中央和省委巡视组反馈意见整改，作风问题整改率100%。践行社会主义核心价值观，张雅琴被评为全国道德模范。完成乡镇党委换届工作，改进竞争性干部选拔机制和乡镇“三类人员”集中调研等工作得到中组部肯定。完成超职数配备干部清理任务。扎实推进“双型”党支部建设，5名同志被评为省“吴仁宝式优秀村书记”。在全省率先开展党员“先锋亮绩、积分管理”工作，涌现出张叶宏等一批优秀共产党员。构筑“1+46”全面从严治党等长效管理制度体系，强化“两个责任”，推动纪律检查体制改革，坚持有案必查、有腐必惩。市人大积极开展专项评议和述职评议，乡镇人大“三有六规范”模式、全口径财政预算监督工作走在全省前列。市政协聚焦发展热点难点，认真开展协商议政、民主监督等活动，为全市经济社会发展尽责尽力。统一战线、人民武装、老干部、档案、党史、侨务、科普、双拥、工青妇、关心下一代等工作取得新成绩，全市上下形成了齐心协力促发展、团结拼搏干事业的良好局面。

五年的成绩来之不易，归功于历届市委打下的坚实基础，归功于全市各级党组织、全体共产党员和全市人民的共同奋斗，归功于广大企业家的辛勤付出，归功于各民主党派、无党派人士、人民团体、驻丹部队和社会各界的关心与支持。

回顾五年来的发展历程，我们深深体会到：担当是应对危机的法宝。面对金融风险带来的严峻考验，我们见势早、出手快，强化责任落实，建立协调机制，积极推动“破圈解链”，努力实现政银企互信重构，守住了底线，稳住了基本面。实践证明，只有敢于担当、善于作为，才能化解发展中的矛盾，实现转型中的提升。创新是引领发展的利器。面对经济新常态，我们积极探索、敢闯敢试，不断以新的理念、新的机制、新的实践，推动传统产业转型升级、新兴产业发展壮大。越来越多的第一、唯一技术落地生根，越来越多的新业态、新模式不断催生。实践证明，只有勇于开拓、敢于创新，才能在发展中赢得主动权、抢占制高点。实干是攻坚克难的关键。面对繁重的目标任务，我们发扬钉钉子精神，积极作为、不留退路，在征地拆迁、环境治理、化工企业整治等方面，干成了一批大事、难事和民生实事。实践证明，只有埋头苦干、真抓实干，才能在严峻挑战中厚植新优势、实现新发展。团结是干事创业的根本。面对复杂多变的宏观形势，市四套班子领导和衷共济、各镇（区、街道）勇于争先、各机关部门优化服务、广大企业家创新求变，全市上下形成了共谋发展的奋进合力。实践证明，只有凝心聚力、众志成城，才能在党的坚强领导下汇聚起发展的强大正能量。

在肯定成绩、总结经验的同时，必须清醒地看到，我们的发展还存在着问题和不足。主要表现在：一是经济下行压力仍然较大，实体经济经营困难，局部金融风险依然存在，财政增收压力加大；二是城乡发展不均衡性依然突出，城乡基础设施建设还有不少欠账；三是重大项目储备不足，发展后劲缺乏有力支撑；四是环境保护和污染治理的任务十分艰巨，环境违法违规问题时有发生；五是保障和改善民生任重道远，社会治理和维稳压力依然很大；六是“四风”问题仍有反复，全面从严治党还要付出更大努力，等等。对此必须高度重视，坚持问题导向，认真研究解决。

肩负起实现新崛起的历史使命

未来五年，是建设更高水平小康社会的决胜阶段，是探索开启基本现代化建设新征程的重要阶段。站在新的历史起点，我们要更好地把握机遇应对挑战。“十三五”时期，世界经济在深度调整中曲折复苏、增长乏力。国内总需求低迷和产能过剩并存的格局难以出现根本改变，经济结构调整和动力转换的过程比较漫长。尽管宏观经济形势依然严峻，但重大战略机遇也前所未有。供给侧结构性改革深入推进，“一带一路”、长江经济带和苏南国家自主创新示范区等国家战略稳步实施，长三角城市群规划正式公布，区域性重大交通工程全面布局。这些叠加机遇对丹阳发展的影响是全方位、深层次的。如何敏锐把握机遇、积极应对挑战，确保丹阳在新一轮发展中抢得先机、赢得主动，这是我们面临的首要课题。要更好地提升区域竞争力。看区域竞争，要看大势、顺大势，在苏南和全省的大局中来考量。丹阳经济规模还不大、综合竞争力还不强，与标兵的差距越来越大，追兵的距离越来越近。经济新常态下，市场洗牌加速，实体经济发展困难，金融风险形势严峻。更重要的是，新的竞争已升级为综合实力、创新能力、开放竞争力、城市品质等全方位的竞争。如何顺势而为、乘势而上，在新的区域竞争中立于不败之地，这是迫切需要思考的问题。要更好地顺应老百姓的新期待。随着经济社会的快速发展，全市人民对过上更加美好的生活充满了期待和向往。广大群众不仅期盼物质生活富足殷实，也期盼精神生活丰富多彩；不仅期盼社会安定有序，也期盼社会文明友爱；不仅期盼民生事业提档升级，也期盼生态环境清新秀美。如何更好地满足百姓诉求，让老百姓的幸福更有“获得感”，这是我们的奋斗目标。

面对这样的形势和任务，今后五年发展的指导思想是：高举中国特色社会主义伟大旗帜，全面贯彻党的十八大和十八届三中、四中、五中全会精神，以马列主义、毛泽东思想、邓小平理论、“三个代表”重要思想、科学发展观为指导，落实习近平总书记系列重要讲话精神，落实“四个全面”战略布局，落实五大发展理念，坚持领跑镇江、争先苏南，坚持稳中奋进、创新转型，坚持产业强市、生态领先，践行新理念、实现新崛起，建成更高水平小康社会，开启基本现代化建设新征程，全力建设充满创新活力的“强富美高”苏南现代化工贸名城。

围绕这一指导思想，今后五年的总定位是：践行新理念、实现新崛起。

践行新理念、实现新崛起，必须在产业转型上走在前。崇尚创新，努力实现产业体系更加完备、产业结构更加合理、区域创新能力更强，着力建设具有较强竞争力的先进制造业基地和创新经济发展高地，工业经济实力在全国百强县排行榜上占据更领先的位置。到2020年，新兴产业和高新技术产业产值占比均突破50%。

践行新理念、实现新崛起，必须在城市发展上走在前。注重协调，努力实现水乡特色更加鲜明、商贸经济更加发达、城市形象更加靓丽，着力建设繁华城市与美丽乡村相得益彰、历史文化与现代文明交相辉映的沪宁线上新兴的地区中心城市，加快迈向现代化中等城市。到 2020 年，建成区面积达 50 平方公里，城市人口 50 万人。

践行新理念、实现新崛起，必须在绿色生态上走在前。倡导绿色，努力实现生产方式更加低碳、生活方式更加绿色、生态机制更加完善，着力建设经济与生态互促共进、产业与环境共同提升的天蓝地绿水清的美丽家园。到 2020 年，万元地区生产总值能耗下降 10%，空气质量达到二级天数比例超过 75%，地表水优于三类水质的比例达 70%。

践行新理念、实现新崛起，必须在开放发展上走在前。厚植开放，努力实现开放视野更加宽广、开放平台更加优质、开放机制更加优化，着力形成诚信包容、集聚吸纳的投资兴业热土。到 2020 年，累计实际利用外资 25 亿美元、外贸进出口 160 亿美元、市外民资 1000 亿元。

践行新理念、实现新崛起，必须在民生共享上走在前。推进共享，努力实现生活更加富裕、保障更加有力、公共服务更加均等，着力建设生活舒适、创业安心、秩序良好、文明友爱的幸福城市。到 2020 年，城乡居民人均可支配收入翻一番，精准扶贫任务全面完成，群众法治满意度 90% 以上，公众安全感 92% 以上。

实现新崛起的战略举措

实现新崛起，一切在于干。今后五年，我们要按照“领跑镇江、争先苏南”的总要求，围绕目标，突出重点，狠抓关键，全力构筑“五大新高地”。

（一）坚持创新驱动，全力构筑结构优化、特色鲜明的现代产业新高地。坚定产业强市战略不动摇，以供给侧结构性改革为主线，以“中国制造 2025”丹阳行动计划为抓手，加快产业转型升级，形成以先进制造业为主体、现代服务业为支撑、现代农业为基础的现代产业体系。

1. 提升产业层次。把项目建设作为发展第一抓手，全力以赴谋项目、争项目、抓项目、服务项目，通过重大项目突破，提升现有产业，培育新的增长点。做强先进制造业。坚持传统产业和新兴产业并重、优化布局与提升层次并举、去过剩产能与添优质增量并进，推动丹阳由制造大市向制造强市迈进。依托技术改造、装备升级、工业与互联网融合等有效形式，加快推动汽车及零部件、五金工具、视光学、木业、家纺等传统产业高新化发展，全力提升生物医药及医疗器械、农机装备、先进轨道交通装备等新兴产业规模化水平。特别是抓住用好低空开放和军民融合上升为国家战略的机遇，大力发展和提升军民融合产业，加快建设通用机场。做优现代服务业。坚持生产性服务业、生活性服务业协同并进，加快发展现代物流、金融服务、商务会展等生产性服务业，提升发展文化创意、高端医疗等生活性服务业。充分利用历史、文化、生态、工业、商贸等资源，串点成线、连线成面，形成全域旅游发展新格局。积极发展网络经济，培育壮大“互联网+”、云计算、电子商务、大规模定制化生产等新业态新模式。做精现代农业。按照安全、生态、优质、高效、节约的要求，加强农业基础设施建设，提高农业物质装备和技术水平，创建国家级现代农业科技示范园区，促进农业增效、农民增收。

2. 优化载体功能。坚持“特色发展、错位竞争”，深化各类创新载体建设，全力打造产业发展增长极。统筹优势资源，创成国家级开发区，省级高新区跻身全省前列，着力打造集聚高端人才、高端技术、高端产业的创新发展龙头。完善配套设施，围绕特色产业优化存量、引进增量，进一步提升航空航天产业园、生命科学产业园、眼镜城集聚区和现代农业产业园等“三集”示范园区发展水平。按照“产城融合、人口集聚、文化彰显、旅游休闲”的标准，充分发挥现有产业基础和自然资源优势，着力建设 3－5 个“小而美、特而强、聚而合”的特色小镇。

3. 强化科技创新。坚持创新驱动，提高自主创新能力，加快实现发展动力转换。培育创新主体。引导企业持续加大研发和创新投入，全面加强理念创新、技术创新、产品创新，着力转化一批科技成果，突破一批核心技术，创建一批自主知识产权，培育一批创新型企业。构筑研发平台。鼓励企业与高校院所联合组建院士工作站、工程技术中心、重点实验室，构建协同创新基地。新增 5 个省级院士工作站、15 个省级工程中心，着力打造 10 家以上低成本、便利化、全要素、开放式的众创空间和专业化科技孵化器。引进高端人才。全面落实“丹凤朝阳”人才计划，完善柔性引才机制和人才服务体系，不拘一格、不惜重金引进高层次创新创业、经营管理、专业技能、法律财务等各层次人才。

4. 激发企业活力。坚持优化服务、精准施策，引导企业坚守主业、做强实业，推动大中小企业竞相发展，壮大企业集群。降低企业成本。全面落实各级减税降费政策，特别是通过审批制度改革降低制度性交易成本，向市场主体传递鲜明信号，提振发展信心。强化风险防范。构建企业信用体系，规范红黑榜发布制度，严厉打击恶意逃废债务和各类违法金融活动，加强各类债务风险的监测预警，维护良好金融生态。优化服务环境。强化“亲”“清”新型政商关系，加快转换服务理念，简化服务流程，提升审批效率，坚决消除“中梗阻”现象，以“店小二”精神，帮助企业跑、帮助企业办，为企业提供全方位、便捷式、精准化服务。提升企业质态。全力支持大企业大集团做优做强，抢占技术制高点、扩大品牌影响力、掌握标准制定权，加快产业链全球布局，培育一批国内有地位、世界有影响的企业集团和跨国公司。鼓励中小企业转型发展，加快完善现代企业制度，发扬工匠精神，走“专精特新”发展之路，争做细分市场的“单打冠军”。

（二）坚持统筹协调，全力构筑功能完善、文化彰显的城市发展新高地。按照“一个尊重，五个统筹”的要求，坚持以人为本，注重协调发展，继续以每年公开承诺当年竣工的城建项目为抓手，不断提升城市竞争力。

1. 优化城乡空间布局。以主体功能区规划为基础，按照生产空间集约高效、生活空间宜居适度、生态空间山清水秀的总体要求，统筹各类空间规划。积极推进“多规合一”，有效解决规划“打架”问题。坚持开门做规划，提高公众参与度，将规划编制过程转化为群众共同关心、共同参与的过程。提高城市设计水平，加强城市空间立体性、平面协调性、风貌整体性、文脉延续性等方面的规划和管控，高标准做好重要区域、重要街区、重要节点的城市设计。优化镇村布局，引导各镇村立足自身产业基础、资源禀赋，建设各具特色的产业强镇、商贸重镇、旅游名镇和文化古镇。发挥城乡规划的战略引领和刚性控制作用，严格依法执行规划，一张蓝图绘到底，持之以恒抓落实。

2. 优化城乡现代功能。坚持精致有序，追求高标准、运用新技术、力求精品质，促进“精明增长”，推进城市组团紧凑开发，建设“紧凑城市”。倡导城市修补，推进老旧小区环境改善和有机更新，落实国家棚户区改造政策，大力推进城市棚户区、危旧房、城中村改造，到 2020 年，基本完成改造任务。依托大运河滨水空间，启动建设集城市休闲、历史文化于一体的城市生态轴。加快构建以贤桥商圈、吾悦商圈、眼镜城商圈为核心的服务业集聚区。建设安全高效便利的生活服务和市政公用设施网络，加大地下综合管廊和海绵城市建设力度。充分挖掘地上地下空间潜力，建设停车楼、地下停车场等立体停车设施，努力缓解城市停车难。健全城市抗震、防洪、排涝、消防、地质灾害应急指挥体系，形成全天候、现代化的城市运行安全保障系统。根据城镇人口增长趋势和空间分布，统筹布局教育、医疗、文化、体育等公共服务设施，提升城乡宜居宜业水平。

3. 优化城乡交通格局。按照“内成网外成环”的要求，注重节点、通道、枢纽建设，构建快速路、主次干路和支路搭配合理的路网系统，提高道路通达性和出行便利性。优化城乡路网，重点建设省道357、镇丹高速、齐梁路南延（二期）、南三环东延、镇丹二通道、滨江快速通道和丹金路、丹句路改造等工程，持续推动农村道路提档升级，打造城乡半小时交通圈。树立“窄马路、密路网、小街区”理念，改造提升城市主次干道，打通城区断头路、瓶颈路，完善微循环。加快姜家园、城河北路西侧、华南、练湖等片区路网改造，建设北环路跨运河跨铁路东延工程，实施新民路、丹凤路、城河路等道路提升工程。建设综合性交通枢纽，加强城际铁路与城市交通的一体化换乘衔接。加快自行车道和步行道建设，推进城乡公交提升工程。

4. 优化城乡文化特色。保护好古代建筑、近代建筑，保护好街巷街区、城镇格局，保护好具有浓厚乡土气息的民居、具有地方特色的民俗。加快修建西门老街、南门老街，改造张家大院、林家大院，修缮三吕故居和华东财经委旧址，规划保护葛城遗址，建设凤凰山遗址公园。建成南师大中北学院，形成图书馆、音乐厅、体育馆、博物馆等设施共建共享的城市文化社区。深入开展美丽镇村创建活动，加大历史文化名村和传统古村落保护力度，加快发展一批宜居、宜业、宜游的特色镇村。

5. 优化城乡治理服务。突出市容管理、交通管理、安全管理等重点方面，提升城乡精细化管理水平。深入推进城乡综合环境整治，着力治理交通秩序、广告设置、物业管理等突出问题。强化“大城管”理念，理顺城市管理体制，建立城市管理工作联席会议制度，推进跨部门综合执法。推动城市管理重心下移和属地化管理，实现市、镇（区、街道）、村（社区）三级网格化管理全覆盖。创新城市治理方式，推进大数据中心、智能停车、智能照明等一批项目，加快构建智慧城市基本框架。以全国文明城市创建为引领，从群众反映强烈的突出问题抓起，强化城市管理人人有责的观念，引导市民遵守秩序、文明出行、爱护环境、礼貌待人，以市民素质提升推进城市治理水平不断提高。

（三）坚持绿色低碳，全力构筑水清岸绿、宜居宜游的生态文明新高地。把绿色作为推动发展的重要基础，以改善生态环境质量为核心，科学施策、精准发力、铁腕治污，把丹阳建设成为“天蓝、地绿、水清、景美”的江南水乡。

1. 强化环境保护。确立生态保护红线意识，深入实施大气、水、土“国十条”，促进生态环境质量好转。积极推进大气污染防治，紧盯主要污染源，落实各项措施，确保空气质量优良天数比例逐年提升。积极开展土壤污染防治，强化土壤环境综合监管，加强对危险废物的管理，有序修复城市建成区内重点污染场地。严格环保责任制和环保执法，切实解决一批突出问题。对环境质量没有明显改善、环境问题没有及时整改的单位，严肃追究责任。

2. 强化低碳发展。建立绿色低碳循环发展体系，坚决淘汰落后产能，着力发展科技含量高、资源消耗低、环境污染少的新兴产业。严格控制增量，对产业项目的引进和落地，从环评、能耗等方面提高准入门槛，把污染源拒之门外。深化环境资源价格体制改革，推进排污权有偿交易，完善排污付费制度，运用价格杠杆倒逼企业减少污染排放。倡导绿色生活方式，鼓励绿色产品消费，推进城市节能改造，加强绿色交通系统建设，引导绿色低碳出行，建设环境友好型社会。

3. 强化水环境整治。借鉴“五水共治”经验，把水环境整治作为重点生态工程，实施五年行动计划。做美水景观，加大黑臭水体整治力度，让更多河道水变成流动水、干净水、景观水，改善内城河沿岸滨水景观带和市民休闲空间。推进“一湖三水五河”建设，打造河畅、水清、岸绿、景美的城乡水环境。做优水生态，大力实施污水处理厂提标改造，提高污水处理率和处理能力，加快实现城镇污水管网和农村生活污水治理基本全覆盖。继续严控农业面源污染，保持太湖流域考核断面水质稳定达标。做好水安全，深入开展饮用水源地整治和备用水源地建设工作，加快供水安全保障体系建设，让人民群众喝上放心水、优质水。实施九曲河整治、新孟河拓浚延伸、大吴塘水库扩容、长江堤防提升等工程，全面提高防洪排涝标准。加大城市防洪排涝设施建设力度，推进易淹易涝地区改造，逐步实现小雨不积水、大雨不内涝。

（四）坚持深化改革，全力构筑活力涌动、内外联动的开放发展新高地。始终把改革开放作为发展的动力之源，解放思想，开阔视野，开放胸襟，提升开放型经济发展水平。

1. 在改革创新中激发活力。严格遵照上级部署，统筹推进、协调发力，让丹阳的改革有力度、有精度、有深度、有温度。推进行政体制改革。把政府自身改革摆在最突出的位置，加快行政审批制度改革，将时间压缩、审批提速、办事方便作为衡量简政放权成效的标准，严格落实权力清单、责任清单和服务清单，限制自由裁量权，确保“清单之外无权力、清单之内必须为”。推进“互联网＋政务服务”，让群众和企业少跑腿、好办事、不添堵。创新“多评合一”的中介服务新模式，建设投资项目在线审批监管平台。推进国有资产管理体制改革，成立监管机构，实现国有资产有效监管全覆盖。推进投融资体制改革。积极争取更多的信贷资金，引进创投、风投、天使投资，设立各类产业基金，支持实体经济发展。引导企业通过发行债券、股权转让等方式拓宽融资渠道，鼓励更多企业与实力券商深化合作，在国内外主板、创业板、新三板以及区域性交易中心挂牌上市。推进农村综合改革。加快农村集体产权制度改革，全面完成农村土地承包经营权、农村集体建设用地和宅基地使用权确权登记颁证。完善农村产权交易市场建设。规范农村集体“三资”管理，推进农村集体资产股份制改革，实现村级资产保值增值。

2. 在扩大开放中拓展空间。更加主动融入国家和省市对外开放战略布局，进一步创新思路、创新办法，厚植开放发展新优势。提升利用外资质量。聚焦新材料、汽车及零部件、航空航天等优势产业，强化产业链招商，做好强链、补链文章，积极引进一批超亿元的产业链核心项目、延伸拓展项目和服务配套项目。扩大出口优势。优化出口结构，扩大一般贸易、服务贸易，提升高附加值产品出口比重，鼓励高新技术企业、服务业企业扩大出口。创新外贸方式，大力推行市场采购贸易、跨境电商等新型贸易方式。创新“走出去”方式。鼓励优质企业走出国门开展跨国兼并重组，到国外收购企业和研发机构。推行“建工厂＋建市场”模式，更好地集聚资源要素。优化招商环境。完善招商政策，加快建立一批懂经济、懂产业、懂企业、懂服务的专业招商队伍。加强以商引商、服务招商、环境留商，优化跟踪服务，确保项目引得进、落得下、留得住。

（五）坚持以人为本，全力构筑幸福安康、文明法治的民生共享新高地。把共享作为推动发展的根本目的，每年办成一批让群众得实惠的民生实事，持续增进群众福祉。

1. 提高民生保障水平。把提升人民生活水平放在更加突出位置，不断增强老百姓获得感。改善就业环境，大力推进大众创业、万众创新，千方百计扩大就业，全力促进就业创业。实施精准扶贫，深入开展“扶村帮户”达新标活动，落实各项精准帮扶措施，加大重点片区整体帮扶和结对挂钩帮扶力度，不断完善扶贫长效机制，全面完成脱贫目标任务。健全社保体系，加快推动金保工程，实现“五险合一”。持续完善被征地农民保障政策。完善医疗保障体系，建立疾病应急救助制度。积极推动公租房保障货币化，推进公租房共有产权试点工作，探索去库存新路径。

2. 加快发展社会事业。坚持以标准化推动均等化，不断增强公共服务的普惠性和均衡性。教育上，以提高教育质量为核心，深化教育综合改革，优化教育布局，新建一批中小学校和幼儿园，推动教育优质均衡发展，确保全市教育现代化发展水平达到省定要求。卫生上，深入推进医药卫生体制改革，构建分级诊疗制度，推动优质医疗资源下沉、医疗服务重心下移，让人人都能享有较高水平医疗卫生服务。文化上，健全完善市镇村三级公共文化服务体系，高标准建设重点公共文化设施和村（社区）综合性文化服务中心，打造“15 分钟文化圈”。壮大提升文化产业，增强文化竞争力和影响力。体育上，加大基础设施建设力度，深入推进全民健身活动和设施共享，构建“10 分钟体育健身圈”。培育壮大体育产业，促进体育事业健康发展。养老上，推进医养一体机构建设，推动社会力量参与养老服务业，建立以居家为基础、社区为依托、机构为支撑的养老服务体系。

3. 不断完善社会治理。创新社会治理方式，把系统治理、依法治理、综合治理、源头治理结合起来，努力营造“三安”发展环境。强化风险意识、底线思维，推进从源头上预防化解信访矛盾，促进信访更多通过法治化渠道解决。落实安全生产责任和管理制度，完善应急预案和预警机制，确保不发生重特大安全事故。全面推进依法治市，扎实开展“七五”普法，建设更高水平的“平安丹阳” “法治丹阳”，进一步提升公众安全感和满意度。

落实全面从严治党的各项任务

实现未来五年的奋斗目标，关键在党、关键在人。各级党组织要坚决落实中央关于全面从严治党的各项要求，把严的要求贯彻全过程，做到真管真严、敢管敢严、长管长严，为实现新崛起提供坚强有力的政治保证。

（一）注重思想引领，强化不忘初心、对党忠诚的政治品格。始终把思想建设放在首位，切实强化理论武装工作。坚定理想信念。深入系统地学习习近平总书记系列重要讲话，夯实理想信念的思想基础，永远保持对人民的赤子之心，不忘初心、继续前进。不断增强道路自信、理论自信、制度自信、文化自信，自觉做到对党忠诚、无怨无悔。严格党内生活。认真落实“三会一课”、组织生活会、民主评议党员等制度，切实加强党员的教育和管理。坚持和健全民主生活会制度，以整风精神开展批评与自我批评。深入开展“两学一做”学习教育，组织开展各项主题教育活动，引导党员干部践行“四讲四有”标准，不断增强政治意识、大局意识、核心意识、看齐意识。严守政治纪律。坚决维护中央和省市委的权威，在思想上行动上始终与党中央和省市委保持高度一致。在事关方向、事关原则的重大问题上立场坚定，在大是大非面前和关键时刻旗帜鲜明。不折不扣地贯彻落实中央和省市委各项决策部署，严肃查处违反政治纪律、政治规矩的行为。严格执行中央“九个严禁、九个一律”的纪律规定，确保换届纪律入脑入心、政治环境风清气正。

（二）注重队伍建设，强化真抓实干、敢于担当的鲜明导向。坚持正确的选人用人导向，让想干事的人有机会，能干事的人有舞台，会干事的人有地位。完善选人用人机制。坚决贯彻落实习近平总书记提出的“20 字好干部”标准，严格执行《干部任用条例》，选拔政治强、懂专业、善治理、敢担当、作风正的干部。深化干部人事制度改革，健全干部综合分析研判机制，完善科学考核评价体系，推动干部能上能下。实施年轻干部“124”培养工程，加大女干部和党外干部培养使用力度，优化干部队伍结构。深入推进作风建设。严格执行中央八项规定和省市委十项规定，深入开展“效能革命”，坚持问题导向，锲而不舍、驰而不息地推进作风建设。严肃查处有令不行、推诿扯皮，处处设卡、拖而不办等“中梗阻”问题，从快从重问责乱作为、不作为、慢作为的人和事。干事但不干净的要处理，干净但不干事的也要问责。大力弘扬担当精神。树立高度的事业心、责任感，在困难面前，勇于担当、主动作为，对承担的工作任务，紧张快干、不留退路。激励干部干事创业，积极鼓励先行先试、大胆探索，允许试错、宽容失败，全力营造为担当者担当的政治氛围。

（三）注重基层基础，强化服务群众、执政为民的战斗堡垒。扎实推进基层党建工作，坚持力量、投入、资源和工作“四个下沉”，不断增强基层党组织的凝聚力、创造力和战斗力。强化管党责任体系。各基层党组织要切实担负起主体责任，把抓好党建作为最大政绩。要坚持问题导向，推进党建工作项目化管理，持续整顿软弱涣散基层党组织。深入开展书记抓党建工作述职评议考核，着力强化党建工作责任制。提高服务群众能力。提升带头人能力素质，持续深入开展书记党建看齐行动，强化各级党组织书记看齐意识。深入实施“双型”党支部建设工程，健全党支部规范管理模式，全力提升基层党支部和党员干部依法办事、依法服务水平。深化“四有”民情服务处理机制，创新服务群众方法，切实打通联系服务群众“最后一米”。建强党的基层组织。推广“村社合一”党建富民工作模式，不断提升村级党组织引领发展的水平。以管理创新为抓手，切实提升社区党组织为居民服务的能力。适应经济结构、就业方式、组织形式的新变化，持续扩大党在“两新”组织中的覆盖面和影响力。突出主动服务、靠前服务、精准服务，提升机关党组织服务水平。

（四）注重反腐倡廉，强化风清气正、廉洁奉公的政治生态。深刻认识党风廉政建设和反腐败斗争的长期性、复杂性，敢抓敢管、动真碰硬，切实把党风廉政建设责任扛在肩上、抓在手上、落到实处。坚持强化责任。各级党组织和纪检组织要切实担负起党风廉政建设“两个责任”，严格执行双报告、“一把手”述职述廉、“一案双查”等制度，加强管理考核和监督检查，推动责任落实常态化，做到压力层层传递，责任层层落实。坚持挺纪在前。认真贯彻执行党章和《廉洁自律准则》《纪律处分条例》《问责条例》，加强对遵守党章、执行党纪党规情况的监督检查，坚持有责必问、问责必严，发挥问责的震慑效应，真正用问责倒逼责任落实。发挥纪律治本作用，运用执纪监督“四种形态”，深入开展纪律教育，在预防防范、查早查小上下功夫，对苗头性、倾向性问题和轻微错误早发现早处理。坚持严惩腐败。坚决贯彻习近平总书记提出的“四不”刚性要求，坚持无禁区、全覆盖、零容忍，始终保持反腐败的高压态势，重点查处线索反映集中、群众反映强烈的问题。用制度规范行为，强化制度的刚性执行，坚持严字当头、严加督察、严肃处理，努力从源头上防治腐败。

（五）注重统揽协调，强化同心同德、励精图治的发展环境。团结和充分调动一切积极因素，凝心聚力、共同奋斗。健全党委决策机制。深刻领会党委（党组）工作条例基本思想，准确把握《党委会的工作方法》的精髓，完善各级党委议事决策的相关制度，规范各级党委的议事范围、程序和规则，充分发挥各自的职能作用。认真抓好决策调研、民主决策、决策执行和执行监督等环节，不断提高决策的科学化、民主化、法治化水平。积极发挥各方作用。支持人大在推进社会主义民主法制建设、促进经济社会发展中发挥重要作用，支持政府深化改革、进一步打造为民务实高效清廉的政务环境，支持政协在政治协商、民主监督和参政议政中发挥积极作用，支持法院、检察院依法独立公正行使职权。全力汇聚各方力量。不断巩固和壮大最广泛的爱国统一战线，发挥各民主党派、工商联和无党派人士的参政议政作用，发挥工会、共青团、妇联等群团组织的桥梁纽带作用，做好宗教、对台、侨务、档案、双拥、老干部等各项工作。动员全市广大干部群众，为实现既定目标任务献计出力、添薪加火，凝聚最广泛的共识，汇聚最强大的力量。

丹阳的发展已站在一个新的历史起点上，宏伟的蓝图振奋人心，崇高的使命催人奋进。让我们紧密团结在以习近平同志为总书记的党中央周围，在省委、镇江市委的坚强领导下，践行新理念、实现新崛起，为建设充满创新活力的“强富美高”苏南现代化工贸名城而努力奋斗！

以“两聚一高”为引领
加快建设苏南现代化工贸名城

——在中共丹阳市委十三届二次全委（扩大）会议上的报告（摘要）

丹阳市委书记 陈可可

（2017年1月3日）

这次全会的主要任务是，深入贯彻党的十八届六中全会、中央和全省经济工作会议精神，按照省、镇江和我市党代会的部署要求，总结去年工作，部署今年任务，动员全市上下进一步振奋精神、真抓实干，以“两聚一高”为引领，加快建设充满创新活力的苏南现代化工贸名城。

一、过去一年的工作回顾

刚刚过去的一年，面对复杂严峻的宏观形势，在省委和镇江市委的正确领导下，市委团结带领全市广大干部群众，重点谋划推进了三件大事：一是召开市第十三次党代会，确定了未来五年发展的美好蓝图，顺利完成市、镇、村（社区）三级基层党组织换届，换出了风清气正、奋发作为的精神风貌。二是组织党政代表团走出去，解放思想，开阔视野，找准了不足，提升了理念，增强了引领发展的能力。三是全力推进转型发展，培育和壮大新兴产业，新材料产业取得新进展，习近平总书记在第二届军民融合发展成果展上视察了恒神碳纤维产品展位并给予充分肯定，马凯副总理在我市主持召开全国新材料企业家座谈会，提高了丹阳在全国的地位和影响力。一年来，我们积极把握和引领经济发展新常态，创新思路、攻坚克难，顶住了经济下行压力，稳住了发展基本面，全市经济社会保持平稳健康发展，实现“十三五”良好开局。

经济发展稳中向好。预计实现地区生产总值1135亿元，增长9%。一般公共预算收入65.5亿元，增长3.6%。应税销售1105亿元，增长8.3%。全力服务实体经济，打好“稳预期、降成本、优服务”组合拳，为企业降税减费近20亿元，项目审批时限缩短三分之一。全力推进项目建设，大亚印务和轮毂等一批项目竣工投产，鱼跃医疗设备等一批项目加快推进，规模以上固定资产投资510亿元，增长15%。全力优化金融环境，推动金融支持实体经济发展，营造诚信守法公平的发展环境，金融机构贷款余额973亿元，比年初新增105亿元；严厉打击恶意逃废债行为，进一步化解不良贷款；鼓励企业开展多元化融资，新增直接融资52亿元，新增上市挂牌企业7家，花王股份主板上市。全力推动转型升级，转变农业发展方式，高效设施农业占比25.4%，农业综合机械化水平88.3%；引导传统产业智能化发展，技改投资增长35%；积极培育新业态、新模式，服务业增加值占比45.7%；培育壮大新兴产业，新兴产业销售收入增长10%，高新技术产业产值占比45.2%；实施“丹凤朝阳”人才计划，新增领军人才（团队）40个，2人入选镇江“金山英才”顶尖人才专项计划，人才综合竞争力列全省第7；获批省级高新区，科技小镇一期正式运行。

城乡面貌明显改善。继续以项目化推进城乡建设。注重规划引领，完成城市总规修编和一批专项规划、控制性详规，调整完善土地利用总体规划。加快有机更新，金鸡饭店、姜家园二期三期等片区完成房屋征收，城河北路西侧片区加快推进，八佰伴建成开业，凤凰山遗址公园、九曲河城区段两岸风光带等一批公园绿地和健身步道建成。优化城乡交通，皇蒋线、吕东大桥等一批道路、桥梁工程全面竣工，改造提升城河路、白云街等城市主次干道，打通中山路、公园路等断头路、瓶颈路。彰显文化特色，华东财经委旧址、三吕故居、张家大院等一批工程主体完工。强化城市治理，以全国文明城市创建为抓手，开展“十整治”百日攻坚行动，交通秩序明显改善，违法违规户外广告全面清理，集贸市场“脏乱差”得到有效整治，首批34个老旧住宅小区达到“五有”标准，国家卫生城市通过复审。

生态环境不断提升。严格对照“国十条”，坚持直面问题，铁腕治污。强化问题整改，对中央环保督察组交办的环境信访问题，逐一进行刚性整改销号；深刻吸取“8·6”火灾事故的教训，对电镀园暴露出来的问题动真碰硬、限期整改。强化低碳发展，坚决淘汰落后产能，开发区循环化改造示范园区建设通过省级验收。强化水环境整治，启动九曲河整治、新孟河延伸拓浚工程，建成利民河流域防洪除涝等一批项目；实现畜禽养殖整治和国考断面水质年度目标，完成城区水环境综合整治三年行动，消除老城区黑臭水体，基本实现污水处理工程市镇村三级全覆盖。

发展活力逐步增强。通过全面深化改革、扩大开放，进一步激发新的发展动能。深化重点领域改革，大力推进“多证合一、一照一码”和个体工商户“两证整合”等商事制度改革，实现不动产统一登记，加强国有资产管理，加快土地确权登记颁证工作，市镇两级农村产权交易市场实现全覆盖。提升对外开放水平，强化产业链招商和精准招商，拓宽外资利用渠道，实际利用外资4亿美元；举办首届眼镜文化旅游节，成立全国首家眼镜知识产权快速维权中心；建成镇江市跨境贸易电子商务监管中心并投入试运行，天工赢得欧盟“双反”诉讼，“丹阳制造”的国际竞争力进一步增强。

民生福祉持续增进。从老百姓最期盼的事情做起，集中力量干成了一批民生实事。提高居民收入，扩大增收渠道，新增就业1.6万人，城乡居民人均可支配收入分别增长7.6%、9%；开展“扶村帮户”达新标行动，实施115个扶贫项目，26个经济薄弱村、1608户贫困户顺利脱贫。提升保障水平，历年被征地农民社会保障工作进入扫尾阶段，住房保障货币化安置比例进一步提升，“金保工程”一期上线平稳运行，城乡基本社会保险覆盖率98%。优化公共服务，实验小学、华南分校等教育工程完成新改扩建，基层医疗卫生机构提升、社会福利中心二期、城南菜市场等工程竣工，中北学院一期工程加快建设，“体育乡村行”系列惠民行动深入开展。保持社会稳定，严格落实公共安全、社会治理、安全生产各项措施，加大非法集资打击力度，做好信访维稳工作，连续13次被评为省“平安县（市、区）”，连续三轮被评为省“法治县（市、区）创建工作先进单位”。

党的建设全面加强。精心组织“两学一做”学习教育，深入学习习近平总书记系列重要讲话和党的十八届六中全会精神，推动党员干部增强“四个意识”、坚定“四个自信”，进一步严格党内政治生活，严明政治纪律和政治规矩。举办庆祝建党95周年系列活动，增强了党组织的凝聚力和战斗力。深入推进“双型”先进党支部建设，落实“统一活动日”制度。开展“书记党建看齐行动”，推进“书记项目”271个。贯彻“强责工程”要求，严格落实党风廉政“两个责任”，用好“四种形态”，保持惩治腐败的高压态势。扎实开展效能革命，实现干部队伍作风建设长效化、常态化。坚持正向激励，建立容错纠错机制，为敢于担当的干部担当，为敢于负责的干部负责。民主政治建设成效明显，人大、政协重要作用充分发挥，统战、人武、法院、检察、群团、老干部等各项工作取得新进展，全市上下形成了和衷共济、励精图治的和谐局面。

二、今年工作的总体要求

今年是高水平全面建成小康社会的关键之年，是供给侧结构性改革的深化之年。做好今年工作，必须对国内外形势有一个正确判断。当前全球经济仍然处于深度调整阶段，复苏过程曲折复杂。我国站在新的历史方位上，经济发展将出现更多积极变化。省十三次党代会确定“两聚一高”奋斗目标，聚力创新、聚焦富民，一个是提升发展水平的核心战略，一个是高水平全面建成小康社会的根本要求，抓住了发展的要害和关键。我市仍处在爬坡过坎的攻坚期，发展仍面临不少困难和挑战：实体经济发展环境总体仍然偏紧，部分企业经营困难，重大项目支撑作用不明显；“僵尸企业”有待出清，局部金融风险仍然存在；城市品质不高，重点板块、重点片区建设任务繁重；环境保护和污染治理任务艰巨；部分干部思想解放不够，创新精神不够，担当作为不够，“四风”和腐败问题仍有发生。我们必须看大势、顺大势，保持定力和韧劲，坚持稳中求进不动摇，把创新的氛围造得更浓，把富民的举措抓得更实，全力冲出转型的关口，实现发展的凤凰涅槃。

今年工作的指导思想是：全面落实党的十八大和十八届三中、四中、五中、六中全会精神，深入贯彻习近平总书记系列重要讲话精神，按照党代会的部署要求，统筹推进“五位一体”总体布局和“四个全面”战略布局，坚持稳中求进、创新转型，坚持产业强市、生态领先，坚持领跑镇江、争先苏南，全面做好稳增长、促改革、调结构、惠民生、防风险等各项工作，以“两聚一高”为引领，践行新理念，实现新崛起，加快建设充满创新活力的苏南现代化工贸名城，以优异成绩迎接党的十九大胜利召开。

今年经济社会发展的主要预期目标是：地区生产总值增长8.5%左右，一般公共预算收入同比口径增长5%左右，规模以上固定资产投资增长15%以上，研发投入占比2.43%，高新技术产业占比45.4%，城乡居民收入增长与经济增长同步。

全力把丹阳的事情做好，实现五个走在前，构筑五大新高地，我们的发展取向、工作导向、奋斗指向，都必须更加鲜明、更加突出、更加集中。要牢牢把握五个方面：更加注重全面创新。把创新摆在发展全局的核心位置，重点解决人的思想问题，进一步解放思想、更新观念，完善体制、创新机制，以科技创新为核心，推进全方位、多层次、宽领域的大创新，加快形成以创新为引领的经济体系和发展方式。更加注重富民惠民。把富民作为我们发展的出发点和落脚点，兜牢底线、突出重点，完善制度、引导预期，下大力气解决好事关群众切身利益的问题，做到生活水平与发展水平同步提升、民生改善与经济增长保持一致。更加注重精致精美。把丹阳放在长三角城市群、宁镇扬一体化等区域重大战略规划中思考谋划，通过开展精美行动，完善基础设施，加强城市治理，加快优化城市质态，美化城市形象，迅速提升城市承载力、吸引力和集聚力。更加注重绿色生态。把生态作为全面小康的重要标志，全力落实省“两减六治三提升”专项行动，推动生态环境保护和治理取得重大成果，让老百姓喝上更干净的水、呼吸更清新的空气、拥有更好的居住环境，切实增进人民群众的生态福祉。更加注重求真务实。把求真务实贯穿于干事创业的全过程，说实话、办实事、求实效，围绕各项部署，一步一步抓推进，一件一件抓落实。强化重实绩、重实干的鲜明导向，激发干事创业激情，把精力集中到发展最急需干、群众最希望干和广大干部最应该干的事情上来。

三、今年的重点工作

实现目标、完成任务，关键在于干。要紧紧围绕党代会提出的各项目标要求，创新思路，真抓实干，全力实现“五个新突破”。

在转型升级上实现新突破。牢牢把握供给侧结构性改革这条主线，加快推动产业结构调整和发展动能转换，实现更高质量和更好效益的发展。

项目始终是发展的牛鼻子。以更大力度、更实举措，狠抓项目建设。重点加快推进200个以上重点产业类项目，确保今年产业类投资不低于350亿元。传统优势制造业，全力加快智能制造推广应用，加大技改投入，重点推进81个年度投资80亿元的技改提升类项目。新兴产业，积极对接中国制造2025苏南城市群试点，坚持有所为有所不为，聚焦最有条件、最具优势的领域，推动新兴产业集群发展、军民融合深度发展，重点推进41个年度投资100亿元的新兴产业类项目。现代服务业，依托现有的制造业优势，顺应消费结构升级趋势，提高服务业比重，重点推进22个年度投资80亿元的服务业项目。继续完善督察推进机制和项目考核机制，层层压实责任，全面掀起项目建设的新热潮。

实体经济是丹阳发展的立身之本。引导企业理性发展、专注主业，牢固树立质量第一的强烈意识，弘扬工匠精神，大力实施质量发展战略，加强品牌建设，打造“百年老店”。全力扶持大企业大集团加强技术创新、管理创新、商业模式创新，抢占技术制高点，掌握标准制定权，争创省级两化融合试点、示范企业5家以上。全力支持中小企业加快智能化改造，打造细分市场领域的“单打冠军”，争创省级智能制造示范车间2家以上，新增“科技小巨人”企业15家以上。

创新是发展的第一动力。重点实施高新技术产业发展、企业创新能力增强、科技创新平台提升、创新要素集聚等“四大行动”，推进以科技创新为核心的全面创新。确保新增高新技术企业30家以上，落地转化重大科技成果10个以上。支持企业与高校院所共同组建创新平台、创新基地，新增省级以上研发机构10家。继续实施“丹凤朝阳”人才计划，积极引进高层次创新创业、科技金融等各类人才，全年引进高层次领军人才（团队）45个。

园区是引领区域发展的主阵地。推进园区体制机制创新，加快完善各类园区专业配套、公共服务和基础设施，不断提升引领、支撑和带动作用。开发区要着力推进新材料及航空航天、新型医疗器械及生物医药等特色产业，打造引领转型发展、承载大项目的发展高地。高新区要紧抓获批省级高新区的契机，加快推进科技小镇二期建设，进一步完善苗圃、孵化、加速功能链，打造科技研发主引擎、产业提升加速器。

经济发展的成效取决于服务环境的优劣。保持定力和韧劲，继续打好“稳预期、降成本、优服务”的组合拳，提振实体经济发展信心。坚决落实好各项降本增效政策措施，千方百计对上争取指标、对下扩大投放、降低融资成本，确保信贷增量高于去年。畅通资金进入实体经济的渠道，利用多层次资本市场，加大股权融资力度，降低企业杠杆率，新增各类上市挂牌企业8家以上。严控经济金融风险，严厉打击恶意逃废债务和各类违法金融活动。积极构建社会信用体系，建立完善信用奖惩联动机制，营造诚实守信发展的良好氛围。加快优化服务环境，积极开展“暖企行动”，最大限度为企业办事松绑解绊，打响优质政务服务的丹阳品牌。

旅游产业是经济发展的新增长点。紧抓重大旅游项目布局长三角的机遇，积极推进全域旅游，打造丹阳旅游标识。理顺体制机制，建立发展基金和专业运营公司，在做好功能、产品、创意等策划的基础上，加快眼镜小镇、练湖、水晶山、九里等重点片区的规划建设。眼镜小镇充分挖掘眼镜产业价值、文化内涵和时尚元素，打造工业旅游示范工程。练湖片区加快启动先期工程，水晶山旅游度假区在做好管控的基础上，加大项目招引力度。九里片区围绕旅游风情小镇建设，先行启动蛟塘、庄湖湿地环境整治和基础设施建设。积极推进历史文化街区、美丽镇村建设，大力发展文化旅游、红色旅游和乡村旅游。

在精美城市建设上实现新突破。坚持精明增长的城市发展理念，趁热打铁、乘势而上，通过精美城市行动，力争早出成效、快出形象，以实实在在的变化凝聚民心。

宜居的城市才是最美的城市。强化规划引领和刚性执行，继续实施一批公开承诺年内竣工项目，不断提升城市品质。加快城市有机更新，大力推进“四改一拆”专项行动，重点改造10个老旧小区、9条背街小巷和7个城中村，完成火车站、城际站、原职中等片区征收拆迁，加快片区改造建设步伐，推进金鸡饭店等片区建设。摸清违法建筑“家底”，建立违法建筑快速处置机制，确保减少存量、严控增量。开展“美化、绿化、亮化”三化行动，重点对241省道、122省道、北二环、迎宾路等城市主要出入口及道路沿线，进行增绿补绿和立面改造出新，提升城市整体形象。充分利用城市留白空间，优化改造城头山遗址等公园休闲绿地和城市节点景观。对重要历史街区进行保护性改造，推进南门外大街片区、西门老街修复改造。优化镇村布局，加快中心镇、重点镇和特大镇建设，加大传统村落保护力度，积极推进九里村、柳茹村等传统村落保护项目，推进美丽宜居镇村建设，建成4个美丽宜居镇村。

交通是城市的“血脉”。抓住全省加快轨道快速交通建设的机遇，打造外联内畅的大交通格局。对外积极融入长三角城市群和宁镇扬一体化，加快镇丹高速、镇丹二通道建设和丹句路拓宽改造，谋划开工建设综合客运枢纽。着力建设市域“半小时交通圈”，重点加强城区周边干线公路与城市道路高效对接，推进北环路东延、南三环东延、357省道城区段和开界线拓宽等重点道路工程建设。完善主城区内部路网，实施道路“白改黑”工程，完成河沿路、南门大街、水关路等道路改造工程。

环境是城市的“脸面”。今年是创建全国文明城市的决胜之年，全市上下要狠下决心、再接再厉，继续推进“十整治”，全力以赴决战决胜。在统筹推进各项创建工作的基础上，加大市容市貌综合整治力度，进一步开展占道经营、违法违规户外广告、农贸市场及交通秩序整治等专项行动。改造老旧失管小区，全市小区物业管理按“五个有”标准实现全覆盖。加快大数据中心、智能停车等项目建设，促进城市管理智能化。进一步完善“大城管”运行机制，继续提升网格化、数字化、精细化城市治理水平，创成省优秀管理城市。推动城市管理重心下移，加快实现市镇村三级网格化管理全覆盖。深入实施村庄环境改善提升行动，完成村庄整治年度任务。

在生态文明建设上实现新突破。全面落实省“两减六治三提升”专项行动，集中发力、狠抓源头，精准治污、保护优先，打好治气、治水、治土三大攻坚战。

生态环境问题归根结底是经济发展方式的问题。以国家循环经济示范市建设为抓手，大力发展绿色低碳产业，加快构建科技含量高、资源消耗低、环境污染少的产业体系，提高环保准入门槛，减少无效和低端供给，抓好化工、电镀、涂料企业整治扫尾工作。积极推进排污权有偿使用和交易制度，建立生态环境损害赔偿制度，打破“企业污染、群众受害、政府买单”的不合理局面。

良好生态环境是最普惠的民生福祉。按照中央环保督察组的整改要求，开展重点环境信访“回头看”，继续落实整改措施。扎实推进大气污染防治行动，深入开展10蒸吨及以下燃煤锅炉整治，严控工地扬尘，全面禁止秸秆焚烧。落实土壤污染防治行动计划，加强固体废物综合利用和安全处置，有序推进重点污染场地修复工作。开展胡高路沿线环境综合整治，加快配套基础设施建设。

山水林田湖是一个生命共同体。统筹推进“一湖三水五河”建设，加快大运河、九曲河、新孟河等生态廊道建设，做好“绿水、活水、亲水”三篇文章。做好绿水文章，净化全市水系，继续开展村庄生活污水治理，严控农业面源污染，全面完成畜禽养殖污染防治工作，保持太湖流域考核断面水质达标。加快推进开发区水环境治理，全面消除黑臭水体。做好活水文章，推进北沟河、鹤溪河等重点水利工程，加快城市低洼积水、易淹易涝片区改造，提升城市防洪排涝能力。做好亲水文章，加快大运河（城区段）、简渎河、香草河及内城河、护城河等河道沿岸绿化景观提升，新建一批亲水栈道、生态绿道等慢行系统，营造亲近的滨水空间。

在深化改革上实现新突破。以经济体制改革为轴，统筹推进各个领域改革，充分释放体制机制活力。

改革是发展的动力之源。按照中央部署，扭住关键、精准发力，全面深化体制机制创新。完善绩效考核体制，建立正向考核激励机制，加强对招商引资、项目建设等专项工作考核。着力推进商事制度改革和“互联网＋政务服务”，大力推广“e办事”平台，以企业投资政府“不再审批、有效监管”为取向，持续深化“放管服”改革，推进审批标准化、扁平化、便利化。优化开发区、高新区体制机制，逐步建立机构分设、职能分离、考核分开的“三分”工作机制，强化经济发展职能。深化农村综合改革，全面完成农村土地承包经营权确权登记颁证工作，继续加快农村产权交易市场建设，推进农村集体产权股份制改革。推进医药卫生体制改革，深化公立医院、基层运行机制改革，满足群众多层次医疗需求。

开放也是改革。创新招商体制机制，建立“招商合伙人”制度，引进各类产业基金、天使基金和优质孵化器，招募精选一批创新创业项目。继续瞄准大企业大集团，紧扣重点产业开展全产业链招商，引进一批行业龙头企业和产业链关键企业，招引一批中高端大项目，确保实际利用外资4亿美元。推动优进优出，提高出口效益，稳住外贸基本面。探索五金工具、眼镜、汽车及零部件等特色产业建设海外集中区、海外仓。抓住和用好海外并购重组机会，积极鼓励企业开展对外投资，并购境外品牌、技术和营销网络等资源。

在富民惠民上实现新突破。按照坚守底线、突出重点的要求，切实解决好老百姓最关心最现实的问题，使人民群众在共建共享中有更多获得感。

百姓富，是全面小康的直接体现。进一步研究完善就业政策，实施重点人群就业三大计划，加大就业援助力度。促进以创业带动就业，扶持创业孵化基地发展，提升创业孵化能力和服务水平。加快推进农业供给侧结构性改革，以绿色化、特色化、品牌化、信息化为主攻方向，把农业结构调好调顺调优。合理引导各种资源向提升供给侧质量效益聚集，全面激活市场、激活要素、激活主体。完善农田水利基础设施建设，提高农业物质装备技术水平。培育农村新业态新模式，着眼提高农业全产业链收益，多渠道增加农民财产性收入。大力培育家庭农场、农民合作社等新型农业经营和服务主体，发展多种形式的适度规模经营。深入推进“扶村帮户”达新标活动，强化“第一书记”履职意识和履职能力，注重基础扶贫和产业扶贫，提升“造血”能力，确保60%的经济薄弱村和贫困户双达标。

公共服务是衡量民生福祉的重要标准。要适应新变化，进一步优化教育、卫生、文化、体育等公共基础设施布局，提供更多更优质的服务产品。均衡配置教育资源，加快建设东风学校等教育工程，在提升教育硬件水平的基础上，更加重视提高教育质量。加快南师大中北学院和共享区建设，确保一期顺利招生。提升医疗机构服务能力，人民医院综合大楼主体完工，继续推动优质医疗资源下沉，推进医养一体化工作。实施城乡公共体育设施三年提升计划，提高“10分钟体育健身圈”服务水平。加快城乡居民医保整合步伐，大力推动“金保工程”建设。做好被征地农民进社保扫尾工作，全面解决历史遗留问题。加快完善住房保障体系，加大棚户区改造货币化安置力度。加快养老设施建设和养老服务业发展政策落地，积极引导社会力量参与养老服务体系建设。优先发展公共交通，继续增加公交车辆和公交线路，加密公交班次，推进公交智能化系统升级。

文化是一座城市的灵魂。积极培育和践行社会主义核心价值观，推动市民文明素质、城市文明程度双提升。构建文化产业发展框架，引进一批带动力强、集聚度高的文化企业。繁荣发展文化事业，拓展“书香丹阳”等文化品牌内涵，启动图书馆、博物馆等重点文化惠民工程建设，华东财经委、三吕故居、张家大院适时对外开放，继续办好丹阳眼镜文化旅游节。扶持丹剧等优秀传统文化传承发展，打造丹剧精品。加快传统媒体与新兴媒体深度融合，推进网上舆论生态治理。提炼符合丹阳实际的新时代精神，确立具有标志性的丹阳文化符号，提升丹阳人的归属感、认同感和自豪感。

社会治理水平是夯实和谐稳定的根基。坚持把领导干部带头学法、模范守法作为推进依法治市的关键，带动全社会学法尊法守法。积极打造阳光信访、责任信访和法治信访，完善社会矛盾纠纷有效预防和多元化解机制。强化全民国防观念，努力提升双拥共建水平。严格落实安全生产主体责任，强化食品药品安全监管，加强灾害监测预警，完善突发事件应急和部门联动处置机制，确保社会大局和谐稳定，为党的十九大召开营造和谐稳定的社会环境。

四、全面从严治党

聚力创新，聚焦富民，核心在党的领导，关键在党员干部。要认真贯彻落实党的十八届六中全会精神，把全面从严治党责任履行到位，把严的要求贯彻全过程，做到敢管敢严、真管真严、长管长严，促进全市各级党组织、广大共产党员以“不忘初心、继续前进”的思想自觉和行动自觉，肩负起高水平全面建成小康社会的时代重任。

加强党的思想建设。坚持用中国特色社会主义理论体系武装党员干部，用社会主义核心价值体系教育党员干部，深入学习习近平总书记治国理政新理念新思想新战略。高度重视党性锻炼，增强党的观念、强化党员意识、提升党性修养，自觉尊崇党章、遵守党章、维护党章。把严明政治纪律和政治规矩摆在首要位置，切实增强“四个意识”，自觉做到“四个服从”，坚决维护党中央权威。加强道德教育，大力弘扬中华优秀传统文化，注重家风建设，廉洁修身、廉洁齐家，做具有高尚道德品行的示范者、引领者。

打造过硬干部队伍。严格执行好干部“20字”标准，强化干部选配，旗帜鲜明地选拔使用有定力、善创造、敢担当、重落实、守规矩的优秀干部。加快完善政绩考核评价体系，强化能者上、庸者下、劣者汰的用人导向，切实改变干得越多问题越多、少干不干没有麻烦的逆向激励。试行聘任制，着力引进一批发展所需的紧缺型领导后备人才。着眼换届后新领导班子和新任职干部，强化教育培训，努力提升政治素质和落实执行能力。组织开展专项研判，实施跟踪评估、跟踪问效，全面了解新一届领导班子运行态势、履职情况和德行表现。全面系统严管干部，重点加强干部日常管理监督，真正做到监督全方位、无死角、常态化。

规范党内政治生活。认真学习贯彻《准则》，严格落实中央关于严肃党内政治生活的部署要求，以更高标准加强和规范党内政治生活。各级党委（党组）要认真贯彻党委（党组）工作条例，改进工作方法，加强民主集中制建设，健全议事规则和决策程序，尊重党员主体地位，规范党务公开制度，提高领导能力和工作水平。善用批评和自我批评这一锐利武器，提高党内政治生活的政治性、时代性、原则性、战斗性。完善“三会一课”、民主生活会、组织生活会、民主评议党员、谈心谈话等制度，创新方式，提高质量，焕发党内生活的生机活力。

提升基层党建水平。以“党建·创”为主题，深入开展书记党建看齐行动，扎实推进“双型”先进党支部建设，建立基层党组织开放议事日制度，全面规范党支部运行机制，推动支部在创“星”中提升活力。深化“四有”民情服务处理机制，推进党员志愿者服务e联盟，实施党建强村富民工程，推广“支部+电商”“支部+合作社”等模式，将党组织政治优势转化为服务优势、发展优势，使基层党建形象在服务创“优”中更为鲜亮。深化党员积分管理，推广“互联网+”党员教育形式，组建“党建宣讲团”，打造一批“党建开放性教育示范基地”，实现党员在创“先”中固化“四个意识”。

深化反腐倡廉建设。各级党组织要切实担负主体责任，把“全面从严”的要求，落实到党风廉政建设和反腐败工作全过程。党的各工作部门要认真落实《党内监督条例》，做好职责范围内的党内监督工作。各纪检监察组织，要切实履行监督责任，切实加大监督执纪问责力度。要始终坚持把党的纪律和规矩挺在前面，运用“四种形态”，坚持抓早抓小，时刻用党的纪律和规矩约束党员干部的言行，确保党的纪律和规矩刚性执行。重点解决群众身边的不正之风和腐败问题，集中整治农村集体“三资”监管和工程建设领域权力运行问题。认真落实“四不”刚性要求，严肃查办各类违纪违法案件，始终保持惩治腐败高压态势。严格落实“一案双查”和“责任倒查”机制，督促各责任主体把管党治党转化为行动自觉。认真贯彻落实中央党的巡视制度向基层延伸的工作要求，扎实开展巡察工作，发现问题，形成震慑。

全面深化效能革命。构建“亲”“清”新型政商关系，持续推进简政放权、放管结合、优化服务，最大程度为企业排忧解难、暖心鼓劲。全面提升行政效能，对不担当、不作为的党员干部，加强事前、事中监督及事后问责，确保不敢混日子、不敢“踢皮球”，让企业办事创业更方便、更快捷、更舒心。坚持真抓实干，发扬愚公移山的精神，对确定的事，锲而不舍，动真碰硬，一抓到底，确保各项工作谋划实、推进实、成效实。健全完善大督察机制，成立督察联合办公室，对决定的事，严厉督察、严格考核、严肃问责，切实做到抓铁有痕、踏石留印。注重关爱激励，完善干部正向激励机制，认真执行容错纠错机制，全力营造为担当者担当的政治氛围。

汇聚各方发展合力。市委充分发挥总揽全局、协调各方的领导核心作用，团结和调动一切积极因素，群策群力、共同奋斗。积极支持人大依法履职，更好地发挥人大在推进社会主义民主法治建设、促进经济社会发展中的重要作用。积极支持人民政协围绕团结和民主两大主题，更好地协调关系、汇聚力量、建言献策、服务大局。加强同各民主党派、工商联、无党派人士的团结合作，扎实做好民族、宗教、侨务、对台工作，巩固和壮大最广泛的爱国统一战线。加强对人民武装工作的领导，深入开展双拥创建活动。坚持政治上尊重、思想上关心、生活上照顾、精神上关怀，认真细致做好离退休老干部工作。加强和改进对工青妇等群团组织的领导，充分发挥桥梁纽带作用，凝聚最广泛的共识，汇聚最强大的力量。

政府工作报告

——在市第十七届人民代表大会第一次会议上的报告（摘要）

丹阳市人民政府代市长　黄春年

（2017 年 1 月 17 日）

图 2　丹阳市人民政府代市长黄春年

2016 年和过去五年工作回顾

2016 年，在市委的正确领导下，全市上下团结一心，攻坚克难，推动经济社会平稳健康发展，较好地完成了市十六届人大五次会议确定的目标任务。实现地区生产总值 1135 亿元（预计数，下同），增长 9%；一般公共预算收入 65.5 亿元，同比口径增长 3.6%；规模以上固定资产投资 510 亿元，增长 15%；社会消费品零售总额 315 亿元，增长 11%；城乡居民人均可支配收入 41506 元、21682 元，分别增长

7.6%、9%；服务业增加值占地区生产总值比重达45.7%；单位地区生产总值能耗下降3.8%；主要污染物排放量削减率完成年度目标，实现了“十三五”良好开局。

一、突出转型升级，发展质态有效提升

规模以上工业技改投资高幅增长，全年完成190亿元，增长35%；工业应税销售1105亿元，增长8.3%。40个镇江市级重点产业类项目完成投资156亿元，形成一批新的增长点。积极推动技术、资金、人才等创新要素向新材料、新能源、生物医药和医疗器械等产业集聚，新兴产业全年销售收入占规模以上工业比重40.8%。恒神碳纤维在第二届军民融合发展成果展上得到习近平总书记充分肯定。马凯副总理在我市主持召开全国新材料企业家座谈会。“两化融合”深度推进，完成试点示范企业9家。被评为“长三角最强中国制造”县市。26个现代服务业项目完成投资60亿元。八佰伴建成开业，汇金天地城市广场开工建设。成功举办“中国质造·首届丹阳眼镜文化旅游节”，眼镜博物馆正式对外开放。加快推进“互联网+”，实现在线销售52亿元，横塘村等4个村入选中国淘宝村，镇江市跨境贸易电子商务监管中心投入试运行。积极推动企业信用建设，营造守信激励、失信惩戒的良好社会氛围。开展“崇法维信”专项行动，严厉打击恶意逃废债和非法集资行为，金融生态环境得到较大改善。设立中小微企业周转贷专项基金，开展联合授信、银企对接等活动，全年新增贷款突破100亿元，有力支持了实体经济发展。克服夏秋两季连续降雨等自然灾害影响，粮食总产50.16万吨，市政府及时投入专项资金帮助农民化解卖粮难。农业园区新增规模经营面积5700亩（380公顷），新建公共服务平台8个。依托农产品电商协会，新建各类农产品电商销售平台50家。

二、突出改革创新，区域竞争力持续增强

扎实推进供给侧结构性改革，围绕“三去一降一补”稳预期、降成本、优服务，淘汰落后产能项目3个，商品住房去化周期降至13个月，取消6项中介服务性收费，扩大18项行政事业性收费免征范围，为企业降税减费近20亿元。认真落实商事制度改革任务，“多证合一、一照一码”正式运行，个体工商户“两证整合”，事中事后监管、信用监管等机制进一步完善。市场活力不断释放，新增各类企业3693户、个体工商户7886户，同比增长46%、58%。组建成立检验检测中心、不动产登记中心、国有资产监督管理办公室。基本完成全市农村集体土地确权登记工作，首批证书已颁发给农户。丹阳高新区获批省级高新区。开发区创成3家省级众创空间。新增省民营科技企业30家，高新技术企业40家，高新技术产业产值占规模以上工业产值45.2%，研发投入占地区生产总值比重达2.41%。启动“丹凤朝阳”人才计划，新增领军人才（团队）40个，2人入选镇江“金山英才”顶尖人才专项计划。成立全国唯一的眼镜知识产权快速维权中心。新增专利授权3200件，其中发明专利授权594件。实际利用外资再次突破4亿美元，引进市外民资241亿元。积极推动企业开拓资本市场，花王公司成为省园林行业首家主板上市企业。全年新增上市挂牌企业7家，新增直接融资52亿元。

三、突出建管并举，城乡环境得到改善

城市总体规划经市人大常委会审议通过。新一轮土地利用总体规划完成调整，划定城市周边基本农田6773亩（451.53公顷）。123项城乡重点建设项目完成投资108亿元。城乡交通网络进一步完善，皇蒋线、新珥线、吕东大桥、公园路西延、白云街、中山路延伸、城河路拓宽改造等一批道路桥梁工程全面完工，122省道、241省道城区段等一批省道、县道实现提档升级。继续加快老旧城区改造，完成金鸡饭店、姜家园二期三期等片区房屋征收。城市节点景观品位不断提升，建成九曲河城区段两岸风光带、凤凰山遗址公园。大力发展公共交通，优化调整公交线路3条，新增新能源公交车50辆、公共自行车站点15个、停车泊位900个。新建华东财经委地下综合工程等人

防设施10万余平方米。建成城南菜市场，迁建百家兴菜市场。围绕全国卫生城市复评、全国文明城市和省级优秀管理城市创建，组织开展“十整治一提升”城市环境综合整治行动，户外广告、乱停乱放等问题得到较大改善，市容市貌焕然一新。开展省级美丽乡村、镇江市美丽宜居村庄建设。以化解中央环保督察组交办环境信访问题为导向，重点整治断面达标、工业排放等问题，共完成37项交办事项整改。严格实施秸秆禁烧，淘汰营运黄标车1616辆，整治燃煤锅炉362台，全年空气质量达到二级标准的天数比例78.4%，PM2.5年均浓度下降率7.9%。畜禽养殖污染治理成效明显，签约关闭禁养区范围养殖场403家。开工建设新孟河延伸拓浚、九曲河整治工程。完成城区水环境综合整治三年行动以及利民河防洪除涝等一批项目，疏浚农村河道、二级沟35条。开发区循环化改造示范园区建设通过省级验收。关闭7座砖瓦窑厂，完成国家废弃矿山整治（二期）90%土石方工程量。

四、突出共建共享，社会事业加快发展

“金保工程”一期正式上线运行，医保智能化监控系统初步建成。3422位首批历年被征地农民社会保障完成核定，统一提标至每人每月671元。全市城镇新增就业1.67万人，城镇登记失业率为2.29%。城乡居民最低生活保障标准提高到每人每月625元。全年发放各类救助资金5500余万元。坚持因地制宜、市场导向开展精准扶贫，落实帮扶项目140个，26个经济薄弱村、1608户低收入农户顺利脱贫。完成保障性住房2984套（户）。教育现代化水平省级检测得分列全省前列，完成实验小学、华南实验分校以及普善等5所幼儿园新改扩建。南师大中北学院一期工程主体完工。人民医院综合大楼和皇塘、访仙卫生院加快建设，精神病防治院及一批社区卫生服务中心建成启用。全市193个村（社区）实现综合文化服务中心全覆盖。新增公共体育设施面积5.8万平方米。推进依法治市，启动“七五”普法，实施“法治惠民村村行”等一批普法工程。全面推动综治平安建设工作创新发展，着力构建立体化社会治安防控体系，群众安全感满意率达93.8%。安全生产总体形势平稳可控，“8·6”埤城火灾事故得到妥善处置。信访矛盾调处力度不断加大，突发公共事件处置能力进一步增强。此外，人武、物价、外事、侨务、史志、档案、气象、地震、供销、粮食、对台事务、民族宗教、妇女儿童、机关服务等各项工作都取得新的成绩。

五、突出作风转变，政府服务不断优化

认真践行“两学一做”，深入开展效能革命。发扬“店小二”精神，组织“企业大走访”“企业家座谈”等活动。定期召开市镇两级工作调度会，研究制定加快经济社会发展、稳定金融环境等政策措施。坚持市政府常务会议学法制度，进一步完善规范性文件和重大行政决策合法性审查机制，行政权力网上公开透明运行。坚持重大事项向市人大报告、向市政协通报，自觉接受市人大的法律监督和市政协的民主监督。承办人大代表建议议案122件、政协委员提案282件，满意和基本满意率达100%。严明党的纪律和规矩，严格执行中央“八项规定”和省委、市委“十项规定”。全部公开部门预决算和“三公经费”预决算，“三公经费”同比下降11%。建立容错纠错机制，为敢于担当的干部担当，同时，坚决整肃庸政、懒政、怠政行为。认真落实党风廉政建设主体责任，严厉查处各种顶风违纪违规问题。

回顾过去五年的奋斗历程，充满艰辛，令人难忘。这五年，是丹阳积极适应经济新常态、应对经济下行压力、把握发展新机遇的五年；是丹阳应对重大挑战、经历重大考验、取得重大发展的五年；是我们牢牢把握“领跑镇江、争先苏南”目标定位，创新思路、齐心协力，在不平凡的征程中创造出不平凡业绩的五年。

五年来，我们致力于稳增长、调结构，在转型升级中优化了经济质态，提升了综合实力。三次产业结构由2011年的5.4∶55.2∶39.4优化为2016年的4.5∶49.8∶45.7。地区生产总

值超过1100亿元，一般公共预算收入和全社会固定资产投资分别是2011年的1.5倍和2.2倍，综合实力、工业经济发展实力均位居全国百强县（市）第18位。规模以上企业达到759家，销售超亿元企业123家，超10亿元企业17家，超百亿元企业3家。创成省内唯一的国家新型工业化（军民结合）产业示范基地。国际眼镜城二期、金鹰天地、八佰伴、吾悦广场等一批重大服务业项目竣工投入运营。获批全国首个国家旅游产业创新发展实验市。多次荣获国家产粮大县称号，农业基本现代化发展水平居全省县市前列。

五年来，我们致力于抓改革、促开放，在创新发展中提高了服务效能，激发了内生动力。在全省率先实行“三证合一”登记制度，公布实施“三张清单”。五年新增各类市场主体36972户，注册资本843亿元，全民创业迸发无穷活力。整合成立丹北镇，合并组建市场监管局和卫计委，创新开发区管理体制，各类资源配置更加科学高效。高新技术产值占比提高了17.2个百分点，高性能合金材料、高分子复合材料、大型医疗器械三大领域涌现出一批技术全国领先、发展潜力巨大的新兴企业。五年新增上市挂牌企业40家，累计48家，占镇江市一半。累计批准设立外商投资项目167个，实际利用外资20.77亿美元。

五年来，我们致力于强功能、优生态，在统筹协调中丰富了城市内涵，改善了城乡面貌。完成新一轮城市总体规划、城乡一体化规划。全面贯通城市外环交通和重要连接线，城区道路微循环得到较大完善，建成241省道、齐梁路南延、丹桂路东延、人民大桥、南三环大桥等一批重大交通工程。大规模推进老城改造，启动实施24个房屋征收项目，征收拆迁面积167万平方米。新改扩建万善公园、人民公园、丹凤公园，整治完成香草河、城北分洪道、九曲河（城区）护岸。强力推进大气、水、土壤污染防治和重点领域、行业、企业主要污染物减排工作，关闭、转产、搬迁141家化工生产企业。积极实施美丽宜居镇村建设，完成154个行政村、2828个自然村环境整治。连续三年实施30个公开承诺当年竣工项目，得到广大群众肯定和拥护。创成国家环保模范城市、国家生态市，被评为中国宜居宜业典范城市。

五年来，我们致力于办实事、惠民生，在共建共享中促进了和谐发展，增进了百姓福祉。坚持民生优先，每年集中75%以上的财力保障和改善民生。城乡居民人均可支配收入分别比2011年增加了26631元、13426元。累计新增就业7.97万人，登记失业率控制在2.5%以内。社会保险覆盖率超过98.5%，基本医保参保人数27万人，新农合纯农民参合率保持在99%以上，重大疾病保障病种拓展到20种。低保标准五年翻了一番。建设各类保障性住房20449套（户）。完成两轮“扶村帮户”脱贫任务。成立慈善总会和镇（区、街道）慈善分会。新改扩建职教园、正则小学等一批教育工程，开工建设南师大中北学院迁建工程，荣获全国义务教育发展基本均衡县（市）。改扩建人民医院、二院等工程，基本建立“市镇两级、镇村一体、防治结合”的医疗卫生服务体系。全民健身中心投入使用，人均体育场地面积超过2.8平方米。建成142个文化广场，顺利通过全国文化先进县（市）复查验收，被授予中华诗词之乡称号。“平安丹阳”“法治丹阳”建设成效显著，被评为全国法治县（市区）创建活动先进单位。成为首批全国县级文明城市提名城市。

在过去五年发展进程中，各镇（区、街道）勇挑重担、争先进取。开发区科创园创成国家级企业孵化器，与吕城“区镇共建”航空航天产业园，创成国家新型工业化产业示范基地；丹北镇、皇塘镇成为全国重点镇；云阳高新区创成省工业化、信息化“两化融合”示范区；司徒镇成为镇江市唯一的省级“强镇扩权”乡镇；延陵镇集中打造“三彩”延陵；珥陵镇创成省级农产品加工园区；导墅镇获得中国家纺名镇称号；陵口镇被评为省级文明镇；访仙镇创成省汽摩配优质产品生产示范区；界牌镇积极探索新型城镇化建设。镇区板块形成百舸争流、你追我赶态势，为全市发展大局发挥了重要支撑作用。

在肯定成绩的同时，我们也清醒认识到发展中存在的问题和挑战：供给侧结构性改革矛盾突出，重大项目和优质增长点不足，新老增长动能转换过程需加快；实体经济发展环境总体偏紧，部分企业经营困难，金融和社会风险隐患不容忽视；环保污染治理任务艰巨；城乡建管水平有待提高；治理体系和治理能力的现代化有待进一步提升。对此，我们将正视矛盾、直面问题，进一步增强忧患意识和责任意识，在今后工作中努力加以解决。

今后五年工作展望

时间是常量，也是奋进者的变量。市第十三次党代会描绘了丹阳未来发展的宏伟蓝图。今后五年，新一届政府将在市委的正确领导下，围绕"五个走在前"，构筑"五大新高地"，以时不我待、只争朝夕的紧迫感，牢记发展使命，狠抓发展举措，全力建设充满创新活力的苏南现代化工贸名城！

1. 产业特色更加鲜明、更具创新活力。坚持"产业强市""质量强市"战略，加快传统产业转型，推动新产业、新业态蓬勃发展，大力推进经济社会各领域创新，努力形成以创新为主要引领的经济体系和发展方式。地区生产总值突破 1600 亿元，研发投入占地区生产总值比重达 2.8%，科技进步贡献率达 65%。

2. 发展视野更加宽广、更具开放胸怀。实施更积极、更主动的开放战略，主动融入长江经济带、宁镇扬一体化发展，深入推动"引进来"与"走出去"相结合，加快转变外贸发展方式，优化市场结构和贸易结构，不断拓展对外开放的广度和深度。累计实际利用外资 20 亿美元以上，外贸进出口 160 亿美元。

3. 城市功能更加完善、更具内涵特质。尊重城市发展规律，展现城市气质特质，优化城市空间布局，坚持精致有序、精明增长，注重历史文脉延续，彰显城市文化内涵，不断提升城市承载力、吸引力和集聚力。建成区面积超过 50 平方公里，城镇化率提升到 70%。

4. 生态环境更加优美、更具江南特色。深入实施生态文明建设工程，加快推进绿色发展、低碳发展、循环发展，构筑绿色化生产生活体系，持续改善生态环境，促进人与自然和谐共生，不断增进群众的生态福祉。万元地区生产总值能耗下降 10%，城市建成区绿化覆盖率 41%以上。

5. 人民生活更加幸福、更具和谐氛围。注重发展成果的普惠性，把增进人民福祉作为工作的出发点和落脚点，大力实施民生幸福和基本公共服务均等化工程，使广大群众在共建共享中有更多的获得感、幸福感。城乡居民人均可支配收入分别达到 55000 元、30000 元，公众安全感满意率稳步提升。

2017 年主要工作安排

2017 年是新一届政府履职的起始之年，也是高水平全面建成小康社会的关键之年，做好今年工作意义重大。我们将深入贯彻中央、省、镇江市有关会议和丹阳市委十三届二次全会精神，以"两聚一高"（聚力创新，聚焦富民，高水平全面建成小康社会）为引领，以"五个新突破"（在转型升级上实现新突破，在精美城市建设上实现新突破，在生态文明建设上实现新突破，在深化改革上实现新突破，在富民惠民上实现新突破）为目标，坚持稳增长、促改革、调结构、惠民生、防风险，努力实现新一届政府良好开局。

2017 年我市经济社会发展的总体目标是：地区生产总值增长 8%左右；城乡居民人均可支配收入分别增长 8%左右、8.5%左右；一般公共预算收入同比口径增长 4%左右；规模以上固定资产投资增长 12%左右；研发投入占地区生产总值比重 2.43%，高新技术产业产值占规模以上工业产值 45.3%，服务业增加值占地区生产总值比重 45.8%；单位地区生产总值能耗下降、主要污染物排放削减率完成镇江下达任务。

新的一年，我们将按照市委的总体部署和要求，重点做好五个方面的工作：

一、围绕兴业富民，在构建现代产业体系上力求新进展

紧紧扭住项目这个发展的牛鼻子，加快产业结构调整和发展动能转换，不断提升产业竞争力，实现更高质量和效益的发展。重点推进206个产业项目，完成年度投资328亿元。

1. 做强做优先进制造业。以新技术、新业态、新模式为着力点，以航空航天、先进轨道交通、新材料、生物医药和医疗器械等产业为支撑，推动新兴产业集聚发展、军民融合深度发展，构建战略性新兴产业发展体系。推进鱼跃医疗产业园、图南高温合金结构件、乐能电池新能源材料等41个新兴产业类项目，当年完成投资100亿元。加快提升传统优势产业，推动汽车零部件、五金工具、视光学、木业、家纺等传统产业转型升级，引导企业加快技术改造步伐，不断提升传统产业市场占有率。组织实施大亚科技升级改造、沃得轮式拖拉机等81个重点技改项目，当年完成投资80亿元。积极推进“两化融合”，争创省级两化融合试点、示范企业5家以上。不断提升制造业高端化、智能化发展水平，新建省级示范智能车间2家以上。编纂《丹阳工商业与工商界名人》，打造“百年老店”，发扬“工匠精神”，弘扬新时期丹阳企业家创业创新文化，营造全社会尊重企业家、尊重创业者的良好氛围。

2. 做活做新现代服务业。重点推进22个现代服务业项目，当年投资80亿元。积极发展跨境贸易、现代金融和现代物流等生产性服务业，大力培育健康、养老等新消费热点，推动生活性服务业向便利化、精细化、品质化拓展。突出“产、城、人、文”融合，高起点规划建设眼镜小镇、科技小镇，力求产业定位特而强、功能叠加聚而合、建设形态精而美，优化生产生活空间布局。着力发展全域旅游，加快练湖、水晶山、九里等旅游资源开发，促进全市范围旅游资源要素、市场空间、产业链条深度融合。

3. 做精做特现代农业。围绕实现农业现代化，大力推进农业供给侧结构性改革，结合“互联网+农业”，以农业绿色化、特色化、品牌化、信息化、机械化为方向，加快农业结构调整。以争创国家级农业科技示范园区为抓手，努力提升省、市级农业园区建设水平。积极推行院地合作等产学研结合模式，强化农业科技创新和科技队伍培育。鼓励发展多种形式的适度规模经营，提升农民专业合作社、家庭农场等新型农业经营主体运营质量。继续夯实农业基础设施，实施小型农田水利重点县、中小河流疏浚整治、防洪除涝等工程，推进省千亿斤粮食项目。深化农村综合改革，推动农村产权资产交易平台建设，为农业农村发展增添新动能、注入新动力。

4. 做实做准就业创业。坚持把就业创业作为民生之本，增加百姓收入，加快富民步伐。着力优化就业结构，提高就业质量，拓宽增收渠道，全年新增城镇就业14000人，转移农村劳动力3000人，城镇登记失业率控制在2.5%以内。支持全民创业，完善创业扶持政策，使更多人通过创业致富。推进城乡均等的公共就业创业服务体系建设，运用学校、企业、社会等资源广泛开展各类培训，增强就业创业能力。积极开展精准扶贫，推动扶贫开发由“输血”向“造血”转变，年底确保60%经济薄弱村和贫困户脱贫。

二、围绕改革利民，在激发创新活力上构筑新优势

把创新作为引领发展的第一动力，将改革作为实现崛起的重要支撑，坚持引资引技引智并举的开放理念，充分激发经济转型发展的内生动力。

1. 增强区域创新能力。坚持招才引智和自主培养相结合，全面落实“丹凤朝阳”人才计划，培育引进一批高层次人才和创新创业团队，力争全年引进高层次领军人才（团队）45个，省级以上研发机构10家。全力实施创新“四大行动”（高新技术产业发展，企业创新能力增强，科技创新平台提升，创新要素集聚），

发挥企业创新主体作用，支持企业建设各类研发机构、开展技术创新和科技成果转化，力争培育高新技术企业30家、科技小巨人企业15家。不断提升创新平台承载能力，推进园区体制机制创新，完善各类基础服务设施，使园区成为区域发展的主阵地。着力建设新材料、航空航天、新型医疗器械及生物医药等特色园区，打造一批功能完善、服务高效的众创空间。

2. 深化重点领域改革。落实具有重大牵引作用的改革举措，把改革红利加快转化为发展动能。深化供给侧结构性改革，认真落实“三去一降一补”五大重点任务，着力提高全要素生产力。深化行政审批制度改革，建立健全“互联网+政务服务”体系，在确保安全和环保的前提下，做到网上办、集中批、联合审、区域评、代办制，推进审批标准化、扁平化、便利化。深化财税体制改革，建立全面规范、公开透明的预算制度，完善国有资产管理体制，确保国有资产保值增值。加强融资平台风险管控，加快平台转型升级步伐。推动金融改革创新，支持企业股权合作和债券融资，提高直接融资比重，力争新增上市挂牌企业8家以上，其中1家企业主板上市。继续开展防范金融风险行动，严厉打击非法集资行为，为实体经济健康持续发展营造稳定的金融环境。

3. 提升双向开放水平。把招商引资放到突出位置，创新招商体制机制，加强招商队伍建设，完善招商激励措施，注重产业链招商和以商引商、以资引商，努力实现重大项目招引新突破，确保全年实际利用外资4亿美元。加大走出去力度，助推优势企业拓展境外投资贸易和综合开发空间，提升国际竞争力。创新贸易发展方式，推动外贸向优质优价、优进优出转变，加快发展跨境贸易电子商务。加强质量和品牌建设，扩大区域品牌影响力，创建“江苏省眼镜优质产品生产示范区”“国家级出口五金工具质量安全示范区”。

三、围绕宜居惠民，在加快城乡建设上开辟新格局

按照“适用、经济、绿色、美观”的方针，统筹做好城市规划、建设、管理，扎实开展“四改一拆”专项行动，挖掘历史文化内涵，打造精致精美城市。

1. 完善基础设施建设。加快构建大交通格局，增强丹阳城市向心力，推进357省道吕城段及城区段、南三环东延、车站路北延、迎春路东延、丹句路拓宽改造等工程。围绕云阳大桥拆除重建，完成北二环、姜家园路、大南门街、河沿路、水关路、华阳路、华南路改造建设，启动北环路东延，畅通城市毛细血管，提升城区道路通达能力。大力发展公共交通，提倡低碳出行，建设4座公交首末站，提升新能源公交车占比，推进公交智能化系统建设，新增100个公共自行车站点、2000辆公共自行车。完善市政公用设施，推进天然气应急气源建设，完成普善、锦湖输变电，对部分老城区低洼易涝片区实施排涝工程。

2. 优化城市功能服务。强化规划引领作用，统筹生产、生活、生态空间布局，不断提高城市规划管控水平。持续推进城市棚户区和危旧房改造，完成火车站、原职中等片区房屋征收拆迁任务，改造整治2个城郊结合部，7个城中村，10个老旧小区，不断改善群众居住环境。增加停车场、菜市场、体育场等城市公共产品供给，充分挖掘地上地下空间潜力，新增停车位2350个，完善智能化管理系统，缓解城市停车难；加快商业网点布局规划，完成丹金路菜市场、御龙湾智慧农贸市场建设；贯彻全民健身国家战略，新建普善、马塘桥体育休闲公园等一批健身工程，提升“10分钟体育健身圈”服务水平。

3. 提升城乡品质品位。全力创建全国文明城市，继续开展交通秩序、占道经营、农贸市场等“十整治”行动，解决一批群众反映强烈的城市管理问题。完善“大城管”运行机制，加快整合各类数据资源，实行网格化、精细化管理，提升城市智慧化管理水平，创成省优秀管理城市。转变城市治理理念，鼓励企业和市民参与城市建设管理，形成政府、社会、

市民等多方主体参与、良性互动的现代城市管理格局。注重城市历史文脉延续传承，运用织补思维，对重要历史街区进行保护性改造，复建南门老街、西门城墙等历史景观。深入实施村庄环境改善提升行动，完成九里、柳茹两个国家传统村落保护发展项目，创成2个省级美丽乡村、1个镇江市美丽宜居镇，不断改善镇村环境面貌，优化城乡人居环境。

四、围绕生态安民，在推动环保领先上展现新面貌

顺应人民群众对良好生态环境的热切期盼，深入实施生态文明建设工程，以“两减六治三提升”（减少煤炭消费总量，减少落后产能；治理太湖水环境，治理生活垃圾，治理黑臭水体，治理畜禽养殖污染，治理挥发性有机物污染，治理环境隐患；提升生态保护水平，提升环境经济政策调控水平，提升环境执法监管水平）行动为抓手，切实加强生态保护和污染防治，把生态环境打造成区域竞争优势。

1. 加强环境综合治理。严格遵守主体功能区规划，严守耕地保护、生态保护、城市开发边界“三条红线”，解决群众反映强烈的环境问题。大力整治工业废气、扬尘、机动车尾气等污染，加强餐饮污染、秸秆焚烧等污染整治管控，PM2.5年均浓度降幅达到省考核要求，有效改善大气环境质量。加强固体废物污染防治，强化危险废物环境风险管理。结合国家废弃矿山整治工程，开展胡高路片区环境综合治理。加快环境基础设施建设，全面提升环境监测能力，加强事中事后监管，坚决打击各类环境违法行为，努力构建“源头严防、过程严管、后果严惩”的制度体系，打破“企业污染、群众受害、政府买单”的不合理局面。

2. 加快水环境建设。实施绿水行动，加大黑臭水体整治力度，推进开发区水环境生态治理，清淤整治老九曲河、鹤溪河、弯河，新建城镇污水管网15公里，启动长湾水厂深度处理改造工程，开展新一轮村庄生活污水治理。严格控制农业面源污染，保持太湖流域考核断面水质稳定达标。实施活水行动，加快新孟河拓浚延伸工程建设，完成九曲河综合整治，打通北沟河，进一步沟通城乡水网水系，推进大吴塘水库扩容加固。实施亲水行动，加快推进大运河城区段、内城河、新河景观建设，强化滨水区域的城市形态、风貌塑造，增进沿河两岸的亲水性，整体提升滨水区域的宜居品质。

3. 推动绿色低碳发展。将绿色低碳理念融入经济社会生活各领域。加强主体功能区建设，调整完善全市土地利用总体规划，逐步形成定位更清晰、布局更合理的国土空间开发格局。更大力度推进绿色清洁生产和循环经济发展，加快国家循环经济示范市建设，构建绿色低碳循环发展产业体系，开发区争创国家级生态工业园。提高建筑节能标准，推广绿色建筑和建材，加快建筑产业现代化。围绕打造“城市公园绿地10分钟服务圈”，加大对高速公路出入口、122省道、241省道等城市节点及道路沿线绿化改造提升，加快城头山遗址公园优化改造，沿内城河建设一批生态绿道。

五、围绕和谐怡民，在实现共建共享上取得新成就

始终把改善民生作为政府工作的重要任务，积极实施一批重大民生工程，下大力气解决好事关群众切身利益的问题，扎实推进基本公共服务均等化，实现经济发展与民生改善的良性循环。

1. 提升社会保障水平。巩固扩大社会保险覆盖面，覆盖率稳定在98.5%以上。加快实施“金保工程”，增强社保扩面征缴的合力，努力做大社保基金“蓄水池”。继续做好历年被征地农民社会保障工作，逐步化解历史遗留问题。落实低保等各项社会救助标准增长机制，整合城乡居民医保，完善基本医保、大病保险、医疗救助运行机制，提高低保家庭保障水平。大力发展慈善事业，扎实做好助残、救孤、济困、优抚等各项社会救助工作。

2. 统筹社会各项事业。加快推进教育现代化，进一步优化幼儿园、中小学布局，改建技工学校，新建东风学校以及练湖幼儿园等8所幼儿园，推动学前教育普惠优质发展；实施义务教育学校标准化建设，打造优质多样的高中教育。加快南师大中北学院建设，确保首批学生顺利入学。完善医疗卫生服务体系，加快分级诊疗、异地就医结算等制度建设，推进人民医院综合大楼建设等工程，进一步优化卫生计生资源配置。建立多元化养老服务体系，推进医养融合发展，提高居家、社区、机构养老服务水平，新增养老床位300张。巩固深化军地军政共建，广泛开展全民国防教育，进一步提高双拥共建水平。

3. 促进文化繁荣发展。坚持社会主义先进文化方向，培育和践行社会主义核心价值观。实施丹阳优秀传统文化传承计划，加快推进丹阳文脉研究和整理，保护城市文化遗产，提炼城市文化符号。推进博物馆、图书馆、凤凰山遗址展示馆建设，加快开放三吕故居、华东财经委旧址、张家大院，创建省级文物安全工作综合示范区。支持发展骨干文化企业和创意文化产业，培育新型文化业态，扩大和引导文化消费。深化拓展群众性精神文明创建活动，扶持各类文艺精品创作，打造“书香丹阳”。

4. 全力维护和谐稳定。创新社会治理理念，激发“社区+”效应，不断丰富“三社联动”内涵，提升社区治理和服务水平，鼓励和引导社会组织参与社会事务管理，逐步构建“政府主导、社会协同、公众参与”的治理模式。健全群众利益表达、协调和保护机制，加强信访工作，完善社会矛盾纠纷有效预防和多元化调解机制。深化平安法治丹阳建设，深入实施“七五”普法规划，运用法治思维和法治方式引领改革发展，强化预测预警预防，依法惩治违法犯罪活动，推动立体化、信息化社会治安防控体系创新升级。持续加强食品药品市场监管，进一步强化安全生产工作，优化应急联动和防灾减灾救灾机制。

加快转变职能，全力打造“四型”政府

新的形势、新的任务给政府工作提出了新的更高的要求，发展的重任、群众的期望，不容我们丝毫懈怠。我们将进一步转变政府职能，以开拓创新的理念、勇于担当的气魄、求真务实的作风，恪尽职守、真抓实干，奋力开创政府工作新局面。

1. 全力打造履职尽责的法治型政府。严格执行权力清单和责任清单制度，把依法行政贯穿于政府工作的各个层面、各个环节。认真落实市人大及其常委会决议决定，自觉接受人大法律监督和政协民主监督，主动听取民主党派、人民团体和社会各界意见建议。健全科学民主决策机制，完善公众参与、专家论证、风险评估、合法性审查、集体讨论决定等重大行政决策程序。

2. 全力打造便民富民的服务型政府。认真践行以人民为中心的发展思想，坚持把人民对美好生活的向往作为工作追求，千方百计加快富民步伐。加快构建“亲”“清”新型政商关系，大力发扬“店小二”精神，积极开展“暖企行动”，为企业和群众提供更贴心和更细致的服务，用政府权力的“减法”换取市场活力的“加法”，打造亲商、安商、富商的法治化、国际化营商环境。

3. 全力打造求真务实的效能型政府。积极倡导勇于担当、创新实干的工作作风，不断提升政府工作人员干事创业的精气神，把力量集中到办实事、求实效上，形成人心思进、团结奋进、开拓前进的生动局面。不断完善考核激励机制，强化目标任务督察落实，加强监察执纪问责，坚决查处行政不作为、乱作为、慢作为等行为，提高政府执行力。

4. 全力打造节俭自律的廉洁型政府。坚持挺纪在前，从严落实廉政建设“两个责任”，健全惩治和预防腐败体系，加强重点领域的审计监督，不断完善作风建设长效机制。深化政务公开，抓好行政权力网上公开透明运行，健全政务信息发布制度。严控“三公”经费支出，把更多财力用在急需的民生事业上，更好树立为民、务实、清廉的政府形象。

领导调研与友好往来

【夏锦文到丹阳调研】　2016年，镇江市委书记夏锦文五次到丹阳开展调研、督察和现场办公。3月16日，夏锦文到丹阳调研经济社会发展情况，察看博昱科技（丹阳）有限公司、开发区创业园、仅一公司、双峰格雷斯海姆医药玻璃（丹阳）有限公司、江苏奇一科技有限公司、界牌新农村和江苏卡威汽车集团工业有限公司，并主持召开汇报会。在听取丹阳市委书记童国祥汇报后，夏锦文说，丹阳贯彻镇江市委决策部署扎实有力，“十三五”开局之年呈现良好的发展态势，镇江市委对丹阳的发展充满信心，循着这样的发展态势，瞄准“十三五”规划确定的发展目标，对照2016年的目标任务，丹阳全市上下齐心协力积极推动，“十三五”的前景非常美好。对丹阳下一步的发展，夏锦文提出4点要求。一要适应引领新常态，奏响创新发展最强音。二要围绕“创新转型提速年、产业项目突破年、‘生态镇江’提升年、改革开放深化年、民生保障强化年、治理体系完善年”干出奋进态势，勇当稳中奋进排头兵。三要聚焦聚力补短板，打好全面小康攻坚战。四要从严从实抓党建，营造担当干事小气候。7月7日，夏锦文带领镇江水利、农委等部门负责人到丹阳督察防汛抗洪工作。他重点查看延陵镇的利民河闸站，详细了解闸站的排涝情况以及丹阳市汛情、水利设施情况，对丹阳市抓时间节点，做到边建设边发挥水利工程调控作用的做法给予肯定。7月25日，夏锦文到丹阳督察国考水质断面达标整治情况，现场察看丹金溧漕河黄埝桥断面和九曲河林家闸断面，询问丹阳国考、省考断面的水质情况。11月29日，夏锦文带领镇江有关部门到丹阳市天工国际集团公司现场办公，察看天工国际集团公司的生产车间和样品室，听取企业运营情况介绍以及发展中遇到的问题，要求镇江各相关部门要建立企业“走出去服务中心”，为企业“走出去”提供更好服务。12月21日，夏锦文到丹阳市督察冬春水利建设。（史志办）

图3　2016年7月7日，镇江市委书记夏锦文（中）察看丹阳防汛设施　（史志办）

【范燕青到丹阳调研】　2016年7月14日，江苏省政协副主席范燕青到丹阳，围绕“大力实施民生共享战略，提升人民群众幸福感和满意度”主题开展专题调研。调研组参观黄连山村和红叶颐馨园，实地察看美丽宜居村庄建设和养老事业发展情况。丹阳市代市长黄春年向调研组介绍丹阳市民生事业发展情况。范燕青表示，丹阳市委市政府始终把民生事业放在突出的重要位置来抓，社会保障、住房保障、医疗卫生、公共服务、教育等各项民生事业做得有声有色、有条有理，同时扶贫工作细致到位，扶贫开发聚焦重点。（史志办）

【张卫国到丹阳调研】　2016年7月20日，江苏省人大常委会副主任、党组副书记张卫国就城市路网建设、企业发展、村庄环境整治以及人大工作等到丹阳调研。张卫国先后察看城河北路西侧片区路网改造工程、鱼跃集团、齐梁路南延工程、吉凯恩公司、黄连山村以及丹北镇人大代表联络工作总站。在鱼跃集团和吉凯恩公司，张卫国参观企业现代化的生产车间，了解企业发展情况。在丹北镇人大代表联络工作总站，张卫国听取丹北镇经济社会发展和人大工作情况汇报。张卫国对丹阳经济社会发展和人大工作给予肯定。他说，坚定发展一定是硬道理，只有发展才能凝聚人心，才能解决老百姓期待的问题，希望丹阳要抓住发展不动摇，在镇江发挥好特色优势。（史志办）

【韩国驻沪总领事访问丹阳】　2016年7月23日，韩国驻沪总领事韩硕熙访问丹阳，丹阳市领导黄春年、沈留海会见韩国客人，双方就加强经济、文化等方面的友好合作进行深入交流。代市长黄春年介绍丹阳市的发展历史、交通区位优势以及经济社会基本情况。黄春年说，在丹阳的韩资企业共有45家，大多数都从事视光学、皮具等行业，投资总额5500万美元。韩资企业不仅为丹阳提供大批就业岗位，也为丹阳的经济发展做出重要贡献。他强调，丹阳市委、市政府十分重视韩资企业在丹阳的发展经营状况，也经常帮助韩资企业协调解决发展中遇到的问题。韩资企业和丹阳本土企业互相学习、互相合作，实现共生、共赢、共发展的良好局面。黄春年表示，丹阳将始终致力打造更好的营商环境，为韩国企业家在丹阳创业、安居提供最好的保障。希望以韩硕熙访问丹阳为契机，进一步总结韩资企业在丹阳发展所取得的成绩，同时加深双方的产业对接、人民交往，也希望韩硕熙总领事能够多宣传丹阳、推介丹阳，邀请更多的韩资企业到丹阳投资兴业。（史志办）

【马秋林调研丹阳企业】　2016年10月13日，江苏省副省长马秋林到丹阳，就企业运行情况进行调研。他先后到万新光学、鱼跃医疗和乐能电池3家企业的生产车间，实地查看企业生产经营状况，并向企业负责人详细了解企业在技术创新、市场发展、智能制造等方面的情况。马秋林对企业良好的发展质态、技术创新的成效等给予肯定，希望企业能够结合“中国制造2025”，进一步提升智能化生产水平，实现企业生产由当前的部分自动化向整体、系统的自动化发展，使得企业的产品质量更高。在参观中国眼镜博物馆后，马秋林表示，丹阳的眼镜产业集聚效应好，希望今后把眼镜产业打造得更好。市委书记陈可可表示，丹阳市将立足现有的眼镜产业基础，考虑和谋划打造眼镜特色小镇。（史志办）

【张桃林考察丹阳】　2016年10月13日，农业部副部长张桃林到丹阳考察农业科技企业、基层农技推广“五有”乡镇建设及农业科技综合示范基地。张桃林到江南生物科技有限公司、珥陵镇农技推广综合服务中心和宝林农场参观。在江南生物科技有限公司，张桃林听取企业的情况介绍，了解企业的发展历程、科技创新和产销情况等，参观企业的实验室和生产车间。珥陵镇农技推广综合服务中心是镇江市首个获得基层农技推广“五有”乡镇荣誉的单位。宝林农场是市农技推广部门兴建的市级稻麦科技综合示范基地，基地与南京农业大学合作，主要进行水稻、小麦新品种、新技术、新产品的示范展示，以及储备技术试验。考察中，张桃林对丹阳市加强基层农技推广服务体

系建设，推动农业科技创新与应用，促进现代农业发展的做法给予肯定。（史志办）

【杨岳调研丹阳创意农业】 2017年10月18日，江苏省委常委、副省长杨岳到丹阳调研创意农业，丹阳市领导陈可可、赵志强、金夕龙、符红海等参加调研。杨岳察看延陵镇九里季子景区和九里新村并听取情况介绍，希望九里风景区的打造一定要合理规划。随后，还考察大圣幸福农场和司徒镇杏虎村的万新农庄。并表示，休闲农业是创意农业的重要内容，他对这两处的发展模式和经营成效给予肯定。（史志办）

【龙口市人大考察团到丹阳考察】 2016年4月19日，山东省龙口市人大常委会主任赵刚到丹阳考察。考察团先后参观延陵镇人大代表之家、九里村人大代表联络工作站和开发区高楼社区人大代表联络工作站，参观丹阳眼镜城。考察结束后，赵刚与丹阳市人大进行座谈交流。（史志办）

【国务院参事到丹阳调研】 2016年5月25日，国务院参事张钢等10人，就“推动消费品质量标准升级，促进供给侧结构性改革”课题到丹阳调研。张钢实地考察鱼跃医疗设备股份有限公司，围绕标准制定等问题展开座谈，并参观鱼跃公司制氧机生产线、血压计生产线、针灸针生产车间、实验室、样品室等生产研发现场，了解产品的生产工艺、流程以及质量标准情况。国务院参事调研组表示，鱼跃公司的发展令人振奋，希望企业抓住机遇，主动参与标准制定，从企业标准制定走进行业标准体系，努力迈入国际标准体系，在标准制定方面不断扩大话语权。同时，主管部门也要积极作为，创造条件搭建平台，推动企业参与标准制定工作，加快与国际标准接轨，不断推动产品质量升级。（史志办）

【荥阳市党政考察团考察丹阳】 2016年5月25日，河南省荥阳市市委书记宋书杰率党政考察团到丹阳市考察。考察团参观天宏机械工业有限公司，听取公司特色项目和技术介绍，深入车间考察机器人摇臂、自动化生产线等新型生产设备。考察团还考察吉凯恩粉末冶金项目、恒神股份有限公司、大力神铝业股份有限公司，参观市规划展示馆。（史志办）

【长丰县考察团考察丹阳】 2016年6月14日，安徽省合肥市长丰县县长刘正义带领考察团到丹阳考察。长丰县位于安徽省合肥市北部，江淮丘陵北缘。长丰县资源丰富、经济繁荣，享有“全国油料生产百强县”“全国设施草莓生产第一大县”“全国中部百强县”等称号，培育形成汽车配件、新型建材、食品加工、电力电器、平板显示等五大主导产业。考察团一行参观大力神铝业、日本汽车零部件产业园和奇一科技有限公司。（史志办）

【日本侨商代表团访问丹阳】 2016年6月19日，留日博士总会会长张书明博士带领日本侨商代表团访问丹阳市。在为代表团召开的座谈会上，日本侨商代表团观看丹阳城市宣传片，张书明会长介绍留日博士总会基本概况、旅日侨胞及总会工作等情况，有关专家还就所研究的碳纤维材料、汽车材料、医学器件等进行现场交流。丹阳方面对人才与科技引进方面实施的优惠政策进行重点解读。（史志办）

【慈利县组团考察丹阳】 2016年10月21日，湖南省张家界市慈利县县委书记邱初开率团到丹阳考察。慈利县位于张家界市东部，地处武陵山脉东部边缘，旅游资源丰富，总面积3480平方公里，总人口71万人。考察团考察亚邦太阳能、奥尔帝光学、中润光学、通球集团，参观企业的生产车间，听取企业在研发、生产、管理等方面的介绍。在座谈会上，市委常委、云阳街道党工委书记金夕龙向考察团介绍丹阳的城市发展、历史文化和区位优势，并就县级城市经济发展过程中遇到的一些问题和考察团成员交流意见。慈利县县委书记邱初开介绍慈利县的历史文化和产业发展情况，并希望

双方在项目建设和招商引资方面寻求合作的机会。（史志办）

【丹阳党政代表团考察学习先进地区】 2016年10月9—11日，丹阳市领导陈可可、赵志强、李忠法、任剑平、周奇恒、赵立群、金夕龙、杜官军、周东明、李莉珺、马耿良、王为华、沈留海、符卫国、钱留梅和各镇（区、街道）、相关部门负责人组成的党政代表团到浙江省余杭、临安以及江苏省江阴、常熟等地进行考察学习。在余杭区，代表团参观梦想小镇仓前老街、梦想小镇互联网村和杭州未来科技城（海创园），听取介绍，了解余杭在转型升级、创新创业、招才引智、新经济新业态和特色小镇建设的先进理念、做法和经验，并重点考察未来科技城在创新创业、招才引智、城市建设以及梦想小镇在特色小镇建设、运营和管理等方面的实践成果。代表团成员围绕政策配套、招商跟进、管理架构、服务保障等问题作探讨。在临安市，代表团参观万马集团、福斯特研究院、青山湖科技城核心区块和青山湖科技城规划展览馆。临安市市长王敏介绍该市的经济社会发展情况，并着重围绕转型升级、人才引进、金融创新和特色小镇建设等代表团关注的问题作说明。在江阴市，代表团参观领军人才创智园、长电科技、江苏法尔胜泓昇集团有限公司、船厂公园（工业棕地生态修复）等地，围绕转型升级、科技创新、非公企业党建和高新区建设等方面作深入了解。在常熟市，代表团参观国家大学科技园、浙江大学常熟光电技术联合研究中心、大陆汽车系统（常熟）有限公司、昆承湖、琴川·塔弄项目（老街改造项目）等地，考察学习该市在载体平台建设、科技创新、招商引资、城市建设和管理、高新区建设、水环境保护等方面的有效尝试和成功经验。（史志办）

【丹阳代表团到香港开展交流活动】 2016年11月2—4日，丹阳市委书记陈可可率丹阳代表团到香港开展现代服务业经贸交流活动。在港期间，代表团拜访香港中联办经济部，介绍丹阳的区位优势、产业亮点、发展前景等，并与中联办经济部副部长杨益进行交流，希望借助中联办经济部平台，构建丹阳和香港交流合作通道，并借助其在香港工商业界的影响力进一步提升丹阳在香港工商业界的知名度。在香港中华煤气公司总部，陈可可与公司执行董事陈永坚就合作项目交换意见。代表团拜会瑞士银行集团、法国巴黎银行香港分行、光大银行香港分行等金融机构，陈可可希望各金融机构今后继续为丹阳与香港的金融合作牵线搭桥。陈可可还拜访中国基金有限公司、博达浩华国际财经传讯集团、香港明发集团、香港联升集团四家知名企业，与企业家进行交流洽谈。代表团参加“2016镇江（香港）现代服务业项目集中签约仪式”，丹阳市签约2个项目，总投资达240亿元。市领导金夕龙、周东明、沈留海以及各相关部门主要负责人随团参加经贸交流活动。（史志办）

【“走进南师大”系列活动启动】 2016年12月22日，“丹阳走进南京师范大学”系列活动启动。丹阳市代市长黄春年在致辞中表示，南师大与丹阳的校企合作早有先例，此次活动为双方的互通合作打开新局面，南师大的创新优势将为丹阳的经济发展和产业转型提供更多的动力。南师大校长胡敏强介绍南京师范大学情况，提出下一步交流互通的期望，并表示，南师大将充分发挥科研优势，结合丹阳经济文化和产业发展的区域辐射，在更广阔的环境中开展合作，共同抢占新一轮区域经济建设与“聚力创新”的制高点。丹阳市委常委、政法委书记任剑平阐述丹阳办大学以及办好大学的措施与决心，介绍中北学院迁址丹阳项目建设的进度和未来服务大学、校区互动的设想。校地校企合作活动结束后，校地双方领导参观南师大校史馆和美术馆。（史志办）

【赵国刚到丹阳调研】 2016年11月8日，哈尔滨理工大学党委书记赵国刚到丹阳市调研，走访万新光学、恒神股份、哈理工（丹阳）科技成果转移与人才合作交流中心、科技小镇等地和企业，就加强双方科技与人才合作事宜进行交流座谈。自2014年8月起，哈尔滨理工大学与丹阳市开展全面的校地、校企产学研合作，与丹阳市政府及企业签署合作协议22项。代市长黄春年说，哈尔滨理工大学与丹阳之间的校地、校企合作为丹阳产业发展注入新活力，为创新转型提供重要载体。他希望哈尔滨理工大学的科研成果与市场对接，进一步释放科研生产力，加强与丹阳及丹阳企业的合作，使创新更有方向、更有目的；丹阳将营造良好的发展环境，全力支持、配合好哈尔滨理工大学等高校的创新，使校企合作结出更多成果，取得更大的发展。（史志办）

【内布拉斯加州贸易代表团访问丹阳】 2016年11月12日，美国内布拉斯加州州长皮特·瑞克茨率领贸易代表团访问丹阳沃得集团，与镇江及丹阳市有关领导、沃得集团总裁就深化合作进行交流，皮特·瑞克茨为沃得集团总裁王伟耀颁发内布拉斯加州最高荣誉奖。代表团参观沃得集团收割机组装车间，了解收割机的组装流程。内布拉斯加州位于美国中西部，人口约190万人，农业在该州经济中占有重要地位，享有“牛肉之州”和“玉米壳之州”的称号。2011年，沃得集团收购位于美国内布拉斯加州的昂科公司，企业发展良好，在全美50个州有16家分发商、600多家经销商。皮特·瑞克茨说，沃得集团在内布拉斯加州的公司为该州增加就业机会、促进经济社会发展作出积极贡献，内布拉斯加州会继续帮助和支持公司获得更大发展。（史志办）

【中车集团副总裁考察丹阳】 2016年11月12日，中国中车集团副总裁楼齐良到丹阳考察。市委书记陈可可向楼齐良介绍丹阳轨道交通产业发展情况。丹阳市的轨道交通产业发展有一定基础，尤其是新材料的龙头企业已经进入轨道交通领域。为此，丹阳十分期望与中国中车在轨道交通、水处理、新材料产业链的延伸等领域形成战略合作。代市长黄春年简要介绍丹阳市的产业发展、历史文化等基本情况，并表示希望能够与中国中车找到合作契机。楼齐良实地考察恒神公司和大力神集团并进行座谈交流，他表示，恒神和大力神生产工艺成熟，产品的工业化程度也很高，此次考察之后，将认真研究，寻找合适的对接项目和发力点，对丹阳高新技术企业给予支持。（史志办）

【广德县代表团考察丹阳】 2016年11月17日，安徽省广德县县委副书记李斌率县党政考察团到丹阳，就工业经济转型升级、招商引资、金融创新、平台建设等相关工作进行交流。考察团实地参观恒神、大力神、仅一3家企业，了解丹阳市在培育主导产业、推动工业转型升级、园区建设、招商引资、金融创新以及电商发展等相关经验和做法。在座谈会上，丹阳市委副书记赵志强向考察团介绍丹阳经济社会发展等方面的情况。李斌表示，通过此次学习考察，充分感受到丹阳经济社会发展的良好态势，希望今后双方进一步密切联系、加强沟通，实现共同发展。（史志办）

【富平县代表团考察丹阳】 2016年11月18日，陕西省富平县委副书记、县长张海乾率县党政考察团到丹阳市考察。富平县位于陕西省关中平原中北部，拥有“世界陶艺之都”“中国柿乡”“全国奶山羊之乡”等诸多称号。考察团参观大力神铝业公司、中国眼镜博物馆和市规划展示馆。座谈会上，丹阳市代市长黄春年向考察团介绍丹阳历史文化、经济社会发展等方面的情况。黄春年表示，丹阳与富平有很大的发展合作空间，期待与富平加强产业互动与合作，以实现优势互补、互惠互利、共同发展。张海乾表示，通过这次学习考察，充分感受到丹阳经济发展的良好态势，希望今后双方进一步密切联系，加强沟通交流与合作，实现共同发展。（史志办）

【四平市考察团考察丹阳】 2016年11月30日，吉林省四平市委常委、副市长徐绍刚带领考察团到丹阳考察。四平市是吉林省第三大城市，东北三大粮仓之一，是全国重点商品粮生产基地。

考察团参观恒神公司产品陈列室，听取恒神公司产品研发生产情况介绍。在参观沃得集团农机生产车间时，四平市考察团对沃得农机表现出浓厚兴趣，详细了解沃得农机的价格、功能及优势，并欢迎沃得集团参加四平市将举办的农机展销会。考察团还考察中国（丹阳）国际眼镜城和界牌新村，了解丹阳眼镜产业的发展现状以及界牌新型城镇化建设情况。（史志办）

“两学一做”学习教育

【概况】 2016 年，丹阳市把“两学一做”作为全市党建的首要任务，坚持常态化制度化推进，相关做法和典型经验受到江苏省委组织部“千组万支”（即全省成立 1000 个督导组，督察 10000 个党支部）“互学互查”督导组领导肯定。坚持示范带头，市委召开座谈会后，各基层党组织于 6 月底前完成动员部署，按照支部书记讲一次党课、党员缴纳一次党费、重温一次入党誓词的“三个一”要求完成开局。市委常委会结合“书记项目”和“六大先锋行动”，定期以普通党员身份参与所在支部和联系点的组织生活。坚持深化学习，全市建立省级教育监测点 1 个、镇江市级监测点 7 个、丹阳市级监测点 27 个，按照“三个专题讨论”要求，提炼出八个方面“共产党员思想行为规范”，整合推出“六大系列党课”，涌现吕城镇河北村管家党支部“三色卡”学习制度、云阳街道江南人家社区“送金子”行动等一批鲜活典型，形成典型案例集 2 本。坚持学做结合，进一步深化“四有”民情服务处理机制，开展“王华精神”“从何以范入党看信仰的力量”主题讨论，推出“铁心跟党一辈子”的丹阳市老党员汪深渠典型。坚持从严督察，成立 4 个督导组、8 个互督互查组，完成各类督导 2000 多次，重点突出“统一活动日”，11 月 20 日，围绕“严格组织生活，增强政治自觉”主题，组织全市所有基层党支部统一开展以“学、看、谈”为主要内容的“统一活动日”，进一步提高学习教育实效。（蔡振宇）

重点工程

【概况】 2016 年，丹阳市确定 123 个城建类重点工程，年度投资 168.1 亿元。全年共有 119 个项目开工，开工率 96.7%。项目完成年度投资 107.8 亿元，完成年度投资计划的 64.1%。在 123 个重点工程项目中，选择民生关联度高、社会关注度高的 30 个项目，作为向社会公开承诺的重点竣工项目，主要包括道路工程、住房保障、市政基础设施、生态环境改善、民生工程五个方面，总投资 72.1 亿元，年度投资 43.4 亿元。其中的 10 个重点工程是：皇蒋线道路工程、城河北路片区路网改造工程、棚改安居工程、老城区污水管网及景观示范段建设工程、水利基础设施建设工程、九曲河两侧景观改造工程（二期）、城市环境综合整治工程、义务教育保障工程、华地二期扩建工程、凤凰山遗址公园。（刘　佳）

总部经济培育

【概况】 2016 年，丹阳市把发展总部经济作为加快经济结构转型升级、提高经济发展质态、提升城市综合竞争力的突破口，开展总部企业招引和认定，完善总部企业政策体系，落实兑现总部企业奖励政策，总部企业在数量和质量上均有所提升，成为新常态下推动全市经济增长的强大引擎。一是开展政策兑现工作。根据《关于促进总部经济发展的若干意见》的规定，市总部办会同丹阳市市场监管局、国税局、地税局、财政局、商务局等成员单位对被认定为 2015—2016 年度的 19 家总部企业进行 2015 年度的税收入库情况进行奖励，对符合奖励兑现要求的企业共兑现奖励资金 2778.75 万元，2016 年 8 月全部拨付到位。二是开展总部企业监测工作。对总部企业的销售和税收完成情况进行实时监测，由于受宏观经济形势的影响，全年完成销售 425.62 亿元，比上年增长

18.67%，实现四项税收15.4亿元，比上年降低4.22%。（秦叶红）

经济转型产业升级

【概况】 2016年，丹阳市以供给侧结构性改革为主线，以深入实施《中国制造2025丹阳行动计划》为切入点，围绕经济转型升级的重点领域和重要指标，不断创新工作举措，细化工作目标，狠抓工作落实，全市经济转型取得实效。技改投入持续加大，规模以上工业技改投资完成201亿元，比上年增长52.3%，天工公司年产30万套硬质合金工具技术改造项目、辰阳电子生产线智能化技改项目等一批技改项目竣工投产。“两化融合”深度推进，完成“两化融合”试点示范企业9家，其中丹毛公司获得工信部国家贯标试点企业，为镇江地区唯一一家试点企业。建成一批智能车间，丹毛、明月等7家企业成功申报省级示范智能车间；制定出台《丹阳市智能制造推广计划奖补资金管理办法》，丹毛公司高档面料技改扩建项目等8个项目被评选为丹阳市智能制造补助项目，新通达等6家企业被认定为丹阳市级示范智能车间。新兴产业稳步发展，完成新兴产业规模以上固定资产投资118.9亿元，实现销售收入1019.7亿元，占规模以上工业比重42%。现代服务业快速发展，完成服务业增加值516.2亿元，增长10.4%，服务业占地区生产总值比重达45.6%，服务业和制造业融合发展的新业态、新模式不断涌现。军民融合深度发展，恒神、立新两企业成功申报省军民融合发展专项资金，新增军民“三证”企业1家、军品配套企业5家。（秦叶红）

“扶村帮户”活动

【概况】 2016年，丹阳市77个经济薄弱村的村经营收入有26个村达到或超过80万元（达标率33.7%）。村均集体经营性收入75.42万元，比2015年增加3.28万元。在建档立卡的农村低收入人口中，至2016年年底，有1114户1661人达到或超过8000元（达标率32.7%）。落实帮扶项目143个，总投资4.1亿元，预计可实现增收3041万元，落实到村帮扶资金563.44万元，到户帮扶资金107.11万元。丹阳市出台《关于开展“扶村帮户”达新标精准扶贫活动的意见》等一系列政策性文件，细化分解目标任务，明确落实工作职责，推动工作规范有序开展。继续设立3000万元预算资金用于专项扶贫，鼓励经济薄弱村把专项扶贫资金、相关涉农资金、社会帮扶资金捆绑使用，撬动更多金融资金和社会资本参与扶贫开发。（刘 佳）

文明城市创建

【概况】 2016年，丹阳市启动全国文明城市创建并取得成效。建立创建工作月度点评会制度，每月召开创建点评会，由市委领导总结上月经验，部署下月工作，推动丹阳市创建工作深入开展；对照测评标准，开展市容市貌整治、市政设施完好、市场环境规范、交通秩序畅通和社区环境卫生保洁五大专项行动，全面提升城市软硬件建设；对照测评标准建立自查标准，由涉及实地考察的各单位进行自查，由创建办督察整改；全方位开展督察工作，深入各个社区和镇村开展督察创建工作，全年累计发出督察专报6期，整改通知书30份。组织开展省级文明系列评选活动，组织人员按照“新申报必查、老单位抽查”的要求，对6个文明镇、22个文明镇村、28个文明单位、4个文明校园、2个社区进行检查指导，推荐上报单位全部获评。全国文明城市创建测评位列江苏省第6名。（姜 炜）

大事记

栏目编辑　夷朝霞

1　月

5日，丹阳市政协十四届五次会议召开。

同日，丹阳市部署全市新一轮农村低收入人口的建档立卡工作。

6日，丹阳市十六届人大五次会议召开。

8日，芬兰比克希集团与丹阳市华凯线束有限公司共同出资组建江苏华凯比克希线束有限公司开业。

12日，中国民用飞机开发公司、中国通用航空产业合作联盟、中投凌空（北京）国际投资管理公司领导到丹阳考察。丹阳市与中国民用飞机开发公司签订战略合作协议。

19日，江苏明天种业科技股份有限公司成功在全国中小企业股份转让系统（新三板）挂牌。

23日，丹阳举办2016年春季大型人才交流会。

26日，丹阳召开丹阳政协成立60周年大会。

同日，丹阳市检验检测中心成立。

28日，江苏“最美基层干部”电视发布会在丹阳市举行。

同日，苏州天华超净科技股份有限公司董事长裴振华和江苏乐能电池股份有限公司签订“动力电池正极材料项目”投资协议。

31日，丹阳—沈阳航空航天大学战略合作暨首批落地项目签约仪式在丹阳市举行。

本月，江苏省委组织部人才工作处调研员高政文率领镇江市第八批科技镇长团到丹阳市开展工作调研和座谈交流。

本月，江苏江南生物科技有限公司入选省级“创新团队”。

本月，中建三局、上海华鼎装饰公司与丹阳市住建局及江苏省金荣建筑安装劳务有限公司签订海外劳务输出基地建设战略合作协议。

本月，丹阳市建山村被评为全国美丽宜居村庄。

2　月

2日，丹阳市与国药集团融资租赁公司签署战略合作协议。

16日，国家知识产权局专利管理司副司长赵梅生一行到丹阳市调研成立丹阳（眼镜）快速维权中心前期基础工作。

20日，丹阳市人社局举办“2016年春风行动”全市联动大型就业招聘会。

25日，丹阳市举行宏马物流有限公司“丹阳—北京”特需班列启动仪式。

3　月

1日，丹阳市启动金鸡饭店片区改造项目、张家大院保护和利用项目征收工作。

11日，丹阳市召开2016年市劳动模范和先进工作者推荐评选工作部署会议。

16日，丹阳市举办第一届电商生态峰会。

25日，《丹阳市城市总体规划（2014－2030）》规划方案通过江苏省住建厅成果审查，对《丹阳市城市总体规划（2014－2030）》进行公示。

同日，丹阳市召开2016年企业上市工作推进会。

4 月

9日，丹阳市召开全市创新人才大会。

13日，丹阳市召开市级机关“效能革命”动员大会。

14—22日，丹阳市委书记童国祥带领丹阳市科技人才经贸出访团赴美国、加拿大进行科技合作交流及考察。

18日，市领导陈可可、薛军民带领城管等部门领导对数家农贸市场及其周边整治情况进行督察。

5 月

6日，国家安监总局四司司长马锐带队调研丹阳市安全生产工作。

9日，丹阳市召开“两学一做”学习教育工作座谈会。

11日，丹阳市召开城市环境综合整治汇报会。

13日，部分镇江市人大代表调研丹阳市保险业发展情况。

同日，丹阳市召开智能制造工作推进会。

14日，丹阳市召开城乡建设重点项目现场推进会。

19日，深圳迪迪集团、河源巴伐利亚庄园项目董事长顾问蒯迪岸一行到丹阳市考察。

20日，镇江市领导夏锦文、李雪峰、胡宗元带领发改委、农委等相关部门负责人到丹阳市走访调研。

25日，国务院参事张钢一行10人，就“推动消费品质量标准升级，促进供给侧结构性改革”课题到丹阳市考察鱼跃医疗设备股份有限公司。

同日，镇江市领导夏锦文、李雪峰、王常生率队到丹阳市沃得集团调研。

同日，江苏省政府参事室主任、南京大学教授、博士生导师宋林飞，省政府参事、省委组织部副部长、省委党的建设工作领导小组办公室主任盛克勤等到丹阳调研苏南现代化示范区建设情况。

同日，江苏省人民政府副秘书长杨根平、江苏省供销社副主任徐筱棣带领调研组到丹阳市，考察丹阳市供销合作社综合改革推进情况。

6 月

3日，丹阳市召开第一届合金行业供应商合作洽谈会。

同日，丹阳市生态环境修复基地成立。

5日，丹阳市启动“重走长征路”公益活动。

16日，丹阳市举行丹阳眼镜文化旅游节。

同日，中国眼镜博物馆开馆。

18日，丹阳市马相伯文化研究会成立。

19日，日本侨商代表团访问丹阳市。

22日，农业部“机械化采茶”科研项目成果在丹阳展示。

同日，北京威卡威汽车零部件股份有限公司与江苏卡威汽车工业集团有限公司举行股权战略合作签约仪式。

30日，江苏省人才创新创业促进会丹阳代表处成立。

7 月

19日，联合国官员代表团到丹阳市考察眼镜产业。

22 日，韩国驻沪总领事韩硕熙一行到丹阳市访问。

27 日，中国共产党丹阳市第十三次代表大会召开。会议回顾总结市十二次党代会以来的工作，研究部署今后五年的目标任务。

8　月

6 日，际华集团股份有限公司与开发区洪旭光学洽谈单兵系统项目合作。

18 日，南京医科大学康达学院与丹阳市人民医院签订附属医院合作协议并举行揭牌仪式。

9　月

1 日，丹阳市召开全市村（社区）党组织换届工作会议。

6 日，丹阳市召开工程师学会成立大会暨第一次会员代表大会。

19 日，丹阳市召开科技创新领导小组会议。

同日，丹阳市召开市委中心组“学习系列讲话、强化四种意识”第二次研讨会暨党政联席会议。

23 日，中共中央政治局委员、国务院副总理马凯到丹阳市调研新材料产业发展。

10　月

9—11 日，陈可可、赵志强等市四套班子领导带领党政代表团到浙江余杭、临安以及江苏江阴、常熟等市（区）考察学习。

12 日，镇江市领导张庆生、凌苏、胡宗元带领检查组到丹阳市检查《江苏省水资源管理条例》实施落实情况。

13 日，江苏省副省长马秋林到丹阳市调研万新、鱼跃、乐能电池等企业，了解企业生产运营情况。

同日，农业部副部长张桃林一行到丹阳市考察农技推广体系建设。

15 日，际华集团股份有限公司与丹阳市的洪旭光电科技有限公司举行科技成果工程化战略合作签约仪式。

18 日，江苏省委常委、副省长杨岳一行到丹阳市调研创意农业。

20 日，丹阳市召开全市打击非法集资推进会。

27 日，江苏省人大常委会副主任史和平到丹阳市慰问王华家属。

11　月

2—4 日，丹阳市委书记陈可可率团到香港开展现代服务业经贸交流活动。

10 日，丹阳市与中铁三局、建信信托、中机中联、普天技术等央企团队签订合作框架协议。

12 日，美国内布拉斯加州州长皮特·瑞克茨率领贸易代表团访问丹阳市沃得集团。

12　月

18 日，丹阳市集中签约 60 个产业类项目。

20 日，丹阳市工商联召开第十二次会员代表大会。

23 日，丹阳市启动以“聚力创新”为主题的“丹阳走进南京师范大学”系列活动。

28 日，丹阳市召开全市农村土地确权登记颁证工作推进会。　（史志办）

丹　阳　概　况

栏目编辑　孙晓霞

自 然 地 理

【位置、面积】　丹阳市地处长江下游南岸，江苏省南部，北纬 31°44′—32°09′，东经 119°24′—119°54′，南北长 44 公里，东西宽 32.5 公里。东邻常州武进区，南与常州金坛区接壤，西北与镇江丹徒区交界，东北与扬中市隔江相望。全市总面积 1047 平方公里，其中陆地面积 850.2 平方公里，占总面积的 81.2%；水域面积 196.8 平方公里，占总面积的 18.8%。

（史志办）

【地貌】　丹阳市地势西北高、东南低，有低山丘陵和平原，以平原为主。西部和北部是宁镇丘陵余脉的低山丘陵岗地，其地形较为复杂，低山、丘陵、岗地、平原和洼地交替分布。低山群中最高峰为水晶山，主峰海拔 166 米。东部和南部属太湖平原湖西部，地形低平，一般在海拔 7 米左右。（史志办）

【资源】　土地资源：在全市陆地面积中，平原 612 平方公里，占陆地的 72%；低山丘陵岗地 238 平方公里，占 28%。全市耕地面积 5.13 万公顷，其中基本农田 4.25 万公顷。

水资源：（1）地表水。全市共有河道 116 条，共计长 610 公里，其中以京杭运河、九曲河、丹金溧漕河为主脉，沟通全市水系，形成全市水系网络，为水资源的蓄、引、提、调、排发挥巨大作用。另有在册小水库 8 座，库容 1674 万立方米；大小塘、泊 1 万余个，蓄水 2450 万立方米左右。（2）过境水。水资源丰富，北可引长江水，西和西南有句容、丹徒的客水。可利用过境水主要是长江水，沿江有主要引排涵闸 5 座，引排流量 482 立方米/秒，每年可引水 5 亿—7 亿立方米左右。（3）地下水。根据《江苏省地下水超采区划分方案》，丹阳市地下水多为岩溶水，可开采量为 624 万立方米/年，地下水化学类型为 $HCO_3 \cdot Ca \cdot Mg$ 型水，矿化度一般为 0.5—1.0g/L，出水温度 45℃—48℃，pH 值 7.2 左右，为具有一定医疗价值的温泉水。

矿产资源：主要集中在北部低山丘陵区。金属矿种主要有铁、锰、方铅，但质低量少。非金属矿种主要有石英、陶土、泥炭、煤炭、砾石、斧劈石、奇石、白云质灰岩和石灰岩，其中斧劈石和奇石质量优良，蕴藏量达亿万吨。

（史志办）

【气象】　2016 年丹阳市基本气候特点：气温偏高、日照正常，降水异常偏多。年平均气温 16.9 度，比常年偏高 1.2 度。年极端最高气温为 39.2 度，出现在 7 月 25 日；年极端最低气温—9.6 度，出现在 1 月 24 日。冬季（2015 年 12 月—2016 年 2 月）平均气温 5.5 度，比常年偏高 1.3 度。春季（3 月—5 月）平均气温 16.0 度，比常年偏高 1.4 度。夏季（6 月—8

月）平均气温 27.6 度，比常年偏低 1.1 度。大于等于 35 度的高温日数 22 天，是历年平均值的 2.5 倍。秋季（9 月—11 月）平均气温 18.2 度，比常年偏高 0.9 度。2016 年终霜日为 3 月 12 日，初霜日为 11 月 24 日，无霜期 256 天，比常年多 38 天。

年降水量 2105.9 毫米，比常年偏多 1022.3 毫米，偏多 94%，属异常偏多年份。冬季属正常级，春季为偏多，夏季为显著偏多，秋季属异常偏多。具体分布如下：冬季降水量 114.3 毫米，比常年少 20.5 毫米，偏少 15%。春季降水量 367.0 毫米，比常年多 117.1 毫米，偏多 47%。夏季降水量 821.2 毫米，比常年多 310.8 毫米，偏多 61%。秋季降水量 766.0 毫米，比常年多 577.5 毫米，偏多 306%。全年降水日数为 146 天，比常年多 30 天。降水日数最多的月份是 5 月，为 20 天，降水日数最少的月份是 2 月，为 4 天。最长连续降水日数为 7 天，为 7 月 1 日—7 日，降水量 388.9 毫米；最长连续无降水日数为 11 天，出现 3 次。一日最大降水量为 113.4 毫米，出现在 9 月 16 日。6 月 18 日入梅，7 月 20 日出梅，梅雨日数为 32 天，梅雨量为 639.9 毫米，比常年偏多 157%。

全年日照总时长 1531.3 小时，比常年少 286.1 小时，偏少 16%。偏少最多的月份是 10 月份，其日照为历史同期的 30%。冬季日照时数 338.8 小时，比常年少 40.5 小时，偏少 11%，属正常级。春季日照时数 353.8 小时，比常年少 119.0 小时，偏少 25%，属偏少级。夏季日照时数 512.7 小时，比常年多 8.3 小时，偏多 2%，属正常级。秋季日照时数 301.9 小时，比常年少 159.0 小时，偏少 34%，属偏少级。

全年以偏东风占主导，其风向频率为 17%。10 分钟平均最大风速为 12.0 米/秒，风向是西北风，出现在 4 月 16 日；瞬时极大风速为 18.9 米/秒，风向是西北风，出现在 4 月 16 日。8 级以上大风日数 2 天。全年雷暴日数为 21 天，比常年少 9 天。全年大雾日数 21 天，比常年少 21 天。（孔志平）

2016 年度丹阳地区主要气候资料四季比较

表 1

季节		冬季			春季			夏季			秋季		
要素/月份		12	1	2	3	4	5	6	7	8	9	10	11
气温（摄氏度）	2016 年逐月	6.6	3.3	6.5	10.9	17.1	20.1	24.4	29.1	29.3	24.1	18.8	11.6
	历年逐月	5.1	2.8	4.8	8.9	14.7	20.3	24.4	27.8	27.2	23.1	17.7	11.2
	比较	1.5	0.5	1.7	2.0	2.4	-0.2	0	1.3	2.1	1.0	1.1	0.4
	2016 年季平均	—	—	5.5	—	—	16.0	—	—	27.6	—	—	18.2
	常年季平均	—	—	4.2	—	—	14.6	—	—	26.5	—	—	17.3
	比较	—	—	1.3	—	—	1.4	—	—	1.1	—	—	0.9
降水（毫米）	2016 年逐月	20.7	71.6	22.0	36.5	179.5	151.0	235.6	462.2	123.4	335.7	345.0	85.3
	历年逐月	31.3	50.4	53.1	83.8	77.1	89.0	178.7	200.3	131.4	74.2	59.0	55.3
	比较	-10.6	21.2	-31.1	-47.3	102.4	62.0	56.9	261.9	-8.0	261.5	286.0	30.0
	2016 年季合计	—	—	114.3	—	—	367.0	—	—	821.2	—	—	766.0
	常年季合计	—	—	134.8	—	—	249.9	—	—	510.4	—	—	188.5
	比较	—	—	-20.5	—	—	117.1	—	—	310.8	—	—	577.5

续表 1

季节		冬季			春季			夏季			秋季		
日照（小时）	2016 年逐月	91.1	87.6	160.1	101.5	123.8	128.5	82.4	181.2	249.1	148.0	47.6	106.3
	历年逐月	138.7	124.4	116.2	135.3	157.9	179.6	140.9	178.7	184.8	159.4	157.6	143.9
	比较	-47.6	-36.8	43.9	-33.8	-34.1	-51.1	-58.5	2.5	64.3	-11.4	-110.0	-37.6
	2016 年季合计	—	—	338.8	—	—	353.8	—	—	512.7	—	—	301.9
	常年季合计	—	—	379.3	—	—	472.8	—	—	504.4			460.9
	比较	—	—	-40.5	—	—	-119.0	—	—	8.3	—	—	-159.0

（孔志平）

2016 年丹阳地区主要气候资料统计

表 2

要素/月份		1	2	3	4	5	6	7	8	9	10	11	12	全年	常年/极值	比较
气温（摄氏度）	平均气温	3.3	6.5	10.9	17.1	20.1	24.4	29.1	29.3	24.1	18.8	11.6	7.6	16.9	15.7	1.2
	极端最高	17.5	22.0	23.8	28.6	31.0	33.8	39.2	37.9	34.5	27.2	23.4	19.6	39.2	39.3	-0.1
	极端最低	-9.6	-3.7	-0.5	9.5	12.7	16.9	21.9	19.9	17.8	9.8	-1.1	-1.3	-9.6	-12.6	3.0
	≥35.0℃日数	—	—	—	—	—	—	12	10	—	—	—	—	22	8.8	13.2
	≤-5.0℃日数	4	—	—	—	—	—	—	—	—	—	—	—	4	8.5	-4.5
降水（毫米）	总降水量	71.6	22.0	36.5	179.5	151.0	235.6	462.2	123.4	335.7	345.0	85.3	58.1	2105.9	1083.6	1022.3
	一日最大	21.6	13.1	18.2	53.1	52.7	80.0	97.6	45.3	113.4	74.3	27.9	19.8	113.4	279.4	-166.0
	≥0.1 毫米日数	11	4	6	11	19	13	13	9	8	18	12	9	133	116	17
	≥25.0 毫米日数	—	—	—	2	1	4	7	3	4	5	1	—	27	12	15
	≥50.0 毫米日数	—	—	—	1	1	1	3		4	3	—	—	13	3	10
	梅雨量	—	—	—	—	—	178.6	461.3	—		—	—	—	639.9	249.0	390.9
其他	日照时数	87.6	160.1	101.5	123.8	128.5	82.4	181.2	249.1	148.0	47.6	106.3	115.2	1531.3	1817.4	-286.1
	大风日数	—	—	1	1	—	—	—	—	—	—	—	—	2	5	-3
	雷暴日数	—	—	1	3	1	3	9	3	—	1	—	—	21	30	-9
	大雾日数	1	2	3	2	2	1	—	—	—	2	6	2	21	42	-21

（孔志平）

历史文化

【建置沿革】 丹阳历史悠久，文化源远流长。新石器时代，丹阳境内就有人类活动。丹阳建置始于战国时期，初为云阳邑。公元前 221 年，秦始皇一统天下，实行郡县制，改云阳邑，置云阳县。不久又更名为曲阿县。新莽始建国元年（公元 9 年）改曲阿县为风美县。东汉初复名曲阿县。吴嘉禾三年（公元 234 年）改曲阿县为云阳县。晋太康二年（公元 281 年）复名曲阿县。唐天宝元年（公元 742 年）改润州为丹阳郡，曲阿县为丹阳县，丹阳县属丹阳郡。唐乾元元年（公元 758 年）改丹阳郡为润州，丹阳县属润州。宋属镇江府。元属镇江路。明清属镇江府。民国初属江苏金陵道。1927 年直属江苏省。1949 年 4 月 23 日，丹阳全境解放，属镇江专区。1958 年 9 月改镇江专区为常州专区，丹阳县属常州专区。1959 年 9 月又改常州专区为镇江专区，1983 年实行市管县后，丹阳县属镇江市。1987 年 12 月，丹阳撤县设市，为丹阳市，仍由镇江市管辖。

（史志办）

【民族、方言】 民族。丹阳向为汉民族居住地区，元朝以后，始有少数民族迁入丹阳定居，改革开放以后，少数民族人口在丹阳定居增多。至 2016 年，丹阳有少数民族 30 个、1458 人，各镇场区都有分布。分布在丹阳的少数民族有满族、回族、锡伯族、藏族、彝族、哈尼族、傣族、傈僳族、拉祜族、阿昌族、怒族、独龙族、苗族、布依族、侗族、水族、仡佬族、壮族、毛南族、土家族、黎族、白族、景颇族、瑶族、佤族、朝鲜族、畲族、土族、仫佬族、蒙古族。

方言。丹阳方言介于吴方言和下江官话之间，有“吴头楚尾”之称。其复杂性表现在两个方面：一是市内各地方言分歧较大，有“四门八音”之说；二是方言归属难定，以城关话为代表，它在语音、词汇、语法诸方面既有吴语特征，又有许多官话痕迹。丹阳方言复杂性的形成，还有其地理与历史的原因。丹阳位于北方方言和吴方言两大方言区的交汇处，两大方言对丹阳方言都有影响。丹阳现在所管辖的乡镇，历史上有的曾属常州府，有的曾属镇江府，这也造成市内各地方言的差异。不仅各乡镇之间语言差别很大，有的乡镇内部也有不同程度的语言差异，有的地方甚至隔村就有差异。根据各地方言的特点，丹阳方言至少可以分为县城类、吕城类、河阳类、埤城与后巷类 4 类。从总体上说，丹阳方言属吴方言区太湖片常州小片。

（王 华 史志办）

【文化与文物】 丹阳有 6000 年的人类生活史。历史上人才荟萃，三国东吴的韦昭，南朝的萧道成、萧衍、萧统、萧纲、萧子显，唐代的皇甫冉、皇甫曾、许浑、张潮，宋代的吴淑、蔡肇、高述，明清时的姜绍书、吉梦熊等，他们分别以文学、史学、书画等名垂史册。近现代，则有教育家马相伯、语法泰斗马建忠（马氏兄弟），还有美术教育家吕凤子、佛学家吕澂、语言学家吕叔湘（美称“吕氏三杰”）、史学家唐邦治、文学家束纫秋、孔学家匡亚明，以及彭炎、束沛德、梅朵、尚丁等，他们均对中国文化做出了贡献。丹阳的民间文化艺术亦丰富多彩，民歌民谣、民间传说、曲艺戏剧等，为人民群众喜闻乐见、广为流传。具有地方特色的丹剧，就是取自民间艺术精华“啷当”，成为优秀稀有的地方剧种。

丹阳境内文物众多，有“江南文物之邦”之美称。南朝陵墓石刻、葛城遗址等 3 处 11 个点处被列为全国重点文物保护单位，唐朝“延陵季子碑”、江南第一梵钟——唐中和铜钟、上海战役总前委旧址、新四军江南指挥部旧址等 9 处被列为省级文物保护单位，贺甲战斗旧址、新丰战斗旧址等 11 处被列为镇江市级文物保护单位，还有宋朝玉乳泉井、沈家桥等 90 处市级文物保护单位。其他还有古文化遗址多处，并从中发掘出大量历史文物，其中有马家浜文化遗物——腰沿釜、良渚文化遗物——黑陶弧腹罐、新石器时代晚期遗物——黑陶宽把盖杯、湖熟文化遗物——鬲、西周青铜凤纹尊等。

（史志办）

区划人口、城市性质

【区划与人口】　2016年，丹阳市辖10个镇、2个街道。共146个村民委员会、69个居民委员会。总人口811460人（男性400891人、女性410569），其中城镇人口346764人、乡村人口464696人。全年出生人口5948人，人口出生率7.33‰，死亡人口5756人，人口死亡率7.09‰，人口自然增长率0.24‰。

（史志办）

【城市定位】　丹阳依江傍河，具备长江沿线经济开放开发带发展经济所必要的港口、交通、能源、水利、用地及城市依托等基本条件。1987年，经国务院批准，丹阳被列为沿海对外开放城市，属上海经济开发区。1996年，经省政府批准，城市定为沪宁线上的现代化工贸城市。"十三五"规划提出发展定位为：产业特色鲜明的工贸名城、充满活力的创新城市、宜居宜业的江南水乡。2016年，城区面积154.11平方公里，城区人口30.81万人。改革开放以来，丹阳城市建设取得了辉煌业绩，先后获得"全国卫生城市""全国环境综合整治优秀城市""国家生态市""国家环保模范城市""首批全国县级文明城市提名城市"等荣誉称号。

（史志办）

【市徽、市树、市花、市歌及丹阳精神】
1991年，丹阳市第十一届人民代表大会常务委员第九次会议决定，丹阳市市徽为"天禄"、市树为银杏、市花为桂花。2012年，确定丹阳城市形象歌曲《花开别样红》。2013年，丹阳市征集选定丹阳精神"至诚，至精；创新，图强"。

（史志办）

基础设施

【交通】　丹阳交通发达，便捷的铁路、公路、水路、航空，已初步构筑了丹阳现代化立体交通格局和得天独厚的交通优势。

铁路：沪宁铁路穿境而过，境内设有丹阳站，年发送旅客279.59万人，丹阳既有站年发送旅客6.62万人，沪宁城际铁路年发送旅客272.97万人，京沪高速铁路丹阳北站年发送旅客19.68万人。

公路：过境主要有沪蓉高速公路，江宜高速公路，国道312，省道241、122、338、340线及丹阳市的市镇公路、镇村公路，构成了丹阳与外地、市区与乡镇、乡镇与乡村间更为密集的公路网络。市区设有汽车东站、客运中心2个等级客运站和数十个货运企业，交通运输更为快捷便利，全年完成公路客运量761万人，公路货运量1583万吨。

水路、航空：京杭大运河与丹金溧漕河、九曲河及部分支线航道，构成了丹阳的水运网络。苏南运河丹阳段29.33公里，达国家四级航道标准，能常年通过500吨级船队，年船舶流量达7.02万艘次。陵口港池码头年吞吐量600万吨。丹阳地方港年吞吐量606万吨。丹阳市区至外贸港——大港30公里，距坐落在该市境内的常州机场30公里，距南京禄口机场100公里，对外贸易和交流方便快捷。

（史志办）

【邮电通信】　2016年，丹阳市城乡邮路1284公里，投递线路总长6580公里，建有与全国联网运行的邮政储蓄"绿卡"系统及电子对账系统、特快专递全国联网查询系统、报刊发行全省联网要数系统、商业信函自动处理系统等。全市有城乡35个邮政网点，经营的业务种类有邮政储蓄业务、信函、包裹、报刊、特快专递、集邮、物流配送、电子汇兑、代理保险、电子商务等。

全市拥有固定电话用户21万户，互联网用户29.81万户。电信宽带城域网已具相当规模，主干光纤通达全市乡镇，交换点遍布全市各地，可满足各种用户的联网要求。

移动电话用户89.32万户。GSM数字移动电话网络不仅实现丹阳境内无缝覆盖，还与全国31个省、自治区、直辖市和世界123个国家及地区共221个运营公司开通自动漫游业务。
（史志办）

【电力】 2016年，丹阳市共有35千伏及以上公用变电所44座，其中500千伏变电所1座、220千伏变电所8座、110千伏变电所25座、35千伏变电所10座，总容量达747.09万千伏安。2016年，全社会用电量71.50亿千瓦时。兴联热电有限公司有2台12兆瓦抽凝机组，2016年已完成发电量8100.31万千瓦时。
（史志办）

【服务】 丹阳交通便捷，环境优美，市场繁荣，生活方便，适宜居住生活。城区有4所省四星高级中学，形成高、中、小、幼合理配套，师范、职教、进修、电大等为补充的多层次义务教育及国民教育体系；有包括三级医院在内的近10家医疗保健机构；有大型超市、商场10余家，全国三大专业眼镜市场之一，小市场、农贸市场遍布社区；银行、保险机构众多，门类齐全，服务便捷；有星级酒店8个，餐饮、住宿、休闲极为方便。（史志办）

2016年丹阳市国民经济和社会发展统计公报

2016年是我市“十三五”规划实施的开局之年，面对错综复杂的经济发展形势，全市上下按照市委、市政府的总体部署，牢牢把握“稳中奋进、提质增效”的总基调，坚持新发展理念，推进供给侧结构性改革，全力以赴稳增长、促转型、惠民生，经济总体保持平稳运行，发展质态有所提升。

一、综合

2016年，全市实现地区生产总值（GDP）1136.03亿元，比上年增长9.1%，其中第一产业增加值52.31亿元，下降0.4%；第二产业增加值567.57亿元，增长8.8%；第三产业增加值516.16亿元，增长10.5%。按户籍人口计算，全市人均地区生产总值139940元，比上年增长9.2%，按年末汇率折算为20275美元；按常住人口计算，全市人均地区市场总值115815元，比上年增长8.9%。三次产业增加值的比重结构由2015年的4.8∶50.5∶44.7调整为2016年的4.6∶50.0∶45.4。财政收入占地区生产总值的比重达到14.3%。

全年居民消费价格指数101.7，比上年上涨1.7%，其中食品烟酒类上涨4.9%，衣着类上涨4.0%，居住类下降0.8%，生活用品及服务类持平，交通和通信类下降0.6%，教育文化和娱乐用品类下降0.2%，医疗保健类上涨1.6%，其他用品和服务类上涨4.5%。

全年新注册私营企业3235家，新增注册资本118.35亿元；新注册个体工商户7966户，新增注册资本13.08亿元；全年实际利用民资643.70亿元，比上年增长4.9%，其中吸纳市外民资243.63亿元，比上年增长3.2%。2016年实现民营工业总产值2257.36亿元，比上年增长4.3%；实现民营工业销售收入2064.54亿元，比上年增长4.1%；民营经济完成投资额251.96亿元，比上年增长5.6%。

二、农林牧渔业

2016年，全市实现农业总产值86.64亿元，增长2.6%；实现农业增加值60.60亿元，增长2.5%。全年粮食种植面积107.09万亩，比上年增长0.4%；油料种植面积5.48万亩，比上年下降8.3%。全年粮食总产量49.33万吨，比上年下降3.7%；油料总产量0.85万吨，比上年下降11.3%；蔬菜总产量29.70万吨，比上年下降1.7%。全年生猪出栏21.55万头，比上年下降1.0%；羊出栏1.87万只，比上年增长10.7%；家禽出栏501.68万只，比上年增长9.3%；全年肉类总产量2.45万吨，比上年增长1.3%；禽蛋产量10850吨，比上年增长11.9%。全年水产品产量4.09万吨，比上年增长2.0%。年末农业机械总动力达37.35万千瓦，比上年下降1.8%。

三、工业和建筑业

全年全部工业实现工业总产值3123.41亿元，比上年增长4.4%。年末全市拥有年销售2000万元以上规模工业企业759家，规模工业完成工业增加值606.62亿元，按可比价比上年增长8.5%，其中国有企业工业增加值1.01亿元，集体企业工业增加值0.86亿元，有限责任公司工业增加值60.38亿元，股份有限公司工业增加值51.58亿元，港澳台企业工业增加值109.03亿元，外商投资企业70.50亿元，私营企业工业增加值320.17亿元。在规模以上工业中：重工业增加值484.20亿元，轻工业增加值122.05亿元，轻重工业比重由上年的18.3∶81.7变化为20.1∶79.9。全年工业用电量55.67亿千瓦时，比上年增长6.6%。

全年工业企业实现销售收入2832.25亿元，比上年增长4.4%；实现利税总额233.34亿元，比上年增长4.0%。其中规模以上工业企业实现销售收入2476.11亿元，比上年增长4.4%；工业产品产销率为98.0%；实现利税总额219.87亿元，增长3.2%；实现利润总额159.66亿元，增长4.1%。

建筑业发展平稳。全市拥有建筑资质企业105家，其中一级资质企业8家，二级资质企业28家。全年实现建筑业总产值75.54亿元，比上年下降8.2%；实现建筑业增加值23亿元，按可比价比上年增长2.9%。全年建筑施工面积526.08万平方米，比上年下降4.3%；竣工面积134.55万平方米，比上年下降52.2%。

四、固定资产投资

2016年，全市完成全社会固定资产投资672.31亿元，比上年增长10.2%，其中完成工业性投资471.76亿元，比上年增长6.3%。全年完成规模以上固定资产投资514.01亿元，比上年增长15.1%，其中完成工业性投资359.99亿元，比上年增长8.6%。在规模以上投资中：国有经济投资29.50亿元，比上年增长58.2%；集体经济投资9.85亿元，比上年下降21.5%；私营个体经济投资371.12亿元，比上年增长18.3%；其他经济类型投资106.55亿元，比上年增长1.0%。投资结构继续调整，在规模以上固定资产投资中，第二产业完成投资364.98亿元，增长9.7%；第三产业完成投资149.03亿元，增长20.6%。

全年完成房地产投资71.73亿元，比上年增长3.7%；完成商品房施工面积571.21万平方米，比上年下降11.2%，其中住宅417.41万平方米，比上年下降12.0%；完成商品房竣工面积83.24万平方米，比上年下降48.2%，其中住宅61.14万平方米，下降57.9%；全年实现商品房销售面积150.22万平方米，比上年增长19.7%，其中住宅面积134.32万平方米，增长20.9%；实现商品房销售额84.41亿元，比上年增长15.3%，其中住宅销售额68.68亿元，增长21.2%。

五、国内贸易和对外经济

全年实现社会消费品零售总额315.62亿元，比上年增长11.2%，其中城区实现消费品零售额197.98亿元，增长12.6%；农村实现消费品零售额117.63亿元，增长8.8%。按行业分，批发业实现零售额25.80亿元，零售业实现零售额253.59亿元，住宿业实现零售额0.90亿元，餐饮业实现零售额35.32亿元。年末全市拥有亿元市场6个，实现成交额108.08亿元。

全年实现进出口总额25.43亿美元，比上年下降9.2%，其中出口总额21.40亿美元，下降8.9%；进口总额4.04亿美元，下降10.9%。按贸易方式分，一般贸易出口19.28亿美元，下降8.9%；加工贸易出口2.10亿美元，下降9.7%。按企业性质分，“三资”企业完成出口8.93亿美元，同比下降9.3%；民营企业出口12.22亿美元，同比下降8.3%。从出口市场看，对美国出口6.14亿美元，位居第一；对欧盟出口3.41亿美元，位居第二；其余依次为东盟组织、日本、印度、韩国、俄罗斯、中国台湾、加拿大、澳大利亚等。

全年新批外商投资项目28个，比上年增加4个；注册合同外资4.37亿美元，比上年增长 2.4%；实际利用外资 4.00 亿美元，比上年下降 0.5%。

六、交通、邮电

全年完成客运量 1341 万人次，比上年下降 3.7%；客运周转量 4.79 亿人公里，比上年下降 22.6%；全年完成货运量 1698 万吨，比上年增长 1.8%；货运周转量 20.43 亿吨公里，比上年增长 2.4%；港口吞吐量 608 万吨，比上年下降 1.1%。年末全市公路总里程 2232.90 公里，其中高速公路 42.56 公里，一级公路 277.09 公里，二级公路 349.71 公里。全市民用汽车保有量 16.05 万辆，比上年增长 15.9%，其中私人汽车保有量 10.29 万辆，比上年增长 15.9%。

全年实现邮政业务总量 13836 万元，比上年增长 31.2%。全年实现电信业务总量 27.76 亿元，实现电信业务收入 9.19 亿元。年末拥有固定电话用户 21.00 万户，年末移动电话用户 89.32 万户，互联网宽带接入用户数 29.81 万户。

七、财政、金融和保险

2016 年，全市实现完成财政总收入 161.98 亿元，比上年下降 6.7%，其中中央财政收入 34.63 亿元，下降 7.0%；地方财政收入 127.35 亿元，下降 6.6%。全年完成一般公共预算收入 65.55 亿元，比上年下降 2.3%。在一般公共预算收入中：税收收入 54.23 亿元，下降 5.8%，其中增值税 17.31 亿元，营业税 13.20 亿元，企业所得税 4.75 亿元，个人所得税 2.47 亿元。全年财政支出 146.17 亿元，比上年下降 1%，其中一般公共预算支出 79.01 亿元，比上年下降 1.3%。

年末全市金融机构各项存款余额（本外币）1062.10 亿元，比年初增长 17.6%，其中城乡居民储蓄存款余额 570.85 亿元，比年初增长 11.7%。年末金融机构各项贷款余额 970.71 亿元，比年初增长 11.8%，其中短期贷款 530.96 亿元，比年初下降 2.7%；中长期贷款 404.16 亿元，比年初增长 36.7%。个人住房、汽车、教育等消费贷款达 133.59 亿元，比年初增长 22.0%。

全年保费收入 23.71 亿元，比上年增长 13.5%，其中财产保险保费收入 7.18 亿元，增长 7.0%；人寿保险保费收入 16.53 亿元，增长 24.4%。保险业务赔款和给付 9.10 亿元，比上年增长 15.3%，其中财产保险赔付 4.42 亿元，比上年下降 6.7%；人寿保险赔付 4.68 亿元，比上年增长 48.5%。

八、科学技术和教育

2016 年，全市实施各类科技计划项目 157 项，其中省科技厅 70 项。获镇江市以上科技进步奖 12 项。新增省级以上高新技术企业 40 家，累计达 175 家；新创高新技术产品 57 个，有效高新技术产品达 335 个。全年高新技术产业产值达 1106 亿元，比上年增长 8.0%，占规模工业总产值比重达 45.2%。全年专利申请量 8415 件，比上年增长 19.9%；其中发明专利 3344 件，比上年增长 27.3%；全年授权专利 3006 件，比上年下降 20%；其中发明专利 576 件，比上年增长 63.6%。

全市拥有普通中学 27 所，高中在校学生 10382 人，初中在校学生 22071 人；拥有小学 25 所，在校学生 49128 人；中等学校 3 所，在校学生 4530 人。全市各类学校教职员工 10315 人，其中专任教师 8190 人。2016 年，我市小学入学率、巩固率、毕业率、升学率均为 100%；初中入学率、巩固率、毕业率、升学率分别达 100%、99.9%、99.9%、98.6%。2016 年我市高考本科录取人数占全市人口的比例为 3.56‰，职校学生对口高考本科达线率 22.3%。

九、文化、卫生和体育

全市年末共有文化馆（站）12 个，公共图书馆 2 个、藏书 53.42 万册。全市拥有业余文艺队 287 个，演出场数 360 场次，观众 90 万人次。全市拥有文物保护单位 121 个，其中国家级 11 个，省级 9 个，镇江市级 11 个。

年末全市共有卫生机构 242 个，其中医院、卫生院 34 个，疾病预防控制中心 2 个，妇幼保健机构 2 个。全市共有卫生技术人员 4622

人，其中执业医师和执业助理医师 1938 人，注册护士 1881 人。全市拥有医疗标准床位 3043 张。

年末共有体育场 16 个，体育馆 16 个，标准足球场 21 个，400 米跑道 24 个，全市拥有游泳池 18 个、乒乓球房 156 个，篮球场 1286 个，排球场 38 个，网球场 23 个。

十、城市建设和环境保护

全年城市维护建设资金支出 38.01 亿元，比上年下降 22.9%。城市建成区面积 33.76 平方公里。人均拥有道路面积达 20 平方米，人均公园绿地面积 9.92 平方米，建成区绿化覆盖率达 40.9%；污水日处理能力 13.95 万立方米，年污水处理总量达 3600.17 万吨；市区道路总长度 548.84 公里，道路面积 725.03 万平方米，拥有路灯 3.45 万盏。年末供水管道长度 476.37 公里，全年供水总量达 3755.78 万立方米；全市天然气供气管道 746.13 公里，供气总量 13510 万立方米，天然气用气人口达 29 万人。全市城乡居民生活用电量 7.81 亿千瓦时，比上年增长 20.6%，其中城市居民生活用电 2.44 亿千瓦时，增长 24.7%。

全年二级以上空气质量天数达 295 天，工业废水排放达标率 100%，工业固体废物综合利用率 96.9%。城镇污水集中处理率 89.4%，生活垃圾无害化处理率 100%。

十一、人口与人民生活

年末全市户籍人口 411460 人，其中城镇人口 346764 人。全年出生人口 5948 人，人口出生率 7.33‰；死亡人口 5756 人，死亡率 7.09‰；人口自然增长率 0.24‰。

2016 年，全市城乡从业人员 63.65 万人，其中第一产业从业人员 5.80 万人，第二产业从业人员 33.76 万人，第三产业从业人员 24.00 万人。截止 2016 年末，我市城镇职工基本养老保险参保人数 35.09 万人，基本医疗保险参保人数 27.40 万人，失业保险人员参保人数 14.22 万人。新型农村养老保险参保人数 10.51 万人，新型农村合作医疗参保人数 53.46 万人。2016 年共确定低保对象 5721 人，其中城市 875 人，农村 4846 人。

全市城镇非私营单位在岗职工平均工资 68444 元，比上年增长 9.0%。城镇居民人均可支配收入 41653 元，比上年增长 8.0%；人均生活消费支出 22452 元，增长 7.4%。农村居民人均可支配收入 21706 元，比上年增长 9.1%；人均生活消费支出 18791 元，增长 12.5%。城市居民住宅人均建筑面积 44.8 平方米，农村居民人均住房使用面积 55.6 平方米。

注：地区生产总值及各产业增加值绝对数按现价计算，增长幅度按可比价计算（统计局）

组织机构及领导人名单

中共丹阳市委员会

书　记　童国祥(—6)
　　　　陈可可(6—)
副书记　陈可可(—6)
　　　　李忠法(—7)
　　　　沈岳方(—7)
　　　　黄春年(7—)
　　　　赵志强(6—)
常　委　周爱仙(女,—7)
　　　　李　刚(—4)
　　　　任剑平
　　　　周奇恒(6—)
　　　　赵立群
　　　　马家胜(—7)
　　　　金夕龙
　　　　杜官军
　　　　朱　岷(女,挂职,—7)
　　　　陈文水
　　　　周东明
　　　　李莉珺(女,6—)
　　　　冯　刚(挂职,9—11)
　　　　章文静(女,挂职,9—12)

丹阳市人民代表大会常务委员会

主　任　李忠法
党组书记　李忠法
党组副书记　王金祥
副主任　王金祥
　　　　周爱仙(女)

蒋明辉
刘云珍(女)

丹阳市人民政府

市　长　陈可可(—6)
代市长　黄春年(6—)
党组书记　陈可可(—6)
黄春年(6—)
党组副书记　李　刚(—5)
赵立群(6—)
马耿良
副市长　李　刚(—4)
黄春年(6—)
赵立群(6—)
马耿良
王为华
沈留海
薛军民
许　伟(女,—11)
林丹如(—7)
符红海
符卫国(7—)
陈　俊(11—)
韩　伟(挂职,—10)
陈中建(挂职)

政协丹阳市委员会

主　席　张仁海
党组书记　张仁海
党组副书记　沈岳方
副主席　沈岳方
钱留梅(女)
谭国祥
贺云华(女)
陈建红
秘书长　吴卫方

中共丹阳市纪律检查委员会

书　记　马家胜(—6)
周奇恒(6—)
副书记　张建明
赵晓建
常　委　陈胜华(—12)
杨培华(女)
谭锁坤
陆荣祥(1—)
朱万东(12—)

市委工作机构

办公室

主　任　薛惠民
副主任　张志明(—1)
曹晓霞(女)
李青山(—12)
景星亮
丁方晓(1—)
丁　灏(12—)
杨秋竹(兼,12—)

督查室(副科级)

主　任　张佳俊

城乡统筹委

主　任　李彩虹
副主任　张建云
任小平

机要保密局

局　长　夏　泳
副局长　王少华

组织部

部　长　杜官军
常务副部长　盛建国(—1)
耿惠明(1—)
副部长　耿惠明(—1)
胡　海
王国华
张志明(1—)

非公企业和社会组织工委

书　记　胡　海
副书记　张利平(12—)

海外留学人才工作办公室(副科级,—2)

主　任　周菊云(女,—10)

市人才工作领导小组办公室(2—)

主　任　王国华(兼,10—)
副主任　贺建涛(12—)

市党员干部现代远程教育中心(副科级)

主　任　荆亚军(—1)
蔡振宇(1—)

宣传部

部　长　任剑平(—6)
李莉珺(女,6—)
常务副部长　黄锁荣
副部长　瞿煜国
陈广平(兼)
金　艳(女,—5)
刘广跃(12—)

精神文明建设指导委员会办公室

主　任　瞿煜国(兼)
副主任　杨鸣雷(—10)
马　伟(12—)

市政府新闻办公室

主　任　唐　斌

市互联网信息中心

主　任　洪　伟

统战部

部　长　谭国祥(—6)
杜官军(6—)
常务副部长　王春龙
副部长　薛东升
吉士英(兼,10—)

台湾工作办公室

主　任　尹核威(—12)
严　骏(12—)
副主任　刘兆泉
主任科员　殷连华(女)

政法委员会

书　记　周爱仙(女,—6)
　　　　任剑平(6—)
副书记　符红海(兼)
　　　　尹建伟(兼,—12)
　　　　陈　俊(兼,12—)
　　　　荆锁枚
　　　　马国祥

政治处(副科级)

主　任　汤裕品

社会治安综合治理委员会办公室

主　任　荆锁枚(兼)
副主任　贡丽华(女)

国家安全领导小组办公室

主　任　马国祥(兼)
副主任　王国新

机构编制委员会办公室

主　任　颜卫军
副主任　孙中西
　　　　钱代新(女)
　　　　王晨积

人大、政协机关

人大办公室

主　任　张跃华(—10)
　　　　王永生(10—)
副主任　栾兰照(—1)
　　　　王永生(—10)
　　　　杨望操(10—)
　　　　张卫星(兼,12—)

内务司法工委

主　任　周建军(—5)
　　　　赵丹心(5—)
副主任　李云龙(—1)
　　　　史建军(1—)

财经工委

主　任　岳兆庆
副主任　孙新华

教科文卫工委

主　任　李碧文
副主任　吴美玉(女)

环境资源城乡建设工委

主　任　岳玲霞(女,—10)
　　　　蔡国璐(10—)
副主任　眭莜菊(女,—10)
　　　　马春伟(10—)

人事代表联络工委

主　任　申大春
副主任　包红萍(女)

农业和农村工委

主　任　张少云
副主任　吴卫华

人大办公室信访室

主　任　马春伟(—10)
　　　　胡云球(10—)

政协秘书长

秘书长　吴卫方

政协办公室

主　任　洪中贤
副主任　史乐群(—12)
　　　　严红霞(女,—10)
　　　　王　文(10—)
　　　　陈玉娟(女,12—)

提案委

主　任　荆爱琴(女)
副主任　谭飞云

经济科技委

主　任　孙勇先
副主任　李　栋(—5)
　　　　严红霞(女,10—)

教卫文史委

主　任　赵亚明(—10)
　　　　陆中华(10—)
副主任　刘　俊

城乡建设委

主　任　张云芳(—1)
　　　　金　艳(女,5—)
副主任　束　昕(女)

社会法制海外联络委

主　任　吴嘉宝
副主任　许俊芳(女)

政协委员工作办公室

主　任　黄国余

丹阳市人民法院

院　长　唐东升
党组书记　唐东升
党组副书记　王锁平(—12)
副院长　王锁平(—12)
　　　　严宏坤
　　　　袁晓华(女)
　　　　王宇晖
纪检组长　刘玉兔
政治处主任　田光先(—1)
　　　　　　史　展(1—)

审委会

专职委员　张　峰
　　　　　周　强

执行庭(局)

庭(局)长　刑永忠

丹阳市人民检察院

检察长　李　军(—10)
　　　　方红卫(女,11—)
党组书记　李　军(—12)
　　　　　方红卫(女,12—)
党组副书记　康　珺(12—)
副检察长　王　飞(—12)

康　珺(12—)
郑苏耘
张江伟
纪检组长　康祥荣(—1)
江卫军(1—)
政治处主任　束利云

检委会

专职委员　顾荣春

职务犯罪侦查预防局(副科级)

局　长　解晓东

公诉局(副科级)

局　长　蒋玉中

后巷检察室(副科级)

社会团体

总工会

主　席　束瑞成
党组书记　束瑞成
副主席　朱三山(—8)
赵秀芳(女)
滕红斌
彭国忠(—8)
曾建芳(女,12—)
主任科员　唐晓奇

团市委

书　记　马艳洁(女,1—)
副书记　马艳洁(女,—1)
陈　辉(1—)
朱梦盼(女,5—)

妇女联合会

主　席　姜　琪(女)
党组书记　姜　琪(女,1—)
副主席　吴　宁(女)
张珍花(女)

科学技术协会

主　席　周祥庆
党组书记　周祥庆(1—)
副主席　夏春风(女,—8)
王阿云
眭莜菊(女,10—)
主任科员　毛二生

归侨侨眷联合会

主　席　冷文华
副主席　刘敏龙
秘书长　刘敏龙(兼)

工商业联合会(商会)

会　长　夏　炜
党组书记　薛东升
副会长　薛东升
李逸民
陈莉萍(女,不驻会,—10)
蒋蔼其(不驻会,—10)
汤龙保(不驻会)
常国民(不驻会)
眭越江(不驻会)
徐荣良(不驻会)
郑志伟(不驻会)
郦海星(不驻会)
韩同军(不驻会)
姚纪荣(不驻会,10—)
陈建林(不驻会,10—)
邱新国(不驻会,10—)
汤建平(不驻会,10—)
李德元(不驻会,10—)
曹嘉伟(不驻会,10—)
巢建峰(不驻会,10—)
景金毅(不驻会,10—)

文学艺术界联合会

主　席　韦夕瑾(女,—8)
周菊云(女,10—)
副主席　虞爱军

残疾人联合会

理事长　李　弘
副理事长　朱长俊
王国宝(不驻会)
主任科员　蒋新秋

市委部门管理机构

老干部局

局　长　耿惠明(兼,—1)
张云芳(1—)
副局长　高　敏(女)
主任科员　陈夕方

机关工委

书　记　张　洁(女)
副书记　胡玉兴
唐亦军
曹　辉
纪工委书记　贡惠良

信访局

局　长　韦国芳
副局长　陈志明(—5)
张发良
朱伟界

市社会矛盾纠纷调处服务中心

主　任　潘国芳(女,兼,—1)
焦建国(1—)

市委直属事业单位

党校、干部行政学校

党校校长　沈岳方(兼,—8)
赵志强(兼,8—)
干校校长　李　刚(兼,—6)
赵立群(兼,6—)
常务副校长　方利泽
副校长　虞　伟
诸葛钰
朱利霞(女)

丹阳日报社

社　长　朱青华
党组书记　朱青华
党组副书记　余桂兵(10—)
总　编　朱青华(—10)
余桂兵(10—)

副总编 孙 晔(—8)
史金生
眭维民
余桂兵(—10)
何 巍(女,10—)

史志办公室

主 任 邹文学
副主任 朱银忠
夏炳忠

档案局

局 长 王君海
副局长 贡凤仪(—12)
冷春燕(女)
史伟方
主任科员 倪志耀

接待办公室

主 任 李国平

市政府工作部门

政府办公室

主 任 蔡国璐(—1)
朱国祥(1—)
党组书记 蔡国璐(—1)
朱国祥(1—)
副主任 朱国兴
曹立新(—5)
赵锦昌
丁 灏(—12)
韦天昀(女)
景荣平
钟 益(12—)
秦晓峰(12—)
汤 昊(12—)

应急管理委员会办公室

主 任 陆云飞(—5)
曹立新(5—12)
赵锦昌(12—)
副主任 毛伟民
刘全良(1—)

督查室(副科级,12—)

主 任 祖云峰(12—)

发展改革和经济信息化委员会

主 任 张荣海(—8)
魏国荣(10—)
党组书记 张荣海(—8)
魏国荣(10—)
党组副书记 李嘉兴
副主任 李嘉兴
胡云涛
杨成良
赵顺群
陈宝玉(—12)
周 晶
司马军(援疆)
主任科员 倪国斌(—12)
葛兆元
纪检组长 徐光宇(—1)
秦兰萍(女,1—)

企业资本运营工作办公室(副科级)

主 任 壮永宏(1—)

教育局

局 长 韦立忠
党委书记 韦立忠
教育工委书记 韦立忠
党委副书记 马宇凯(—12)
汪荣方
副局长 马宇凯(—12)
谢 丹(—6)
袁红伟
谢春华(女)
张文华(1—)
纪委书记 路抗梅(女,—8)
夏蓉娥(12—)

教育督导室(正科级)

主 任 马宇凯(—12)

科学技术局、知识产权局

局 长 刘宏程
党组书记 刘宏程
党组副书记 严国平(—1)
副局长 严国平(—1)
张和荣
王建方
王小南
聂 冰
步坚平
主任科员 胡光生
纪检组长 陈 卉(女)

高性能合金材料研究院(副科级)

院 长 刘宏程(兼)

高新技术创业服务中心(副科级)

公安局

局 长 尹建伟(—12)
陈 俊(12—)
政 委 焦建国(—1)
景建国(1—)
副政委 胡智庆(—1)
党委书记 尹建伟(—12)
陈 俊(12—)
党委副书记 焦建国(—1)
景建国(1—)
副局长 洪国平
王云良
景建国(—1)
张水平
樊国强
郭勇强
丁家军
汤鑫俊
纪委书记 徐志农
督察长 尹建伟(—12)
陈 俊(12—)

维稳办

主 任 洪国平(兼)
副主任 谭飞金(—12)
庄丹明

610 办公室
主 任 王云良(兼)
副主任 毛国书

政治处(副科级)
主 任 周建军(5—)

指挥中心(副科级)
主 任 汤辉亮
教导员 朱 勇(—1)

国内安全保卫大队(副科级)
大队长 裔新华
教导员 周国铭

看守所(副科级)
所 长 韦敖锁
教导员 夏国俊

治安大队(副科级)
大队长 韦国新
教导员 黄建强

水警大队(治安大队挂牌机构)
大队长 张鹤寿(—8)
教导员 张荣军

交巡警大队(副科级)
大队长 陈锁坤
教导员 陈云芳

刑侦大队(副科级)
大队长 王国俊
教导员 丁冬初

经侦大队(副科级)
大队长 刘建中
教导员 曹 胜

巡特警大队(副科级)
大队长 张 新
教导员 杨建军

网络安全保卫大队(副科级)
大队长 王永良
教导员 马坚宁

法制大队(副科级)
大队长 朱晓伟
教导员 王云青

出入境大队(副科级)
大队长 徐文霞(女)
教导员 周善汉

开发区派出所(副科级)
所 长 蔡 镇
教导员 张艳君(女)

大泊派出所(副科级)
所 长 杜金华
教导员 眭 毅

荆林派出所(副科级)
所 长 黄定荣
教导员 林利敏

横塘派出所(副科级)
所 长 王晓冰
教导员 朱建辉

中山路派出所(副科级)
所 长 王永芳
教导员 周明华

和平桥派出所(副科级)
所 长 崔晓敏
教导员 孙培华

南环路派出所(副科级)
所 长 何洪铭
教导员 张 丹

司徒派出所(副科级)
所 长 施文进
教导员 郦国平

延陵派出所(副科级)
所 长 庞家俊
教导员 张叶宏(5—)

珥陵派出所(副科级)
所 长 杨华强
教导员 陈向武

导墅派出所(副科级)
所 长 顾建伟
教导员 朱学军(5—)

皇塘派出所(副科级)
所 长 沈香辉
教导员 丁月平

吕城派出所(副科级)
所 长 张荣辉
教导员 孔丹明(5—)

陵口派出所(副科级)
所 长 钱文俊
教导员 朱达文

访仙派出所(副科级)
所 长 束新辉
教导员 壮作云

新桥派出所(副科级)
所 长 朱文俊(—5)
教导员 陈忠良

界牌派出所(副科级)
所 长 王国军
教导员 张国栋

后巷派出所(副科级)
所 长 姜剑波
教导员 陈云祥

埤城派出所(副科级)
所 长 束泽润
教导员 胡学锋

城管派出所(副科级)
所 长 张全为
教导员 贺国红

机场派出所(副科级)
所 长 朱云峰

教导员　王玉良

水上派出所(副科级)

所　长　李建中
教导员　孙春方

练湖派出所(副科级)

所　长　顾祎平
教导员　慎小明

监察局

局　长　张建明
副局长　丁丽琴(女)

民政局

局　长　蒋云清(—1)
　　　　盛建国(1—)
党委书记　蒋云清(—1)
　　　　　盛建国(1—)
党委副书记　潘耀南(12—)
副局长　眭金荣(—8)
　　　　孙　瑜(女)
　　　　徐玉明
　　　　朱黎辉(12—)
主任科员　潘耀南(—12)
　　　　　张永仁
纪委书记　宦红梅(女)

司法局

局　长　潘国芳(女,—1)
　　　　焦建国(1—)
党组书记　潘国芳(女,—1)
　　　　　焦建国(1—)
党组副书记　徐建华(—8)
副局长　徐建华(—8)
　　　　李国平(—12)
　　　　荆丹萍(女)
　　　　袁云飞
　　　　郑志坚
纪检组长　郦红萍(女,12—)
主任科员　谢光明(—12)
　　　　　谈成良

财政局

局　长　徐国庆
党组书记　徐国庆
党组副书记　朱学军
副局长　朱学军
　　　　王清秀
　　　　茅建云
　　　　贡辉俊
　　　　邹为民(1—)
纪检组长　朱泽先

非税收入管理办公室(副科级)

财政集中支付中心(副科级)

国有资产管理中心(副科级,—12)

主　任　邹为民(—12)

国有资产监督管理办公室(副科级,12—)

主　任　邹为民(12—)

云阳街道财政分局(副科级)

局　长　钱柏荣

延陵镇财政分局(副科级)

局　长　孔逸华

导墅镇财政分局(副科级)

局　长　蒋金良

皇塘镇财政分局(副科级)

局　长　戴路金

吕城镇财政分局(副科级)

局　长　束永学

界牌镇财政分局(副科级)

局　长　殷荣鑫

丹北镇财政分局(副科级)

局　长　纪锁明

人力资源和社会保障局

局　长　施云峰
党组书记　施云峰
党组副书记　许玲珍(女,—1)
　　　　　　戈光华(1—)
　　　　　　田国亮(12—)
副局长　许玲珍(女,兼,—1)
　　　　张锦芳
　　　　欧阳东
　　　　庞红武
　　　　汤正洪
　　　　唐　辉
主任科员　田国亮
纪检组长　汤旭平

人才流动服务中心(副科级)

主　任　唐　辉(兼)

社会保障管理中心(副科级)

主　任　张锁金

劳动就业管理中心(副科级)

主　任　周金泉

劳动监察大队(副科级)

大队长　陈　彤

住房和城乡建设局

局　长　高火宝
党委书记　高火宝
党委副书记　赵四二(1—12)
副局长　王华方(—12)
　　　　许红星(—1)
　　　　虞裕洲
　　　　朱小林
　　　　赵四二(—1)
　　　　张志华(女)
　　　　任志新(1—)
主任科员　葛兆元
纪委书记　李振国

镇江市住房公积金管理中心丹阳分中心(副科级)

主　任　陆　阳

住房制度改革办公室(副科级)

主　任　毛伟东

房屋征收办公室(副科级)

主　任　赵四二(兼,—12)

滨江新城住建分局(副科级)

局　长　沈　正

规划局

局　长　谢安坤
党组书记　谢安坤
党组副书记　潘云兴
副局长　潘云兴
　　　　徐　鉴(—1)
　　　　宗胜洪
　　　　洪俊杰(1—)
纪检组长　谢明耀
副主任科员　王正荣(11—)

滨江新城规划分局(副科级)

局　长　洪俊杰(—1)
　　　　刘文俊(1—)

城市管理局(挂城市管理行政执法局)

局　长　杨文军(—10)
　　　　谢正宝(10—)
党委书记　杨文军(—10)
　　　　　谢正宝(10—)
党委副书记　汤　军
副局长　周俊华
　　　　刘　欣(女)
　　　　丁荣华
　　　　田锁春(1—)
　　　　孙　强(11—)
主任科员　胡忠星
　　　　　姜和生(—12)
纪委书记　沈碧瑶(女)

城市管理行政执法大队(副科级)

大队长　李诚华
支部书记　张建华

滨江新城城市管理行政执法大队(副科级)

大队长　景　浩

交通运输局

局　长　符卫国(—10)
　　　　汤建俊(10—)
党委书记　符卫国(—10)
　　　　　汤建俊(10—)
党委副书记　王余虎(—1)
　　　　　　王永发(—8)
副局长　王余虎(—1)
　　　　陈志平
　　　　吴加平
　　　　邱　寅(—1)
　　　　曾祥明
　　　　王先中
　　　　吴伟林(10—)
主任科员　施夕花(女)
纪委书记　施朝新

公路管理处(副科级)

主　任　朱三荣(—8)
　　　　蒋小浩(8—)
总支书记　朱三荣(—8)
　　　　　蒋小浩(8—)

航道管理处(副科级)

主　任　谢国金(—8)
　　　　陈　康(8—)
支　书　谢国金(—8)
　　　　陈　康(8—)

地方海事处(副科级)

主　任　於和国
支　书　於和国

交通运输管理处(副科级)

主　任　蒋小浩(—8)
　　　　董辉平(8—)
支　书　蒋小浩(—8)
　　　　董辉平(8—)

农业委员会

主　任　陈　龙(—10)
　　　　荆健康(10—)
党委书记　陈　龙(—10)
　　　　　荆健康(10—)
党委副书记　聂　晴
　　　　　　徐菊芳(女)
副主任　聂　晴
　　　　仲明初(—1)
　　　　荆宁刚
　　　　吴金书
　　　　贡敏杰(援疆)
　　　　吴志敏
　　　　夏　彬(5—)
主任科员　张亚平(—12)
　　　　　孙建华
纪委书记　陈爱军

水利局

局　长　赵丹心(—5)
　　　　贡　涛(5—)
党组书记　赵丹心(—5)
　　　　　贡　涛(5—)
党组副书记　许立新
副局长　许立新
　　　　贡书锁
　　　　杭　斌
　　　　周宏年
　　　　李腊荣(—12)
主任科员　潘明瑞
副主任科员　王国云(12—)
纪检组长　孙加梁

九曲河枢纽管理处(副科级)

主　任　虞旭升
支　书　虞旭升

商务局

局　长　汪　涛
党组书记　汪　涛
党组副书记　束国生(12—)
副局长　束国生
　　　　仇祥梅(女,—8)
　　　　唐晓春
　　　　周宇静(女)
纪检组长　陈晓钢(12—)
主任科员　王志中

中国国际贸易促进委员会丹阳市委员会（正科级）

会　长　汪　涛(兼)
副会长　蒋国平

国际投资促进服务中心（副科级）

主　任　李亚平(－12)

文化广电新闻出版局

局　长　王　强
党委书记　王　强
党委副书记　徐　文
副局长　符　泽
　　郦建华(－12)
　　戎玉华(女)
　　郭　蓓(女)
　　顾建卫(11－)
主任科员　张大龙
纪委书记　徐　文

卫生和计划生育委员会

主　任　陆中华(－10)
　　杨文军(10－)
党委书记　戈光华(－1)
　　陆中华(1－10)
　　杨文军(10－)
党委副书记　陆中华(－1)
　　杭国祥
副主任　戈光华(－1)
　　景云贺(　1)
　　张明东(－12)
　　王志坤
　　汤志明
　　韦炳远
　　黄荷芳(－1)
　　王　挺
　　秦兰萍(女,－1)
　　丁金龙
　　谢丰羽(女)
纪委书记　肖　碧(女)

市场监督管理局

局　长　魏国荣(－10)
　　陈　龙(10－)
党委书记　孙　蒙(－1)
　　魏国荣(1－10)
　　陈　龙(10－)
党委副书记　魏国荣(－1)
　　彭锁明(10－)
副局长　孙　蒙(－1)
　　彭锁明
　　杨志荣(－8)
　　蔡国景(－1)
　　贡金星(－12)
　　陆洪寿(－12)
　　蒋国华(－8)
　　王　庆
　　董　平(－1)
　　刘建华
　　蒯建伟
　　张彦平
　　段建强
　　郭　昱
纪委书记　高凝重(女)

云阳分局(副科级)

局　长　刘国强(－12)

曲阿分局(副科级)

局　长　贡锁忠

导墅分局(副科级)

局　长　朱小军

珥陵分局(副科级)

局　长　朱辉明

皇塘分局(副科级)

局　长　陈元春

吕城分局(副科级)

局　长　朱建中

陵口分局(副科级)

局　长　王　浩

访仙分局(副科级)

局　长　吕立军

丹北分局(副科级)

局　长　蒋　铮

界牌分局(副科级)

局　长　吴海鹰

司徒分局(副科级)

局　长　卢坚峰

延陵分局(副科级)

局　长　赵治永

审计局

局　长　丁耀斌
党组书记　丁耀斌
副局长　洪　宇(女)
　　吴国祥
　　顾鹏程
　　朱雷鸣
　　丁方罗
主任科员　朱加文
纪检组长　杨祥大

经济责任审计中心(副科级)

主　任　李和明

建设工程投资审核中心（副科级）

主　任　朱荣金

环境保护局

局　长　曾金森(－10)
　　曹立新(10－)
党组书记　曾金森(－10)
　　曹立新(10－)
党组副书记　施宏俊
副局长　施宏俊
　　戎精兵(－8)
　　任志新(－1)
　　赵　挺
　　朱　平

许红星(1—)
主任科员　陈永鑫
纪检组长　邓伟群

环境监察大队(副科级)

大队长　蔡卫芳(—1)
束新俊(1—)

体育局

局　长　杨三秀
党组书记　杨三秀
党组副书记　汪卫平
副局长　汪卫平
陈　岷
张光平
邵　江
李科伟
主任科员　茅顺龙

统计局

局　长　张佩炎
党组书记　张佩炎
副局长　周辉平
徐宇进
夏柳生
主任科员　陈　浩

国家统计局丹阳调查队

队　长　虞丹宁
副队长　戎晓虎

旅游局

局　长　眭国民
党组书记　眭国民(1—)
副局长　唐天平
茅卫东
梁振若

物价局

局　长　陈渭明(—1)
蒋云清(1—)
党组书记　陈渭明(—1)
蒋云清(1—)
党组副书记　姜国忠(—12)
副局长　沈松春
吴吉祥
袁玉军
单慧娴(女,—1)
张林生
主任科员　姜国忠(—12)
纪检组长　杭腊荣

粮食局

局　长　魏文平
党委书记　魏文平
党委副书记　李新良
副局长　石锁龙
吴　剑
钟建华
纪委书记　袁卫东

政府法制办公室

主　任　韩静慧(女)
党组书记　刘绛昊
副主任　岳保华
陈思寒(12—)

民族宗教事务局

局　长　吉士英
副局长　刘　晔

安全生产监督管理局

局　长　王文华
党组书记　王文华
党组副书记　戎浩强
副局长　周建军(—12)
钱惠文
左二林
虞朝晖
陆　俊(11—)
主任科员　戎浩强

安全生产监察大队(副科级)

大队长　周中平

民防局

局　长　唐明科
党组书记　唐明科
党组副书记　蒋志明
副局长　胡正龙
杨军会
张须白
主任科员　蒋志明

市政府直属事业单位

行政审批服务中心

主　任　于　斌(—5)
陆云飞(5—12)
尹核威(12—)
党组书记　于　斌(1—5)
陆云飞(5—12)
尹核威(12—)
副主任　刘文亮
蔡方武
闫晓瑜(女)

机关事务管理局

局　长　徐镇芳(女)
党组书记　徐镇芳(女,1—)
副局长　姜建忠
孙炳忠(—12)
蔡三洪
夏国俊
主任科员　贺红霞(女)

医疗保险管理中心

主　任　许玲珍(女,—1)
戈光华(1—)
副主任　夏伟民
韦国忠
蒋家锋

公共资源交易中心

主　任　王海岩
党组书记　王海岩(1—)
副主任　殷兆龙
郦红萍(女,—12)
刘国锋
彭　辉

广播电视集团

董事长　陈广平
总经理　陈广平
党委书记　陈广平

党委副书记　林书根(—1)
汤兆生(1—12)
副总经理　林书根(—1)
汤兆生(—12)
徐建平(—1)
朱国宝(—1)
潘晓方(—1)
荆亚军(1—)
马永红(1—)
朱敏尉(1—)

地震局

局　长　袁桂根(—12)
夏　洪(12—)
党组书记　袁桂根(1—12)
夏　洪(12—)
副局长　夏亚芳
陈豪杰
蒋新群(11—)

林　场

副场长　杨武生(—8)

练湖度假区管委会

党工委书记　胡东升(—4)
崔晓俊(5—)
党工委副书记　谢海龙(5—)
主　任　谢海龙(5—)
副主任　张建林(—12)
周　鑫
陈育松

检验检测中心(1—)

主　任　孙　蒙(1—)
党组书记　孙　蒙(1—)
副主任　蔡国景(1—)
董　平(1—)
王惠平(1—)

逐步转化为经济实体

商贸资产经营管理总公司

总经理　夏荣堂
党委书记　夏荣堂
副总经理　陈莉萍(女)

工业资产经营管理总公司

党委书记　邹建国
总经理　邹建国

供销总社

主　任　何成保
党委书记　何成保
党委副书记　陈国林
副主任　姜红将
汤　琪

市属企事业单位

省丹中

副校长(副处职)　朱禾勤
党委副书记(副处职)　朱万喜
副校长　束晓霞(女)
李建平
马俊杰
潘国良

吕叔湘中学

校　长　邹立忠
总支书　邹立忠
副总支书　张京霞(女)
副校长　张京霞(女)
问国方
王金斌(—8)
郑　健

第三中学

校　长　王立新
总支书　王立新
副总支书　张步青
副校长　张步青
田　坤
谢　蕾
王梅花(女)

云阳学校

校　长　丁叶俊
总支书　丁叶俊
副校长　王国忠(—8)
史炳洲
王　伟
胡云萍(女)
宗　立
孔丽芳(女,8—)
顾　鑫(8—)

第五中学

校　长　林伟民
总支书　林伟民
副总支书　吴朝阳
副校长　吴朝阳
眭金祥
朱满华
邹国友

第六中学

校　长　朱万喜(—1)
姜丹敏(1—)
总支书　朱万喜(—1)
姜丹敏(1—)
副校长　姜丹敏(—1)
葛丹生
朱玉海
钱卫东

江苏省丹阳中等专业学校

校　长　黄　晨
总支书　黄　晨
副校长　杨锁生(—8)
茅静平
陈晋彦
杨淑芳(女)
邓金星
贾　伟
贡国忠(8—)

进修学校

校　长　戎年中
总支书　汪荣方(兼)
副总支书　戎年中
史辉金
副校长　丁旗松
王先进

　　　葛华平

华南实验学校

校　长　王旭平
支　书　张锁荣
副支书　王旭平
副校长　王文忠(—8)
　　　　吴　云
　　　　匡洪浩
　　　　丁　彬
　　　　邵卫平
　　　　黄玉红(女,8—)

技工学校(副科级)

校　长　黄　晨(兼)

第八中学(副科级)

校　长　张文华
支　书　张文华

第九中学(副科级)

校　长　傅　辉
支　书　傅　辉

实验学校(副科级)

校　长　诸华平
总支书　诸华平

人民医院

院　长　林翼金
书　记　林翼金
副书记　蒋安平(8—)
副院长　蒋安平
　　　　陈建红
　　　　部黎伟(8—)
　　　　吴卫东(8—)
　　　　蒋　华(8—)

中医院

院　长　卢建平
书　记　吴如雷
副书记　卢建平
副院长　吴如雷
　　　　卢国群(—12)
　　　　盛国庆
　　　　周华明

第二人民医院(副科级)

院　长　罗江波
支　书　罗江波

投资集团有限公司

董事长　陈震彦(1—)
党组书记　陈震彦(1—)
总经理　陈震彦
副总经理　蒋俊华(—5)
　　　　　戎庭芳
　　　　　蒋小平
　　　　　陈泽洪
　　　　　丁银林(5—)
纪检组长　翁海涛(1—)

丹化集团

董事长　王　斌
总经理　王　斌
党委书记　王　斌
党委副书记　杨　军
副董事长　王　斌
副总经理　杨　军
　　　　　张锁仁
　　　　　陈国军
　　　　　李国方
　　　　　吴晓金
　　　　　孙朝辉
董　事　成国俊
　　　　戊庭芳(兼)
工会主席　杨　军

水务集团

董事长　吴光平
党委书记　吴光平
总经理　吴光平
副总经理　魏玉妹(女)
　　　　　许剑波
　　　　　胡国庆
　　　　　蒋卫东
　　　　　张旭俊

江苏齐梁文化旅游发展有限公司

副董事长　姜坤荣(—1)

大亚科技集团有限公司

董事局主席　陈晓龙
党委书记　陈晓龙
监事会主席　眭　敏
副总裁　陈红兵
　　　　眭　敏

大亚科技股份有限公司

董事长　陈晓龙
董　事　陈红兵

驻丹、代管单位

丹阳市人民武装部

党委第一书记　童国祥(兼,—6)
　　　　　　　陈可可(兼,9—)
党委书记　陈文水
党委副书记　郭进文
政　委　陈文水
部　长　郭进文

气象局

局　长　马华卫
副局长　范　轶

国土资源局

局　长　吴正飞
党组书记　吴正飞
党组副书记　臧家荧
副局长　臧家荧
　　　　陆汉龙
　　　　许龙坤
　　　　蔡　飞
　　　　王　军
　　　　贡晓骏
纪检组长　丰恒璐(—5)

中国邮政集团公司江苏省丹阳市分公司

总经理　刘苏平(—1)
　　　　殷志强(1—)

党委书记　刘苏平(—1)
　　　　　殷志强(1—)
副总经理　李玉传(女,—7)
　　　　　袁玉元(—2)
　　　　　周　军(8—)
　　　　　孙伟明(2—)
　　　　　张栋胜(—11)
纪委书记　李玉传(女,—7)

邮政储蓄银行丹阳支行

支行长　潘茹华(女)
书　记　潘茹华(女)
副行长　徐黎明
　　　　黄　普

江苏省电信有限公司丹阳分公司

总经理　孙艳中
党委书记　孙艳中
副总经理　陈民强(—4)
　　　　　肖国等
　　　　　贡兆庆
纪委书记　贡兆庆

江苏省电力公司丹阳市供电公司

总经理　朱云山
党委书记　朱正友
党委副书记　朱云山
副总经理　朱正友
　　　　　韦国强
　　　　　汤丹辉(—2)
　　　　　罗　明
　　　　　白少锋(2—)
纪委书记　陈　立(—10)
　　　　　张小玲(10—)
工会主席　陈　立(—10)
　　　　　张小玲(10—)

中石化丹阳分公司(副科级)

经　理　刘国俊
支　书　史国庆
副经理　吕兆祥
　　　　赵　林

国家税务局

局　长　吴兴春
党组书记　吴兴春
副局长　闵仲鹏
　　　　吴宏军
　　　　贺明华
　　　　刘　方
纪检组长　孙贵康

地方税务局

局　长　田山鹏
党组书记　田山鹏
副局长　谢春雷
　　　　胡永华
　　　　何　伟
　　　　李元东

海关驻丹阳办事处

主　任　陆卫平

出入境检验检疫局丹阳办事处

主　任　余　峰
副主任　顾文慧(女)

烟草专卖局(烟草公司)

局长、经理　史永锋
副局长　邵　尉(女)
副经理　王志华

盐务局(副科级)

局　长　朱俊喜
支　书　朱俊喜

人民银行丹阳支行(国家外汇管理局丹阳支局)

行长、支局长　蒯理所
党组书记　蒯理所
副行长　陈黎明(女)
　　　　史丽萍(女,—3)
　　　　童秀龙(3—)
纪检组长　陈黎明(女,兼)

银监会丹阳监管处

主　任　戴　霞(女)

工商银行

行　长　缪建新
党委书记　缪建新
副行长　顾长虹
　　　　殷月芳(女)
　　　　陈文炳
　　　　蒋路昌

农业银行

行　长　高正东(—1)
　　　　刘烈荣(1—)
党委书记　高正东(—1)
　　　　　刘烈荣(1—)
副行长　何广新
　　　　张平才
　　　　葛明华
　　　　施　瑞

农业发展银行

行　长　凌　飞
副行长　孙双华
　　　　王祖斌

农村商业银行

董事长　朱安顺(—5)
　　　　田贵荣(5—)
党委书记　朱安顺(—5)
　　　　　田贵荣(5—)
行　长　戴新铭
监事长　环佳燕(女,—5)
　　　　邵金芬(女,5—)
副行长　仲向阳
　　　　眭明杰
　　　　林华平(—5)
　　　　刘德胜
　　　　王志军(5—)

中国银行

行　长　严辉军
书　记　严辉军
副书记　韦旭林
副行长　管建忠
　　　　朱峻霞(女)
　　　　胡腊军

毛莉霞(女)

建设银行

行　长　张　鹏
书　记　张　鹏
副行长　王秀梅(女)
　　　　陆声平
纪委书记　毛冠华(—1)
　　　　　毛浩平(1—)

交通银行

行　长　蒋云龙
书　记　蒋云龙
副行长　王科芳(女)
　　　　唐郁芬(女)
　　　　夏建新

江苏银行

行　长　姜斌耀
书　记　姜斌耀
副书记　陈巧玲(女)
副行长　王小旭
　　　　朱文超

中国人民财产保险公司丹阳支公司

总经理　李　伟
党组书记　李　伟
副总经理　王明祥
　　　　　陈国星
　　　　　恽宏凯

中国人寿保险公司丹阳支公司

副总经理　周荣强

太平洋财产保险公司

总经理　徐文虎
副经理　潘夕梅(女)
　　　　李　芳(女)

太平洋人寿保险公司

经　理　周　琴(女,—1)
副经理　何德才
　　　　徐　勇(3—7)
　　　　宫　进(7—)

江苏有线丹阳分公司

总经理　朱国宝
党委书记　朱国宝
副总经理　林书根
　　　　　徐建平
　　　　　潘晓方
　　　　　周焕良

开发区、镇

开发区工委、管委会

党工委书记　赵立群(—6)
　　　　　　黄俊杰(7—)
党工委副书记　杭春云(—1)
　　　　　　　黄俊杰(1—7)
　　　　　　　束克之(12—)
　　　　　　　胡东升(—4)
　　　　　　　谭纵横
　　　　　　　崔晓俊(5—)
主　任　杭春云(—1)
　　　　黄俊杰(1—11)
　　　　束克之(11—)
副主任　荆冬根
　　　　谢正宝(—10)
　　　　顾熙美(女,—12)
　　　　陈小琴(女)
　　　　潘志军(5—)
　　　　李青山(12—)
纪工委书记　陈学海
人武部长　茅学军
工委委员　谢正宝(—10)
　　　　　荆冬根
　　　　　顾熙美(女)
　　　　　陈小琴(女)
　　　　　李青山(12—)
　　　　　陈尧平
　　　　　石文辉
　　　　　王晓明(—1)
　　　　　陈学海
　　　　　张九庆
　　　　　韦国忠
　　　　　茅学军
　　　　　蒋新兰(女)

曲阿街道办事处

党工委书记　赵立群(—6)
　　　　　　黄俊杰(8—)
党工委副书记　杭春云(—1)
　　　　　　　黄俊杰(1—8)
　　　　　　　束克之(12—)
　　　　　　　石文辉
主　任　杭春云(—1)
　　　　黄俊杰(1—12)
　　　　束克之(12—)
人大工委主任　陈尧平
人大工委副主任　徐银宝
副主任　王晓明
纪工委书记　陈学海
党工委委员　王晓明(—1)
　　　　　　陈学海
　　　　　　茅学军
　　　　　　张九庆
　　　　　　蒋新兰(女)
　　　　　　赵明富(1—)
人武部长　茅学军

组织人事局(副科级)

局　长　赵明富(1—)

社会事务管理局(副科级)

局　长　毛晓红(女)

经济发展局(副科级)

局　长　赵明富(—1)
　　　　吴建骏(1—)

城市发展局(副科级)

局　长　赵华中

行政事务局(副科级)
局　长　束振宏

曲阿街道财政分局(副科级)

局　长　张俊杰

云阳街道党工委、办事处

党工委书记　金夕龙
党工委副书记　李庆丰(—1)

于　斌(5—)
虞淀芳(女,—8)
裴金华
陈洲同(—12)
陈胜华(12—)
主　任　李庆丰(—1)
于　斌(5—)
人大工委主任　吴建军
人大工委副主任　傅雅敏(女)
副主任　朱国云
朱国军
贡学平(—5)
曹金辉
贡晨峰
笪俊杰(5—)
纪工委书记　钱明祥
党工委委员　钱明祥
傅雅敏(女)
尹金平
陈建俊
江小慧(女)
吴江华(女)
人武部长　尹金平

市高新科技城管委会
(正科级)

主　任　江小慧(女)
副主任　周　浩

司徒镇

党委书记　孙国林(—11)
吴晓东(11—)
党委副书记　吴晓东(1—11)
张　冲(11—)
蒋　平(—5)
严　骏(—12)
束蓓玲(女,5—)
洪　锋(12—)
镇　长　吴晓东(1—11)
张　冲(11—)
人大主席团主席　蔡国璐(1—)
副主席　洪　锋(—12)
符江云(12—)
副镇长　蒋晓红(女,—5)
高　峰
夏　彬(—5)
蒋永辉(—5)
束红益(5—)
吕家麟(5—)
张　慧(女,5—)
纪委书记　吕家麟(—5)
景云辉(5—)
党委委员　吕家麟(—5)
张　慧(女,—5)
张　兴(—5)
洪　锋(—12)
金建中
翁海涛(—1)
贡丽娅(女,5—)
杜辉忠(5—)
任　涛(5—)
符江云(12—)
人武部长　金建中
主任科员　蒋晓红(女,5—)
副主任科员　贡丽娅(女,—5)
张　兴(5—)

延陵镇

党委书记　束克之(—12)
马　杰(12—)
党委副书记　夏　洪(—12)
陈文俊
吴初新
蔡旭辉(12—)
镇　长　夏　洪(—12)
陈文俊(12—)
人大主席团主席　花芬雷
副主席　贡东方
副镇长　蔡旭辉(—12)
吴文忠(—5)
王　俊
丁锡峰
贡玉凤(女,5—)
臧玉金(12—)
纪委书记　马红梅(女)
党委委员　马红梅(女)
贡东方
王国良(—5)
束　方(—5)
臧玉金(—12)
赵志俊
贡旭明(5—)
王　欢(12—)
人武部长　王国良(—5)
臧玉金(5—12)
王　欢(12—)
主任科员　吴文忠(5—)
副主任科员　范　萌(—5)

九里风景区管委会
(副科级)

主　任　庄英华(女)

珥陵镇

党委书记　荆健康(—10)
蔡琳琳(女,10—)
党委副书记　蔡琳琳(女,—12)
谢海龙(—5)
刘　刚
贡学平(5—)
史乐群(12—)
镇　长　蔡琳琳(女,—12)
刘　刚(12—)
人大主席团主席　蔡荣方
副主席　丁　凯(—5)
傅　俊(5—)
副镇长　赵仁朝
刘俊振(—5)
陆丹瑾(女)
丁　凯(5—)
束　方(5—)
纪委书记　刘　军
党委委员　刘　军
丁　凯(—5)
傅　俊
钟益亭(—5)
孙　洁(女,—5)
赵伯康(5—)
殷丽萍(女,5—)
陈正方(5—)
人武部长　钟益亭(—5)
陈正方(5—)

主任科员　刘俊振(5—)

导墅镇

党委书记　张　毅
党委副书记　王　啸
　唐宁锋
　李　超
镇　长　王　啸
人大主席团主席　梅玉林(—12)
　蔡小红(女,12—)
副主席　钱红霞(女,—5)
　蔡小红(女,5—12)
　程海洋(5—)
副镇长　蔡小红(女,—5)
　蒋国忠
　凌武刚(—5)
　杨鸣强(—5)
　王国良(5—)
　朱国君(5—)
　钱红霞(女,5—)
纪委书记　潘文骅(—5)
　毛卫东(5—)
党委委员　潘文骅(—5)
　钱红霞(女,—5)
　毛卫东
　朱国君(—5)
　程海洋(5—)
　朱　文(5—)
　孙　洁(女,5—)
　仲建平(—5)
人武部长　毛卫东(—5)
　仲建平(5—)
主任科员　凌武刚(5—)
副主任科员　陈梨辉(1—5)

皇塘镇

党委书记　黄俊杰(—1)
　李庆丰(1—)
党委副书记　蒋　敏(—5)
　邵　翔(5—)
　束蓓玲(女,—5)
　王　锦
　杨鸣强(5—)
镇　长　蒋　敏(—5)
　邵　翔(5—)
人大主席团主席　张正明(—12)
　蔡志方(12—)
副主席　朱　佳(—5)
　蔡志方(5—12)
　蔡辉斌(5—)
副镇长　蔡志方(—5)
　李忠群(—5)
　杨秋竹(—5)
　王国柱
　林攀峰(5—)
　朱　佳(5—)
　钟　益(5—12)
　胡强盛(5—)
　熊新燕(女,12—)
纪委书记　王晓琴(女,—5)
　周　皓(5—)
党委委员　王晓琴(女,—5)
　朱　佳(—5)
　熊新燕(女,—12)
　笪俊杰(—5)
　钟　益(—5)
　周　皓(5—)
　蔡辉斌(5—)
　张　涛(5—)
　韦芬琴(女,5—)
　刘文彬(5—)
　李桂文(5—)
人武部长　笪俊杰(—5)
　刘文彬(5—)
主任科员　钱兴平
　李忠群(5—)
副主任科员　蔡辉斌(1—5)

吕城镇

党委书记　吴晓东(—1)
　杭春云(1—)
党委副书记　崔晓俊(—5)
　邵　翔(—5)
　高　飞(女,5—)
　杨海州
　陈志明(5—)
镇　长　崔晓俊(—5)
　高　飞(女,5—)
人大主席团主席　俞川尔(—12)
　李环凤(女,12—)
副主席　师书迎(—5)
　李环凤(女,5—12)
　雷晓晴(女,5—)
副镇长　黄伟华(—5)
　江云峰
　林攀峰(—5)
　钱慧花(女)
　师书迎(5—)
　张千荣(5—)
纪委书记　朱　文(—5)
　许志华(5—)
党委委员　朱　文(—5)
　师书迎(—5)
　张千荣(—5)
　宋正舜
　韦　婕(女,—5)
　许志华(5—)
　雷晓晴(女,5—)
　徐　进(5—)
　陈志国(5—)
人武部长　宋正舜
主任科员　黄伟华(5—)
副主任科员　雷晓晴(女,1—5)

陵口镇

党委书记　贡　涛(—5)
　蒋　敏(5—)
党委副书记　马　杰(—12)
　陈洲同(12—)
　张树根(—5)
　潘志军(—5)
　张西雅(女,5—)
　杨秋竹(5—)
镇　长　马　杰(—12)
　陈洲同(12—)
人大主席团主席　倪国平(—12)
　张树根(12—)
副主席　许志华(—5)
　张树根(5—12)
　韦　婕(女,5—)
副镇长　张西雅(女,—5)
　贡红秀(—5)

刘广跃(—12)
李 俊
蔡惠宏(5—)
张 琼(女,5—)
周剑敏(12—)
纪委书记 周剑敏(—12)
郭 芬(女,12—)
党委委员 周剑敏(—12)
张 琼(女,—5)
陈正方(—5)
贡玉凤(女,—5)
许志华(—5)
韦 婕(女,5—)
陈梨辉(5—)
李浩琦(5—)
钟益亭(5—)
郭 芬(女,12—)
人武部长 陈正方(—5)
钟益亭(5—)
主任科员 贡红秀(5—)
副主任科员 王 欢(1—12)

访仙镇

党委书记 张 冲(—12)
曹 俊(12—)
党委副书记 杨 彬(—5)
蒋 平(5—)
舒金俊
王标平
镇 长 杨 彬(—5)
蒋 平(5—)
人大主席团主席 束国英(女, 12)
林国芳(12—)
副主席 蔡惠宏(—5)
林国芳(5—12)
周翀斌(5—)
副镇长 王莉华(女,—5)
林国芳(—5)
路建忠
丁银林(—5)
潘文骅(5—)
林 晶(5—)
陆建新(5—)
纪委书记 陆建新(—5)
任国俊(5—)
党委委员 陆建新(—5)
蔡惠宏(—5)
刘礼剑
林 晶(—5)
严红霞(女)
任国俊(5—)
周翀斌(5—)
王泽民(5—)
人武部长 刘礼剑
主任科员 王莉华(女,5—)
副主任科员 朱 渊(—1)
郭 芬(女,1—12)

界牌镇

党委书记 汤建俊(—10)
王华君(10—)
党委副书记 王华君(—10)
徐瑞俊(12—)
李环凤(女,—5)
朱兴军
张伟平(5—)
镇 长 王华君(—12)
徐瑞俊(12—)
人大主席团主席 郭亚平(—12)
李 栋(12—)
副主席 杜雅琴(女)
李 栋(5—12)
副镇长 束红益(—5)
李志芳(—5)
张伟平(—5)
张东华(女)
陈国平(5—)
胡峻岭(5—)
眭 强(5—)
纪委书记 任国俊(—5)
程 穗(女,5—)
党委委员 任国俊(—5)
杜雅琴(女)
徐志敏
眭 强(—5)
胡峻岭(—5)
程 穗(女,5—)
范 萌(5—)
朱 兵(5—)
人武部长 徐志敏
主任科员 李志芳(5—)
副主任科员 姚丹铭(1—12)

丹北镇

党委书记 周东明
党委副书记 曹 俊(—12)
朱国祥(—1)
徐瑞俊(—12)
陆云飞(12—)
蒋永辉(5—)
姜华中(12—)
镇 长 曹 俊(—12)
陆云飞(12—)
人大主席团主席 虞炳昌
副主席 张 仲(—5)
唐润君(5—12)
孙 晨(女,12—)
副镇长 姜华中(—12)
蒋勤花(女,—5)
殷昌敏
吴建中
陈国平(—5)
蒋俊华(5—)
张 仲(5—)
唐润君(12—)
纪委书记 刘和祥
党委委员 刘和祥
唐润君(—12)
徐 进(—5)
胡宏伟(—5)
张 仲(—5)
束 彧(女,5—)
孙 晨(女,5—)
何 凯(5—)
曾国祥(5—)
姚丹铭(12—)
人武部长 胡宏伟(—5)
曾国祥(5—)
主任科员 蒋勤花(女,5—)
副主任科员 朱梦盼(女,1—5)

(顾 君)

中共丹阳市委员会

栏目编辑 夷朝霞

市委领导分工

童国祥，1—6月主持市委全面工作，主管干部人事工作，分管市人大、市政协和市人武部党的工作。

陈可可，1—6月主持市政府全面工作，分管机构、编制、人民武装工作。6月起主持市委全面工作，主管干部工作，分管市人大、市政协工作。

黄春年，6月起主持市政府全面工作，分管财政、机构编制、人民武装工作。

赵志强，6月起协助市委书记负责市委日常工作、党建工作、深化改革工作，分管工业经济、农业农村、科技、科协、党校、党史、档案、对台、办公室、城乡统筹、机要保密工作。

任剑平，1—6月负责市委宣传部工作，分管精神文明建设、宣传思想、社会科学理论、报社、广播电视、教育、文化、卫生、计划生育、体育、旅游、文联工作。6月起负责市委政法委工作，分管政法、社会稳定、公安、检察、法院、司法、信访、民政、双拥、残联工作。

周奇恒，6月起负责市纪委工作，分管纪检监察、党风廉政建设工作。

赵立群，1—6月主持开发区（曲阿街道）党工委全面工作。6月起负责市政府常务工作，分管市政府分工工作。

金夕龙，主持云阳街道党工委全面工作。

杜官军，负责市委组织部工作。8月起增加负责市委统战部工作，分管干部、组织人才、机关工委、工会、共青团、妇联、老干部、民主党派、工商联工作。

陈文水，负责市人武部工作，分管人民武装、国防动员、民兵预备役、军民共建、人防和联系部队工作。

周东明，主持丹北镇党委全面工作。

李莉珺，6月起负责市委宣传部工作，分管意识形态、宣传思想、精神文明、新闻、文联、教育、文化、卫生和计划生育、体育、旅游工作。

沈岳方，1—7月协助市委书记负责市委日常工作，分管党建工作、工业经济、农业农村工作、统战、台办、党校、科技、科协、工会、共青团、妇联、工商联、办公室、研究室、城乡统筹、机要保密工作。

周爱仙，1—6月负责市委政法委工作，分管社会稳定、社会治安综合治理、信访、民政、双拥、残联工作。

李刚，1—4月负责市政府常务工作，分管体制改革工作。

马家胜，1—6月负责市纪委工作，分管纪检监察、党风廉政建设。

朱岷，1—8月挂职，协助分管人力资源与

社会保障、卫生、食品药品监督。

冯刚，9—11月挂职。

张文静，10—12月挂职。（刘　佳）

重要会议

【规模纳税企业新春座谈会】 2016年2月14日，丹阳市规模纳税企业2016年新春座谈会在会展中心召开。会议表彰2015年度全市纳税先进企业，要求全市上下创新作为，锐意进取，为“十三五”规划开好局。镇江市委常委、丹阳市委书记童国祥在会上指出，“十三五”期间，丹阳市发展正处在加快转型、加速突变的重要“窗口期”，传统企业要加速适应“窗口期”带来的新变化，不断加快产业、技术方面升级，提高产品附加值水平，以“壮士断腕”的勇气加快转型，使企业长盛不衰。要抓住国家政策，把“看得见”的各类机遇转化为“摸得着”的发展成果。企业要在技术创新的“风口”，瞄准核心技术、关键技术，舍得花大本钱、下大功夫推进原创性、颠覆性技术创新，实现从“0”到“1”的突破，向金字塔的塔尖攀登。要把互联网化作为重中之重的事情来抓，加快互联网在设计、生产、管理、服务等方面的全流程应用，开展基于互联网的技术创新、服务创新和商业模式创新。他要求企业家高度重视现代管理的作用，逐渐摒弃家族式管理、粗放式管理，真正向现代治理、科学治理转变，通过现代管理实施实现国际国内人才“零距离”，让人才“第一资源”成为企业腾飞的源头活水。市场一线的企业家，要顺应新常态，毫不含糊地转换融资理念，全力以赴推动以战略合作为重点，以上市公司为平台，实现纵向的、横向的、跨国产业的整合，为企业发展注入新动力、扩展新空间。市四套班子全体领导，各镇（区、街道）党（工）委书记、镇长（主任），市委各部委办局，市各委办局院行社中心（总公司）、各人民团体、市直属单位党政主要领导，2015年工业企业纳税总量前50强、非工业企业纳税总量前30强、工业企业亩均纳税前20强、认定和预认定的总部企业以及20家科技创新企业的主要负责人参加会议。（刘　佳）

【全市组织工作会议暨领导班子换届工作会议】 2016年3月14日，丹阳市组织工作会议暨领导班子换届工作会议在市会展中心举行。市委常委、组织部长杜官军总结丹阳市2015年的组织工作，部署2016年的工作任务。镇江市委常委、丹阳市委书记童国祥在会上讲话，他要求，聚焦管党治党，把方向、促落实，永葆共产党人“真本色”。组织部门要在全面从严治党的制度创新上下功夫，要强化各级党组织全面从严治党主体责任，要围绕“两学一做”，抓教育、促整改，拧紧思想行动“总开关”。全市组织系统要充分认识开展“两学一做”学习教育的意义，将其作为一项政治任务，尽好责、抓到位、见实效；各级党组织要把“两学一做”学习教育作为党建工作的龙头工程，抓紧抓好、抓出成效。要抓住换届契机，抓班子、强队伍，选好改革发展“带头人”。组织部门要重视换届工作，坚持高标准、严要求，把换届工作抓紧抓好，选出好干部，坚决防止干部“带病提拔”；配出结构优功能强的好班子，把优化班子结构、增强整体功能作为重要着力点，做到搭配合理、结构科学；落实中央对换届纪律提出的“九严禁”等要求，确保换届风清气正。要抓基层、打基础，深耕基层党建“主阵地”。统筹各领域党建，扩大党的组织和工作的覆盖面；发挥党建积极作用；强化党员教育管理。要突出“高精尖缺”，以更宽的视野集资源、聚人才，点燃创新驱动“新引擎”。全面创新人才体制，全面加强人才招引，全面优化人才环境，充分发挥人才的支撑作用。（刘　佳）

【农村工作会议】 2016年3月18日，丹阳市农村工作会议在会展中心召开。会议总结“十二五”时期“三农”工作，分析农业农村形势，部署“十三五”时期和2016年农业农村工作，推动现代农业建设迈上新台阶。丹阳市委副书记沈岳方作“三农”工作报告。“十二五”时期，全市农业农村发展取得成就，粮食生产持续丰收，综合产能不断提升；现代农业持续增效，转型步伐不断加快；农民收入持续增长，生活水平不断提高；农村环境持续优化，城乡面貌不断改善；改革创新持续深入，农村活力迸发。“十三五”时期推进农业农村工作的总体要求是：以推进农业现代化和农村全面小康建设为发展主题，以促进农民增收和增进农民福祉为中心任务，着力破解难题、厚植优势、增强活力，推进农业供给侧结构性改革，转变农业发展方式，持续深化农村改革，推动现代农业建设迈上新台阶，建设“强富美高”社会主义新农村。副市长符红海与部分镇、街道代表签订 2016 年“三农”工作责任状。市农委、科技局、延陵镇作表态发言。镇江市委常委、丹阳市委书记童国祥在讲话中要求，做好“三农”工作，要以中央“一号文件”为引领，切实巩固和扩大“三农”发展好势头；以“规模高效”为重点，持续推进农业供给侧改革；以“扶贫增收”为突破口，拓宽富民增收渠道；以“宜居宜业”为方向，加快改善镇村环境面貌；以“清正廉洁”为目标，着力构筑“三农”工作的坚实基础。（刘　佳）

【重点产业类项目推进会】 2016 年 7 月 17 日，丹阳市重点产业类项目推进会在会展中心召开。丹阳市委书记陈可可在讲话中要求，全市上下要把握大势，结合丹阳实际，聚焦项目，自加压力，全力推进重点产业类项目建设。各镇区、街道要围绕目标，强化项目支撑，将重点产业类项目当作第一任务、第一重点来抓，对没有完成序时进度的，要研究谋划突破的办法；要坚持推进协调机制，提高实效性、针对性，分析好、谋划好、研判好项目；要强化项目招引，解放思想，强化开放意识；同时要强化项目推进，从深层次、体制机制上来形成承载项目的能力。各镇区、街道要严格责任、明确目标、不留退路，重点产业类项目做到早签约、早开工、早竣工、早投产，全力推进全年目标任务的完成。（刘　佳）

【中共丹阳市第十三次代表大会】 2016 年 7 月 26 日，中国共产党丹阳市第十三次代表大会在会展中心召开。会议回顾总结市第十二次党代会以来的工作，研究部署今后五年的目标任务，动员全市各级党组织、全体共产党员和广大干部群众，坚持改革创新，勇于实干担当，践行新理念，实现新崛起，全力建设充满创新活力的“强富美高”苏南现代化工贸名城。丹阳市委书记陈可可代表中国共产党丹阳市第十二届委员会向大会作《践行新理念实现新崛起全力建设充满创新活力的现代化工贸名城》的报告。陈可可说，市第十二次党代会以来，丹阳市突出科学发展、稳中奋进，综合实力稳步提升；突出结构调整、创新驱动，发展质态持续优化；突出区域统筹、功能提升，城乡建设扎实推进；突出节能减排、绿色低碳，生态环境明显改善；突出深化改革、扩大开放，发展活力不断增强；突出以人为本、共建共享，社会民生协调发展；突出从严治党、优化作风，党的建设全面加强。陈可可指出，今后五年发展的指导思想是：坚持领跑镇江、争先苏南，坚持稳中奋进、创新转型，坚持产业强市、生态领先，践行新理念、实现新崛起，建成更高水平小康社会，开启基本现代化建设新征程，全力建设充满创新活力的“强富美高”苏南现代化工贸名城。今后五年的总定位是：践行新理念、实现新崛起。要按照“领跑镇江、争先苏南”的总要求，围绕目标，突出重点，狠抓关键，构筑“五大新高地”。要坚持创新驱动，构筑结构优化、特色鲜明的现代产业新高地；要坚持统筹协调，构筑功能完善、文化彰显的城市发展新高地；要坚持绿色低碳，构筑水清岸绿、宜居宜游的生态文明新高地；要坚持深化改革，构筑活力涌动、内外联动的开放发展新高地；要坚持以人为本，构筑幸福安康、文明法治的民生共享新高地。

（刘　佳）

【市镇两级人大换届选举工作会议】 2016年9月24日，丹阳市市镇两级人大换届选举工作会议在会展中心召开。会议对全市市镇人大换届选举工作进行全面部署，确保换届选举风清气正、圆满成功。市委书记陈可可要求，全市上下要讲政治讲大局，增强做好换届工作的使命感；讲责任讲担当，选出高素质的干部队伍。在换届选举中，要依法划分选区、分配代表名额，依法选好代表，同时要突出素质要求，优化代表结构，切实提高代表质量；要选优配强国家机关领导班子，真正把那些推进科学发展思路好、能力强、实绩突出、作风过硬、群众信任的干部推荐出来；要进一步加强人大组织建设，增强人大工作活力。（刘　佳）

【全市“三秋”工作暨农业重点工作推进会】 2016年10月25日，丹阳市“三秋”工作暨农业重点工作推进会在会展中心召开。2016年，丹阳市秋收秋种工作出现新情况、新特点：一是水稻丰收在望。6月下旬的连续阴雨给水稻栽插、生长带来影响，丹阳市镇两级认真落实“以秋补夏”号召，全面开展秋熟“超产增收”行动。7月中下旬，天气持续晴好，温高雨少光照足，水稻生长呈现穗数增、粒数减、结实率增、产量增的态势。二是广大农民对农业种植结构调整热情高涨。受政策和国际市场的影响，上半年小麦种植效益大幅度降低，由于稻谷价格波动较大，人工作业成本居高不下，种粮效益难以稳定提升，农户要求加快农业结构调整，提高种粮收益。三是天气形势不利。秋收秋种期间丹阳市出现连续阴雨天气，对水稻及时收割、小麦适期播种造成一定的困难和不利影响。会上，市委市政府动员全市各级干部群众高度重视、超前谋划、精心组织，扎实工作，全面完成农业和农村各项工作。（刘　佳）

【领导干部研讨会】 2016年12月17日，丹阳市领导干部研讨会在会展中心召开。会议深入贯彻落实十八届六中全会和省市党代会精神，为开好市委全会、“两会”和谋划好2017年工作做好准备。市委书记陈可可强调，2016年，全市上下共同努力，顶住经济下行压力，稳住发展基本面，全市经济社会保持健康发展的良好态势，转型升级加快推进，项目推进、城乡建设、民生改善等都有突破，工作效能明显提升。陈可可指出，认真研判发展形势是谋划2017年工作的前提。要把握五个方面：一要注重全面创新，抓住科技创新“牛鼻子”。二要注重富民惠民。三要注重城市载体建设。四要注重绿色生态。五要注重求真务实。2017年要重点抓好十个方面的工作：一要完善区域创新体系，要把创作作为核心和第一动力，落实到政策措施、激励机制、工作导向上去，实施高新技术产业发展、企业创新能力增强、科技创新平台提升、创新要素集聚等“四大行动”。二要扭住产业发展这个龙头。三要推进园区体制机制创新。四要推进全域旅游发展。五要打造精美城市，要把城市建设放到长三角、宁镇扬一体化等重大战略规划中考量，实施“四改一拆三提升”，全力打造精美城市。六要全面落实江苏省“两减六治三提升”专项行动。七要推进“一湖三水五河”建设。八要全面深化体制机制创新。九要补齐富民增收短板。十要高水平推进公共服务。会议以“书面交流＋专题发言＋大会交流”的组合形式举行。（刘　佳）

组织工作

【概况】 2016年，丹阳市深入贯彻全国、省、市组织部长会议精神，紧密围绕市委“五个更”（一是聚焦管党治党，以更严的要求把方向、促落实，永葆共产党人“真本色”。二是围绕“两学一做”，以更高的标准抓教育、促整改，拧紧思想行动“总开关”。三是抓住换届契机，以更实的导向抓班子、强队伍，选好改革发展“带头人”。四是着眼增强活力，以更大的力度抓基层、打基础，深耕基层党建“主阵地”。五是突出“高精尖缺”，以更宽的视野集资源、聚人才，点燃创新驱动“新引擎”）要求，突出组织工作“四个为”（坚持为五大发展提供动力；坚持为担当作为营造环境；坚持为创新转型开辟新径；坚持为精准发力整合资源）的原则和“五个年”（开展“两学一做”、发展党的先进性的教育深化年；选配好干部、打造领导发展集体的班子换届年；推进改革、打造品牌的特色创新年；强化管党责任、落实“书记项目”的党建看齐年；紧扣发展大局、体现工作价值的保障提升年）的主题，深入落实“五大发展理念”（创新、协调、绿色、开放、共享），立足市第十三次党代会要求，持续推进全面从严治党，扎实开展“两学一做”学习教育；选优干部配强班子，全力做好市镇村三级换届工作；聚焦服务中心，全面加强干部队伍建设；强化人才引领，推动“丹凤朝阳”人才计划；着眼党建创新，不断提升基层管党治党水平；注重自身建设，努力打造模范部门和过硬队伍。加快组织工作智慧转型、创新发展、提升服务大局能力，严肃党内政治生活，为加快建设充满创新活力的苏南现代化工贸名城提供坚强组织保证和人才支撑。（万仁松）

【市镇两级党委换届】 2016年3月，丹阳市市镇领导班子换届工作启动，换届工作有序推进，组织提名人选全部高票或满票当选，整体得票率较上届高出30%。通过换届，市委、人大、政府和政协班子形成合理的年龄梯次配备，10个镇党政领导班子形成以35岁至45岁干部为主体的年龄梯次配备，其中35岁左右干部占34.07%，大学本科以上文化程度占97.78%。10个镇党政班子共配备24名女干部，占党政班子成员总数的17.78%，2名女干部担任乡镇党政正职，领导班子性别、年龄、文化、素质等结构改善，整体功能提升。（金　磊）

【村（社区）党组织换届】 2016年9月，丹阳市146个村、45个社区党组织全面采用“两推一选”的方式进行集中换届。换届中，坚持从严谋划部署，采取调研摸底、人才储备、考察审计、集中整顿“四个先行”的做法，做细做实前期准备工作。建立村（社区）党组织委员“五大素质条件”和“十项负面清单”，提出村（社区）党组织书记“双强五有”（“双强”是管党能力强、发展服务能力强，“五有”是有管党责任、有法治思维、有服务本领、有发展胆识、有严实作风）标准，创新“七个一批”（从现任优秀村（社区）干部和村（居）民小组长中遴选一批，从本村（社区）致富带富能手中选用一批，从本土高校毕业生、优秀大学生村官、社会工作者中挑选一批，从外出务工创业人员中回请一批，从复转军人和退职党员干部中推选一批，从机关和企事业单位干部中选派一批，从听懂乡音、熟悉乡情、走进乡亲、住在乡村的本土优秀党员和热爱社区、热衷社工、热心公益、热忱为民的居民党员中推荐一批）选人方式，着力提高人选质量。开展严肃村（社区）党组织换届纪律“四大行动”（严肃村（社区）党组织换届纪律“挺纪立规”行动、“教育提醒”行动、“亮剑肃纪”行动、“责任引领”行动），制定“十不准”要求，党员对换届风气满意率达95.8%，此次换届，共调整村（社区）书记44人，占23%。换届后，村党组织书记平均年龄51.1岁，下降1.5岁；社区党组织书记平均年龄47.3岁，下降0.4岁；191名村（社区）党组织书记候选人全部当选，实现第一书记和大学生村官担任村党组织书记两个“零”的突破，达到平均年龄下降、“老板书记”比例下降、整体素质提升的“两降一升”目标。（周宇亮）

【“三类人员”集中调研】 2016年，丹阳市为贯彻换届工作精神，改善乡镇领导班子结构，充分借鉴省委组织部后备干部调研成果，积极探索从乡镇事业人员、优秀村干部、大学生村官三类人员中通过“集中调研”方式，比选产生拟新进乡镇领导班子人选。在集中调研过程中，严格按照“推荐报名、资格审查、履职评价、能力测试、确定调研人选、单位调研”等程序进行。通过集中调研，从54名通过资格审核人员中优选产生12名拟新进领导班子人选（乡镇事业编制人员9名，村党组织书记1名，大学生村官2名）。这一做法得到上级的肯定并被中组部《组工信息》和《江苏组工信息》宣传介绍。（贺福红）

【干部管理监督】 2016年，丹阳市严格干部选拔任用监督，切实防止和杜绝干部“带病上岗”“带病提拔”。实行全程纪实，对2016年以来历次干部调整，分阶段、分程序填写记录原始情况，录入“干部选拔任用工作全程纪实系统”，客观反映选人用人全过程，提高选人用人公信度。严格执行干部档案“凡提必审”，个人有关事项报告“凡提必核”，纪检监察机关意见“凡提必听”，反映违规违纪问题线索具体、有可查性的信访举报“凡提必查”。注重干部日常监督管理，开展领导干部个人有关事项报告工作，组织全市乡科级领导干部、基层站所负责人和各村（社区）两委主要负责集中填写《领导干部个人有关事项报告表》，并按照不低于10%的比例随机抽查、核实比对。推进干部监督“三员一网”（地方选派督导员、系统（行业）选聘监督员、单位选用联络员，构建立体、开放、高效的监督网络）建设，经过单位摸排、党委（党组）会议研究、组织部审核等程序，新聘用督导员12人、监督员11人、联络员79人。发挥电话、短信、信件、网络“四位一体”的“12380”举报受理平台作用，对属于组织部受理范围内的来访或信件，及时调查处理，做好答复工作。（陈一飞）

【干部教育培训】 2016年，丹阳市共举办各类干部培训班30个，培训6000余人次，完成上级各类调训80余人次。在市委党校举行2016年年度主体班集中开班，村（社区）书记培训班、“铁军”集训班、第11期中青班等3个班共300多名学员同时开课，由市委书记开班讲课，市委副书记、纪委书记、组织部部长等5名市领导走上党校讲台，进行集中讲课。市委书记上讲台被《新华日报》、人民网进行宣传报道。重点突出新常态新理念培训，分层分类办好“一把手”专题培训、“铁军”精神集训、知名高校专题培训、党性锻炼班、机关部门业务培训及讲座培训等。打造现场教学基地，为开展大规模培训干部提供身边“载体”。联合党校深入调研，筛选全市革命传统教育、特色产业、科技创新等五大类12个现场教学点，进行集中授牌，对每个现场点专门配备党校专职教师授课。丹阳国际眼镜城被列为“诚信文化”教学线路，总前委旧址和张雅琴先进事迹陈列馆入选镇江“632”干部教育培训体系。（聂春红）

【“墩苗计划”实施】 2016年，丹阳市开展“墩苗计划”（对有潜力、有发展前途的年轻干部，有计划地组织开展挂职锻炼等多岗位锻炼活动，促进其成长成才），依托“优秀中层干部人才库”，采取组织优选的方式，搭建“机关干部下基层、基层干部进机关、优秀干部走出去”的互动培养平台，并对挂职干部实行“项目化”考核，挂职期间必须独立完成3个以上项目，培养年轻干部处理问题的能力。选派12名优秀年轻干部到房屋征收一线开展为期4个月的挂职锻炼，分两批选派12名优秀年轻干部到安徽宣城市宣州区镇（街道）开展为期3个月的挂职锻炼，选派4名镇（街道）年轻的副书记（副主任）到苏州高新区挂职3个月，促进优秀年轻干部墩苗成长。（董洪良）

【书记党建看齐行动】 2016年，丹阳市围绕落实管党责任、思想建设责任、组织建设责任等，开展书记党建看齐行动，列出2016年度书记党建工作责任清单2733个、23000项，实现市、镇（区、街道）、村（社区）责任清单全覆盖。坚持靶向思维，按照项目化管理办法，聚焦基层党建20项突出问题，以切口小、有难度、易示范、年底能见效为原则，市委常委、各级党委（党组）及村（社区）党组织书记申报活动阵地建设、联系服务群众、党建助推扶贫等方面“书记项目”271个，并在《丹阳日报》公示。建立“三定三随”督察管理办法和“三色”预警制度，适时召开推进会，推动看齐成效有形落地。《江苏组工信息》和《新华日报》《镇江日报》对该项工作进行宣传推介。（周宇亮）

【“先锋亮绩、积分管理”试点工作】 2015年12月—2016年12月，丹阳市在全体党员中开展“先锋亮绩、积分管理”试点工作。吕城镇党委等4个党组织获镇江市党员“先锋亮绩、积分管理”试点工作先进党组织称号。在具体工作中，丹阳市按照党员个人“亮绩”、考评小组“考绩”、群众参与“评绩”、支部大会“定绩”等四个步骤，促使党员发挥先锋模范作用，进一步提升学习教育效果。明确考核对象，对年老体弱、长期生病、行动不便的党员，制定下发《党员因故不能参与积分管理审批表》，经本人申请、支部大会通过，并经基层党（工）委批准后，可不参加“先锋亮绩、积分管理”考核工作。细化考核细则，按照机关事业单位、城市社区、农村、国有企业、非公企业和社会组织等五种党员类型，分类制定指导性积分细则，全市35家基层党（工）委共制定73个积分考评细则。突出记实管理，设计《党员“先锋亮绩、积分管理”手册》，包含党员基本信息，印制积分管理工作流程图、党员积分评定程序表。通过试点，产生审批服务中心第一党支部“先锋亮绩、积分管理”开放性教育基地、地方税务局第十分局党支部“网上信息化”积分管理平台、建山村“党员积分墙”等一批鲜活典型。（蔡振宇）

【“丹凤朝阳”人才计划】 2016年，丹阳市围绕航空航天装备、新材料等新兴产业，出台《关于实施“丹凤朝阳”人才计划的意见》，计划用5年时间引进并支持200名以上海内外高层次人才到丹阳创新创业。在技术评审、实地考察和面试答辩基础上，确定30名资助对象。组织企业申报院士工作站2个和“千人计划”工作站1个，6人入选省“双创计划”，19人入选镇江“金山英才”计划。（杜 赟）

【省人才创新创业促进会丹阳代表处设立】 2016年，丹阳市设立省人才创新创业促进会丹阳代表处，探索政府与社会团体合作新模式，组织各类高层次人才、科技企业家和机关企事业单位、创新创业平台、金融投资机构等加入代表处，吸收个人会员45名、单位会员26名。组织丹阳市双创人才参加省促进会双创人才联合会，2个团队事迹、1名个人事迹被编入《风起东方·江苏双创英才风采录》。（杜 赟）

【追授张宝生优秀共产党员】 张宝生是丹阳市导墅镇东泊村人，1954年11月出生，2010年9月加入中国共产党，1975年11月成为导墅镇东泊村乡村医生。2008年，张宝生获“全国优秀乡村医生”荣誉。2016年2月23日，张宝生因病逝世。张宝生扎根基层40余年如一日，对病人满腔热忱，以一个基层医务工作者的神圣职责，践行全心全意为人民群众健康服务的宗旨。2016年6月，中共丹阳市委追授张宝生为丹阳市优秀共产党员，号召全体党员向张宝生学习。《丹阳日报》介绍张宝生的先进事迹。中共丹阳市委宣传部举行张宝生先进事迹报告会，介绍张宝生作为一名优秀共产党员“不为良相，甘为良医”无私奉献的一生。全市卫生计生系统开展“学习张宝生，持续改作风”的活动。（殷 鑫）

宣传工作

【概况】 2016年，丹阳市宣传思想文化工作以学习宣传贯彻中共十八届五中、六中全会精神和习总书记系列重要讲话精神为主线，深入贯彻全国、全省宣传部长会议和镇江市宣传思想文化工作会议精神，认真落实市委第十三次党代会的决策部署，着眼于巩固马克思主义在意识形态领域的指导地位、巩固全市人民团结奋斗的共同思想基础，充分发挥宣传思想文化战线“主战线、主阵地、主力军”作用，为丹阳市“十三五”开局提供思想文化保障。建立理论宣讲课题库和文化产业重点项目库，制定出台丹阳市《党委（党组）意识形态工作责任制实施细则》《意识形态领域情况分析研判联席会议制度》，成立丹阳市阅读促进会，推出《聚焦十三五谱写新篇章》等18个系列主题宣传，开展纪念吕凤子诞辰130周年系列活动，组织实施文明城市创建突出问题集中整治五大专项行动。全年重点处置网络舆情84件，全年在中央级、省级媒体分别发稿28篇、410篇。市委宣传部连续第八年获镇江市委宣传部目标管理考核优胜单位。（袁卫华）

【学习宣传习近平总书记系列重要讲话精神】 2016年，丹阳市以“两学一做”学习教育活动为契机，在全市推行读原著、学原文、悟原理“三原学习法”，坚持全面学和专题学相结合，全面系统领会习近平总书记系列重要讲话基本精神，深入把握讲话对各领域各方面工作的新要求。利用基层党员冬训、政务微博微信、党建互动平台等宣教平台，适应不同社会群体，开展对象化、分众化、互动化的宣传普及活动，推动讲话精神由党政机关向基层一线延伸，由领导干部向普通党员群众延伸。（邹　琴）

【学习型党组织建设】 2016年，丹阳市以规范市委中心组理论学习为龙头，以完善旁听制度为切入点，组织开展党委示范督学、“一把手”上党课、党委中心组成员到联系点上党课等活动，全年共编发中心组学习资料12册，举办市委中心组学习12场、党委示范督学36场，党员领导干部上党课1250余场次。（邹　琴）

【理论宣讲】 2016年，丹阳市建立理论宣讲课题库，录制完成10个宣讲课题视频上传本地党建网络教育平台。开展“理论微故事”征集活动，利用“丹阳发布”、各镇（区）微博微信公众号开设“网上冬训”“网上党课”等栏目，开发区、延陵镇等建立理论学习大讲堂。丹阳市承办2016－2017年度全省基层党员干部冬训工作部署会。（邹　琴）

【意识形态阵地建设】 2016年，按照党中央、省委、市委要求，丹阳市出台《党委（党组）意识形态工作责任制实施细则》《意识形态领域情况分析研判联席会议制度》，按照《实施细则》制定党委一把手抓意识形态工作责任清单，落实主体责任，并将意识形态工作责任制与党建工作同部署、同考核。（邹　琴）

【中心工作宣传】 2016年，丹阳市围绕“十三五”规划、经济转型升级、环境综合整治、生态文明建设、建党95周年等中心工作、重大活动和关键节点，推出《聚焦“十三五”谱写新篇章》《领跑镇江争先苏南》《重点项目巡礼》《辉煌的胜利——庆祝建党95周年》等18个系列主题宣传。配合全市金融风险防范工作，推出《维护金融生态，护航转型发展》《共筑和谐金融生态环境》等专栏和系列报道，组织刊发重点评论文章，维护金融生态环境。聚焦市十三次党代会，举办“同心同德、励精图治”大型图片展，全市观展共计7000余人次。（唐　斌）

【张宝生先进事迹报告会】 为学习全国优秀乡村医生张宝生的先进事迹，营造学习先进、争当先进的良好氛围，2016年4月7日，丹阳市组织召开张宝生先进事迹报告会。会上，由张宝生生前工作地导墅镇下琴村党总支书记张建良、导墅镇下琴村卫生室站长张冬梅等4人组成事迹报告团，从多个侧面、不同角度，真实生动地介绍张宝生“不为良相，甘为良医”的一生。（孙　洁）

【王华先进事迹宣传报道】　2016 年 9 月，《光明日报》、中央电视台等中央级媒体对丹阳籍援疆干部王华先进事迹进行集中采访，《人民日报》《新闻联播》《焦点访谈》等中央级媒体于 10 月 14 日对王华先进事迹进行集中刊播。11 月，王华被追授为江苏“时代楷模”。

（孙　洁）

【“洋眼看江苏·魅力丹阳行”活动】　2016 年 9 月 10—11 日，“洋眼看江苏·魅力丹阳行”活动在丹阳举办，美国、法国、德国等 17 个国家的 20 多位在江苏学习、工作的外籍人士参加活动。外籍人士参观国际眼镜城、中国眼镜博物馆、季子庙和天地石刻园，观看正则绣、刻瓷、二胡制作等非遗项目表演。新华社、人民网、《新华日报》、江苏电视台、香港《大公文汇报》《香港商报》等近 20 家驻苏媒体进行报道。江苏省委宣传部副部长、省外宣办主任司锦泉出席开幕式并致辞。（唐　斌）

【吕凤子诞辰 130 周年研讨会】　2016 年 7 月 5 日，丹阳市举办纪念吕凤子诞辰 130 周年研讨会，省内外美术界、理论界的教授、学者就弘扬和传承吕凤子艺术和职业教育思想进行研讨。丹阳市通过编导广播剧、修缮建设吕凤子故居、出版研究文集、举办征文大赛等方式纪念吕凤子诞辰。（朱　丹）

【网络宣传管理】　2016 年，丹阳市建立“丹阳发布”微博微信官方平台，报业系、广电系两大授权发布平台以及三大自媒体授权转载平台。以“讲好丹阳眼镜故事”为主题，策划 5 个外宣项目，采取漫画、H5 场景、图文等不同表现形式制作传播源，通过微矩阵式传播，在 100 多个城市微信号进行投放，阅读总量超过 370 万人次。建立网上舆情分级响应机制，全面提升舆情应对执行力，处置重大网络舆情 84 件。（洪　伟）

·精神文明建设·

【概况】　2016 年，丹阳市精神文明建设工作坚持以人为本的工作导向，开展社会主义核心价值观宣传教育、文明城市创建、农村精神文明建设、思想道德建设、学雷锋志愿服务活动等工作取得成效。在服务全市工作大局、改善城乡环境面貌和社会风气方面发挥作用，推动群众文明素质和社会文明程度提升。开展省级文明系列评选活动，对 6 个文明镇、22 个文明村、28 个文明单位、4 个文明校园、2 个文明社区逐一进行检查指导，所有推荐上报单位全部获评。组织开展镇江市级农村道德文化园和最美乡村创建工作，2 个村被评为镇江市“最美乡村”，2 个村被评为镇江市“最美乡村”提名村，2 个村被评为镇江市“农村道德文化园”；组织开展各级好人和“文明市民”的评选工作，有 7 人次当选“镇江好人”、2 人当选“江苏好人”；以“八礼四仪”“美德少年”等主题活动，推进未成年人道德实践活动；扩建志愿者队伍，开展“蒲公英”志愿者服务活动及志愿者、志愿服务队先进典型评选活动；开通丹阳文明网并上线运行；设立丹阳好人基金。

（蒋洪坤）

【丹阳文明网上线】　2016 年 9 月，丹阳市按照中国文明网地方联盟网站建设管理工作有关要求，经过与中国文明网管理部门和丹阳日报社沟通协调，2016 年 9 月，正式开通丹阳文明网并上线运行。丹阳文明网开设要闻、工作提示、图片新闻、文明创建、文明新风、道德模范、志愿服务、未成年人、我们的节日、丹阳发布、魅力丹阳、理论访谈、他山之石等板块，宣传丹阳的精神文明建设工作和全市重点工作。

（蒋洪坤）

【“志愿江苏”平台工作】　2016 年，丹阳市全面推广“志愿江苏”注册登记，加强志愿服务制度化建设。机关干部带头，各镇（区、街道）和各志愿服务组织积极响应，开展形式多样的志愿服务活动，在文明城市创建、关爱弱势群体、普惠民生实事、维护交通秩序、保护自然环境等方面参与志愿服务。丹阳市注册志愿者人数12.7万人，其中活动志愿者人数8.4万人，总志愿服务时长163.4万小时。（蒋洪坤）

【“蒲公英”志愿者进社区集中行动】 为开展全国文明城市创建工作，弘扬“奉献、友爱、互助、进步”的志愿服务精神，发挥全市机关干部的先锋模范作用，2016年11月16日—12月16日，丹阳市文明办组织引导全市机关干部6200人次，在城区50个交通繁忙路口和拥堵路段开展“蒲公英文明交通志愿服务一小时”活动，协助交巡警开展“文明交通”劝导活动，对行人、非机动车随意横穿马路、闯红灯、翻越护栏等不文明行为进行劝阻；对机动车不按规定车道行驶、车窗抛物、斑马线不礼让行人等行为进行劝阻、记录。（孙 琴）

【乡风文明建设】 2016年，丹阳市深入开展城乡文明结对共建、村民文明素质提升、乡村创建典型培育等系列活动，组织开展镇江市级农村道德文化园和最美乡村创建工作。延陵镇九里村、开发区建山村获得镇江市首届“最美乡村”称号，访仙镇双茆村和吕城镇虎墅村获镇江市首届“最美乡村”提名。开发区建山村和访仙镇双茆村获得镇江市“农村道德文化园”。（孙 琴）

【微视频《虚惊》获全国十佳】 2016年，为推动丹阳市创建全国文明城市工作，有效提高群众参与度，丹阳市文明办联合广电集团、丹阳日报社等单位开展微公益电视片拍摄宣传活动。通过电视、报纸等媒体开展微公益电视片剧本征集。共征集到41部微公益电视片剧本，从中择优审定《停车》《让座》《虚惊》和《一片树叶》4本剧本。邀请专业制作团队进行视频拍摄和后期制作，邀请交警、清洁工、老师等出演。微视频通过网络、微信广泛传播。其中《虚惊》在2016中国传媒融合发展年会暨中国报业新媒体大会上获评“十佳”优秀短视频奖。（姜 炜）

图4 2016年11月，丹阳市召开全国文明城市创建工作月度点评会（姜 炜）

【未成年人道德实践活动】 2016年，丹阳市开展“做一个有道德的人”“文明形象大使评选”等道德实践活动，发动未成年人参与全国清明“网上祭英烈”和争做“美德少年”签名寄语活动。以“八礼四仪”活动为突破口，在丹凤实验小学、云阳学校、职业中专等学校开展入学、青春、成人等各类仪式教育主题活动。强化乡村学校少年宫建设，强化师资队伍素质，提高人才培养能力，抓好师资队伍建设、课堂教学及少年宫活动质量。（孙 琴）

统战工作

【概况】 2016年，丹阳市统战系统认真贯彻中央、省、市决策部署，紧扣中心、服务大局、开拓创新、真抓实干，为全市经济社会发展提供力量支持。认真贯彻《关于加强社会主义协商民主建设的意见》精神，落实市委常委与党外代表人士联谊交友制度，落实各民主党派、工商联负责人和无党派代表人士座谈会、党风廉政建设和反腐败工作情况通报会以及重大事项决策通报协商会制度，推动各民主党派、无党派与政府相关部门对口联系工作取得实效，支持各民主党派加强自身建设。完善镇、街道统战工作年度目标任务考核细则，落实统战部领导干部基层联系点制度，加强对基层统战工作的分类指导。加强对工商联党组的领导，发挥党的领导核心作用。印发《关于政协丹阳市第十五届委员会人事安排的意见》和《关于市政协人事安排的有关说明》等文件，制定政协换届实施方案，加强同政协组织的沟通协调配合，有序做好综合评价、民主推荐等相关工作。（施金娟）

【统战工作会议】 2016年3月23日，丹阳市委在行政中心召开全市统战工作会议。会议提出要认真学习贯彻中共十八大和十八届三中、四中、五中全会精神，深入贯彻落实习近平总书记系列重要讲话精神，紧紧围绕“建设‘强富美高’苏南现代化工贸名城”的工作大局，全面落实中央、省委和镇江市委统战工作会议精神，着力推动重点难点问题解决。协助做好民主党派、工商联各级组织换届工作，做好2017年人大代表、政协委员中党外人选的相关工作，严把人选政治关、素质关、结构关。做好新形势下民族宗教工作、党外人士思想政治引导工作、非公有制经济人士理想信念教育工作，维护社会和谐稳定。全面加强统战干部队伍建设，巩固“三严三实”和“三作为”教育成果，开展“两学一做”学习教育，强化党的意识、党员意识和纪律规矩意识，提高解决实际问题的能力和水平。（施金娟）

【大统战工作构建】 2016年，丹阳市委认真贯彻落实《统一战线工作条例（试行）》、江苏省委《实施办法》和镇江市委《实施意见》精神，构建全市大统战工作格局。市委常委、组织部部长兼任统战部部长，成立丹阳市委统战工作领导小组，市委书记任组长。11月10日，丹阳市委统战工作领导小组制定由15个部门组成的非公经济人士综合评价联席会议制度。强化基层统战工作，在镇党委换届中，3个镇配备专职统战委员，9个镇、街道明确组织统战委员。（施金娟）

【“同心工程”实验区帮扶】 2016年，丹阳市统战系统根据“同心工程”丁庄实验区2016年建设规划，丹阳市统战系统全年共向丁庄村“同心工程”实验区投入40余万元，实施排水沟治理、道路新建、路灯安装等惠民工程，统战部结对帮扶丁庄村1户贫困家庭。2016年9月8日，丹阳市委常委杜官军实地调研丁庄村“同心工程”建设情况。11月6日，杜官军和市各民主党派、无党派代表人士联络小组负责人同丁庄村村委会成员开展座谈，商讨精准扶贫事项。市统战部组织统战成员开展“结亲认亲、暖心连心”活动，11月6日，民盟、农工党、九三学社的医卫专家到丁庄村开展义诊活动。（施金娟）

【统战干部队伍建设】 2016年1月21日，丹阳市委统战部召开“三严三实”和“三作为”专题民主生活会，深入查摆班子和个人问题，认真开展批评和自我批评，提出整改措施。4月11日，市委统战部组织机关党员干部到茅山新四军纪念馆开展主题党日活动。5月10日，组织退休党小组参观九曲河水利枢纽和民俗展览馆，接受爱国主义和党风廉政建设教育。5月16日，市委统战部召开“两学一做”学习教育座谈会，全体党员重温入党誓词。认真落实党风廉政建设责任制，严明政治纪律和政治规矩，坚持“高线”、严守“底线”，营造机关民主团结、务实清廉的工作氛围。（施金娟）

对台工作

【概况】 2016年，丹阳市台办围绕经济建设大局，履行对台工作职责，推动丹阳市对台工作上新台阶。全年先后组成3个经贸团共19人、54个商务考察团共83人到台湾省进行经贸商务考察和培训。在台中市举办汽车零部件产业专题招商会，建立台资企业信息网络。全年共邀请台商300余人次到丹阳考察。7月，台湾“梦圆两岸文化深耕之旅”参访团一行35人到丹阳考察交流，10月，宜兰县三星乡参访团一行30人到丹阳考察交流，11月，新北市国民党基层骨干参议团一行30人到丹阳考察交流。在元旦、春节、中秋节传统佳节期间，市台办对重点台商及台属进行走访慰问。

（吴红仙）

图5　2016年11月20日，台湾新北市参议团到丹阳市考察交流　（吴红仙）

机关党建工作

【概况】　2016年，丹阳市级机关各基层党组织和广大党员干部深入贯彻落实中共十八届五中、六中全会和习近平总书记系列重要讲话精神，围绕“坚持创新、奋力争优”主旋律，在思想教育、组织建设、阵地打造和作风转变上把握高起点、高标准、高效能的要求，进一步增强基层党组织的政治功能、治理功能和服务功能，各项工作取得成绩。全年，新增党支部10个，14个党（总）支部完成换届选举，19个党支部进行支部领导班子更替增补。发展新党员28名，预备党员转正38名，有34个单位被评为先进集体，167人被评为先进个人。市级相关工委组织开展“双型”先进党支部创建，2016年新增申报“四星”党支部16个，其中组织部机关党支部、水利局九曲河枢纽管理处党支部、总工会党支部、烟草局党支部和档案局党支部的做法成效明显。提升党建工作规范化水平，丹阳市级机关工委成立5个党务工作协调小组，对下属62个基层党组织实行长期挂片督导。将党建工作考核中平时分值比重提至40%。开展党风廉政建设专题教育活动，市级机关工委以下发手册、组织考试的形式带领机关干部学习“两准则”“两条例”，财政局获镇江市党章党规知识竞赛第一名。落实党风廉政建设责任制，各单位班子内部实行“责任清单”和“一岗双责”制，部门负责人对分管条线内的业务工作和党风廉政建设负责。开发电子党务测评系统，党员以不记名方式对班子进行评价，对认可度偏低的班子及时谈话提醒。加大执纪问责力度，市级机关工委实行主要领导总负责、分管领导具体抓的廉政监督机制，全年21名党员因违纪受到处分。

（殷　晴）

【“优质效能服务”系列活动】　2016年，丹阳市级机关工委以“效能革命”为契机，组织开展“优质效能服务部门、科室、标兵”争创和评议活动。评议活动呈现三大亮点：一是变“请上来”为“走下去”，在各镇区举办11场评议，实现全覆盖，参评人员由万人评议数据库中随机抽取，确保评议的公平、公正。二是所有的评议表都由公证人员当场封存，于年底举办的全市机关评议大会上现场拆封，当场读卡并公布评议结果。三是将结合部门工作实绩、评议结果、市领导评分评选出“优质效能服务部门”“优质效能服务科室”“优质效能服务标兵”。通过“优质效能服务”争创活动的开展，机关作风好转，效能提升，群众满意度上升。（殷 晴）

【建党95周年文艺汇演】 2016年6月21日，丹阳市级机关举办“市级机关庆祝建党95周年文艺汇演”，有关市领导观看演出。文艺汇演分“难忘的岁月”“鲜红的旗帜”“永恒的信仰”三个篇章。城管局、民防局、住建局等党委上演13个优秀节目。工委特别设置两个特色环节，一是“入党宣誓”环节，新党员进行入党宣誓；二是视频播放环节，播放《榜样的力量》和《我对党的生日祝福》两段自制视频。（殷 晴）

图6 2016年6月21日，丹阳市级机关举办庆祝建党95周年文艺演出（殷 晴）

【机关图书阅览室设立】 2016年3月，丹阳市级机关工委建成机关图书阅览室，添置报架、书柜、影像播放等设备，搜集整理4000多册图书资料。制定机关阅览室存书制度、借阅制度，专门设立意见簿，征集各种建议。在机关阅览室开展“每天充电半小时”活动，发动机关干部“悦读”“勤读”。成立机关“书友会”，并邀请知名学者集中授课，受到阅读爱好者欢迎。（殷 晴）

【党员教育实践基地】 2016年，丹阳市级机关工委为打破传统党员教育模式，构建以党建为主题的体验式教学平台，以支部众筹的形式，在司徒镇杏虎村设立市级机关党员教育实践基地。基地包含4个功能区：一是党员多功能教学区。凸显“个性化”教学模式，引入互联网手段，以“室内教学＋户外训练＋党性教育＋农家体验”作为支部一天的活动安排。二是党建品牌工作展示区。对各单位创成的特色鲜明的优秀党建品牌集中展示，促进支部间学习交流。三是红色教育区。依托周边夏霖和许杏虎烈士纪念设施，开展系列实地党性教育活动。四是党员试验田区。引进一批发展前景广、科技含量高、经济效益好的农业项目进行试种，组织党员和村民共同劳动。（殷 晴）

图7 2016年，丹阳市级机关工委党员教育实践基地建成（殷 晴）

【机关党务干部培训班】 2016年10月，丹阳市级机关工委在苏州大学举办为期4天的市级机关党务干部培训班。此次培训采取理论学习与现场观摩的方式进行。特邀镇江市级机关工委书记谭金生、原苏州市级机关工委书记明亮等资深党务干部讲授。苏州大学田芝健、江波、李一教授讲授《服务创新与机关服务品牌树立》等系列课程。在现场教学环节，机关党务干部参观苏州“特色小镇”震泽镇，拓展党务干部视野。（殷 晴）

【急救知识培训讲座】 2016年4月26日，丹阳市级机关工会、妇工委、团工委联合举办急救知识培训讲座，参加培训人数达120人。培训特邀第一反应急救培训机构的专家传授心肺复苏常识及技能练习、自动体外除颤器常识及操作使用、脑中风急救方法、气道梗阻急救方法、心梗急救方法、正确拨打120呼救等方法与技巧。（殷 晴）

党校工作

【概况】 2016年，丹阳市委党校坚持“党校姓党”原则，围绕主业主课，实施创优提升工程，开展各项工作，“三有服务平台”（服务全市党员干部理论教育和党性教育的有效平台、服务市委市政府决策咨询的有力平台、服务全市基层单位和社会理论学习的有益平台）建设取得明显成效。开展“两学一做”学习教育，落实校委会主体责任，将“两学一做”学习教育作为校委会落实党建工作责任的重要工作内容和有效载体，组织专职教师备好专题课，深入基层党组织开展宣讲活动，为全市“两学一做”学习教育发挥党校作用。2016年，党校举办中青年干部培训班、村（社区）党组织书记“双提升”专题培训班、乡局级领导干部理论研修班等12期主体班次，培训轮训党员干部共1067人次。建立总前委旧址等首批12个现场教学基地，丰富教学方式方法。完成镇江党校课题2项，完成校级调研课题11项，在国家级和省级刊物发表论文3篇，有多篇论文在《镇江社会科学》《镇江党政干部论坛》《丹阳通讯》《政务参考》上发表，《“幸福家庭”创建活动的实践探索与思考——以丹阳市为例》一文获得国家卫计委征文二等奖。共有13位专兼职教师就15个专题完成试讲工作，其中8位教师参加市委宣传部的招标课题试讲，7位教师参加校内的新专题试讲。9位教师围绕22个专题深入镇村、企业进行理论宣讲共计83场次，在党校主体班次授课9场次。运用互联网技术，发挥党校网站在教学、宣讲方面的作用。（樊润辉）

【市委书记在党校主体班主讲第一课】 2016年3月21日，丹阳市2016年党校主体班集中开班，第1期乡科级领导干部“铁军”集训营、全市村（社区）党组织书记“双提升”专题培训班、第11期中青年干部培训班的300余名学员集中参加开班典礼，镇江市委常委、丹阳市委书记童国祥在开班典礼上作动员讲话，并以“五大发展理念”为主题讲“第一课”。童国祥在授课中阐述新形势下学习领会五大发展理念的重要意义、核心内涵，并结合对丹阳市历史与现实的深刻分析，描绘丹阳未来发展的宏伟蓝图。（樊润辉）

史志工作

【概况】 2016年，丹阳市史志工作继续发挥资政、教化、育人功能，认真履职，取得较好成绩。一是编史修志。编纂出版《丹阳村村记忆》（司徒卷、延陵卷、吕城卷）《丹阳年鉴（2016）》《丹阳年鉴编纂工作手册》。完成《丹阳革命英烈传选编》《丹阳地名故事》编纂和《清光绪丹阳县志》点校出版工作。《后巷镇志》完成初稿撰写，《丹阳水利志》进入资料收集阶段，《丹阳人民医院志》编写正式启动。《车站社区志》《埤城城中村志》《埤城尧巷村志》《胡桥宝山村志》《延陵行宫村志》正式刊印。完成江苏省《改革开放新实践》丹阳课题、镇江市《丹阳眼镜市场发展历程》专题和丹阳市委宣传部《回顾革命斗争历程，启迪中国梦实现之路》党员培训课案的分担任务。二是展示革命传统。中共丹阳第一个党支部诞生地旧址纪念馆重建布展，7月1日重新对外开放。在清明、建党节、国庆日、烈士纪念日等重要时点开展宣传推介活动。丹阳革命陈列馆全年接待参观人数超过4万人次。组织《抗日战争在丹阳》《纪念中国共产党成立95周年》《纪念中国工农红军长征胜利80周年》大型图片巡回展。在丹阳广播电视台开设《历史上的今天》栏目，与《丹阳日报》共建“七一”党的生日、吕凤子诞辰130周年等专栏和专题，在史志网站、丹阳文明网等窗口常年推送红色文化、地情文化。三是结合职能开展社会活动。开展史志文化"六进"活动，推进革命传统教育和爱国主义教育。党员志愿者到有关单位宣讲12次，向农村、学校等单位赠送红色书籍400余册，受教育民众数万人次。

（周　俊）

【《丹阳村村记忆》编纂】　《丹阳村村记忆》项目是丹阳市在全省范围内率先开展的大型村志文化工程，以镇区为单位，全面系统记载全市168个村（社区）、3100多个自然村地情、乡俗和历史文化，每镇一卷共14卷1200万字。2016年，市史志办把该项目推进作为业务工作的重点，先后4次召开推进会，组织巡察指导6次，培训6批次100多人次。年内出版司徒卷、延陵卷、吕城卷共3卷，另有1卷在印，3卷送出版社审稿，年出版工作量340万字、送审工作量160万字。为确保编纂出版质量，专门编印《史志出版物质量控制规范》，明确各环节质量控制指标、责任人员、控制流程以及奖惩措施等。（周　俊）

【党史研究编纂新成果】　2016年，丹阳市史志办完成《丹阳革命英烈传选编》编纂工作，送中共党史出版社审稿。该书收集民主革命以来丹阳籍、在丹阳或与丹阳有关联的烈士传略94篇、烈士简介71篇、烈士名录1331名，共30万字。该书弥补丹阳市党史资料烈士事迹入史的空白。结合中共丹阳第一个党支部旧址纪念馆重建，系统整理丹阳早期党组织成立、发展情况，重新编排布展纲目和内容，权威和系统介绍丹阳党组织早期斗争、发展的情况，展示黄竞西、夏霖、张连生、管文蔚等丹阳籍早期革命活动家的战斗历程和重要贡献。中共丹阳第一个党支部诞生地旧址纪念馆于7月1日重新对外开放。完成江苏省《改革开放新实践》《丹阳眼镜市场发展历程》《回顾革命斗争历程，启迪中国梦实现之路》等专题的撰写。

（周　俊）

【革命传统宣传教育】　2016年，丹阳市史志办组织《抗日战争在丹阳》《纪念中国共产党成立95周年》《纪念中国工农红军长征胜利80周年》三次大型图片巡回展，在人民广场、人民公园、练湖社区、省丹中、正则小学、开发区三桥村等地展出宣讲，接受教育人数超过2万人次。与广播电视、报纸合作，开设党史和地方志栏目，宣传丹阳党史和地方志文化，通过史志网站常年推送丹阳红色文化、地情文化。

（周　俊）

图8　2016年10月18日，丹阳市史志办在人民广场举办纪念中国工农红军长征胜利80周年图片展　（周　俊）

【《丹阳年鉴（2016）》出版发行】　2016年10月，《丹阳年鉴（2016）》由方志出版社出版发行。该书对2015年丹阳市境域内涉及自然、政治、经济、科技、文化、教育、社会等各领域、各行业的重要事件信息进行客观真实记载。《丹阳年鉴（2016）》在提升质量、讲究时效的同时，对篇目结构、图照编排设计等方面寻求创新，充分体现时代特色和地方特色。全书共设30个类目、201个分目、54个副分目、1103个条目，配黑白照片124幅、彩色画页107幅，全书72.7万字，并同步配套电子光盘。

（周　俊）

【编纂《丹阳年鉴编纂工作手册》】　2016年，丹阳市史志办公室编纂出版《丹阳年鉴编纂工作手册》，赠送给所有年鉴供稿单位。《丹阳年鉴编纂工作手册》分编纂工作指南、有关地方志文件、年鉴知识、编纂参考资料等4个部分，对《丹阳年鉴》的编纂各环节和语言文字的使用标准等作了规范。该手册对《丹阳年鉴》的编纂起到规范作用。（周　俊）

【丹阳革命陈列馆接待观众4万人次】 2016年，丹阳革命陈列馆发挥红色文化和党史展示平台功能，全天候与32个挂牌挂钩单位互动合作，进行丹阳革命斗争史宣讲推介，全年接待市内外机关、学校、社区、军营等参观接受爱国主义主题教育活动团队20余批次，接待观众共4万余人次。（周　俊）

信访工作

【概况】 2016年，丹阳市共受理群众来信来访总量14353件次，其中“阳光信访”系统受理1257件。进京上访166批226人次，比上年批数上升90.8%、人次增长135.4%，进京“非访”9人次，比上年人次降低67.9%。到省上访71批344人次，比上年批数降低38.3%、人次降低43.8%。到镇江市上访58批300人次，比上年批数不变、人次增长53.1%。到丹阳市上访1718批13096人次，比上年批数降低5.2%、人次降低3.6%；到丹阳市集体上访436批11148人次，比上年批数降低9.7%、人次降低2.5%。全年安排市领导“信访接待日”47次，共接待来访群众559批4571人次。上报《信访要情》193期，下发领导接访督办函55件，交办越级访112件，完成信访事项复查复核“三级终结”8件。为全国、省、市“两会”、首届丹阳眼镜文化旅游节、杭州G20峰会、省第十三次党代会、镇江市第七次党代会、丹阳市第十三次党代会、十八届六中全会等重要活动期间的信访稳定发挥作用，完成省、市提出的“四个确保”工作目标。（夏　琼）

【信访活动特点】 2016年，信访活动主要集中在5个方面：一是特殊信访群体上访频繁。如“民代幼”教师、离岗村妇女主任、离岗“赤脚兽医”、涉军退役人员、离岗乡村医生、部分原镇办企业厂长经理等。二是涉众型金融集资类投资公司停止向投资户返利引发的投资户讨要集资款事件。三是企业拖欠职工工资，企业与职工之间的协议借款难以兑现引发的集访。四是开发商与业主之间因房屋交付延期问题引发的集访。五是历年失地农民因养老保险问题引发集访。（夏　琼）

【法定途径分类处理信访投诉】 2016年，丹阳市根据江苏省和镇江市信访部门的要求，印制2000份通过法定途径分类处理信访投诉请求宣传手册，于2016年2月3日在市行政中心开展广场宣传活动。全市33家行政单位出台通过法定途径分类处理信访投诉请求清单，按要求在网上公示清单，10月进行清单汇编，出台《丹阳市分类处理信访投诉请求法定途径清单汇编》。通过法定途径分类处理信访投诉请求，厘定职责边界，回归信访本位，保障人民群众的合法权益。（夏　琼）

【权益保障卡推行】 2016年，江苏省将推行群众依法逐级走访权益保障卡作为全省信访工作的一项重要内容。5月11日，丹阳市召开全市群众依法逐级走访权益保障卡工作部署会，按照省市统一要求，采购打印设备。5月17日，组织全市镇（区、街道）信访主任和信访局科室负责人专程到泰州市海陵区学习考察权益保障卡的发放和使用。6月14—16日信访局选派业务骨干参加淮安市楚淮公司组织的业务培训。全市权益保障卡的发放和使用工作力争在2017年全面发放。（夏　琼）

【“化解信访积案集中攻坚”活动】 2016年，丹阳市信访局根据江苏省信访局的统一部署，在全省开展“化解信访积案集中攻坚”活动，上级交办给丹阳市17件信访积案。按照诉求合理的解决到位、诉求无理的思想教育到位，生活困难的帮扶救助到位，行为违法的依法处理的要求，丹阳市确定市级包案领导人，制定化解方案，交办的17件信访积案，化了5件，三级终结1件，程序性终结4件，办结7件。通过信访积案的有效化解，减少信访积案存量。（夏 琼）

【“骨头案”攻坚化解活动】 2016年，镇江市信访工作联席会议办公室下发的《关于开展“骨头案”攻坚化解活动的意见》，交办给丹阳市6件“骨头案”（历时长，成因复杂，处理难度大的久拖未决的信访疑难案件），并要求在2016年底必须化解30%。市包案领导人牵头协调，责任单位积极行动，至2016年12月31日，共化解4件“骨头案”，完成化解任务。（夏 琼）

【G20峰会信访应急保障任务完成】 2016年，丹阳市为做好G20峰会期间江苏“护城河”信访应急保障工作，按照省和镇江市有关要求，全市强化组织领导，全面排查重点人员，先后3次共排查交办358件重点信访问题和重点信访对象。各责任单位针对交办的重点信访问题和重点信访对象，逐一落实“1+3”包干组，有效化解一批信访问题，将重点信访对象吸附在本地，确保G20峰会期间的信访稳定工作，实现省市提出“四个确保”的工作目标。（夏 琼）

档案工作

【概况】 2016年，丹阳市围绕丹阳档案事业“十三五”发展规划，丰富档案资源，强化公共服务，各项工作稳步推进。成功创建江苏省AAAA级数字档案馆，被评为“全省档案宣传工作先进集体”。市档案局接收环保档案2万余件、死亡干部档案312份，征集朱氏、贺氏、束氏等珍贵谱牒152册。完成《丹阳姓氏寻踪（第三辑）》《镇江朱氏研究文集》和《云阳古今》的编辑出版工作。馆藏档案《曲阿珥塘荆氏家谱》和《中华民国丹阳县政府私立正则女子职业学校职员一览表》被定为可移动文物。继续加强对全市农村土地承包经营权登记颁证档案工作的业务培训和跟踪指导，完成全市土地确权档案的规范整理和数字化处理的公开招标，土地确权档案工作稳步推进。继续推动民企档案管理规范化，重点加强丹阳国际眼镜城和江苏丹毛纺织股份有限公司的建档指导，确保两家民企档案工作达到省星级标准。加强新农村建设档案工作的长效管理和监督指导，将部分建档工作突出的行政村拟定为典型示范村，巩固工作成果，发挥档案服务“三农”作用。合理有效利用“国际档案日”平台，以“档案与民生”为主题开展各类档案宣传活动。积极参与“档案与民生”主题征文活动，上报征文13篇。（刘春华）

【数字档案馆建设】 2016年2月，丹阳市数字档案馆建设工作被列入《丹阳市国民经济和社会发展第十三个五年规划》和《丹阳市“十三五”重大项目》，省AAAA级数字档案馆创建工作被列入“2016年度丹阳市百项重点工程”。数字档案馆建设是全省各级综合档案馆在“十三五”期间的主要任务。丹阳市档案局结合自身实际情况，适时提出《丹阳市数字档案馆五年建设规划》，推进数字档案馆建设。2016年起，市政府将数字档案馆建设作为推动档案信息化工作的核心工程和“智慧丹阳”建设的重要组成部分，列入财政预算逐年投入，总预算为1000万元，分五年实施。丹阳市档案馆坚持高起点、高标准，严格遵循国家和江苏省相关标准，以建设“三网四库”为核心，重点推进馆内基础设施、软硬件配置及档案数字化建设。初步建成架构合理、安全高效、符合规范的数字档案馆应用系统。实现电子档案的在线指导与移交，构建多种档案利用和共享平台。11月4日，经省档案局组织的评审专家

组现场评估，丹阳市档案馆通过测评，晋升为省 AAAA 级数字档案馆。（刘春华）

老干部工作

【概况】 至 2016 年底，丹阳市离休干部总数 169 人。其中机关离休干部 62 人，事业单位离休干部 60 人、企业离休干部 47 人，抗日战争时期 34 人，解放战争时期 135 人。另有条线直管的离休干部 22 人，易地安置的代管离休干部 4 人。全市离休干部党员 105 人。建有 98 个老干部党支部。2016 年，丹阳市认真落实中央、省、市政策规定，坚持把为党的事业增添正能量作为老干部工作的价值取向，在两项待遇落实、老干部党支部建设、推进老干部文化养老、发挥老干部作用、老干部社区“四就近”服务等方面取得新进展。（张建平）

【“两争一创”主题实践活动】 2016 年，丹阳市委老干部局在离退休干部党组织中部署开展以“争创‘双型’党组织、争做最美老干部、创党建自主品牌”为内容的“两争一创”活动。按照全面从严治党的要求，积极开展“法治型、服务型”党组织争创工作，增强离退休干部党组织的凝聚力和战斗力。选树和培育在“思想美、作风美、行动美、生活美、形象美”等方面的先进典型和杰出代表。通过活动，挖掘和选树汪深渠、胡世平、孙洪如、庞立人等一批新时代“最美老干部”，在离退休党员中营造“崇尚先进、学习先进、争当先进”的良好氛围。积极鼓励和倡导离退休干部党组织结合支部工作和党员队伍等实际情况，因地制宜，在创新党组织设置、加强党员教育管理、改进学习活动方式、发挥正能量、自身建设等方面探索实践，着力打造自己的特色和品牌，促进全市老干部党建工作逐步形成特色化和精品化。（张建平）

【离退休干部大走访活动】 2016 年，丹阳市委老干部局针对离退休干部“双高期”的特点，局机关开展“服务提升年”主题活动，围绕建设老同志之家的目标，贴近老干部的政治、生活、精神等需求，做到认识再提升、感情再提升、服务再提升，强化工作人员服务意识，出台局领导走访联系制度，主动上门服务，制定详细走访计划，由局领导带队对全市 230 余位离休干部和四套班子老领导进行上门普访，在走访过程中，全面了解老干部家庭和生活状况，倾听老干部的所思所想所求，及时帮助他们解决实际困难。进一步完善慰问制度，在夏季高温、春节期间，集中走访慰问，在离退休干部生病住院、家庭出现重大变故时及时关心看望，为 90 岁寿诞老干部上门送蛋糕、送祝福、送温暖，传递党的关怀，得到老干部的好评。（张建平）

【庆祝长征胜利 80 周年系列活动】 2016 年，丹阳市委为纪念长征胜利 80 周年，老干部局组织系列庆祝活动。组织老干部银梦艺术团和老干部戏曲协会，举办“与党同行，为党增辉”专场文艺演出，热情讴歌伟大的党，弘扬伟大的革命精神，激发广大老干部为党的事业增添正能量的信心与决心。联合史志办、邮政局在丹阳革命陈列馆举办纪念红军长征胜利 80 周年集邮展。组织老干部摄影协会举办“庆祝中国共产党成立 95 周年”“纪念长征胜利 80 周年”大型摄影展，参加江苏省老年摄影协会在南京凤凰书城举办的专题摄影展。丹阳市人民法院开展“庆重阳，忆长征”诗歌朗诵会，组织老党员朗诵长征题材毛泽东诗词。老干部戏曲协会排练的京剧《红灯记》选段入选丹阳市市级机关庆祝建党 95 周年文艺会演。联合市老年体协在市体育馆举办全市离退休干部“纪念红军长征胜利 80 周年暨庆重阳节”趣味运动会，丹阳市 23 支离退休干部代表队、100 余名离退休干部参加运动会。（张建平）

丹阳市人民代表大会

栏目编辑　陈春芳

市人大常委会领导分工

李忠法，主持市人大常委会全面工作。

王金祥，1—6 月份分管市人大常委会内务司法工作委员会、环境资源城乡建设工作委员会工作；7—12 月份分管市人大常委会环境资源城乡建设工作委员会工作。

周爱仙，1—6 月份不参与分工；7—12 月份分管市人大常委会内务司法工作委员会、农业和农村工作委员会工作。

蒋明辉，1—6 月份分管市人大常委会办公室、财政经济工作委员会、农业和农村工作委员会及信访工作；7—12 月份分管市人大常委会办公室、财政经济工作委员会和信访工作。

刘云珍，分管市人大常委会教育科学文化卫生工作委员会、人事代表联络工作委员会工作。

余新优，协助分管市人大常委会财政经济工作委员会、农业和农村工作委员会工作。

（丁晓霞　张　翔）

综　　述

【概况】　2016 年，丹阳市人大常委会主要开展 4 方面工作。一是助推经济发展。听取和审议经济与社会发展计划执行情况报告，审查批准财政决算和预算执行审计工作报告；推动《中国制造 2025 丹阳“5＋2”行动计划》落实，听取企业挂牌上市工作、军民融合式发展情况汇报；深化财政预算监督，专题调研审计监督在人大监督工作中的作用，听取“同级审”问题整改落实情况汇报；推动政府规范支出结构与专项资金管理，出台《预算初审及绩效评价听证办法（修正案）》，开展基本公共卫生专项资金绩效听证；推进城乡建设，审议通过《丹阳市城市总体规划》，组织视察政府重点工程建设，召开政情通报会；视察水库建设与管护工作，调研生态环境监控体系建设；听取农田水利重点县建设和农业综合开发工作情况汇报，视察农村电子商务发展情况，调研品牌农业产业化、农业新型经营主体发展情况，推进农业转型升级；听取医护人员队伍建设，养老保险基金征缴、使用和管理，消火栓建设情况汇报，视察城乡药店经营情况；调研教育公平和均衡发展、养老服务体系建设情况；审议食品安全工作建议书办理情况。二是增强法律监督实效。评议工作继续深化，对 6 个部门开展专项评议，6 个单位负责人开展述职评议；规范换届选举，开展划分选区、登记选民、提名推荐、召开选民见面会、投票选举阶段工作，同步推进市镇两级人大换届选举工作；维护法律权威，全面总结“六五”普法经验成果，对“七五”普法工作作出决定；对《江苏省实施〈消费者权益保护法〉办法》《江苏省物业管理条例》《江苏省水资源管理条例》开展执法检查；依法任免“一府两院”和市人大机关工作人员 77 人（次），组织常委会任命人员向宪法宣誓39人次，接待群众来信来访72件136人（次）。三是发挥代表主体作用。代表建议督办采取代表视察、定期或不定期通报办理情况等多种形式，持续加大建议办理力度；完善代表履职机制，出台《丹阳市人大代表履职积分试行办法》，从提交议案建议、参加代表小组活动等方面对代表进行积分；出台《代表闭会期间约见国家机关负责人暂行办法》，拓展代表履职途径；规范代表活动开展，开展五级人大代表统一接待选民日活动，全年353名各级人大代表接待选民684人，收集选民意见585条，现场解答问题220条；在全市140个代表联络工作站组织市、镇人大代表接待选民，全年接待选民3000余人次；完成镇江市人大代表丹阳团述职工作；组织各类代表培训20余批次近2000人次；邀请50余名市人大代表列席市人大常委会会议；组织近400人（次）参加视察调研活动。四是提升人大工作水平。强化队伍建设，加强干部交流使用力度，全年6人交流到其他部门任职或得到提拔任用；强化宣传和理论研究，发挥镇（街道）人大主观能动性，建立市镇两级人大宣传工作分工联系制度；强化作风建设，扎实开展"两学一做"学习教育，开设人大论坛，开展"百日抄党章"，组织"家乡情结"主题教育、革命传统教育、"铁军"机关军事教育等四大主题活动。（丁晓霞　张　翔）

重要会议和活动

【市十六届人大五次会议】　2016年1月5—9日，丹阳市十六届人大五次会议在市会展中心召开。会议审议并通过《丹阳市人民政府工作报告》《丹阳市2015年国民经济和社会发展计划执行情况及2016年国民经济和社会发展计划的报告》《丹阳市2015年财政预算执行情况和2016年财政预算的报告》《丹阳市人大常委会工作报告》《丹阳市人民法院工作报告》《丹阳市人民检察院工作报告》。大会经无记名投票，选举李忠法为第十六届人大常委会主任、周爱仙为第十六届人大常委会副主任、唐东升为市人民法院院长。表决通过丹阳市第十六届人民代表大会法制委员会、财政经济委员会组成人员名单。（丁晓霞　张　翔）

图9　2016年1月5—9日，丹阳市第十六届人民代表大会第五次会议召开
（丁晓霞　张　翔）

【换届选举规范】　2016年，丹阳市人大常委会坚持党的领导、发扬民主、依法办事三者有机统一，同步推进市镇两级人大换届选举工作，依法规范换届选举，营造风清气正换届环境。做好宣传发动，通过电视报纸、横幅标语、电子屏等多种形式深入宣传，张贴8600份公告，发放35万份致选民信。规范开展划分选区、登记选民、提名推荐、召开选民见面会、投票选举阶段工作。建立常委会领导分工联系制度，指导各镇街道换届选举。各镇街道分别建立一个选举工作示范点，以点带面推动换届选举规范开展。通过规范换届选举，顺利选举产生市人大代表289名、镇人大代表666名，为市、镇新一届人民代表大会召开奠定基础。（丁晓霞　张　翔）

【专项评议和述职评议】　2016年，丹阳市人大常委会围绕依法行政、公正司法、执行市委重大决策、办理代表建议等要求，对市司法局、国土局、卫计委、住建局、商务局、地税局6个部门开展专项评议，并首次把专项评议情况纳入年度部门绩效考核，占参评部门绩效考核中满意度目标（15分）的15%。围绕依法履职、落实人大决议、廉洁自律等要求，对市人民检察院、法制办、农委、文广新局、安监局、环保局6个单位负责人开展述职评议。

7月6日召开评议大会，运用“述职＋评议＋票决”方式，组织代表对被评部门进行票决，6个部门满意和基本满意票率均在85%以上。组织全体常委会组成人员对被评部门负责人进行票决，6个单位负责人均为优秀。组织5名镇江市人大代表向常委会述职，82名镇江市人大代表进行书面述职，全面完成镇江市人大代表丹阳团述职工作。（丁晓霞　张　翔）

图10　2016年7月6日，市人大召开“依法行政、公正司法”专项评议大会，对市司法局、国土局、卫计委、住建局、商务局、地税局6个单位开展专项评议（丁晓霞　张　翔）

【项目预算初审及绩效评价听证会】　2016年11月28日，丹阳市人大对丹阳市“基本公共卫生”服务项目2017年预算编制（草案）及2014年以来该项目实施绩效情况举行听证会。组织人大代表和社会公众评议政府资金使用绩效，广泛听取社会各界意见建议。引进第三方评估机构，提出合理化建议，形成专题听证报告抄送丹阳市委、市政府及相关职能部门，为政府和职能部门完善2017年度“基本公共卫生”项目预算编制和以后做好基本公共卫生服务工作提供决策依据。（丁晓霞　张　翔）

【政情通报会】　2016年8月16日，丹阳市人大组织委员、代表视察政府重点工程建设后召开政情通报会。代市长、副市长全部到会接受询问，现场解答委员和代表提出的关于社会养老、物业管理、二级沟整治等12个问题，并在会后及时下发工作建议书，推进询问问题办理。（丁晓霞　张　翔）

图11　2016年8月16日，市人大组织委员、代表视察政府重点工程建设并召开政情通报会（丁晓霞　张　翔）

【人大代表接待选民日活动】　为进一步畅通社情民意反映和表达渠道，2016年9月13日，丹阳市人大在全市组织开展五级人大代表统一接待选民日活动，包括20名镇江及丹阳市领导在内的353名各级人大代表分赴全市31个选民接待点，接待选民684人，收集选民意见585条，现场解答问题220条。并在全市各镇（街道）以代表小组调研形式，组织代表在代表联络工作站接待选民，走访选民的各级代表共计516人，收集意见48条。（丁晓霞　张　翔）

图12　2016年9月13日，市人大在全市组织开展五级人大代表统一接待选民日活动（丁晓霞　张　翔）

2016 年丹阳市人大常委会会议

表 3

会议名称及时间	主要议题
十六届人大常委会第二十八次会议（2 月 2 日）	表决通过有关人事任免事项；表决通过有关市人大代表辞职事项
十六届人大常委会第二十九次会议（3 月 9 日）	审议通过《丹阳市人民代表大会常务委员会预算初审及绩效评价听证办法（修正案）》；审议通过《丹阳市人大常委会关于 2016 年度依法行政、公正司法专项评议的实施方案》和《关于组织市人大常委会部分任命人员述职的实施方案》；审议通过丹阳市第十六届人民代表大会法制委员会、财政经济委员会工作职责；表决通过有关市人大常委会组成人员辞职事项；表彰 2015 年度镇（街道）人大工作先进单位和先进个人
十六届人大常委会第三十次会议（4 月 29 日）	审议通过市政府关于 2015 年人大常委会审议意见办理情况的报告；听取和审议市政府关于食品安全专题询问工作建议办理情况的报告；表决通过有关人事任免事项
十六届人大常委会第三十一次会议（6 月 29 日）	表决通过有关人事任免事项；审查和批准丹阳市 2015 年财政总决算；听取和审议市政府关于 2015 年市本级财政预算执行及其他财政收支情况的审计工作报告；审议通过《丹阳市人民代表大会代表闭会期间约见国家机关负责人暂行办法》
十六届人大常委会第三十二次会议（8 月 18 日）	表决通过有关人事任免事项；听取和审议市政府关于 2016 年上半年国民经济和社会发展计划执行情况的报告；听取和审议市政府关于 2016 年上半年市本级财政预算执行情况的报告；听取和审议市政府关于《城市总体规划》修编情况的报告；听取和审议“七五”普法规划；开展镇江市人大代表向丹阳市人大常委会述职活动
十六届人大常委会第三十三会议（9 月 20 日）	审议通过关于丹阳市市、镇两级人民代表大会换届选举问题的决定；审议通过关于设立市、镇选举委员会的决定；审议通过关于对司徒镇人民代表大会代表名额重新确定的决定；审议通过关于市、镇人民代表大会代表名额分配的决定；表决通过有关人事免职事项
十六届人大常委会第三十四会议（10 月 28 日）	表决通过有关人事任免事项；听取和审议市十六届人大五次会议代表建议办理情况的报告；审阅有关部门“依法行政、公正司法”专项评议意见整改情况的报告；审阅市人大常委会任命人员述职评议整改情况的报告
十六届人大常委会第三十五会议（11 月 18 日）	表决通过有关人事任免事项；审查和批准市政府 2016 年度财政预算调整方案；讨论通过镇江市人大代表候选人（丹阳）名额分配
十六届人大常委会第三十六会议（12 月 16 日）	表决通过有关人事任免和辞职事项；审议通过关于市十七届人大代表资格审查情况报告；听取关于市十七届人大代表再选举的情况说明
十六届人大常委会第三十七会议（12 月 30 日）	审议决定市十七届人大一次会议有关事项；讨论通过提交市十七届人大一次会议审议的市人大常委会工作报告；审议通过关于部分市十七届人民代表大会代表资格的审查报告

（丁晓霞　张　翔）

2016 年丹阳市人大常委会主任会议

表 4

会议名称及时间	主要议题
十六届人大常委会第四十六次主任会议（2 月 24 日）	听取市政府关于市政消火栓建设运行情况的汇报；讨论《丹阳市人大常委会关于 2016 年度依法行政专项评议的实施方案》和《丹阳市人大常委会关于组织市政府部分组成部门负责人述职的实施方案》；讨论《丹阳市人民代表大会常务委员会预算初审及绩效评价听证办法（修正草案)》；讨论决定 2015 年度镇（街道）人大工作先进集体和先进个人；讨论市人大法制委员会、财政经济委员会工作职责；讨论确定市第十六届人大常委会第二十九次会议议程、日程安排
十六届人大常委会第四十七次主任会议（3 月 23 日）	听取市政府关于养老保险基金征缴、使用和管理情况的汇报；讨论市第十六届人大常委会第三十次会议议程安排
十六届人大常委会第四十八次主任会议（4 月 22 日）	听取市政府关于农田水利重点县建设情况的汇报；讨论确定市第十六届人大常委会第三十次会议议程、日程安排；讨论《部分镇江市人大代表向丹阳市人大常委会述职方案》；讨论《关于市人大代表履职积分试行办法》
十六届人大常委会第四十九次主任会议（5 月 20 日）	听取市政府关于军民融合式发展情况的汇报；讨论市第十六届人大常委会第三十一次会议议程安排
十六届人大常委会第五十次主任会议（6 月 15 日）	听取市政府关于企业挂牌上市工作情况的汇报；讨论确定市第十六届人大常委会第三十一次会议议程、日程安排
十六届人大常委会第五十一次主任会议（7 月 22 日）	听取市政府关于医务人员队伍建设情况的汇报；讨论市第十六届人大常委会第三十二次会议议程安排
十六届人大常委会第五十二次主任会议（8 月 15 日）	听取市政府关于农业综合开发工作情况的汇报；讨论确定市第十六届人大常委会第三十二次会议议程、日程安排
十六届人大常委会第五十三次主任会议（9 月 28 日）	听取市政府关于本年度重要建议办理情况的汇报；讨论市第十六届人大常委会第三十四次会议议程安排
十六届人大常委会第五十四次主任会议（10 月 20 日）	听取市政府关于“同级审”问题整改落实情况的汇报；讨论确定市第十六届人大常委会第三十四次会议议程、日程安排
十六届人大常委会第五十五次主任会议（11 月 17 日）	听取福利彩票销售及资金使用情况的汇报；审阅 2016 年重点工程建设情况通报会询问问题落实情况的报告；讨论“依法行政、公正司法”专项评议整改评分事项；讨论确定市十六届人大常委会第三十五次会议议程、日程安排；讨论确定市十六届人大常委会第三十六次会议议程安排；讨论春节前工作安排
十六届人大常委会第五十六次主任会议（12 月 27 日）	听取并讨论《关于将丹阳市城际广场东侧片区棚户区改造项目购买资金纳入政府财政预算的议案》；听取市政府关于 2016 年国民经济和社会发展计划执行情况及 2017 年国民经济和社会发展计划（草案）的汇报；听取市政府关于 2016 年度财政预算执行及 2017 年度财政预算编制情况的汇报；讨论市十七届人民代表大会第一次会议筹备工作有关事项；讨论市人大常委会工作报告；讨论确定 2016 年镇（街道）人大工作百分考核方案；讨论确定关于 2017 年度市人大代表开展活动的意见；讨论确定市第十六届人大常委会第三十七次会议议程、日程安排

（丁晓霞　张　翔）

代表议案建议办理

【概况】 2016 年，丹阳市人大常委会采取对口督办、与政府联合检查、组织代表视察、主任会议听取重要建议办理情况的汇报等形式督办代表建议，提高办理成效。市十六届人大五次会议期间，共收到建议议案 122 件，其中建议 93 件、转为建议办理的议案 29 件，确定“关于进一步完善丹阳市老人服务保障体系建议”等 6 条建议为重要建议。代表对建议办理和答复情况表示满意和基本满意达100%，A类办结或办理取得明显成效的58件，占51.3%；B类列入计划准备解决的55件，占48.7%；C类因客观原因不能解决或作为工作参考的9件，占7.4%。 （丁晓霞 张 翔）

【完善老人服务保障体系的建议】 该建议由樊国忠、臧星波、周建军等7名代表在市十六届人大五次会议上联名提出，建议主要内容为：在敬老院挂社会养老服务中心牌子，出台优惠政策鼓励创办社会化养老机构，积极开展敬老院公建民营试点；适当设置老年活动中心；建立丹阳市农村老人服务体系。此建议被列入重要建议后，丹阳市17家敬老院全部挂上社会养老服务中心的牌子，并积极拟制《关于加快发展养老服务业的实施意见》，进一步完善投融资、土地供应、补贴支持等优惠政策，鼓励创办社会化养老机构；建成社区居家养老服务中心（站）183家，覆盖率达94.8%；通过建立贫困老人救助体系、健全老年医疗保障体系、设立救助帮扶电话、建立结对帮扶制度等方式，不断完善农村老人服务体系，在全市初步形成以“居家为基础、社区为依托、机构为补充、信息为辅助”的养老服务体系。 （丁晓霞 张 翔）

【殡葬改革的建议】 该建议由倪国平、束国英、毛卫东等八名代表在市十六届人大五次会议上联名提出，建议主要内容为：按照“布局合理、设施完善、功能齐全、服务便捷”的总体要求，统筹规划城乡殡葬设施建设，加大对村级骨灰堂的维修和改造力度，加强现有骨灰堂的跟踪管理，建立长效管理机制。此建议被列入重要建议后，政府高度重视，实行奖补制度，全面推进农村公益性骨灰堂规范化建设，基本实现镇级骨灰堂全覆盖；积极调查研究，草拟节地生态安葬方案；加强舆论宣传，营造殡葬改革氛围。 （丁晓霞 张 翔）

【经济薄弱村扶持的建议】 该建议由徐金林、束国英、毛锁龙等七名代表在市十六届人大五次会议上联名提出，建议主要内容为：继续做好精准扶贫、脱贫，全面细致地排查经济薄弱村的实际收入，制定出更加切实可行的帮扶政策，集中财力、可行项目到经济薄弱村进行全方位帮扶，“十三五”期间全面取消经济薄弱村和贫困户。此建议被列入重要建议后，政府部门通过创新扶贫工作思路、加大扶贫推进力度、强化扶贫组织领导、激发低收入农户内生动力等方式，扶持生产就业脱贫，发展医疗教育救助脱贫，完善保障制度兜底，扶贫工作取得良好成效。 （丁晓霞 张 翔）

【整合党政部门公共信息网络平台的建议】 该建议由岳兆庆等三名代表在市十六届人大五次会议上联名提出，建议主要内容为：将现有的政府部门（含党群、镇、街道）互联网分类整合，引入市场竞争机制，整合部门（含镇、街道）财政预算网络专项资金，加强统筹规划与协调，早日建成丹阳市政务数据中心、智慧城市指挥中心。此建议被列入重要建议后，政府部门成立专门工作班子，明确措施，稳步推进，信息网络初步形成宽带化、数字化和广覆盖，建成服务公众的中国丹阳政府网站群、服务企业的丹阳市企业服务和诚信平台、服务三农的丹阳农业网和服务居民的智慧社区四大平台，数字城管初步形成网络化协同管理，食药监初步完成全市药品、食品相关资源整合并，实现可追溯。 （丁晓霞 张 翔）

【生态旅游资源保护利用的建议】 该建议由刘云珍等两名代表在市十六届人大五次会议上联名提出，建议主要内容为：依法整治违规用地及建设开发项目，建立长效机制，强化规划刚性，适时将九里风景区纳入市级重点产业项目，加快编制吴塘水库项目规划并适时启动实施。此建议被列入重要建议后，政府高度重视，认真研究代表提出的3个片区的开发和利用，关于水晶山旅游度假区，规划正在深化；关于庄湖及蛟塘景区，以创建美丽宜居镇和历史文化名村为契机，加快九里风景核心区建设，并把庄湖及蛟塘纳入景区统一规划布局；关于吴塘水库休闲度假区，组织编制大吴塘水库扩容工程项目建议书。 （丁晓霞 张 翔）

市政府领导分工

陈可可，1—6月主持市政府全面工作，分管机构机构、编制、人民武装工作。

黄春年，6月起主持市政府全面工作，兼管发展改革、规划、编制、人民武装等方面工作。分管市规划局、编办。

李刚，1—5月负责市政府常务工作，分管发展改革、法制、监察、机关事务、驻外办事机构、行政审批制度改革、公共资源交易、12345政府服务热线、税务、审计、金融、保险、证券、物价、人力资源与社会保障、档案、地方志、住房公积金管理等方面工作；协助分管财政工作。分管市政府办公室（金融办、驻沪办）、发展改革和经济信息化委员会（发展改革工作）、法制办、监察局、机关事务管理局、行政审批服务中心、公共资源交易中心、审计局、物价局、人力资源与社会保障局、医保中心、镇江住房公积金管理中心丹阳分中心、政府投资工程项目前期工作领导小组办公室、企业资本运营工作办公室；协助分管市财政局、丹阳投资集团、国有资产管理中心。联系市人大、市政协、机关工委、国税局、地税局、档案局、史志办、人民银行丹阳市支行、银监局丹阳办事处、市各金融证券保险机构、接待办。

赵立群，6月起负责市政府常务工作，分管财政、监察、审计、投资、国有资产监管、人力资源与社会保障、法制、公共资源交易、行政审批制度改革、物价、机关事务、驻外办事机构、政务公开、行政学校、12345政府服务热线、税务、金融、保险、证券、住房公积金管理、开发区等方面工作，协助分管编办。分管市政府办公室、金融办、财政局、监察局、审计局、丹阳投资集团、国有资产监督管理办公室、人力资源与社会保障局、法制办、物价局、机关事务管理局、公共资源交易中心、行政审批服务中心、医保中心、镇江住房公积金管理中心丹阳分中心、政府投资工程项目前期工作领导小组办公室、企业资本运营工作办公室，协助分管编办。联系市人大、市政协、市法院、市检察院、接待办、机关工委、开发区管委会、国税局、地税局、人民银行丹阳市支行、银监局丹阳办事处、市各金融证券保险机构。

朱岷，1—8月挂职，协助分管人力资源和社会保障、医疗卫生体制改革、卫生、食品药品监督等方面工作。

马耿良，分管住房与城乡建设、水务、城市管理（含开发区）、地震、民防、供电、邮政、电信等方面工作。协助分管规划工作。分管市住房与城乡建设局、水务集团、城市管理局（城市管理行政执法局）、地震局、民防局（人防办）；协助分管市规划局。联系市供电公司、邮政局、电信公司、中国移动丹阳分公司、中国联通丹阳分公司。

王为华，分管工业经济、民营经济、三产服务业、信息产业、统计、盐业、烟草、安全生产监督管理、应急管理等方面工作。协助分管发展改革工作。分管市发展改革和经济信息化委员会（经济信息化工作）、统计局、安全生产监督管理局、应急办、商贸总公司、工业资产经营管理总公司。联系市总工会、团市委、工商联、丹阳盐业公司、丹阳烟草公司。

沈留海，分管交通运输、环境保护、商务、市场建设和管理、开发区、民族宗教、外事、侨务、对台事务、海关、检验检疫等方面工作。分管市交通运输局、环保局、商务局、民族宗教局、外事办、侨办。联系开发区管委会、侨联、镇江海关丹阳办事处、镇江检验检疫局丹阳办事处、台办、丹阳火车站。

薛军民，分管卫生、计划生育、市场监督管理等方面工作。分管市卫生和计划生育委员会、市场监督管理局（食品药品监督管理局）。联系市红十字会。

许伟，分管教育、文化、广播电视、新闻出版、体育、妇女儿童等方面工作。分管市教育局、文广新局、体育局、广电集团。联系妇联、文联、驻丹高校。

林丹如，1—7月分管科学技术、知识产权保护、民政、双拥、社区建设、老龄事业、残疾人事业、旅游等方面工作。协助分管人民武装工作。分管市科技局（知识产权局）、民政局、旅游局。联系市人武部、科协、残联。

符红海，分管农业和农村经济、农业资源开发、水利、国土资源管理、气象、粮食、供销、信访、茅山老区、南北挂钩、公安、司法等方面工作。分管市农委（农业资源开发局）、国土资源管理局、水利局、粮食局、供销合作总社、信访局、公安局、司法局。联系市法院、检察院、武警丹阳中队、气象局。

陈中建，挂职。负责科技镇长团工作，协助分管科学技术、知识产权保护等方面工作。

符卫国，7月起分管科学技术、知识产权保护、民政、双拥、社区建设、老龄事业、残疾人事业、旅游等方面工作。协助分管人民武装工作。分管市科技局（知识产权局）、民政局、旅游局。联系市人武部、科协、残联。（张 燕）

重要会议

【市政府常务会议】 2016年，丹阳市政府常务会议召开8次，主要议题是听取有关部门专题汇报，研究决定相关事宜，形成会议纪要8期。具体议题是：

第1次会议于3月2日召开，会议学习《〈法治政府建设实施纲要（2015—2020）〉解读》；听取《2016年市政府“百项工作”目标责任分解（征求意见稿）》的汇报；听取并原则通过《关于进一步加强住宅小区物业管理工作的实施意见（征求意见稿）》的汇报；听取并原则同意关于丹阳市政府数据中心建设的情况汇报；听取市安监局关于丹阳市一季度安全生产情况的汇报。

第2次会议于4月6日召开，会议学习国务院、省政府和镇江市政府廉政工作电视电话会议精神，学习习近平总书记在省部级主要领导干部学习贯彻党的十八届五中全会精神专题研讨班上的重要讲话精神；听取市交运局关于当前出租汽车经营权实行无偿使用的情况报告，原则同意2016年3月29日副市长沈留海召集的协调会议所形成的意见；原则同意2016年丹阳市科学技术进步奖授奖建议名单；原则通过《关于实施“丹凤朝阳”人才计划的意见》《丹阳市新兴产业紧缺型基础人才引进培养行动计划》《丹阳“十三五”人才发展规划》。

第3次会议于4月25日召开，会议研究讨论《2016年度市政府重大行政决策事项目录（草案）》；听取市征收办关于姜家园片区二期三期旧城区改建项目（A地块）房屋征收事项的情况报告；研究讨论《丹阳市农村二级沟管护办法（征求意见稿）》；研究部署当前工作。

第4次会议于6月17日召开，会议学习《宪法暨宪法宣誓制度》；讨论并原则通过《丹阳市规划委员会工作规程》；听取市安监局负责人关于丹阳市2016年上半年度安全生产工作情况的汇报；研究部署当前工作。

第5次会议于8月5日召开，会议学习《江苏省贯彻落实〈法治政府建设实施纲要（2015—2020）〉实施方案》，研究部署丹阳市依法行政工作；讨论并原则通过《关于进一步做好失业保险支持企业稳定岗位工作的通知》；讨论并原则通过《丹阳市关于实施证照联动加强事中事后监管工作的意见（送审稿）》；讨论并原则通过《丹阳市2016年度黄标车淘汰报废工作实施方案（讨论稿）》；讨论并原则通过《丹阳市智能制造推广计划奖补专项资金管理办法（讨论稿）》。

第6次会议于10月17日召开，会议学习《中华人民共和国大气污染防治法》；听取市安监局关于丹阳市2016年第三季度安全生产工作情况的汇报；原则同意市场监管局提交的《关于加快质量发展的实施意见》；原则同意《关于进一步加强丹阳市国有资产管理工作的意见》；同意《2016年城乡低保标准调整方案》；原则同意《丹阳市河湖和水利工程管理范围划定实施方案》；原则同意《丹阳市“十三五”基础测绘规划》；原则同意《关于进一步促进公交事业健康、绿色发展的财政扶持办法》；原则同意《关于规范全市事业单位住房公积金缴存基数的通知》；听取丹阳投资集团关于参与资本市场投资的有关情况汇报。

第7次会议于12月20日召开，会议原则同意丹阳投资集团与金本控股合伙设立对接处置银行不良资产专项基金的事项；原则同意丹阳投资集团与国药集团合作成立医疗产业基金的事项。

第8次会议于12月22日召开，会议原则同意市发改经信委《关于建议特色小镇规划设计采取单一来源采购方式的请示》；原则同意市化治办《关于化工行业专项整治工作延续的请示》和《深入推进全市涂料化工生产企业整治的实施意见》；听取市国土局关于不具备独立再开发条件的房地产开发用地补办出让手续的情况汇报，原则同意对符合《省政府办公厅关于促进低效产业用地再开发的意见》中第三点第（三）条规定的土地补办出让手续；听取市国土局关于房地产开发地下车库（位）办理产权证书的情况汇报，原则同意对符合相关条件的地下车库（位）办理产权证书；原则同意《丹阳市有关部门和单位及镇（区、街道）安全生产工作职责规定》；听取市发改经信委关于《丹阳市2017年重点产业类项目督察推进考核办法》的汇报。 （张 燕）

【市长办公会议】 2016年，丹阳市市长办公会议共召开4次，形成会议纪要4期。主要内容是：

第1次会议于2月18日召开，会议研究2016年城乡建设类重点项目相关事宜，经过讨论研究，明确8个事项。

第2次会议于4月6日召开，会议研究部署关于18宗地块挂牌上市交易事项；研究耕地开垦费调整有关事项，原则同意丹阳市耕地开垦费标准从2016年1月1日起由1.3333万元/亩（20万元/公顷）调整为3.3333万元/亩（50万元/公顷）；研究《关于划拨增设监控探头租赁专项经费的请示》；原则同意市城管局《关于新增公共自行车站点建设资金的请示》内容；研究《关于提高正则小学安有芳老师工资待遇的请示》。

第3次会议于8月13日召开，会议听取华南实验学校分校改建工程情况的有关汇报；会议听取市国土局关于拟公开上市交易经营性用地的相关情况汇报，原则同意相关土地的出让方案。

第4次会议于11月7日召开，会议听取市国土局关于拟公开上市交易经营性用地的情况汇报，原则同意相关土地的出让方案；会议听取市投资集团关于参与资本市场投资的情况汇报，原则同意投资集团的投资方案；听取并原则同意市发改经信委关于《2016年丹阳市新能源汽车推广应用实施方案》的汇报。（张 燕）

【市政府专题会议】 2016年，市政府专题会议共召开92次，形成会议纪要92期。主要内容是：协调筹建丹阳市检验检测中心有关问题；协调筹建丹阳通用机场有关问题；协调镇区敬老院消防改造立项、招投标等有关问题；协调益阳公司项目竣工验收相关问题；协调上新河堤防加固工程相关事项；协调晶品涂装有限公司车间火灾事故善后处置相关事项；协调车改交通补贴审批工作有关事宜；协调荷花池二期安置房外窗附框有关事宜；协调推进丹阳市政府与国药集团融资租赁公司合作有关事项；协调党校学员公寓楼修缮改造工程经费追加有关事项；协调进一步推进江苏中润光学眼镜有限公司重组工作有关事宜；听取相关部门关于司徒镇公共租赁房建设及公共产权房试点的情况；协调建设云阳（横塘）、司徒、访仙专职消防站相关问题；协调组建丹阳市不动产登记中心有关问题；协调连镇铁路丹阳段房屋拆迁补偿安置有关问题；协调对银行业金融机构金融风险防控工作进行考核有关事宜；审议住房公积金有关事项；协调支持丹阳农商行化解森烽科技不良贷款有关问题；协调推进大力神科技股份有限公司废酸液循环利用水处理剂技改项目；协调丹阳市2016年小型农田水利重点县建设项目资金配套问题；协调解决吉凯恩（丹阳）工业有限公司新厂项目有关事项；协调丹阳投资集团融资有关事项；协调职中（丹凤广场）片区拆迁、东风村拆迁及凤凰山遗址公园建设相关问题；协调推进海滨集团热电联产项目选址有关问题；协调推进天然气管道占压安全隐患整治有关问题；协调丹阳境内公务出行交通费用报销标准有关问题；协调百家兴菜市场拆迁评估价格相关事宜；协调扶城山羊市场羊肉食品安全有关问题；协调投资集团融资项目有关事项；协调嘉城装卸站码头关闭工作相关事宜；协调开发区和丹阳投资集团参与大力神铝业股份有限公司股票发行相关事宜；协调城河路改造相关事项；协调房屋征收有关问题；协调增设城区住宅小区监控探头相关问题；协调中合新农筹建钢贸市场相关事宜；协调丹阳投资集团融资项目有关事项；协调界牌镇城镇化建设融资项目有关事宜；协调市检验检测中心检验检测任务及经费有关问题；协调市场监管局办公场所出借特种设备检验所有关问题；协调丹凤社区卫生服务中心项目建设有关问题；协调不动产登记中心办公设备采购有关问题；专题研究丹北镇中心西路改造工程前期工作；协调加强丹阳市沿江电镀整治环保园区管理工作相关事宜；协调推进部分产业类项目有关事宜；协调滨江城投融资项目有关事项；协调陵口镇萧梁物流园区居民搬迁安置房建设有关问题；协调中合新农违规兴办五金机电城有关事宜；协调加快办理海会寺工程建设手续相关事宜；协调上练湖湿地生态修复项目图审及质检有关问题；协调电镀园区企业复工有关事宜；协调实施市级统筹历年被征地农民参加社会保障过程中有关问题；协调推进镇丹高速公路交地工作相关事宜；协调化解中润光学等相关企业在工行欠息有关问题；协调丹金溧漕河“五改三”航道整治工程拆迁工作相关问题；协调皇塘科技创业园项目推进有关问题；协调实施上下班交通补贴和住房（租金）补贴有关问题；协调凤凰山遗址公园项目中江苏花王园艺股份有限公司搬迁相关事项；协调大赛璐安全系统（江苏）有限公司汽车安全气囊用点火具建设项目；协调支持恒神公司盘活资产有关问题；协调支持实体经济培植地方税源有关政策；协调万善园片区安置房回购有关问题；协调收购浦发银行不良资产包有关问题；协调丹阳投资集团融资项目有关事宜；协调原技工学校改扩建工作相关问题；协调对大力神铝业实施股权投资有关问题；协调设立镇江红色金融钱币专题博物馆有关问题；协调体育小区两幢楼补办不动产登记证相关事宜；协调五洲梦想置业、新通达电子和新农村征地项目有关问题；协调被征地农民保障工作有关问题；协调设立镇江市政府驻上海联络处丹阳工作站有关问题；协调美乐集团股权转让有关问题；协调天坤集团有关事项；协调落实支持实体经济培植地方税源有关政策；协调界牌镇资产负债和资金运行情况相关事宜；协调海会寺建设相关事宜；协调购买安置房定价机制相关事项；协调确定嘉城装卸站码头收储综合补助方案相关事项；协调中北学院教师公寓建设有关问题；协调江苏天坤集团有限公司退城进园有关问题；协调京沪高铁（丹阳段）沿线绿化交接相关事宜；协调镇江市跨境电商服务有限公司运营相关事宜；协调火车站东侧片区改造项目动迁相关事项；协调住宅小区配套公建相关问题；协调城南菜市场南侧沿街门面房改造相关事宜；协调市民广场北侧土地补办规划用地许可证相关事宜；协调解决丹阳投资集团在浦发银行担保责任相关问题；协调丹阳投资集团融资项目有关事宜；协调检验检测中心眼镜中心和车灯中心所用仪器设备资产评估有关问题；协调珥陵扶城村大汤山山羊市场改造项目有关问题；协调东尼集团公租房相关事宜；协调职业教育混合所有制投入与运行机制改革有关问题。

（张　燕）

政府法制工作

【概况】 2016年，丹阳市深入贯彻《中共中央关于全面推进依法治国若干重大问题的决定》和国务院《法治政府建设实施纲要（2015

—2020年)》《国务院关于加强市县政府依法行政的决定》《国务院关于加强法治政府建设的意见》文件精神，按照《江苏省关于深入推进依法行政加快建设法治政府的意见》及《镇江市2016年度推进依法行政建设法治政府工作要点》要求，推进依法行政，加快丹阳法治政府建设步伐，各项工作取得成效，得到省、市上级部门的肯定和好评。市政府法制办被江苏省政府法制办评为2016年度全省政府法制工作成绩突出单位，被丹阳市委、市政府评为2016年度法治创建工作先进集体。（何金峰）

【规范性文件制定】 2016年，丹阳市开展规范性文件制定和管理工作。一是规范性文件合法性审查。按照规范性文件制定程序，完善规范性文件合法性审查机制，对部门提交的规范性文件计划建议项目进行研究，组织听取多个层面意见，对条件不成熟的部门起草的规范性文件建议重新起草修改完善后再行提交。对上位法有明确规定不需要再行制定规范性文件的，建议制定下发实施意见，落实相关工作。经严格审核把关，2016年未有规范性文件制定公布。二是借助社会力量。通过召开座谈会、听证会、专家论证会等各种方式和途径做到广泛听取意见，使制定内容更加全面和完善。三是规范发文管理。严格执行各项制度，及时向镇江市人民政府和丹阳市人大常委会报送备案，做到报备率、及时率、规范率均实现100%。四是落实规范性文件实施效果评估。按照《镇江市政府规范性文件实施效果评估暂行办法》，尝试第三方评估方式，委托第三方机构对市政府发布实施满2年的《丹阳市城乡居民基本养老保险实施办法》《丹阳市职工基本医疗保险实施办法》的实施效果进行全面评估，并完成评估报告。五是及时做好规范性文件清理工作。对2015年组织规范性文件清理的结果进行公布，确认《丹阳市人民防空管理办法》等91件规范性文件继续有效，《丹阳市旅游景区门票管理暂行办法》等17件规范性文件延期或修改，《丹阳市退役士兵职业技能培训工作实施方案》等57件规范性文件宣布失效或废止。建立规范性文件到期提醒制度。对即将到期的规范性文件和人民法院审判中认定不能作为依法行政依据的文件及时向有关起草部门发函提醒，做好修改或重新制定计划。（何金峰）

【行政复议】 2016年，丹阳市积极探索案件审理方式的改革，坚持案件集体讨论制度，运用听证、调解等方式审理复议案件，提高复议案件的办案质量。在落实行政负责人参与复议听证制度的同时，加大复议委员会审理案件的力度，选择一起案件，由市政府分管领导主持案件听证和讨论。加大复议案件审理的公开和公众参与度，尝试制度性的政府法律顾问参与复议案件讨论。全年共收到行政复议案件46件，受理39件，审结30件。审结的案件中，维持13件，驳回4件，撤回6件，责令行政机关限期答复2件，撤销1件，确认违法3件，责令行政机关履行法定职责1件，综合纠错率达24%。无拒不执行行政复议决定或行政复议意见书的情况。在12个乡镇全面设立行政复议受理点，畅通复议申请渠道，简化申请手续，方便当事人提出申请。（何金峰）

【行政应诉】 2016年，丹阳市在做好行政应诉工作中，落实行政执法联席会议制度、行政应诉通知制度、行政诉讼旁听制度、协调制度、应诉情况季度统计和通报制度、应诉业务培训指导等制度，按照《丹阳市行政诉讼应诉工作规则》的要求，继续加大对行政机关负责人出庭应诉工作考核力度，与法院沟通协调，落实行政负责人行政诉讼出庭应诉工作。全年共协调督促行政机关出庭应诉192件次。2016年丹阳市人民法院共受理以丹阳市行政机关为被告的行政诉讼案件144件，审结118件，行政机关负责人出庭应诉率100%。审结案件中判决驳回诉讼请求28件，裁定驳回起诉22件，撤诉41件，调解4件，行政败诉23件。要求行政败诉单位向市法制办及市监察局上报败诉案件情况说明。由法制办结合败诉案件具体情况进行汇总分析后移交市监察局，按照行政败诉责任追究的要求进行追责。（何金峰）

【重大行政决策规定】 2016年，丹阳市按照《江苏省行政程序规定》《丹阳市人民政府重大行政决策程序规定》的要求，明确重大行政决策的具体范围、事项和量化标准并向社会公布。按照行政决策程序规定，推进落实公众参与、专家论证、风险评估、合法性审查和集体讨论相结合的行政决策机制，建立重大行政决策跟踪反馈制度，落实重大行政决策事项的后评价，及时发现问题，纠正偏差，积极落实好行政决策的监督制度和行政决策责任追究制度。对全市重大决策实施目录化管理，经市政府常务会议讨论并通过《2016年度丹阳市政府重大行政决策事项目录》，确定丹阳市土地利用总体规划调整等7项重大行政决策事项，逐步开展重大行政决策跟踪反馈制度和重大行政决策事项的后评价，通过委托第三方对重大决策事项进行合法性审查，及时发现问题，纠正偏差，努力推动部门、镇区重大决策的规范化管理工作，全面推进行政决策科学化、民主化、法制化进程。（何金峰）

【政府法律顾问制度】 2016年，丹阳市推行政府法律顾问制度。发挥以政府法制机构人员为主体、专家和律师参加的市政府法律顾问委员会的作用，推动政府法律顾问参与重大决策、政府合同和规范性文件合法性审查、行政执法案卷评查、行政复议及应诉等领域中的工作。各级政府领导在城区医疗资源整合等重大决策事项、镇丹高速土地征收等政府重点工程和重点项目以及防范金融风险、电镀园区火灾事故等重要事件的处理中，充分发挥以政府法制部门为主体的政府法律顾问的作用，以法治思维和法治方式处理问题，做到合法有据，程序正当。（何金峰）

【领导干部学法】 2016年，丹阳市开展领导干部学法活动。按照《2016年市政府常务会议学法计划》的部署安排，组织市政府常务会议集中学法四次，分别对《法治政府建设实施纲要（2015—2020年）》《宪法暨宪法宣誓制度》《江苏省贯彻落实〈法治政府建设实施纲要（2015—2020年）〉实施方案》《大气污染防治法》进行学习。法制部门通过组织政府部门以及乡镇领导干部集中轮训、专题研修等方式，提升领导干部依法行政能力。上半年组织全市行政执法部门以及各镇（区、街道）的分管领导到无锡市委党校进行为期一周的依法行政专题研修。下半年组织各镇（区、街道）分管领导、党政办（法制工作室）负责人，市各行政机关分管领导、法制科长、执法大队队长到浙江大学开展依法行政暨政府法制工作专题培训班。通过一系列的培训提高执法部门依法行政能力，有效促进依法行政工作的开展。坚持法制机构负责人列席市政府常务会议。对常务会议研究、决策事项提供法律服务，发挥法制部门在法制事务上的参谋助手作用。落实领导干部任职前法律知识考察和测试制度。对新任领导干部的法律知识和依法行政能力进行考核，促进新任领导干部法制意识和法制观念的增强。做好行政执法人员法律知识培训考核。市政府法制部门加强对全市行政执法人员的法律公共知识的更新培训和考核，共组织培训全市执法人员1800人次，安排法律法规知识考试。结合公务员能力素质培训和年度普法工作，推进行政机关公务人员的法律意识和水平的提高。（何金峰）

图13 2016年5月17日，丹阳市行政执法人员参加法律知识培训（何金峰）

【行政执法监督工作】 2016年，丹阳市做好行政执法监督工作。一是推进行政执法责任制。建立行政执法全过程记录制度，明确行政执法主体和执法依据，做到行政执法依据动态调整。落实行政执法主体资格合法性审查制度，严格行政执法人员持证上岗和执法资格管理制度，对行政执法人员执法证件的申请办理、资格认定、培训考试和审核申报等加强管理。严格执法人员资格管理制度，清理300余名不在编在岗、转岗的执法人员。二是推行执法规范化建设。结合行政权力网上公开透明运行，完善行政执法程序，通过明察暗访、邀请执法监督员参与检查等方式，加强对人民群众反映强烈、社会公众关注领域的执法检查力度，把行政执法程序合法作为严格执法的前提，对行政执法环节、步骤进行具体规范，着力解决随意执法、粗放执法等突出问题。三是完善行政执法经费保障机制。执行罚缴分离和收支两条线制度，行政执法所需经费统一纳入财政预算予以保障。四是创新案卷评查方式。以创新行政执法案卷评查方式方法为切入点，探索、创新加强行政执法监督工作。邀请法院行政庭法官、市行政执法部门相关领导、兄弟县区法制骨干组成评审团，评查后及时通报并向部门回馈案卷存在的问题及合理化建议。五是加强依法行政联系点工作。完善依法行政联系点工作制度，扩大依法行政联系点监督范围，对联系点提出的问题做到件件有落实，件件有回复。六是加强行政执法监督。按照与市法院共同制定的《关于构建预防和化解行政争议良性互动机制的实施意见》，定期召开行政执法联席会议，促进依法行政与行政审判之间的良性互动，做到及时有效地预防和实质性化解行政争议。加强对行政执法全过程记录制度、事中事后监管制度、重大行政决定法制审核和报备制度、行政执法月报告制度的监督检查。市政府法制办、市纪委、市监察局联合发文，做好败诉案件责任追究工作，通过通报、情况说明等形式及时公布结果，促进行政执法的规范化。 （何金峰）

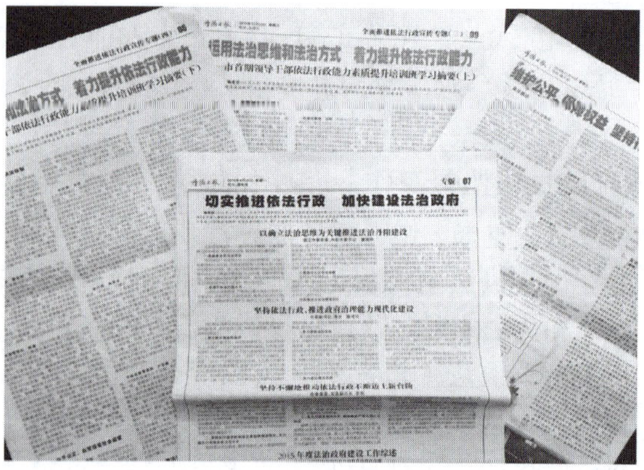

图 14 2016 年，丹阳市政府法制办在《丹阳日报》开辟法制专栏，宣传法律知识 （何金峰）

【行政执法与刑事司法衔接】 2016 年，丹阳市充分发挥政府法制机构的综合协调作用，加强与江苏省、镇江市“两法衔接”领导小组之间的联系，印发《涉嫌刑事犯罪案件移送标准》。加强与市检察院的沟通，研究全市“两法衔接”工作开展中存在的问题及对下一阶段工作开展的思路。建立起行政执法与刑事司法衔接工作联席会议制度、“两法衔接”联络员制度以及“两法衔接”工作联络员网络，推进并完善丹阳市“两法衔接”信息共享平台的建设，推进行政案件向公安（检察）部门移送刑事案件的工作正常开展。 （何金峰）

人事工作

【概况】 2016 年，丹阳市人力资源社会保障工作紧紧围绕苏南现代化示范区建设，以“民生为本、人才优先”为工作主线，全面完成各项目标任务。全年新增专业技术人才 4120 人，高技能人才 2483 人；106 名人才申报镇江“金山英才”计划，27 人申报省“双创计划”“博士计划”，拥有国家级博士后工作站 5 家、省级 8 家。引进本科以上人才 4068 人，其中硕士以上 250 人。执行 13 个外专引智项目，引进外国专家 16 人。启动“丹凤朝阳”人才计划，利用寰球人才网、加拿大中国专业人士协会等平台，宣传丹阳市人才引进政策，共接受 72 个人才团队报名，46 个人才团队加入面试。开展“知名企业进校园”和“校园引才”系列品牌活动，全市 377 家次规模企业参与，进入省内外 55 所重点高校，搭建优秀大学生引进平台，增加大连交通大学、重庆大学、四川大学等高校的校园招聘。开展汽车修理工、钳工等职业培训鉴定，全年共有 7968 人参加国家职业技能鉴定，其中 6358 人取得国家职业资格证书。增加高技能人才 2483 人，完成全年目标的 146.1%，每万人劳动力中高技能人才数达到 705 人。人事管理科学化、规范化管理水平不断提升，完成江苏省与陕西省、江苏省与辽宁省“区域经济发展”公务员对口培训班、公务员职业道德培训班、初任公务员和军转干部岗前培训班。完成 2016 年 48 个公务员招录和2017年83个公务员招考职位编制和报名预审工作。完成8场208家事业单位招聘，提供招聘岗位702个，共计5558人报名参考，录用人数397人。实施“量化考核、积分选岗”办法，做好20名军转干部安置和部分军转干部解困维稳工作。（朱君芬）

图15　2016年4月16日，丹阳市人社局组团参加第十四届中国国际人才交流大会（朱君芬）

行政审批服务

【概况】　2016年，丹阳市行政审批服务中心始终围绕服务与效能主题，深化行政审批制度改革，服务民生，服务地方经济发展。全年，进驻许可和审批事项162大项、221小项；进驻服务事项128大项、136小项；新进许可和审批事项6大项、11小项；下放许可和审批事项9大项、19小项；取消许可和审批事项27大项、37小项。为3562家内资企业和24家外商投资企业办理注册登记，分别新增注册资本175.95亿元和3.22亿美元。累计办结件22万余件，日均办结件881余件，全年减免工业企业审批收费4208余万元，减免率达84%。6月12日，设在国土资源局一楼大厅的分中心——不动产登记中心运营，受理房产证和土地证“双证合一”等业务。10月1日，“五证合一、一照一码”证照模式上线运行。“五证合一”是在“三证合一”的基础上，由工商（市场监管）部门核发加载统一代码的营业执照，整合社会保险登记证和统计登记证，实现营业执照、组织机构代码证、税务登记证、社会保险登记证和统计登记证“五证”核发工作的无缝对接。10月，丹阳市“证照联动”、加强事中事后监管工作启动。（陈琴花）

【“12345”政府热线为民解忧】　丹阳市“12345”政府公共服务热线秉承“听民声、汇民意、集民智、解民忧”的宗旨，回应民众诉求，化解社会矛盾，打造“有事找政府，请拨12345”的服务品牌，提升政府的社会公信力。2016年，“12345”服务热线共受理市民来电事项64396件，日均受理来电200多件。前台直接办结51479件，占总数的79.94%，派送工单12917件，办结工单12585件，热线来电办结率98.41%，回访市民满意率98.65%。（陈琴花）

图16　2016年3月8日，镇江市委组织部“两学一做”和“党员先锋亮绩、积分管理”工作现场会在丹阳市行政审批服务中心召开（陈琴花）

【提升企业投资建设项目服务效率座谈会】　2016年3月22日，丹阳市行政审批服务中心邀请全市各镇、街道和开发区经济条线的业务骨干和部分相关窗口部门负责人参加服务企业、提速增效座谈会。市行政审批服务中心向参会人员介绍关于企业投资建设项目制定的重点工作计划及“多评合一”“多图联审”和“并联审批”工作开展的背景和进展情况，要求各经济服务部门主动对接，第一时间将企业投资项目源上报中心，以便靠前主动服务，提升服务效能。（陈琴花）

机关事务管理

【概况】 2016年,丹阳市机关事务管理局科学管理、依法保障、优质服务,为机关高效有序运行发挥重要作用。获镇江市"机关事务管理工作先进单位"称号。公务用车保障。丹阳市建立"统一集中"与"派驻保障"相结合的管理模式,全年平台车辆共行驶60万公里,同比下降40%。油料、维保等费用减少近35万元。公共机构节能。从材料节能、技术节能、管理节能方面推动节能工作,完成能耗在线监测工作。通过节能管理、节能改造,全年节水、节电、节气约56万元。办公用房管理。丹阳市机关事务管理局对在行政中心内办公的部门单位进行调整,腾退出整片区域便于外单位入驻办公;对部门单位和乡镇,进行办公用房使用情况的清理检查。机关后勤服务。丹阳市机关事务管理局以品质管理为核心,加大对服务外包单位管理和考核,入驻单位满意度为98%,满意率为100%,与2015年同期相比整体上升2.87%。全年共完成各种会议1400余场次。创建"满意食堂",为机关干部提供优质就餐服务。全年接待和引导信访人员1713批、13058人次,未发生信访责任事件。(何 晶)

外事工作

【概况】 2016年,丹阳市外事办以服务地方外事为主线,创新发展思路,外事管理和外事服务等重点工作实现突破。全年,市外事办办理因公出国(境)手续57批158人次(其中自组团32批98人次);接待芬兰、印度、日本、韩国、美国以及联合国官员代表团等9批110人次;审核邀请外国人来华签证通知函电255批392人次;办理APEC商务卡12批37人次。与商务局、公安局、民政局和人社局等部门联动合作,协助处理经济信访案件回复、境外劳工纠纷、境外非政府组织排查等。市外事办为多家企业办理日本、德国、美国、加拿大、韩国等国家的因私签证。(张雪芬 花 卉)

2016年市领导境外经贸活动重要外事出访活动

表5

时间	活动主题	主要工作内容
3月	副市长林丹如一行4人到德国、法国科技招商	拜访德国汉高公司并进行投资金融等方面交流会;与德国亚琛工业大学高层次人才团队进行对接交流和项目洽谈;就轨道交通刹车片与德国公司洽谈,签订引进相关协议;参观考察史太白技术转移中心并就相关投资项目举行座谈会,推介本市特色产业、人才创业和投资政策环境;拜访法国摩泽尔省经济发展署,深化双方在复合材料方面的交流合作
4月	市委书记童国祥一行10人到美国、加拿大举行科技人才专题招商	参加大上集团在多伦多销售分公司成立仪式;参观多伦多大学科学孵化器,并就科技成果转化、人才引进和在华建立分中心等事宜进行全面探讨;访问北美华人专业人士创业协会总部,推介"丹凤朝阳"特色引才计划,邀请专业人士协会成员访问丹阳、回国创业;在旧金山举办"2016中国镇江(旧金山)科技人才合作洽谈会";访问斯坦福大学,与斯坦福大学职业发展中心交流,就再次举办研修班进行商讨,对讲授课程设置、学员参观学习行程进行深入交流,初步达成办班意向
6月	市委常委赵立群一行6人到德国、奥地利经贸招商	拜访奥地利汽车零部件供应商,探讨合作的可行性,进一步密切双方合作关系;与罗敦斯德公司就委托加工防蓝光眼镜的细节进行最后协商,签订合作协议;与奥地利凌沃公司就投资落户丹阳汽车工业园事宜与外方代表签订初步合作意向,预计投产后将引进外资约1000万欧元;在威尔堡和维也纳举办投资说明会

续表 5

时间	活动主题	主要工作内容
10 月	副市长沈留海一行 5 人到南非、阿联酋经贸活动	与敦洛士投资集团商谈荷花池城市商业综合体项目和庄湖湿地旅游及健康养生合作项目；与东方商城投资集团洽谈国际眼镜城第三期合作项目；拜访中交集团南非公司高层，洽谈高速公路及港口新型材料贸易项目；访问阿联酋依视路中东公司，商讨视光产品合作；参观阿联酋新视野光学公司，就该公司到丹阳投资项目进一步商谈合作细节；与迪拜皇家投资局商谈高新区高档商务办公区和住宅项目，磋商现代农业粮油加工区项目
11 月	市委书记陈可可一行 12 人到香港开展现代服务业经贸交流活动	拜访香港中联办经济部，希望借助中联办经济部构建丹阳市与香港交流合作的通道；拜访香港中华煤气公司总部，就双方进一步合作深入交流；拜会金融机构，推荐丹阳的产业优势与特色。在“2016 镇江（香港）现代服务业”项目集中签约仪式上，丹阳市成功签约 2 个项目，总投资额达 240 亿元
12 月	副市长符卫国一行 5 人到澳大利亚、新西兰进行经贸活动	参观澳大利亚 LE 矿业有限公司，商讨合作细节，签订合作协议；访问新西兰罗托鲁瓦市政府，与该市政府就建立经贸合作关系进行磋商；与奥克兰建筑公司、高柏规划园林建筑顾问公司和新西兰诺达纳斯国际建筑设计师有限公司洽谈水上度假村的合作项目，签订合作协议

（张雪芬　花　卉）

图 17　2016 年 11 月 12 日，美国内布拉斯加州州长皮特·瑞克茨（第一排左五）带领贸易代表团一行到丹阳市访问沃得集团
（张雪芬　花　卉）

侨务工作

【概况】 2016 年，丹阳市侨办协调配合有关部门，做好侨务工作。春节期间，召开重点侨资企业、“三胞”代表及部分归侨侨眷迎春茶话会。与侨联走访慰问重点侨港资企业、归侨和重点侨眷及贫困侨务对象 30 余家，发放慰问品、慰问金。全年接待侨务信访 8 人次，主要涉及房屋拆迁、房产纠纷、升学加分、经济纠纷等问题。侨办通过互联网向丹阳市在海外的重点侨务对象发送电子贺卡、信函等 60 余件。走访重点侨资企业，了解企业经营出现的问题和新动向。与市人才办合作，参与“千人计划”“双创计划”“331 计划”人才引进工作。开展“促进产业集群转型升级路径”的相关课题调研。市侨办配合镇江市侨办组织部分企业参加第八届镇江“华创会”，丹阳 28 家企业负责人和技术人员与华侨华人专业人士进行对接交流。（沈玉清）

图 18　2016 年 6 月 20 日，留日博士总会副会长张书明博士带领日本侨商代表团访问丹阳　（沈玉清）

政协丹阳市委员会

栏目编辑 夷朝霞

市政协领导分工

张仁海，主持全面工作，主管干部人事工作，分管办公室机关工作。

沈岳方，暂不参与分工。

钱留梅，分管社会法制海外联络委员会、大会发言工作。

张鸿宾，分管经济科技委员会、机关财务。

谭国祥，负责与各民主党派、工商联、无党派代表人士以及在丹阳的省、镇江市政协委员的联系；兼管委员工作办公室、委员培训和老干部工作。

贺云华，分管提案委员会、教卫文史委员会。

陈建红，兼管城乡建设委员会。（洪中贤）

重要会议

【市政协十四届五次会议】 2016年1月5—8日，丹阳市政协十四届五次会议在市会展中心举行。会议听取并讨论镇江市委常委、丹阳市委书记童国祥的讲话，听取并审议市政协主席张仁海所作的《政协丹阳市第十四届委员会常务委员会工作报告》和市政协副主席贺云华所作的《政协丹阳市第十四届委员会常务委员会关于十四届四次会议以来提案工作情况的报告》。列席丹阳市第十六届人大五次会议，听取并讨论市长陈可可所作的《政府工作报告》及其他有关报告。视察政府重点工程建设情况。以“创新社会治理”为大会发言的中心议题，重点选择完善乡规民约推进社会综合治理，培育引导社会组织参与社会治理，建立大数据共享平台，坚持司法为民，提升社会治理法治化水平，加强和规范村（居）网格化治理，加快推进社会稳定风险评估，“十三五”规划注重生态文明建设，利用多层次资本市场体系等课题，组织委员进行大会口头发言。听取政协提案审查委员会关于丹阳市政协第十四届五次会议提案审查情况的报告，审议通过丹阳市政协第十四届五次会议决议。（洪中贤）

图19 2016年1月5—8日，丹阳市政协十四届五次会议在市会展中心举行

（洪中贤）

2016 年市政协常委会议

表 6

会议名称	主要内容
十四届十七次常委会议（3 月 30 日）	审议通过《市政协 2016 年工作要点》、市政协 2016 年常委会议、主席会议、重要活动、专题调研及委组工作安排；通过相关人事事项；听取市纪委监察局党风廉政情况通报
十四届十八次常委会议（6 月 30 日）	听取并讨论“两院”关于近年工作和依法治市推进情况的汇报；协商有关人事任免事项；以“珍惜水资源，保护水资源”为主题，视察长江取水口和深度处理水生产流程
十四届十九次常委会议（8 月 30 日）	学习传达市第十三次党代会精神；听取市有关部门关于财政运行和财政同级审情况汇报；听取市政府关于市政协十四届五次会议以来提案办理情况的通报；听取市政府关于上半年经济社会发展及下半年主要工作情况通报

（洪中贤）

2016 年市政协主席会议

表 7

会议名称	主要内容
十四届四十七次主席会议（1 月 20 日）	观看庆祝丹阳政协成立六十周年电视专题片，提出意见、建议；研究决定庆祝大会其他有关事项
十四届四十八次主席会议（3 月 14 日）	讨论《市政协 2016 年工作要点》（征求意见稿）；讨论 2016 年市政协主席督办提案、驻会主席领衔督办、界别对口督办、常委参与督办提案；讨论社情民意联系日活动方案；讨论十四届十七次常委会会议议程；讨论大会发言题库；讨论市政协常委会会议安排、主席会议安排、专题调研安排、重要活动安排
十四届四十九次主席会议（4 月 26 日）	视察城市环境综合整治工作
十四届五十次主席会议（6 月 27 日）	讨论通过十四届十八次常委会会议议程；明确当前六项工作
十四届五十一次主席会议（6 月 29 日）	视察调研全市宗教工作
十四届五十二次主席会议（8 月 2 日）	讨论市政协十四届十九次常委会会议议程；明确当前五项工作
十四届五十三次主席会议（9 月 2 日）	视察调研全市生产暨消防工作
十四届五十四次主席会议（12 月 14 日）	讨论市政协十五届一次会议筹备情况
十四届五十五次主席会议（12 月 19 日）	协商新一届政协委员及政协常委人员名单
十四届五十六次主席会议（12 月 30 日）	讨论常委会工作报告（征求意见稿）和提案工作报告（征求意见稿）；讨论市政协十五届一次全会大会发言事项；讨论十四届二十次常委会会议议程

（洪中贤）

重要活动

【庆祝丹阳政协成立60周年大会】 2016年1月26日，丹阳市政协召开庆祝丹阳政协成立60周年大会。童国祥、陈可可、李忠法、沈岳方、张仁海等市四套班子全体领导出席大会。会前，集中组织观看政协史图片展。会上，集中观看政协电视宣传片，镇江市委常委、丹阳市委书记童国祥代表中共丹阳市委向全市政协组织和政协委员表示祝贺，并作重要讲话，市政协主席张仁海回顾丹阳政协成立六十年来的光辉历程。会后，与会人员观看庆祝丹阳市人民政协成立60周年文艺节目——“征途和声”。

（洪中贤）

【党派负责人委员活动小组组长会议】 2016年4月12日，丹阳市政协召开党派负责人、委员活动小组组长会议。各民主党派、工商联、无党派代表小组、委员活动小组组长汇报交流2016年履职思路，尤其是围绕政协全年重点工作安排和要求，在加强自身学习、组织视察调研活动、开展协商议政等方面明确具体履职计划。会议部署“社情民意联系日”主题活动和十五届一次全会大会发言工作；通报2015年度政协镇（街道）、城区委员活动小组考核情况。9月26日，丹阳市政协再次召开党派负责人、委员活动小组组长（召集人）会议。各民主党派、工商联、无党派代表小组、委员活动小组组长交流大会发言课题准备情况，政协履职情况及下阶段履职活动安排，会议研究部署下阶段主要工作。各党派、小组紧扣市委、市政府工作中心和政协履职任务，充分发挥委员主体作用和界别优势，开展学习交流、视察调研、协商议政等形式多样的履职活动，取得成效。会议要求下阶段要扎实开展好“社情民意联系日”主题活动，做好大会发言课题的准备工作，开展第四季度小组活动，加强“委员学习年”学习成果交流。（洪中贤）

图20 2016年4月12日，丹阳市政协召开党派负责人、委员活动小组组长会议

（洪中贤）

【“社情民意联系日”主题活动】 2016年5月19日，丹阳市政协开展“社情民意联系日”主题活动。市政协主席张仁海，副主席钱留梅、谭国祥、贺云华，各委员活动小组以及全体政协委员，分片走进镇（区、街道）、村（社区）和居民身边，通过座谈会、走访调研的方式，倾听百姓心声，了解社情民意，共收集到党务、政务、村务和社会事务等各类社情民意信息900余条，进行筛选、整理后形成《市政协“社情民意联系日”主题活动意见建议综述》，报送市委、市政府和有关部门，供决策参考。9月28日，丹阳市政协再次开展“社情民意联系日”主题活动，200多名政协委员参加活动，将收集到的意见建议整理形成《市政协“社情民意联系日”主题活动意见建议综述》，报送市委、市政府和有关部门。（洪中贤）

图21 2016年5月19日，丹阳市政协开展“社情民意联系日”主题活动（洪中贤）

【“两学一做”学习教育工作座谈会】 2016年5月13日，丹阳市政协召开“两学一做”学习教育工作座谈会。会议指出，开展“两学一做”学习教育是推动全面从严治党的重要举措，是持续加强党的思想政治建设常态化的重大部署，也是推动政协履职能力现代化建设的重要保证。市政协全体党员干部要做到学做互进、知行合一，不断提高议政建言能力水平和成效。政协领导干部尤其要切实做到学以致用，在政协组织发挥独特优势，永谏真言、善建良言中发挥模范带头作用；要坚持求真务实，增强学习教育针对性、实效性。市政协领导班子、全体党员要注重围绕中心，把开展学习教育与抓好政协各项工作紧密结合起来。做好学习教育与推动丹阳发展、机关“三化”建设和提升政协党建水平的相结合；要突出从严从实，为学习教育开展提供坚强组织保障，以可观可感的实际成果检验学习教育成效。

（洪中贤）

图22　2016年5月13日，市政协召开“两学一做”学习教育工作座谈会

（洪中贤）

【走访企业界委员】 2016年2月18—23日，丹阳市政协机关委办分4个组，会同镇（街道）政协委员活动小组，到12个镇（街道）对口实地走访企业界委员，了解企业界委员企业复工、运行情况，听取对政协工作意见建议，形成《走访企业界政协委员情况报告》，提出经济发展基本态势没有变，发展仍有机遇和空间；金融风险得到有力控制，但“互保联保”，融资难、融资贵是困扰企业发展的主要问题；科技加资本成为丹阳抵御经济下行压力的中流砥柱，在未来的丹阳经济发展中仍然是首选之路；改革为积极应对新常态提供坚强保障，全面深化改革仍然是破解当前发展难题的“关键之招”等意见建议。

（洪中贤）

【“供给侧结构性改革与宏观经济形势”政协委员培训班】 2016年5月26日，丹阳市政协举行委员培训，邀请南京大学商学院教授耿强作题为“供给侧结构性改革与宏观经济形势”的专题讲座。耿强以开阔的视野、独到的见解，较为全面、系统地分析供给侧结构性改革和中国当前经济形势，让全体市政协委员系统了解供给侧结构性改革，全面把握宏观经济形势更深刻，同时，对于落实好政协全年各项工作任务，推动政协履职能力现代化建设也具有很强的指导性、针对性和启发性。

（洪中贤）

图23　2016年5月26日，丹阳市政协举办题为《供给侧结构性改革与宏观经济形势》的专题讲座

（洪中贤）

【市政协机关党支部全体党员专题党课】 2016年7月20日，作为纪念匡亚明诞辰110周年活动的延续，以及“两学一做”学习教育的深化，丹阳市政协机关党支部全体党员到宜兴市开展学习活动，市政协党组书记、主席张仁海以《做匡亚明式的好党员》为题，为全员上专题党课。他要求，政协机关全体党员强化党章意识，强化自我约束，强化党性修养，强化责任担当，围绕“创新特色”资政建言，为

全市经济社会发展作贡献。当天，市政协机关党支部全体党员到宜兴烈士陵园祭扫匡亚明陵墓，向革命烈士纪念碑敬献花圈，并集中学习《中国共产党党章》有关章节及《中国共产党廉洁自律准则》。（洪中贤）

图 24 2016 年 7 月 20 日，丹阳市政协召开机关党支部专题党课（洪中贤）

政治协商、民主监督和参政议政

【全体会议整体协商】 2016 年 1 月 7 日，丹阳市政协十四届五次会议以"创新社会治理"为大会发言的中心议题，细分建立大数据共享平台、加强村（居）网格化治理、推进社会稳定风险评估、多层次资本市场体系等 36 个子课题与市委、市政府进行大会协商。为市委、市政府提供决策参考。其中《增强法制思维、坚持依法治市，全面推进新常态下的社会治理创新工作》在会上作主旨发言，《高位完善乡规民约助力推进基层治理》《发挥社会组织作用推进社会治理创新》《建立大数据共享平台创新社会治理新模式》《保障司法公正促进经济社会有序和谐发展》《规范执法提升社会治理法治化水平》《完善网格化治理提升基层管理水平》《坚持社会稳定风险评估切实预防化解社会矛盾》《生态"十三五"画好五张"图"》和《充分利用多层次资本市场体系促进企业创新发展》在会上作口头发言，其他材料以书面形式向市委、市政府建言献策。市长陈可可评价各位政协委员的建言并逐一作简要说明，表示将对委员们提出的建议和意见进一步理解和消化，吸收和纳入到 2016 年的政府工作中。（洪中贤）

图 25 2016 年 6 月 29 日，丹阳市政协领导调研市宗教工作（洪中贤）

【民主监督】 2016 年，丹阳市政协把民主监督贯穿于政协履行职能的全过程，加强监督力度，拓宽监督渠道。开展民主评议。围绕法治丹阳建设，常委会议对"两院"工作及司法改革相关工作开展专项评议，并围绕提升司法公信力、加大法律监督力度、维护社会公平正义等方面提出相关监督建议，推动"两院"工作效能的提升和依法治市工作。开展专题评议。常委会议就丹阳市财税工作和财政同级审情况进行专题评议，并对确保收入稳健增长和财政健康运行提出建设性建议。实施提案办理监督。就重点提案"改善老年大学办学条件的建议"召开办理协商会，推进方案设计、搬迁选址等工作。副主席领衔督办 8 件提案，常委参与督办 48 件提案，以点带面促进提案办理实效的提高。注重跟踪监督。主席会议组织视察海会寺、龙庆寺建设推进情况，就加快海会寺建设力度、依法加强宗教管理、重视发挥宗教界别力量等方面积极建言。主席会议视察调研全市安全生产暨消防工作，建议安全生产基础必须夯实，安全生产隐患必须铁腕治理，安全生产工作必须依法治理，安全生产事故必须科学施救。（洪中贤）

图 26 2016 年 9 月 2 日，丹阳市政协视察调研全市安全生产暨消防工作 （洪中贤）

【提案办理】 2016 年，丹阳市政协十四届五次会议以来，提案委员会共收到政协委员和政协各参加单位提案 312 件，经审查立案 283 件。其中各民主党派、工商联、无党派、人民团体和委员活动小组集体提案 41 件，委员个人和联名提案 242 件。根据职责分工，按照归口管理的原则，立案提案分别送交 44 个承办单位研究办理，截至 2016 年 11 月 30 日全部办复。从办理情况来看，所提问题解决或所提建议被采纳的提案 113 件，占 39.93%；列入计划逐步解决的 160 件，占 56.54%；作为工作参考的 10 件，占 3.53%。共收到提案人 228 份反馈意见，根据提案人反馈，表示满意的 185 件，占 81.14%；基本满意的 43 件，其中 2 件由不满意提案转化，占 18.86%。 （洪中贤）

【社情民意信息收集】 2016 年，丹阳市政协充分发挥委员联系面广、信息畅通的优势，及时收集民声民情。全年共收到社情民意信息 70 余条，编报《社情民意》信息简报 14 期。内容涉及加强各类投资理财公司监管、提升丹阳市医养融合水平、关注“种粮大户”当前困境、城市道路“短命工程”等民生工作，协助市委、市政府准确把握社会舆情，推进民生实事的落实。 （洪中贤）

【参政议政】 2016 年，丹阳市政协把服务改革作为参政议政的重点，组织委员建真言、献良策。春节后组织政协机关干部分组走访企业界政协委员，深入了解丹阳市实体经济发展现状。针对丹阳市企业“互保联保”、融资难、融资贵，审批程序、工作流程不熟悉等问题，提出引导企业科技创新、建立完善现代企业制度，成立涂料行业协会。统筹涂料行业生产经营，降低企业融资成本，科学设置抵押审批事项、优化抵押审批流程等意见，大部分建议在市委、市政府工作部署中被采纳。主席会议专题视察丹阳市城市环境综合整治工作，对丹阳市城市环境综合整治工作推进情况进行专题民主监督，建议加大综合施策力度，突破难点；加快提升市民素质；形成长治长管的有效机制。会后形成《深化城市环境综合整治 增强市民“获得感”》的视察调研专报，助推城市环境治理工作顺利进行。

（洪中贤）

图 27 2016 年 4 月 26 日，丹阳市政协对城市环境综合整治推进情况进行民主监督

（洪中贤）

中共丹阳市纪委

栏目编辑 陈春芳

重 要 会 议

【市纪委十二届六次全会】 2016年2月23日，丹阳市纪委十二届六次全会在市会展中心召开。市纪委委员16人出席会议。市委常委，市人大、市政协主要领导应邀参加会议，各镇党委书记、镇长，开发区工委书记、管委会主任，市委各部委办局、市各委办局院行社中心（总公司）、各人民团体、市直属单位主要负责人参加会议。各镇（区）纪（工）委书记、纪检监察干事，市级机关纪工委书记，市各委办局院行社中心（总公司）、市直属单位纪检监察组织负责人、纪检监察干事，市纪委、监察局派驻纪检组组长、监察室主任、纪检监察干事，市纪委各室主任、副局级纪检监察员列席会议。会议听取并通过市委常委、市纪委书记马家胜代表市纪委常委会作的《聚焦监督执纪问责突出加强纪律建设不断开创纪律检查工作新局面》工作报告。镇江市委常委、丹阳市委书记童国祥与市委常委会班子成员，市人大、市政府、市政协、市法院和市检察院党组书记，各镇（区、街道）党（工）委书记分别签订《2016年党风廉政建设主体责任书》。童国祥强调，党风廉政建设责任关键在主体责任，全市各级党组织负责人要切实增强政治和担当意识，扛起党风廉政建设主体责任并真正落到实处，对主体责任不落实的，问责将形成制度、成为常态。各级纪检监察机关要进一步聚焦党风廉政建设和反腐败斗争中心任务，为党和人民执好纪、问好责、把好关。

（王渭清）

图28 2016年2月23日，市纪委十二届六次全会召开（王渭清）

【市纪检监察系统干部业务培训班】 为贯彻落实《关于在全市纪检监察系统实施“强基工程”的意见》要求，进一步做好换届后全市纪检监察干部教育培训工作，提升执纪监督问责能力，2016年9月9—11日，丹阳市纪委在国家检察官学院江苏分院举办纪检监察系统干部业务培训班。全市各镇（街道、区）纪（工）委，市级机关纪工委，市各委办局院行、市直属单位纪检组织，市纪委派驻纪检组和市纪委机关116名纪检干部参加培训。培训课程涵盖党风廉政建设和反腐败斗争形势及任务、纪检监察信访举报实务、职务犯罪侦查谈话技巧、案件审查工作程序、压力管理与心理调适等，并邀请江苏省纪委、江苏省委党校、镇江市纪委、扬州市检察院等相关业务专家进行授课。同时，利用晚上时间召开参加培训的基层纪工委书记座谈会，交流基层监督执纪问责经验。（王渭清）

【市第十三届纪律检查委员会第一次全体会议】 2016 年 7 月 29 日，丹阳市第十三届纪律检查委员会第一次全体会议召开。会议以参会的 15 名市纪委委员无记名投票方式，选举产生市纪委常委、书记和副书记。其中周奇恒、张建明、赵晓建、陈胜华、杨培华、谭锁坤、陆荣祥等 7 人为市纪委常委；周奇恒为市纪委书记；张建明、赵晓建为市纪委副书记。新当选的市纪委书记周奇恒表态发言指出，新一届纪律检查委员会任期的五年，是丹阳全力建设充满创新活力的“强富美高”苏南现代化工贸名城关键时期，也是推动党风廉政建设和反腐败工作向纵深发展重要时期。将在加强新一届纪律检查委员会自身建设、开创市纪律检查工作新局面上，求真务实、扎实工作、奋力争先，把服务大局作为第一目标，“走前列、争一流、做表率”，团结协作，廉洁自律。（王渭清）

【纪检监察工作思路研讨会】 2016 年 11 月 23 日，丹阳市纪委召开 2017 年纪检监察工作思路研讨会。市委常委、市纪委书记周奇恒主持会议。市纪委、市监察局机关各科室负责人向纪委常委会报告 2016 年工作，并结合“走前列、争一流、做表率”要求，客观评估科室工作在省市定位，找准当前工作中存在的短板和问题，在此基础上提出 2017 年初步打算和具体措施。委局领导班子成员结合各自分管工作，进行点评并就重点工作提出意见和建议。针对排查出的 16 个不足和薄弱环节，周奇恒要求全体机关干部树立看齐意识，努力推动 2017 年各项工作再上新台阶。针对下一阶段工作，周奇恒强调：增强工作的能动性，多为成功找理由，少为失败找借口；增强工作的针对性，善抓重点，力求突破；增强工作的实效性，精准发力，量效并举；增强工作的科学性，把握规律，善于创新。（王渭清）

图 29　2016 年 11 月 23 日，市纪委召开纪检监察工作思路研讨会（王渭清）

“两个责任”落实

【概况】 2016 年，丹阳市纪委按照镇江市纪委和丹阳市委部署和要求，紧扭党风廉政建设主体责任，坚持清单式管理工作方式，做到定责清、督责实、问责严，形成管党治党的导向和氛围，积极推进“两个责任（主体责任和监督责任）落实。（王渭清）

【党风廉政建设责任书签订】 2016 年，丹阳市委书记与市人大、市政府、市政协负责人、市委常委及各镇（区、街道）党（工）委书记签订 2016 年度党风廉政建设主体责任书。市人大、政府、政协负责人分别与各自领导班子成员，各市委常委及政府领导班子成员分别与分管或联系的 98 个市直部门（单位）签订主体责任书，市纪委书记与班子成员、全市各纪检监察组织负责人签订监督责任书，形成“一级抓一级、层层抓落实”的责任分解和压力传递机制。下发《2016 年度落实党风廉政建设“两个责任”的责任清单》文件，对 2016 年度落实党风廉政建设党委主体责任和纪委监督责任进行责任分解，形成包括集体、主要领导、班子三方责任在内的 3 张清单、96 项具体责任。同时，要求全市各基层党组织结合工作实际，建立完善本级责任清单，实现责任清单全覆盖，推动层级责任体系构建。（王渭清）

图 30 2016 年 2 月 23 日，各市委常委在市纪委十二届六次全会上向市委书记童国祥递交《2016 年党风廉政建设（主体责任）责任书》 （王渭清）

【党风廉政建设“四查一考”照单督责】 2016 年，丹阳市纪委协助丹阳市委落实党风廉政建设“四查一考”（部门自查、重点抽查、专项巡查、半年检查、年底考核）制度，实施过程纪实和留痕管理，确保责任倒查可追溯、能验证。对照责任清单要求，坚持领导率先垂范，市委、市纪委带头每季度梳理自查，对账销号，并做好相关材料收集整理。年初，由市委常委、党员副市长带队，对全市 22 个重点单位上年度两个责任落实情况进行督察，发现问题及时督促整改。年中，市落实党风廉政建设责任制领导小组办公室组成 4 个联合调研检查组，由市纪委相关领导带队，市纪委、市财政局、市农委派员参与，采取听取汇报、查阅资料、抽查账簿、核查凭证等方式，对全市 12 个镇（区、街道）7 个重点市级机关部门年初以来落实党风廉政建设“两个责任”，12 个镇（区、街道）20 个行政村农村“三资”管理，以及 11 个镇（区）、9 个镇属部门、7 个市直一级预算单位、4 个市直二级预算单位共计 31 个部门单位 2015 年度“三公”经费使用情况进行调研检查，通过检查共发现问题 22 个，并于 6 月底将该次调研检查结果情况进行全市通报，指出全市基层党组织在落实党风廉政建设“两个责任”工作中存在的责任压力传导层层递减等问题，并及时督促被检查单位严格按照此次通报内容切实抓好整改落实，同时要求全市其他各单位党组织对照整改，进一步推动基层党组织切实履行好管党治党责任。 （王渭清）

【依单问责追究】 2016 年，丹阳市纪委针对苗头性、倾向性问题，充分运用“四种形态”（党内关系要正常化，批评和自我批评要经常开展，让咬耳扯袖、红脸出汗成为常态；党纪轻处分和组织处理要成为大多数；对严重违纪的重处分、作出重大职务调整应当是少数；严重违纪涉嫌违法立案审查的只能是极少数）抓早抓小，防微杜渐，扩大约谈覆盖范围，依照责任清单，对违反党风廉政建设责任制行为实行“一案双查”，用好责任追究“杀手锏”。2016 年以来，全市市镇两级纪委负责人同下级党政主要负责人共开展谈话 126 次，实施诫勉谈话 54 次，共有 3 名党员领导干部因履行主体责任不力被追究责任，其中副科级 2 人。管党治党氛围更加浓厚。 （王渭清）

纠正“四风”

【概况】 2016 年，丹阳市纪委坚持作风建设，聚焦整治“四风”问题。抓住节假日、干部人事调整、换届选举等关键节点，通过短信、文件、会议传达、电视新闻及网络媒体等宣传方式，发信号、打招呼、提要求，多渠道多途径强化对党员领导干部党风廉政教育，及时提醒，防微杜渐，从源头预防和减少“四风”问题发生。全年全市各级领导干部主动上交或拒收、退还礼品礼金 20.94 万元，廉政账户新入账 28.03 万元。 （王渭清）

【作风督察行动】 2016 年，丹阳市纪委密切关注“四风”问题新动向、新表现的分析研究，持续加强暗访检查、重点督察，坚决防止“四风”问题隐形变异反弹。全年共开展各类督察暗访 67 次，查究各类违规问题 15 个。注重拓宽群众参与渠道，发挥专门机关和社会监督合力，通过向社会公布举报电话、网站和信箱、开通“丹阳纪委”微信举报一键通等，形成监督网。贯彻落实省市开展违规吃请和公款吃喝问题专项整治活动统一部署，通过推广先进单位经验做法、出台制度规定、开展专题培训、发放工作手册口袋书等，进一步规范全市120个机关事业单位公务接待经费使用申请、审核和报支等工作要求，杜绝违规吃请和公款吃喝问题。会同市机关事务管理局、财政局、人社局，对全市366辆定向化保障公务用车使用管理情况开展专项检查，发现问题及时通报，并责令限期整改。（王渭清）

【节日期间党风廉政建设】 2016年，丹阳市纪委为加强对党员领导干部节日期间党风廉政教育，从加强党风廉政教育入手，强化党员领导干部廉洁自律意识。各个节日前，通过文件、会议传达、电视新闻及网络媒体等宣传方式，发信号、打招呼、提要求，多渠道多途径强化对党员领导干部的党风廉政教育，及时提醒，防微杜渐，从源头上预防和减少“四风”问题的发生。做到书信助廉，向全市副科级及以上领导干部发出以廉洁从政为主要内容的廉洁公开信1800余份，要求认真落实党风廉政建设责任制，严格遵守廉洁自律各项规定，带头廉洁自律。下发《关于做好节日期间党风廉政建设工作的通知》，在全市各纪检监察组织对本单位、本部门纠正“四风”问题和贯彻落实党员领导干部廉洁自律各项规定情况进行自查自纠，市纪委联合市财政等部门开展抽查。通过各节点、各阶段持续不断的严抓严管，强化作风建设，防止“四风”问题反弹。（王渭清）

【违纪不正之风查处】 2016年，丹阳市纪委对不收手、不知止，顶风违纪，规避组织监督的党员干部一律从严查处。全年共查实违规公款吃喝、收送礼品礼金、发放津补贴或福利等违反中央八项规定问题9个，党纪政纪处分9人，通报曝光1起违反中央八项规定精神问题。注重系统梳理典型案例进行通报，全年共查处6起侵害群众利益不正之风和腐败问题典型案例进行全市通报，并转发广东省纪委查处的一起基层干部收送礼金典型案件，促使全市党员干部特别是领导干部引以为戒，充分发挥党员先锋模范作用，时刻绷紧作风建设弦，狠刹顶风违纪不正之风。（王渭清）

惩治腐败

【概况】 2016年，丹阳市纪委坚持有案必查、有案查好，始终保持惩治腐败高压态势。全年共立案245件，比上年增长38.4%，其中乡科级干部25人，给予党政纪处分245人，移送司法机关4人，挽回直接经济损失735.65万元。发挥执纪审查治本功能，针对审查中发现的共性问题，从制度层面深入剖析发案原因，全年向市委市政府呈报送阅件2份，发放纪检建议书2份、监察建议书6份。（王渭清）

【范某某贪污受贿案】 2010年至2014年，范某某在担任丹阳市埤城镇副镇长、丹北镇副镇长候选人期间，违反国家法律法规规定，利用职务之便在丹北镇政府向埤城西丰村拆迁户支付拆迁苗木补偿款过程中，通过虚增拆迁苗木数量和苗木赔偿款方式，侵吞公款2万元；利用职务之便在政府工程承接等方面为他人谋取利益，多次收受他人钱物折合共计16.5万元。丹阳市纪委给予范某某开除党籍处分。2016年7月19日，范某某被丹阳市人民法院判处有期徒刑3年6个月，并处罚金35万元。（王渭清）

【孙某某受贿案】 2009年至2013年，孙某某在担任江苏齐梁文化旅游发展有限公司董事、副总经理，市文广新局工作人员期间，违反国家法律法规规定，利用职务便利在工程承接等方面为他人谋取利益，多次收受他人钱物折合共计23.7万元。丹阳市纪委给予孙某某开除党籍处分，其涉嫌犯罪问题移送司法机关处理。（王渭清）

【龚某某受贿案】 2009年至2014年，龚某某在担任江苏齐梁文化旅游发展有限公司副董事长、总经理期间，违反国家法律法规规定，利用职务之便为他人谋取利益，多次收受他人财物折合共计 103.5 万元。丹阳市纪委给予龚某某开除党籍处分。2017 年 1 月 13 日，龚某某被丹阳市人民法院判处有期徒刑 4 年 9 个月，并处罚金 40 万元。（王渭清）

【任某受贿案】 2010 年至 2013 年，任某在担任丹阳市旅游局副局长兼江苏齐梁文化旅游发展有限公司副董事长、副总经理期间，违反国家法律法规规定，利用职务之便为他人谋取利益，多次收受他人财物折合共计 25.9 万元。丹阳市纪委给予任某开除党籍处分，其涉嫌犯罪问题移送司法机关处理。（王渭清）

【王某某受贿案】 2010 年至 2015 年，王某某在担任丹阳市农业资源开发局、丹阳市商务局局长期间，违反国家法律法规规定，利用职务之便为他人谋取利益，多次收受他人财物折合共计 21.6 万元。丹阳市纪委给予王某某开除党籍处分，其涉嫌犯罪问题移送司法机关处理。（王渭清）

【谢某受贿案】 2012 年至 2016 年，谢某在担任丹阳市教育局副局长期间，违反国家法律法规规定，利用职务之便为他人谋取利益，多次收受他人财物折合共计 62 万元。丹阳市纪委给予谢某开除党籍处分，其涉嫌犯罪问题移送司法机关处理。（王渭清）

防腐监督机制

【概况】 2016 年，丹阳市纪委坚持用法规制度规范约束党员干部行为，开展立项监督，切实把权力关进制度笼子。开展党风廉政教育，发送廉政短信，用身边人、身边事教育党员领导干部，做到提醒在前，预防在先。以“丹阳纪检监察网”、纪委微信公众号为平台，强化第一时间、第一窗口权威发布本地重大纪检监察信息、违规违纪案件通报和案件受理等情况，提高反腐败工作公开透明度。（王渭清）

【监督检查“全覆盖”】 2016 年，丹阳市纪委围绕“三转（转职能、转方式、转作风）”工作要求，将工作重心集中到“检查的再检查”“监督的再监督”上来，不断规范行政权力行使，切实体现“把纪律挺在前面”要求，实现监督检查“全覆盖”。对立项监督事项进一步深化，重新下发《关于对重要行政权力开展 2016 年度立项监督的通知》，共对 25 个部门 30 项重要行政权力开展监督。通过座谈汇报、突出检查、明察暗访等方式，对各部门纪委监督工作进行再监督，并对再监督过程中发现的问题进行跟踪处理。同时，结合监督工作开展、举报投诉反映、群众关心热点问题解决等情况，对立项监督工作进行评估，及时调整工作重点，做到有的放矢。对通过举报投诉、网络舆情、媒体曝光等发现的问题，认真开展责任倒查，对不作为严厉问责，对慢作为限期整改，对乱作为严肃惩治。通过严格执纪问责，让全体党员干部意识到党纪严于国法，违纪必受追究。（王渭清）

【农村“三资”管理】 2016 年，针对近年来全市乡镇农经工作体制不顺、职责不明、队伍不专业、农村“三资”管理监督混乱、群众上访不断、干部违纪违规现象时有发生的状况，丹阳市纪委督促丹阳市农委根据《关于进一步加强镇（区、街道）农经机构和队伍建设的意见》文件精神，要求各镇区将农经站设置、编制核定、职能整合、人员配置尽快落实到位，加强统一管理，为开展“三资”管理等农经综合服务工作提供组织保障。由市农委牵头，下发《丹阳市农村集体经济组织“三资”管理制度》，对财务收支、审批以及民主理财、财务公开等方面作详细规定，同时将历年来上级有关农村财务和三资管理文件制度进行整理汇编，督促各镇（街道）出台符合自己实际的“三资”管理制度，真正做到有章可依，有据可循，在“村账镇管，组账村管”运行基础上，向“三资”规范化管理推进。督促市农委加强对日常财务工作、群众关注热点问题以及信访突出问题等进行检查，建立季度会审制度，每个季度分片对口检查交流，实施常态化管理，促进村级财务管理工作向规范、制度、民主和信息化方面发展，同时对检查中发现的问题，及时进行通

报、限期整改，确保农村财务及“三资”管理的各项制度落到实处。（王渭清）

【反腐倡廉宣传教育】 2016年，为强化党章党规党纪教育，丹阳市纪委开展系列反腐倡廉宣传教育活动。一是在班子成员中开展《廉洁自律准则》《纪律处分条例》宣讲46次，并组织“学好准则条例，远离违规违纪”系列活动及专题知识测试。二是在全市举办“习近平总书记重要廉政言论书法展”，分批组织党员干部参观，发放书法展作品集2000余册，党员干部廉洁从政意识进一步增强。三是挖掘丹阳市廉洁文化和人文资源，联合市妇联开展“晒家规家风·讲家风故事”征集展示活动，共征集家规家训670条、家风故事68篇。四是参加江苏省纪委组织的“寻找身边的老严”征文活动，选送的《持家有道的社区当家人》获二等奖，新风正气在全市得到进一步弘扬。

（王渭清）

行政监察

【概况】 2016年，丹阳市纪委落实丹阳市委十二届十次全会确定的各项任务，督促各级党政组织和党员干部凝心聚力为“十三五”发展开好局。坚决查处上有政策、下有对策，有令不行、有禁不止行为。督促主责部门履行好监管主体责任，加大问责追究和通报曝光力度，建立行政执法单位问题线索衔接、移送制度，促进依法行政。（王渭清）

【履职尽责专项督察】 2016年，丹阳市纪委针对中央环保督察组举报受理转办情况，对全市重点工程、产业类项目推进，征收拆迁等系列市委、市政府重点工作进行督察推进，确保各项工作任务落实到位，并严格按照“四个一律”（一律追究当事人责任，一律对相关领导及单位进行问责追究，一律予以通报曝光，一律取消评先评优资格）严肃处理。坚持问题导向，严肃追责问责。对吕城花家养猪场关闭拆除过程中存在工作不力问题调查核实，对履职不力造成严重后果的丹阳市粮食局、吕城镇政府及相关责任人员进行严肃追责并通报，其中党纪处理6人，党内问责1人。对丹阳市电镀园区“8·6”火灾事故开展责任调查，及时对14名责任人员提出党政纪处分和问责处理建议。对“12345”热线的1起反映小作坊污染环境投诉件进行督办，相关责任人进行责任追究，问责1人，同时向3个相关责任单位发放监察建议书，要求责任单位举一反三，加强自查，杜绝今后类似问题再次发生。（王渭清）

【机关效能革命】 2016年，丹阳市纪委召开“效能革命”工作专题推进会，会同市级机关作风办召集“效能革命”各牵头单位分管领导进行责任明确，要求各牵头单位强化过程管理，加强监督，全力推进。发放效能建设调查问卷，收集机关事业单位及其工作人员存在问题14条，对效能革命工作的意见、建议17条，同时配合市级机关作风办，对全市各机关、事业单位作风效能建设情况开展3次明察暗访，对9个单位11名违反工作纪律人员进行通报，问责处理5人，转党纪处理1人。营造为敢于担当的干部担当和为敢于负责的干部负责的氛围，按照市效能革命工作要求，在专项考察、学习、征求意见基础上，协助市委出台《丹阳市容错免责机制实施办法（试行）》，进一步激励全市党员干部干事创业，大胆探索。（王渭清）

【行政败诉案件追责】 2016年，丹阳市纪委强化行政败诉案件追责，严格根据监督执纪问责工作要求，坚持有案必查，有过必纠。确保行政执法部门职、权、责相一致，最大限度扭转行政执法部门不作为、乱作为现象。结合“三转”要求，与丹阳市法制办对接，明确各自在行政执法数据上报、行政处罚备案、执法案卷评查等方面职责分工并督促法制办对2016年行政首长出庭应诉、行政败诉等情况予以书面通报，要求各败诉部门进行自查自纠，书面报送整改方案。会同法制办、市法院等对2015年度以来行政复议、行政败诉案件逐件责任分析，对责任人员严格责任追究，对败诉案件责任人员提出处理建议。（王渭清）

民主党派·工商联

栏目编辑 夷朝霞

民主党派

·民盟丹阳委员会·

【概况】 2016年，民盟丹阳委员会紧紧围绕“坚持和发展中国特色社会主义学习实践活动”，全面加强自身建设，积极履行参政党职能，各项工作取得进步。文化支部获民盟中央“坚持和发展中国特色社会主义学习实践活动先进集体”和“纪念民盟江苏省委成立60周年先进集体”荣誉。在江苏民盟和镇江民盟成立60周年之际，民盟丹阳委员会组织全体盟员学习盟史盟章，并参加相关知识竞赛活动。组织各支部主委到常州参观“李公朴纪念馆”“华罗庚纪念馆”。通过电视、报纸、网络、杂志等宣传先进人物、典型活动，扩大丹阳民盟的社会影响力。全年共有77篇稿件在各级媒体刊登，其中8篇稿件在《团结报》刊载，2篇稿件在《中央民盟网站》刊载。将原医卫支部和六中支部进行调整，成立人民医院支部、中医院支部和云阳学校支部，为民盟基层组织发展增添动力。2016年，课题组形成的调研报告“彰显文化特色，提升城市品位”被选为政协大会重点发言。《加强党外代表人士队伍建设研究》等2篇论文被市委统战部采纳。文化支部组织慈善义工团深入社区、敬老院、福利院，开展定点帮困活动。盟员王永强被教育局委派到海南澄迈县开展对口支教工作。盟员获得各类各级荣誉称号30多项，在国家和省级刊物上发表论文20多篇。刘云珍、谢春华获“纪念民盟江苏省委成立60周年先进个人”称号，丁斌获“江苏省社会服务先进个人”称号。 （贺云华）

图31 2016年12月8日，民盟丹阳委员会与民盟常州市委员会开展盟务交流活动 （贺云华）

图 32 2016 年 11 月 13 日，盟员佘长欢（右）参加丹阳市第二期党外干部“青年论坛”演讲比赛，获二等奖 （贺云华）

·民建丹阳市基层委员会·

【概况】 2016 年，民建丹阳市基层委员会以参政议政为重点、以社会服务为切入点，解放思想，开拓创新，各项工作得到整体提升。委员会邀请民建江苏省委副主委陶克中为全体会员进行会章、会史专题讲座，宣传民建中央提出的“爱国、民主、创新、团结、奉献”的共同价值理念，教育引导会员继承发扬民建老一辈的政治信念和优良传统，坚持中国共产党的领导。经过考察和讨论，向统战部推荐 12 名会员骨干作为政协委员，另有 4 名会员在各自条线上当选政协委员。组织会员到丹阳市皇塘镇白兔村进行实地调研，到杭州阿里巴巴总部、科技小镇考察调研电子商务，形成调研报告。各支部分别到米芾书法公园、常州西太湖科技产业园、开发区车站村朝华模具城、延陵九里村等地进行调研考察，形成调研报告报市政协。2016 年，会员吴文俊的美术作品《山水清音》获得丹阳市文学艺术成果三等奖；会员杭金仙获丹阳市教育教学成果评比二等奖、丹阳市教科研论文评比一等奖；会员高云辅导多名学生在丹阳市素描比赛中获一、二、三等奖；会员石桂芳撰写的《民营企业履行社会责任问题初探》获统战部评比二等奖。增加帮扶省丹中 10 名贫困学生，由委员会联系安排资助。律师会员以“企业信贷法律问题”为主题，培训企业家，帮助企业解决实际问题。企业家会员孟华平出资，为“同心”工程实验基地司徒镇丁庄村进行“捐灯活动”。 （丁丽琴）

·民进丹阳基层委员会·

【概况】 2016 年是民进中央确定的参政议政主题年。民进丹阳基层委员会以中共十八大和习近平总书记系列重要讲话精神为指导，秉承“创新、协调、绿色、开放、共享”的发展理念，围绕中心，服务大局，积极开展党派工作。一是深入学习中央统战会议精神，巩固和发展最广泛的爱国统一战线，开展革命传统教育，传承先辈精神。二是将思想教育与参观考察相结合，提高学习效果，加强会员培训和后备力量培养，组织发展有序推进。三是开展“我为十三五献良策”活动，精准选题打造重点课题，深入调研完成“挖掘地方特色，发展全域旅游”报告，并作为市政协五次大会口头发言材料。四是双岗尽职，建功立业。会员韩强被评为新疆建设兵团优秀援疆干部，会员陈建红获民进全国参政议政先进工作者。会员申卫平主编出版《丹北抗日印记》《中国酒诗词文化》，会员徐海飞获华东六省一市戏剧小品大赛金奖。 （陈建红）

【生态文明建设调研】 民进丹阳基层委员会积极开展“我为‘十三五’献一策”活动，分别于 2016 年 3 月 5 日和 4 月 24 日组织会员到南京高淳“国际慢城”和镇江江心洲调研生态文明建设。会员们考察“国际慢城”的建设、运行、管理情况及江心洲现代农业与休闲旅游开发情况，结合丹阳市实际撰写《现代农业与休闲旅游有机结合，促进生态文明建设有效提升》的调研报告。 （陈建红）

图 33 2016 年 4 月 24 日，民进丹阳基层委员会负责人考察镇江江心洲生态建设

（陈建红）

图 34 2016 年 10 月 29 日，民进丹阳基层委员负责人考察湖州南浔特色小镇

（陈建红）

·农工民主党丹阳基层委员会·

【概况】 2016 年，农工党丹阳基层委员会秉承民主与科学的发展观，立足自身特点，发挥自身优势，开展党派工作。强化党员的中国特色社会主义理论、统一战线理论和多党合作理论的学习，推动全体党员提高思想理论水平。激励党员在本职岗位建功立业，履行参政党职能，为推动改革发展做贡献。6 月 26 日，农工党丹阳基层委员会召开换届大会，选出新一届农工党丹阳基层委员会领导班子，张卫星任主任委员，张锁林、谢风羽、周国林任副主任委员，下设三个支部。基层委员会参加中共丹阳市委、市政府举行的民主协商会、座谈会、情况通报会。做好市政协大会提案工作，12 名政协委员向大会上交提案近 30 件，《加大我市特色农产品地理标志认证和保护工作，打造品牌和高效农业》《加快我市多媒体远程医疗服务中心的建设》《关于我市休闲农业旅游发展的建议》《提高村卫生室软环境建设，满足基层老百姓的医疗需求》等提案得到相关领导和办理单位的重视，提案内容逐步得到落实。换届前，根据基层委员会的特殊情况，对原有的综合支部、医卫支部、人医支部进行重组，更名为一、二、三支部。2016 年，吸收 1 人加入组织。1 月份和 11 月份，基层委员会组织部分党员分别到尤区村和毛甲村开展“送医送药”下乡活动。把社会服务与参政党自身建设结合，丰富社会服务内容。各支部分别组织党员到江苏恒神股份有限公司参观、到丹北镇黄连山村参观考察，参观丹阳市规划展示馆。主委张卫星提出食品安全多条意见和建议，得到相关领导肯定，被评为“镇江市优秀政协委员”；副主委张锁林不断开展新技术新项目，在内窥镜检查治疗方面，始终处于镇江市领先水平；副主委周国林在丹阳市卫生系统主持筹建首家疼痛科，反响良好；党员王炳良出资造路 136 米，无偿帮助绝症患者王希林；党员张云涛筹建农工党镇江市委会法律义助中心，为弱势群体提供无偿法律咨询；党员顾兴伟在核心期刊发表论文 1 篇、发明医学专利 3 项，左玉琴发表国家级论文 2 篇；许家芝发表省级、国家级论文各 1 篇。

（张卫星）

·致公党丹阳总支·

【概况】 2016 年，致公党丹阳总支围绕丹阳市“两聚一高”中心工作，反映社情民意，积极建言献策，各项工作取得进展。一是成立致公党丹阳总支。5 月 21 日，致公党丹阳总支召开成立大会，丹阳总部正式成立。二是提高参政议政能力。关注民生，抓准热点，深入考察调研，撰写《应用现代信息技术推动农业全产业链改造升级的建议》《加大文化遗产保护与利用构建丹阳文化传承新特色》等调研文章。在镇江和丹阳的“两会”上，丹阳总支建言献策，共提交提案议案 6 篇。2016 年共上报社情民意 20 多篇，其中《“致”诚至“新”大爱无疆》《致公牵线做大媒校企联合谋双赢》等 5 篇被致公中央采用。三是开展“学习座谈”“爱心帮困”“品牌服务”“创优争先”等各项活动，树立致公党社会形象。3 月 22 日，在丹阳市第六中学举行致公党镇江市委六中新疆班社会服务基地暨“致公·爱心站”挂牌活动，致公党镇江市委、丹阳总支与六中联合服务天山学子的社会服务基地全面启动。12 月 4 日，致公党丹阳总支联合市文广新局、市民政局组织“贫困家庭阅读关爱行动”，对 17 户贫困家庭进行慰问走访，并赠送购书券。11 月 17 日，总支部分党员到丹徒区，考察镇江醋文化博物馆和米芾书法公园，调研丹徒区在文化遗产保护和传承方面的先进经验。（崔桂玲）

图 35 2016 年 3 月 22 日，“致公·爱新站”在丹阳市第六中学揭牌（崔桂玲）

图 36 2016 年 12 月 4 日，致公党丹阳总支开展“贫困家庭阅读关爱行动”（崔桂玲）

图 37 2016 年 11 月 17 日，致公党丹阳总支组织党员到丹徒考察文化遗产，与丹徒总支展开学习交流活动（崔桂玲）

·九三学社丹阳委员会·

【概况】 2016 年，九三学社丹阳委员会被九三江苏省委表彰为全省宣传工作先进集体。葛红英和虞伟林分别被表彰为社省委参政议政和宣传工作先进个人。段建强被表彰为丹阳市统战工作先进个人。两篇社情民意报告被社中央采用，陈高远的论文入选省九三论坛。葛红英、陈沛华和虞伟林共计 30 篇社情民意报告被社省委采用。韩英的邮票剪贴画作品《牧》获江苏省民间艺术最高奖“迎春花奖”。吴金书被评为镇江市“169”工程学术技术带头人。

12 人被镇江市委会表彰为镇江市优秀社员或优秀社务工作者。3 人被表彰为丹阳市优秀政协委员。13 人当选为丹阳政协委员，2 人当选为镇江政协委员。（段建强）

工 商 联

【概况】 2016 年，丹阳市工商联新发展会员 100 名，共有会员 2680 人。市工商联紧紧围绕“两个促进”（促进非公企业健康发展，促进非公经济人士健康成长）主题，发挥工商联职能优势，在加强参政议政、调查研究、服务会员等方面创新创优。持续开展非公人士理想信念教育活动，提振企业发展信心；开展“政商新关系，亲清当模范”活动，倡导企业守法诚信，做到“五为五不为”（五为：热爱祖国，拥护党的领导，遵守国家法律法规，践行“四信”；依法经营、依法治企、依法纳税，构建和谐劳动关系，有良好社会信誉和公众形象；积极响应国家产业政策和市委、市政府决策部署，投身转型升级、人才引进、“双众双创”等行动；主动同党委、政府及部门沟通交流，开展社情民意收集活动，提交各类提案议案；切实履行社会责任，弘扬光彩精神，积极参与精准扶贫、慈善公益、同心工程等活动。五不为：不歪曲党和国家方针政策，造谣蛊惑；不利用特定关系搞不正当竞争，干扰市场秩序；不贿赂腐蚀干部，保持与干部的正常交往，通过正当途径反映企业问题和困难；不偷税漏税、走私贩私、制假贩假，不偷工减料、缺斤短两、以次充好，自觉遵守市场秩序，维护行业自律；不干涉党委、政府工作，插手干部人事安排），积极承担社会责任，争做优秀社会主义事业建设者。2016 年，丹阳市工商联召开第十二次会员代表大会，选举产生新一届执委会。台州商会、江西商会相继换届，选举产生新一届商会领导班子；丹阳经济开发区商会成功重组。工商联助推非公经济企业健康发展，打造商务、法律、培训、金融等六大服务平台。在人大、政协“两会”期间，工商联作题为“科技与金融深度融合，助推丹阳经济转型升级”的大会交流发言，组织工商联界别的人大代表、政协委员就“民营企业履行社会责任”“鼓励小微企业技术创新”等热点问题向大会提交 30 多份建议和提案。市工商联完成基层党建“书记项目”——醋业商会党支部建设，以党建促会建。市工商联协助各行业商会开展产业类商务经贸活动，协办“丹阳眼镜文化旅游节”“中国汽车轻量化技术研讨会”，配合皮革鞋业商会完成“中国鞋业基地”复审论证。市工商联获全国工商联“五好县（市区）工商联”“全省县（市区）工商联先进集体”“镇江市工商联先进集体”荣誉。（汪文兰）

【市工商联第十二次会员代表大会】 2016 年 12 月 20 日，丹阳市工商联第十二次会员代表大会举行，工商联主席夏炜代表十一届执委会作工作报告，总结过去五年的工作，提出未来五年工商联发展的总体思路。全市非公有制经济人士、行业商协会 176 名代表参加大会。大会选举 68 名执行委员。在新一届执委会上，夏炜当选为工商联（商会）主席（会长），薛东升当选为工商联（商会）常务副主席（副会长），李逸民、汤龙保、常国民、眭越江、徐荣良、郑志伟、郦海星、韩同军、姚纪荣、陈建林、邱新国、汤建平、李德元、曹嘉伟、巢建峰、景金毅当选为市工商联（商会）副主席（副会长），李逸民兼工商联（商会）秘书长。

（汪文兰　汤　雯）

【“亲清”政商关系构建】 2016 年，丹阳市工商联组织工商联系统深入贯彻习总书记关于“亲清”新型政商关系的重要讲话精神，结合非公人士理想信念教育实践活动，创造性地开展“政商新关系、亲清当模范”主题教育活动。提出非公人士“五为五不为”的要求，发布“亲清”自律公约，开展以“亲清”为主题的书法美术创作及征文活动。（汪文兰）

【大型培训活动】 2016 年 4—9 月，丹阳市工商联联合丹阳市委统战部、丹阳市农委举办《“民企管理升级”培训之互联网＋时代丹阳企业家如何盈利》讲座，丹阳市眼镜、汽车零部件、皮革鞋业、五金工具、物流、机械制造、农产品行业的近300名企业经理人、经纪人参加讲座，听取“精确营销创始人”、中关村电子商会会长栾润峰的演讲。讲堂培训内容结合丹阳地区的产业布局、特点及新时期企业金融经营模式发展的新质态的要求，提升中小企业发展信心。（汪文兰）

【合作交流】 为促进服务的有效性，提升商会协会服务能力，2016年，丹阳市工商联“走出去、引进来”，加强合作交流。相继组织行业商会协会会员企业到北京参加“2016地域产业产品商务推介会”，到丹阳市皇塘“淘宝一条街”电商仓储、陵口镇萧梁产业园参观学习；与到访的高邮市工商联及高邮市科技、市管、科协、审计等部门的业务干部进行以“传统产业商业模式创新”为主题的商务交流活动；接待河北邯郸峰峰矿区工商联考察团。

（汪文兰　汤　雯）

·丹阳市眼镜商会·

【概况】 2016年，丹阳市眼镜商会有会员企业252家，新增会员46个。主要分布在丹阳市司徒镇、开发区和云阳街道。全市眼镜行业年销售额150多亿元，其中超亿元企业有10家，年销售2000万元以上企业56家。全市眼镜行业拥有注册商标3000多个，具有中国驰名商标8个、江苏省著名商标14个。丹阳眼镜业经过持续快速发展，质量意识不断强化，走上质量兴业之路。商会工会在三八妇女节、春节走访部分眼镜企业工会，慰问特困妇女职工和企业贫困职工。组织会员企业为社会患病人士筹集善款11680元，为阜宁风灾赈灾捐助21754元，并组织会员企业参加由中国眼镜协会组织的各类公益活动（昆明山区贫困学校、文昌卫星发射基地眼镜捐助等）。商会分委会青委会成立的“丹青公益助学社”正式启动。

（袁红锦）

【申报各类眼镜项目】 2016年，丹阳市眼镜商会依据省质量技术监督局下发的《国务院关于印发深化标准工作改革方案》的通知，申报《丹阳市眼镜商会近视太阳镜团体标准》试点项目，2016年3月15日试点项目获得批复，被授予“江苏省首批团体标准试点承担单位”。商会从丹阳眼镜行业外贸产业整体发展需求出发，2016年11月21日，向镇江市商务局递交“丹阳眼镜进出口公平贸易预警点”和“丹阳市外贸特色产业升级集聚区”两个项目的材料，参与项目申报工作，获得批复。为推动丹阳眼镜产业转型升级，邀请“淘宝小二”现场培训指导，于2016年12月21日入驻“淘宝·中国质造·丹阳眼镜产业带”。2016年10月，第44类“丹阳眼镜”集体商标经国家商标局核准注册。（袁红锦　步玉琴）

【中国质造·首届丹阳眼镜文化旅游节】 2016年6月15—17日，丹阳市眼镜商会、丹阳国际眼镜城联合主办“中国质造·首届丹阳眼镜文化旅游节”。其间，商会在会员企业的支持下负责接待组织并承办“中国眼镜中青年论坛”、主办《2016·中国眼镜产业高峰论坛》，全国眼镜行业300余企业代表参加本次活动。（袁红锦　步玉琴）

·丹阳市汽车零部件商会·

【概况】 丹阳市汽车零部件商会是丹阳市区域内汽车零部件生产、经营企业自发联合组成的行业性社会团体，共有会员企业82个，基本涵盖丹阳市汽车零部件产业中的所有骨干企业。2016年，全市汽车零部件产业完成销售400亿元，外贸出口突破3.5亿美元，实现税收超10亿元。获中国驰名商标4家、江苏省名牌企业8家、江苏省著名商标6个、镇江市知名商标14个。江苏超力、江苏新泉、江苏新昌、江苏新通达、江苏卡威5家企业被评为全国百家汽车零部件企业优秀供应商。（胡伟生）

【中国汽车轻量化技术研讨会】　2016年9月22—24日，“2016（第十届）中国汽车轻量化技术研讨会”在丹阳市召开，国内外汽车界、相关材料界、高校院所的110位知名行业领导、专家学者和科研人员参加，展示100多个技术报告。丹阳市共有16家企业的30余位相关技术人员参加研讨会，3家企业进行技术交流演讲，5家企业进行技术产品展示，参会者参观丹阳3家企业生产现场。

（胡伟生　陈姝妮）

【成为“中国汽车产业基地峰会”理事单位】2016年12月8日，第六届中国汽车产业基地峰会在沈阳召开，丹阳市汽车零部件商会秘书长胡伟生参加会议。会议一致通过丹阳市汽车零部件商会成为中国汽车产业基地峰会理事单位。胡伟生向大会汇报丹阳市汽车零部件产业的发展情况。（胡伟生　陈姝妮）

【行业培训】　2016年，市汽车零部件商会围绕企业管理、安全生产和质量管理，会同市总工会职工学校和江苏检验检疫车辆灯具检测实验室，举办“金牌班组长五项全能”“中高层管理能力提升”“企业安全生产管理”“IATF 16949汽车行业质量管理体系新版标准”“质量意识教育”五期培训班，共有120多家企业近2000人次参加培训，对提高企业管理水平和企业员工素质起到促进作用。

（胡伟生　陈姝妮）

·丹阳市超硬材料工具商会·

【概况】　丹阳市超硬材料工具商会共有会员企业60家，涵盖丹阳市锯片产业中的所有骨干企业。丹阳是国内四大锯片生产基地之一，产量占全国锯片总量的三分之一，产品出口占全国锯片出口总量的50%。2016年，超硬材料工具行业克服宏观经济下行、企业融资困难、原材料涨价和企业运行成本增加等不利影响，全行业平稳发展。据海关统计，全年全行业产品出口销售比上年增长12%，出口创汇2亿美元以上。商会利用“公平贸易预警点”这一平台，及时组织会员企业应诉、抗诉欧美等国对中国金刚石锯片的“反倾销”行为，使反倾销税下至最低点。（戎炳玉）

【行业专家技术指导】　针对2016年经济形势下行压力和各种经济运行政策调整，超硬材料工具行业的外贸出口遇到一些困难的实际情况，4月，商会邀请全国超硬材料协会秘书长赵博对丹阳市金刚石锯片生产企业进行指导，赵博考察行业内的骨干企业，对企业产品结构调整、品牌创新和技术改造等提出建议。3月和12月，分别邀请河北小蜜蜂工具和北京安泰科技公司的专家进行技术交流，共同探讨金刚石制品行业升级、技术改造、科技创新以及企业发展中遇到的难题等问题。

（戎炳玉　王晓海）

·丹阳市皮革鞋业商会·

【概况】　2016年，国际国内皮鞋制造业市场竞争激烈，诸多不利因素给中小鞋企生产经营带来前所未有的压力。丹阳制鞋企业协调解决行业规模、质量和品牌三者之间的关系，坚持上规模、提质量、创品牌。以陵口皮鞋产业园区为核心，形成产业高度集聚的竞争优势。丹阳制鞋企业生产的真皮女鞋吸引全国各地客商，与周边制鞋区域的形势出现明显反差。4月28日，丹阳市皮革鞋业商会接待桐乡市鞋业协会16家企业负责人组成的考察交流团，进行专题座谈交流。6月22日，丹阳市皮革鞋业商会组织举办阿里巴巴天猫服饰对接丹阳制鞋产业电子商务专场推介会，丹阳制鞋企业以及外地从事电子商务的商家一百多人参加活动。10月12日，镇江市委书记夏锦文到陵口皮鞋产业集中园区视察调研，肯定特色传统产业及皮鞋工业园区建设取得成绩，对皮鞋产业转型升级，打造皮鞋特色小镇提出希望。

（林书云　殷　霞）

·丹阳市老兵企业家商会·

【概况】 丹阳市老兵企业家商会有60家会员单位，有3家会员企业进入丹阳市工业企业纳税前50强。2016年，商会坚持用红色文化滋润企业，组织会员企业到安徽泾县新四军军部纪念馆接受革命传统教育，坚定企业战胜困难的信心；到安徽宣城宣纸博物馆学习“匠心”精神，提高企业产品品质，以增强市场核心竞争力。会员企业利用微信平台相互学习，交流经验，凝聚正能量，营造积极向上的气氛。丹阳市工商联换届选举，老兵眭越江、郑志伟、曹加伟当选为副会长。曹加伟被评为镇江市第二届优秀中国特色社会主义事业建设者。商会支持服务会员企业走军民融合发展之路，江苏洪旭光学科技有限公司与际华集团签约战略合作协议。商会开展扶贫帮困活动，累计为600多名学生资助就学。（周建平）

·丹阳市温州商会·

【概况】 2016年，丹阳市温州商会在宏观经济形势下行压力增大、市场低迷、金融形势不乐观的大背景下，发扬新时期温商精神，抱团求变，在逆境中求发展。明月光学纳税3300万元，增幅115%，被丹阳市政府授予“2016年度纳税先进企业”称号；新天鸿光学纳税1560万元，实现亩均纳税57万元。丹阳市温州商会围绕创新主题，深入挖掘商会优势，以活动为载体，拓展商会职能。一是强化横向联系。与全国近百家温州商会建立互动关系，并组织会员到河南考察眼镜市场，参加广州、衢阳、南通、常州等商会活动，商会工作添活力。二是围绕特色，强化服务。组织企业参加北京奥林匹克商务推介会、丹阳市眼镜旅游文化节、境内外各类眼镜展，全年参展销售达1.8亿元，提升市场占有率和影响力。三是会员活动活力增强。组织开展“庆三八”妇女活动，会员家属自编自演节目，展示商会妇女风采；组织到浙江嵊泗开展理事会、年会等活动，增强商会的凝聚力。四是参加抗震救灾、扶贫帮困、希望工程等社会公益活动。9月，台风“莫兰蒂”造成温州文成、泰顺两县灾情严重，商会组织募捐活动，为灾区捐款5万元。商会还为车站社区慈善分会、白血病患者、茅山老区脱贫、学校建设捐款3.5万元；会员企业王宗贤、洪邦照等为开发区慈善分会共捐款20余万元。（陈国强）

·丹阳市台州商会·

【概况】 丹阳市台州商会成立于2003年，是丹阳市第一家异地商会，共有会员企业186家。2016年，台州商会围绕党和政府大政方针，以促进商会企业转型发展为己任，以服务为宗旨，自我管理、自我协调，自我约束，加强与政府部门和对外合作联系，发挥台州与丹阳经济建设的桥梁纽带作用，在服务会员、促进丹阳经济建设过程中起到积极作用。1月18日，丹阳市台州商会举行第四次会员大会，会员和嘉宾400余人参加大会。大会举行换届选举，李兴冠当选为商会会长，杨先法当选为执行会长，蒋人多为秘书长，方匡勇、徐吕法、金先林等15人当选为常务副会长，杨小东等25人当选为副会长。（朱忠良）

·丹阳市江西商会·

【概况】 丹阳市江西商会成立于2012年，商会成立初期会员69名，2016年会员发展到123名，理事会理事达到45名。2016年12月28日，丹阳市江西商会召开第二次会员代表大会，大会选举周克同为商会第二届理事会会长、陈招辉为执行会长、潘银龙为秘书长、刘伟为监事长，艾华林等5人当选常务副会长，毛蒙样等9人当选为副会长。大会授予祝水平为商会荣誉会长，聘请周光美为商会名誉会长。

（岳国锡）

社 团 组 织

栏目编辑 赵卫宁

总 工 会

【概况】 2016 年，丹阳市新建基层工会 62 家，动态组建率 95.1%，入会率 94.6%，新增会员 6000 余人。市总工会指导 55 家基层工会换届改选。

丹阳工会组织在重点工程、重要项目中开展“当好主力军、建功‘十三五’”立功竞赛活动，参与职工 6000 余人。举办眼镜验光定配、环卫技能、医务综合等 16 个工种技能竞赛，参与职工 3.6 万余人次。“送培训进基层”工会服务培训职工 6000 余人次。举办交友联谊、育婴师培训、困难职工食用菌培植技能培训等活动。

全年发放 187 名困难职工慰问金 30.42 万元，发放特困职工医保二次报销补助金 6.38 万元，发放建档困难职工定期帮扶金 22.84 万元，发放助医、助学、助困临时救助金 17 万元，为 4 名患“两癌”困难职工发放慰问金 8000 元。开展“微心愿”援助活动，发放援助物品和援助资金 22.53 万元，为 64 名职工发放“特困职工证”及每户 1600 元资助金。职工互助保障参保职工 6.15 万人，获赔付金共计 112 万余元，市总工会获中国职工保险互助会优秀单位。

组织开展“同舟共济·共克时艰”系列活动，开展“手机随手拍”“追梦大工匠篆刻”等活动，收到 1500 余份作品，30 余幅作品获奖，市总工会获优秀组织奖。全市有 1 人获江苏省“文明职工”、10 人获镇江市“文明职工”、6 个班组获“镇江市五一文明班组”荣誉。新建成全国职工书屋示范点 1 家、镇江市企业职工文化示范点 21 家。开展丹阳市“十佳优秀一线职工代表”评选活动，其中 2 名代表获镇江市优秀一线职工代表称号。

推进劳动关系和谐企业标准化创建，推荐镇江市和谐企业复查单位 19 家、新增报和谐企业 10 家、和谐镇（街道）总工会 1 家。开展工资协商要约行动，全市企业工会普遍开展工资协商。全年，单个企业签订工资集体合同 750 份，区域、行业签订集体合同 56 份，新签集体合同 295 份，全市 50 人以上建工会企业集体协商建制率 95%。基层工会开展工资集体协商星级企业确认工作，确认丹阳市工资集体协商星级企业 100 余家，申报镇江市三星级企业 7 家。健全“职工法律援助律师团”组织架构和制度，免费接待服务会员 150 余人次。深化“六型”职工之家建设，培育全国模范职工之家 1 家、省级模范职工之家 19 家、镇江市级模范职工之家 110 家。市总工会开展“进企业当工人同劳动”主题活动，推行“一二三”工作法（每名机关党员结对 1 户困难职工、联系 2 家企业、联络 3 名工会会员），走访企业 103 家，为

企业职工办实事办好事158件。（周梦韵）

【劳模表彰大会】 2016年4月29日，丹阳市召开劳模表彰大会，表彰90名丹阳市劳模。表彰大会邀请全国总工会文工团到场举办“庆五一为劳动礼赞、为劳模放歌”文艺演出，并走进天工、丹毛、万新等企业进行慰问演出。2016年，丹阳市总工会共推荐评选8名江苏省劳模、90名丹阳市劳模、1个全国工人先锋号、5个镇江工人先锋号、1个镇江市“五一劳动奖章”和1个“五一劳动奖状”，表彰丹阳市“五一技术标兵”27人、“五一劳动奖章”10个、“五一劳动奖状”5个，培育10家劳模创新工作室。（周梦韵）

图38 2016年4月9日，丹阳市劳模表彰大会召开（周梦韵）

【“结亲互助·携手兴家”活动】 2016年，丹阳市总工会在全市范围内开展“结亲互助·携手兴家”活动，以结对共建的形式推动基层工会工作规范提升，进一步深化“六型职工之家”（服务大局建设“奋进之家”、依法维权建设“民主之家”、法治文明建设“和谐之家”、繁荣文化建设“文化之家”、服务职工建设“温暖之家”、“会、站、家”一体化建设“规范之家”）建设。活动实行“1+1”结对模式，全年落实全国劳模带省级劳模、省级劳模带市级劳模帮带对子60对，激活基层建家“细胞”。市总工会定期组织结对单位开展“手拉手，建设职工新家园”系列活动，进行全方位对标与典型经验分享。眼镜城与双峰公司的文化联谊、花王园艺与福荣制衣的友谊杯篮球比赛、万奔汽配与华锋工具的现场参观活动都得到结对单位的认可，起到很好的示范效应。（周梦韵）

图39 2016年7月19日，丹阳市总工会召开“结亲互助·携手兴家”活动部署会（周梦韵）

【企业劳动规章制度法律效力评估会】 2016年7月5日，市总工会邀请镇江市中级人民法院法官到现场对江苏锋泰有限公司、江苏太平橡胶股份有限公司等20余家企业的规章制度开展点评，对违法延长试用期、劳动合同变更未经协商、加班程序不规范、病假工资违法、享受社会保险人为设限、人为扩大职工违约责任等6个方面提出49条评估建议，有效地推动企业劳动规章制度规范化、合法化制订和实施。（周梦韵）

团市委

【概况】 2016年，共青团丹阳市委坚持问题导向，聚焦青年需求，团结带领全市团员青年充分发挥生力军和突击队作用，在加强青少年思想政治引领、服务党政大局、强化自身建设等方面取得新突破，为全市共青团改革奠定坚实基础。

组织团干部和团员青年认真学习贯彻十八届六中全会、七一讲话精神，开展学习100余场。开展争当丹阳市“百名好少年”系列评选活动，评选出108名“好少年”。在全市青少年中形成争当“学做人、学立志、学创造”标兵的良好氛围。以“悦读青春”为主题，开展青少年读书月活动，增强青少年学习传统文化意识，向8所偏远学校赠书1.6万余册。培育青少年文化项目，“八姑娘”接班人、“新生开笔礼”等一批具有地方特色的项目，受到青少年喜爱。

开展“反对邪教、崇尚科学”征文比赛、禁毒知识网络竞赛和“青春自护救在身边”等系列活动6场，编印优秀征文集1500册，举办“12355中考高考阳光减压活动”4场。推动普法宣传教育，开展普法进校园系列活动。完成省青少年情景短剧组织工作，获优秀组织奖。与全市金融机构合作，落实贷款利率下浮政策，新增授信额度2950万元，累计给254人次创业青年发放贷款2.6亿元。推进“金融系统干部挂职计划”，获得省先进单位称号。联合南京师范大学开展“万名总经理助理暑期见习计划”，为青年提供100个见习岗位。推荐申报镇江市“金山青年英才计划”，成功换届选举丹阳市青年商会第二届理事会，组织实施“青年企业领头雁”培养工程。开展3场“青年企业家与局长面对面”交流活动，组织指导项目申报22个。为全市经济转型发展贡献青春力量。联合市人才市场举办青商企业专场招聘会，联合市农委举办农村青年致富带头人培训班。推进青年创业孵化工作，成立1家青年创客空间。深化共青团帮扶青年创业“433”服务体系建设，指导组织申报全国、省创新创业大赛，取得历史性突破。

开展“希望工程”资助贫困大学生活动，联合市慈善总会落实4万元助学金。促使爱心企业与6名高中贫困生实现常态化对接帮扶，落实第一年学费。引导青年企业家加入社会公益事业，发动青年企业家为盐城龙卷风灾难捐赠。“凝‘青’聚力·益暖丹阳——三五公益集市”青年志愿者服务活动期间，集中组织1000余人开展志愿服务活动。开展“保护母亲河行动”，组织青年志愿者义务植树。配合文明城市创建工作，举办“绿色长征徒步健走”活动。

试点开展“一中心四片区”区域化大团建工作，解决团工作活力不足的问题，同时推行片区“轮值制”，推进中学中职“一课一月一员，一室一角一档案”为主体的“六个一”团建工作，省丹中创成全省“六个一”团建示范学校。实施团干部直接联系青年制度，通过下沉基层、同工同学等方式，有效了解青年真实需求。举办共青团干部、少先队辅导员能力素质提升培训班，团干部党性修养和业务能力得到提升。协助做好青年干部排查摸底工作，为全市271名1990年后出生的青年干部建册建档。制定实施《丹阳市共青团员发展办法2016—2018（试行）》，团员规范发展与管理工作得到进一步提升，全年发展团员2142人，初、高中毕业班的团学比分别控制为40%和70%，创成“省基础团务工作先进市”。团市委机关干部直接联系指导118个基层团组织工作，专兼职团干部直接联系2.4万名青少年。开展大调研大走访活动，推动团干部走进农村、企业、社区，转变团干部作风。（张　娟）

【共青团丹阳市十七届四次全委（扩大）会议】 2016年1月19日，共青团丹阳市十七届四次全委（扩大）会议在会展中心召开。会议全面贯彻落实市委十二届十次全会、团省委十四届四次全会精神，回顾总结2015年全市共青团工作，研究部署2016年主要任务。市委副书记沈岳方出席会议。会上，团市委副书记马艳洁代表团市委常委会作《贯彻党的要求，顺应青年期待，在改革创新中推动丹阳共青团事业不断前进》的工作报告。2015年，团市委围绕市委中心工作，结合上级团组织的工作部署，以服务青少年成长成才、强化青少年思想政治引领为核心任务，努力发挥好党联系青年的桥梁纽带作用，组织评选“向上向善好少年”、“正青春·正能量——最美丹阳青年”等青春榜样；服务中心大局，筹措小额创业贷款，成立青年创业帮办员队伍；完善青少年服务工作体系，与全市60所学校结对开展“青春牵手五色花”项目；团的基层基础不断夯实，推进“青春邀约·走听转办”活动。会议要求，全市各级团组织坚定理想信念，引领社会新风尚，促力量凝聚；主动融入中心，集结青年“向心力”，促事业发展；实现有效服务，呵护青少年“成才梦”，促社会和谐；构建立体网络，巩固团建“基本盘”，促活力提升。市委副书记沈岳方充分肯定丹阳共青团在2015年取得的成绩，并结合2016的工作，提出倡导社会新风尚的问题和要求。会议表彰五四红旗团委、五四红旗团支部（总支）、少先队工作先进学校、五四特色团队、团队干部标兵、团队工作先进个人。（张　娟）

【五四运动九十七周年纪念大会】 为进一步继承和弘扬五四精神，明确新时期丹阳青年肩负的历史使命，2016年5月3日，团市委联合开发区工委在市实验学校召开“青春作伴、梦想起航——五四运动九十七周年纪念大会”。市领导沈岳方、赵立群、刘云珍、王为华、钱留梅出席纪念大会。市委副书记沈岳方对全市青年提出希望，他指出，青年兴则国家兴，青年强则国家强，希望全市各界青年能够树立正确的世界观、人生观、价值观，积极践行社会主义核心价值观，继承和发扬“五四”先驱崇尚科学、追求新知的传统，勤于学习、敏于求知，并把创新意识贯穿到各行各业，充分发扬“创客精神”“工匠精神”，为实施创新驱动、加快转型升级注入新鲜活力。市领导为省五四红旗团组织、丹阳市先进集体和个人代表颁奖，先进组织代表作交流发言。会上还举行丹阳首家“青年创业创新孵化基地”揭牌仪式。（张　娟）

【青年志愿者服务活动】 2016年3月5日，由市文明办、团市委主办的“凝‘青’聚力·益暖丹阳——三五公益集市”青年志愿者服务活动在人民广场举行。该活动是为纪念第十七个“中国青年志愿者服务日”、践行社会主义核心价值观、弘扬雷锋精神而举办。团市委组织青年志愿在人民广场开展“三五”学雷锋服务活动。数十支青年志愿者服务队在现场集中开展生活服务类、宣传咨询类、妇女权益保护类等利民便民服务项目。志愿活动全程采用微博直播的形式，组织青年参与青年网络文明志愿者为雷锋精神点赞等话题讨论和互动，反响良好。（张　娟）

图40　2016年3月5日，“凝‘青’聚力·益暖丹阳——三五公益集市”青年志愿者服务活动在市民广场举行（张　娟）

【“青创享”创客空间挂牌】 2016年5月4日，丹阳市首家青年创客空间——“青创享”在幸福海岸咖啡厅挂牌，团市委书记马艳洁为“青创享”揭牌。“青创享”创客空间是由团市委主导，联手幸福海岸咖啡厅共同打造的集沟通交流、志愿服务、创业培训等功能于一体的综合性服务平台，旨在扶持青年创业，服务青年创新。马艳洁要求团组织充分利用“青创享”创客空间，不断激发青年创业创新激情、不断增强青年创业创新能力、不断优化青年创业创新环境，在把丹阳建设成充满创新活力的“强富美高”的苏南现代化工贸名城的伟大征程中创造出更多光辉业绩。仪式后，团市委安排一场创业培训课程。（张　娟）

【丹阳市青年商会第二次会员大会】 2016年6月7日，丹阳市青年商会第二次会员大会在市会展中心召开，市领导沈岳方、刘云珍、王为华、钱留梅出席会议，会议选举产生新一届理事会。市青商会成立以来，发挥桥梁纽带作用，把商会建设、企业发展同丹阳的经济建设融为一体，通过搭建银企对接、商会抱团发展等平台，畅通会员企业与政府部门及社会各界的联系沟通渠道，通过开展扶贫帮困、爱心助学、尊老敬老等慈善公益活动，组织会员企业奉献爱心，回馈社会，为社会和谐稳定贡献力量，规模和影响力日益提升。市委副书记、市政协副主席沈岳方代表市委、市政府向市青年商会第二次会员大会的召开表示祝贺，也向全市广大青年企业家和青年创业者提出“提高认识，做创新创业的表率；牢记使命，做转型升级的表率；勇担责任，做促进和谐的表率”的希望。新任会长王翔宇在会上作表态发言。18位政府经济部门负责人受聘为市青年商会顾问，丹阳农商银行与市青年商会签订战略合作协议。 （张 娟）

【“青年论坛”暨青年干部辩论赛】 2016年6月8日，团市委联合市委组织部主办首期“青年论坛”暨辩论赛。活动在市会展中心国际报告厅举行。本次比赛以“弘扬正能量、青春展风采”为主题，旨在动员全市青年干部围绕全市“青年干部如何健康成长成才”展开大讨论，针对市委市政府重大发展战略、重要发展任务、重点建设项目等进行交流讨论、建言献策。大赛由机关事业单位团选送的4支代表队参加。4支代表队分正、反两方围绕“为官不易会不会导致为官不为”“青年干部有位才有为还是有为才有位”主题展开2场辩论。镇江市委组织部青年干部处处长周永祥对辩论做点评。 （张 娟）

图41 丹阳市首届“青年论坛”暨青年干部辩论赛现场 （张 娟）

妇 联

【概况】 2016年，市妇联围绕中心大局，以贯彻落实中央加强和改进党的群团工作的要求为着力点，创新妇女工作理念，健全妇女工作机制，培育妇女工作品牌，全面提升妇联的工作水平，市妇联获江苏省妇女儿童工作先进集体荣誉。 （陈 慧）

【市妇联十五届四次执委（扩大）会议】 2016年1月21日，市妇联举行十五届四次执委（扩大）会议，市妇联主席姜琪回顾总结2015年工作，部署2016年工作。会议表彰2015年度全市妇联工作先进集体和个人，增补市妇联十五届执委。市委副书记沈岳方出席会议，他充分肯定市妇联工作，指出要从思想政治引领、全面提升妇女能力素质、扎实做好妇女工作、切实加强妇联组织自身建设等四个方面来发挥妇女群众在建设现代化丹阳中的半边天作用。 （陈 慧）

图42 2016年1月21日，丹阳市妇联召开十五届四次执委（扩大）会议。图为会议现场 （陈 慧）

【“一起过大年”活动】 2016年1月22日，市妇联、市机关工委举办困境女童和“社会妈妈”结对一起过大年活动。机关各部委办局的“社会妈妈”，为46名贫困女童赠送“压岁钱”、羽绒服等礼物。活动结束后，市正则小学教师为女童上一堂安全自护课。 （陈 慧）

【承办“温暖多一度——欢欢喜喜过大年”活动】 2016年1月29日，由江苏省妇联、江苏省广电总台、江苏省儿童少年福利基金会主办，丹阳市妇联承办的“温暖多一度——欢欢喜喜过大年”活动在行宫中心小学举办，行宫小学的留守流动儿童及其家长到现场参与。省妇联副主席常胜梅、镇江市妇联副主席孙萍等领导参加活动。省妇联机关干部家庭与留守流动儿童结对，并赠送新年礼物。（陈 慧）

【宣城市宣州区妇联在丹阳考察交流】 2016年3月24日，安徽宣城市宣州区妇联主席李萍一行4人到丹阳学习交流妇联工作。双方探讨新形势下群团工作面临新情况，交流女性社会组织建设、反家庭暴力联动机制创建、妇女儿童阵地建设等方面的工作。宣州区妇联还考察江苏亚邦太阳能有限公司、碧云天生态农庄、红太阳山羊专业合作社。（陈 慧）

【市镇妇联签订目标责任状】 2016年4月12日，市妇联召开镇（区）、街道妇联主席会议。会上，市妇联主席姜琪分别与12个镇（区）、街道妇联签订目标责任状，并对各项重点工作任务进行详细解读并提出要求。2016年，丹阳市妇联目标责任状突出六大特色：一是重基础，对维护妇女儿童权益、“六一”“三八”主题活动等常规工作做出要求；二是重典型，对最美家庭、优秀妇女典型的推荐宣传做出规定；三是重宣传，加强报纸、电台老宣传媒体的同时，突出利用网络、微信等新媒体宣传；四是重时效，抓住“七五”普法、“十三五”妇女儿童发展规划、反家暴法宣传、两委换届选举等热点问题开展活动；五是重民生，着力开展事关妇女儿童发展8件实事、“冬日暖阳”贫困慰问、“社会妈妈”帮困助学、“关爱妇女健康快车”、“我们一起过大年”、关爱单亲贫困母亲创业帮扶等活动；六是重创新，设置实践区项目、特色工作项目，打造“一镇一品”的工作模式。（陈 慧）

【国际家庭日活动】 2016年5月14日，在“5·15”国际家庭日暨省巾帼志愿服务日到来之际，市妇联在金鼎城市花园广场开展以传播家庭美德正能量为主题的宣传活动。活动现场，市妇联向市民征集“丹阳最美家庭”、发放《中华人民共和国反家庭暴力法》宣传册；市第二人民医院医护人员免费为居民测血压血糖；公益律师团的律师免费为市民进行法律咨询。活动营造“人人关注家庭、家家幸福和美”的良好氛围。（陈 慧）

【“最美家庭讲好家训”巡讲】 2016年5月13日，市妇联组织“最美家庭讲好家训”巡讲团走进云阳街道，进行首场巡讲。巡讲团由全国五好文明家庭标兵户、江苏省“最美家庭”张叶宏，丹阳市“最美家庭”司马美霞、朱国平三位“最美家庭”代表组成，他们分别从热心公益、孝老爱亲等方面进行宣讲。（陈 慧）

【“隔代亲祖辈课堂”开课】 2016年4月12日，市妇联主办的“隔代亲祖辈课堂”走进丹阳华甸社区。“隔代亲祖辈课堂”是市妇联针对中国社会特有的隔代教养问题，对社区中隔代教育家庭进行辅导。课堂教给祖辈们科学的育儿方式和现代育儿理念，帮助隔代教育科学化、系统化，提高家庭教育水平，促进家庭和谐。“隔代亲祖辈课堂”由市实验小学高级教师尹明旨主讲，他从隔代教育的利与弊以及改进隔代教育和家庭关系出发，用鲜活的事例进行生动讲解。（陈 慧）

【女企业家赴高校学习考察】 为进一步加强校企合作，促进女性创办企业发展壮大，2016年5月26日，市妇联、市科技局组织市纺织服务行业部分女企业家13人，赴“211工程”国家重点建设高校——上海东华大学开展科技成果合作与人才对接交流活动，考察人员参观东华大学试验研究室、科技展览馆，并与院校教授就家纺、服装等纺织品的创意设计，新型面料的开发以及设计、营销，管理人才的引进等开展专题交流。（陈 慧）

【巾帼初级育婴师培训班】 2016年8月2日，

由市妇联、市姐妹服务中心和好苏嫂丹阳巾帼店联合举办巾帼初级育婴师培训班开班，全市共90名学员参加培训。本次培训特邀省妇联就业服务中心副主任范卉和江苏好苏嫂职业培训学校讲师、高级育婴师王好为学员授课。培训班为期4天，培训内容涉及育婴师职业道德规范、育婴日常保健护理、营养膳食、智力发展以及生活照料等，课程还安排5节实操训练，着重培养学员的动手能力。考试合格者颁发国家初级育婴师职业资格鉴定证书。（陈 慧）

【河北村妇代会改建为妇联】 2016年10月28日，丹阳市村（社区）妇代会改建妇联工作现场会暨吕城镇河北村妇女第一次代表大会在吕城镇河北村召开，全市各镇（区、街道）妇联主席、改建工作试点村（社区）妇代会主任、吕城镇各村（社区）妇代会主任到场观摩。河北村是丹阳市率先完成妇联改建工作的村。会后，吕城镇河北村妇女第一次代表大会召开，选举产生村妇联执行委员11名，妇联主席、兼职副主席各1名。（陈 慧）

图43 2016年10月28日，丹阳市村（社区）妇代会改建妇联工作现场会在河北村召开（陈 慧）

【妇女儿童公益社工服务】 2016年12月2日，省级妇女儿童公益社工服务项目——丹韵·巾帼巧工坊首期培训开班。培训由项目工作组负责人杨小辉（全国手工编织协会会员）开展帽子、围巾、手套手工编织教学，参与学员均为“4050”贫困母亲，主要来自云阳街道和开发区，人数40人。一期培训依托市妇联姐妹服务中心，一个月内完成阶段学习，成绩优秀者可直接拿到对接订单。（陈 慧）

科 协

【概况】 2016年，丹阳市科协努力为科技工作者服务，为创新驱动发展服务，为提高全民科学素质服务，为党和政府科学决策服务，各项工作取得新成绩。强化科协组织建设。成立丹阳市科协党组，市科协国际联络部正式运行，新成立丹阳市科技馆，新增3名专职科协干部。“科普兴农富民”工作促进农民科技素质提高。市中药材科技发展协会获“江苏省科普惠农服务站”命名，市吴氏生态甲鱼养殖场获镇江市“农村科普示范基地”命名，江苏水月情生态农业有限公司、江苏步龙生物科技有限公司、吕城镇金满楼生态家庭农场、市茂园果业专业合作社获“镇江市科普惠农服务站”命名，丹北镇社区教育中心、江苏碧云天农林科技有限公司获“镇江市全民科学素质教育基地”命名，司徒镇丁庄村、云阳街道迈村被命名为镇江市“科普示范村”，迈村村党支部书记王金和获“全国科普带头人”称号，江苏吟春碧芽股份有限公司获江苏省《全民科学素质行动计划纲要》“十二五”实施工作先进集体称号，江苏东南生物科技有限公司戴志栋获2016年度镇江市“农村科普带头人”称号。“科普益民”工作促进社区居民科学素质提高。云阳街道江南人家社区获2016—2018年度“江苏省科普示范社区”命名，云阳街道凤凰社区获2016年度镇江市“优秀社区科普益民服务站”命名，云阳街道中山路社区、太阳城社区获镇江市“科普示范社区”命名，张二青获2016年度镇江市“优秀社区科普志愿者”。学会服务能力提高，丹阳市建成3A级学会10家，并在2016年相继成立丹阳市机器人协会、青少年创客科技教育协会和工程师学会。组织开展优秀科技论文评比活动，报送35篇论文参加镇江市优秀科技论文比赛，5篇获奖；全年向10家企业开展科技信息推广应用工作。丹阳市科协获镇江市科协2016年度目标责任制考核先进单位、省科协“县级科协创新发展能力提升计划”优秀单位，丹阳海智基地获省科协优秀海智基地，江南生物科技有限公司姜建新被中国科协命名为第七届“全国优秀科技工作者”。 （周朝霞）

【青少年科学素质教育工作】 2014—2016年，丹阳市科协联合市科协教育分会开展“科普图片巡展校园行”活动，至2016年底，共巡展学校85所，组织8.1万人次中小学生参观展览。市科协组织开展公益活动“少年创客行”暑期科技夏令营活动。举办丹阳市第二十七届“创新大赛”，有38人次获奖。组织参加第十届“快乐科学”名校电视对抗赛，实验小学、练湖中心校取得江苏省总决赛特等奖，界牌中心校获得二等奖。举行“金钥匙”科技知识竞赛活动，152人获奖。在江苏省青少年机器人竞赛中，丹阳市第五中学获省团体总决赛亚军、华南实验学校获特等奖。组织参加省科协和省教研室组织的科学论文评比活动，获一等奖26篇、二等奖86篇。 （周朝霞）

【科普阵地建设】 2016年，市科协与丹阳电视台合办“科普365”栏目、与丹阳日报社合办“百姓健康”专栏，联合丹北镇社区教育中心编写《丹北果桑》，向社会各界赠阅，提高科普宣传的覆盖面和影响力。加强电子科普栏建设，推进科普大屏工作。推进“科普门户网站＋手机APP＋信息科普大屏＋微博微信”四位一体的“江苏科普云”信息服务系统建设。 （周朝霞）

【市科协获“全国科普日特色活动优秀单位”】 2016年5月，市科协联合丹阳日报社围绕“创新放飞梦想科技引领未来”的科普周主题，开展“健康家庭”评选活动。活动期间，10余万人次访问微信投票页面，1万余人次参与投票。9月18日，两单位又联办全国科普日启动仪式暨“健康家庭”颁奖活动，全市20家全民科学素质领导小组成员单位、各镇（街道）科协负责人，丹阳市级学（协）会秘书长，云阳街道各科普分校校长、各层次健康家庭代表300余人共同参与，活动表彰35名优秀科普志愿者，评选出丹阳“十佳健康家庭”10户、“健康家庭”20户。至年底，两单位围绕主题开展系列科普活动，并通过报纸、微信、网络、App等多形式展示播出，宣传科普、健康知识，收到良好效果。丹阳市科协被中国科协、教育部等四部委评为“2016年全国科普日特色活动优秀单位”。 （周朝霞）

图44 2016年5月，市科协联合丹阳日报社围绕“创新放飞梦想科技引领未来”的科普周主题，开展“健康家庭”评选活动 （周朝霞）

文 联

【概况】 2016年，丹阳市文联树立大局意识，自觉服务群众，组织创作，培育人才，推动全市文艺工作健康发展。市文联获“江苏省基层文联工作先进单位”称号，被镇江市文联评为“先进基层文联”。

开展主题活动，继承发扬中华优秀文化。举办吕凤子诞辰130周年系列纪念主题活动，通过征文大赛、全国书画名家邀请展、《布衣先生》首发式、正则绣作品展等活动，聚集省内外专家学者近百人，共同研讨凤子精神与艺术成就，推动学习凤子精神和画风技法。与市纪委联合举办习近平总书记重要廉政言论书法展，举办“练湖印象摄影作品展”“远去的乡愁”篆刻艺术推广作品展。此外，还举办油画、中国画展等活动。

挖掘地域文化，为经济和社会发展服务。完成《丹阳读本》编纂工作，全书约 20 余万字。开展正则绣展、民间文艺进校园、诗词进社区、中华传统文化教育等活动。在珥陵镇举行百名书法家义务写春联活动，受到群众欢迎。市书协、市美协、市诗词楹联学会等组织会员逾百人次，深入农村、社区、企业开展“写春联送祝福”等惠民活动 10 余场次。举办“贺新春闹元宵”戏曲晚会，邀请各地梨园名家登台献艺。开展“送文艺下基层”走进开发区惠民活动。

精心组织创作，激发创作热情。协助修订完善《丹阳市重大文艺作品创作资助管理办法》，2016 年共审定重点创作项目 14 个，确定扶持资金 59 万元，至年底，获资助项目的创作基本完成。开展文艺成果评选。市文联从 2014—2015 年获镇江市级以上的文艺作品中选出 65 件，发放奖金 24.7 万元。继续编辑出版《齐梁文艺》杂志，辑录一批青年文艺家的作品，发挥文艺之家、文学沙龙、摄影俱乐部、书画讲坛、各艺术分会等文艺阵地的优势作用，激发创作热情。

积极培育人才。举办各类赛事，通过油画双年展、群众舞蹈大赛等赛事，为各文艺门类人才脱颖而出提供有效载体。继续实施第二期文艺新秀培养工程，文艺新秀在各类赛事展览中崭露头角。扩大双向交流。举办丹阳·句容歌手演唱会、丹阳·溧阳书法交流展，加强与周边县市的文艺交流。邀请国内文艺名家到丹阳作文学、书法、美术等方面的讲座和交流。通过引进来走出去，扩大文艺家的创作视野，提升丹阳文艺在全省乃至全国的影响力。2016 年，任珏方加入加入中国作家协会，钱网照、魏星华加入中国音乐协会，15 人成为省级会员。陆建平被评为镇江市艺术工作先进个人，赵永东、赵亚明、单哲波、陈瑶等被评为“中华诗词之市”先进个人。推进镇区文联建设。丹北镇文联和开发区文联先后成立，乡镇文联的逐步建立，基层文艺家协会网络进一步健全。 （殷　农）

【丹阳市主要文艺创作成果】 2016 年，丹阳市文联各协会涌现出一批创作成果。主要有：任珏方中篇小说《星期六晚餐》发表在《小说月报》，中篇小说《眼球》分别在《福建文学》、《中篇小说月报》、《小说月报》上发表，中篇小说《雪映坡》被《中国军事文学年选 2015》转载。李文华的诗歌《黑白往事》发表在《扬子江》诗刊，诗歌《慢于系列》发表在《中国风》诗刊。汪海散文《父亲》发表在《江苏文学报》。陈清云的书法作品入展“第四届林散之奖——江苏省书法双年展”。张国洪、吴德举、张池、沈仲凯、凌夕金等 5 人的作品入展“江苏省第十届书法篆刻新人展”。张庆林的美术作品《山外的建筑》入选首届中国画油画作品展，美术作品《山国水田如镜美》入选全国中国画作品展。庞绪训的美术作品《突然间的自我》入选由“黑白木刻·陕西省黑白木刻暨名家作品邀请展”。杨潮的美术作品《荷塘清趣》和张乘源的美术作品《生生不息》特邀参加“2016 年江苏省花鸟画研究会成立 30 周年优秀作品展”。吕存的正则绣作品在美国洛杉矶会展中心展出。石丽君的乱针绣作品《玫瑰》和韩英的邮票拼贴画作品《牧》获第四届江苏省民间文艺“迎春花奖”。戴玲的天鹅绒作品参加“锦绣邻邦——中泰手工艺交流论坛”。方美珑、陈赛蛟合作的乱针绣作品《远瞻》获得中国（潍坊）民间艺术博览会金奖，陈赛蛟的作品《军人风采》获得博览会组委会颁发的金奖证书。朱敏的摄影作品《山村秋雾》和叶金华的摄影作品《洋妞中国情》获得纪念建党 95 周年摄影作品展优秀奖。任明皑的摄影作品《周末骑行》获得中国摄影家协会图片社影友联谊会优秀奖。 （殷　农）

武装·法治

栏目编辑 尹宏蔚

人民武装

【概况】 2016年，丹阳市人武部在军分区党委和丹阳市委、市政府的正确领导下，本着"备战、整顿、改革、规划"的总基调，围绕奏响"三声"（内部的和谐声、部属的满意声、上级的肯定声）、达到"三好"（把上级赋予的任务完成好、把单位的安全稳定维护好、把官兵职工的幸福指数保障好）的工作目标开展工作，以军事斗争准备为重点的各项工作稳步推进。（杨建军）

图45 2016年7月20日，人武部干部在人民广场开展征兵宣传（杨建军）

【民兵情报信息员集训】 2016年1月，丹阳市人武部举办全市民兵情报信息员队伍集训，60多名民兵信息员和专武干部参加培训学习，市人武部部长郭进文为参训民兵授课。培训会上，市人武部组织参训学员学习中国民兵情报信息工作的发展、新时期民兵情报信息工作任务等八个方面的内容。通过集中培训，全体学员进一步了解和掌握几种常见的情报信息类别、搜集方法、处置规定等相关要求，提高民兵信息员的专业技能，夯实民兵情报信息工作基础。（杨建军）

【战备规范化建设检查】 2016年2月21日，镇江市委常委、军分区司令员曹寅率队到丹阳，检查指导丹阳市战备规范化建设情况。镇江及丹阳市军地领导林连才、张惠峰、陈可可、金夕龙、陈文水、林丹如、郭进文参加活动。近年来，丹阳市突出信息化重点，狠抓人武部本级战备规范化建设，投入150余万元建设兵器室、值班室、餐厅；投资82万元的营区新建标准篮球场、停车场、道路完成沥青铺设改造；战备四室四库、荣誉室、阅览室、活动室建设方案设计上报。（杨建军）

【防恐救援安全教育进校园】 为提高广大师生的安全意识，创建平安校园，2016年5月25日，由丹阳市人武部民兵应急分队、丹阳市正则幼儿园、丹阳市白云街社区共同主办的防灾减灾、防恐防暴预警演练在正则幼儿园举行。活动让师生了解暴恐火灾等事件中的疏散演练、伤员转运、止血包扎、心肺复苏、地震逃生、防踩踏等知识，提高师生的安全自救技能

和安全意识。上海厚天减灾救援公益中心严晓博士等数名救援专业人士专程到场对安全演练流程进行指导。（杨建军）

图 46 2016 年 5 月 25 日，丹阳市正则幼儿园师生在防恐救援中实施心肺复苏演练（杨建军）

【反恐演练】 2016 年 6 月 28 日，丹阳市举行代号为“江城处突－2016”实战化反恐实兵演练，镇江及丹阳市军地领导曹寅、宋建新、陈文水及镇江各县（市、区）人武部主官，在市人防指挥大厅通过远程视频系统观摩演练。市民兵应急队员、公安特警和武警共出动 245 人针对森林灭火、抗洪抢险、反恐维稳等演练，动用各类装备 300 余件。通过演练，进一步增强民兵应急连的战备观念，促进部队处突反恐能力整体提升，为防范和应对各类暴恐事件奠定基础。（杨建军）

图 47 2016 年 6 月 28 日，丹阳市举行实战化反恐实兵演练。图为演练现场（杨建军）

【飞达重工港池外溢抢险】 2016 年 7 月 5 日，飞达重工港池码头内水位高度接近路面高度。丹阳市人武部先后紧急调派丹北、界牌和访仙镇民兵应急排共 100 多人投入防险战斗，用沙袋对水泵周边和码头堤坝进行加固，经过 8 个多小时的抢险，港池堤坝顺利完成加固。（杨建军）

图 48 2016 年 7 月 5 日，丹阳飞达重工港池码头发生险情，民兵应急排突击抢险（杨建军）

【胡宜树检查兵器室建设】 2016 年 8 月 14 日，军委国防动员部副部长胡宜树和军委国防动员部民兵预备役局副局长白晓东到丹阳检查指导人武部兵器室建设情况。江苏省军区副司令员兼参谋长鞠华少将，镇江市委常委、军分区司令员曹寅，丹阳市委常委、人武部政委陈文水和部长郭进文陪同检查。胡宜树一行实地查看市人武部兵器室、作战值班室和人武部规范化建设情况，并对市兵器室和作战值班室等规范化建设所取得成绩给予肯定。市人武部按照《民兵武器装备管理条例》和人武部兵器室“部室合一”规范建设要求，对民兵武器装备库室进行管理智能化、信息化改造，市人武部兵器室 5 月投入使用。（杨建军）

【基层武装部规范化建设现场观摩会】 2016 年 10 月 9 日，丹阳市人武部组织全市基层人武部部长召开基层武装部规范化建设现场观摩会。与会人员实地参观曲阿街道车站社区、建山村和丹北镇武装部规范化建设情况，听取曲阿街道加强人武部规范化建设的经验介绍，观看专题录像片。丹阳市人武部按照江苏省军区、镇江军分区基层武装规范化建设的指示和要求，推进战备规范化三年规划建设，紧抓全市镇（街道）和村（社区）民兵组织的软硬件、镇（街道）武装部“四室”和村（社区）民兵营“六个一”建设。其中云阳街道、曲阿街道、丹北镇等地人武规范化建设达标率达98%。（杨建军）

武装警察

【概况】 2016年，武警丹阳中队按照“对标看齐聚合力，继承传统蓄内涵，改进作风抓全面，注重经常打基础，依法从严保安全，稳中奋进创标兵”的工作思路，丰富和完善“有传统风尚、有内涵底蕴、有特色亮点、有安全底线”的建队模式，完成以执勤为中心的各项工作任务。运用“三帮一带”等载体开展“党员带团员、干部带战士、士官带义务兵”活动，强化“三支队伍”模范带头作用。7月，中队党支部被总队党委评为“先进基层党组织”。通过领导专题授课、中队小课辅导等促进深化教育。指导员张东东在总队授课比赛中被评为十佳“四会”教员。开展新兵下队“三知三赞三热爱”（知队史、赞荣誉、热爱岗位，知战友、赞友谊、热爱中队，知驻地、赞发展、热爱群众）活动，先后转化3名重点关注对象。在“六四”“G20峰会”等敏感期及时组织形势任务教育，开展“抓规范、打基础、治隐患、保安全”执勤安全教育整顿活动，挂账销号及时整改各类隐患。建立健全奖惩制度，通过“班班对抗”，每周颁发流动红旗，每月评比训练之星，激发官兵的训练热情。采取多种措施解决哨兵执勤中打瞌睡、上下哨组织不严密、执勤理论不熟悉及形象差等问题。协调目标单位完成AB门改造、备勤室前置、内钢网墙建设、“白昼化”照明以及哨位阵地化和犬舍建设等各项建设任务，进一步提升“五防一体化”水平。中队形成“荣誉榜上发、奖状寄回家、靓照见爸妈”的“激励三法”，严格落实士官“一假四休”等福利，调动工作积极性；严格士官要求，激发士官工作责任心。中队全年安全无事故案件发生。2016年12月，中队被武警江苏省总队评为“基层建设标兵中队”，2人立三等功，9人受到嘉奖。（张东东）

图49　2016年4月，武警丹阳中队官兵开展防暴弹投掷训练　（张东东）

消　　防

【概况】 2016年，丹阳消防大队加强与相关职能部门的协调配合，定期开展联合执法，建立隐患函询、抄告等制度。先后开展居民住宅小区消防安全专项整治，养老福利机构、教育机构专项检查，夏季消防安全大检查，易燃易爆危险品场所和石油化工企业治理等专项行动。全年共检查社会单位3536家，发现火灾隐患或违法行为4291处，督促整改火灾隐患4331处，下发责令改正通知书1336份，办理一般程序行政处罚案件71起，临时查封30家，责令“三停”单位20家，罚款66.35万元，拘留1人。1月底，芒果音乐会所重大火灾隐患销案；8月初，丹阳市东方皮革商城重大火灾隐患销案。年内全市安装简易消防喷淋61套，独立式烟感报警器1586个。推进微型消防站和区域联防联勤组织建设，全市建成微型消防站162个，发展区域联防组织1个，召开消防联席会议11次，开展联合检查21次。2016

年，全市消防部队共接警出动 892 起，出动车辆 2082 辆，出动警力 9150 人，其中火警 603 起，各类抢险救援及社会救助 289 起，抢救疏散遇险群众 259 人，保护财产价值 6983.3 余万元。下辖消防中队先后组织开展社会单位“六熟悉”243 次，制定、修订灭火作战预案 110 份，实战演练 168 次，开展灭火救援研讨 12 次。大队党委被全国消防部队表彰为“先进基层党委”，大队连续三年被江苏省消防总队评为“基层建设先进大队”，连续两年被镇江消防支队评为“好班子”。（张　蔚）

【基层消防基础建设】 2016 年，丹阳市推进全市所有一般建制镇的消防规划（专篇）编制修订，7 月，市政府制定出台《丹阳市市政消火栓管理办法》。3 月中旬，丹阳市政府召开专题会议推进政府专职消防队建设，对云阳（横塘）、司徒、访仙三个新建政府专职消防站改造建设、车辆装备购置及消防站建设后的队站运转、人员保障等相关经费进行明确。队站建成后，每个站按照日常运转经费一年 64 万元、人员保障经费一年 85.2 万元的标准由市财政和相关街道、镇按比例分担。司徒消防站于 12 月中旬进驻执勤。2016 年，丹阳市共投入 789 万元先后购置 32 米高喷消防车、8 吨泡沫消防车、3 吨水罐消防车等 7 辆消防车及各类消防装备器材。（张　蔚）

图 50　2016 年 12 月中旬，丹阳市司徒消防站专职消防队进驻执勤　（张　蔚）

2016 年丹阳市火灾综合情况

表 8

项目		火灾综合情况				
		起数	所占比例（%）	死亡（人）	致伤（人）	直接损失（元）
	合计	603	100	6	0	19628226
第一季度	小计	213	35.32	0	0	5031563
	一月	88	14.59	0	0	2868439
	二月	63	10.45	0	0	463602
	三月	62	10.28	0	0	1699522
第二季度	小计	144	23.88	1	0	6435939
	四月	34	5.64	0	0	426610
	五月	55	9.12	0	0	4847870
	六月	55	9.12	1	0	1161459
第三季度	小计	139	23.05	0	0	5869423
	七月	61	10.12	0	0	1188686
	八月	38	6.3	0	0	4035485
	九月	40	6.63	0	0	645252

续表8

项目		火灾综合情况				
		起数	所占比例（%）	死亡（人）	致伤（人）	直接损失（元）
第四季度	小计	107	17.75	5	0	2291301
	十月	35	5.8	1	0	794050
	十一月	34	5.6	1	0	420813
	十二月	38	6.3	3	0	1176438

说明：数据统计自2016年1月1日至2016年12月31日　（张　蔚）

人民防空

【概况】 2016年，丹阳市全面提升民防部门履行“战时防空、平时服务、应急支援”的使命任务能力，按“安全第一、常备不懈、以防为主、全力抢险”的要求，做好人防工程防汛工作，明确“防、抢、撤”等各项应急措施，做好组织保障、物资储备和队伍建设等各项防汛准备，确保紧急状态下应对及时、处置有力。市民防局获“江苏省民防系统先进集体”“江苏省民防先进单位”“丹阳市普法先进集体”等荣誉。（欧阳斐）

图51　2016年9月14日，丹阳市民防局组织开发区实验小学师生进行疏散演练（欧阳斐）

【人大代表老干部参观市民防工程】 2016年10月，丹阳市人大代表和市级机关工委30余名离退休干部参观某公园民防工程和某广场民防工程，市民防局详细讲解民防工程在平时和战时的作用，市民防局局长唐明科向老干部介绍围绕“长期准备，重点建设，平战结合”，积极推进市民防融入经济社会发展，取得的战备效益、社会效益和经济效益。参会者建议加大民防宣传力度，进一步强化民防队伍建设，增强广大干部群众的人防意识和国防观念，拓展民防教育形式，形成全社会支持民防、关心民防的良好氛围。（欧阳斐）

图52　2016年10月，丹阳市人大代表和市级机关工委离退休干部参观民防工程（欧阳斐）

【“准军事化”拓展训练】 为构建民防队伍“能打仗、打胜仗”的建设目标，丹阳市民防局按照“准军事化”建设要求，把“练技能、练耐力、练反应、练协作”作为训练队伍的切入点，11月15—16日，组织机关全体人员赴南京大金山国防园开展拓展训练，提升通信保障能力。行进途中，机动指挥平台与基本指挥平台实现互联互通。通过开展“破冰起航”“团队协作”“挑战5分钟”和“真人模拟对抗”等科目的拓展训练，增强团队的协作意识，考验勇敢善战的过硬作风。（欧阳斐）

【民防事业发展座谈会】 为广泛接受社会监督，加强作风和效能建设，提高依法行政和服务水平，2016年12月8日，市民防局召开2016年度民防事业发展座谈会，市机关部门、乡镇及企业代表14名行风监督员参加会议。市民防局局长唐明科报告民防工作。在征求意见环节中，行风监督员共梳理意见建议16条，主要集中在加强民防宣传、普及民防知识等方面。（欧阳斐）

图53　2016年12月8日，丹阳市民防局召开民防事业发展座谈会（欧阳斐）

【太阳城社区民防党员志愿者服务队成立】 2016年6月30日，丹阳市民防局与太阳城社区结对成立社区民防党员志愿者服务队，镇江市民防局副局长周锦程、丹阳市民防局局长唐明科、云阳街道工委副书记虞淀芳、市级机关工委副书记曹辉出席成立仪式。会后，组织志愿者和社区居民进行防空防灾知识培训，进行防空防灾应急疏散演练，观看科教片《应对空袭的警报、掩护、疏散》，介绍应急包内器材的使用和火灾防护面具的操作等。（欧阳斐）

政法综治

【概况】 2016年，丹阳市围绕中心，创新思路，积极应对各种风险挑战，依法妥善处置各类敏感事件，不断探索创新社会治理办法，推进平安丹阳、法治丹阳和过硬队伍建设，政法各项工作取得新成效，社会稳定的局面得到进一步巩固。依法打击各类刑事犯罪，破获刑事案件2541起，完成重点领域风险评估项目98个，优化常用应急处突预案18个，平息处置突发群体性事件150余起，圆满完成全国“两会”、G20峰会、省市党代会等重点敏感时段的安保维稳工作。

构筑立体化、信息化治安防控体系，形成大数据背景下的合成作战、智能联合指挥、基层所队勤务指挥三大警务实战机制。设立“丹阳市道路交通事故处理综合服务中心”，促进道路交通事故纠纷高效、便捷、低成本处理，受到最高人民法院领导的肯定。创新矛盾化解措施，派出所、法庭全部派驻人民调解工作室，矛盾纠纷调解成功率98.8%。开展“三社联动”试点，实施“一村3名社工、10个社会组织、50名服务居民志愿者”的“1315”计划，推行“社工＋义工”的社区服务新方式，逐步形成社区服务新格局。

以“书记看齐项目”为载体，带动综治三级平台建设，综治信息化实战运用基本形成，镇、村平台规范化达标率分别达100%和90%。推进“星级平安村（社区）”创建，八星级以上创建率达到88%，基层系列平安创建达标率达90%以上，“平安电力”“平安校园”“平安医院”创建成效位居镇江市前列。整合社会力量，成立平安志愿者协会，群防群治队伍不断壮大。流动人口服务管理和重点人群服务管控水平逐年提升。全市公众安全感满意率达93.8%，再次荣获江苏省“综治工作先进县（市、区）”荣誉，连续13年获江苏省“平安县（市、区）”称号。

落实司法体制改革任务，遴选首批员额法

官和检察官，建立领导干部干预司法活动，插手具体案件处理记录、通报和责任追究制度。完善涉法涉诉律师库，开展律师参与化解和代理涉法涉诉信访案件工作。开展案件评查、对刑事侦查督察等活动，推进执法司法规范化建设。“法治惠民镇村行”全面实施，192 名政法干部担任村（社区）指导员，建成省级民主法治村 79 个。“以案说法”巡讲活动成为法治丹阳建设品牌，“六五”普法获全省先进，“七五”普法全面启动，“谁执法谁普法”责任制有效落实。全市法治满意度测评达 97.5%，名列镇江市第一。（陈　静）

【市委政法委员会会议】 2016 年 1 月 20 日，中共丹阳市委政法委员会会议召开，传达学习习近平总书记对政法工作作出重要指示和中央对 2016 年政法工作部署要求。市政法各部门以及云阳街道、丹北镇作总结交流。市委常委、政法委书记周爱仙要求政法各部门主动适应经济形势新常态，勇于担当，主动作为，保障全市生产工作安全稳定；坚持法治引领保障，创新理念机制，为丹阳“十三五”规划开好局起好头；坚持科学规划，努力提升社会治理水平；落实全面从严治党、“三严三实”、党风廉政建设责任制的制度要求，打造优秀的政法干警队伍。（陈　静）

图 54　2016 年 1 月 20 日，中共丹阳市委政法委员会（扩大）会议召开　（陈　静）

【政法工作会议】 2016 年 2 月 26 日，丹阳市召开政法工作会议，全面部署政法、信访稳定工作。丹阳市委常委、政法委书记周爱仙作工作报告。丹阳市委书记童国祥对政法工作和信访干部提出要求，强调要全力维护社会发展稳定，在服务大局、防范风险上“勇担当”；全力促进平安法治建设，在破解难题、补齐短板上“亮新招”；全力做好信访维稳工作，在提升信访工作公信力、创新工作机制上“下苦功”；全力抓好政法队伍建设，在严明纪律、提质塑形上“做表率”。会议对 2015 年度政法、信访工作先进集体和先进个人进行表彰。（陈　静）

图 55　2016 年 2 月 26 日，丹阳市政法工作会议在会展中心召开　（陈　静）

【律师参与涉法涉诉信访】 2016 年初，丹阳市出台《律师参与化解和代理涉法涉诉信访案件的实施办法》，建立由 33 名优秀律师组成的律师人才库，在涉法涉诉接访中心对外公布，供有需求的政法部门和信访群众选择。2016 年 3 月 31 日，镇江市委政法委在丹阳召开镇江市律师参与化解和代理涉法涉诉信访案件工作推进会，会上，丹阳市委政法委作经验交流发言。（陈　静）

图 56　2016 年 3 月 31 日，丹阳市委政法委在镇江市律师参与化解和代理涉法涉诉信访案件工作推进会上作交流发言（陈　静）

【综治法治干部培训班】 2016 年 5 月 26 日，丹阳市委政法委、市委组织部联合举办全市综治、法治干部培训班，全市各镇（街）综治办、部分村（社区）负责综治法治工作的干部 110 余人参加培训。市委政法委副书记、综治办主任荆锁枚作开班动员讲话，培训班邀请市委党校、公安局治安大队等相关人员讲解有关依法调解社会矛盾、社区警务与治保工作、农村常见问题法律解析等内容，提升综治、法治干部解决实际问题的能力。（陈 静）

【“综治基层基础规范提升年”活动】 2016 年 6 月始，丹阳市开展“综治基层基础规范提升年”活动。各镇（街道）按照“综治基层基础规范提升年”的工作要求，以基层党建“书记项目”为重点，加强基层综治场所硬件建设，全市各镇（区、街道）政法综治工作中心“一站式”服务建设达到 100%，190 个村（社区）实行综治办、治保会、调委会、警务室、治安巡逻队、流动人口管理站等一体化运作，96 个村（社区）建立一站式服务大厅，18 个村（社区）综治办被评为镇江市优秀综治办。（陈 静）

【“崇法维信”专项行动】 2016 年 7 月 25 日，丹阳市委政法委牵头政法部门开展“崇法维信”专项行动，严厉打击恶意逃废债、非法集资等违法犯罪行为。公安部门办理非法集资案件 15 起、骗取贷款和侵占财物等经济案件 55 起，抓获犯罪嫌疑人 103 名，逮捕 43 名，移送起诉 73 名。法院开辟涉金融案件“绿色通道”，立案受理涉银行还贷案件 751 件，每周开展“围猎老赖”凌晨集中执行行动，司法拘传 1500 余人次、司法拘留 380 余人次，失信被执行人名单库做到“应上尽上”。（陈 静）

【“法治惠民村村（社区）行”工程】 2016 年 8 月，丹阳市启动实施“法治惠民村村（社区）行”工程，市委政法委从市法院、检察院、公安局、司法局、民政局等单位中选派具备法学背景、中层以上的干部，分别担任全市 192 个村（社区）法治建设工作指导员，发挥政法干部在法治丹阳建设中的示范表率作用，为镇村法治工作建言献策，解决具体问题，维护群众合法权益，深化基层法治建设，让法治建设从“过程先行”到“水平领先”，真正建设善治和谐的“民主法治示范村（社区）”。（陈 静）

图 57 2016 年 8 月 4 日，丹阳市召开全面实施“法治惠民村村（社区）行”工程启动大会（陈 静）

【“以案说法”巡讲】 为进一步加强青少年法治宣传教育，不断提高广大青少年学生的法治意识和法律观念，丹阳市委政法委组织公安、检察、法院、司法等部门，合作征集编写《学法手册》，利用 17 例近年来发生在青少年学生身边的典型法治案例进行以案说法，并于 2016 年 10 月，组建宣讲团，在全市 10 所中小学进行巡讲，通过以案说法的形式，推动全市依法治教、依法治校工作深入开展，营造遵纪守法的良好校园氛围。（陈 静）

图 58 2016 年 10 月 18 日，丹阳市召开“以案说法”进校园巡讲活动启动仪式暨丹阳中专专场报告会（陈 静）

公　安

【概况】 2016年，丹阳市公安机关扎实推进反恐维稳、信息实战、警务创新、作风建设等工作。开展“惠企利民”十大行动，打造“店小二”式车管所，建成投用出入境后巷办理点，完成138个警务社区“微警务”建设，推出户籍办证“满意拍”。开展城区交通秩序整治，有效整治交通顽症。打造“阵控通”、丹阳公安实战应用平台两个基础信息品牌，形成大数据背景下的合成作战、智能联合指挥、基层所队勤务指挥三大警务实战机制，试点建立WIFI探针、巡特警无人机应急小队、“翼网警务室”等新型警务模式，初步构筑立体化、信息化治安防控体系。涌现出“全国青年文明号”110报警服务台、“全国文明家庭”张叶宏、第四届“江苏最美警察”薛晓静（个人一等功）等先进典型；25个集体、92名个人获各级表彰；治安大队获“全省打击食药环犯罪成绩突出集体”，指挥中心获“全省公安调研工作成绩突出集体”，法制大队获“全省公安信访一级窗口”，巡特警获“全省公安机关G20峰会安保工作成绩突出集体”，开发区派出所获“全省公安机关执法示范单位”等荣誉。（张卫莺）

【打击犯罪活动】 2016年，丹阳市公安局坚持命案必破，开展“利剑”行动、反通信网络诈骗“雷霆行动”、打击“盗抢骗”专项行动，集中优势警力、技术和手段，打击违法犯罪活动。先后侦破界牌投毒案、“8·2”南环路故意杀人案、开发区非法拘禁致人死亡案等8起命案；侦破部省毒品目标案件3起，省公安厅、镇江市公安局挂牌侵财案件7起（串），侦办食药环案件10起，成功侦办“4·14”、“8·19”两起部督网络贩枪案。全年共破获刑事案件2541起，摧毁涉恶团伙28个，破获侵财案件1700余起。（张卫莺）

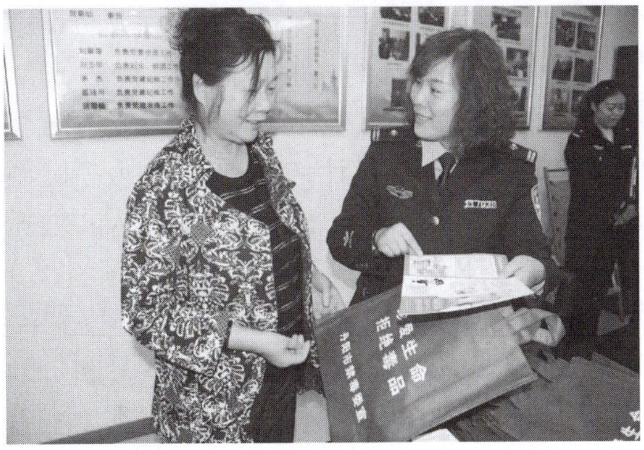

图59　2016年6月24日，丹阳市公安局民警到社区开展禁毒宣传　（张卫莺）

【反恐维稳工作】 2016年，丹阳市公安局完成全国“两会”、中共十八届六中全会、G20峰会等重大安保任务，成功处置群体性事件80余起。开展“崇法维信”专项行动，侦办非法集资案件12起、经济案件55起，挽回经济损失9144.32万元。经办国保专案13起，摧毁邪教团伙1个。行政拘留非法上访人员6名、逮捕2名、取保候审2名。（张卫莺）

图60　2016年春节期间，丹阳市公安局民警进行安全巡逻　（张卫莺）

【虚开增值税专用发票案】 2015年1月起，犯罪嫌疑人赵某某、沈某某和邢某某等人相互勾结，在丹阳注册成立丹阳玺汇聚珠宝有限公司等4家空壳公司，采取到税务部门领取增值税专用发票后虚开，同时接受他人虚开的增值税专用发票进行税款抵扣的手法，接受福州聚祥、深圳六瑞珠宝公司等5家企业虚开黄金票3917份，价税合计约43.41亿元，税额6.31亿元。向全国20多个省市370家企业虚开黄金票4280份，价税合计约43.51亿元，税额6.32亿元。2016年1月后，经侦大队陆续抓获赵某某等犯罪嫌疑人11名。（张卫莺）

【公安部毒品目标案件】 2015年9月初，丹阳市公安局禁毒大队在日常工作中发现，一名外号叫“华华”的外地吸贩毒人员在丹阳、无锡等地贩卖毒品，且数量大。获悉该情况后，丹阳市公安局成立专案组，开展侦查工作。围绕嫌疑人“华华”的活动情况，侦查员赴湖北展开秘密侦查工作，确定嫌疑人的真实身份叫王某某（男，38岁，湖北省崇阳人）。王某某在湖北购买毒品冰毒后，携带至丹阳贩卖给在丹阳的陈某某等人。2016年4月4日，犯罪嫌疑人王某某被抓获，当场缴获毒品冰毒6公斤。后又陆续抓获陈某某等10名违法犯罪嫌疑人，打掉一个在丹阳、无锡等地进行贩毒活动的犯罪团伙。（张卫莺）

【骗取医保案】 2016年5月6日，市公安局接到丹阳市医保中心反映，称其单位员工周某利用虚假报销材料骗取医保基金。2016年5月8日，犯罪嫌疑人周某被送至市公安局，当日抓获另一犯罪嫌疑人贡某某。通过对两人的讯问，侦查员发现该案涉及多家医院，涉案人数达数百人。侦查员先后赴南京、上海、北京等地各大医院调取证据材料100余份，另对涉及该案的80余人进行询问调查，获取涉案参保人员询问笔录80余份。查实犯罪嫌疑人周某伙同外部人员贡某某利用虚假医保报销材料，骗取医保基金，涉案价值290万余元。（张卫莺）

【非法制造买卖枪支弹药案】 2016年3月以来，犯罪嫌疑人郭某通过微信网络联系买家下单，通过上线购买枪支配件，在其住处进行改装、组装后，通过快递、物流销往全国多个省市。市公安部门通过对该团伙组织架构、分销体系、作案方式等情况进行梳理，获取部分涉案人员真实身份、虚拟身份、涉案枪支、活动区域等重要信息。8月19日，市公安局抓获涉嫌非法制造、买卖枪支弹药案的犯罪嫌疑人郭某、左某某、叶某某、黄某某、邢某某等7人，收缴火药枪6支、气枪9支、半成品枪支配件40131件，查获用于生产枪支车床3台，梳理涉嫌网络贩卖枪支的微信群、QQ群上家下家人员违法犯罪人员100余人。（张卫莺）

【非法拘禁致人死亡案】 2016年8月13日，丹阳市公安局接中医院急诊室报警，有1名20多岁的男子被送至该院急救，称为工地坠落事故，经检查发现该男子已死亡数小时，且身体有被殴打嫌疑。接报后，丹阳市公安局随即组织警力开展调查工作。当晚11时，犯罪嫌疑人张某（男，27岁，湖北省竹山县人）投案自首，自称伙同老乡陈某（男，28岁）等7人，将被害人喻某某（男，25岁，湖北省随州市人）骗出，迫使其交钱，并对其进行非法拘禁，实施殴打致死。市公安局迅速成立专案组，先后抓获犯罪嫌疑人何某某、李某某等20余人。（张卫莺）

【王某投毒案】 2014年8月20日，被害人陈某天（幼儿）出现呕吐、腹痛现象，后经苏州儿童医院检查出陈某天是血铅中毒，11月27日，经抢救无效死亡。市公安局刑侦大队于2014年11月12日接到报案，组织警力开展调查工作。经一年多的全面调查，2016年7月19日，在界牌镇抓获犯罪嫌疑人王某。经查，2014年7月前后，犯罪嫌疑人王某为泄愤，通过网络两次购买铅粉，将铅粉投入饮料瓶、涂擦于儿童玩具和投入食物中，致陈某天铅中毒。（张卫莺）

见义勇为

【概况】 2016年，丹阳市召开见义勇为表彰奖励会议12场次，慰问表彰奖励见义勇为人员660人次，颁发见义勇为奖金38.77万元。

杭和秀等4人被镇江市公安局、见义勇为基金会授予“镇江市2016年度见义勇为积极分子”荣誉称号，皇塘镇见义勇为工作站等3个单位被评为“镇江市2016年度见义勇为工作先进集体”，钱兴平等4人被评为“镇江市2016年度见义勇为工作先进个人”，梅英俊等4人被评为“镇江市2016年度见义勇为优秀志愿者”。朱金云等8人被授予“镇江市见义勇为先进分子”荣誉称号，市见义勇为基金会等3个单位被授予“镇江市见义勇为工作先进集体”荣誉称号，赵红锦等3人被授予“镇江市见义勇为工作先进个人”荣誉称号。皇塘镇、司徒镇等9个基层站所获评2015年度“丹阳市见义勇为工作先进集体”，杨建平、王立金等10人获评2015年度“见义勇为工作先进个人”。全年共抓获各类违法犯罪嫌疑人294名，破获各类案件776起，救助重特大交通事故受伤及落水人员19名，为国家集体挽回经济损失1140.39万余元。（蒋泽锋）

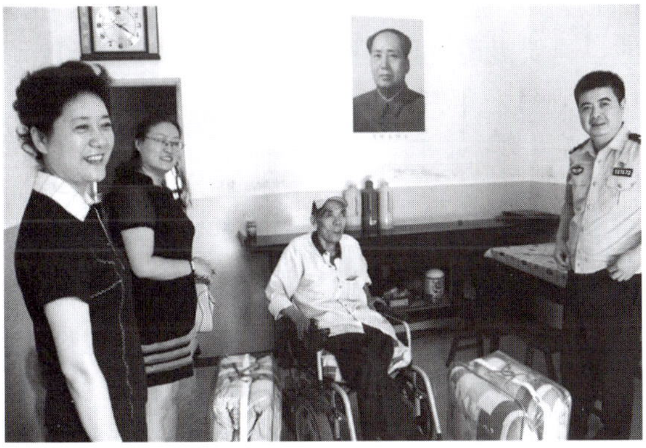

图61　2016年8月31日，丹阳市见义勇为基金会工作人员走访慰问见义勇为人员（蒋泽锋）

【协破伪造假币大案】　2015年4月22日，一男子到常州顺丰快递丹阳市窦庄分点部投寄50个快递中件袋“面膜”后离去，在分拣时，快递员发现运单上没有填写寄件人姓名，手感袋内物品也非面膜，即打运单上寄件人手机号码查询，发现该手机已经关机。快递员迅即按顺丰快递公司工作程序规定，进行开袋验货，发现被捡的快递中件袋中装的并非“面膜”，而是10元面额及20元面额的假人民币，即向市公安局电话报警。据此线索，市公安局联合辽宁、广东、上海、福建等地公安机关，破获5起伪造货币案，收缴假人民币32万余元，捣毁4个伪造假人民币窝点，查获一批制假设备和原材料，抓获5名犯罪嫌疑人。（蒋泽锋）

【赵娅君勇灭火险】　2016年1月24日，正在华东建材市场“禹祥石行”与客户谈生意的赵娅君，忽然听到她女儿说隔壁的昌盛石材厂失火了。赵娅君起身到门外，发现隔壁厨房煤气灶上的油锅燃烧着大火，她立即冲进去，冒着熊熊烈焰，快速关闭灶具开关和煤气瓶阀，又用锅盖盖上燃烧着大火的熬油锅。就在赵娅君出屋换口气之际，厨房熬油锅复燃，赵娅君毫不犹豫再次冲进去，徒手将熬油锅端到屋外，因脚滑摔倒在地，滚油烫伤赵娅君手指和手腕。经医院诊断，赵娅君的腕和手二度烧伤。（蒋泽锋）

【众人扑救路过货车火灾】　2016年1月26日，一辆满载“美的”空调机的轻型货车，在途经122省道司徒镇丁庄村与丹西公路交叉路口突然起火，并不时发出一些小爆炸声，该货车驾驶员大声呼救。听到呼救声后，司徒镇丁庄村村委会干部杭和秀、丁林霞和丁庄村联防队员毛一鸣、村民赵志彬等迅速赶过来拎水灭火。杭和秀爬上货车，拆卸着火的包装物卸下空调机。经过半个小时的扑救，保住了货车及价值20余万元的空调机。（蒋泽锋）

检　察

【概况】　2016年，丹阳市检察院以体系化建设为突破口，突出司法办案，全面提升监督能力，打造行政执法检察监督工作品牌，推动党委政府出台督促行政执法机关履行职责工作办法。建成江苏省首个行政执法检察监督信息中心。牵头成立江苏首个县市级生态环境修复基地。共选任员额检察官36名，配备检察辅助人员41名、司法行政人员13名。共办理行政执法检察监督案件12件，发出检察建议8份，办理公益诉讼案件1件，监督行政执法机关移送犯罪线索6件。共受理公安机关提请批准逮捕案件417件560人，经审查，批准逮捕320件429人，不批准逮捕92件130人。共受理侦查机关移送审查起诉案件903件1201人，经审查，提起公诉894件1163人，不起诉9件9人。严厉打击非法吸收公众存款、集资诈骗等金融领域犯罪，共办理此类案件7件10人。利用现代网络载体，打造“指尖上的检察院”。“丹阳检察在线”官方微博被评为“全国检察微博20强”，制作的督促履职微信作品被评为2016年度全国检察新媒体优秀作品。公开案件程序性信息1700余条，终结性法律文书660余份，重要案件信息20余条。市检察院获全国检察宣传先进单位、江苏省文明单位、全省检察机关规范办案工作区、镇江市先进基层检察院等集体荣誉20余项。（杨　磊）

图62　2016年3月4日，市检察院召开调研工作座谈会　（杨　磊）

【首批员额检察官上岗】　2016年12月8日，丹阳市检察院举行司法体制改革以来首批员额检察官（司法体制改革中检察官的统一称谓）宪法宣誓仪式，标志着34名员额检察官正式上岗。员额检察官将围绕司法办案终身责任制，强化法律监督，担负起办案的主体责任，让人民群众在每一个司法案件中感受到公平正义。（杨　磊）

图63　2016年12月8日，市检察院首批员额检察官进行宪法宣誓　（杨　磊）

【诉讼监督】　2016年，丹阳市检察院共立案监督3人，追捕3人，发出纠正违法通知书3份。建议行政机关移送涉嫌犯罪案件线索9件，公安机关立案5件。加强对刑事执行活动的监督，开展集中清理判处实刑罪犯未执行刑罚专项活动和财产刑执行专项检察活动。积极构建多元化民事监督格局，共发出支持起诉书1件，发出检察建议5件，不支持监督申请1件，建议提请抗诉1件，建议不支持监督申请16件，针对审判人员违法行为的2份检察建议被法院采纳。（杨　磊）

图64　2016年5月27日，市检察院召开民事行政检察工作汇报会　（杨　磊）

【查办和预防职务犯罪】　2016年，丹阳市检察院共查办职务犯罪案件16件19人，其中贪污贿赂犯罪13件13人，渎职侵权犯罪3件6人，涉案金额50万元以上的7件，为国家挽回损失900余万元。查办科级干部6人、处级干部3人。坚持一案双查，在供销系统“新网工程”专项资金申报领域查处丹阳市供销合作社原主任胡某某等3人受贿、滥用职权案。结合办案撰写预防调查报告2份，撰写案例剖析报告11份，发出预警类检察建议4份。组织20余家单位开展警示教育，受教育人数2100余人次。警示教育基地被丹阳市委列入全市首批干部教育培训“现场教学基地”，“打造立体化预防职务犯罪警示教育平台”项目被评为丹阳市首届“十大法治实践优秀案例”。（杨　磊）

【丹阳市生态环境修复基地成立】　2016年6月3日，由丹阳市检察院牵头组建的江苏首个县级市生态环境修复基地——丹阳市生态环境修复基地成立。近年来，丹阳市检察院在办理环境公益诉讼案件中发现，有些环境损害造成的污染大难修复，有的甚至不可修复，为了落实环境保护责任，更有效地保护国家利益、社会公共利益，市检察院联合丹阳市开发区、法院、环保、国土、公安等单位共同建立丹阳市生态环境修复基地。基地集惩治、教育、修复为一体，下辖的修复林地约10公顷，目的是在检察机关办理环境公益诉讼案件中，如被损害的生态环境无法完全修复的，要求违法者承担替代性修复责任，最终落实违法者的环境修复责任。（杨　磊）

图65　2016年6月3日，江苏省首个县级生态环境修复基地——丹阳市生态环境修复基地成立（杨　磊）

法　院

【概况】　2016年，丹阳市人民法院共受理各类案件25706件，审执结各类案件19185件，比上年分别增长12.23%和12.06%。审结各类刑事案件900件，比上年下降0.55%；审结民商事案件11312件，比上年增长2.95%；审结行政诉讼案件138件，比上年下降4.83%；受理各类执行案件7524件，执结6240件，比上年分别增长30.85%和28.82%。7月，市法院被江苏省高级人民法院评为“全省法院党建工作先进集体”。（李信华）

图66　2016年4月11日，市人民法院法官为中小学生举办法律知识讲座（李信华）

【打击“拒执”案件入选最高人民法院典型案例】　2016年，丹阳市人民法院加强执行威慑机制和执行联动机制建设，加大对“拒执”行为的打击力度。11月，最高人民法院发布6起依法审理拒执刑事案件典型案例，其中丹阳市法院审判的“蒋红庆拒不执行判决、裁定公诉案”被作为典型案例予以发布，该案例也是江苏法院入选的唯一案例。该案的典型意义在于被执行人躲避执行，下落不明，虽然在判决生效前转让房屋，但在进入执行程序后收得房款，且所收房款用作他用，并未履行判决义务，具有明显的抗拒执行的主观故意，属于有执行能力而抗拒执行情形，依法应予以刑事处罚。（李信华）

【道路交通事故“一站式”处理模式】　2016

年，丹阳市人民法院加强道路交通事故处理诉讼综合服务中心建设，为道路交通事故当事人提供事故快速处理、保险理赔、法律援助、法医咨询、诉讼立案、诉讼审判等“一站式”服务，通过强化分类调处、专业化审理，案件平均办理周期大幅缩短，调解成功率保持在70%以上，促进道路交通事故纠纷高效、便捷、低成本处理。道路交通事故“一站式”处理模式被评为镇江市第三届“十大法治事件”，相关经验被中国法学会主办杂志《人民法治》和最高人民法院刊物《中国审判》转载刊登，并在全省中级人民法院院长座谈会上作交流发言。 （李信华）

【首批员额法官确定】 2016年，丹阳市人民法院按照上级法院统一部署，稳妥推进法官员额制度改革，制定《法官入额业绩考核与考评实施细则》以及《首批法官岗位设定与配置暂行办法》，严格法官入额标准，经过动员部署、业绩考核、民主测评等程序，首批确定64名员额法官，11月16日，市法院举行首批员额法官宪法宣誓仪式。 （李信华）

图67 2016年11月16日，市人民法院举行首批员额法官宪法宣誓仪式（李信华）

【行政审判庭获评“公正司法示范点”】 2016年，丹阳市人民法院严格贯彻执行《中华人民共和国行政诉讼法》及其司法解释，充分发挥行政审判职能作用，切实保障当事人诉权，强化监督行政机关依法行政，妥善化解行政争议。加强与行政机关良性互动，落实好行政审判年度报告等制度，推进行政机关负责人出庭应诉工作，应诉率达100%。一起行政诉讼案件被评为“十大经济行政典型案例”，并被中央电视台报道。12月，市法院行政审判庭被中共镇江市委政法委员会、镇江市依法治市领导小组办公室命名为镇江市“公正司法示范点”。 （李信华）

2016年丹阳市人民法院部门负责人

表9

部门	负责人	部门	负责人
政治处	史　展	纪检组	刘玉兔
执行局	邢永忠	监察室、审管办	邱国良
办公室	符向军	研究室	葛家栋
立案庭	耿振英	刑　庭	戎莉俊
少年庭	吴国建	民一庭	陈国鹰
民二庭	刘绛昱	民三庭	吉立平
行政庭	徐云方	审监庭	徐文元
行政科	王新二	司法鉴定科	蔡兰娣
法警队	周维新	导墅庭	姜　蔚
后巷庭	戴秋汉	吕城庭	戴志忠

（李信华）

司法行政

【概况】 2016年，丹阳市围绕打造“人民满意的服务型司法行政机关”，以司法行政基层基础“规范化建设”为切入点，推进法治丹阳建设。出台“谁执法谁普法”工作意见，落实普法责任制，形成“党委领导、人大监督、政府实施，各部门齐抓共管，全社会共同参与”的法治宣传工作机制。组织“万人学法”竞赛网上答题、“农民工学法活动周”等主题活动，在农村、校园开展“以案说法”镇村巡讲，与文广新局合作开展“法治文艺村村行”活动，宣传与群众生产、生活密切相关的法律法规，增强基层农民群众的法治意识。在《丹阳日报》增设“丹阳司法行政”专版，在电视台开设“丹阳司法12348”法治专栏。改版丹阳普法网，用好丹阳普法联盟，更新丹阳普法微博，开设丹阳司法微信公众号。注重法治实践，提升基层法治化管理水平，全市建成省级“民主法治示范村（社区）”79个。2016年，丹阳市获江苏省“六五”普法工作先进市荣誉。（贺利平）

图68 2016年9月11日，丹阳市开展“美好城市 法律相伴 你我共创”法治宣传倡议推广活动（贺利平）

【特殊人群监管】 2016年，丹阳市深化监管机制，开展“三检查、三规范”（检查廉洁自律、规范执法监督；检查职能履行、规范执法行为；检查责任落实、规范队伍管理）专项整改活动，提升社区矫正队伍执法水平。在全市设立社区矫正挂牌责任岗和管理岗，确保社区服刑人员管理到位。为执法人员配备“矫务通”、执法记录仪、考勤机等装备，为社区服刑人员配备定位手机、电子手环等设备，安装远程视频会见系统，“人防”“技防”相结合，保障社区矫正工作高效开展。全年共有在册社区服刑人员407人，新增安置帮教对象694人，配合“大戒毒”体系建设，建立后续照管工作站。（贺利平）

【纠纷调解】 2016年，丹阳市公安派出所、人民法院及基层法庭全部派驻人民调解工作室，依靠11家专业性调委会，建立健全物价纠纷和物业纠纷调解组织，与公安、法院等制定出台道路交通事故处理一体化运行机制。完成市镇人民调解员的等级评定工作，全市镇村两级基层调解组织建设实现规范化，12个司法所全部被评为“镇江市优秀司法所”，4个所被省司法厅命名为“江苏省优秀司法所”，多家调委会被省司法厅评为规范化调委会示范点。全年全市各级各类调解组织共组织矛盾纠纷排查5635次，受理矛盾纠纷3715件，成功调解3677件，成功率为99%，没有发生因调处不及时而导致的矛盾纠纷激化。（贺利平）

图69 2016年6月1日，丹阳市人民调解员培训班开班，200余名基层人民调解员参加培训（贺利平）

【法律服务】 2016年，丹阳市完善并规范运行市镇两级公共法律服务平台，加大市镇村三级公共法律服务平台和一村一顾问的考核力度。5月，丹阳市政府下发《关于进一步扩大法律援助范围的通知》，在经济审查方面将受援人由当地城乡居民最低生活保障标准调整为当地城乡居民最低生活保障标准的2倍。全年办理法律援助案件1182件。规范12个镇（区、街道）公证服务联系点，开展“公证利民村村行”“公证敬老月”等活动，为土地流转、旧城改造、招投标等法律事务办理公证业务，全年共办理公证4517件。出台丹阳市律师事务所考核办法和律师考核办法（征求意见稿），规范律师管理。鼓励律师参政议政，律师中有1名党代表、1名人大常委候选人、4名推荐为政协委员候选人。全市共有律师事务所13家、律师150人，律师担任1788家政府机关、企事业单位、个人法律顾问，全年办理诉讼案件4229件。（贺利平）

图 70　2016 年，丹阳市司法局法律援助中心走进驻军部队开展“法律援助进军营”活动　（贺利平）

【首届青年律师论坛】　为纪念“五四”青年节，进一步加强青年律师业务交流、提升青年律师业务水平，2016 年 4 月 28 日，丹阳市司法局举办首届青年律师论坛，有 11 家律师事务所的 15 位青年律师参加论坛。青年律师通过“青年律师的成长之路”主题演讲，畅谈执业感悟、分享业务经验、探讨发展途径。（贺利平）

图 71　2016 年 4 月 28 日，丹阳市司法局举办首届青年律师论坛　（贺利平）

【慈善捐款公证】　2016 年 6 月 18 日，江苏汝康食品商贸有限公司组织为镇江市特教中心及市行宫中心小学募集善款。为保证捐款活动现场监督公证的顺利进行，切实维护公证公信力，最大限度保证善款“有处可寻”，市公证处公证员在活动前对捐款活动方案、捐款流程、募捐器具等进行严格审查，并制定现场监督公证方案。捐款活动共募集善款 16 万余元，其中 10 万元捐助给镇江市特教中心，剩余善款捐助给市行宫中心小学。这是市司法局公证处首例慈善爱心捐款现场监督公证。（贺利平）

【徐腊娥获评“江苏最美司法所长”】　2016 年 8 月 9 日，由江苏省司法厅主办的“最美司法所长”“最美人民调解员”群众网络投票评选活动中，丹阳市陵口司法所所长徐腊娥获评全省“最美司法所长”，镇江地区仅此一位。徐腊娥在基层司法行政岗位上工作 26 年，她创立首个以个人名字命名的“徐腊娥调解工作室”，成功化解各类纠纷 1800 余件，防止民间纠纷激化 60 余起，帮助农民工讨要工资 73 起 560 余万元，处理工伤事故 30 余件 580 余万元。徐腊娥先后获全国“人民满意的司法助理员”、全国“标兵人民调解员”、江苏省“群众心中优秀司法所长”“感动丹阳十佳女性”等荣誉。（贺利平）

【法律援助范围调整】　2016 年，丹阳市政府下发《关于进一步扩大法律援助范围的通知》（下称《通知》），进一步降低法律援助门槛，对弱势群众予以“应援尽援”。《通知》规定，本市公民可申请法律援助事项，除国务院《法律援助条例》《江苏省法律援助条例》规定外，增加下列 12 条事项：1.《江苏省法律援助条例》第十四条所列人员因维护自身合法权益申请法律援助的。2. 请求变更抚养关系、赡养关系的。3. 因食品药品安全、产品质量等造成人身伤害请求赔偿的。4. 因医疗、交通、工伤事故以及其他人身伤害案件造成人身损害或财产损失请求赔偿的。5. 因教育、就业合法权益遭受侵害请求赔偿的。6. 因环境污染遭受人身损害或严重经济损失请求赔偿的。7. 因使用伪劣农药、化肥、种子及其他农资产品造成严重经济损失请求赔偿的。8. 因征地、拆迁而使权益受到严重损害并在民事诉讼中请求赔偿或者补偿的。9. 因农村土地承包经营权、土地流转中合法权益受到严重侵害的。10. 军人军属请求给予优抚待遇的。11. 涉及军人婚姻家庭纠纷的。

12. 申诉人不服司法机关生效刑事、民事和行政裁判、决定的，有一定事实和理由，可能影响原审裁判、决定的。此外，《通知》还规定其他降低申请法律援助的情形。（贺利平）

图 72　2016 年 6 月 30 日，丹阳市司法局联合云阳桥社区、供电公司等 18 家单位举办党员志愿服务活动，为群众提供法律咨询、解答有关法律问题（贺利平）

【"谁执法谁普法"工作机制】 2016 年，丹阳市出台《丹阳市国家机关"谁执法谁普法"责任制实施办法》(以下简称《办法》)，推动法治宣传教育工作由"软任务"向"硬约束"转变，构建分工负责、各司其职、齐抓共管的大普法工作格局，推动法治宣传教育工作深入持久开展。《办法》明确，实行"谁执法谁普法"责任制的责任主体为全市国家机关，具体包括：依法行使司法权和行政执法权的司法机关、行政机关，以及法律、法规授权行使行政执法权的组织。《办法》强调，国家机关在行使司法权、行政执法权过程中，应将相关的法律规定、执法依据以及相关权利义务，依法定程序书面或口头告知案件当事人、行政相对人和其他参与人，将法治宣传教育渗透到司法、执法的全过程。国家机关的司法、行政执法文书，除依法不予公开的以外，应通过一定的途径向社会公开，接受社会监督。《办法》要求，普法办建立国家机关"谁执法谁普法"责任制落实情况年度考核检查制度，并明确包括组织领导、机关学法职责、社会普法职责、工作成效、考核加分五项内容的百分制考评细则。（贺利平）

【"公证敬老月"活动】 2016 年 10 月，丹阳市司法局公证处开展为期 1 个月的"公证敬老月"活动。其间，司法局公证处人员走进全市城乡，开展《中华人民共和国老年人权益保障法》宣传和涉老法律咨询服务，发放《老年人公证服务手册》，开辟老年人绿色通道，对老年人办理公证实行优先接待、优先受理、优先出证，为老年人提供优质、快捷的公证法律服务。同时，实行减免收费优惠等措施，为老年人做好事、办实事、解难事。（贺利平）

图 73　2016 年 10 月 12 日，丹阳市司法局公证处人员到陵口镇开展"公证敬老月"活动，为农村老年人提供公证法律知识咨询服务（贺利平）

【"七五"普法工作】 2016 年 11 月 9 日，丹阳市委、市政府组织召开"六五"普法总结表彰暨"七五"普法动员部署工作会议。会议宣读市委书记陈可可、市长黄春年就全市法治宣传教育工作所做的批示。确定"七五"普法六个方面工作：1. 学习贯彻习近平总书记关于全面依法治国的系列重要论述，凝聚法治丹阳建设的强大合力。2. 突出学习宣传宪法，牢固树立宪法权威。3. 结合建设"强富美高"新丹阳实际，深入宣传中国特色社会主义法治体系。4. 抓重点对象学法用法，将全民普法引向深入。5. 加强文化引领，努力构筑社会主义法治文化高地。6. 创新宣传理念和手段，推动法治宣传教育转型升级。（贺利平）

农林·水利

栏目编辑 夷朝霞

农　林

【概况】 2016年，丹阳市实现农业总产值86.64亿元，比上年增长2.64%；农业增加值60.6亿元，比上年增长2.45%；农村居民人均可支配收入21706.2元，比上年增长9.1%；粮食种植面积7.14万公顷，总产49.33万吨；蔬菜播种面积1.83万公顷，总产量57.19万吨，总产值15.66亿元；新增高效设施农业面积2476公顷，新增蔬菜基地面积135公顷。在省级农业项目资金管理使用绩效评价情况通报中被评为优秀。 （季梦琦）

图74　2016年11月13日，农业部副部长张桃林（左二）到丹阳调研　（季梦琦）

【获全国绿化模范单位】 2016年，丹阳市加快国土绿化步伐，推进生态文明建设，实现人与自然和谐发展。全年共完成造林面积500.37公顷，更新和完善农田林网控制面积2800公顷，森林抚育面积1000公顷，成功获得“全国绿化模范县”荣誉称号。 （季梦琦）

图75　2016年9月1日，丹阳市农林行政执法大队成立　（季梦琦）

·粮油种植·

【概况】 2016年，丹阳市粮食种植面积7.14万公顷、总产49.33万吨，分别比上年增加300公顷、减少1.88万吨。夏粮面积3.40万公顷、亩单产301.4公斤（公顷单产4521公斤）、总产15.36万吨，分别比上年增加500公顷、减少25.7公斤、减少1.01万吨。其中小麦种植面积3.31万公顷、亩单产304.2公斤

(公顷单产4563公斤)、总产15.01万吨，分别比上年增加500公顷、减少26.1公斤、减少1.06万吨。油菜种植面积0.32万公顷、亩单产153.2公斤（公顷单产2298公斤）、总产0.74万吨，分别比上年减少300公顷、减少0.3公斤、减少73万公斤。秋粮面积3.74万公顷、亩单产605.3公斤（公顷单产9079.5公斤）、总产33.98万吨，分别比上年减少200公顷、减少10.9公斤、减少0.80万吨。其中水稻种植面积3.52万公顷、亩单产628.5公斤（公顷单产9427.5公斤）、总产33.21万吨，分别比上年减少300公顷、减少10.8公斤、减少0.78万吨。（赵玉兰）

【稻田综合种养补助项目】 稻鸭共作是以生产绿色、有机优质稻米为主的生态种养模式，亩效益比常规稻生产高300元—2000元，生态效益更为显著。2016年，江苏省对丹阳市稻田综合种养进行补助试点，镇江市对丹阳市新增稻鸭共作进行扶持，丹阳市将两个项目整合，对全市稻鸭共作面积3.33公顷以上的实行先建后补，并在延陵镇、访仙镇和珥陵镇建立3个13.33公顷以上的示范基地，共补助稻鸭共作面积210公顷，其中新增126.81公顷。（赵玉兰）

图76 稻鸭共作种养模式田块(赵玉兰)

【粮食高产增效项目创建】 2016年，丹阳市建立小麦4个高产增效创建示范片，建立7个水稻绿色高产高效创建示范片。水稻绿色高产高效示范片全面应用农药、化肥减量增效绿色生产技术，全面推行机插育秧、栽培和病虫防治专业化服务，实现水稻高产高效目标，带动全市大面积生产水平提高。小麦、水稻示范片产量等指标均达到项目创建的要求，通过专家组的测产验收。（赵玉兰）

·林 业·

【概况】 2016年，丹阳市共完成造林面积500.37公顷，其中成片造林230.64公顷、四旁植树100.3万株，更新和完善农田林网控制面积2800公顷，森林抚育面积1000公顷。办理林木采伐许可92件，救助红隼、夜鹭、猫头鹰等野生鸟类共15只。清理疏通防火通道、隔离带5公里，清理坟区可燃物6.8公顷，建设森林防火智能警示宣传仪5台，购置和更新防火设备一批，全年未发生森林火灾。增设太阳能诱虫测报灯2台，开展杨树食叶害虫注杆防治1次，喷雾防治3次，主要林业有害生物成灾率控制在2%以下。（钱伟峰）

【林业有害生物普查】 2016年，丹阳市组织开展林业有害生物普查，全年共野外调查20余次，调查面积333.33公顷/次，记录影像资料近2000Mb，制作标本500余个，室内培养观测发现病害15种、林业虫害134种、林业有害植物2种。完成《丹阳市林业有害生物普查技术报告》和《丹阳市林业有害生物普查工作报告》的编制，并形成丹阳市林业有害生物普查数据库。（钱伟峰）

【古树名木资源普查】 2015年10月—2016年9月，丹阳市组织开展古树名木资源普查。经调查，全市有30株树木被确定为古树，按树种分：银杏16株、腊梅3株、桂花3株、皂荚2株、高杆女贞2株、桧柏1株、白蜡1株、瓜子黄杨1株、香柏1株。按等级分：一级古树5株，二级古树9株，三级古树16株。按分布位置分：乡镇街道或远郊有20株、城区有10株。（钱伟峰）

·蚕桑业·

【概况】 2016 年，丹阳市饲养蚕种 301 张，总产茧 11513.5 公斤，平均每张产茧 38.25 公斤，总产值 38.46 万元，平均每公斤茧价 33 元，张产值 1262.25 元。春蚕饲养 158 张，生产蚕茧 8790 公斤，平均每张产茧 47.5 公斤，平均每公斤茧价 33 元，总产值 24.77 万元，张产值 1567.5 元；秋蚕饲养 143 张，产茧 4145 公斤，平均每张产茧 29 公斤，总产值 13.69 万元，平均每公斤茧价 33 元，张产值 957 元。

（臧丽娟）

【蚕桑“三新”工程】 2016 年，丹阳市与中国农业科学院蚕业研究所合作实施江苏省农业“三新”工程《桑蚕疾病控制新技术、新产品及新模式的推广与应用》并通过省级验收。推广使用国家级新蚕药 4 种、临床新蚕药 1 种，有效降低蚕病损失率，同时加强对蚕农的培训工作，提高广大蚕农栽桑养蚕水平，增加蚕茧产量和蚕农收入。（臧丽娟）

·蔬菜园艺业·

【概况】 2016 年，丹阳市常年蔬菜种植面积 5815.3 公顷，全年蔬菜播种面积 18249.8 公顷，总产量 57.19 万吨，总产值 15.66 亿元。年产干茶 378.80 万公斤，茶叶总产值 5206.7 万元。果品产量 763.7 万公斤，产值 6851 万元。新增高效设施农业面积 2476 公顷，新增蔬菜基地面积 135 公顷。（王辉琼）

【名特优茶叶获奖】 2016 年，在江苏省第十七届“陆羽杯”名优茶评比活动中，丹阳市共有三个茶样参赛，三个茶样获特等奖。江苏吟春碧芽股份有限公司选送的吟春碧芽茶叶获特等奖，排名第二；管山茶叶合作社的管山云峰和建林茶场的金山翠芽分获特等奖的第十一名和第十八名。（王辉琼）

【休闲观光农业】 2016 年，丹阳市丹北镇埤城白龙寺生态园、水月情生态园、江苏超力生态农业发展有限公司、丹阳碧云天农林科技有限公司被评为镇江级休闲观光示范点，丹阳市延陵镇九里村被评为“江苏省休闲观光农业示范村”。

（王辉琼）

·畜牧业·

【概况】 2016 年，丹阳市畜牧业产值 12.7 亿元。生猪出栏 25.37 万头，年末存栏 13.84 万头。家禽出栏 2406.85 万羽，其中肉禽出栏 2139.87 万羽；年末家禽存栏 324.60 万羽，其中蛋禽存栏 74.61 万羽。山羊出栏 1.89 万只，年末存栏 1.04 万只。奶牛存栏 740 头。生猪、肉禽、蛋禽、奶牛规模养殖比重分别达到 78.16%、71.16%、83.63%、58.70%，其中生猪大中型规模养殖比重达 58.81%。开展省级生态健康养殖示范场创建，新创建生态健康养殖示范场 1 个。通过科技入户工作指导示范户与辐射户，在全市范围内指导推广新技术、新品种、新模式。按照江苏省统一部署，全面推进畜禽粪污治理工作，关闭禁养区内养殖场，对非禁养区（限养区）内养殖场进行治理。禁养区内养殖场 514 家（含新增 109 家），全部清栏关闭，清栏关闭率达 100%。

（刘晓云）

·水产业·

【概况】 2016 年，丹阳市水产养殖面积 7423 公顷，与 2015 年持平，水产品总产量 4.09 万吨，比上年增加 801 吨，水产业一产产值 11.60 亿元，比上年增加 511 万元，其中特种水产养殖面积 4094 公顷，占 55.2%，养殖结构合理。通过省部级渔业科技入户和职业渔民培训等工作，养殖技术和管理水平持续提升，从业人员基本掌握常规的科学饲养管理技术。2016年气候常年温和，未出现极端高温和低温天气，鱼类等水产品生长速度不及常年。河蟹养殖呈现规格小和产量偏低。水产品价格中鱼类价格前低后高，其中鲫鱼上涨较大，青虾价格全年偏低，河蟹价格中小规格价格稳定，大规格产量小，价格波动大。全年未发生重大水产安全生产和质量安全事件。各地水产养殖户积极性有所提高，生产投入增加，新建池塘面积增加，新开挖池塘面积80公顷以上，吸引大批外地养殖户到丹阳投资。丹阳市国宏现代生态养殖场新建20000余平方米智能工厂化大棚养殖南美白对虾，探索养殖6批南美白对虾苗种800万尾，基本掌握工厂化养殖管理技术。丹阳市池塘工业化生态养殖在江苏省水产局会议进行交流发言。（陈佳栋）

农业机械

【概况】 2016年，丹阳市农业机械总动力达38.04万千瓦，农业机械原值达6.25亿元。农机购置投入8410万元，其中各级财政补贴资金3093万元。新增大中型拖拉机110台、秸秆还田机236台、高速插秧机195台、步进式插秧机14台、高效植保机113台、复式播种机55台、粮食烘干机160台、联合收割机134台。全市农机化水平达92.78%，其中粮油生产综合农机化水平达94.2%，畜牧业机械化水平达49.8%，渔业机械化水平达53.7%，林果业机械化水平达48.8%，设施农业机械化水平达43.0%，农产品初加工机械化水平达49.3%。全市共完成机插秧2.95万公顷，占水稻实际总面积83%，完成秸秆机械化还田5.87万公顷。全市共建有农机合作社127个，农业机械服务组织作业面积占机械化作业总面积比例达80%，大中型机具入社比例达85%，农业机械户加入农业机械合作社比例达71%，农业劳动力占全社会从业人员比例达22%。

（鲁秋忠）

2016年丹阳市农业机械保有量统计表

表10

项目	单位	2016年
农业机械总动力	万千瓦	37.348
一、耕作机械	—	—
1. 大中型拖拉机	台	2147
大中型拖拉机配套农具	台	5456
2. 小型拖拉机	台	1653
小型拖拉机配套农具	台	5959
3. 水稻插秧机	台	2307
其中乘坐式	台	1259
二、排灌动力机械	台	10486
三、收获机械	—	—
1. 联合收割机	台	1405
2. 油菜收获机	台	156
四、植保机械	台	4187
五、农产品初加工机械	—	—
1. 粮食加工机械	台	1852
2. 谷物烘干机械	台	619
3. 油料加工机械	台	215
4. 果蔬加工机械	台	243
5. 茶叶加工机械	台	155
六、保鲜储藏机械	台	658
七、渔业机械	—	—
1. 增氧机	台	7861
2. 投饵机	台	6100
八、塑料大棚	平方米	14007000
九、挤奶机	台	60
十、运输机械	—	—
1. 农用运输车	台	1653
2. 农用挂车	台	213
十一、农业机械原值	万元	67545

（鲁秋忠）

农业综合开发

【概况】 2016年，丹阳市依据“十三五”规划，坚持生态优先、三产互动、品牌带动的原则，以市场为导向，以项目建设为载体，多元投入，提高农业开发成效。

发挥农业综合开发投入的导向作用，推进农业供给侧结构性改革；加快管理方式转变，积极应对新一轮农业综合开发管理体制机制改革。全年立项国家农业综合开发高标准农田建设项目 1 个，总投资 753 万元，建设面积 333.33 公顷；立项国家农业综合开发产业化贷款贴息项目 5 个（丹阳市永兴面粉有限公司、江苏江南生物科技有限公司、丹阳市莲湖面粉有限公司、江苏丹玉集团有限公司、丹阳市恒新面粉有限公司），总投资 23860 万元，其中财政资金 728 万元。实施省级丘陵山区农业综合开发项目 2 个（丹阳市经济开发区颜春农业生态园建设项目、丹阳市秭丹橙子种植基地项目），项目总投资 513 万元，其中财政资金 470 万元，群众和单位自筹 43 万元，项目建设规模 227.33 公顷。　（陈　坚）

现代农业园区建设

【概况】　2016 年，丹阳市 8 个重点农业园区新增面积 230.33 公顷，累计建成 5206.67 公顷，完成规划面积的 81.9%。新增基础设施投入 1.67 亿元，新增园区固定资产投入 4.51 亿元，实现园区农业总产值 151.12 亿元，增长 10.44%；新增规模经营主体 13 家，新增规模经营面积 397.73 公顷，比上年同期增长 9.4%。园区引进 300 万元以上项目数 6 个，引资额 6200 万元，新增合作组织 9 个，累计入园企业 91 家，合作组织 98 个。8 家园区推进 11 个亿元项目建设，其中前期项目 2 个、新建项目 3 个、竣工项目 6 个。公共服务平台数量达到 13 个，其中江苏省丹阳现代农业产业园区的公共服务平台成为镇江市优秀公共服务平台。　（丁汉平）

2016 年丹阳市重点建设农业园区情况

表 11

园区名称	园区总产值（亿元）	固定资产投资（亿元）	当年基础设施投入（亿元）	新增招商引资项目数（个）	新增规模经营主体（个）	新增规模经营面积（公顷）
江苏省丹阳现代农业产业园区	5.61	0.73	0.079	0	3	64.67
江苏丹阳粮油加工贸易集中区	64.79	0.58	0.005	0	1	4
丹阳市齐梁茶林产业园区	41.98	0.56	0.038	1	2	113.33
丹阳市现代园艺产业园	2.01	0.35	0.25	1	1	28.67
丹阳市珥陵农产品加工园区	27.5	0.83	0.01	0	2	58.73
丹阳市皇塘现代渔业产业园区	2.38	0.46	0.46	1	2	21.67
丹阳市访仙现代果林产业园	3.06	0.42	0.68	3	1	26.67
丹阳市后巷现代林苗产业园区	3.79	0.58	0.15	0	1	80
合计	151.12	4.51	1.672	6	13	397.74

（丁汉平）

水　　利

【概况】　2016 年，丹阳市水利投资达到 7 亿元，完成利民河流域、排涝能力达标建设、上新河堤防加固三大防洪除涝工程；完成 2015 年、2016 年两个年度的小型农田水利重点县建设项目，其中 2015 年重点县项目在江苏省财政厅组织的全省绩效考核中获得优秀；完成 2015 年新增千亿斤粮食产能项目，2016 年项目完成 90%；开工建设九曲河整治工程，有序推进新孟河延伸拓浚工程。完成农村河道（含二级沟）疏浚 35 条，衬砌节水渠道 7 公里，新建扩建塘坝8座，新建改造农桥51座，新建改造泵站6座。九曲河枢纽管理处通过国家级水管单位复核，长江堤防管理处通过省二级水管单位复检，农村河道管护年终考核优秀率达80%以上。出台《〈丹阳市农村河道管护办法〉补充意见》和《丹阳市农村二级沟管护考核细则（试行）》，将二级沟及其配套水工建筑物纳入管护范围。7月初，丹阳市遭强降雨，河道全线超警戒水位，丹阳市及时启动防洪应急预案，依靠水利工程体系，科学处置险情，最大限度地降低灾情损失。农田水利设施产权制度改革和创新运行管护机制试点工作通过验收，有序推进河湖和水利工程管理范围划定工作以及农业水价综合改革工作。创成2所省级、9所镇江市级节水型学校，1个省级节水型社区，1家省级节水型企业，1个节水减排示范项目；创成“水美乡村”5家、“水美乡镇”1个。（魏红军）

【微视频获“平安江苏”一等奖】 为纪念第二十四届“世界水日”、第二十九届“中国水周”，2016年，丹阳市水利局、皇塘镇政府联合拍摄推出镇江市第一部水利题材公益宣传短片——《老谢的蛇皮袋》。这部宣传短片通过广场放映、网络传播、手机微信等渠道予以推广，获得江苏省政法委举办的第一届“平安江苏”微视频类一等奖。（魏红军）

【“水利杯”摄影大赛】 2016年4月9日，丹阳市举行“水利杯”摄影大赛颁奖仪式暨作品集首发式。这次摄影大赛从2015年5月开始征稿，共收到全市摄影爱好者作品2359件，组委会从中选择一百余幅获奖作品，编辑出版《亲水致远——摄影大赛获奖作品集》，展现丹阳市的水利工程、水利风景、水美乡村风貌和水利现代化事业取得的成就。（魏红军）

【九曲河枢纽管理处通过国家级水管单位复核】 2016年6月13日，受水利部委托，由太湖流域管理局组织的专家组对九曲河枢纽管理处进行复检验收。专家组评价管理处在组织管理、安全管理、运行管理和经济管理上取得的成绩，认为各方面管理水平在全国都位居前列。复核得分为水闸部分总分960分、泵站部分总分962分，分数均超过九曲河枢纽管理处创建国家级水管单位、第一次复核的分数，居全国高分。（魏红军）

【省级重点水利工程开工】 2016年，丹阳市两项省级重点水利工程开工建设。一是新孟河延伸拓浚（丹阳段）工程，2016年7月8日正式启动实施。该工程是国家172项节水供水重大水利工程之一，河道总长116.47公里，概算总投资134.6亿元，其中丹阳市境内工程长度为7790米，主要工程为拓浚河道7.79公里、改扩建桥梁3座以及沿河水系调整，总投资约11.12亿元。工程的实施，可有效改善新孟河两岸支河的水生态环境，提升界牌、皇塘、导墅等地的防涝能力。二是九曲河整治工程。该工程是经省政府批准的一项重大民生工程，总长27.6公里，批准总投资6.15亿元，11月8日，九曲河整治工程正式开工。（魏红军）

2016年丹阳市水利（总）站负责人

表12

单位	负责人	单位	负责人
开发区	戴云方	云阳	钱国正
司徒	贡仁俊	延陵	马国生
珥陵	张木云	导墅	姜　奇
皇塘	马芳洪	吕城	叶永强
陵口	袁士华	访仙	沈留庆
新桥	朱玉平	界牌	郦　华
后巷	王文伟	埤城	马春虎

（魏红军）

2016年丹阳水利直属单位负责人

表13

单位	负责人	单位	负责人
九曲河枢纽管理处	虞旭升	长江堤防管理处	郑国宝
抗旱排涝处	许一新	河道管理处	潘志新
大吴塘水库管理所	贡仁俊	泰山水库管理所	戴云方

（魏红军）

制造业

栏目编辑　尹宏蔚

综　述

【概况】　制造业是丹阳经济的主体，全市工业经济发展实力居全国百强县（市）第18位。各类企业通过改革创新、内联外引、技术进步、转型升级，逐步形成五大新兴产业和五大传统特色产业集群。2016年，为推动丹阳制造业向产业链和价值链中高端迈进，实现“丹阳制造”向“丹阳智造”转变，丹阳市加快实施《中国制造2025丹阳行动计划》和《2015－2020丹阳智能制造推广计划》等“5＋2”具体实施方案。丹阳市制造业发展呈现出五个特点：（一）规模总量较大。2016年全市地区生产总值1136亿元，制造业产值541.3亿元，占地区生产总值比重达47.6％。（二）产业体系完备。丹阳的眼镜、木业、五金工具、汽车及零部件、家纺等传统产业在全国知名度较高，拥有圣象、天工、沃得、鱼跃等众多国际知名品牌；拥有“中国眼镜生产基地”“江苏五金工具出口基地”等区域品牌；拥有“眼镜之乡”“五金工具之乡”“皮革之乡”等城市品牌。新材料、航空航天装备、新医药及医疗器械等战略性新兴产业的规模趋大。（三）科技优势明显。掌握一批世界“第一”和“唯一”关键技术，拥有7个院士工作站、175家高新技术企业、200多家工程技术研发中心，2016年全市科技进步贡献率为60.72％。（四）创新人才较多。全市有22名国家“千人计划”专家，86名省“双创”人才，40多名院士在丹阳担任特别顾问，拥有5万多名本科以上实用型人才。（五）企业实力较强。拥有15000多家各类企业，其中规模工业企业近800家、亿元企业120余家，超10亿元企业17家，超百亿企业3家，4家企业入选中国民营企业500强。

（秦叶红）

【“煤制乙二醇催化剂”获市科技进步一等奖】
2016年，国家高新技术企业——江苏金聚合金材料有限公司，先后成立镇江市煤基生物降酐塑料工程技术研究中心、镇江市工程技术研究中心，自主研发新型可降解乙醇酸（PGA）新材料、乙酰化木材、高品质石墨烯等三个新品，“煤制乙二醇高性能铜/钯合金催化剂研发及工业化生产”项目获丹阳市科技进步一等奖。

（潘发明）

【大亚集团技改投入超6亿元】　2016年，大亚集团新增镇江市铝合金车轮工程技术研究中心、镇江市功能过滤材料工程技术研究中心，年技改投入6.20亿元，占销售收入的4.13％，研发项目90项，重点实施大亚车轮350万件扩能改造工程和大亚印务100万大箱扩能改造工

程。集团全年共申报各类国家专利 143 件，授权专利 69 件，其中发明专利 22 件。（潘发明）

图 77 大亚科技集团有限公司车轮工厂熔铸车间

（大亚办）

【通辽金煤公司募集资金 5.5 亿元扩能技改】 2016 年，丹化集团通辽金煤化工有限公司为扩大内需，通过非公开发行募集资金 5.5 亿元，用于煤制乙二醇扩能技改。项目投产后将年增产量乙二醇 7 万吨、草酸 3 万吨。（潘发明）

【假肢厂成为国家 973 计划项目参研单位】 2016 年，江苏省高新技术企业——丹阳假肢厂有限公司先后与东南大学、上海交通大学、哈尔滨工业大学等十余所高校及科研院所合作，成为国家“973 计划”项目“人体运动功能重建的生机电一体化科学基础”的参研单位，先后获得各类专利 30 余项，其研发生产的智能感应比例控制假肢等 3 个新品获江苏省高新技术产品称号，智能仿生假肢技术获上海市科学技术一等奖。（潘发明）

【墙体材料改革管理】 2016 年，丹阳市贯彻《江苏省发展新型墙体材料条例》，在丹阳手机台“智慧互联”栏目推出“丹阳墙散办”App，有效利用新媒体推进阳光政务。以节能减排为目标，依法行政，推进执法的事前、事中和事后监管。全年生产新墙材 9.9 亿块，新墙材竣工面积 52 万平方米，关闭砖瓦企业 5 家，征收墙改专项基金 925 万元。11 月，延陵镇通过创建江苏省级乡镇“禁黏”试点验收，大吕行政村通过省级农村“禁实”试点验收。（潘发明）

【散装水泥管理】 2016 年，丹阳市以贯彻执行《江苏省散装水泥促进条例》为突破口，以发展散装水泥、商品混凝土、预拌砂浆为重点，全年完成散装水泥 160 万吨、商品混凝土 605 万立方米、预拌砂浆 4.3 万立方米；完成散装水泥预收款 141 万元。11 月，延陵镇通过创建省级“发展散装水泥示范镇”考核验收。（潘发明）

传统优势产业

【汽车及零部件产业】 汽车及零部件产业是丹阳的特色产业和支柱产业，被列入江苏省重点培育的 100 个产业集群，成为全国重要的汽车零部件生产基地之一，先后被授予“中国汽车（摩托车）零部件制造基地”“中国汽车零部件出口基地”“江苏省汽车零部件基地”“江苏省优质汽摩配生产示范区”等区域品牌。丹阳汽车零部件产业企业主要集中在丹北镇、界牌镇、访仙镇、开发区等镇（区），整车及零部件生产企业超过 1000 家，2016 年，汽车及零部件产业实现销售收入 247.3 亿元。（秦叶红）

【眼镜产业】 眼镜是丹阳市产业集群特征最为明显的传统产业，经过 40 多年的发展、整合，形成从设计、生产、销售一条龙完整的产业链及社会化分工、规模化配套、上下游衔接的产业体系，成为丹阳的“城市烫金名片”。全市从事眼镜行业及相关配套的工贸企业有2000多家，眼镜生产企业近600家，从业人员7万多人。丹阳年产镜架1亿副，各类镜片3亿副，占全国总产量的80%，占世界总产量的50%，是亚洲乃至世界最大的眼镜生产基地。2016年，全市眼镜产业实现销售收入95.6亿元。 （秦叶红）

图78 中国·丹阳国际眼镜城（罗 玲）

【五金工具产业】 丹阳五金工具产业以高速工具钢、电动工具、金刚石锯片、餐具、锁、高精五金配件等为主要产品，其中金刚石锯片、钻头技术含量高，市场份额大，远销海内外，有天工、晶工、华昌、锋泰等一批规模企业。2016年，全市五金工具产业实现销售收入299.7亿元。 （秦叶红）

【鞋服家纺产业】 近年来，丹阳市鞋服家纺业企业抢抓“互联网+”发展新机遇，探索线上线下的电子商务模式，导墅镇和皇塘镇获全国“家纺名镇”称号，白兔村获“电商村”称号，“堂皇家纺”获全国著名商标称号。2016年鞋服家纺业实现销售收入约92.5亿元，产品主要包括家纺寝具、内衣服饰、母婴用品、户外旅游产品等。 （秦叶红）

【木业产业】 丹阳木业产业形成造林、板材、地板、装饰板材、板材专用胶、木门、家具等较为完整的产业链，以圣象、肯帝亚等为代表的木材加工企业开发的智能家居制品、智能木屋、功能性强化地板以及绿色环保、综合利用复合新型板材等前沿产品，市场占有率较高。2016年，全市木业产业实现销售收入206.2亿元。 （秦叶红）

图79 大亚人造板集团有限公司丹阳工厂20万线旋风分离器 （大亚办）

新兴产业

【概况】 2016年，丹阳市新兴产业面对经济形势持续下行的严峻形势，围绕全市经济发展目标，以项目建设为抓手，产业规模进一步壮大；以“三集”（集约、集中、集聚）建设为载体，产业集聚水平逐步提升；以自主创新为手段，产业竞争力明显增强。全年实现新兴产业销售收入1035亿元，增长11%，其中新材料销售收入430.59亿元，新能源行业销售收入30.37亿元；新医药及器械行业销售收入140.24亿元，高端装备行业销售收入365.2亿元，电子信息与软件行业销售收入69.18亿元。新兴产业销售收入占规模以上工业销售的比重达41.6%，新兴产业规模以上固定资产投资达149亿元，增长20%。 （秦叶红）

现代服务业

栏目编辑 尹宏蔚

综　述

【概况】 2016年，丹阳市把握“稳中奋进、提质增效”的总基调，坚持新发展理念，推进供给侧结构性改革，稳增长、促转型、惠民生，服务业实现较快增长。从整体上来看，全市实现服务业增加值516.16亿元，比上年增长10.4%，高于地区生产总值增速1.3个百分点；服务业增加值占地区生产总值比重为45.4%，比上年提高0.7个百分点；服务业规模以上固定资产投资14.03亿元，比上年增长20.6%；全市实现社会消费品零售总额315.61亿元，比上年增长11.2%。全市服务业实现税收33.74亿元，比上年降低16.1%，服务业税收占财政收入的比重为28.0%，比上年提高4.8个百分点；全市重点服务业项目26个，2016年计划总投资89.6亿元，实际完成投资60.69亿元，完成率67.7%。从行业上看，批发零售业实现零售总额279.39亿元，比上年增长11.4%；住宿餐饮实现零售额36.22亿元，比上年增长9.6%；物流业增加值76亿元，比上年增长11.7%；金融机构本外币存款余额1062.10亿元，比上年增长17.6%；旅游业总收入150亿元，比上年增长14.5%，旅游业接待总人数775万人次；房地产市场保持稳定增长，全年商品房销售面积150.22万平方米，比上年增长19.7%；商品房销售额84.41亿元，比上年增长15.3%。 （秦叶红）

【现代服务业集聚区投资增幅达15%】 2016年，丹阳市推进产业“三集”（集约、集中、集聚）发展，优化提升园区发展质态，促进园区提档升级，带动提升全市服务业产业集聚水平，推进中国（丹阳）眼镜城、贤桥广场商贸集中区、水晶山旅游度假区、萧梁物流园、华东建材市场五大现代服务业集聚区建设。至年底，五大服务业集聚区固定资产投资增幅达15%，应税营业收入增幅、入库税收收入增长均达10%。 （秦叶红）

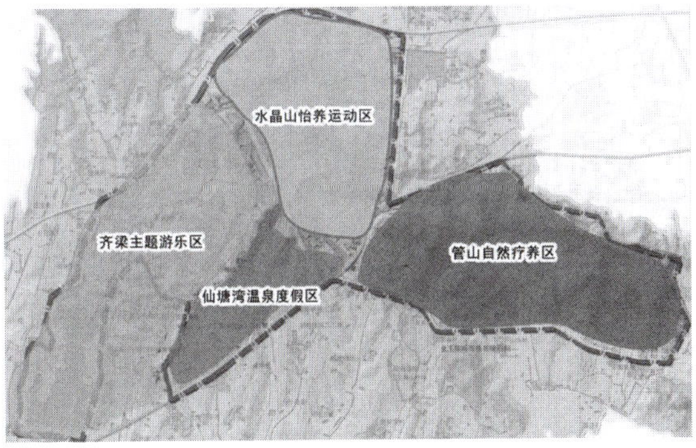

图80　水晶山旅游度假区设计图

（秦叶红）

生产性服务业

【概况】 2016年，丹阳市重点推进现代物流、专业市场、工业设计、金融等生产性服务业。

着力提升现代物流业，实现传统物流向第三方物流、多式联运等现代物流转型。飓风物流获“2016年度国家级服务业标准化试点项目”“2016年江苏省生产性服务业领军企业”“江苏省首批15家智慧物流示范企业”称号。宏福物流实现公铁联运，萧梁物流园构建无缝对接的“铁公水”联运平台。

推动中国丹阳国际眼镜城三期工程、中国汽车及零部件贸易中心等专业市场的建设，实现专业市场向现代服务业集聚区的转型。眼镜城三期工程规划总体方案通过评审专家和开发区规委会的认可。丹阳市委、市政府年初制定2016年“丹阳眼镜”走出去战略工作要点，6月16日，首家“丹阳眼镜”旗舰店开业，中国眼镜博物馆开馆。丹阳眼镜电商平台线上有200余家企业和商户签约入驻，实现平台线上总销售额超1.5亿元。眼镜城加强对丹阳眼镜电商的宣传推广和人才孵化培训。4月，成立电子商务培训学校，全年孵化培训电商人才150名以上。中国汽车及零部件贸易中心完成一期一标段的市场建设及部分配套设施，试运营。

顺应制造业服务化的发展趋势，推动企业从制造环节向研发、设计、品牌等价值链高端的攀升。江苏仅一包装技术有限公司获镇江市域唯一省经信委服务型制造示范企业称号。江苏鱼跃医疗设备股份有限公司和江苏天宏机械工业有限公司的设计产品分别获省级工业设计产品金奖、银奖。江苏迅捷装具科技有限公司的智能档案管理系统创意设计服务标准化试点项目获批镇江市服务业标准化项目。

发展金融服务业，丹阳投资集团有限公司成功发行16亿元七年期企业债，获得国家发改委3亿美元境外债批文，在海外发行成功。15亿元绿色债券报国家发改委审核。（秦叶红）

【中国眼镜博物馆开馆】 2016年6月16日，中国眼镜博物馆开馆。中国眼镜博物馆位于丹阳国际眼镜城五楼西区，总投资1300万元，建筑面积1800平方米。该博物馆以眼镜之“源、趣、业、乐”为主题，分为“镜源”“镜华”“镜界”和“镜享”四大展区，设有二十多个多媒体互动展项、六个艺术场景复原、300余件文物级眼镜展品，集专业性、知识性、趣味性、艺术性为一体，融历史、现代和未来于一馆，通过多媒体演示、模型沙盘、互动系统等现代先进的高新技术展示手段，生动翔实地展示古今中外眼镜文化的传承与发展。

（秦叶红）

图81 中国眼镜博物馆 （罗 玲）

生活性服务业

【概况】 2016年，丹阳市重点抓好金鹰国际、吾悦广场、华地二期八佰伴等生活性服务业项目的推进，进一步完善配套设施，提高居民购物休闲的便利感和满意度。创造条件，引进高端医疗、现代教育、娱乐休闲等生活性服务业项目，满足居民不断提升的健康、教育、娱乐等方面的需求。丹阳金鹰天地广场占地面积5.94万平方米，总建筑面积36万平方米，总投资20亿元，涵盖国际连锁院线、精品超市、特色餐饮街区、儿童主题游乐、教育以及传统百货等，年内营业。吾悦广场占地23.13公顷，建筑面积93万平方米，总投资50亿元，建成大型购物中心、住宅、社区底商、精品步行街、酒店式公寓等多种业态为一体的中心城市综合体。华地二期八佰伴项目总投资10亿元，占地面积0.67公顷，建筑面积5万平方米，与原华地百货一期相连，总面积近10万平方米，年内营业。（秦叶红）

经科贸活动·企业信息

栏目编辑　夷朝霞

经科贸活动

【丹阳与沈阳航空航天大学签订战略合作协议】 2016年1月31日，丹阳—沈阳航空航天大学战略合作暨首批落地项目签约仪式在丹阳市举行，共签署丹阳市政府与沈航战略合作协议、丹阳市科技局与沈航成果转化与交流中心共建协议以及江苏恒神与沈航“卓越工程师教育培养计划”合作办学协议等四项协议。仪式上，丹阳市委副书记沈岳方介绍丹阳市经济社会发展和科技创新工作情况。他表示，丹阳市之所以能排在全国同级别县级市的前列，人文与创新氛围浓厚是有利因素。为发展包括新材料在内的五大新兴产业，丹阳市积极寻求与高校的合作，在引进人才和技术创新方面做努力。他希望以此次签约为契机，与沈阳航空航天大学开展全面深入合作，以需求为导向，加快创新步伐，使丹阳成为国内各知名高校积极创新创业的热土、成果转化的沃土。　（史志办）

图82　2016年1月31日，丹阳—沈阳航空航天大学战略合作暨首批落地项目签约仪式在丹阳举行　（史志办）

【重点产业类项目集中开工】 2016年2月29日，丹阳市总投资约34.5亿元的13个重点产业类项目集中开工，市领导分3组参加各地的项目开工活动。市领导童国祥、李忠法、王为华到开发区汇金天地城市广场项目现场，了解项目的规划设计、推进进度情况。汇金天地城市广场项目涵盖住宅和商业两大块，总投资约8.3亿元。童国祥一行到丹北镇大赛璐安全系统（江苏）有限公司年产460万个安全气囊用气体发生器三期工程和江苏远大汽车空调系统有限公司年产10万套汽车空调系统项目建设现场，他希望远大公司能把汽车空调的终端产品引进到丹阳生产，进一步提升产品附加值。市领导童国祥、赵立群、周东明参加位于界牌镇的彤美新能源汽车部件二期工程项目开工，该项目主要生产新能源汽车仪表台、保险杠和内饰件。市领导陈可可、张仁海、金夕龙、沈留海到云阳大酒店项目和建达塑胶塑料制品项目建设现场。云阳大酒店项目地处中山路南侧、复兴路西侧，项目总投资约2亿元。建达塑胶塑料制品项目总投资9000万元，主要生产销往日本市场的垃圾袋等可降解回收塑料制品。陈可可到延陵镇的双一物流智能化分拣输送设备生产线项目和新万宝大VAN轻型商用车平台项目建设现场。市领导沈岳方、李刚、林丹如到吕城镇和皇塘镇，集中巡视当地四个重点产业类项目开工情况。（史志办）

【加拿大美国科技经贸人才招引活动】 2016年4月14—22日，丹阳市委书记童国祥带领代表团到加拿大和美国开展招才引智、洽谈交流活动。15日，丹阳市代表团拜访加拿大多伦多大学，参观考察大学科技孵化器——班庭及拜诗影响中心并与中心创始主任Cynthia Goh进行交流，就科技成果转化、人才引进和在华建立分中心等事宜进行探讨。16日，代表团访问北美华人专业人士创业协会总部。美方代表李红梅介绍专业人士协会情况。代表团介绍丹阳地域、产业及各类政策情况，推介“丹凤朝阳”特色引才计划和科技创新政策，邀请专业人士协会成员访问丹阳、回国创业。18日，代表团到芝加哥，拜会龙心医疗公司和简单环球有限公司。代表团与两个公司负责人进行交流，两家企业表达与丹阳市相关企业的合作意向。19日，代表团参加旧金山当地侨联与镇江市共同举办“2016中国镇江（旧金山）科技人才合作洽谈会”。洽谈会上，市委书记童国祥介绍丹阳的特色优势，代表团与高层次人才围绕产业转型、大数据、人才引进、建立合作机构等进行沟通。20日，代表团访问斯坦福大学，并与中美交流协会就开办丹阳青年企业家研修班事宜进行商讨。（史志办）

【丹阳开发区与哈工大共建合作交流中心揭牌】 2016年6月3日，“哈尔滨理工大学—丹阳经济开发区共建科技成果转移与人才合作交流中心”揭牌仪式在丹阳开发区科创园举行，丹阳市委书记童国祥等领导出席揭牌仪式。开发区管委会主任黄俊杰和哈尔滨理工大学科技处副处长张辉签订合作协议，市委副书记沈岳方和哈尔滨理工大学副校长郭二军共同为中心揭牌。“哈尔滨理工大学—丹阳科技成果转移与人才合作交流中心”由开发区管委会和哈尔滨理工大学科技处联合组建。按照签订的战略合作框架协议的总体要求，中心将以国家、省市创新驱动战略和地区产业发展需求为牵引，利用哈尔滨理工大学的技术、人才优势和丹阳市科技创新、人才政策优势以及丹阳产业集群的发展优势，推动高校科研资源和地方经济发展有机结合，将科研成果迅速转化为生产力。丹阳市委书记童国祥表示相信，通过双方的强强联合，必能结出丰硕果实。哈尔滨理工大学副校长郭二军希望通过校企共建联合实验室或工程实践教育中心的方式，为丹阳市经济发展贡献力量。（史志办）

图83 2016年6月3日，“哈尔滨理工大学—丹阳经济开发区共建科技成果转移与人才合作交流中心”揭牌仪式在丹阳市开发区科创园举行（史志办）

【丹阳眼镜文化旅游节】 2016年6月16日，中国质造·首届丹阳眼镜文化旅游节在中国（丹阳）国际眼镜城开幕，近500名眼镜业内人士参加仪式。丹阳市委书记童国祥在开幕仪式上指出，丹阳立足于中国（丹阳）眼镜产业园、中国（丹阳）国际眼镜城以及眼镜产业的坚实基础，加强与法国依视路的合作，着力打造中国的“视光谷”，眼镜文化旅游节的举办，必将进一步推动丹阳眼镜产业及眼镜文化旅游更好更快发展。他希望来宾更加关注丹阳、聚焦丹阳，丹阳将以更加开放的姿态、更加优质的服务，全力营造“亲商、安商、富商”的浓厚氛围，努力实现合作共赢。中国眼镜协会理事长崔毅致辞说，“中国质造·首届丹阳眼镜文化旅游节”以眼镜为媒，聚集各大眼镜品牌。他希望参会人员利用这次机会，深度了解丹阳眼镜在质量及品牌上的创新和发展，宣传推介丹阳眼镜，抓住丹阳眼镜得天独厚的发展商机，进一步提升丹阳眼镜产业在全国的龙头地位和在世界市场的影响力。江苏省知识产权局陈小林宣读成立“中国镇江丹阳（眼镜）快速维权中心”的批复文件。省质量技术监督局标准化处副处长潘闵、市委副书记沈岳方共同为江苏省首批团体标准试点单位——丹阳市眼镜商会揭牌。镇江市中级人民法院副院长陈敏，市委常委、开发区党工委书记赵立群为镇江市中级人民法院知识产权（丹阳）巡回审判庭揭牌。中检集团测试技术公司副总经理冯跃生、副市长薛军民签订“共建丹阳市检测技术服务平台战略意向书”。副市长王为华为首届“丹阳眼镜城”杯职业技能竞赛获奖选手代表颁奖。全国老劳模唐敖齐为眼镜行业具有工匠精神的“金牌员工”代表颁奖。（史志办）

【丹阳国际汽配城项目启动】 2016年7月16日，国家级汽车零部件全产业链产业展贸服务平台——丹阳国际汽配城项目正式启动。中国汽车工业协会和中华全国工商联汽车摩托车配件用品业商会负责人、全国性汽车行业协会权威专家、全国知名汽车产业综合体代表以及丹阳市汽车零部件商会和企业代表等千余人参加启动仪式。在启动仪式暨项目合作洽谈会上，丹阳国际汽配城被中华全国工商联汽车摩托车配件用品业商会授予“全国重点培育市场”，汽配城与各合作伙伴进行战略合作签约。丹阳国际汽配城项目位于界牌镇，该项目由整车品牌2S展销中心、汽车零部件品牌展销中心、汽车用品品牌展销中心、会展中心、物流中心、科技研发中心、综合配套服务中心等核心业态组成，集国内外贸易、品牌展示、产品展销、研发检测、总部办公、行业服务、仓储物流、会展博览、酒店公寓等功能于一体，形成内外循环。（史志办）

图84　2016年6月16日，中国质造·首届丹阳眼镜文化旅游节在中国（丹阳）国际眼镜城开幕　（史志办）

【丹阳与央企团队战略合作】 2016年11月10日，丹阳市政府与建信信托、中铁三局、中机中联、普天信息等央企组成的团队，就物流产业园及全域旅游等领域的PPP合作达成战略合作框架协议。江苏萧梁物流园总规划占地面积133公顷多，借助交通区位优势，以及货场和港池码头建设，打造集综合交易、货运仓储、运输配载、流通加工、信息处理等功能为一身，融商流、物流、信息流、人才流、资金流为一体的现代服务业集聚区。项目区域内完成房屋拆除，为引进央企、大型物流企业做好各项基础性工作。项目区域内投资1.3亿元的丹阳铁路货场投入使用；总投资2.8亿元的京杭大运河铁水联运港池码头水下工程浇筑结束，通过主管部门验收可交付使用。代市长黄春年表示，丹阳将向央企学习，用最先进的理念，最优的服务方式，做好各项服务工作，为双方的合作营造好环境。他希望以本次战略合作框架协议的达成为载体，期待双方在健康产业、军民融合等领域开展更深更广的合作。中铁三局、中机中联、建信信托、普天信息等央企相关负责人表示，将以此次合作为切入点，考虑整合丹阳所有资源，通过一二三产业的联动和提升，做好全域旅游项目。（史志办）

【产业类项目集中签约】 2016年12月18日，丹阳市集中签约60个产业类项目，涉及汽车零部件、新能源、新材料、医疗器械等多个领域，其中外资项目15个，总投资11.25亿美元；内资项目45个，总投资238.92亿元。丹阳市代市长黄春年向与会客商介绍丹阳的经济、投资环境、人文历史等情况。他指出，此次集中签约，既为丹阳引进优质项目，夯实产业基础，也为丹阳经济发展开辟新领域、注入新活力。市委市政府将全力支持各个项目的建设，发挥"店小二"精神，努力为项目推进创造条件。黄春年希望各镇（区、街道）和相关部门要高度重视项目落户，全力做好服务工作，签约企业要坚定信心、加快推进，早日建成投产。客商代表日本电气股份有限公司董事长陆道云与云阳街道签约动力电池项目，他表示，丹阳有浓厚的"亲商、富商、重商、安商"氛围，希望能为丹阳的新能源产业发展做出积极贡献。（史志办）

企业信息

【江苏华凯比克希线束有限公司开业】 2016年1月8日，江苏华凯比克希线束有限公司举行开业典礼。江苏华凯比克希线束有限公司位于丹阳市新桥汽车零部件产业园区内，是由芬兰比克希集团与丹阳市华凯线束有限公司按一比一的股比成立的。芬兰比克希集团是全球最大的商用车线束生产商，产品包括商用车、乘用车、农业机械、高铁等领域，业务遍及欧洲、北美、南美以及亚洲市场，有奔驰、沃尔沃、斯堪尼亚、福特等国际优秀客户。江苏华凯线束有限公司始创于1997年，其前身"丹阳市汽车线束厂"成立于1982年，是中国成立最早的专业汽车线束制造企业之一，公司员工800余人，年产值3.5亿元，是国内领先的商用车线束制造商，客户有北汽福田、福田戴姆勒、南京依维柯、苏州金龙、江铃、江淮等国内优秀汽车厂。（张金伟）

【江南生物科技有限公司入选省级创新团队】 2016年，江苏省人才工作领导小组办公室公布遴选出的50个2015年江苏省"创新团队"计划拟资助团队名单，丹阳市省级农业产业化重点龙头企业——江苏江南生物科技有限公司入选，成为全省农业企业中唯一的省级"创新团队"。入选的省级"创新团队"，将由江苏"双创计划"专项资金和各相关主管部门在3年内给予一定的人才经费资助和项目经费资助。江南生物科技有限公司自1996年创办以来，依靠科技创新解决草菇周年高效栽培关键技术等问题，获得授权发明专利8件、实用新型专利20件，主持制定省级地方标准8项，并组建国内首个食用菌院士工作站和食用菌研究所、食用菌工程技术研究中心、农村科技服务超市等科技平台，引进十多位博士和硕士，与高校及科研院所开展产学研合作，提升自主创新能力。通过长期开展食用菌技术的研究与应用推广，江南生物科技有限公司成为省级农业产业化重点龙头企业，也是全国食用菌标准化示范区和全球最大的草菇生产基地，公司自主研发的"优质草菇

周年高效栽培关键技术及产业化应用”项目，获国家科学技术进步二等奖。（史志办）

【新增农业龙头企业】 2016年1月，经江苏省、镇江市农业产业化领导小组分别考核审定，江苏中南粮油物流有限公司、江苏生太环境建设集团有限公司、丹阳市苏中实业有限公司被确定为省级重点农业产业化龙头企业，丹阳市祥云面粉、丹阳市碧云天农林科技、丹阳市华苏亚生物科技等8家农业企业被确定为镇江市级农业龙头企业。丹阳市积极实施“龙头带动战略”，着力培植农业龙头企业，不断推进产业化经营，有效提高农业产业化经营水平，促进农业增效、农民增收。截至2016年，全市各级农业龙头企业达110家，其中国家级重点农业产业化龙头企业3家、省级重点农业产业化龙头企业14家、镇江市级农业产业化龙头企业34家。农业龙头企业每两年考核一次。（史志办）

【乐能电池引进战略合作伙伴】 2016年1月28日，江苏乐能电池股份有限公司和苏州天华超净科技股份有限公司签订“动力电池正极材料项目”投资协议。江苏乐能电池股份有限公司是一家专注于高端新能源材料的研发及生产的高新技术企业。其生产的纳米磷酸铁锂正极材料的倍率性能、自放电性能、低温性能等指标均排名世界前列，广泛应用于汽车、电力行业。此次扩产的“动力电池正极材料项目”建设地点位于开发区，总投资10亿元，规划年生产纳米磷酸铁锂和高能三元动力电池正极材料5万吨，分3年投资建设。（史志办）

【江苏卡威与京威股份战略合作】 2016年6月22日，北京威卡威汽车零部件股份有限公司与江苏卡威汽车工业集团有限公司举行股权战略合作签约仪式。根据协议，京威股份用自有资金10.5亿元购买江苏卡威35%的股权。此次合作将推动双方更快实现“制造中国一流的新能源汽车产品，创造民族自主品牌”的战略目标。京威股份与江苏卡威产品有很大的互补性。江苏卡威董事长孟明华表示，此次签约，有利于江苏卡威在汽车整车的研发、冲压、焊接、涂装、总装等各个环节形成完善的产业链，项目合作后，有望形成10万台的生产规模，主要目标是高端商务电动乘用车的E级车。京威股份董事长李瑜表示，京威股份和江苏卡威具有共同的合作意愿、合作目标和合作需求，希望能够通过此次合作在新能源汽车市场加速拓展、抢占份额，并将双方合作成果推向全球。（史志办）

【天工国际赢得欧盟“双反”案】 2016年10月，经历近8个月的抗诉，天工国际有限公司应诉欧盟“双反”（反倾销、反补贴）案胜诉，成为中国特殊钢行业首个成功案例。天工成功捍卫其在欧洲的市场地位，整个中国特殊钢行业也因此获益，将引导更多中国企业拿起法律武器，用国际通行的“游戏规则”维护合法权益。2016年2月13日，欧盟对中国同时发起包括热轧平板、非合金或其他合金钢制厚板、无缝钢管在内的3起钢铁产品反倾销调查，江苏省包括天工在内的14家企业遭遇反倾销调查。天工国际积极应战，得到国际合作伙伴和海外分公司合伙人的全力支持。3月28日，天工向欧盟委员会提出应诉初稿。比利时当地时间10月7日，经过欧盟委员会裁决，天工胜诉，其出口欧盟的特殊钢产品不新增额外税率。中国特钢企业协会秘书长王怀世表示，作为中国市场经济地位认同过程中的标志性事件，天工此次胜诉对中国整个钢铁行业的发展都有示范意义，为中国特殊钢行业的市场拓展将起到积极的推动作用。（史志办）

【恒神公司参加军民融合发展高技术成果展】 2016年10月19日，国家第二届军民融合发展高技术成果展在北京中国人民解放军装甲兵工程学院展出，江苏恒神股份有限公司应邀布展，习近平总书记等党和国家领导人参观恒神公司展位。该展览由中央军委装备发展部、教育部、工业和信息化部、国防科工局、全国工商联联合举办，共分为科技创新区、竞争活力区、基础保障区、信息发布区、大型实装展示区等5个展区，通过高技术产品、高新技术成果等，全面系统展示中央十八大以来军民融合发展的阶段性成果。（史志办）

【肯地亚集团在京召开新品发布会】 2016年10月19日，肯帝亚地板新品暨肯帝亚男篮新赛季新闻发布会在北京人民大会堂举行，中国保护消费者基金会、国家质检总局产品质量申诉中心、中国林产工业协会等组织和单位领导出席发布会。丹阳市代市长黄春年介绍丹阳的社会经济概况，对超级地板的市场前景充满信心。肯帝亚集团董事长郦海星介绍，肯帝亚超级地板将为中国消费者带来全新的健康家居体验。有关专家对肯帝亚超级地板的健康理念和环保性能作肯定性发言。丹阳市政府、滁州市政府和肯帝亚集团在会上签订新项目投资协议。肯帝亚集团和国内大型房地产商万达、碧桂园、复地、京港澳、首创、九鼎、招商、苏宁等举行战略合作签约。江苏肯帝亚男篮在人民大会堂召开新赛季发布会。（史志办）

【大赛璐公司在丹阳投资新项目】 2016年11月29日，大赛璐公司汽车安全气囊气体发生器点火具项目投资协议签约仪式举行。丹阳市代市长黄春年在签约仪式上表示，市委市政府将一如既往地关心、支持大赛璐的发展，提供细致周到的服务。希望与大赛璐在汽车零部件领域继续开展渠道更宽、层次更高的合作，将丹阳打造成大赛璐公司全球战略布局的重要生产基地。丹阳大赛璐安全系统（江苏）有限公司成立于2004年，是一家专业生产汽车安全系统的企业，安全气囊气体发生器和产气药是企业的主打产品。自2006年10月正式投产以来，大赛璐的产品销量逐年递增，近年出口及销售总量增幅明显。大赛璐汽车安全气囊气体发生器点火具项目总投资2800万美元，计划于2017年年初开工建设，同年10月设备购入，2018年2月进行正式量产，逐渐形成年产4000万个产品的产能。（史志办）

【丹阳八佰伴公司开业】 2016年12月9日，坐落在丹阳市新民中路与城河路交汇处的丹阳八佰伴开业迎客。当日营业额超2000万元。2004年，丹阳引进华地百货，从2004年到2015年，丹阳华地百货的经营业绩始终保持着15%左右的增速。2015年二期项目开工建设，总投资5亿元，总建筑面积近5万平方米，其中地上6层、地下1层。二期项目与原华地百货相连，总建筑面积近10万平方米，改名统称丹阳八佰伴。除原有华地百货、大统华超市外，八佰伴增加IMAX影城、餐饮、停车场、美容美发、娱乐、休闲等方面的服务内容。（史志办）

【金港特钢中试生产基地揭牌】 2016年12月22日，丹阳市金港特钢有限公司与上海材料研究所精品模具钢、上海华东特种模具材料有限公司特殊材料中试生产基地三方举行签约揭牌仪式。此次三方合作，将依托上海材料研究所的科技力量和技术资源、上海华东特种模具材料的长期工艺创新和积累以及金港特钢多年的市场精细运作，把新材料、新项目和新科研成果转化为符合社会发展和市场需求的优质产品。同时，还将对金港特钢原有制造装备管理体系以及合作三方各自的优势和资源进行整合和调整。其中在装备调整方面，计划初步投入约5000万元对金港特钢原有装备进行调整并购置符合国家环保要求的可循环利用的装备；在原有检测基础上，逐步完善并建立系统完整的检测中心，投入约500万元配置先进检测设备并培养相关人员。（史志办）

企业融资上市

栏目编辑　尹宏蔚

【概况】 2016年，丹阳市按照“尽快上市一批、加快推进一批、不断储备一批”的工作思路，引导企业转变融资思维、创新融资模式，抢抓国家资本市场发展契机，借助资本的力量加快企业转型升级。2016年，全市新增上市、挂牌企业7家，其中花王股份在上交所主板上市，成为全年镇江范围内唯一的上市企业。全年新增直接融资52.09亿元，比上年增加3.85倍。至年末，全市共有各类上市、挂牌企业48家，累计募集资金133.71亿元。“鱼跃医疗”增发8355万股，募集资金25.27亿元。“丹化科技”增发23790.4万股，募集资金17.51亿元。　（秦叶红）

【参加新三板优先股与海外融资峰会】 为帮助新三板企业实施优先股融资方案或实现海外融资，应银河证券邀请，10月21日，丹阳市组织部分新三板挂牌或拟挂牌企业参加2016年新三板优先股与海外融资峰会。本次会议采取专题辅导和圆桌讨论等形式，特邀银河证券首席策略师孙建波，香港龙炳坤杨永安律师行律师孙敬嘉，美国纽约州副议长Felix Ortiz等多名专家，就新三板优先股、新三板优先股融资实务和新三板、中概股与全球并购等问题，向参会人员做介绍与分析。　（秦叶红）

【重点拟上市企业上市推进会】 为切实解决全市重点拟上市企业在上市过程中遇到的实际问题，提高企业上市信心，加快推进上市进程，10月27日，丹阳市召开2016年重点拟上市企业上市工作推进会。各镇区、相关部门负责人以及11家重点拟上市企业参加推进会。本次会议以务实为原则，采取重点拟上市企业与各镇（区、街道）、相关部门负责人直接对话的形式。重点拟上市企业提出上市进程中需要协调解决的问题，有关镇（区、街道）、部门负责人给出解决意见和建议。　（秦叶红）

【企业上市工作推进会】 为进一步引导企业抢抓国家资本市场改革机遇，提高直接融资比重，形成多层次、多渠道、全方位挂牌上市的良好局面，3月25日，丹阳市召开2016年企业上市工作推进会。会议采用专题辅导的形式，特邀国家新三板方面专家，为全市近150家企业负责人进行专题辅导，进一步加强参会企业对挂牌新三板相关知识的了解。20多个经济部门主要负责人参加推进会。　（秦叶红）

图85　2016年3月25日，丹阳市召开2016年企业上市工作推进会　（秦叶红）

【“恒宝股份”收购深圳一卡易】 2016年3月，“恒宝股份”出资1.53亿元收购新三板挂牌企业深圳一卡易股份有限公司51%的股份。一卡易为国内领先的会员营销平台，成立于2006年9月，于2014年3月在新三板挂牌，是国内唯一一家挂牌上市的会员系统企业。通过此次收购，恒宝股份确立以中小微商户服务平台运营商为战略升级目标的长远规划。（秦叶红）

【“建亚环保”在新三板挂牌】 2016年1月29日，江苏建亚环保科技股份有限公司在新三板挂牌上市（股票代码836032）。建亚环保是国内最大的研制、生产离子交换树脂中间体——白球的专业化品牌企业，具备年产白球5000吨、树脂3000吨以上的生产能力。企业相继被评为镇江市劳动关系和谐企业、绿色环保企业、信用等级AAA级单位，为全国离子交换树脂行业协会副理事长单位。（秦叶红）

【“方华阀门”在江苏股权交易中心挂牌】 2016年3月23日，江苏方华阀门充灌设备有限公司在江苏股权交易中心挂牌（股票代码：690660）。该公司专业生产集中供气设备、低温液体汽化设备等气体行业系列产品。公司始终坚持以客户为中心，诚信经营，打造过硬的产品质量，为客户提供优质的售后服务。（秦叶红）

【“耀华医疗”在上股交Q板挂牌】 2016年4月7日，江苏耀华医疗器械科技有限公司在上海股权托管交易中心挂牌（股票代码：209808）。该公司创立于2009年，总投资5000多万元，占地4公顷。公司拥有专利10余个，奉行“创新研发产品、满足客户需求”的企业精神，配备精良的生产设备、先进的加工工艺、齐全的监测手段、完善的质保体系，为企业取信于用户提供根本保证。（秦叶红）

【“润峰车配”在上股交Q板挂牌】 2016年4月7日，丹阳市润峰车辆配件厂在上海股权托管交易中心挂牌（股票代码：209819）。该公司设备先进，技术力量雄厚，引进整套全自动生产线，专业生产摩托车灯具。产品以合理的量价，优质的服务，畅销全国各地，并远销东南亚、欧美等国家和地区。（秦叶红）

【“天目光学”在江苏股权交易中心挂牌】 2016年7月19日，江苏天目光学有限公司在江苏股权交易中心挂牌（股票代码：690757）。该公司主要生产1.499系列、1.56系列、1.61系列等常规产品，并相继开发渐进片、变色片等系列特色产品，在眼镜行业中拥有较强的市场竞争力和占有力，其产品畅销中国大陆地区，远销欧美及中东地区。（秦叶红）

【“花王股份”在上交所主板上市】 2016年8月26日，江苏花王生态工程股份有限公司（原江苏花王园艺股份有限公司）在上海证券交易所主板上市（股票代码：603007），成为全国园林行业第二家、江苏省园林行业首家主板上市企业，也是全市首家在上海主板直接上市企业。花王股份以花卉苗木种植起步，经过20多年，发展成为集景观设计、园林绿化、市政建设、旅游景观等功能于一体的综合性规模企业和园林行业龙头企业，获得中国城市园林绿化综合竞争力百强企业、全国园林绿化优秀施工企业、江苏扬子杯奖等荣誉。（秦叶红　魏红利）

图86　2016年8月26日，江苏花王园艺股份有限公司公开发行A股上市仪式（秦叶红）

【“正飞制衣”在江苏股权交易中心挂牌】 2016年11月29日，丹阳市正飞制衣有限公司在江苏股权交易中心挂牌（股票代码：690929）。丹阳市正飞制衣有限公司于2014年7月25日成立，主要业务是服装、针纺织品的加工和销售。（秦叶红）

综 合 管 理

栏目编辑 尹宏蔚

综合经济管理

【概况】 2016 年，丹阳市发展改革和经济信息化工作以供给侧结构性改革为主线，以“中国制造 2025”丹阳“5＋2”行动计划为切入点，把项目建设作为发展第一要务，主要经济指标在合理区间平稳运行，全市实现地区生产总值 1136.03 亿元，增长 9.1%；一般公共预算收入达 65.55 亿元，同口径增长 3.63%；规模以上工业销售完成 2564.38 亿元，增长 4.4%；规模以上工业增加值完成 606.25 亿元，增长 8.5%。（秦叶红）

【项目建设】 2016 年，丹阳市加快项目建设，重大项目有序推进。产业类项目：2 个省级重点项目有序推进；40 个镇江市级重点项目累计完成投资 152.2 亿元，占年度投资计划 102.5%；丹阳市级重点项目完成年度目标任务，一批重大项目竣工投产。城建类项目：123 个城建类重点项目有 119 个项目开工，57 个项目（包括子项目）竣工；30 个公开承诺的重点竣工项目全部开工建设，24 个项目竣工。（秦叶红）

【产业结构优化】 2016 年，丹阳市规模以上工业技改投资完成 201 亿元，比上年增长 52.3%。江苏天工集团有限公司年产 30 万套硬质合金工具技术改造、江苏辰阳电子有限公司生产线智能化技改等项目竣工投产。完成两化融合试点示范企业 9 家，江苏丹毛纺织股份有限公司、江苏天宏机械工业有限公司、江苏文光车辆附件有限公司、江苏新通达电子科技股份有限公司、江苏超力电器有限公司 5 家企业成功申报贯标试点示范企业，其中江苏丹毛纺织股份有限公司获得工信部国家贯标试点企业，丹阳飓风物流股份有限公司、江苏丹阳迅捷装具科技有限公司、江苏丹毛纺织股份有限公司、江苏双盛医疗器械有限公司 4 家企业成功申报江苏省融合创新试点示范企业。江苏丹毛纺织股份有限公司、江苏明月光电科技有限公司等 7 家企业申报省级示范智能车间。制定出台《丹阳市智能制造推广计划奖补资金管理办法》，江苏丹毛纺织股份有限公司高档面料技改扩建等 8 个项目被评选为丹阳市智能制造补助项目，江苏新通达电子科技股份有限公司等 6 家企业被认定为丹阳市级示范智能车间。完成新兴产业规模以上固定资产投资 118.9 亿元，实现销售收入 1019.7 亿元，占规模以上工业比重 42%。完成服务业增加值 516.2 亿元，增长 10.4%，服务业占地区生产总值比重达 45.6%。江苏丹阳迅捷装具科技有限公司、丹阳飓风物流股份有限公司、江苏天宏机械工业有限公司获江苏省经信委服务型制造企业认证，江苏鱼跃医疗设备股份有限公司、江苏天宏机械工业有限公司的设计产品分获省级工业设计产品金奖、银奖。完成物流业增加值 76 亿元，增长 11.7%，丹阳飓风物流股份有限公司入选全省第一批智慧物流示范企业。江苏恒神纤维材料有限公司、江苏立新合金实业总公司成功申报省军民融合发展专项资金，新增军民“三证”企业1家，军品配套企业5家。（秦叶红）

【供给侧结构性改革】 2016年，丹阳市推进供给侧结构性改革。完成全年化工整治工作，制定《深入推进全市涂料化工生产企业整治的实施意见》。丹阳市杏花丝绸印染有限公司、丹阳市东方化纤有限公司、江苏侨谊厨房设备有限公司3家企业列入淘汰落后产能计划，其中丹阳市杏花丝绸印染有限公司完成验收。制定《2016年丹阳市关于降低实体经济企业成本的实施方案》，围绕用工成本、要素成本、税费成本、融资成本、制度性交易成本五个方面降低实体企业经营成本。2016年，全市新增上市挂牌企业7家，新增直接融资52.09亿元，是上年同期的3.85倍。江苏花王园艺股份有限公司在上交所主板上市，为全年镇江市范围内唯一一家上市企业，也是2008年以来丹阳首家在上海主板上市的企业。加快推进低碳城市建设，开发区循环化改造示范园区建设通过省级验收，丹阳龙江钢铁有限公司高炉煤气综合利用发电、大力神科技集团年产20万吨废酸资源化处置与利用等10个重点项目完工8个，丹阳龙江钢铁有限公司、江苏天工集团有限公司等6家企业纳入全国碳排放权交易名单，完成9家规模以上企业清洁生产审核。（秦叶红）

【园区建设服务】 2016年，丹阳市加大园区建设服务力度，推动产业集聚发展。全市先进制造业特色园区完成固定资产投资135.6亿元，比上年增长21.9%，应税销售收入249.1亿元，比上年增长5.1%。现代服务业集聚区固定资产投资6.4亿元，比上年增长54%，应税营业收入49.2亿元，比上年增长12.7%。现代农业园区固定资产投资4.6亿元，比上年增长15.3%，农业总产值151.1亿元，比上年增长10.4%。全市新开工建设标准化厂房36万平方米，新竣工标准化厂房32万平方米，完成年度目标任务。完成新建公共服务平台20个，其中航空航天产业园江苏省高温合金研究院、酸洗中心等平台为园区提档升级提供高效技术支持和公共服务；生命科学产业园精通眼镜技术服务中心建成全国最先进的中试线，能独立完成树脂镜片从光学设计到产品形成的全过程试验，提高科研成果形成率和转化速率。（秦叶红）

【企业服务】 2016年，丹阳市按期完成“双公示”公示系统建设工作，完成38个政府部门2015年1月1日以来“双公示”存量信息归集工作，归集信息12209条。做好行政审批服务。2016年，丹阳市共受理、出件479件，总投资341.88亿元。更新和管理镇江权力阳光统建平台，对受理通过的479个项目做到全面、准确、及时录入。贯彻落实“大众创业、万众创新”各项政策，全民创业的主要指标均保持稳步增长。全市新增私营企业注册资本146亿元，比上年增长13.8%；新增个体工商户7786户，比上年增长50.5%；新增私营企业3186户，比上年增长36.4%。围绕智能制造、两化融合、军民结合、节能减排、化工整治、新兴产业等经济转型升级主要领域，帮助企业开展项目申报，做好跟踪服务，共向上争取资金3亿元。（秦叶红）

2016年丹阳市工业总产值亿元以上企业

表14 单位：万元

单位名称	工业总产值	销售收入	利润总额
江苏沃得机电集团有限公司	2389044	2273764	212027
江苏天工集团有限公司	2074837	2055754	133442
江苏飞达控股集团有限公司	1685056	1509924	126895

续表 14

单位名称	工业总产值	销售收入	利润总额
大亚科技集团有限公司	1560076	1580414	29816
江苏晶工工具有限公司	589100	587419	54060
大力神科技集团	515185	476110	7934
江苏长丰科技集团	373857	362059	14971
丹阳龙江钢铁有限公司	361539	361624	19431
江苏鑫海铜业有限公司	224693	224639	2959
江苏丰裕工具有限公司	190519	183376	2385
江苏肯帝亚木业有限公司	187521	186192	15898
江苏鱼跃医疗设备股份有限公司	187347	187347	63012
恒宝股份有限公司	179690	130433	17322
大赛璐安全系统（江苏）有限公司	127166	122222	16081
江苏呈飞电子有限公司	126085	123894	668
江苏卡威汽车工业集团有限公司	116406	112914	7609
海昌隐形眼镜有限公司	107012	101842	32950
江苏中彩印务有限公司	97000	95643	8972
江苏瑞美福实业有限公司	91381	94990	3379
江苏辰阳电子有限公司	85046	83252	3990
江苏美乐集团	70195	67211	8785
贺利氏催化器（丹阳）有限公司	67427	5213	84
江苏超力电器有限公司	67420	60679	1503
江苏常诚汽车部件有限公司	59408	56796	2466
丹阳市申阳电梯部件有限公司	57874	57762	3957
汉高（江苏）汽车零部件有限公司	56612	51891	14398
江苏万新光学有限公司	54608	49148	3435
江苏彤明高科汽车电器有限公司	52710	49038	-1413
江苏同力机械有限公司	51650	43765	3150
江苏堂皇集团有限公司	46365	45702	4732
江苏丹毛纺织股份有限公司	45541	46122	-2591
丹阳荣嘉精密机械有限公司	44962	43842	4300
江苏新泉汽车饰件股份有限公司	40976	50179	1098
江苏恒神纤维材料有限公司	40361	19125	-23537

续表 14

单位名称	工业总产值	销售收入	利润总额
丹阳谊善车灯设备制造有限公司	40190	39700	513
丹阳港华燃气有限公司	37127	34970	8055
江苏海伦隐形眼镜有限公司	35701	33970	12904
江苏林泉汽车装饰件有限公司	35014	34765	633
江苏明月光电科技有限公司	34813	33285	4836
江苏彤明车灯有限公司	34786	34091	－364
江苏新昌汽车部件有限公司	34697	34690	263
丹阳市助剂化工厂有限公司	34193	35527	1437
吉凯恩（丹阳）工业有限公司	32785	32785	1412
江苏锐升新材料有限公司	32028	20602	6544
江苏图南合金股份有限公司	32015	30792	2271
江苏福荣制衣有限公司	32000	31875	156
江苏华力金属材料有限公司	31327	31327	830
江苏新通达电子科技股份有限公司	31160	30223	1711
江苏华凯比克希线束有限公司	31003	31003	3717
江苏河阳线缆有限公司	30619	27530	91
江苏乐能电池股份有限公司	30360	27461	4684
江苏仅一包装技术有限公司	30000	29668	11305
丹阳市华一医疗器械有限公司	29496	25603	435
丹阳金城配件有限公司	28940	28833	723
江苏创力电梯部件有限公司	28467	28170	2798
江苏海德莱特汽车部件有限公司	28274	28260	1759
丹阳市万隆化工有限公司	27846	25540	1287
迅驰车业江苏有限公司	27141	27141	838
江苏文光车辆附件有限公司	27007	26263	564
江苏淘镜有限公司	25502	27030	3016
江苏飞亚金属制品有限公司	25266	24687	793
丹阳市丹盛纺织有限公司	25264	22462	36
丹阳亿诺车辆部件有限公司	23893	23967	786
江苏优立光学眼镜有限公司	22796	20595	1271
江苏科信光电科技有限公司	22500	22479	230
江苏东方汽车饰件总厂	22330	22061	689

续表 14

单位名称	工业总产值	销售收入	利润总额
丹阳新华美塑料有限公司	21257	19718	507
江苏绿叶锅炉有限公司	20783	20783	555
江苏通达纸业有限公司	20466	17492	72
诺德轮毂制造有限公司	20139	24927	790
江苏新万宝车业制造有限公司	19838	19838	445
丹阳市永达模塑有限公司	19071	19069	2572
江苏江南面粉集团有限公司	19047	18614	464
江苏康尚生物医疗科技有限公司	19015	13521	2693
江苏金长江环保汽摩消声器有限公司	18949	19564	957
双峰格雷斯海姆医药玻璃（丹阳）有限公司	18656	16864	1032
镇江三鑫铝业有限公司	18500	18455	67
江苏华宇灯具有限公司	17982	16534	663
江苏汇能锅炉有限公司	17800	16230	560
丹阳市正大油脂有限公司	17321	17315	172
江苏万乐复合材料有限公司	17203	18524	970
丹阳市同乐面粉有限公司	17054	17046	41
江苏金聚合金材料有限公司	17006	17826	435
江苏天诚车饰科技有限公司	16598	14433	-50
丹阳市金业来车辆装饰件有限公司	16517	16514	131
丹阳市铁龙机客车配件有限公司	16496	16101	399
鸿运汽车有限公司	16403	14508	866
丹阳镇威汽配有限公司	15739	15739	423
江苏科新汽车装饰件有限公司	15457	15471	590
江苏秦龙汽车科技有限公司	15320	14880	-63
丹阳水务集团有限公司	15205	14938	252
江苏洪昌科技股份有限公司	15176	15984	241
江苏欣隆羽绒有限公司	15162	14187	-4026
江苏建亚树脂科技有限公司	15000	13067	219
江苏锋泰工具有限公司	14902	14902	1303
江苏锋泰钻石工具制造有限公司	14902	14902	1303
江苏畅通车业发展有限公司	14700	13004	407

续表 14

单位名称	工业总产值	销售收入	利润总额
江苏捷飞机电有限公司	14655	14719	225
丹阳市亚光车辆附件有限公司	14531	14447	80
江苏文光模具技术有限公司	14293	13983	237
丹阳市车船装饰件有限公司	14208	13640	297
丹阳市永泰纺织有限公司	14057	13366	178
丹阳市丽宏汽车部件有限公司	14028	13467	261
丹阳市新美龙汽车软饰件有限公司	14007	14034	407
江苏富新电子照明科技有限公司	13814	13545	339
江苏晨光偶联剂有限公司	13786	13010	256
江苏东方光学有限公司	13618	7655	－1592
丹阳市鹏飞布厂	13543	13305	123
江苏巨贸医疗设备有限公司	13459	13510	53
午和（江苏）差别化纤维有限公司	12952	12842	－517
江苏顺发电热材料有限公司	12782	12782	7
江苏晨宇车业有限公司	12689	12710	581
丹阳润泰纺织有限公司	12542	11775	20
希格玛精密机械（江苏）有限公司	12502	12502	1771
江苏恒宏包装有限公司	12489	12184	873
丹阳宏泰纺织有限公司	12446	10043	1553
易佰得（丹阳）光学有限公司	12213	12213	484
江苏爱仕达电子有限公司	11901	11278	271
丹阳兴隆车辆部件有限公司	11850	10452	101
丹阳市丹祈行业服装面料有限公司	11820	10449	374
丹阳佳润服装有限公司	11810	11810	18
华盟家饰工业有限公司	11790	11938	2858
柯诺（江苏）木业有限公司	11490	12812	53
丹阳市永达车辆部件有限公司	11301	10907	120
丹阳奇烨科技有限公司	11115	12569	604
江苏双仪光学器材有限公司	11045	11386	－1985
江苏新绿能科技有限公司	10719	10256	945
江苏吟春碧茶股份有限公司	10636	10006	459

续表 14

单位名称	工业总产值	销售收入	利润总额
江苏太平橡胶股份有限公司	10527	9813	-160
丹阳天一通信有限公司	10380	10280	541
丹阳市光华汽车内饰件有限公司	10370	10683	533
柯诺（江苏）地板有限公司	10344	10601	827
丹阳吉美鞋业有限公司	10173	10173	305
丹阳市华星贵金属材料有限公司	10129	10095	21

（统计局）

物价管理

【概况】 2016 年，丹阳市居民消费价格指数累计上涨 1.7%，分别比江苏省、镇江市低 0.6、0.5 个百分点，完成年初确定的 3%左右的预期调控目标。开展“助企轻风”行动，防止各类涉企乱收费行为发生，助推企业降本减负。加强市场价格监管，查处价格违法案件 9 件，罚款 2.3 万元；受理群众价格咨询投诉 263 件，办结率、回复率均为 100%。优化价格公共服务，完成各类价格认定业务 1064 起，鉴证金额 8.44 亿元；组织对 8 个项目的房地产评估；按期保质完成珥陵上新河加固工程、丹北群楼村环境整治项目、丹北宝山拆迁项目等工程拆迁评估任务。市物价局获得“江苏省文明单位”“镇江市价格工作先进集体”等荣誉。

（陆　堃）

【“助企轻风”行动】 2016 年，市物价部门开展“助企轻风”行动，成立 7 个行动小组，对接云阳、开发区、丹北等 7 个镇（区、街道）31 家企业。通过联合调查、问卷调查、上门核查等形式，对重点企业的收费减免政策落实、付费负担等情况开展调研，了解企业真实诉求，明确“抓源头，推收费清单，降制度性交易成本；控中段，推资源价格改革，降生产要素成本；追收尾，推专项整治，健收费管理机制”的降成本工作思路。扩大 18 项行政事业性收费免征范围，由原来向小微企业免征扩大到向所有收费对象免征，为企业减负约 20 余万元；下调一般工商业及其他用电价格，全年降低企业成本 4144.02 万元。

（陆　堃）

【物价稳定工作】 2016 年，丹阳市落实《价格调控目标责任制实施意见》，落实价格调控责任，明确全市 13 家成员单位稳价保供任务。关注困难群众生活，启动价格补贴机制，发放补贴资金 95 万元。积极推行平价商店满意行动，对新增的吾悦欧尚平价区和南方名居平价店统一规范明码标价牌、价格对比表、平价承诺和诚信公约，引导其便民惠民；对平价商店，加强日常运行管理，开展平价商店比学活动，集中观摩、逐家点评，互促共进；严格优胜劣汰，淘汰 1 家运行不达标的平价店。全年 8 家平价商店共销售平价蔬菜 209.63 万公斤，销售金额 1163 万元，为民节支 110.03 万元。完善价格监测预警网络，密切监测全市农资、主副食品等 300 余种重要商品的价格变化；完善价格应急预案，汛期坚持实地采价，每日安排专人巡查相关商品价格情况，实时与监测点、农调点、蔬菜种植大户联系，预警价格异动。加大价格信息公示力度，每日发布菜价行情；每周收集全省大宗工业原料价格，向大型企业发布；每旬向百姓发布 54 种重要民生商品价格信息。

（陆　堃）

图 87 2016 年，丹阳市物价工作人员不定期到田间地头开展农本调查工作 （陆 堃）

【价格改革工作】 2016 年，丹阳市重点在五个方面进行价格改革，取得显著成效。一是深化公立医院医药价格综合改革。调整诊查费等部分医疗服务价格，降低部分检验检查治疗价格；取消家庭式陪伴待产等医疗服务项目；调整普通床位费等下放权限项目价格标准，公立医院床位费报市物价、卫生、人社部门核定后执行；各公立医院免收慢性病门诊诊查费；全面实行药品零差率。二是明确有线电视收费政策相关事项。对已开通入网或已收取有线电视网络工程建设费的用户，不再收取初装费；取消移机服务收费，同一用户地址移机不得收取移机费；考虑有线电视的公益性，进一步扩大优惠群体，明确免收、减免和优惠的范围。三是明确推广使用 IC 卡首发不得收取工本费事项。明确公交、铁路、邮电等公用性服务行业和具有行业垄断性质的企业提供生产经营服务，推广使用 IC 卡，首次发卡不得收取工本费；如用户丢失、损坏等原因要求补发的，按制卡成本加合理损耗确定，并报市物价局核定后执行。四是规范管道燃气延伸服务收费行为。明确管道燃气延伸服务收费为经营性收费性质，实行有偿服务，不得强行服务和强制收费；维修或改造服务中若用户选择燃气公司提供的材料，所用材料及设备零售价格不得超过进价的 15%。五是明确殡葬服务收费的有关事项。对市殡葬管理所收取的殡葬基本服务收费项目进行合并，对容易引起歧义的收费项目进一步细化；明确对符合殡葬惠民政策的对象实行收费减免，对丧葬用品实行市场调节价，由用户自愿选择，严禁只收费不服务。 （陆 堃）

【价格监管工作】 2016 年，市物价部门开展价格诚信单位创建活动，向社会发出诚信倡议和消费提醒，主动与 30 余家经营者签订诚信承诺书，帮助丹阳金鹰等 3 家单位创建省价格诚信单位，促进价格自律；加强电商诚信建设，规范“眼镜城”线上线下价格行为，发放《网络价格促销行为指南》千余册；开展价格诚信社区活动，走进社区宣传价格信用政策，提高居民诚信意识和维权意识。积极构建三级网格化价格监管新格局，组建由执法人员、物价员和义务监督员组成的监管队伍；把全市划分为 6 大块、38 个网格及若干个单元格，分为中心级（领导小组和执法人员）、网格级（物价员）、单元级（居村委义务监督员），初步实现价格三级快速反应、协调运转。在日常价格检查中，执法人员与网格员紧密配合，检查商场、超市等 600 余家单位，督促帮助 50 余家单位进行整改。打造“12358”品牌，完善“12358”与“12345”联动机制，利用“12358”“12345”“行风热线”“民生快递”等渠道倾听民声，形成全方位快速受理格局，全年共接受价格举报咨询 263 件，为群众挽回经济损失 32.3 万元，群众满意率、及时处办率均为 100%。 （陆 堃）

图 88 2016 年 9 月 20 日，丹阳市召开眼镜零售行业价格政策提醒会 （陆 堃）

【价格服务工作】 2016年，市物价部门认真做好4项价格服务工作。一是政府工程服务。组织对金鸡饭店旧城改造、张家大院保护和利用等8个项目的房地产评估进行监督管理。二是环境建设服务。做好对涉化整治有关转迁单位资产评估报告复核工作。三是重点项目服务。按期保质完成珥陵上新河加固工程、丹北群益村环境整治项目、丹北宝山拆迁项目等工程拆迁评估任务；完成粮食局、海事处、省丹中等单位变卖资产和房屋租赁价格认定。四是中心工作服务。与地税部门对接，完善涉税财物纳税依据；全面摸排丹阳市公租房租金价格，分片区确定租金价格区间；及时更新丹阳市存量房交易计税价格数据；开展对国土、城管、市场监管等执法部门涉案财产价格认定。全年共完成各类价格认定1064件，标的金额8.44亿元。以保护农民利益为核心，着手建立全市农本信息交流APP；推广全省农本信息上报平台，完成小麦、油菜子等直报调查工作，以及小规模生猪情况调查；关注灾后农作物生产成本变化，发布各类农业生产信息。以居民利益为出发点，组织物业成本调查，与住建部门联合召开全市物业工作座谈会，解答物业服务收费政策，听取物业企业意见；组织对江南人家、碧桂园等小区物业服务成本、政策执行情况进行调查，帮助物业企业整改不足。

（陆　堃）

市场监督管理

【概况】 2016年，丹阳市市场监管局继续深化商事制度改革，以信用监管为核心，利用市场监管信息平台，构建“一处违法、处处受限”的信用共治大格局。把食品药品监管与特种设备监察作为监管工作的重点，不断优化“两个安全”监管体制机制，围绕群众关注的社会民生热点、难点问题及丹阳区域经济发展特色，开展市场监管执法，严厉打击制假售假、不正当竞争等严重扰乱市场秩序的违法行为，着力维护市场环境，全年未发生重大食品药品和特种设备安全事故。

（温勇杰）

【工商登记制度改革】 2016年，丹阳市推广企业登记“单一窗口”制。对保留的工商登记前置审批项目和前置改后置审批项目进行流程再造，实现营业执照与许可证件“一表申报、一窗收件、并联审批、证照统发”。深化“三证合一、一照一码”改革成果，实现社会信用代码在各类市场主体的全面应用，将社保登记证、刻制公章备案证明等纳入“三证合一”流程实现企业“多证合一”，个体工商户营业执照与税务登记实现“两证整合”。实施工商登记“双告知一承诺”，放宽住所登记，允许“一址多照”和特定行业企业类“一照多址”，实行住所信息申报制，推行网上登记，提升电子营业执照和全程电子化登记覆盖率，提升注册登记便利化程度。2016年，全市新增各类企业3693户，比上年增长46%；新增农民专业合作社156户，比上年增长113%；新增个体工商户7886户，比上年增长58%。（温勇杰）

【标准计量工作】 2016年，丹阳市推进标准引领战略，开展标准化项目申报工作，全年共培育申报各级标准化试点项目9个、地方标准11项，国家级服务标准化试点立项1个、省级战略性新兴产业标准化试点立项2个、市级服务标准化试点项目立项1个和地方标准立项2个。眼镜商会成为全省首批团体标准试点单位。有3个国家级项目通过中期评估，1家单位通过最后验收，共指导98家企业在网上公开备案291项标准。完成全市163家村级卫生室、5个计划生育指导站1335台件计量器具和43家集贸市场在用3592台衡器免费检定；通过“双随机”机制加强定量包装商品计量监督抽查管理，形成“三位一体”监管机制；对全市14家物流企业集中开展在用计量器具专项检查。

（温勇杰）

【商标品牌战略】 2016年，丹阳市大力实施商标品牌战略，加强“三名”商标（中国驰名商标、省著名商标、市知名商标）和名牌培育发展，全市新注册商标1123件，总数达11319件；新认定著名商标14件，总数达127件；新认定知名商标24件，总数达151件。共有11家涉外企业申报14件马德里商标。妥善处理丹阳眼镜第44服务类眼镜商标驳回复审问题。推动质量强市再上新台阶。出台《丹阳市关于加快质量发展的实施意见》，加大公共财政对质量发展投入力度，发挥质量强市专项资金引导作用。指导江苏江南生物科技有限公司获江苏省质量奖优秀奖，江苏江南生物科技有限公司成功申报镇江市市长质量奖，江苏鱼跃医疗设备股份有限公司、江苏超力电器有限公司成功申报丹阳市市长质量奖。11月，丹阳市眼镜优质产品生产示范区通过江苏省质监局考核检查。（温勇杰）

【食品药械监管】 2016年，丹阳市将食品药品监管作为监管工作的重点，全年未发生重大食品药品安全事故。严格市场准入机制，规范食品经营许可发证流程，共发放销售类食品经营许可证1771份、餐饮类食品经营许可证1268份。核发药品经营许可证59张，对21家单体药店进行《药品经营质量管理规范》认证，一类医疗器械生产企业登记备案变更13家，二类医疗器械经营备案140家，三类医疗器械经营许可6家。安排专项经费116万元，开展市级食品监督抽检1600余批次、食品速测1410批次，对化妆品进行27批样品的专项抽样和检测。完成药品计划性抽样260批，监督抽样52批，快检1000批，完成医疗器械国家级省级计划性抽样52批，监督抽样22批。出台《丹阳市2016年食品安全工作意见》，明确食品监管工作的重点。根据“三分监管”要求制定2016年食品生产企业日常监管计划，全年检查食品生产企业350余家次。全市乳制品企业全部建成食品生产电子追溯系统，白酒、食品添加剂企业覆盖率扩大到70%。开展食品、药品安全专项整治10余次，对受广泛关注的农村食品、非法添加剂、山东问题疫苗等展开重点排查。共上报药品不良反应报告数981份，上报医疗器械不良反应485例。

（温勇杰）

【特种设备监管】 2016年，丹阳市特种设备监察部门优化监管体制，依法履职，主动作为，全年未发生重大特种设备安全事故。联合镇江市质监局开展6期基层分局持证安全监察员业务知识集训，组织33名新取证特种设备监察员跟班实习，对分局特种设备监管情况进行检查指导，通过综合办公系统对监管情况进行量化公示，提升特种设备安全监察人员专业技能和现场处置能力。强化涉及民生的电梯、气瓶等特种设备安全监管，持续开展电梯安全专项整治，开展公共场所电梯伤害应急演练，推行电梯责任保险，开展电梯维保单位星级评定，两家电梯维保单位在镇江地区率先通过省质监局四星级维保单位考核。继续开展气瓶安全专项整治，全面推行气瓶二维码安装，实现一瓶一码。对156家特种设备使用单位开展日常监督检查，开展电镀工业园等事故后的安全检查和节前检查、季节性检查。全年累计检查特种设备使用单位457家，查出隐患327条，发出特种设备安全监察指令书126份，隐患整改率95%以上，对27起特种设备违法行为进行立案查处。（温勇杰）

【行政执法】 2016年，丹阳市围绕民生热点、难点问题，开展市场监管执法，打击制假售假、不正当竞争等严重扰乱市场秩序的违法行为。一是依据稽查职能，结合丹阳实际，对互联网领域、农村、城乡结合部的侵权假冒商品进行重点整治，对汽配、眼镜、木业、床上用品、农资等重点行业重点产品进行专项整治，共办理商标侵权案件48件。二是组织学习和推广应用“一中心一平台”软件，制定《2016网络市场监管专项行动实施方案》，组织5名网络监管骨干，对全市企业网站进行数据比对、线索查找、证据固定等工作。加强新闻媒体广告监测频次，全年共监测大众媒体广告近2500条次，责令停止发布广告20余条，共办理广告案件15件。2016年，丹阳市市场监管局获江苏省网络市场监管专项行动成绩突出单位荣誉。三是对江苏汝康、统资联、圣迪雅等5家涉嫌非法集资企业实行集中整治，调查企业经营状况及经营模式，指导企业规范经营。全年累计查处各类违法案件314件，罚没款入库501万元。（温勇杰）

·消费者权益保护·

【概况】 2016年，丹阳市围绕社会民生问题及区域特色，开展消费者权益保护工作，打击制假售假、不正当竞争等严重扰乱市场秩序的违法行为。全年共受理消费者投诉举报1473起，其中“12315”系统1371起，“12331”系统102起，为消费者挽回经济损失约285万元。“12315”系统办结率100%，回访率100%，满意率98%，“诉转案”46件。加强流通领域商品抽检。开展2016年商品检测工作，完成商品检测242批次，接到不合格报告20份。制定《2016年消费者权益保护工作手册》，并组织系统培训，开展消保业务知识考试，提升基层消保维权水平。围绕贯彻实施《中华人民共和国消费者权益保护法》《中华人民共和国广告法》等法律法规和中消协“新消费我做主”的年度主题，开展“3·15”系列活动，组织各类检查5次，普法活动16场次，印发各类宣传资料15000余份。（温勇杰）

国有资产管理

【概况】 2016年，丹阳市出台《关于进一步加强丹阳市国有资产管理工作的意见》，成立丹阳市国有资产监督管理领导小组，对国有企业的投资计划、经营预算、资本收益、股权重组变更、薪酬绩效及行政企事业单位的资产处置、产权转让等重大事项进行决策。丹阳市国有资产管理中心整建制更名为丹阳市人民政府国有资产监督管理办公室（简称市国资办），行使国有资产监督管理职能。2016年，对全市271个行政事业单位进行全面清查，资产总额93.55亿元，净资产总额71.12亿元；审核资产配置4.09亿元。有效抑止单位随意配置资产、突击配置资产的现象，把好资产的“入口”关；核准资产转让17次、审批报废资产193次、办理资产无偿划拨13次，资产金额8330万元；共审核出租出借事项131起，出租租金593万元，整个存量出租出借共436起，总租金4918.73万元。（蒋国平）

国土资源管理

【概况】 2016年，丹阳市坚持服务发展和保护资源并重、提升节地水平和产出效益并重，以“保护为先、优化为本、调控为要”，开展全域永久基本农田划定和土地利用总体规划调整完善工作。完成卫片执法工作，“慧眼守土”工程投入助力巡查。全年上报并经批准建设用地402.13公顷，供地318.2公顷，供地率达75%。实现耕地占补平衡，新增耕地122公顷。国家级废弃矿山地质环境治理示范项目二期主体工程基本完成。公开挂牌经营性用地55宗、面积1194公顷，出让地价33亿元；工业用地122宗、面积1244公顷。进一步清理低效、闲置土地，节地水平和产出效益持续提升，单位建设用地下降率8.59%。（周玄究）

图89 丹阳市国家级废弃矿山地质环境治理示范项目（二期）工程（周玄究）

【耕地保护共同责任落实】 2016年，丹阳市强化耕地和基本农田保护地方政府目标考核和责任，市政府与各镇（街道）签订国土资源目标管理责任状。完成耕地后备资源及高标准基本农田调查，摸清耕地后备资源。开展补充耕地质量评定，完成高标准基本农田建设任务1093.3公顷，实施耕地轮作休耕试点，耕地质量等别稳中有升。实施土地整治，实现本年度项目的耕地占补平衡，实施耕地占补平衡项目库项目41个，项目建设总规模124公顷，实现新增耕地面积122公顷。司徒镇耕地保护绩效获省级表彰，获奖励资金200万元。（周玄究）

【城市周边永久基本农田划定】 2016年，丹阳市国土部门以《丹阳市城市总体规划（2014—2030）》中心城区规划界线作为工作范围，涉及司徒镇、延陵镇、陵口镇、云阳街道、曲阿街道等5个镇、街道。依据工作范围划定城市周边永久基本农田初步任务为3206.67公顷，经核实论证，拟新划入346.66公顷，拟划入与已有基本农田之和占城市周边范围内现状耕地比例60.91%，达到60%的比例要求。（周玄究）

【世界地球日科普讲座】 2016年4月22日，市国土资源局举办第47个世界地球日科普讲座，邀请国土资源部地质灾害防治应急专家、江苏省333高层次人才、中国地质调查局南京地质调查中心水环院副院长葛伟亚博士为局机关和基层分局干部作科普讲座。葛伟亚围绕“科学利用地球资源，和谐构建人地关系”主题，引用发生在身边真实事例，宣讲增强爱护地球、节约资源、保护环境的意识，倡导绿色简约生活理念。并讲解正在丹阳实施的国家小城镇水工环地质调查试点项目的意义、内容和进展情况。（周玄究）

【“十三五”基础测绘规划通过评审】 2016年5月17日，丹阳市“十三五”基础测绘规划通过专家评审，该项规划在全省县级市中为首家通过专家评审。该项规划在总结丹阳市“十二五”基础测绘工作进展基础上，分析“十三五”面临的形势，明确“十三五”期间丹阳测绘基准升级改造、基础测绘地理信息更新维护、城市三维场景建设、地理国情监测与服务、应急测绘保障、智慧丹阳时空信息云平台建设、新版城市地图集编制等重点工作，目标明确，任务具体，具有前瞻性和指导性。（周玄究）

【占补平衡补充耕地项目库建设管理】 2016年，丹阳市政府制定《丹阳市耕地占补平衡补充耕地项目库建设管理暂行办法》。文件规定市国土、财政、农委、水利等部门和镇（区、街道）职责；明确镇（区、街道）既为项目责任主体，也是项目竣工后续管护工作的责任主体，要求镇（区、街道）编制后续5年管护方案，并给予一定管护资金补助；建立新增耕地激励机制，项目验收后，对完成年度建设任务的项目所在镇（区、街道）给予每公顷18万元的耕地保护补助资金，用于项目后期管护、土地整治、基本农田建设、农业基础设施建设和生态建设等。（周玄究）

【不动产统一登记实施】 2016年6月12日，丹阳市不动产登记中心正式对外受理不动产登记。6月16日，首批3本不动产权证书颁发。把不动产登记中心作为市行政审批中心的分中心管理，不动产登记和交易机构合署办公，税务部门的契税征管、评估中介等也一并入驻服务大厅，实现市民办证“四个一”，即进一个大厅、一次交件、一个平台运行、一次完成领证，极大方便市民及企业办理涉房涉地业务。2016年，不动产登记中心受理各类登记31467份，颁发证书15329本、证明7650本，不动产登记资料查询37338人次。（周玄究）

【丹阳城镇地质调查2016年专题成果移交】 2016年6月1日，中国地质调查局南京地质调查中心与丹阳市政府联合举行“丹阳城镇地质调查2016年专题成果”移交仪式。综合调查项目完成的专题成果得到专家一致认可，项目成果优异。中国地质调查局南京地质调查中心向丹阳市政府移交专家组评审通过的《丹阳市三维地质结构调查研究》《丹阳市地下空间资源调查及工程建设适宜性评价》《丹阳市土壤环境质量及特色农业调查评价》和《丹阳市生活垃圾填埋场适宜性评价)》四项专题成果报告及图册。（周玄究）

【城区级别基准地价调整】 2016年8月30日，丹阳市政府公布实施调整更新后的城区级别基准地价，此次公布的基准地价的基准日为2016年1月1日。城区开发程度为六通一平的一级商服用地每公顷8970万元，一级住宅用地每公顷4519.95万元，五通一平的一级工业用地每公顷630万元。（周玄究）

【工业用地调查】 为全面开展工业用地调查，建立工业用地利用现状动态数据库和低效工业用地数据库，促进经济结构加快调整，2016年11月22日，丹阳市召开专门会议，部署开展工业用地排查摸底和低效产业用地再开发工作。此项调查将查清丹阳市范围内各类工业用地开发利用情况，各宗地坐落位置、用地面积、用地性质，宗地上房屋建筑面积和投入、产出、用工情况等。会议明确发改经信委、国土局、住建局、市场监管局、国税局、地税局、统计局等成员部门具体工作分工，要求各镇（区、街道）配合好外业调查，保质保量在12月底前按时完成调查任务。同时，在对丹阳市辖区范围内的所有工业企业用地进行普查摸底基础上，结合地方实际开展工业用地评价及低效产业用地的认定，制定本地工业用地指南，落实省政府促进低效产业用地再开发促进产业转型升级相关政策，合理制定低效产业用地再开发专项规划和编制年度实施计划，进一步提升土地高效集约利用水平。（周玄究）

【“数字丹阳”项目通过省级验收】 2016年12月28日，“数字丹阳”地理空间框架建设项目通过江苏省测绘地理信息局组织的专家验收。该项目是江苏省数字城市地理空间框架建设试点项目。“数字丹阳”地理空间框架建设自2013年7月立项实施以来，项目成果包括建立丹阳市基础地理信息数据库，城区街景及三维模型，构建数字丹阳地理信息公共服务平台政务版和公共版即“天地图·丹阳”门户网站，并实现“天地图·丹阳”与国家主节点、省节点、镇江市节点的互联互通；合作开发国土移动专题应用，公安实战、丹阳眼镜、教育、医疗专题应用系统，环境地理信息系统，公共自行车站点系统和旅游地理信息系统等8个示范应用系统，建立完整、健全的更新、维护和推广应用长效机制。“数字丹阳”建设打造丹阳市地理空间框架大平台，汇集形成大数据，大幅提升丹阳市的地理信息化服务和城市建设管理水平，为“数字丹阳”向“智慧丹阳”转型升级打下良好基础。（周玄究）

【“智慧守土”监控系统投入运行】 2016年，丹阳市国土部门推进“智慧守土”工程建设，“智慧守土”监控系统投入运行。“智慧守土”工程建设视频监控系统，是根据地形地貌及耕地分布实际情况，租用中国移动铁塔基站、数据传输链路云平台，采样200余个点位对全市进行全覆盖，可足不出户掌握全市的土地、矿山的利用变化状况，开展批后监管及时发现、有效制止各类违法用地和偷采乱挖矿产资源行为。2016年底，监控系统安装调试完成，开展网上巡视。（周玄究）

图90 “智慧守土”工程建设视频监控系统（周玄究）

【《丹阳城市地图集》设计方案通过专家评审】 2016年12月28日，《丹阳城市地图集》设计方案通过江苏省测绘地理信息局组织的专家评审。为全面提升丹阳地理公共服务水平，繁荣地图市场，根据省测绘地理信息局《关于开展城市地图集编制试点工作的通知》精神，丹阳市国土资源局委托省测绘工程院开展《丹阳城市地图集》编制工作。该地图集为中国城市地图集系列项目，充分运用最新“数字丹阳”建设成果和地理国情普查成果数据。地图集主要由区域位置、政区、地势、地理国情、工业园区、水系水利、旅游景区、交通公交、城市建设规划等13类序图，18幅城市详图，乡镇图，地名索引四大部分组成。（周玄究）

统计管理

【概况】 2016年，丹阳市以提高统计数据质量为中心，加强新常态统计监测工作，提升统计服务水平和政府统计公信力。市统计部门按时完成工业、固定资产、贸易、房地产、劳动工资等15个专业统计工作，确保统计数据质量，及时、准确、完整、全面地反映全市经济社会发展成果。以转方式、调结构为重点，按月度、季度和年度对全市经济运行情况开展统计分析、提出建议。做好产业“三集”统计在线直报工作，为全市产业“三集”发展发挥较好的统计决策参考作用。开展科技季度监测工作和重点工业企业月度监测工作，及时掌握全市转型升级成效和经济变化情况。组织召开全市统计工作研判座谈会，就统计监测情况进行分析交流。做好统计数据库平台的升级和维护，强化数据存储、查询功能。探索数据采集处理软件系统应用，完善企业“一套表”各项工作，搭建方便基层使用的服务平台；完善统计内外网站信息维护，丰富服务内容，提高发布时效和质量。对网站进行改版测试，加入全市网站集群，使丹阳统计信息内外网站成为统计服务社会公众的重要平台。开展统计专题分析，提供针对性强、参考价值高的建议和对策。实行定向化服务，将《丹阳统计》《月度经济卡片》《统计公报》等统计产品以及主要经济数据及时发送各级党委、政府主要领导；开展个性化服务，根据各级党委、政府和部门的统计需求，量身定制统计产品，做好《统计专报》。全年撰写《统计分析资料》33篇、《统计专报》1期，《丹阳统计年鉴（2015)》获全国嘉奖。（徐宇进）

【“五个一”行动深化年活动】 2016年是第三次全国农业普查年，也是丹阳统计系统“五个一”行动活动深化年，为进一步强化统计服务，结合镇江市统计局开展的“三百”行动，市统计局确定2016年“五个一”行动的主题为“关注民生，走进乡村，服务农普”。以“突出一项重点、完善一套制度、塑造一个品牌、传递一片真情、锤炼一支队伍”为主要内容，与基层统计人员开展“手携手、树形象、一对一”活动。全年组织开展农普准备工作调研和综合试点工作，进一步完善内部管理的规章制度，选派16名业务骨干参加镇江市统计局在浙江大学和上海交通大学举办的干部综合素能提升培训班，与南通大学联合举办2期统计能力提升培训班，结合农普试点工作分别在司徒镇的屯甸和丁庄村举办2场“美丽乡村行、统计献真情”文艺晚会。（徐宇进）

【农业普查综合试点工作】 根据第三次全国农业普查领导小组的统一部署，围绕农普工作任务，丹阳市有序开展各项前期准备工作。2016年3月，市政府组建市“三农”普查领导小组办公室，市农普办共选聘农普“两员”2336名，并开展业务培训。在司徒镇的屯甸和丁庄两村开展镇江市级综合试点工作，强化组织领导、计划流程、宣传动员、“两员”选聘、入户清查、质量控制等重点环节，综合试点达到检验方案、优化流程、锻炼队伍、完善方案的目的，得到江苏省、镇江市农普办肯定，为下一步正式入户登记工作打下良好基础。（徐宇进）

劳动就业管理

【概况】 2016年，丹阳市城镇新增就业1.67万人，其中促进城镇失业人员再就业8400人，扶持就业困难人员再就业614人，城镇登记失业率2.29%。全年发放创业贷款贴息94.86万元，创业贷款规模达2560万元，有效扶持1866人实现创业，带动8503人就业。依托市、镇、村三级平台，对富余劳动力建档立卡，坚持技能培训、就业供需对接、创业扶持多措并举，力促“一户一培训、一户一就业”。全年举办各类招聘会89场，举办特色专场招聘会17场，提供岗位12.7万个，全年4100名建档立卡劳动力实现稳定转移就业。10月，市援企稳岗补贴和降费率政策启动，帮助企业稳定职工队伍。首批符合条件的124家企业，发放稳岗补贴466.68万元，惠及职工15188人。用创业政策激发全社会创新潜能和创业活力。把网络创业培训作为重点，结合传统强势产业，推动“互联网+本地特色产品”创业模式，申报省级创业孵化示范基地——中国（丹阳）国际眼镜城创业基地。实施新生代农民工职业技能提升计划、农村劳动力转移培训计划、全民创业培训计划，依托定点职业培训机构、企业内训基地，强化培训对接。完善培训补贴制度，发挥培训补贴的导向和激励作用，全年发放创业培训补贴115.3万元，发放职业技能培训补贴245万元，发放职业技能获证奖补资金32.98万元。将高校毕业生就业摆在就业工作首位，整合扶持政策，提升实名登记管理水平，建站到校、服务到人，落实大学生就业见习补贴政策，推进大学生创业共享工作室建设，有6个大学生创业团队入驻。举办“创翼丹阳智胜未来”丹阳市首届大学生创业大赛。

（朱君芬）

安全生产监督管理

【概况】 2016年，丹阳市认真贯彻落实各级关于安全生产工作部署要求，坚持以人为本、安全发展的理念，落实各项工作。2016年，市政府制定并下发《丹阳市有关部门和单位及镇（区、街道）安全生产工作职责规定》，对12个镇（区、街道）和35个部门和单位安全生产工作职责重新梳理，进一步细化职责，强化责任。按照“党政同责、一岗双责”要求，市政府、市安委会、各镇（区、街道）、各部门层层签订责任书，明确目标责任，筑牢安全生产责任网；市委常委会、市政府常务会议先后6次听取安全生产工作汇报，在重要时段和重大假日期间，市领导分别带队开展安全生产检查督察，并将检查结果及时反馈交办，落实整改，形成闭环，推动安全生产责任制的落实。2016年，发生一般生产安全事故20起，死亡21人，直接经济损失1800余万元。（市安监局）

【安全生产隐患排查治理】 2016年，丹阳市标本兼治，推进安全生产大检查和重点领域专项治理。安全生产大检查方面：在夏季高温、丹阳埤城电镀园火灾事故及江西丰城发电厂坍塌事故后，各镇（区、街道）、各部门对重点行业和区域性重点隐患开展安全生产大检查，全面整改薄弱环节和突出问题。市安委办组成督察组，对镇（区、街道）和重点部门安全生产大检查工作落实情况进行督察，及时通报督察结果。重点行业专项整治方面：一是全面开展危险化学品安全专项整治，共检查各类危险化学品生产、经营、存储、使用单位336家，发现并完成整改安全隐患106条。二是开展建筑市场综合整治，在全市房屋、市政工程、交通、水利等各类建设工程项目开展预防坍塌和高处坠落事故专项检查。重点整治各类高处平台、高处作业过程中存在的安全隐患和违规作业行为。三是开展液化气气瓶专项整治。共检查气站36家，对8家非法大规模存储液化气钢瓶、非法倒灌、非法充装过期钢瓶的单位进行查处。四是开展应急管理专项整治。要求各主管部门按照“管行业必须管安全”的要求，深入开展各项安全生产专项整治，打击非法违法生产经营行为，消除各类安全隐患。（市安监局）

【“三化一险”监管模式】 2016年，丹阳市从提升基层安全生产监管能力着手，全面推行“三化一险”（安全生产标准化、安全生产网格化、安全生产服务社会化和安全生产责任险）

的监管模式。一是大力推进安全生产标准化创建。全市 726 家企业完成安全生产标准化达标创建，其中二级标准化达标企业 1 家，三级标准化达标复审企业 376 家，小微企业安全生产标准化达标 350 家。二是推进安全生产网格化监管体系建设。市安委办下发《丹阳市安全生产网格化监管实施意见》，按照“网格覆盖、队伍健全、职责明确、工作规范”要求，全市 12 个镇（区、街道）建立起以村（社区）为重点的基层网格化监管体系。全市有 118 个村（社区）网格、320 名网格员，通过定区域、定人员、定责任、定制度的管理模式，实现安全生产监管“三级五覆盖”，在打非治违、隐患排查等工作中逐步发挥重要作用。三是创新安全生产社会化服务机制。市安委办专门出台《丹阳市安全生产社会化监管服务工作实施意见》，解决安全生产监管领域专业化、技术化薄弱问题。全市 8 个镇区（街道）和 4 个部门共投入 200 余万元，引入社会专业服务机构和专家力量参与安全生产检查，有效提升基层安全生产监管水平，形成“政、企、社”联动共促的工作机制。四是全面推行企业安全生产责任险。2016 年，全市在危险化学品、冶金铸造、建筑施工等重点行业全面推行安全生产责任险，参保企业 120 家，总保费 260 余万元。

（市安监局）

【丹阳埤城电镀园火灾事故】　2016 年 8 月 6 日 5 时左右，丹阳市丹北镇埤城常麓工业园内一家电镀工厂发生火灾，过火面积约 1000 平方米，导致 20 余人受伤，2 人死亡，财产损失 100 余万元。丹阳 119 指挥中心接警后，立即调派 12 辆消防车共 52 名消防官兵前往事故现场紧急救援。江苏省消防总队第一时间调度南京、常州、扬州、泰州 12 辆消防车共 60 人赶赴现场增援处置。事故发生后，镇江、丹阳两级党委政府高度重视，有关领导到现场指导事故处置及伤员救治工作；丹阳市立即启动应急预案，调度省、市有关医疗专家，成立专家医疗救护小组，对受伤人员进行全力救治。8 月 6 日下午，丹阳市再度召开紧急会议，通报情况，部署措施。市纪委、市检察院等成立专案组，严查事故中可能存在的违法违规、渎职失职等问题。

（市安监局）

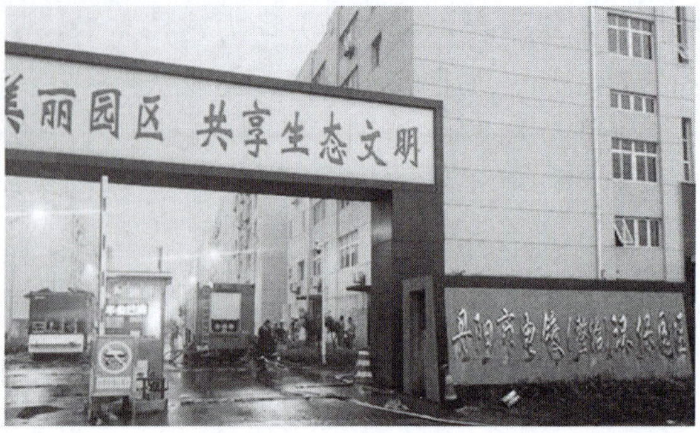

图 91　丹阳埤城电镀园区火灾事故抢救现场　（市安监局）

供电供热管理

·市供电公司·

【概况】　2016 年，丹阳市供电公司以“全面创新年”活动为主线，精益管理，创新争先，提质增效，企业保持良好发展态势。全年全社会用电量 71.50 亿千瓦时，比上年增长 8.49%，调度最高用电负荷 131.33 万千瓦，比上年增长 13.30%。至 2016 年底，公司实现连续安全运行 9346 天。丹阳市供电公司获“2013—2015 年度江苏省文明单位”“国网江苏省电力公司 2016 年度安全生产先进集体”“国网江苏省电力公司档案工作先进单位”“镇江市 2011—2015 年普法工作先进集体”等荣誉。公司派遣 2 名员工赴西藏开展援藏帮扶工作，员工方美芳出席第十三届江苏省党代会，并当选为“江苏好人”。

（万新云）

【电网建设】　2016 年，丹阳市供电公司坚持“经济发展，电力先行”，编制《丹阳电网“十三五”发展规划》及《远景 2020 年电网规划》，通过专家评审。在主网建设方面，完成 220 千伏云林输变电工程和 220 千伏金凤一永胜环接入访仙变投运工作，110 千伏界牌变增容等项目投运，在镇江率先完成全部单主变租赁项目，累计增加变电容量 61.15 万千伏安，增强区域电网的供电及互联能力。推进 110 千伏普善变、建山变、锦湖变工程建设项目，确保按期投运。在配农网建设方面，公司加强配网、农网网架结构，全年共投资 4.19 亿元，完成项目 2889 个，共新增 10 千伏线路 54.8 公里、配变 559 台、容量 21.36 万千伏安，新增和改造低压线路 970 公里，全市线路互联率提升至 90%。完成 11 个老旧小区电源改造，推进 6 个中心村电网提升工程，建成 2 个美丽乡村示范点，提升网架“坚强智能”水平。在应急保障方面，公司累计出动抢险人员 500 余人次，修复高低压故障 400 余处，保障电网的安全稳定运行；在防汛抗洪期间，公司为政府防汛抗洪架设照明线路 80 余公里，敷设 10 千伏电缆 3.5 公里，架设临时变压器 6 台，保障排涝设施的正常用电。完成利民河排涝枢纽配电房的建设及线路架设工作。（万新云）

【供电服务】 2016 年，丹阳市供电公司主动对接全市重点工程，在南师大中北学院、镇丹低碳高速公路等重点工程建设过程中定期召开推进会，及时沟通项目主管单位，共同推进接电工程进度。在“服务企业活动月”期间，公司走访天工、沃得等大用户企业，征求意见和建议，打造更加和谐的供用电关系。为积极响应地方行风、政风建设有关要求，公司领导走进《行风热线》广电节目，与电力用户开展互动，公司营销、农电相关负责人走进丹阳电视台，介绍迎峰度夏保供电、抢修等情况，增进社会各界理解。完成丹阳国际眼镜文化旅游节、“两会”、中高考等重要活动的保电工作。坚守“少停电、用好电”承诺，加强窗口和现场服务人员行为文明规范，推广“优化工作票填写”和“未尽事项服务联系卡”等各项服务管控举措，提升现场安全与服务协同能力。抓好停电管理，做好高低压停电工作的衔接和配合，防范频繁停电，强化停电信息发布工作，实现计划停电信息发布全面准确、临时停电信息发布及时到位。开展“电气化食堂”、低压岸电及电锅炉改造工作，共投运 8 套低压岸电系统和 30 套小容量岸电系统，推广电锅炉 89 台，替代电量 23 万千瓦时，消纳 40 家分布式光伏发电容量 2589 千瓦，并与公交公司共同推进 5 个电动汽车充电站建设，促进社会节能减排。（万新云）

【云林输变电工程】 2016 年 12 月，位于丹阳 241 省道以西、丹西公路以北的 220 千伏云林输变正式投运。该变电站是丹阳市第九个 220 千伏无人值守的全智能化变电站，于 2015 年 9 月开工建设，总投资 1.17 亿元，本期新建 1 台 24 万千伏安主变，远景规模为 3 台 24 万千伏安主变。其供电区域主要有云阳街道横塘片区、延陵镇、珥陵镇及城区部分用电负荷，主要负荷类型为工业用电及居民用电。（万新云）

图 92 2016 年 12 月，220 千伏云林输变正式投运 （万新云）

• 兴联热电有限公司 •

【概况】 2016 年，丹阳兴联热电有限公司完成发电量 8100.31 万千瓦时，厂用电耗率 16.12%，发电标煤耗每千瓦时 439.6 克，供汽量 25.7 万吨，供热管损 4.77%，供热水 7.44 万吨。公司加强对原煤、原材料、资金及设备检修等方面的管理，控制各项费用和固定成本。坚持“安全第一，预防为主”方针，健全公司、部门、班组三级安全网络。加强设备管理，保证主设备消缺率 100%，辅助设备消缺率 90%以上，返修率 5%以下。继续加强热网管理，最大限度减少浪费。配合“生态城市”创建，取缔和整治高污染燃料设施，确保用户对热水的需求。完成肯帝亚供热管线的建设，年底投入使用。（姜红艳）

海关监督管理

【概况】 2016 年，镇江海关驻丹阳办事处落实南京海关工作部署，各项工作取得一定成效。全年办理新注册企业 229 家，加工贸易合同设立 222 份，设立金额 18458 万美元，比上年增长 5.47%；核销结案手册 254 份，报核及时率、结案及时率等考核指标优良；办理报关单 619 份，征收税款 1953 万元，比上年增加 2.1 倍；中期核查企业 8 家，稽查企业 4 家，移交一般案件 4 起，简易案件 2 起。（办事处）

【海关服务】 2016 年，镇江海关丹阳办事处贴近实际，提升服务成效。推进跨境电商服务试点工作。配合镇江市政府向南京海关报批《镇江市跨境电商服务试点方案》，并取得南京海关函复批准；就电商监管中心的位置选择、经费需求、设计平台等方面与地方政府部门多方接洽，推动电商企业与包括敦豪快速、UPS、联邦快递等知名物流企业联手合作，拓宽出口物流渠道。发挥统计专有职能，当好参谋助手。发挥海关统计职能优势，加大地方进出口形势研判力度，及时提供统计预警报告，定期协助报送《海关专讯》，服务地方经济决策。将统计数据单元深入到经济主管部门、乡镇、企业，形成较为完整的数据利用层次，为地方外贸发展提供精细化管理依据。营造良好环境，支持外贸增长。加强对地方传统产业支持，对丹阳五金工具行业提出的锯片商品归类全国各口岸不一致问题进行汇总，促成南京海关关税处对金刚石锯片税则归类进行调研；贴近地方各镇区发展特点，组织召开海关政策宣讲会，加强各类产业园区指导和跟踪服务；加强信用管理合作，引导诚信守法和规范经营，培育高资信企业；加强海关知识产权保护，助推争创“丹阳眼镜”“中国鞋业基地”区域品牌。（办事处）

图 93 2016 年，镇江海关驻丹阳办事处积极协助江苏福荣制衣有限公司通过企业海关信用管理认证，福荣公司赠送锦旗表示感谢（办事处）

【海关监管】 2016 年，镇江海关丹阳办事处抓精细监管，提高业务质效。一是提升加工贸易监管质量。围绕“加工贸易监管质量测评指标”，加强实际监管；开展业务自查自纠工作，边查边改；收集数据，完善企业加工贸易管理档案；强化培训，推进加贸一体化改革落实。一体化试点启动以来，丹阳办事处辖区设立加工贸易手册 2 份。二是夯实企管管理基础。做好“三证合一”“一照一码”报关单位注册登记改革工作，完成 200 家报关单位注册登记；做好企业年报工作和巡查工作，有 1066 家企业成功完成年报，18 家企业完成巡查工作；抓好企业认证工作，有 2 家企业通过一般认证，对 2 家企业信用类别进行调整；规范出具企业信用证明，全年为辖区企业出具信用证明 18 份。三是落实综合治税工作。加强内外部信息分析与应用，密切关注鞋服等小微企业的经营风险；强化协作管控，不断加大源头控税措施；严格依法治税，堵塞漏洞，应收尽收。四是加强稽核查后续管理。对丹阳地区 1 家汽配企业开特许权使用费补税 42 万元，“成品退换”核查取得较好成效。全年完成 4 家公司常

规稽查，8家企业中期核查，共下厂66余次实施现场核查等外勤工作任务。（办事处）

出入境检验检疫管理

【概况】 2016年，镇江出入境检验检疫局丹阳办事处发挥检验检疫部门的职能作用，深入重点帮扶企业“一对一”走访调研，帮助企业用足、用好、用活自贸区优惠原产地证，为企业“走出去”和扩大出口提供支持。通过政策宣传、报送自贸协定利用分析、网络新媒体宣传等多种方式，向丹阳出口企业普及原产地知识，帮助企业用足用好优惠原产地政策，促进丹阳市外向型经济发展。落实简化报检放行手续，实施报检无纸化、产地证签证申报无纸化、异地货物原产地调查电子化，以信息化手段实现流程再造。动员需实施无纸化的企业向检务部门提交申请表和承诺书。在电子监管系统中完成辖区内企业信息的维护，加强沟通和交流，保证此项工作有序开展。继续执行免收出口商品法检费用等政策，全年各类原产地证书为企业减免国外关税1398万美元，有效减轻企业负担。（办事处）

【服务地方经济】 2016年，丹阳办事处在出口五金工具质量安全示范区建设方面，围绕“示范区+”，开创政企校三方联合的建设格局。先后多次召开推进会，会同丹阳市政府、丹北镇政府、五金工具龙头企业赴武汉大学质量发展战略研究院，就推动丹阳五金工具产业质量发展战略研究与实施开展研讨，达成合作意向，拿出丹阳出口五金工具产业质量发展战略研究与实施方案，并在推进目标、时间安排上达成共识。协助完善《丹阳出口五金工具国家级质量安全示范区建设工作方案》，并对照国家级示范区建设标准，列出需要准备的见证材料清单以及整改事项，与丹北镇政府、相关企业对接，按计划推进。出台《镇江检验检疫局丹阳出口五金工具国家级质量安全示范区建设工作推进计划》和任务分解表，责任到人，落实推进。丹阳办事处原产地证书签证人员在工作中严把签证质量关，规范签证程序，对于存在问题的证书实行“一次性告知”，提高企业签证效率，降低企业退证风险，全年退证查询次数大幅减少。年内共举办3次申领员培训班，为中小型企业申领员梳理讲解自贸协定原产地知识，提高申领产地证的效率，参培人员超100人次。（办事处）

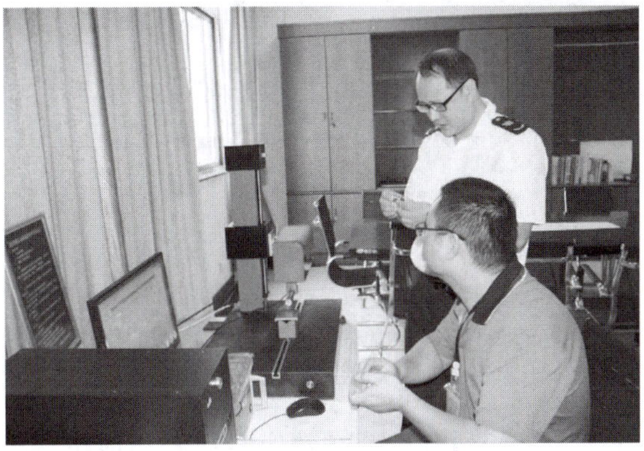

图94　2016年6月，镇江出入境检验检疫局丹阳办事处检测人员到企业指导国家级五金工具质量安全示范区创建工作　（办事处）

【检验执法】 2016年，出入境检验检疫丹阳办事处把危险化学品及其包装作为重点高风险检验品种，在监管上采取“三抓三全”（抓政策宣传、抓队伍建设、抓学习提高，全员培训、全员检验、全员监管）及“一个中心，三个保证”（一个中心：全覆盖、零容忍、严执法、重实效；三个保证：人员保证、制度保证、监督保证）。针对企业对出口危险货物包装的相关法规和标准不熟悉的情况，丹阳办事处按照《国际海运危险货物规则》等相关要求和标准加强对包装使用状况的检查，对出口危险货物的企业，加强进出口危险化学品及其包装法规、标准的宣传贯彻和培训，提高其质量安全意识，督促其切实履行主体责任。国家质监总局2016年第31号公告发布《进口食品接触产品检验监管工作规范》，自2016年4月10日起实施，丹阳办事处按照规范性文件要求，做好丹阳地区进口食品接触产品的检验监管工作，落实进口食品接触产品备案制，对备案产品进行抽批检验检测，对未备案产品实施逐批检验检测，为企业产品顺利“走出去”提供帮扶措施。（办事处）

环 境 保 护

栏目编辑 夷朝霞

【概况】 2016年，丹阳市生态环保工作在迎接中央环保督察、抓好大气污染防治、推进断面水质达标、查办危废非法处置案件、积极化解突出环境矛盾纠纷、有效应对突发环境事件等方面取得新成效。但生态环境保护治理欠账较多，2处断面水质处于临界状态等问题；燃煤锅炉整治、黄标车和老旧机动车淘汰任务更加艰巨，电厂脱硫整治、城镇污水管网建设、畜禽养殖场关闭搬迁任务较重；部分环境监管不到位，监管方式方法手段不能满足需求。环境违法问题比较突出。 （市环保局）

图95 2016年6月3日，丹阳市举行“丹阳市生态环境修复基地”揭牌仪式

（市环保局）

【中央环保督察】 2016年7月15—8月15日，中央第三环保督察组进驻江苏开展督察。丹阳市严格按照中央环保督察组的要求，以环境保护督察为契机，抓好问题排查，全力整改落实，着力完善环保工作长效机制。其间，中央环保督察组向丹阳市交办各类环境信访问题23批次37件，市环保局在第一时间转办至相关镇（区、街道）和部门，逐条逐项抓好整改。其中责令停产企业31家；立案处罚33家，累计处罚196.7万元；关闭取缔13家。同时，对环保督察交办的信访逐个销号，保质保量完成交办案件整改。完成销号30件，完成阶段性销号7件。

（市环保局）

【生态文明建设】 2016年，丹阳市环保局紧紧围绕生态文明六大体系建设，在新形势下提升“绿色竞争力”。一是协调推进生态文明建设重点项目。镇江下达丹阳市的生态环境建设类项目11个，市环保局与各项目单位进行沟通，协调推进项目建设，及时请示调整项目，各项目按照要求完成序时任务。二是提升城乡环境管理和治理水平。一方面，加快污水处理、饮用水源保护、覆盖拉网式农村环境综合整治等民生工程建设，不断改善城乡环境面貌；一方面，以群众关心的环境问题为突破口，加强重点区域、流域、行业、企业的污染治理，解决好群众反映的环境问题。三是开展生态村创建工作。以生态创建为切入点，突出示范效应，集中优势资源，打造一批生态村创建示范点。 （市环保局）

【水环境治理】 2016年，丹阳市开展水环境治理。落实国务院“水十条”，强化“断面长

负责制”，通过加大断面沿线排查，采用无人船布点采样，搞清排污状况。对水环境存在问题，列出问题清单，制定整治方案，督促落实整改。建立水质定期监测、通报制度，对断面达标交办任务进行督察考核，形成齐抓共管的格局。2016年，丹阳市3个国考断面全面达标，4个省考断面水质不断改善，地表水好于Ⅲ类水质的比例达78.8%。（市环保局）

【污染减排】 2016年，丹阳市开展污染减排工作，提升大气环境质量。以改善大气环境质量为核心，开展火电、钢铁等重点企业废气治理设施提标改造、燃煤锅炉整治、秸秆禁烧等工作，空气质量明显改善，达到二级标准的天数比例、PM2.5年均浓度下降率分别为78.4%、7.9%，完成镇江下达的目标任务。完成“G20峰会”空气质量保障任务。通过跟踪、协调、督导，整治燃煤锅炉362台。淘汰黄标车1512辆，实现全年秸秆禁烧。打牢环境基础设施。镇江和合、弘成两个危废处置项目竣工，吕城酸洗中心建成投运。丹阳市眼镜镜片粉末送句容生活垃圾发电厂处置，实行市场化、公司化运作方法。（市环保局）

【化工电镀行业整治】 经过三年多建设，2016年，丹阳市电镀企业环保整治园区投入生产运行。全市68家电镀企业中，列入关闭的16家电镀企业（车间）全部关闭到位。6家原地保留的电镀企业基本整治到位。“8·6”电镀园区火灾事故后，整治入园的46家电镀企业，有36家恢复生产。（市环保局）

【环境执法】 2016年，丹阳市环保局从两方面加强环境执法力度。一方面落实网格化环境监管机制。建立市、镇、村三级监管网格，全市共划分181个网格。组织环保大检查回头看，开展化工、钢铁、酸洗行业等多个专项执法行动，严厉打击环境违法行为。全年共出动环境监察人员2500余人次，检查企业900厂次，下发环境违法行为整改通知书132份，停产整改90家，关闭污染企业23家。清理违规建设项目1405个，完成“一企一档”建档工作。一方面深入开展环境执法大练兵。结合中央环保督察，加强司法联动，督促企业自觉履行治理责任。其中移送行政拘留案件8件，行政拘留1人，刑事拘留5人，立案处罚环境违法案件66件，罚款总额362万元，案件数量和处罚金额分别比上年增长20%、70%。有效处置5起危废品非法处置案件和3起重金属超标案件，有效化解1645件环境信访。（市环保局）

【队伍作风建设】 2016年，丹阳市环保局加强队伍作风建设。组织开展“严执法、善作为，争做忠诚环保卫士”学习实践活动，学习泰兴市环保局等一批执法先进典型，提振队伍士气，激发队伍活力。魏国虎被推荐为全省“忠诚环保卫士”，5人被环保部授予“长期从事环保工作纪念章”。不断加强和完善工作制度。研究制定《企业环保信用评价工作流程》《环保执法后督察工作制度》《环保行政处罚工作程序》《丹阳市环境保护局工作人员年度考核办法》等一系列规章制度，初步形成按制度办事、靠制度管人的局面。提升队伍业务能力。对一线执法人员进行环保执法和监测规范化培训，提升环保队伍业务能力。2016年，刘小飞被评为“丹阳市劳模”；环境监测站许晓俊等3人的《基于河道水质改善及河床生态修复的复合微生物技术研究与应用》课题被评为丹阳市科技进步二等奖。（市环保局）

图96 2016年11月20日，市环保局机关支部“统一活动日” （市环保局）

【水环境质量报告】 一、京杭运河丹阳段。2016 年，京杭运河丹阳段各个断面水质均达到相应的水域功能要求，与上年相比，除宝塔湾断面水质与去年持平，其他各断面水质均有所上升。评价指标共 25 项，即水温、pH、溶解氧、高锰酸盐指数、化学需氧量、五日生化需氧量、挥发酚、总磷、总氮、铜、锌、氟化物、硒、氰化物、砷、汞、镉、铅、六价铬、石油类、氨氮、硫化物、粪大肠菌群、阴离子表面活性剂、电导率。王家桥、吕城断面执行国家《地表水环境质量标准》（GB 3838－2002）Ⅲ类标准，练湖砖瓦厂、人民桥、宝塔湾断面执行Ⅳ类标准。水温、电导率无评价标准（pH、总氮不参与评价），结果详见表 15。

二、太湖流域水质。丹阳市被列入考核的有 7 个断面，分别是丹阳市京杭运河吕城（九里）断面、丹金溧漕河前膣庄和白塔断面、九曲河林家闸断面、通济河紫阳桥断面、鹤溪河鹤溪桥断面、皇塘战备河泥炭桥断面。全年监测数据表明，除林家闸、泥炭桥断面外其余 4 个断面污染物浓度年均值均未能达到“十三五”水质目标要求，达标率为 33.3%，结果详见表 16。

三、城市饮用水水源。全市市区取水总量为 9077 万吨，其中达标水量为 9077 万吨，达标水量所占比例为 100.0%。城市饮用水水源水质评价执行《地表水环境质量标准》（GB 3838－2002）Ⅲ类标准，按照《地表水环境质量标准》（GB 3838－2002）地表水环境质量标准基本项目标准限值的 20 项指标（水温、化学需氧量、总氮和粪大肠菌群不参与评价）、集中式生活饮用水地表水源地补充项目标准限值的补充项目 5 项和集中式生活饮用水地表水源地特定项目标准限值的优选特定项目 33 项，共计 58 项指标评价（水温无评价标准、总氮不参与评价）。达标情况详见表 17。 （市环保局）

【声环境质量报告】 丹阳市环境监测站根据城区区域环境噪声、功能区噪声及交通干线噪声监测结果，并对照国家城市环境综合整治定量考核标准进行评述：（一）2016 年丹阳市区环境噪声平均值昼间为 56.3dB（A），比上年度下降 1.0dB（A）。（二）丹阳市创建噪声达标区，1、2、3 类区覆盖面积分别为 5.94 平方公里、13.68 平方公里、4.25 平方公里。二类混合区、工业集中区及居民、文教区、交通干线道路两侧噪声都达到相应标准要求。（三）2016 年丹阳市区交通干线为 23 条，总长度为 56.46 公里，共布设监测点 23 个，监测结果表明，2016 年全市 23 个测点昼间等效声级全部低于 70 分贝，符合《声环境质量标准》（GB 3096－2008）中 4 类标准，未有超标路段，全市交通噪声情况与上年相比噪声污染明显降低。 （市环保局）

【环境空气质量报告】 2016 年，丹阳市区环境空气自动监测站点 2 个（丹阳市环境监测站、自来水公司），降尘监测点 4 个（渔场、自来水公司、丹阳市环境监测站、微晶厂），降水监测点 3 个（自来水公司、丹阳市环境监测站、丹阳肇巷），硫酸盐化速率监测点 6 个（开发区管委会、自来水公司、微晶厂、丹阳市环境监测站、通泰桥、渔场）。结果详见表 18。 （市环保局）

2016 年京杭运河丹阳段水质年度统计表

表 15

河流名称	断面名称	水域功能类别	水质类别	水质状况	与上年同期相比
京杭运河丹阳段	王家桥	Ⅲ	Ⅲ类	良好	上升一级
	练湖砖瓦厂	Ⅳ	Ⅲ类	良好	上升一级
	人民桥	Ⅳ	Ⅲ类	良好	上升一级
	宝塔湾	Ⅳ	Ⅳ类	轻度污染	持平
	吕城	Ⅲ	Ⅲ类	良好	上升一级

（市环保局）

2016 年度太湖流域水质统计表

表 16

河流名称	断面名称	“十三五”水质目标	2016 年水质现状	2016 年水质是否达标	备注
京杭大运河	吕城	Ⅲ	Ⅴ	否	因丹金溧漕河河道改造，前塍庄水质自动站 2015 年 1 月 5 日起无数据；因九曲河河道改造，林家闸水质自动站 2016 年 11 月 1 日起无数据，采用 2016 年 1 月－10 月平均值评价
丹金溧漕河	前塍庄	—	—	—	
	白塔	Ⅲ	Ⅴ	否	
九曲河	林家闸	Ⅱ	Ⅱ	是	
通济河	紫阳桥	Ⅲ	Ⅳ	否	
鹤溪河	鹤溪桥	Ⅲ	劣Ⅴ	否	
皇塘战备河	泥炭桥	Ⅳ	Ⅳ	是	

（市环保局）

2016 年市区饮用水源水质统计表

表 17

水源地名称	断面名称	水质类别	2016 年水质达标率	与上年同期比较
长江丹阳江心洲水源地	丹阳自来水厂取水口	Ⅲ	100%	持平

（市环保局）

2016 年环境空气质量评价表

表 18

空气质量指标	国家标准（年均值）	2015 年均值	2016 年均值	2016 年环境空气质量评价
二氧化硫	0.060	0.022	0.020	达标，较上年污染减轻
二氧化氮	0.040	0.030	0.022	达标，较上年污染减轻
可吸入颗粒物	0.070	0.087	0.059	达标，较上年污染减轻
细微颗粒物	0.035	0.056	0.049	不达标，较上年污染减轻
臭氧	0.160	0.094	0.085	达标，较上年污染减轻
一氧化碳	4.0	1.004	1.069	达标，较上年污染加重
降尘	对照点年均值加 3	4.92	4.70	达标，较上年污染减轻
硫酸盐化速率	0.25（参考数据）	0.14	0.09	达标，较上年有所降低

说明：1. 降尘量在本地清洁点实测值的基础上增加 3 吨/平方公里・月为评价标准

2. 降尘量单位：吨/平方公里・月；硫酸盐化速率单位：mg・SO_3/100cm^2・碱片・d

3. 二氧化硫、二氧化氮、可吸入颗粒物、细微颗粒物、臭氧、一氧化碳单位：mg/m^3（标准状态），为空气自动监测值。臭氧无年均值标准，参照日最大 8 小时均值，一氧化碳无年均值标准，参照 24 小时平均值

4. 对照点不参加均值计算

（市环保局）

城市建设

【概况】 2016 年，丹阳市住房和城乡建设局共组织实施 32 项重点工程和重点项目，其中市政道路工程 13 项，总投资 8 亿元；水务工程 5 项，总投资 3.97 亿元；房屋征收 5 项，征收户数 1611 户，征收面积 11.6 万平方米；“美丽镇村”建设项目 5 项，分配经济适用住房 22 户、廉租房 41 户，燃气配套基础设施 2 项。建筑业完成建安工作量 74.93 亿元，创建江苏省级文明示范工地 11 个、镇江市级文明工地 31 个，参加各类建筑职业培训 3977 人次。完成房地产开发投资 66.54 亿元，房地产施工面积 562.54 万平方米，商品房销售面积 133.7 万平方米。办理房屋权属登记 7317 件。归集住宅专项维修资金 9908 万元。归集住房公积金 6 亿元，发放个人住房公积金贷款 5.3 亿元。白蚁防治面积 1.78 万平方米。完成售水量 6100 万立方米。天然气销售量达 1.3 亿立方米。依法查处各类违法建设案件 358 件。 （张晶晶）

【2016 年城建重点工程】 2016 年，丹阳市城建重点工程分三大类。

一、完成的重点工程建设项目 10 项：1. 实验小学改扩建工程。新建校舍 16477 平方米（地上 13244 平方米，地下车库 3233 平方米），立项投资 6600 万元，2015 年 5 月开工建设，2016 年 8 月竣工。2. 华东财经委旧址修缮改造工程。建筑面积 539.9 平方米（修缮 442 平方米，复建 97.9 平方米），立项投资 1960 万元，2015 年 5 月开工建设，2016 年 12 月竣工。3. 华地百货二期扩建工程。立项投资 5 亿元，总用地面积 0.73 公顷，总建筑面积近 5 万平方米，2015 年 7 月开工建设，2016 年 12 月竣工。4. 中山路延伸工程。长 273 米，中山路至白云街段宽 26 米，白云街至新民中路段宽 18.2 米，立项投资 1000 万元，2016 年 3 月开工建设，2016 年 10 月竣工。5. 白云街（乔家巷）拓宽改造工程。长 536 米，宽 20 米，立项投资 1600 万元，2016 年 3 月开工建设，2016 年 10 月竣工。6. 北（中）草巷工程。长 360 米（北草巷宽 16 米，中草巷宽 10 米），立项投资 950 万元，2016 年 3 月开工建设，2016 年 10 月竣工。7. 新桥西路工程。长 370 米，宽 16 米，立项投资 700 万元，2016 年 3 月开工建设，2016 年 10 月完成城河路至北草巷段道路建设。8. 公园路西延（三思路一西环路）工程。长 750 米，宽 20 米，立项投资 2500 万元，2016 年 8 月开工建设，2016 年 12 月竣工。9. 城河路改造工程。长 2100 米，立项投资 6000 万元，2016 年 7 月开工建设，2016 年 12 月竣工。10. 城市绿洲北侧道路。长350米（道路改造180米，车道维修170米），宽10—12米，立项投资120万元，2016年8月开工建设，2016年10月竣工。

二、在建工程2项：1. 姜家园路拓宽改造工程。长2250米（其中千家乐至南门大街段长476米，宽14米；南门大街至西环路段长1394米，宽27.5米。西环路至241省道长400米，宽27米），立项投资6500万元，2015年8月开工建设。2. 南门大街道路工程。长482米，立项投资1251万元，2015年8月开工建设。

三、前期准备工程2项：1. 河沿路（正则小学—新民西路段）工程。长590米，宽9米，立项投资1600万元。2. 南门漕运遗址等工程。立项投资1800万元。（张　艾）

图97　2016年12月22—25日，丹阳市城河路改造工程路段（北二环—吕叔湘中学）完成沥青摊铺，全面通车。该路段长1000米，设机动车道和非机动车道，双向6车道，局部4车道。图为施工人员对城河路与北环路交接处实施沥青摊铺（张晶晶）

·公用事业·

【城市供水】　2016年，丹阳市完成自来水售水量6600万立方米，自来水销售收入1.48亿元，供水设施基础建设投入1.24亿元。全市城市计划用水考核单位共有192个，全市（市区）节水量累计达182万立方米，工业用水重复利用率达到72%。自来水水质监督管理执行Ⅱ级化验室规范，完成二级化验室复审，全年自来水出厂水水质合格率100%，48个管网监测点水质合格率100%。至年底，自来水用户总数361167户，其中乡镇用户185778户。投资6000万元，完成陵口、后巷、埤城、胡桥等片区供水管网20公里及5079户管网改造；完成丹界路、城河路、九曲路、姜家园路、金陵西路等20条道路技改工程；完成人才公寓、滨河凤凰城、嘉荟新城三期、昆仑华府等48个新住宅小区安装工程；完成大定船、张家村、居安村等13个老旧小区改造工程。丹阳水务集团在全市设有26个营业厅，为居民提供“申请接水、水费缴纳、户名更改、用水咨询”等“一站式”供排水服务；开通微信、支付宝、水费预存等4大类12种缴费方式；建立集GIS信息系统、计量系统、调度系统、营业管理系统于一体的“智慧水务”项目。市水务集团获江苏省文明单位、镇江市文明单位、镇江市五一文明班组等荣誉。领秀花都、南方名居获节水型小区称号。（周　琳）

【城市污水处理】　2016年，丹阳市完成江苏省住建厅下达的“太湖治理目标责任书”建设污水收集管网15公里的目标任务，总投资3163万元，共完成污水管道施工16.7公里。通过物理、生物相结合的治理措施，对西南侧至开泰桥、东南侧至香草河交界、东北侧至京杭运河共计3.8公里的内城河进行生态修复，彻底消除水体黑臭现象，恢复河道生态系统，提升内城河水系的自净能力。投资1200万元，完成微生物滤池设备安装调试；生物生态岛和生态浮岛设备运行，生态修复成效渐显；完成10个规划发展村庄2.31万米污水收集管道敷设；完成8座污水处理设施建设。石城污水处理厂、沃特污水处理厂共处理污水1873万吨，尾水再生利用46.1万吨。行业监管的9座污水处理厂共完成污水处理量3504万吨，安全处置污泥1.32万吨，出水各项指标均能达到《城镇污水处理厂污染物排放标准》GB18918—2002一级A类标准。完成排水执法检查36次，核发排水许可证2份。（周 琳）

图98 丹阳市内城河人工浮岛种植水草净化水质（张晶晶）

【房屋征收】 2016年，丹阳市启动金鸡饭店、张家大院、城河北路二三期（公园路西段）、姜家园四期（姜家园路东段）、姜家园二三期（A地块）5个房屋征收项目，涉及征收户数1658户、面积13.64万平方米。至年底，共完成征收户数1611户、面积11.6万平方米。集体土地上共完成房屋拆迁户数743户、面积14.69万平方米。（罗文娟）

【燃气管理】 2016年，丹阳市共有燃气企业19家，其中管道燃气企业1家，液化天然气、压缩天然气企业2家，瓶装燃气企业16家。拥有3500立方米的液化石油气储罐容量，有24万只液化气钢瓶，液化气供应2.3万吨。为加强安全生产建设，瓶装燃气企业投入近450万元用于气站技术改造、设备设施的检测检验。2座液化天然气汽车加气站、1座液化压缩天然气加气站，充气规模日均2万立方米。全市有60辆天然气公交车和250辆天然气出租车，年供气量400万立方米。2016年，丹阳港华燃气有限公司实现天然气销售1.3亿立方米，新增工商业用户110家，累计达730家，新增居民用户8500户，累计达105000户，成功入户安检79520户，销售金属软管21525根、金属波纹管11910根，投入557.7万元用于安全生产管理，连续十年实现安全平稳供气。（戴永忠）

图99 2016年6月30日，丹阳市住建局联合多部门开展商业综合体燃气泄漏应急演练（张晶晶）

·工程管理·

【工程招标投标管理】 2016年，丹阳市建设工程招标投标管理办公室调整招投标监管方式，依法抓工程招投标的标前、标中和标后监管。完成公开招标工程226个，建筑面积88.81万平方米，中标价14.64亿元，招标控制价15.86亿元，节约资金1.21亿元。直接发包工程178个，建筑面积319.6万平方米，造价40.1亿元。（杨 焕）

【工程质量监督】 2016年，丹阳市建设工程质量监督站新报监工程281个236.17万平方米，主体验收153个工程；竣工备案407个369.49万平方米。巡查单位工程411个，监督抽测213个，其中处理违反强标、违法违规问题10起，发出整改通知书118份，发出停工通知书2份，处理投诉80起，结案率达百分之百。全市9个工程获“金山杯”优质工程奖。（彭 琴）

【工程抗震审图】 2016年，丹阳市抗震办、安信审图咨询中心执行“多图联审”，缩短工程施工图审批时间，推进绿色建筑及建筑节能工作，举办绿色建筑技术知识讲座，对业内人员重点进行相关规范、标准的宣传贯彻培训。全年完成施工图审查项目415个，审查面积262.82万平方米。其中违反强条数517条，违反强标数2807条。节能工程验收项目278个面积212.21万平方米。验收抗震工程主体179个面积282.08万平方米，竣工项目181个面积340.22万平方米。 （柴亚芬）

图100 2016年10月，丹阳市住建局节能办组织开展建筑节能专项检查。图为检查人员检查墙体保温材料 （张晶晶）

【工程质量检测】 2016年，丹阳市建设工程质量检测中心进行钢筋混凝土用钢材、室内环境、桩基静载、混凝土外加剂、室内甲醛浓度检测试验室间比对试验、金属材料化学成分分析、保温材料导热系数试验室间比对试验七项能力验证。9月，换取江苏省住建厅核发的检测资质证书，完成报告产值4050.02万元，其中完成工程材料检测报告产值2897.92万元，检测批次70871，不合格数936，不合格率1.4%。签订桩测合同70份，完成桩基检测报告产值1152.10万元。 （朱 宁）

·建筑业管理·

【概况】 2016年，丹阳市共完成建安工作量74.85亿元，竣工产值67.44亿元。发放施工许可证201项，工程竣工备案办结335项。创省级文明工地11个、镇江市级文明工地28个、丹阳市级文明工地46个。举办各类培训3957人次，办理安全报监项目245个，建设工程项目现场管理人员在岗无线定位625人次。办理起重机械设备产权登记55台，其中办理塔吊32台、施工电梯20台、物料提升机3台。办理设备使用登记358台。检查违章工程273项，立案查处273项，依法下达整改、停工通知书120份。接待处理326起民工工资上访事件，涉及金额21269.57万元，没有发生重大群体性事件。 （贺国平）

图101 2016年12月2日，丹阳市住建局召开全市建筑业安全生产和农民工工资清欠会议 （张晶晶）

【建筑工地环境综合整治】 2016年，丹阳市开展施工工地环境综合整治工作。制定《全市建筑工地环境综合整治实施意见》，明确建筑工地环境综合整治标准、各项工作时间节点和工作要求，对施工现场的材料堆放、扬尘控制、裸土覆盖、建筑工地围挡的公益广告及宣传横幅设置、小广告清除、生活区环境卫生清理等展开全面整治。全市新增围墙2829米，围墙刷白3529米，围墙压顶3207米，新增公益广告829块，新建门楼50个，新增冲洗设施70个，道路硬化2363米，悬挂宣传横幅382条，清理垃圾897车，裸土覆盖2187平方米，清除小广告8700余条，整治工地食堂11个，整治民工居住点11个，发放毒饵站298个，工地检查2955人次，下发整改通知书98份，发放督察整改通知书 98 份，完成建筑工地整治 79 项，约谈企业法人 2 人次，约谈项目经理 5 人次，完成市监察局督察整改 6 项，完成城市管理协调委员会督察整改 6 项，完成数字化城管 87 项，组织现场观摩会 1 次。（贺国平）

图 102　2016 年 5 月 10，丹阳市建管处组织全市建筑企业开展建筑工地环境综合整治及施工现场安全观摩会（张晶晶）

【网络化管理和“一站式”系统申报】 2016 年，丹阳市建管处推行监理合同备案及勘察设计合同备案网络化管理、建设工程施工合同备案、安全报监、施工许可审批、竣工备案一站式系统申报。各建设环节逐步实行网上审核、审批，减少大批量的书面文本材料，使审批流程更加规范、更加透明、更加阳光，有效杜绝随意审批、虚假审批等现象的发生。全年共办理监理合同备案 126 份，勘察设计合同备案 471 份，施工合同备案 342 份，安全报监 153 份，发放施工许可证 201 份，竣工备案 335 份。（贺国平）

【施工企业信用管理】 2016 年，丹阳市建管处加强施工企业信用管理，对注册建筑业企业进行信用考评，有 22 家企业考评优秀，有 53 家企业考评良好，有 27 家企业综合考评一般，考评结果记入建筑业企业信用档案。对《全市建筑业企业信用管理手册》进行年检，共换发年度信用手册 115 本，单项信用手册 33 本。对本地及外地进入丹阳的施工企业在信用管理平台上进行信用登记，录入镇江市信用管理平台，实行动态管理。（贺国平）

【安全检查专项整治活动】 2016 年，丹阳市建管处召开 4 次安全生产工作会议，组织企业开展 7 次应急演练，开展安全生产大检查、预防坍塌事故专项整治和冬季施工安全检查，查处和消除一批安全隐患。约谈 3 家建设单位、11 家施工企业、2 家监理单位，发出各类整改通知书 41 份，开出停工通知书 61 份，发现工程隐患 1538 条次，均督促相关责任单位落实整改。（贺国平）

图 103　2016 年 9 月 28 日，镇江市住建局安全生产督察组在丹阳荣城国际施工现场进行安全生产检查（张晶晶）

【建设生产安全教育培训】 2016 年，丹阳市建管处建立健全学习教育质量保障体系，提高安全培训教学质量，做好建筑业企业主要负责人、项目经理、专职安全生产管理人员和特种作业人员的培训、考试、发证工作，做好《建设工程安全生产管理条例》和《施工企业安全生产评价标准》等培训工作，指导企业开展全员安全生产培训和新工人及工人转岗工作培训。共举办各类培训班 22 期，培训 3957 人次。其中特种作业人员新培 91 人，三类人员新培 528 人，三类人员继续教育 2679 人，特种作业人员复核 252 人，特种作业人员换证 263 人，建设专业管理人员 103 人，技术工人新培 41 人。（贺国平）

2016 年丹阳市有资质建筑业企业

表 19

企业名称	资质类别		法人代表	地址
	主项	增项		
江苏云阳集团有限公司	建筑工程一级	起重设备安装三级 消防设施工程二级 级建筑装修装饰二级 地基基础二级	马志尔	丹阳市西环路 2—1 号
江苏丹建集团有限公司	建筑工程一级	建筑装修装饰工程二级 起重设备安装三级 地基基础三级	厉洪法	丹凤北路 39 号
江苏丹凤集团有限公司	建筑工程一级	起重设备安装三级 消防设施工程二级 建筑装修装饰二级	尹根法	丹金路 999 号
江苏天坤集团建筑工程有限公司	建筑工程一级	起重设备安装三级 建筑装修装饰一级	黄敏科	丹阳市中山路 7—20 号
丹阳市广厦建筑工程有限公司	建筑工程一级	建筑装修装饰二级	眭建新	华南新村 6—1 号
丹阳市建筑安装工程有限公司	建筑工程二级	市政公用工程三级 地基基础工程起重三级 设备安装工程三级 建筑装修装饰工程二级	荆留祥	丹凤南路 30 号
江苏新溪建设工程有限公司	建筑工程二级	市政公用工程三级 电子与智能化二级 建筑装修装饰二级	土新民	丹延路 18 号
丹阳市东方建筑工程有限公司	建筑工程二级	市政公用工程三级 防水防腐保温工程二级 建筑装修装饰二级	邵 平	丹阳市石城路 1 号
丹阳市宏昌建筑工程有限公司	建筑工程二级	市政公用工程三级	陈辉林	西环路 6 号
江苏新昌建筑工程有限公司	建筑工程二级	建筑装修装饰二级	潘正军	丹句路 2 号
江苏金鑫建设工程有限公司	建筑工程二级	建筑装修装饰二级	王建华	丹阳市开发区东方路 65 号
江苏东日建业有限公司	建筑工程二级	市政公用工程三级	贡 杰	丹阳市司徒镇明众商住楼 4 室、19 室

续表 19

企业名称	资质类别		法人代表	地址
	主项	增项		
江苏界牌建设发展有限公司	建筑工程二级	市政公用工程三级 地基基础工程二级	邵一飞	界牌镇
江苏金化建设工程有限公司	建筑工程二级	市政公用工程三级 建筑装修装饰二级	钟建祥	丹阳市延陵镇
江苏润嘉建筑工程有限公司	建筑工程二级	—	殷泽华	新家园小区综合楼四楼
江苏创宏建筑有限公司	建筑工程二级	市政公用工程二级 起重设备安装三级	赵金良	南郊二级公路旁
江苏练湖建设集团有限公司	建筑工程二级	建筑装修装饰二级	景振国	丹阳市练湖北环路南侧
江苏知民建筑工程有限公司	建筑工程二级	市政公用工程二级	祖素珍	丹阳市云阳镇
江苏埃菲尔建设工程有限公司	建筑工程二级	—	杨纪财	开发大道 100 号
江苏恒韬建筑工程有限公司	建筑工程二级	市政公用工程三级	万小强	开发区八经路东侧
丹阳市行宫建筑安装有限公司	建筑工程三级	—	罗学军	丹阳市延陵镇行宫胜利路 5 号
丹阳市华昌建筑安装装潢工程有限公司	建筑工程三级	—	汤金坤	丹阳市齐梁路 16 号
丹阳市珥陵建筑工程有限公司	建筑工程三级	市政公用工程三级 起重设备安装三级	陈培元	珥陵镇
丹阳市荆林建筑工程有限公司	建筑工程三级	—	郦玉传	丹阳市云阳镇金陵西路 220 号
丹阳市中丹建设工程有限公司	建筑工程三级	—	朱天生	南门外凤凰工业集中区
江苏益良建筑工程有限公司	建筑工程三级	地基基础工程三级 建筑装修装饰二级	眭福林	丹句路 1 号
丹阳市阳光建设工程有限公司	建筑工程三级	市政公用工程三级	佟　骏	西环路 129 号
江苏苏江建设工程有限公司	建筑工程三级	市政公用工程三级	邬玉辉	丹阳市开发区立曜路 2 号
江苏一诺建设工程有限公司	建筑工程三级	—	朱　方	丹阳市后巷镇飞达村
江苏富恒建设工程有限公司	建筑工程三级	防水防腐保温工程二级 建筑装修装饰二级	姚二生	后巷振兴大街
江苏中隆建设工程有限公司	建筑工程三级	地基基础三级	郦俊军	江苏省丹阳市丹金路 333 号
江苏龙庆建设发展有限公司	建筑工程三级	市政公用工程三级	丁根新	丹阳市丹北镇后巷嘉山村
丹阳市埤城建筑工程有限公司	建筑工程三级	市政公用工程三级	韦冬云	丹北镇埤城城中村
丹阳中晟建设有限公司	建筑工程三级	市政公用工程三级	汤维康	云阳镇振兴路 999 号

续表 19

企业名称	资质类别		法人代表	地址
	主项	增项		
江苏一平建设工程有限公司	建筑工程三级	—	吉锁宝	丹阳市后巷镇中心南路
江苏同跃建筑工程有限公司	建筑工程三级	市政公用工程三级	王　刚	丹阳市司徒镇观鹤南路新白鹤商贸市场 2 幢 1＃2＃门市房
江苏曲阳建设工程有限公司	建筑工程三级	—	窦正松	丹阳市界牌镇红旗路
江苏佳阳建设工程有限公司	建筑工程三级	—	贺黎光	导墅镇金鹤路
江苏欣曜建设工程有限公司	建筑工程三级	—	张伟民	陵口镇
江苏安阳建工有限公司	建筑工程三级	市政公用工程三级	陈　浩	丹阳市西环路 24 号
丹阳市新桥建筑工程有限公司	建筑工程三级	—	陆荣庆	丹北镇新桥为民西路
江苏润德建设工程有限公司	建筑工程三级	地基基础三级	卜奎国	丹阳市开发区普善人家 8 幢 108－109
江苏石磊建设工程有限公司	建筑工程三级	—	朱正伟	丹阳市西环路 98 号
丹阳市导墅建筑工程有限公司	建筑工程三级	—	徐新华	丹阳市导墅镇金鹤路
江苏丹阳市政建设有限公司	市政公用一级	水利水电三级	王志强	西环路
		地基基础三级		
		建筑工程三级		
江苏花王园艺股份有限公司	市政公用工程二级	园林绿化一级	肖国强	丹阳市南二环路 99 号
		建筑工程三级		
		古建筑专业承包二级		
		城市及道路照明三级		
江苏华德工程建设有限公司	市政公用工程二级	公路工程三级	汪小华	天禄路 1 号
		水利水电工程二级		
		地基基础工程三级		
		起重设备安装工程三级		
		桥梁工程二级		
		建筑装修装饰工程二级		
		建筑工程三级		
江苏通行工程建设有限公司	市政公用二级	公路路面工程三级	周红兵	丹阳市开发区前艾荆前路
江苏骏达市政建设工程有限公司	市政公用二级	建筑工程三级	马立华	司徒镇全州东风中心（村）003 号
江苏云阳集团市政建设有限公司	市政公用二级	—	马志尔	丹阳市西环路 2－1 号
丹阳市丹凤市政建设工程有限公司	市政公用二级	—	尹根法	丹金路 999 号
江苏丹建集团市政园林有限公司	市政公用二级	—	厉洪法	延陵镇联兴村

续表 19

企业名称	资质类别		法人代表	地址
	主项	增项		
江苏安定建设工程有限公司	市政公用工程二级	建筑工程二级 建筑装修装饰二级	周其山	丹阳市界牌镇金谛商贸城
丹阳市经济开发区基建工程有限公司	市政公用三级	—	朱国良	开发区开发大道
江苏三宏建设工程有限公司	市政公用三级	—	钱明东	丹阳市司徒镇张寺村
江苏恒畅建设工程有限公司	市政公用三级	—	毛国平	丹桂园北区综合楼 1 号
丹阳市朝阳城市管理养护有限公司	市政公用三级	—	薛勇军	丹阳市西环路 104 号
江苏易通达工程有限公司	市政公用三级	—	吉海军	丹阳市开发区立曜路 1 号总部经济园 A406（恒大城对面）
丹阳市建中工程建设有限公司	市政公用三级	—	唐双夕	丹阳市麦溪镇蒯庄 312 国道路旁
江苏路腾建设工程有限公司	市政公用三级	—	刘路宝	开发区海宇花园 2 幢 211—311 室
江苏天亮园林建设有限公司	市政公用三级	—	曾和宝	云阳镇何甲许王甲
江苏润江建设工程有限公司	市政公用三级	—	韦建华	新市口交通大厦十楼
丹阳市巨龙建设工程有限公司	市政公用三级	—	朱陈军	埤城镇尧巷村 101 省道二十公里处
丹阳市水润安装工程有限公司	市政公用三级	—	贾玉峰	云阳路西侧
丹阳市振昌市政工程有限公司	市政公用三级	—	眭建新	新民中路 61 号
江苏瑞青市政工程有限公司	市政公用三级	—	丁瑞清	东方路丹阳日报社八楼
丹阳市飞龙市政工程有限公司	市政公用三级	—	袁雄伟	丹阳市云阳镇横塘中心街 66 号
江苏文和市政工程有限公司	市政公用三级	—	邓文捷	丹阳市云阳镇前艾胜利村
丹阳市宏源建筑配套工程有限公司	市政公用三级	—	李　丹	丹阳市南环路 68 号
镇江市美林建设工程有限公司	市政公用三级	建筑工程三级	庄　霖	丹阳市开发区东方盛世 2 栋 18 室
江苏宏艺园林建设工程有限公司	市政公用工程三级	建筑工程二级 建筑装修装饰二级 建筑幕墙工程二级	韩同斌	丹阳市云阳镇振兴路 6 号
江苏茅东建设工程有限公司	市政公用工程三级	建筑工程三级	谭国辉	延陵镇行宫永昌路 888 号
江苏祥睿建设工程有限公司	市政公用工程三级	建筑装修装饰工程二级 起重设备安装工程三级 建筑工程三级	金　祥	丹阳市新世纪花园 86 号门市
丹阳市和美建设工程有限公司	市政公用三级	建筑工程三级	恽小明	后巷镇高桥

续表 19

企业名称	资质类别 主项	资质类别 增项	法人代表	地址
江苏生太环境建设集团有限公司	市政公用工程三级	古建筑工程三级	陈锁金	丹阳市新市口交通综合大厦北楼二单元十楼
		建筑工程三级		
江苏合发集团有限责任公司	建筑装修装饰一级		荆夕坤	皇塘镇
	建筑幕墙工程一级			
	钢结构工程二级			
	防水防腐保温工程二级			
东尼集团有限公司	建筑装修装饰一级		张银钟	丹阳市南郊沪宁二级公路东侧
	钢结构工程二级			
江苏东日基础工程有限公司	地基与基础一级		陶东立	丹阳市丹伏路 888 号
江苏埃菲尔钢结构有限公司	钢结构一级		杨纪财	江苏省镇江市丹阳市开发区八经路东侧
江苏浪成装饰科技有限公司	建筑装修装饰一级		王青连	丹阳市开发区北苑路 28 号
江苏东华装潢有限公司	建筑幕墙工程一级		李　伧	丹阳市开发区北苑路 29 号
	建筑装修装饰工程一级			
	钢结构工程三级			
	电子与智能化工程二级			
江苏华日照明器材有限公司	城市及道路照明工程一级		张跃庭	界牌镇安乐工业园
	建筑机电安装工程三级			
江苏恒业交通工程有限公司	公路交通工程（公路安全设施分项）一级		张川良	丹阳市开发区市门第一路双庙
丹阳市金盛道路电力设施制造有限公司	城市及道路照明工程一级		殷根娣	丹阳市界牌镇永红路 18 号
丹阳市建筑装潢工程有限公司	建筑装修装饰二级		周国林	丹阳市新市口交通广场三楼
江苏浪潮装饰工程有限公司	建筑装修装饰二级		姜培明	健康路 3 号
江苏晶锐装饰工程有限公司	建筑装修装饰二级		何继泽	丹阳市华东建材市场 4 号精品馆 3 楼
	建筑幕墙工程二级			
江苏名典装饰发展有限公司	建筑装修装饰二级		李志令	丹阳市开发区丽都国际 17 楼
	电子与智能化二级			
	建筑机电安装三级			
江苏宏海装饰工程有限公司	建筑装修装饰工程二级		贡一敏	缇香花园 20－22
	电子与智能化工程二级			
	建筑幕墙工程二级			
江苏鑫浪装潢工程有限公司	建筑装修装饰二级		陈国平	丹阳市西环路 24 号

续表 19

企业名称	资质类别		法人代表	地址
	主项	增项		
江苏云洋建筑新材料有限公司	防水防腐保温工程二级		陈东升	丹阳市北二环化工路北段
江苏金骏马装饰安装有限公司	建筑装修装饰二级		马志尔	丹阳市西环路 2—1 号
江苏丽新建筑装饰安装有限公司	建筑装修装饰二级		李小平	—
江苏新海装饰设计工程有限公司	建筑装修装饰二级		李生海	丹阳市云阳街道振兴路 1 号新海大厦 9F
江苏浪晴装饰有限公司	建筑装修装饰二级		黄献军	丹阳市振兴路 1 号
江苏棵棵树装饰工程有限公司	建筑装修装饰二级		张冬青	江苏省丹阳市丹句路 9 号
丹阳市美雅装饰设计有限公司	建筑装修装饰二级		冷海辉	丹阳市澳都花城门市房
丹阳市飞力工程有限公司	建筑装修装饰二级		陈　飞	丹阳市丹北镇埤城益民路 17 号
丹阳邦尼装饰有限公司	建筑装修装饰二级		邵建华	丹阳市云阳路 290 号
江苏嘉宝装饰工程有限公司	建筑装修装饰二级		眭卫平	丹阳市丹金路益阳国际机电城 2＃25 号
江苏依云装饰工程有限公司	建筑装修装饰二级		王云忠	万善园二村 41 号门市房
丹阳市金品装饰工程有限公司	建筑装修装饰二级		丁美琴	丹阳市开发区 241 省道东北二纬路南
江苏绿岛装饰工程有限公司	建筑装修装饰二级		李志俊	丹阳市芳草苑 4 幢 6 号门市
丹阳市大洋铝塑有限公司	幕墙二级		虞伟忠	新桥木桥工业园
江苏仝发装饰工程有限公司	幕墙二级		缪家平	丹阳市皇塘镇
丹阳市华川装饰材料有限公司	幕墙二级		殷双川	丹阳市云阳镇三城村
丹阳市建安钢构有限公司	钢结构二级		汤维康	云阳镇振兴路 999 号
江苏会洋钢构有限公司	钢结构二级		燕小军	云阳开发区振新路
江苏中强钢结构有限公司	钢结构二级		陶方兵	丹阳市陵口镇留墅工业园
江苏惠创智能系统发展有限公司	建筑机电安装工程三级		洪爱琴	丹阳市丹句路 101 号
	电子与智能化工程二级			
江苏正通宏泰股份有限公司	防水防腐保温二级		胡俊华	丹阳市云阳开发区
	建筑机电安装三级			
	环保工程三级			
丹阳市博盛电子工程有限公司	电子与智能化二级		方志强	南桥花园 3 栋 A8A9 门市房
江苏运通路桥工程有限公司	公路路面工程二级		陆国泉	丹阳市市门第一路许岗村
	公路路基工程二级			

续表 19

企业名称	资质类别		法人代表	地址
	主项	增项		
丹阳市华东照明灯具有限公司	城市及道路照明工程二级		王纪龙	界牌灯城大街 2 号
江苏新鹏飞路灯照明科技有限公司	城市及道路照明工程二级		王常荣	界牌镇北大街
江苏星乐照明科技有限公司	城市道路照明专业承包二级		孙巧根	界牌安乐村
丹阳市安源消防科技工程有限公司	消防设施工程二级		张琦莉	丹凤北路 180 号
丹阳市飞远消防安装工程有限公司	消防设施工程二级		石国英	云阳镇华南新村小区 88 幢第六号门市
江苏广利消防设备安装有限公司	消防设施工程二级		殷红云	开发区华昌综合楼东 401 室
丹阳美含桩基工程有限公司	地基与基础三级		周美仙	开发区荆村桥村
丹阳市振南桩基有限公司	地基基础工程三级		景科俊	景阳花园 1 号楼
江苏盛德基础工程有限公司	地基基础工程三级		卜奎国	云阳镇新香草苑 31 幢 9 室
江苏光宏建筑工程有限公司	地基与基础三级		陈　宏	丹阳市界牌镇灯城大街北
丹阳市飞达钢结构有限公司	钢结构三级		赵　俊	丹阳市后巷镇飞达工业园内
江苏云阳集团钢结构有限公司	钢结构三级		马志尔	丹阳市西环路 2—1 号
丹阳市远固钢结构工程有限公司	钢结构三级		吴其宝	丹阳市新桥镇金桥工业园
丹阳市飞翔恒达钢结构有限公司	钢结构三级		徐春辉	丹阳市埤城镇常六工业园
丹阳市明威建设工程有限公司	水利水电工程三级		马明芳	丹阳市开发区商业街 A 街 63 号
丹阳市瑞禹水利工程有限公司	水利水电工程三级		许一新	水关西路顶头
江苏鱼跃医疗设备股份有限公司	机电设备安装三级		吴光明	云阳工业园
丹阳市金丹电气安装有限公司	机电设备安装三级		谭国华	丹阳市北环路 12 号
江苏远华暖通工程有限公司	机电设备安装三级		潘东良	景泽园小区 9 幢第 13 号门市房
江苏凯利控股集团有限公司	机电设备安装三级		秦泽伟	丹阳市城河路 69 号
丹阳市鑫博建筑机械有限公司	起重设备安装三级		易　波	皇塘镇
丹阳市国正机械安装有限公司	起重设备安装三级		王国正	丹阳市云阳镇李甲村

续表 19

企业名称	资质类别		法人代表	地址
	主项	增项		
江苏超能电力工程有限公司	送变电工程三级		许云彪	丹阳市丹金路 158 号
镇江市汇中设备工程有限公司	机电设备安装三级		丁国新	丹阳市西环路 98 号
丹阳中恒开关有限公司	机电设备安装三级		袁全平	丹阳市开发区练湖工业园天元路 188 号
江苏日月路灯制造有限公司	城市及道路照明工程三级		施俊华	江苏省丹阳市丹北镇新桥上游路上游桥北
江苏华城照明灯具灯杆有限公司	城市及道路照明工程三级		王志芳	界牌安乐工业园
丹阳市盛美照明器材有限公司	城市及道路照明工程三级		施菊美	界牌芭山工业园
江苏光华莱特照明有限公司	城市道路照明专业承包三级		唐光华	界牌灯城大街北
江苏福尔特照明电器有限公司	城市道路照明专业承包三级		陆　勇	界牌镇中工业园
江苏恒源照明有限公司	城市道路照明专业承包三级		张纪元	界牌北大街西首
江苏明珑照明有限公司	城市道路照明专业承包三级		张明富	界牌黑木桥工业园
丹阳市长友建筑劳务服务有限公司	施工劳务		史小军	丹阳市界牌镇富民西路华联路灯厂对面
丹阳市三泰劳务有限公司	施工劳务		韩同斌	丹阳市迈村村南三环南侧
江苏省金荣建筑安装劳务有限公司	施工劳务		王锁荣	延陵广电站内
镇江市天鸿建筑劳务有限公司	施工劳务		郚玉辉	万善园二村建材综合楼
江苏省中铭建筑工程有限公司	施工劳务		史建伟	珥陵丈山河滨路 10 号
丹阳市宏昌建筑辅助工程有限公司	模版脚手架		陈富荣	延陵镇葛家村联兴村王府大酒店向前 600 米左右
江苏锐光砼业有限公司	施工劳务		郭　波	新桥镇
丹阳市访仙建筑工程有限公司	施工劳务		高定芳	访仙镇
丹阳市大泊房屋建筑工程公司	施工劳务		贺耀东	—
丹阳市海鑫砌筑劳务有限公司	施工劳务		袁海平	窦庄
丹阳市淳阳混凝土有限公司	预拌混凝土		董和娣	访仙镇杨城村
江苏名和建设有限公司	预拌混凝土		潘朝晖	埤城越岭
江苏建宇混凝土有限公司	预拌混凝土		张　琰	开发区

续表 19

企业名称	资质类别		法人代表	地址
	主项	增项		
江苏兴澳混凝土有限公司	预拌混凝土		吴正青	河阳工业园
丹阳市新航混凝土有限公司	预拌混凝土		赵庆青	埤城祈钦
丹阳市和达混凝土搅拌有限公司	预拌混凝土		张锁方	香草河南岸北庄段
江苏远宏混凝土有限公司	预拌混凝土		孙权芳	高桥
江苏云阳集团混凝土有限公司	预拌混凝土		马　进	开发区
江苏博宇砼制品有限公司	预拌混凝土		何建刚	界牌
江苏广隆建设有限公司	预拌混凝土		韩网兆	云阳镇青阳村
江苏永兴伟业有限公司	预拌混凝土		张书平	吕城
丹阳市佳固新型建筑材料有限公司	预拌混凝土		谢荣荣	丹阳市云阳镇迈村村委会 88 号
江苏润澳新型建材有限公司	预拌混凝土		吴正青	丹阳市珥陵镇珥城村

（贺国平）

·房产管理·

【概况】 2016 年，丹阳市共完成二手房交易 1758 宗，累计交易面积 20.76 万平方米，涉及金额 84866.08 万元；完成商品房交易 4437 套，累计交易面积 59.12 万平方米；完成商品房备案总套数 16180 套，总面积 181.90 万平方米；网上存量房备案总套数 2922 套，总面积 115.27 万平方米；办理退房更名修改合同 1750 多次。完成二手房交易资金监管协议总数 152 份，总金额 9778.6 万元，签订自担风险声明书 2582 份。发放房屋租赁备案证明 186 份。直管公房 550 户使用面积 15889.77 平方米，其中自住 351 户面积 10734.32 平方米，空关 133 户面积 3235.05 平方米，转租 66 户面积 1920.40 平方米。全市排查房屋数量 6842 幢建筑面积 1194.40 万平方米，疑似危房 1932 幢建筑面积 104.97 万平方米，配合镇江市对疑似危房进行全面性排查，共完成危房鉴定 47 宗。（朱远征）

【房产测绘】 2016 年，丹阳市共完成房产测绘面积 290 万平方米，其中厂房测绘 75 万平方米，商品房测绘 210 万平方米；完成配图 15846 份，其中不动产产权分户图绘制 8518 份。分批为惠泽苑小区二、三、四期 712 户业主办理房产证、土地证相关手续。完成惠和苑 33 套征收安置房、45 套廉租房的交房工作，20 户安置房、40 户廉租房的交接工作。（朱远征）

【白蚁防治】 2016 年，丹阳市白蚁防治所共签订新建房屋白蚁预防合同 115 份，涉及房屋 334 幢面积 309.90 万平方米，施工 200.91 万平方米。签订装修装饰白蚁预防合同 11 份，涉及房屋 16 幢面积 1.85 万平方米，施工 0.37 万平方米。介入服务工程 20 个项目，涉及房屋 24 幢。受理白蚁灾害报告 381 个，勘察 275 处面积 2.18 万平方米，完成灭治施工 226 处面积 2.15 万平方米。（陈建芳）

图 104　2016 年 10 月，丹阳市白蚁防治所对天地石刻园开展白蚁防治　（张晶晶）

【张家大院白蚁防治工程】　张家大院修缮工程是 2016 年丹阳市政府重点工程。在修缮过程中，发现该文物古迹的立柱、桁条等均受到不同程度的蚁害。白蚁防治所及时组织人员按照修缮进度，跟踪白蚁防治。共完成 138 根立柱、76 根桁条、121 平方米檐椽、2630 平方米格栅、895 平方米楼板、63 套门窗、1616 平方米墙面地面的白蚁防治。（陈建芳）

【物业管理】　2016 年，丹阳市政府出台《关于进一步加强住宅小区物业管理工作的实施意见》《丹阳市物业服务企业星级评定考核办法》和《丹阳市物业服务企业诚信档案考核办法》，进一步理顺物业管理机制，明确职责，确定目标，落实措施，实行政策保障，加强物业服务企业监管。全市共有住宅小区 440 个（含封闭式住宅小区、零散楼栋、单位建房等），总建筑面积约 1650 万平方米。其中云阳街道老旧住宅小区 246 个、曲阿街道 79 个、司徒镇 10 个、延陵镇 8 个。至年底，全市有 52 家物业服务企业，其中一级资质企业 13 家、二级资质企业 4 家、三级资质企业 33 家、暂三级资质企业 2 家。指导并监督 7 家前期物业管理项目的招投标工作，招标总建筑面积达 177 万平方米，前期物业管理项目招投标率达 100%。归集维修资金 9908 万元，累计归集 4.89 亿元，使用维修资金 70.46 万元。完成新建住宅小区物管用房备案 9 个、建筑面积 9818.45 平方米，完成 8 个项目承接查验备案、建筑面积 38 万平方米。（眭建栋）

图 105　2016 年 11 月 16 日，丹阳市老旧住宅小区物业管理全覆盖工作达标验收小组，对云阳街道申报的第一批次 130 个小区物业管理全覆盖工作进行考核验收（张晶晶）

·住房公积金管理·

【概况】　2016 年，丹阳市落实自由职业者个人缴存和使用住房公积金政策，积极推行银行授信方式融资。新增实行住房公积金制度单位 89 个，比上年降低 42.21%，新增开户职工人数 7258 人，比上年增长 0.74%，年末制度覆盖率 66.38%（按省统一计算口径），比上年降低 0.78%。累计开设住房公积金账户的单位有 1640 个，开户职工人数 87516 人，月平均缴存人数 56210 人，比上年增长 4.27%。归集住房公积金 6.57 亿元，比上年增长 17.87%。办理职工住房公积金提取 121238 笔（含转出），比上年增长 12.70%，提取额 44386.82 万元，比上年增长16.87%，提取率为67.56%，比上年降低0.58%。至年底，住房公积金归集43.12亿元；办理公积金提取23.72亿元；归集余额19.40亿元，比上年增长12.34%。发放个人住房公积金贷款5.74亿元，比上年增长62.37%；贷款户数1990户，比上年增长63.52%；户均贷款28.83万元，比上年降低0.18%；贷款投放率87.31%，比上年增长23.93%；个贷比率为106.20%，比上年增长6.22%；直接推动住房消费面积约25.03万平方米。回收贷款2.40亿元，比上年增长33.70%；贷款逾期户7户，逾期金额24.45万元，贷款逾期率为0.12‰。累计发放贷款23173户，贷款发放总额37.46亿元；贷款余额20.60亿元，比上年增长19.33%。累计审批发放贴息844户，商业住房贴息贷款总额2.40亿元，贴息金额共计314.58万元。累计计提贷款风险准备金1.07亿元，风险准备金充足率5.19%；累计提取廉租住房补充资金8363.53万元。丹阳分中心获2014—2015年度"江苏省级青年文明号"、镇江市2015年度"住房公积金管理工作先进单位"和"住房公积金工作创新奖"荣誉。（彭国水）

·住房制度改革·

【概况】 2016年，丹阳市制定《关于调整2016年市区住房保障有关标准的通知》，让符合条件的住房困难群体"应保尽保"。推进公共租赁住房共有产权试点工作，明确具体要求和操作办法，对司徒白鹤高新技术有限公司等6个试点项目落实推进计划。根据2016年棚改项目融资须采取政府购买棚改服务方式要求，制定《丹阳市购买棚改服务实施办法》。对廉租住房实行差别化租金管理，核定各片区房屋市场租金价格。10月1日起，对全市机关事业单位在编在职人员及离退休人员实行住房（租金）补贴。全年住房保障房新开工4010套（户），基本建成4344套（户）。分配经济适用住房22户，实物配租廉租住房41户，发放租赁补贴45户16.02万元。（江源）

图106　2016年12月6日，丹阳市举行2016年度廉租房实物配租抽签分配活动

（张晶晶）

房地产开发

【概况】 2016年，丹阳市区范围内完成房地产开发投资70.44亿元，商品房施工面积562.54万平方米。商品房新开工面积71.82万平方米，商品房竣工面积78.44万平方米。商品房销售面积141.74万平方米。全市城乡共有65个具备资质的房地产开发企业。其中一级资质企业1个，二级（含暂二）资质企业47个，三级（含暂三）资质企业15个，四级资质企业2个。（束　玲）

图107　2016年5月30日，丹阳市建筑业协会、开发业协会邀请专家就"营改增"对全市建筑业、开发业财务人员进行培训

（张晶晶）

2016 年丹阳市房地产开发企业

表 20

企业名称	法人代表	注册资本（万元）	资质等级
丹阳市天怡房屋建设开发有限责任公司	陆　群	5000	一
丹阳市天波房地产开发有限公司	丁国年	7000	二
丹阳市嘉源房地产开发有限公司	裴连汉	5000	二
丹阳市通泰地产开发有限公司	尹根法	10000	二
江苏云阳集团房地产开发有限公司	马　进	12000	二
丹阳市界牌宏森新农村房地产开发有限公司	袁立成	2000	二
江苏融锦置业发展有限公司	陈　惠	4512.65 万美元	二
江苏天坤集团有限公司	凌　云	6800	暂二
江苏天坤集团房地产开发有限公司	林培晨	2000	暂二
江苏丹建集团房屋开发有限公司	厉洪法	2000	暂二
丹阳市华昌房屋开发有限公司	宗福林	800	暂二
丹阳市金鑫房地产开发有限公司	王建华	2000	暂二
丹阳市天工房地产开发有限公司	陈林根	3000	暂二
江苏天正置业有限公司	潘正军	10000	暂二
丹阳市德欣房地产有限公司	韩建山	10000	暂二
丹阳金鹰天地实业有限公司	冯卓明	80000 万美元	暂二
江苏美亚房地产开发有限公司	王翔宇	2000	暂二
丹阳金必顺房地产开发有限公司	刘晓涛	2200 美元	暂二
江苏明众房地产开发有限公司	梅金和	2000	暂二
江苏卓越置业有限公司	孟国云	3333	暂二
丹阳市新嘉源房地产开发有限公司	裴连汉	26000	暂二
江苏合发鑫煌房地产开发有限公司	荆夕坤	2500	暂二
丹阳恒大置业有限公司	卢亚雄	73494.2	暂二
江苏星帝置业有限公司	魏爱英	5000	暂二
丹阳信达房地产开发有限公司	杜少华	10000	暂二
丹阳金桥房地产开发有限公司	王松梅	2000	暂二
江苏中润置业投资有限公司	甘叶宝	2000	暂二
丹阳南雄房地产开发有限公司	陈增良	3500	暂二
江苏中合新农农产品市场有限公司	詹天骏	10000	暂二
丹阳市安居工程建设投资有限公司	陈震彦	3000	暂二
丹阳明元房地产开发有限公司	卢亚雄	6000 万美元	暂二

续表 20

企业名称	法人代表	注册资本（万元）	资质等级
丹阳碧桂园房地产开发有限公司	杨文杰	4998 万美元	暂二
江苏博皓房地产开发有限公司	余金钟	2000	暂二
丹阳市佳景地产开发有限公司	毛双文	2000	暂二
丹阳恒鸿置业有限公司	吴志文	2000	暂二
江苏粤港置业发展有限公司	谈强华	2000	暂二
丹阳国信嘉源房地产开发有限公司	徐志远	10000	暂二
丹阳市华东建材城有限公司	罗恒斌	8000	暂二
江苏元龙房地产开发有限公司	郭　健	30000	暂二
江苏九亿房地产开发有限公司	汪　涛	2000	暂二
丹阳市瀚博房屋开发有限公司	彭春芳	2000	暂二
丹阳中昆房地产开发有限公司	贡　杰	2000	暂二
丹阳新城宏盛房地产发展有限公司	王振华	7500 万美元	暂二
大亚科技集团有限公司	陈晓龙	10000	暂二
丹阳高新区保障房开发有限公司	李庆丰	3000	暂二
丹阳市金鼎投资有限公司	吴国栋	80000	暂二
江苏风翔房地产发展有限公司	林世樵	800 万美元	暂二
丹阳新金泉房产开发有限公司	陈柏全	1336.69	暂三
丹阳市新欣房地产开发有限公司	陈国云	800	暂三
丹阳市华甸置业发展有限公司	杨冬苟	800	暂三
丹阳市东升房地产开发有限公司	陈玉林	800	暂三
丹阳市经济适用住房发展中心	曾建国	1010	暂三
丹阳市天江房地产开发有限公司	贡成良	800	暂三
丹阳盛大装饰城开发有限公司	赵　蕾	1000	暂三
江苏万新置业有限公司	魏荣云	800	暂三
镇江中州置业有限公司	夏兆贵	5000	暂三
丹阳宝龙房地产开发有限公司	张訢国	1000	暂三
江苏长鑫房地产开发有限公司	刘　鑫	800	暂三
丹阳五洲梦想置业发展有限公司	赵　玮	3000	暂三
丹阳市益阳置业有限公司	樊建树	2000	暂三

续表 20

企业名称	法人代表	注册资本（万元）	资质等级
丹阳阳光房地产开发有限公司	佟 骏	800	暂三
丹阳市新桥房屋开发公司	王国良	800	暂三
丹阳市吕豪房地产开发有限公司	李火正	888	暂三
丹阳市导墅房地产开发有限公司	姜玉方	400	四
丹阳市珥陵房地产开发公司	张国俊	100	四

（束 玲）

镇村建设管理

【概况】 2016 年，丹阳市以改善农村面貌、提升人居环境为宗旨，提高村镇建设品位，统筹城乡协调发展，进一步推进美丽宜居镇村建设，出台《丹阳市 2016 年创建省级美丽乡村及镇江市美丽宜居镇村实施方案》，聘请有资质的规划设计单位编制建设规划方案，做到“一村一景、一村一品、各具风情”。丹北镇金桥新村完成美丽乡村建设，通过考核验收；3 个美丽宜居村庄（访仙镇草塘村、开发区前刘家村、珥陵镇夏甲村）完成建设任务；美丽宜居镇延陵镇以创建“全国美丽宜居小镇”为目标，整体规划方案完成，一期工程开工建设。

（吴 洁）

图 108 2016 年 11 月 30 日，镇江市住建局对新桥金桥村创建江苏省美丽宜居村进行检查验收 （张晶晶）

【农村危房改造】 根据江苏省农村危房改造总体安排，丹阳市出台危房改造实施方案，按照审批程序确定改造对象。全市 2016 年农村危房改造任务为 70 户，其中修缮加固 50 户、翻建新建 20 户。改造中不定期督察危房改造质量和进度。至年底，70 户危房改造任务全部结束，通过验收。同时，及时将省补助资金汇入危房改造农户“农户一卡通”账号，确保专款专用。

（吴 洁）

【农村人居环境调查】 2016 年，丹阳市开展农村人居环境调查工作。此次调查以行政村为单位，按照一村一表采集 4 类 42 项调查指标以及 10 项照片信息。各镇（区、街道）成立专门领导小组，落实工作责任，明确责任人，按序时进度开展调查工作，并及时在信息系统内更新完善调查数据。至年底，农村人居环境调查工作完成录入工作。

（吴 洁）

2016 年丹阳市镇村建设部门负责人

表 21

单 位	姓 名	单 位	姓名
云阳街道	朱昕乾	司徒镇	唐启斌
延陵镇	吴建祥	珥陵镇	汤建群
导墅镇	陈永刚	皇塘镇	眭彤冠
吕城镇	蒋晓星	陵口镇	张国荣
访仙镇	眭建忠	界牌镇	陈少军
丹北镇	陈玉如	开发区	步瑞生

（吴 洁）

城镇规划

【概况】 2016年，丹阳市完成《丹阳市城市总体规划（2014－2030）》修编工作。完成齐梁路南延、丹桂路东延、公园路西延、白云街、中山路延伸、城河路拓宽等一批道路工程；国际眼镜城二期、金鹰天地、八佰伴、吾悦广场等一批重大服务业项目竣工投入运营；金鸡饭店、姜家园片区、城河北路西侧片区等旧城改造，征收拆迁面积达167万平方米；新改扩建万善公园、人民公园、丹凤公园、凤凰山遗址公园、九曲河风光带，建成城南菜市场，拆建百家兴市场；完成实验小学、华南实验学校分校以及普善、正则等五所幼儿园新改扩建，南师大中北学院一期工程主体完工。全年划定城河北路西侧片区二期及三期、火车站片区、丹棉片区等11个旧城改造项目房屋征收范围，共核发"一书二证"489份，其中选址意见书52份，建设用地规划许可证213份，建设工程规划许可证224份。（柬　峰）

图109　241省道西侧地块城市设计（柬　峰）

【规范规委会制度】 2016年，丹阳市结合《镇江市规划委员会工作规程》以及市委市政府的工作意见，对《丹阳市规划委员会工作规程》进行部分修改完善，修改后的规程经政府常务会议31次会议讨论通过。规委会全年共组织召开11次专家咨询会，审查城河路改造、姜家园二期等规划建筑方案30项；召开6次规委会审查会，审查凤凰山遗址公园、天颐城住宅小区、汇金天地等23项方案，通过22项方案。（柬　峰）

【丹阳市规划展示馆接待参观3万余人次】 2016年是丹阳市规划展示馆开馆试运行第一年，新建成的展示馆以先进的信息技术，展示丹阳的文化历史和发展成就。全年共接待参观人员3万余人次，举办爱国主义教育、纪念建党95周年等各类主题活动12场次。丰富的展示内容、先进的科技体验受到参观者好评。规划展示馆先后被确定为"镇江市爱国主义教育基地""镇江未成年人社会实践基地""镇江市社科普及示范基地"。（柬　峰）

图110　2016年，丹阳市规划展示馆开展爱心帮扶活动（柬　峰）

【各镇村规划编制】 2016年，丹阳市规划局为更好地打造"宜居、宜业、宜游"的农村生活环境，在《丹阳市镇村布局规划》指导下，组织各镇村开展新一轮镇总体规划的修编，配合相关部门开展1个省级美丽乡村及3个镇江市美丽宜居村庄规划编制工作。6月，3个镇江市美丽宜居村庄（开发区前刘家、珥陵夏甲村、访仙草塘村）规划通过专家论证。（柬　峰）

【南二环两侧用地控制及景观提升改造方案】 为更好地引导城市建设，优化城市功能空间布局，2016年，丹阳市启动"南二环两侧用地控制及景观提升改造方案”编制招标工作。对所参与的设计单位进行评标，选出3家设计单位，经规委会讨论确定中标单位为华诚博远（北京）建筑规划设计有限公司。方案依据会议要求进行修改完善。（束　峰）

图111　南二环两侧用地控制及景观提升改造方案效果图（束　峰）

【南师大中北学院片区城市设计及控制性规划】为进一步拓展办学空间，改善办学条件，更好地为区域经济社会发展提供服务，2016年6月，丹阳市启动《南师大中北学院片区城市设计及控制性规划》招标工作。在招标中心对所参与的设计单位进行评选，经规委会讨论确定中标单位为江苏省城镇与乡村规划设计院。年底，南师大中北学院一期工程主体完工。（束　峰）

图112　南师大中北学院片区效果图（束　峰）

【京杭大运河两侧景观提升改造方案通过论证】为展现地域文化，恢复人文古韵，还原运河情怀，满足市民的休闲文化需求，2016年2月，丹阳市启动《京杭大运河两侧景观提升改造方案》，由东南大学城市规划设计研究院与杭州园林设计院合作设计，方案通过专家论证。（束　峰）

城市管理

【概况】　2016年，丹阳市围绕“十整治、一提升”，开展城市环境综合整治行动。完成华南路、水关路等10余条道路环卫设施改造，更换、出新垃圾桶400余只，维修环卫设备1700余次；完成17条人行道非机动车划线及定点停放工作；补栽各类乔灌木10.7万余株、地被植物近8万平方米，栽植草花19.6万余株；维修南环路、丹凤南路等沥青路面近2万平方米；铺设香草路、水关路等盲道7.6公里、人行道地砖1.8万余平方米；维修窨井、雨水井1300余座；改造人行道树穴1000余座；拆除违规大型楼顶广告、墙面广告、工地围挡广告140余处4.3万余平方米，清理占道广告牌1000余只、“牛皮癣”小广告20余万张；完成7个城中村、7个老旧小区、6条背街小巷、1个城市河坡以及1个低洼易淹易涝片区的改造任务，城市环境薄弱区域明显改观。（浦月梅）

图113　南环路沥青慢车道维修养护现场（浦月梅）

【城市市容精细化管理】 2016年，丹阳市进一步提升城市精细化管理水平。强化环卫保洁，全市转运生活垃圾21.8万余吨。疏通下水管网630余公里，清运淤泥560余吨。清运建筑装潢垃圾5.2万余吨。科学管养市区桥梁，对华南桥、河滨桥、东方红桥等进行专项维修。加强户外广告日常监管，将建成区及城市出入口的户外广告纳入统一规划、统一许可。改善城市水环境，共打捞杂草、漂浮物等1600余吨。新装路灯570余套，完善路灯照明智能控制系统，实现节能降耗。全年共开展市容秩序大规模整治320余次，取缔各类摊点6800余个，现场整改各类店外出摊、超出门窗作业5100余户，拆除破旧雨棚1200余顶，清理乱牵乱挂、乱堆乱放2100余处。查处带泥行驶、未封闭运输及偷倒乱倒渣土、泥浆、流体废弃物等运输车辆180余次。拆除违法建设总面积1.3万余平方米、围墙620余米。（浦月梅）

图114 城管执法人员治理店外经营现场（浦月梅）

【城管工程建设项目】 2016年，丹阳市实施主要城管工程项目5项。1.南二环泵站防洪排涝管道改造工程。该项目建设一条500米直通大运河的地下排水管道，较好地解决了南二环大桥涵洞汛期排水问题。2.公厕新建及环卫设施改造工程。该项目新建二类公厕3座，改建二类公厕2座，对练湖埂、千家乐等附近17座三类公厕提档升级，增设公厕无障碍设施9套。3.道路节点绿化景观改造。该项目选用20余种花卉、造型树，栽植2600余株乔灌木、球类植物，对24个道路节点景观进行优化提升。4.停车泊位建设工程。该项目新增停车泊位160个，进一步缓解城区停车难问题。5.凤凰山遗址公园建设工程。该项目总用地面积约5.33公顷，新建1座遗址文化保护主题公园，包含遗址展示馆、文化广场、遗址山林等六处景点。（浦月梅）

图115 改造后的月亮岛绿化景观（浦月梅）

【数字城管】 2016年，丹阳市城管委正式将新增的6家责任单位及7.59平方公里城市区域纳入“大城管”考核，实现督察考核力量向城市边缘延伸。初步构建13个二级城管信息系统。完成数字城管地理信息普查项目，所有城市部件建立“户口”档案。运用视频监控、巡控定位、远程指挥、处置跟踪等现代信息技术对全市33个责任网格和21个责任单位进行督察考核，实现“天上一张网”和“地上一张网”的全面覆盖。全年发现问题35054件，处置35015件，处置率达99.89%，按期处置率为97.66%。（浦月梅）

【村庄环境长效管理】 2016年，丹阳市创新村庄环境管理思路，组织协调相关部门对各镇（区）进行业务指导，并将过去单一的垃圾处置考核改为综合性环境考核，覆盖村庄环境整体结构范围。通过镇（区）交叉检查、邀请第三方参与等方式，将全市2828个自然村全部督察到位，发现各类问题1150余起，整改到位率达95%以上。（浦月梅）

交通运输·邮政

栏目编辑 陈春芳

交通运输综述

【概况】 2016年，丹阳市交通建设共完成投资9.96亿元。其中皇蒋线、吕东大桥、航道整治、大运河桥梁改造等5个政府承诺项目全面完工；镇丹高速完成年度施工计划，预计2018年竣工通车；357省道吕城老路段、丹北镇中心西路进场施工；通港路至丹界路连接线与火车站站房改造有序推进，计划2017年完工。云阳大桥改建项目招投标和各项前期准备工作完成。推进全国文明城市创建，购置新能源公交车50辆，建设充电桩30个。调整优化城市公交线路2条，新辟镇村公交线路1条。开展出租车行业整治，提升服务水平。完成4条县道大中修和7条县道改扩建项目，改善农村公路路况。水上运输安全保障有力。 （邹学伟）

【苏南运河丹阳段三座桥梁通过验收】 2016年12月20日，苏南运河“四改三”丹阳段中山桥、陵口大桥、吕城桥（右幅）三座桥梁工程通过交工验收。苏南运河丹阳段桥梁2标含折柳大桥、吕城桥、中山桥、陵口大桥、新泰定桥5座桥梁工程及其他附属工程，2014年10月1日开工，至2016年11月30日，中山桥、陵口大桥、吕城桥（右幅）3座桥梁工程完成全部施工任务，率先交工。该3座桥梁均建于20世纪90年代初，随着苏南运河丹阳段四级航道拓宽改造为三级航道，运河口拓宽至90米，原有桥梁不符合三级航道通航要求。改建后，三座桥梁在宽度和跨度上均提升等级，对完善城镇功能，拉动运河沿线经济发展具有重要意义。 （邹学伟）

图116 陵口镇京杭运河中山桥施工现场 （邹学伟）

【苏南运河城区段航道整治及景观示范段建设】 2016年，大运河“四改三”丹阳城区段航道整治及景观示范段建设工程完成总量的60%，其中右岸老驳岸加固基本完成，左岸完成拆迁地段进场施工。大运河“四改三”城区段航道整治及景观示范段建设作为综合打造的大运河生态轴，在紧抓施工单位航道整治同时，相关部门进行打造二级挡墙和道路微循环的方案，以争取二级挡墙建设与健身步道、道路微循环建设等同步启动。 （邹学伟）

铁路运输

【概况】 2016年，铁路丹阳地区全年完成运输收入2.67亿元，比上年增加0.47亿元，增长21.36%。其中丹阳站客运收入1.92亿元，丹阳北站客运收入0.35亿元，丹阳东货运收入0.40亿元。旅客发送299.27万人，与上年基本持平，其中丹阳站279.59万人（丹阳城际站272.97万人、丹阳既有站6.62万人）、丹阳北站19.68万人。丹阳既有站因站改施工影响，客运各项指标大幅下降，城际站、北站增幅明显。丹阳东货物发送20.80万吨，比上年增加13.28万吨，货物到达6.40万吨，比上年减少2.40万吨。 （袁小平）

2016年铁路丹阳地区主要运输任务和技术指标

表22

项目	单位	计划	实绩	比上年增长（%）
旅客发送量	万人	292.5	299.27	－0.24
货物发送量	万吨	10	20.80	176.57
客运收入	万元	20300	22657.62	12.89
货运收入	万元	2800	4019.10	106.09

（袁小平）

【丹阳站南广场站房停止运营并拆除】 根据丹阳火车站改造施工整体计划，因站房及相关配套设施施工需要，2016年3月6日19点32分，杭州开往齐齐哈尔的K48次列车从丹阳站发出后，曾改建于1989年的南广场站房正式停止运营，并同步实行封闭施工，全部拆除后进行原址重建。 （袁小平）

【京沪铁路丹阳站部分旅客列车恢复办客】 2016年9月27日起，新建成的京沪铁路丹阳站2号站台投入使用，停靠广州、杭州、上海、苏州等方向5趟普速列车恢复办客。旅客购票和进出站在北广场城际站过渡，北广场城际站临时承担起同时办理高铁和普速列车的售票、候车及乘降等任务。 （袁小平）

【丹阳东站开行货运特需班列】 2016年1月14日0点50分，79060次列车在丹阳东站出发，标志着丹阳东站到廊坊北站（北京局）货运特需班列正式开行。3月25日，丹阳东站到新都站（成都局）货运特需班列开行。3月30日，丹阳东站到王家营站（昆明局）货运特需班列开行。特需班列的开行是为满足市场需求的多样性，提升货运的个性化发展与服务能力，是铁路货运向现代物流转型的一个重要标志。 （袁小平）

【丹阳站列车开行变化】 针对铁路沿线旅客出行需求，以及宁安客专、郑徐高铁开通运营，2016年，上海铁路局先后3次调整列车运行图。新图实施后，丹阳站增加停靠至铜陵、安庆方向动车组列车；京沪高铁丹阳北站每日有5趟高铁至北京南站、1趟高铁至天津南站、2趟高铁至郑州东站、1趟高铁至长春站，运能得到提升。 （袁小平）

公路运输

【概况】 2016年，丹阳市等级公路里程2188.66公里，占总里程的100%。其中高速公路42.56公里，一级公路277.09公里，二级公路349.71公里，三级公路260.41公里，四级公路1258.89公里。客运车辆806辆（其中公交车309辆、出租汽车497辆），货运车辆4843辆。累计完成公路客运量761万人、公路货运量1583万吨。

完成城市公交车和90辆城镇公交车刷卡系统安装，同步接入全省公交一卡通系统并可在本地充值。调整优化城市公交线路2条，新辟镇村公交线路1条，延长5条公交线路运行时间至20点30分。滨江新城客运站通过竣工验收，汤甲、永安、嘉荟、河阳、陵口、薛甲等6个公交首末站完成施工。中心城区新建公交候车厅154个。配合全国文明城市创建工作，汽车站站房改造基本完成，公交站亭公益广告发布比率达50%，完成公交车车身公益广告发布任务。

丹界线、丹访线、新珥线、河珥线四条县道大中修项目，实施里程17.22公里。罗横线、新孟线等7条县道改扩建项目，总里程8.6公里。乡镇农村公路建设75公里，危桥改造1座，进一步改善农村公路路况质量。在完成道路建设基础上，组织实施农村公路生命安全防护工程，共完成县道安防工程249公里，乡村道安防工程621公里，有效提升农村公路安全通行水平。

新增3家镇江市“绿色汽修”示范企业，全面提升行业节能减排水平。宏福物流有限公司入围江苏省首批多式联运示范工程项目。飓风物流有限公司甩挂运输项目被纳入江苏省级甩挂运输项目库。市公路处获2016“畅·镇江”全市公路小修保养作业竞赛一等奖。丹阳获全省首批、镇江唯一的“四好农路示范市”。市运管处获全省镇村公交发展工作先进集体。

（眭 昕 沙 俊）

【丹阳界牌一镇江客运班线开通】 2016年1月25日，丹阳界牌—镇江班线正式开通。该线路由市交通运输部门支持和丹阳市众泰客运服务公司配合，途经丹阳界牌、丹北两镇及镇江丁岗、谏壁等镇。开通后，滨江地区群众来往镇江将不再需要经过丹阳市区换乘。（眭 昕）

【丹阳一北京特需班列试运行】 2016年，丹阳市宏马物流公司丹阳—北京特需班列试运行，每天共计30列车皮（除铁路部门规定不发班列的日期外），着力打造以丹阳火车货运站为枢纽，北京重点城市为节点，铁路货运为干线、城市配送为直线的货运网络，实现丹阳、北京货物资源的集合和分拨，有效降低运输成本、缩短运输时间。该班列的启动，实现了由单一的公路运输模式向公铁联运模式的转变，使丹阳市现代物流产业进入公铁互联互通新时代。（眭 昕）

【首条拥军公交专线开通】 2016年，为满足营地官兵出行需求，市运管处针对部队作息时间的特殊化，合理优化公交线路、时间，在与访仙镇党委政府、部队、客运企业、驻地村委会等相关单位沟通协调下，将原镇村公交327路改造成拥军公交线路，原线路讫点延伸至部队营地，日发班次5班。（眭 昕）

【内河船型标准化工作启动】 2016年12月21日，市运管处会同镇江运管处及地方海事工作人员到珥陵镇江苏航泰船舶修造有限公司，对一艘老旧运输船舶拆解开展现场监督，由此全面启动丹阳市内河船型标准化工作。至2017年，丹阳市计划总拆解船舶37艘，包括老旧船舶10艘和小吨位船舶27条，将获得船舶拆解政府补贴共计455万元。（眭 昕）

【出租汽车经营权有偿使用费取消】 2016年4月1日起，丹阳市依据《江苏省道路运输条例》正式实行出租汽车经营权无偿使用，出租汽车经营权有偿使用费全面取消。丹阳市出租汽车经营权自1997年开始实行有偿使用，共有497辆。此次实行的出租汽车经营权无偿使用，对2016年4月1日之前应收取的有偿使用费按实征收；对预缴的4月1日后的有偿使用费按实退还，5月31日前退还到位。（眭 昕）

【三陵西桥新建桥梁建成通车】 2016年1月1日，位于丹阳市丁珥线上珥陵段的三陵西桥新建桥梁建成通车。三陵西桥始建于1987年，原桥设计荷载等级较低，桥梁出现不同程度病害，2014年定期检查中被评定为危桥，新建桥梁2015年9月中旬开工建设，12月底完工。建成后的桥梁全长42米，宽16米，极大缓解镇中交通压力。“十二五”期间，丹阳市累计改造此类农村公路危桥101座，在全省率先基本消灭四类、五类桥梁。（沙 俊）

【四条县道大中修】 2016年，因路段年限长、路况差，丹阳市投资1.1亿元进行新珥线吕城段12.2公里、河珥线河阳段3公里、丹界线界牌段1.1公里、丹访线荆林段0.83公里4条县道大中修工程。工程5月份陆续进场施工，12

月底完成主体施工。（沙 俊）

【公路安防工程完工】 2016年7月，丹阳市全面进行公路生命防护工程施工，并于12月完工。施工工程包括县道183公里、乡村道621公里。通过对农村公路存在安全隐患的路段整治，标志标牌、标线、防撞护栏、警示桩和红绿灯等的完善和补充，提高农村公路交通安全状况及保障水平。（沙 俊）

【乡村道网络规划】 2016年，丹阳市按照“加速城乡发展一体化，支撑农业实现现代化、促进出行服务均等化”规划目标，在全市开展乡村道网络规划工作，力争2020年村民居住规划保留点基本通达等级公路，全面提升村道公路管理水平。并在已完成的各镇（区、街道）规划路线采集工作基础上，对规划路线进行审核并完成初步方案编制任务。（沙 俊）

【司徒镇马甲村路提档升级完成】 2016年5月，丹阳司徒镇马甲村路提档升级完成。该路段2月25日进场施工，建设里程1公里，投资149万元，采取半幅拓宽3米处理施工。完成后的公路为周围百姓安全、便捷出行提供有力保障。（沙 俊）

【司徒立新桥危桥改造工程完工通车】 2016年2月，丹阳市农桥改造工程——司徒立新桥完工通车。立新桥老桥长41米、宽10米，桥面、桥桩因年久出现病害，2015年4月开工改造。完工后的新桥长42米，上部采用预应力混凝土简直板梁，下部采用桩柱式桥台，总投资346万元。（沙 俊）

【公路养护应急处置手册编印】 2016年3月，丹阳公路处完成公路养护应急处置手册编印，丹阳公路养护有了地方标准行动指南，为全面深化普通公路养护标准化管理水平，提高公路养护应急处置能力打下基础。该手册共分公路交通应急事件处置流程图，公路交通应急事件处置规程，工作职责、制度及操作规程，主要附件四部分。（沙 俊）

【丁珥线改造工程通过竣工验收】 2016年3月10日，丹阳市农村公路丁珥线拓宽改造工程竣工验收，质量等级均达优良。丁珥线位于丹阳市司徒镇和延陵镇，起点与122省道相交，向南展线，终点接延茅线，拓宽改造里程9.72公里。项目完成后的丁珥线道路等级为三级，路基宽9米，路面宽7米，设计速度30公里/小时。（沙 俊）

【珥皇线路基塌方】 2016年3月10日，丹阳公路珥皇线河塘段路基突发坍塌事件。接险情后，丹阳市公路管理处立即启动道路养护应急预案，养护公司人员第一时间赶到现场踏勘。经查发现，该处为珥皇线建设用取土坑，河塘深度较深，常年河水冲刷侵蚀，致使路基塌方，局部已延伸至路面底部。在对塌方部位进行勘验和鉴定后，迅速制定修复方案，采用浆砌块石挡墙抢修办法，对河塘水毁段进行路基挡墙防护，以确保行车畅通。（沙 俊）

图117 2016年3月10日，珥皇线路基突然塌方，养护人员及时进行抢修

（沙 俊）

【农村公路小修保养工程】 2016年3月30日，市公路处召开2015年丹阳市农村公路小修保养工程交（竣）工会议。该小修保养工程由丹阳市公路道路养护工程有限公司施工建设，江苏燕宁工程咨询有限公司监理，镇江公路（桥梁）检测中心检测，总投资约900余万元，主要完成沥青砼修补、水泥混凝土修补500立方米、沥青表处20万平方米、水泥稳定碎石、二灰碎石640立方米、水泥路面灌缝4.98万米、沥青路面灌缝2.72万米，工程于2015年1月1日开工，同年12月31日完工。（沙 俊）

【桥梁病害普查】 为全面掌握辖区内桥梁运行状态，做好安全营运监控，2016年5月，市公路处组织人员开展辖区内桥梁普查，重点检查大桥运行安全问题。通过详细检查，为精准开展桥梁维修养护作业提供准确依据。为全面掌握辖区内桥梁病害类型、程度和数量，检查人员为每座桥梁设立"健康档案"，拍摄留取影像资料，组织相关专业技术人员分析病害成因、发展程度，及时制定详细维修处置、养护计划。（沙 俊）

图118 国省干线桥梁维修加固工程现场 （沙 俊）

【香草河桥沪宁高速公路高架桥桥梁维修加固】 2016年5月28日，丹阳香草河桥、沪宁高速公路高架桥桥梁完成维修加固。两座桥梁于2015年桥梁检查评定报告以及现场实际检查中被发现存在较多病害，长时间将可能危害桥梁结构，影响通车安全及使用寿命。为限制病害扩大，市公路处对两座桥梁病害进行维修治理，提升桥梁使用性能，保障车辆行人安全通行。（沙 俊）

【老跃进桥施工图通过审查】 2016年6月15日，丹阳市危桥改造工程老跃进桥施工设计图通过专家审查。市交运局、界牌镇人民政府、常州市交通规划设计单位等代表和特邀的5名专家参加审查。专家组认为，施工图设计文件内容完整齐全、图表清晰，设计深度达到施工图设计要求深度，同意通过审查，并对优化桥头防护工程及纵断面设计、增加接线工程等提出了相应意见和建议。该桥位于市丹北镇管大线上，上跨跃进河。（沙 俊）

图119 2016年6月15日，专家组审查市丹北镇老跃进桥施工图 （沙 俊）

【组织海母（HiRM）高性能自粘贴缝带路演】 2016年5月24日，市公路处邀请北京振华新博科技有限公司研发人员到丹阳进行海母（HiRM）高性能自粘贴缝带施工路演。海母（HiRM）高性能自粘贴缝带是一种由沥青、改性剂及特殊有机高分子材料发生物理化学反应后生成的具有柔韧性、耐冲击性和自黏性的新型封缝材料，产品为条带状，可处理宽度1厘米内的沥青路面和水泥路面裂缝。有常温使用、可任意弯折翻转等技术优势。通过路演，养护人员能熟练掌握操作方法，为后续大范围施工提供有效帮助。（沙 俊）

【下穿式立交桥水位标尺设置】 2016年7月，市公路处对所辖5处下穿式立交桥（埤导线陵口下穿沪宁铁路、窦陵线下穿沪蓉高速、原101省道前杨村处下穿沪宁铁路、河珥线下穿沪蓉高速和丹行线下穿312国道）出口、入口处墙壁设置5套（10块）水位标尺和4套警示标志，以提醒行人和司机水位深度。水位标尺高2.5米，为保证夜间识别效果，底色定为白色，标尺最上方写有红色“积水深度”提示语，刻度由红色和黑色线条分格刻划，一格代表0.2米的水深。（沙　俊）

【全松桥改造工程全面完工】 全松桥位于丹阳市司徒镇718村道全松路上，被评定为五类桥梁，改造于2016年3月开工，8月完成。改造后的全松桥全长39米，宽5.5米，上部采用预应力混凝土空心板梁，下部采用桩柱式桥台。（沙　俊）

【340省道路域环境整治】 2016年9月20日起，市公路处组织开展340省道路域环境专项整治活动，重点整治边坡种植、路肩杂草和杂物。此次专项整治活动，路政人员文明执法，规范管理，得到沿线群众理解和支持。通过整治，向群众解释边坡种植、路肩堆放杂物的危害，呼吁公路沿线群众还沿线绿色整洁美观。（沙　俊）

【干线公路三项专项整治活动】 2016年10月，针对丹阳境内干线公路路面污染、桥梁隐蔽部位违法占用、非交通标志违法设置等现象，市公路处开展“三项专项整治”活动。通过整治，干线公路基本达到路面管控有效，污染全面控制，桥梁保护有力，隐蔽部位违法建筑、构筑物及堆积物得到清除和控制，公路、公路用地范围无违法非公路标志。（沙　俊）

【交通量比重调查】 为及时掌握公路交通运行基本情况，服务宏观决策，为公路管理、公众出行等提供真实准确基础数据，2016年10月17—18日，丹阳市完成一年一次的四类公路交通量比重调查。其间，丹阳市投入30辆车、100余名人员，设43个观测点，对辖区内所有省道、县道及部分乡道，各种车型进行调查。为保证各观测点调查数据的真实可靠性与准确性，市公路处还组织不定点检查。此次调查数据将全部录入新网络版交调系统，为准确评价国、省、县、乡道的使用功能和科学组织交通行为提供重要依据。（沙　俊）

【241省道丹阳段大中修工程】 因241省道丹阳段部分道路使用年限较长，路面各项技术指标下降较快，影响道路正常使用，为提高路面使用质量，保持干线公路服务水平，2016年10月12日—11月23日，市公路处对241省道丹阳段部分路段进行大中修。此次大中修路段共7.63公里，总投资2600余万元。在中分带全部换用防撞护栏，合理规划掉头缺口，极大提高道路行驶安全系数。（沙　俊）

水路运输

【概况】 2016年，市交运局海事部门共出艇巡航1888艘次，巡航里程3.06万公里，巡航时间4682小时，“12395”接处警109次，排除航道堵航险情10次，疏通航道141公里，疏导单船1327余艘次、船队10个，救助遇险船舶32艘，成功援助船员76人，挽回直接经济损失792.22万元。维护重点涉水工程16次，时长68小时，出艇42艘次，投入人力140余人次。维护最后一道内河乡镇渡口下栅口渡口的撤渡任务。依法受理船舶载运危险品申报、审批33艘次，安全监管装卸危化品货物16431吨，保证358艘次危化品运输船舶安全通过辖区。完成G20峰会水上安保，共为入浙船舶签证221艘次，安检船舶19艘，录入船上人员信息449人次。丹阳市丹金溧漕河航道整治工程指挥部办公室获镇江市“工人先锋号”。

（殷惠娟　蒋春葆）

【强降雨封航管制】 2016年7月3日，苏南运河丹阳段受强降雨影响，水位达 6.8 米，超警戒水位 1.2 米。市航道处为配合苏州、常州对大运河的管控，确保过往船舶不发生触碰桥梁等水上交通事故，对苏南运河丹阳段进行封航管制，其他所有干支航道同步实施。被控制船舶主要安排在丹金溧漕河口和陵口两个大型停泊区和服务区停靠，部分船舶就近码头停靠。（蒋春葆）

【干线航道绿化环境整治】 2016 年 10 月 25 日，市航道处在全市范围内开展内河干线航道绿化和环境整治专项行动，努力打造丹阳 47.77 公里内河干线航道绿色生态走廊。专项行动对市管养的 29.33 公里苏南运河和 18.44 公里丹金溧漕河两条高等级内河干线航道中航道部门职责范围内存在的垃圾、违章建筑、碍航设施等脏乱差环境问题进行全面排查清理，规范临跨河设施，补植修复严重损毁、存在明显缺陷的绿化缺口和航道设施，实施在建干线航道绿化工程，实现内河干线航道两岸整洁阶段性目标。（蒋春葆）

【苏南运河丹阳折柳大桥主桥边跨合拢】 2016 年 11 月 24 日，苏南运河折柳大桥边跨顺利合拢。折柳大桥位于陵口镇下闸栅口村，横跨京杭大运河，2015 年 8 月开始建设，总投资 1700 多万元。建成后的新桥全长 466 米，其中横跨苏南运河主桥跨径 100 米，桥梁离运河水面距离 7 米以上，满足三级航道大型船舶通航要求。（沙　俊）

【救助落水船民】 2016 年 2 月 21 日，市海事处云阳所接 110 报警，在丹金溧漕河邓家桥下游 400 米附近水域，发现 1 名落水人员。接警后，云阳海事所迅速出动海巡艇赶赴现场进行施救。由于落水时间短，救助及时，该船民被救上海巡艇时生命体征基本正常。（殷惠娟）

【避免一起船舶火灾事故】 2016 年 3 月 14 日，市海事处云阳所人员在苏南运河 27 公里附近航段进行巡航时，发现一艘正在航行中的“皖马货 1926”空船后舱挂晒的棉被出现火苗，火势迅速蔓延，但船主毫无察觉，立即利用高频呼叫失火船主，避免一起船舶火灾事故。（殷惠娟）

【施救一搁漏重载船舶】 2016 年 7 月 17 日，市海事处高桥所值班人员接船民报警，在九曲河闸外收费站趸船附近水域，“皖郎溪货 1222”船进闸时因船长操作不当，导致搁漏并进水发生搁浅。接警后，海事人员立即赶赴现场迅速拿出应急水泵帮助船主抽水，并将该船护送至附近码头，在部分货物过驳后帮助船主堵漏，由于施救及时，该船避免遭受更大损失。（殷惠娟）

交通监管

【概况】 2016 年，丹阳市交通行政审批制度改革深入推进，全年查处道路运输各类违法违章案件 541 起，打击非法营运车辆 39 辆。超限车辆整治常态化、智能化，全市公路平均超限率稳控在 1.5%。开展出租车行业整治，提升服务水平。进一步完善公交服务随访机制，2016 年共随访 2646 车次，发现问题 132 条，整改率达 95%。（眭　昕）

【客运行业整治】 为贯彻落实丹阳市委、市政府关于创建全国文明城市、江苏省优秀管理城市和国家卫生城市复审工作的重大决策部署，市交运局运管处自 2016 年 4 月 1 日起，以实施“四大行动”为重点，在全市客运行业全面开展城市环境综合整治。“四大行动”分别为：开展“重拳执法行动”，坚决维护市场秩序；开展“车站达标行动”，确保场站环境达标；开展“站亭美化行动”，全面加强外观整治；开展“广告清理行动”，切实规范车身广告。（眭　昕）

【“两客一危”企业动态监控】 2016 年，市运管处根据交通运输部《道路运输车辆动态监控管理办法》有关规定，强化对“两客一危”企业及车辆的动态监管，严厉处理违章违规行为。为消除客运安全隐患，全市汽车客运站严格执行“三不进站、六不出站”工作要求。客运企业认真落实安全生产主体责任，加大对省际客运班车、夜间营运班车以及客运包车、旅游客车监控力度，及时排查和消除各类安全隐患。（眭 昕）

【行政许可行政处罚“双公示”】 2016年，市运管处为提高行政管理透明度和部门公信力，按照“诚信丹阳”建设总体部署，全面实行道路运输行政许可、行政处罚“双公示”制度。将2015年1月1日起的道路运输行政许可、行政处罚信息进行归集上报并公示。2016年6月11日起，所有道路运输行政许可和行政处罚信息，按照要求全部在作出行政决定之日起2个工作日内向丹阳市公共信用信息平台归集，在“诚信丹阳”网站公示。（眭 昕）

【志愿者队伍护航G20峰会】 2016年9月1日，市运管处在公交车和出租车行业分别组建驾驶员治安巡防志愿者队伍，参与G20峰会期间社会群防群治工作。将全市公交车和出租车驾驶员中挑选的80名志愿者组建成2支治安巡防队伍，佩戴统一规格“红袖标”，在经营活动中观察治安形势、紧盯可疑人员、把握整体动向，广泛收集各类可能涉及违法犯罪、可能影响社会稳定的情报信息。与公安派出所、110指挥中心实现情报互通和处置联动，进一步延伸情报信息及打击防范工作触角，提升反应灵敏度。（眭 昕）

【打击非法汽车营运】 2016年，为维护全市客运市场经营秩序，市运管处以城市环境综合整治、“三城”同创为契机，加大对非法汽车营运打击力度。通过建立运政稽查大队与乡镇交管所联动稽查机制，采取定点与流动检查、定时与不定时检查、交叉与联动检查、明察与暗访相结合方式，形成稽查合力。全年，共查处非法营运汽车50余辆，高速公路出入口区域及相关客运集散地非法营运汽车扎堆拉客现象得到有效遏制。（眭 昕）

【超限车辆不停车检测系统启用】 2016年1月，丹阳S241省道正式启用超限车辆不停车检测系统，并依托采集的证据开展治理超限车辆非现场执法。该系统具备动态称重、车辆抓拍识别、视频监控、信息处理和统计分析等功能。建成使用后，促进治超工作向“科技治超”转变，进一步提高货运车辆检测速度和通行效率，有效解决运输车辆导致的交通拥堵现象。系统24小时不间断工作，实时对公路路面实施不间断监控，有效打击非法超限运输车辆各种“闯卡”“躲卡”逃避处罚行为。（眭 昕）

邮 政

【概况】 2016年，中国邮政丹阳分公司发挥邮政普遍服务功能，做好网点和投递服务工作，加快转型发展，推进邮政现代化建设。结合丹阳实际，重点发展金融和寄递服务、农村电商、实物网与投递网优化业务。全年，公司完成业务收入1.63亿元，比上年增长20.35%。市邮政分公司获江苏省文明单位、江苏邮政农村电商示范县、镇江市六型职工之家示范点。（夏 婷）

【阅读节开幕式暨邮票首发活动】 为鼓励广大市民多读书、读好书，在全社会形成良好读书风尚和文明素养，2016年4月23日，中国邮政丹阳分公司与丹阳全民阅读活动领导小组在人民广场举行第三届“书香丹阳”全民阅读节开幕式暨《全民阅读》邮票首发式。活动以“阅读，让城市更文明”为主题，深入开展阅读进社区、进学校、进机关、进企业、进家庭等，激发市民阅读兴趣，提升市民文化素质和精神内涵。（夏 婷）

【主题邮局入驻丹阳眼镜博物馆】 2016年，中国邮政丹阳分公司结合中国眼镜博物馆开馆，在眼镜博物馆内设立主题邮局，以展示中国眼镜历史文化。主题邮局主要销售特色鲜明的个性化明信片、《丹阳五大名片》等特色邮品，提供“么么闪印”自助服务，为游客免费加盖“中国丹阳国际眼镜城”特色纪念戳。（夏 婷）

【村邮站建设全覆盖】 2016 年，中国邮政丹阳分公司累计建设村邮站 144 个，实现全市行政村全覆盖。全覆盖的村邮站开启“村邮站＋”模式，将村邮站建设与综合服务平台结合，探索信息化引领的村级电商服务站、助农取款点、“苏邮惠民”加盟店等，以拓展村邮站的服务领域，丰富其业务种类和服务功能，为将村邮站建设成为开放式的平台，与农村电子商务协同发展，为叠加金融、物流、便民等服务业务做准备。（夏 婷）

【“邮乐农品一丹阳馆”开馆】 为推进农村电商发展，推广本地优质农产品，2016 年 12 月 21 日，中国邮政丹阳分公司联合市商务局、市农委成立的丹阳唯一销售本地农产品的电商平台“邮乐农品——丹阳馆”开馆。该平台利用“互联网＋”思维精选全市各地有机、绿色农产品和地理标志产品，利用邮政物流优势，建立统一规范的仓储物流体系，实现产品线上销售和品牌推广。（夏 婷）

【纪念中国共产党成立 95 周年集邮展览】 为庆祝中国共产党成立 95 周年，深化“学党章党规，学系列讲话，做合格党员”学习教育活动，2016 年 7 月 1 日，中国邮政丹阳分公司、市史志办、市集邮协会、市老干部收藏协会在丹阳革命陈列馆联合举办“纪念中国共产党成立 95 周年”专题邮展。邮展共展出《中流砥柱》《走向光明》《东方红，太阳升》《共和国的功勋》《一代伟人——毛泽东》《华夏 56 个民族大团结》《光辉历程时代先锋》《缅怀英烈呼唤和平》《民族大团结》《上海抗战纪事》10 部 40 框专题邮集，从红色经典、领袖人物、历史事件、辉煌成就等方面，展示中国共产党带领全国各族人民在革命、建设、改革中走过的光辉历程。本次邮展，老党员及居民代表 300 余人到场观看。（夏 婷）

图 120 2016 年 7 月 1 日，丹阳市举办纪念中国共产党成立 95 周年集邮展览（夏 婷）

【纪念中国工农红军长征胜利 80 周年集邮展览】 2016 年 10 月 22 日，中国邮政丹阳分公司、市史志办、市老干部局在丹阳革命陈列馆联合举办纪念中国工农红军长征胜利 80 周年集邮展览。邮展共展出《长征·丰碑永存》《遵义会议》《红军不怕远征难》《东方红，太阳升》《共和国的功勋》《长征》《伟人毛泽东、邓小平等（一片）》邮集 7 部 23 框。市集邮协会、老干部收藏协会、公园新村社区、凤美新村社区、白云街社区、阜阳社区等数百人到场观看。（夏 婷）

图 121 2016 年 10 月 22 日，丹阳市举办纪念中国工农红军长征胜利 80 周年集邮展览（夏 婷）

信息化发展

栏目编辑 陈春芳

综 述

【概况】 2016年，丹阳市信息产业工作以善政、兴业、惠民为目标，在电子政务、“两化”深度融合、电子商务等方面取得成效。围绕《中国制造2025丹阳行动计划（2015－2020）》，以“两化”融合和“互联网＋”融合创新为主要突破口，引导传统产业树立互联网思维，促进信息通信技术向制造业各领域渗透，推进制造业与互联网深度融合创新，加快企业互联网化进程。

电子政务建设依托网络系统，覆盖涉及社会、经济以及民生各主要领域。电子公文网上流转、办公自动化以及权力阳光系统运行良好；新版“中国丹阳政府网站群”投入运行，以“中国丹阳”门户为主站，整合60个党政部门网站，后期将对接政府各大公共服务平台，将网站群升级为丹阳市智慧城市门户；交通和社会面监控系统基本形成全覆盖；“金保工程”完成建设正式上线，实现养老、医疗、失业、工伤、生育保险“五险合一”；信用体系建设逐步完善，完成“诚信丹阳”和“行政许可和处罚信用信息双公示”系统建设。“数字城管”、区域卫生系统、政法信息综合管理平台、数字档案、重点区域环保监控平台、重点安全生产企业监控系统、食药监管理平台、国土GIS系统等一批服务民生信息系统投入使用。

全年电子信息与软件行业销售收入69.18亿元；全市宽带接入用户数31.3万户，移动手机用户数115万户（其中4G用户75万户），数字电视用户数35万户（其中高清数字电视用户数9.3万户）。“无线丹阳”建设稳步推进。智慧社区依托广电高清数字电视网络，覆盖11.8万户家庭，并开发相应应用APP。 （秦叶红）

“两化”融合

【概况】 2016年，丹阳市深度推进“两化”（工业化、信息化）融合工作，丹阳制造企业“两化”融合水平不断提高。在大亚科技等3家企业为工信部“两化”融合管理体系国家贯标试点企业基础上，继续组织“两化”融合试点示范申报，开展“两化”融合管理体系贯标试点、示范工程等。组织8家企业进行省“两化”融合管理体系贯标试点的申报工作，5家企业获得通过，其中江苏丹毛纺织股份有限公司获得工信部国家贯标试点。组织4家企业进行省融合创新试点示范申报工作，其中飓风物流有限公司获准2016省互联网与工业融合创新示范工程示范企业，江苏迅捷等3家企业获准试点企业。联合电信、移动、联通三大运营商，组织全市 16 个园区、行政村和企业申报建设示范“企企通”项目，江苏省丹阳经济开发区、丹阳市高新技术产业园、丹阳市沿江先进装备制造产业园获批省“企企通”试点园区，8 家企业获省“企企通”试点企业。组织省转型升级项目申报。明月光电等 6 家企业成功申报省经信委企业互联网化提升项目，对上争取资金共计 630 万元。开展制造业与互联网融合创新项目储备。组织 22 家企业进行项目储备申报，为 2017 年省企业互联网化提升类项目申报做好前期准备。举办镇（街道）经服中心负责人贯标培训暨政策解读会议，解读“两化”融合管理体系贯标和最新国家、省“两化”融合重点扶持政策。（黄丹俊）

图 122　2016 年 6 月 15 日，丹阳市发改经信委组织市 26 家“两化”融合试点示范企业到安徽考察学习智能工厂建设（黄丹俊）

“互联网十”

【概况】　2016 年，丹阳市紧抓互“联网＋”发展机遇，探索各种模式，引导企业改变思路，适应新形势需求。组织丹阳市高新区申报省级互联网产业园，引导该区入驻企业进一步与互联网深度融合。加强农村信息化示范基地建设，皇塘镇白兔村成功申报 2016 年农村信息化示范基地。联合深圳智慧城电子商务有限公司举办 2016“互联网＋美丽乡村”首届丹阳淘实惠电商战略发展峰会，全市共有 100 多位镇、村超市经营者参加会议，带动农村消费市场升级、融入电子商务大潮。丹阳飓风物流股份有限公司现代物流业以信息化为核心，将运力资源整合、物流信息化及移动互联网技术应用共同联合，开创“物流＋互联网”先例，打造智慧型物流企业，成为镇江市物流行业高新技术企业。（秦叶红）

图 123　“互联网＋美丽乡村”首届丹阳淘实惠电商战略发展峰会（秦叶红）

电子商务

【概况】　2016 年，丹阳市从事电子商务规模企业 200 余家，电子商务交易额超 60 亿元。完成镇江市跨境贸易电子商务监管中心建设，首单镇江市跨境贸易电子商务成功通关。全市电商产业发展势头强劲，天工、鱼跃、圣象、堂皇、肯帝亚等优秀企业积极开展电子商务业务，线上销售均超亿元，其中鱼跃达 7 亿元。堂皇家纺电子商务中心拥有天猫商城堂皇旗舰店、唯品会等多家店铺，以分销代理方式拓展线上市场，拥有独立仓储配货体系，实现淘宝、天猫“双十一”活动当天发货近万单。在丹阳市获首批江苏省农村电商示范县基础上，皇塘镇、导墅镇获江苏省电商示范镇，皇塘镇获江苏省电商十强镇，皇塘镇白兔村获江苏省电商示范村，江苏堂皇和鱼跃医疗 2 家企业获评江苏省电子商务示范企业，江苏省丹阳眼镜城电子商务集聚区获江苏省电商示范园区；导墅镇、陵口镇、珥陵镇获评镇江市农村电商示范镇，导墅村、护国村、皇塘村、张埝村获评镇江市农村电子商务示范村。（蒋弋旻）

【镇江市跨境贸易电子商务监管中心落户丹阳】 2016年3月，镇江市跨境贸易电子商务监管中心落户丹阳，12月完成镇江地区跨境贸易电子商务首单通关，将于2017年7月投入运行。跨境电商监管中心的建成运营，为丹阳眼镜、家纺、医疗器械企业，句容长毛绒玩具企业，丹徒高桥雪地靴企业以及镇江市域内更多企业提供通关便利。预计每年新增外贸出口1亿美元，企业节本增效约1000万元。（蒋弋旻）

2016年丹阳市皇塘镇电子商务企业名单

表23

企业名称	销售产品类型	起始时间	网店户数（个）	企业从业人员（人）	电商从业人员（人）	电子商务交易金额（万元）
江苏堂皇集团有限公司	床上用品	2010	8	800	65	12000
丹阳市宝优乐时装有限公司	内衣	2012	1	120	10	2500
丹阳市皇塘镇舒美文胸厂	内衣	2011	4	75	12	1700
江苏澳丹奴家纺有限公司	床上用品	2012	1	230	8	1000
丹阳市世外源野营用品有限公司	旅游用品	2012	1	170	3	1100
江苏婷妃时装有限公司	内衣	2011	5	600	60	3000
丹阳市霞琪内衣有限公司	内衣	2010	5	350	55	1500
丹阳市广杰旅游用品厂	旅游用品	2011	1	105	15	1000
江苏元景假日旅游制品有限公司	旅游用品	2012	3	520	8	600
丹阳市皇塘镇宝孕妃内衣厂	内衣	2012	1	20	3	10
丹阳市枫亦娇家纺有限公司	内衣	2008	1	45	3	300
丹阳市婷峰文胸服饰有限公司	内衣	2012	1	300	4	300
丹阳市爱婴居纺织品有限公司	母婴用品	2012	1	45	6	100
丹阳市皇塘镇英姿文胸厂	内衣	2012	1	30	4	230
丹阳市亚华户外用品有限公司	旅游用品	2013	1	70	5	100
丹阳市皇塘镇伊伦服饰厂	内衣	2013	1	60	4	70

续表 23

企业名称	销售产品类型	起始时间	网店户数（个）	企业从业人员（人）	电商从业人员（人）	电子商务交易金额（万元）
丹阳市澳兰多家纺有限公司	床上用品	2014	6	40	4	100
丹阳市皇塘镇华峰文胸内衣厂	内衣	2012	1	45	5	160
丹阳市朝峰针织制衣有限公司	内衣	2013	1	75	5	200
丹阳市皇塘镇苏丽内衣文胸厂	内衣	2008	3	30	6	200
丹阳市皇塘镇舒美文胸厂	内衣	2013	2	50	16	300

（蒋弋旻）

2016 年丹阳市导墅镇园区电子商务企业名单

表 24

企业名称	销售产品类型	起始时间	网店户数（个）	企业从业人员（人）	电商从业人员（人）	电子商务交易金额（万元）
江苏圣罗兰寝品有限公司	床上用品	2010	8	192	13	13293
江苏安华旅游用品有限公司	旅游用品	2012	1	173	10	4564
江苏爱伦家纺有限公司	床上用品	2011	4	195	10	4157
江苏佩尔家纺有限公司	床上用品	2012	1	218	9	3890
江苏澳帆旅游用品有限公司	旅游用品	2011	5	186	9	1810
江苏利隆户外用品有限公司	旅游用品	2010	5	185	9	1767
丹阳市丽娜寝品有限公司	床上用品	2011	1	175	8	1211
江苏诚泰旅游用品有限公司	旅游用品	2012	3	176	7	1189
丹阳兰蝶家饰用品有限公司	床上用品	2012	1	172	6	980
江苏新感觉户外用品有限公司	旅游用品	2010	1	171	4	800
丹阳市正阳旅游用品厂	旅游用品	2012	1	155	3	500
丹阳市木禾旅游用品有限公司	旅游用品	2012	1	152	2	430

（蒋弋旻）

2016 年丹阳市珥陵镇电商协会成员名单

表 25

企业名称型	法人	销售产品类型	企业从业人员（人）	电商从业人员（人）	电子商务交易额（万元）
江苏上一道科技股份有限公司	陈网俊	食品	95	20	1200
镇江丹和醋业有限公司	史荣炳	醋	55	8	800
镇江丹玉食品有限公司	史荣炳	食品	50	6	500
江苏怡华光学眼镜有限公司	陈立军	眼镜	72	10	600
江苏海一比真光学镜片有限公司	崔金善	镜片	95	10	700
镇江市恒城醋业有限公司	魏　白	醋	10	3	200
江苏格瑞特纺织品有限公司	葛恒林	服装	3	1	68
丹阳市金億野营用品有限公司	洪伟铭	户外用品	45	12	400
丹阳市捷鹭服装有限公司	蒋纪武	服装	120	20	600
镇江市驰香调味品有限公司	马云汉	醋	12	3	100
江苏苏帛制衣有限公司	吴云飞	服装	105	18	800
江苏清禾光学眼镜有限公司	陈立军	眼镜	70	18	750
丹阳市明盈服饰辅料厂	祁小明	服装	16	5	240
丹阳市源山食品有限公司	盛秀文	食品	12	4	200

（蒋弋旻）

中国电信股份丹阳分公司

【概况】 2016 年，丹阳电信公司坚持信息化应用普遍覆盖和广泛延伸，网络和信息化服务能力提升。加快面向政府机关、企事业单位的应用开发与推广，助力全市各行业打造“互联网+”产业生态园，助推地方各项事业发展。全年在社会效益、员工价值、企业发展三方面取得新业绩，企业收入稳步增长。丹阳电信公司获“江苏省文明单位”“丹阳市组织工作创先争优先进集体”。（奚小莉）

【网络覆盖能力加强】 2016 年，丹阳电信公司网络覆盖能力继续加强。全年布放各类光缆总计 121.96 皮长公里；铺设各类通信管道 38.8 管孔公里；新增分光器 6300 个，新增 H 端口 50400 个。根据区域话务量模型制定全区 4G 站点的规模、重点覆盖区域。开通 1.8GLTE 站点 182 个，覆盖丹阳农村区域、城市新建小区及其他深度区域。开通 17 个室分系统，改造和开通八佰伴、第二人民医院、吾悦写字楼、后巷苏果等 4G 网络。开通行业版 AWIFI 热点 67 个，安装开通公话亭、丹师、八佰伴、开发区中心小学等 AP 524 台。

（奚小莉）

【区域卫生数据中心建设】 2016 年 3 月 10 日，丹阳电信公司与市卫计委签约区域卫生平台数据中心租赁。该数据中心建成后，主要承担全市所有公立医院、专业公共卫生机构、城市社区卫生服务中心、乡镇卫生院和村卫生室的人口计生健康信息、基层医疗卫生服务信息、二三级公立医院的业务协同和与上级主管部门互联互通等信息存储和管理。作为区域卫生信息化工程核心平台，全市公共卫生管理信息系统、基层各级单位部分业务系统直接在数据中心内运行；各类远程诊疗系统、移动诊疗随访系统、健康卡工程、卫生应急指挥系统等都可依托该数据中心平台展开工作。（奚小莉）

【“企企通”建设推进会】 2016 年 10 月 19 日，丹阳市经信委与中国电信丹阳分公司联合举办“企企通”建设推进会。会议邀请北京数码大方科技有限公司就“工业互联网”“工业云”“智能工厂”等先进理念进行讲解。现场与 4 个企业签订赠送协议。丹阳电信以“企企通”建设工作为切入点，快速打造本地行业应用示范标杆，助推丹阳本地企业生产、管理流程集约化，提升发展质量和效益，持续推进企业信息化建设。（奚小莉）

【“丹阳教育网校云平台”启动】 2016 年 10 月 21 日，“丹阳教育网校云平台”启动。丹阳教育网校是丹阳电信与教育主管部门合作打造的“互联网＋教育”应用平台，功能涵盖教育部门、学校、家长、学生各个群体，是融“学生自主学习、师生在线互动、家校沟通交流”于一体的综合性教育服务云平台，一期建设完成竣工，正式上线使用。电信企业发挥自身综合优势，做好丹阳教育网校运营过程中保障和支撑服务，指派校园专职经理，主动与各个学校对接。（奚小莉）

中国移动丹阳分公司

【概况】 2016 年，丹阳移动公司依托技术、人才、服务优势，推动网络、终端、业务融合发展，企业综合实力持续增强，运营业绩和效益显著提升，助推地方经济和政府信息化体系建设，为本区域政企信息化应用做好支撑保障。丹阳移动公司获“2013－2015 江苏省文明单位”。（丁　伟）

【网络建设】 2016 年，丹阳移动公司实施 4G 网络和“宽带中国”光网络城市建设。全年建设基站 323 个，基本实现丹阳 4G 网络全覆盖，为丹阳无线城市建设与无线数据传输应用奠定网络基础，保障高质量网络。全年完成所有驻地网改造工程，全面满足用户 100M 及以上高带宽业务接入要求。（丁　伟）

【开发区城管远程监控执法项目】 2016 年 8 月，丹阳移动公司与丹阳经济开发区管委会签订“丹阳市经济开发区城管局远程监控执法项目”合作协议，该项目借助“千里眼”平台，在开发区主要路口、商贩集中区域建设监控摄像头，实行 24 小时实时监控。该项目是丹阳移动分公司首个“和对讲”商用项目，上线后具有无线对讲、人员定位，执法过程视频记录等功能。（丁　伟）

【中标市法院监控系统采购项目】 2016 年 8 月，丹阳移动分公司成功中标市人民法院市县一体综合视频监控系统采购项目，项目建设内容包括高清智能监控、综合布线、核心网络安全等系统，可助推司法系统执法工作高效开展。（丁　伟）

【与国土资源部门开展服务项目合作】 2016 年 7 月，丹阳移动公司落实“i 国土”项目建设计划，利用双方资源优势，完成市国土应急指挥调度中心、“慧眼守土”千里眼视频监控系统、移动应急执法系统、土地综合监管系统项目整体建设，实现与市国土局“一张图”系统和内部办公自动化系统对接。在此基础上，陆续与各辖市区国土局开展相关项目合作，全区建设千里眼视频监控点位 188 个。公司在 4G 无人机巡检执法、位移遥感测距、山体塌陷物联网检测、偷盗采地区人员入侵检测、大数据分析报警等方面展开积极探索，为后期“i 国土”项目拓展提供更广泛技术支撑。（丁　伟）

财政·税务·审计

栏目编辑　陈春芳

财　政

【概况】　2016年，丹阳市财政累计完成一般公共预算收入65.55亿元，比上年同口径增长3.63%，列全省第11位，比上年前移2位。完善财政收入考核激励办法，促进收入组织统筹推进。国税、地税部门实现涉税信息资源共享，争取收入组织主动权。强化非税收入征管，实现各项非税收入应收尽收。完成一般公共预算支出79.01亿元，比上年同口径降低1.3%。坚持“保稳定、保运转、保民生”工作重点，加强资金统筹调度，全年投入民生支出62.53亿元，占一般公共预算支出的79.2%，推进民生保障由补缺型向普惠型转变。安排农林水支出预算8.21亿元，比上年同口径增长4.99%，高于一般公共预算支出1.33%。落实强农惠农政策，申报各类财政支农项目，获上级各类支农项目资金4.08亿元，比上年增加近1.8亿元。新农保和新农合分别投入3.08亿元、2.27亿元，及时足额发放城乡低保、残疾人救助金、困难补贴、尊老金等。做好企业军转干部生活补助和国有及集体企业下岗职工养老、医疗保险补缴工作。拨付学生生均公用经费8618万元，高于省定标准10%。落实各类扶困助学政策，支持学校现代化教学设施设备建设及校车安全工程。分别设立污染防治、城乡交通建设、城市建设三项专项资金，投入3.02亿元用于锅炉大气整治、污水处理管网建设及城乡生活垃圾处理，城乡公交一体化建设及农村公路养护，市政基础设施维护、老小区及安置小区物业改造、路灯节能改造。推进经济平稳增长和转型升级，落实国家“所有行业税负只减不增”要求。营改增后，全年减税7.8亿元，全面落实国家结构性减税、普遍性降费政策，暂停征收防洪保安资金，扩大教育费附加、地方教育附加、水利建设基金免征范围。落实小微企业税收优惠减免政策，建立完善涉企收费目录清单，组织开展涉企收费清理规范活动，全年为企业减负2.2亿元。研究上级扶持奖励政策，向上争取专项资金13.71亿元。抢抓国家扩大对地方政府发债规模机遇，取得地方政府新增及置换债券转贷资金44.71亿元，降低融资成本。对13个以民生为主的财政支出项目共计4.94亿元开展绩效评价，并将评价结果作为改进预算管理和安排以后年度预算重要依据。　（王宏梅）

【科技型企业贷款风险补偿池资金设立】　2016年，丹阳市财政推进投融资体制创新，鼓励金融资本支持实体经济，设立科技型中小企业贷款风险补偿池资金2300万元，引导合作银行对企业贷款，全年为10户企业提供9219万元科技贷款，解决部分科技型企业“融资难融资贵”问题。推动江苏省试点PPP项目——丹阳智慧城市项目落户丹阳。　（王宏梅）

【财政管理改革】 2016年，丹阳市财政深化财政管理改革，提升运行效能。建设透明通达财政，全市所有市级预算单位全面实行预决算和“三公经费”公开，进一步扩大预决算公开范围，细化预决算公开内容。公开部门专项资金分配信息、政府采购信息、本级政府财政转移支付安排执行、举借债务情况以及各类财政管理制度，规范政府采购监管，及时修订集中采购目录和公开招标限额标准，优化采购流程。全年完成政府采购9.4亿元，节约财政资金1.2亿元，节支率11.3%。加强资产资源管理，制定目标责任制考核细则，盘活行政事业单位资产。组织开展市、镇两级财政资金安全检查，全面查堵管理漏洞，提升财政资金运行效率和安全性。推行公务卡结算制度，控制预算单位现金流量，逐步实现无现金结算目标，提高公务支出透明度。 （王宏梅）

【财政“大监督”机制完善】 2016年，丹阳市财政“大监督”机制进一步完善，发挥财政监督职能，规范财政财务行为，加大监督检查力度。完成包括3家医疗机构、3家行政事业单位、5种非税收入在内的全省联动检查。监督检查教育系统、村级财务等72项财政专项，提出整改建议172条。深化基层财政规范化建设管理，组织开展财政分局（所）内控建设检查、会计基础工作检查、业务技能培训等。完善会计继续教育机制，采取网络教育，增强教育针对性和有效性。 （王宏梅）

图124 2016年，市财政系统每季度开设一次的“财政大讲堂” （王宏梅）

国 税

【概况】 2016年，丹阳市国税系统全年组织税收收入52.3亿元，比上年增长9.63%。其中一般增值税28.2亿元，改征增值税4.16亿元，调库8亿元，所得税9.29亿元，其他2.65亿元。全年完成公共财政预算收入按原预算级次计算16.7亿元，比上年增长19.83%，按现预算级次计算20.99亿元，比上年增长50.54%。市国税局获丹阳市和镇江市国税局“双先进”单位、镇江市预防职务犯罪领导小组风险防控示范单位，市国税局党组织获江苏省国税局先进基层党组织。 （任珏方）

【营业税改增值税】 2016年，市国税系统推进营业税改增值税业务，为供给侧改革服务。在全市四大行业6940户扩围户数上先后设立营改增工作领导机构，实行科室任务职责清单、工作责任制和局党组成员办税大厅坐班制。在数据、开票、申报、分析基础上打通政策，将税制规范统一，助推企业减负增效，经济转型升级。 （任珏方）

【国税征管体系改革】 2016年，市国税系统开展税收管理改革，深化以税收征管体系改革为核心的国家税务总局10项试点。把握深化税收征管体制改革综合试点主攻方向，贯彻改革各项要求，落实《全国税收征管规范（2.0版）》试点各项工作，全年确定25大项51小项工作目标任务，完成岗责体系、纳税服务体系、诚信体系、人才队伍建设、绩效考核等7大项18小项工作任务。稳步实施国地两税征管体制改革，建立合作机制，制定合作意见，明确4类29项工作具体任务，推进国地两税服务、执法、信息等合作。 （任珏方）

【纳税服务提升】 2016年，市国税系统持续提升办税服务厅纳税服务质量。成功应对“营改增”“金三上线”带来的办税量历史高峰。

开展税收宣传、培训，满足纳税人需求，全年特服号接待来电咨询21529次。电子税务局建设不断深入，全年实现网上申报198503户次。积极兑现税收优惠政策，累计兑现税收优惠40.04亿元，优惠规模比上年增长36.55%。注重发挥“营改增”减负增效、促进转型升级政策效应，全市服务业增加值占比达45.7%，新兴产业销售收入增长10%。　（任珏方）

2016年丹阳市国税各分局负责人

表26

一分局	洪　宁	六分局	徐　航
二分局	张文彦	七分局	夏　军
三分局	徐　珑	八分局	臧星波
四分局	眭健辉	九分局	高琴美
五分局	丁金泉	稽查局	王小平

（任珏方）

2016年丹阳市各镇（区）国税工商税收情况

表27　单位：万元

项目 镇区	2016年1—12月份完成实绩							附：	
	出口退税	中央50%县区50%增值税	其中改征增值税	中央50%省50%增值税	企业所得税	消费税	税收小计	公共预算收入	免抵调库
合计	401591	39428	2180	92858	3715	500344	209865	80000	105484
云阳	54836	14045	301	5826	549	61512	25875	5883	11466
司徒	28395	1365	66	9906	3	38370	16038	7296	9975
延陵	11018	514	26	3473	7	14525	5975	3242	9255
珥陵	4517	156	0	210	—	4727	1998	529	975
陵口	6772	148	2	304	—	7078	2989	941	1311
皇塘	15864	365	7	2508	—	18379	7978	2350	4149
导墅	10056	135	6	427	5	10494	4346	1784	2611
吕城	15307	113	0	1085	—	16392	7171	3086	3337
访仙	12319	161	0	403	—	12723	5160	3442	2085
开发区	136174	18228	1522	44851	3073	185620	76782	25968	33153
丹北	87058	3778	250	21153	1	108462	46762	22092	18821
界牌	19273	419	0	2713	77	22063	8792	3387	8346

（任珏方）

地　　税

【概况】　2016年，丹阳市地税系统共组织各项收入62.72亿元，比上年同口径降低13.59%。其中税收收入41.22亿元，比上年同口径降低21.57%，公共预算收入34.3亿元，比上年同口径降低21.4%；自行征收剔除营业税以外税收共计15.3亿元，比上年同口径增加1.55亿元，增长11.27%；征收社保费18.33亿元、其他基金费3.17亿元。市地税局获镇江市地税系统先进单位、江苏省“2015年按比例安置残疾人就业工作先进单位”。市地税局和第一分局获2013－2015年度江苏省文明单位。市纳税服务局获镇江市青年文明号、镇江市党员示范岗。全局35人次获得丹阳市级以上表彰。（陈爱芹）

【地税服务创新】 2016年，市地税部门深化地税服务工作。打造“互联网＋涉税审批”品牌，在全省首批实现涉税审批网上办理，真正实现“两个减负”，《依托互联网＋提升管理服务质效》专稿被国家税务总局《税务简报》、《江苏地税简报》刊发。主动与国税对接，梳理制定年度重点合作事项，在设立登记、培训辅导等诸多方面探索创新。简并资料报送，简化办税流程，推广“一次性告知软件”，开展“便民办税春风行动”等。联合财政、涉税中介机构等开办“纳税人学堂”12次，培训纳税人近2000人次。（陈爱芹）

图125 2016年3月，市地税局为提升队伍整体素质，组织第一季度业务考试（陈爱芹）

【营业税改增值税】 2016年，市地税系统全面推进营业税改增值税工作。抽调18名骨干组成业务指导小组，开展营业税税源清理，清理入库营业税等2000余万元。开展《“营改增”的全面实施对地方税收及全市公共财政预算收入的影响》专题调研，前瞻性研究“营改增”后地方税收结构及对策，为政府献计献策，报送的《营改增首周平稳运行》信息被省政府《信息摘报》刊登。推进金税三期工程，进一步规范税收执法、优化纳税服务、提高征管效率。建立“三方合作办税点”加强“营改增”后建筑业税收管理，国地两税共同委托建管处代征跨县（市、区）提供建筑服务纳税人预缴税款及其他个人提供建筑服务应缴的各项税费，全年代征地方税收2.67亿元，有效消除“营改增”过程征收盲点。以“营改增”为契机，在全市范围内国地两税共同委托各镇财政部门继续代征个体零散税收，全年入库地方税收3646.51万元。（陈爱芹）

【税收工作服务经济发展】 2016年，市地税部门将税收工作融入经济社会发展大局，为经济社会发展建言献策，发挥地税服务经济职能。开发“税收分析平台”“收入预测系统”，每月从税收观察角度，深入进行产业结构、行业动态、企业变化以及区域发展分析，加强经济发展趋势研判，及时提出有价值的意见和建议，并将税收分析报告发送市委市政府，为决策提供科学依据。加强股权转让、行政事业单位高收入个人等个人所得税征管，对411名自然人股权转让行为补征个人所得税1420万元，为2485名企业高管建立收入台账，将102户行政事业单位纳入个人所得税代扣代缴登记范围。聚集大企业管理重点、热点、难点问题，发放风险提示函21户次，解决涉税问题35个，合计入库税款1.51亿元。加强中等风险应对质效管理，设置“人均月平均完成应对户次”量化考核指标，全年中等风险推送1520户，应对入库税款3.65亿元，税收贡献率10.58%，较好发挥风险管理对组织收入的促进作用。（陈爱芹）

【法规制度建设】 2016年，市地税系统将制度建设作为依法行政工作基石，制订重大执法决定法制审核、行政执法全过程记录、重大税务案件集体审理办法等制度，把法规制度建设落实到制约和监督权力各个方面，实现税收执法岗、权、责一体化。整顿税收秩序，强化税务稽查，推行电子税务稽查，提高信息化稽查能力，重点打击发票违法犯罪、做假账、账外账等偷逃税款的税收违法行为，全年稽查查补收入4349.04万元，自查收入8296.24万元，合计入库12645.28万元，创历史新高。依法依规严格落实税费优惠政策，开展广泛性政策宣传，提高纳税人政策知晓度。简化税费优惠审批、备案流程，开展政策落实个性化服务，充分释放税收政策红利，帮助企业减负增效，全年共落实税收优惠5.8亿元。（陈爱芹）

审 计

【概况】 2016年，丹阳市开展审计质量规范年活动，市审计局履行审计监督职责，加强审计队伍建设，提高审计工作质量和水平。全年完成审计项目65个，查出管理不规范金额4.52亿元，审计促进整改落实有关问题资金1.33亿元。完成工程决算审计35个，送审金额5.93亿元，核减总额0.95亿元；完成工程预算审计项目44个，工程预算总金额3.7亿元。强化预算执行审计，盘活存量资金及地方政府性债务规模。重点审查国有土地出让收支情况等，防范和化解财政金融风险。评估财政存量资金可用性，促进盘活财政存量资金7.7亿元。加大专项资金审计力度，围绕事关民生民意的重点、热点问题，加大对人才、社会养老服务、慈善等专项资金审计和调查力度。强化审计监督，分析与建议结合，促进财政资金绩效水平提高，有针对性地提出完善体系建设、促进资金安全、规范资金管理的审计意见和建议，发挥审计服务民生作用。突出政府投资审计，在全面审计基础上，突出南师大中北学院、九曲河风光带、凤凰山遗址公园等涉及民生工程审计，有针对性提出审计建议，促使政府完善财政投资建设领域规章制度。推进经济责任审计，对市物价局、医保中心、民政局等16个单位进行经济责任审计，查出管理不规范资金1102万元，提出审计建议58条。

（吴铁俊）

公共资源交易

【概况】 2016年，丹阳市围绕市政府重点工程项目，开展高效、规范、平稳、健康的公共资源交易。全年共计交易项目2022宗，涉及资金103.33亿元。组织各类交易活动1585次，其中工程（含交通、水利）交易446次，最高限价63.22亿元，中标价57.93亿元，节资额5.29亿元，节资率8.37%；产权交易578次，起始价3927.28万元，成交价4324.11万元，溢价396.83万元，溢价率10.1%；国土交易177次，起始价36.44亿元，成交价36.69亿元，溢价0.25亿元，溢价率0.69%；镇（街道）项目交易384次，预算价8395.23万元，中标价6496.22万元，节资额1899.01万元，节资率22.62%。政府采购交易项目437宗，预算金额24025.53万元，中标金额21097.06万元，节资额2928.47万元，节资率12.19%。公共交易中心网站发布各类信息2000余条，核验投标企业诚信库信息资料2000余个，使用语音通知系统进行评委通知项目500余项，异地远程评标65项，抽取评委2000余人次。

突出建设工程服务职能，规范操作、强化管理。对代理机构齐管共抓，确保招投标行为规范操作。完善产权交易秩序，实现网上产权交易，有效防止串标围标现象发生。对各镇（街道）工程招标、政府采购、网上竞价、实物配送等项目在立项审批、信息发布、开评标等各环节严把审核关，实现招投标交易全过程公平公正。做实采购前准备工作，会同采购单位研究采购需求、制定采购方案。做好开评标现场服务工作，定期检查设备，确保开评标过程畅通无阻。实行监理电子化招投标，完成工程货物类项目电子化招标文件范本、工具制作、供应商库调整等工作。完成交易中心和省公共交易中心平台对接、业务系统和财政局系统对接。（章宁康）

金融

栏目编辑 陈春芳

综　　述

【概况】 2016年，丹阳市有银行业金融机构19个、保险机构32个、证券营业部4个、小额贷款公司13个、融资性担保公司1个、典当行9个。金融系统贯彻稳健货币政策，不断创新金融产品，改进金融服务手段，落实金融支持措施，服务金融稳定大局，守住不发生区域性金融风险的底线，全市经济社会健康发展。至12月末，全市金融机构各项本外币存款余额1062.1亿元，比年初增加158.74亿元，增长17.57%，比上年同期多增142.24亿元；各项本外币贷款余额970.71亿元，比年初增加102.67亿元，增长11.83%，比上年同期多增39.49亿元。全市保险公司全年实现保费收入23.71亿元，比上年同期增长19.32%。其中财产险7.18亿元，比上年同期增长10.7%，赔付4.42亿元，赔付率61.56%；寿险16.53亿元，比上年同期增长24.38%；赔款和给付共支出4.68亿元，比上年同期增长15.19%。担保机构累计担保企业930个，担保额73亿元，在保余额7.03亿元。小额信贷公司发放贷款余额22.23亿元。光大证券丹阳营业部、西部证券丹阳营业部共完成股票基金交易金额862.76亿元。 （丁静静）

2016年丹阳市全金融机构人民币信贷收支(存款)报表

表28　　单位：万元

来源项目名称	年末余额
一、各项存款	10403342
(一)境内存款	10392385
1.住户存款	5663117
(1)活期存款	1567830
(2)定期及其他存款	4095287
2.非金融企业存款	3173950
(1)活期存款	1171029
(2)定期及其他存款	2002921
3.广义政府存款	1492280
(1)财政性存款	18083
(2)机构团体存款	1474197
4.非存款类金融机构存款	63038
(二)境外存款	10957
二、金融债券	—
其中：境外发行	—
三、卖出回购资产	7000
四、借款及非存款类金融机构拆入	—
五、联行往来(净)	—

续表 28

来源项目名称	年末余额
六、应付及暂收款	209594
七、各项准备	282332
八、所有者权益	215564
其中:实收资本	71128
九、其他	-526990
资金来源总计	10590842

(丁静静)

2016 年丹阳市全金融机构人民币信贷收支(贷款)报表

表 29　　单位:万元

来源项目名称	年末余额
一、各项贷款	9644905
(一)境内贷款	9644440
1. 住户贷款	1797256
(1)短期贷款	431590
其中:消费贷款	74586
经营贷款	357004
(2)中长期贷款	1365666
其中:消费贷款	1261144
经营贷款	104522

续表 29

来源项目名称	年末余额
2. 非金融企业及机关团体贷款	7847184
(1)短期贷款	4847006
(2)中长期贷款	2644654
(3)票据融资	301411
(4)融资租赁	—
(5)各项垫款	54113
3. 非存款类金融机构贷款	—
(二)境外贷款	465
二、债券投资	339217
其中:境外债券	—
三、股权及其他投资	215060
四、买入返售资产	—
五、存放非存款类金融机构款项	—
六、联行往来(净)	271588
其中:境内存放二级准备金	276985
七、金银占款	—
八、中央银行外汇占款	—
九、应收及预付款	74726
十、投资性房地产	—
十一、固定资产	45346
资金运用总计	10590842

(丁静静)

2016 年丹阳市财产保险公司名录

表 30

公司或营销服务部全称(财险)	通信地址	负责人
中国人民财产保险股份有限公司丹阳支公司	云阳路 7 号	李　伟
太平洋财产保险股份有限公司丹阳支公司	城河路金虹花园 A 座	徐文虎
平安财产保险股份有限公司丹阳支公司	开发区金陵西路 158 号邮政综合楼	李　军
中华联合财产保险公司丹阳支公司	练湖场部对面	毛志俊
大地财产保险公司丹阳营销服务部	西二环路海达家具南 800 米新飞彩钢 2 楼	陈明磊
紫金财产保险有限公司丹阳支公司	开发区行政审批中心西侧	眭辉军

续表 30

公司或营销服务部全称(财险)	通信地址	负责人
天安保险有限公司丹阳营销服务部	练湖场部对面	曹　俊
阳光财产保险有限公司丹阳营销服务部	北环路 80 号	陈小芳
中国人寿财产保险公司丹阳支公司	幸福小区 26 幢 120 一楼	邱洪立
永安财产保险有限公司丹阳营销服务部	丹凤北路 315 号	周　玮
长安责任保险有限公司丹阳支公司	开发区报业大厦 A 区第 5—6 间	宋荣军
中银财产保险股份有限公司丹阳支公司	新民中路银杏苑 1 栋中国银行后二楼	唐国宝
华安财产保险股份有限公司丹阳营销服务部	开发区东方路 25 号商务局二楼	陈俊杰
安邦财产保险股份有限公司丹阳营销服务部	乾泽园 20 栋 13—14 室	贡蕙兰
太平财产保险股份有限公司丹阳营销服务部	开发区曲阿路 1 号	徐耀坤
民安财产保险股份有限公司丹阳支公司	丹凤南路 1 号 2 楼	许海燕
都邦财产保险股份有限公司丹阳支公司	丹凤北路 315 号货运大厦 404—405 室	钱程荣

（汪　芳）

2016 年丹阳市人寿保险公司名录

表 31

公司或营销服务部全称（寿险）	通信地址	负责人
中国人寿保险股份有限公司丹阳支公司	新民中路 23 号	周荣强
平安人寿保险股份有限公司丹阳服务部	丹阳青少年宫	邢健红
太平洋人寿保险股份有限公司丹阳支公司	城河路金虹花园 A 座	何德才
新华人寿保险股份有限公司丹阳营销服务部	新民东路东方大厦 5 楼	宋冬冬
泰康人寿保险公司丹阳支公司	金鹰写字楼 7 楼	王丽华
华夏人寿保险股份有限公司丹阳营销服务部	西苑公寓门市 14—20 室（新昌大厦三、四楼）	程钟鸣
中国人民人寿保险股份有限公司丹阳支公司	云阳路 7 号	何　飞
太平人寿保险股份有限公司丹阳营销服务部	金鹰写字楼 5 楼	许雪峰
阳光人寿保险股份有限公司丹阳支公司	振兴路 1 号新海装饰城 8 楼	毛晨阳
生命人寿保险股份有限公司丹阳营销服务部	界牌中心街江心商贸有限公司 2 楼	姚恭银
长城人寿保险股份有限公司丹阳营销服务部	老汽车站加油站对面	王金荣
华泰人寿保险股份有限公司丹阳支公司	千家乐综合楼 7 楼	施金枝
信诚人寿保险股份有限公司丹阳营销服务部	新民东路 20 号钱塘宾馆 7 层	史火法
信泰人寿保险股份有限公司丹阳营销服务部	丹凤南路 21 号 4 楼	眭　俊
利安人寿保险股份有限公司丹阳营销服务部	新民东路 20 号钱塘宾馆 5 楼	谭振华

（汪　芳）

2016年丹阳市农村小额贷款公司名录

表32

单位：万元

名称	地址	董事长	注册资本	实收资本
丹阳市天工惠农农村小额贷款有限公司	后巷镇	朱小坤	29464.11	29464.11
丹阳市银润农村小额贷款有限公司	云阳镇	郭 翠	12000	12000
丹阳市众信农村小额贷款有限公司	司徒镇	王国宝	10000	10000
丹阳市花王农村小额贷款有限公司	延陵镇	肖国强	20000	20000
丹阳市誉球农村小额贷款有限公司	界牌镇	刘 君	6000	6000
丹阳市银鑫农村小额贷款有限公司	新桥镇	唐建平	10000	10000
丹阳市诚鑫农村小额贷款有限公司	开发区	王建华	16000	16000
丹阳市仙境农村小额贷款有限公司	访仙镇	孙秀妹	10000	10000
丹阳市信融农村小额贷款有限公司	导墅镇	李 东	10000	10000
丹阳市神州农村小额贷款有限公司	开发区	曹晓国	10000	10000
丹阳市唯益农村小额贷款有限公司	埤城镇	魏国和	15000	15000
丹阳市兴农农村小额贷款有限公司	陵口镇	马志尔	15000	15000
丹阳市南方农村小额贷款有限公司	皇塘镇	殷来大	15000	10500

（朱蔚红）

2016年丹阳市典当行名录

表33

名称	地址	负责人
丹阳市亨通典当行	丹凤北路188号	宗福林
丹阳市银泰典当有限公司	丹金路999号	尹根法
丹阳市金鑫典当有限公司	金鼎城市花园门面房	王建华
江苏金商典当有限公司	开发区立曜路	钱红玉

（眭清华）

镇江银监分局丹阳办事处

【概况】 2016年，丹阳银监办事处督促引导辖区银行业金融机构优化信贷增量，盘活资金存量，降低融资成本，进一步增强支持供给侧结构性改革动力。防控和化解地方区域性风险，加大不良贷款处置力度，守住风险底线。协助政府推进信用环境建设，持续打击逃废银

行债务行为。围绕转型发展，推动银行机构改革创新，提升金融服务水平。（王一良）

【服务供给侧结构性改革】　2016年，丹阳银监办理处优化信贷结构助推去产能，服务供给侧结构性改革。2015年10月8日，政银企合作恳谈会签约29个重大项目落实授信142.21亿元，2016年发放贷款103.53亿元。组建银行债权人委员会，各债权银行签订公约，落实增贷、稳贷、减贷等措施，全市符合条件的23户企业完成债委会组建，企业净增贷款53.65亿元。降低企业融资成本，建立辖区银行业新增贷款融资成本情况监测制度。督促银行机构还款方式创新增量扩面，推动政府扩大财政转贷资金规模。辖内18个银行机构开办续贷业务，其中农村中小金融机构累计续贷金额45.75亿元，向丹阳地区企业发放周转贷款2334笔，占镇江市周转贷款的55.41%，金额160.42亿元，占镇江市周转贷款的59.48%，累计为丹阳地区企业节约利息支出8600多万元。对部分银行机构开展专项现场检查，督促银行加大减费让利力度，全市银行业大、中、小微型企业综合融资利率同比均呈下降趋势。发展普惠金融补金融服务短板，支持银行机构对接服务特色小镇建设，进一步向社区、县域延伸网点，提高金融服务覆盖面。改善小微企业金融服务，持续加大小微企业信贷投入。加大对建档立卡贫困户和扶贫开发的金融支持，发放扶贫小额贷款179户328万元。新增阳光授信户数6.76万户，增加授信金额105.84万元。（王一良）

【风险防范化解】　2016年，丹阳银监办事处加强信用风险防控化解。做好不良贷款“双控”，持续跟踪逾期、欠息贷款情况，督促银行机构加大处置核销力度。全年，全市银行业金融机构化解不良贷款79.58亿元，其中核销12.01亿元、打包处置44.67亿元、让利化解7.01亿元、其他方式化解15.89亿元。强化担保圈（链）风险化解，推动银行机构采取追加资产置换担保、变更担保主体、压缩贷款等措施。开辟新的担保渠道，协助成立省信用担保公司丹阳分公司，至年底，为丹阳中小微企业担保34余笔，担保金额7.4亿元。设立专项基金为企业转贷提供帮助。成立丹阳市1.5亿元规模的中小微企业周转贷专项基金，为企业提供1552笔105.41亿元转贷资金。持续保持案件防控高压态势，组织开展部分银行机构案件防控工作情况专项督察和农村中小金融机构专项治理，督促银行机构承担起案防第一责任，建立案件风险排查和责任追究机制。加强流动性风险管理和信息科技风险防控。完善企业贷款逾期欠息统计监测制度，防范信用环境进一步恶化，丹阳地区被曝光企业归还逾期贷款1.61亿元、欠息1098万元。（王一良）

【银行机构改革创新】　2016年，丹阳监管办推动银行机构持续改革创新。督促法人银行机构加强股权管理，优化董事会、监事会构成。与省联社及村镇银行协调加大重点机构处置风险及帮扶力度，推动村镇银行主发起行签订重大风险化解处置承诺书，并派驻风险合规人员。对农村商业银行战略转型及指导意见实施情况开展评估总结，进一步深化信贷和运营治理改革，提高精细化水平。督促法人银行机构深化风险管理工具的运用，加大信息化投入。督促农村商业银行建立健全以价值为导向的业绩评价体系，使用模拟利润进行考核。推动产品服务创新，辖内农村商业银行主动创新金领通、亲情贷等信贷产品，发放贷款920户9126万元。（王一良）

中国人民银行丹阳市支行

【概况】　2016年，市人民银行结合地方经济发展实际，坚持稳中求进总基调，依法履行工作职责。落实供给侧结构性改革措施，执行稳健货币政策，推进金融改革创新，维护金融稳定，服务和支持地方经济发展。（丁静静）

【支持地方经济发展合理资金需求】　2016年，

市人民银行围绕金融服务实体经济本质要求，有效传导货币政策，支持地方经济发展合理资金需求。指导各银行业金融机构创新产品，督促其灵活运用信贷政策导向评估等金融工具，持续开展县域银行业金融机构将新增存款更多用于当地贷款的评价工作，不断调整优化信贷结构，主动对接“中国制造 2025”丹阳“5＋2”行动计划。推动有效开展专题政银企对接活动，协助召开政银企合作共赢推进会、政银企合作恳谈会，联合金融办、银监等部门做好联合授信活动等，增加对实体经济有效信贷供给。大力发展直接融资，不断拓宽融资渠道，使丹阳企业由过度依赖间接融资转向间接融资与直接融资“双轮”驱动融资模式。（丁静静）

【落实各项金融新政】 2016 年，市人民银行大力推动金融创新，积极落实各项金融新政。协助中心支行牵头组织中国银行镇江分行与江苏天工工具有限公司供应链签署金融合作备忘录，开启镇江辖区供应链融资第一单。推动丹阳市出台《丹阳市中小微企业周转贷款管理办法（试行）》，发挥中小微企业周转贷专项基金作用。至 12 月底，设立在丹阳农商行和镇江农商行的转贷基金共为丹阳企业提供转贷资金 1470 笔 97.58 亿元。启动宏观审慎评估和地方法人机构定价行为季度评估工作，做好存款保险评级，敦促辖区两家法人机构将存款保险费及时足额缴入保险基金专户。推进外汇管理改革创新，落地实施全口径跨境融资宏观审慎管理业务。推动跨国公司外汇资金集中运营，为外币资金池企业节约财务成本 216.85 万美元。（丁静静）

【维护辖区金融稳定】 2016 年，市人民银行积极完善金融环境，切实维护辖区金融稳定。为充分履行打击恶意逃废债风险管控办公室职责，组织全市银行业金融机构集中签署《银行业金融机构对恶意逾期欠息企业及个人联合金融制裁公约》，分两批次向社会发布银行贷款逾期欠息企业名单，公开 176 个逾期欠息企业相关信息。协助市政府做好针对恶意逃废债的企业和个人开展的“崇法维信”专项行动，以实际行动扭转金融环境中的不良风气。协助政府出台《关于政府平台参与处置银行不良资产包的意见》，运用政府平台优势加快处置不良进度。至 12 月末，丹阳市银行业金融机构不良贷款余额 31.07 亿元，比年初减少 15.91 亿元；不良贷款率 3.2%，比年初降低 2.2%。化解担保转贷难题，推动政府成立江苏省信用担保公司丹阳分公司，至 12 月末，为丹阳中小微企业担保 34 笔金额 7.4 亿元。加大非法集资防范处置力度，组织辖区银行业金融机构开展集中宣传月教育活动，对涉及互联网金融风险的 308 个企业进行排查，并对相关企业依法打击处置。（丁静静）

【提升金融服务管理能力】 2016 年，市人民银行加强基础设施建设，提升金融服务管理能力。优化支付结算环境，全面推进个人账户分类管理，开展“一卡通”专项整治，加大特色精品农村金融服务站建设力度。持续改进国库服务管理，强化国库直接支付常态化服务，新增“2015 年度丹阳市农村河道管护补助经费”“2015 年市级农作物秸秆综合利用补贴”等 7 个项目，充分发挥国库支持和促进经济发展积极作用。做好货币发行工作，持续推进“二代货发”、人民币流通满意工程等，推动银行业金融机构开展人民币真伪鉴别、残损券兑换和人民币冠字号联网传输服务。加强征信服务工作。对辖区 18 个银行机构开展综合评价，对 12 个银行机构开展专项执法检查，对民生银行开展综合执法检查。积极探索金融消费权益保护工作新路径，开展消费者金融素养问卷调查、金融知识普及等活动，妥善解决各类金融消费投诉 8 件，办结率 100%。（丁静静）

【外汇管理举措落实】 2016 年，国家外汇管理局丹阳市支局积极落实外汇管理各项举措，全面提升外汇管理水平。贯彻落实“控流出、扩流入、防风险”要求，积极构建大额购付汇监测、大额购付汇报告、异常购付汇约谈长效工作机制，加大货物贸易现场核查力度，做好企业分类管理。加强资本项目事中事后监管和国际收支申报日常核查，开展不同项目、主题的专项核查。推进跨境贸易人民币结算业务，至12月末，7个银行累计办理结算人民币业务24.66亿元，业务量占比20%。依法做好外汇管理行政审批事项，依规开展外汇业务考核和外汇业务检查，收缴各类违规主体罚款6万元，进一步营造良好外汇市场秩序。（丁静静）

中国农业发展银行丹阳市支行

【概况】 2016年，市农发行重点围绕项目营销、存款组织和风险防控工作，认真履行政策性金融机构职能。至年末，各项贷款余额32.47亿元，比年初增加12.27亿元，增长60.74%；各项存款余额17.01亿元，比年初增加9.68亿元，企事业单位日均存款余额10.56亿元，比年初增加4.56亿元；各项贷款综合利息收回率超过100%。1—12月，累计发放各类贷款26.94亿元，其中商业性贷款2.12亿元，粮油购销储贷款2.96亿元。实现账面利润5149万元，保险手续费收入11.05万元，国际汇兑收入5.65万元，投融资顾问收入160万元，外汇结算1269.69万美元。年末，累计处置风险贷款36395.5万元，其中收回不良贷款8895.5万元，实现不良贷款“双降”，各项指标达年初制定目标。（梁伟敏）

【粮油购销储信贷业务】 2016年，市农发行调整发展思路，以服务本地企业为主，把支持国家临时储备和各级储备粮油计划落实作为工作重点，做好粮油购销储信贷业务，促进粮油合理顺畅流通。提前开展夏粮收购相关准备，面对收购形势不利局面提早谋划，主动向地方政府汇报，加大与粮食部门沟通，督促企业以销定贷，及时投放收购资金，确保在“不打白条”情况下防控风险。夏季投放收购贷款5540万元，支持企业收购入库小麦35735吨，有效解决异常年份农民卖粮问题。至12月底，秋粮投放收购资金2070万元，支持企业收购稻谷5270吨。按照“计划性、财政保证性、库贷挂钩”原则，在落实相关贷款条件前提下，结合信用等级评定结果，合理核定收购贷款额度，加强自主收购资金投放管理，保证区域粮食安全稳健流通。（梁伟敏）

【“三农”服务】 2016年，市农发行积极做好项目营销，加大力度服务“三农”和新农村建设。重点开展改善农村人居环境和棚改项目，1—12月累计获批项目贷款4个，金额38亿元，其中改善人居环境建设项目贷款金额22亿元。紧扣丹阳市城乡一体化发展规划，根据项目建设进度加大贷款投放，1—12月实现项目贷款投放21.87亿元，占全年总投放量的81.18%。（梁伟敏）

中国工商银行丹阳支行

【概况】 2016年，市工行全年实现拨备前账面利润3.34亿元；负债业务增势明显，市场竞争力进一步提升。本外币存款（含同业）余额69.70亿元；资产业务发展强劲，资产质量保持稳定。本外币贷款余额118.79亿元（不含贴现）。加强政银企沟通交流，强化优质项目营销，支持市重点项目建设，全年新增贷款投放13.09亿元。加强队伍建设，不断提升业务、服务和管理水平。借助政府营造的诚实守信氛围，大力化解不良贷款，打击逃废债行为，全年共现金清收风险贷款3417.7万元，打包处置37户79696万元，诉讼88户，涉诉金额177499万元。（孙 悦）

中国农业银行股份有限公司丹阳市支行

【概况】 2016年，市农行年末本外币存款余额168.8亿元、新增17.1亿元。其中个人存款119.4亿元、对公存款49.4亿元、外币存款

3228万美元，分别比年初增加12.3亿元、4.8亿元和1006万美元。各项贷款（含贴现）92.59亿元，比年初新增11.5亿元。服务地方经济发展，信贷投放上加大城镇化和优质基础设施类项目支持力度，突出支持水利水务等基础设施。提升服务小微企业能力和水平，缓解小微企业与“三农”客户融资难问题，以“苏微贷”“苏科贷”等政府增信产品为突破服务“三农”。分别在司徒、吕城等4个乡镇组织现场推荐会，积极推广“金农贷”“农机贷”“农民安家贷”等“惠农贷”产品。努力降低企业负担，对农业产业化龙头、高科技“三农”企业及部分困难企业采取利率优惠等措施，全年减费让利600余万元。多举措化解信用风险，主动与相关企业及属地政府联系沟通，商量用信调整，不单方面抽贷压贷；对暂时困难企业，通过转贷、续贷等方式帮助企业渡过难关，减轻企业还款压力。配合法院打击各种规避执行行为，营造打击“老赖”高压态势，成功采取执行措施案件12起，主动提供信息协助法院对8名“老赖”采取司法拘留强制措施。转型创新发展普惠金融，推进产品创新。成功推出“金穗丹阳眼镜主题卡”，打造丹阳特色金融名片。推进渠道转型，用现代金融机具提高服务效率，实现超级柜台网点全覆盖，全行自助设备230余台，对私业务93%以上可通过自助机具办理。深化“三农”金融服务，加快“金穗惠农通”服务点转型升级，打造农民家门口银行，实现全市各乡镇、行政村助农取款全覆盖。完成15个农村金融综合服务站升级。加快农村金融互联网推广应用，成功帮助10户农村电商客户上线“e农管家”。防范各类形式非法集资，抓好反欺诈工作，全年堵截各类诈骗案件13起，涉案金额155万元。（华元成）

中国银行股份有限公司丹阳支行

【概况】 2016年，市中行年末本外币存款余额94.64亿元，比年初增加12.86亿元；本外币贷款余额69.69亿元，比年初增加8.61亿元，新增额和增幅均列四大行第一，实现市场份额和市辖贡献率“双提升”。围绕政府平台，按照上级行战略部署，重点关注和拓展新材料、新能源、新医药、节能环保等领域，继续加大对政府项目、房地产项目和优质制造业扶持力度。抓好省中行与镇江市政府签署的战略合作协议清单合作项目及丹阳市银政企合作推进会上签约项目，加大中小企业重点产品推广，年内新增贷款投放14.1亿元。抓住市政府“关于在市级预算单位实施公务卡改革工作”政策机遇，积极做好公务卡配发，年内共完成全市146个单位近2500张公务卡配发。切实维护地方金融生态环境，面对严峻的外部金融环境，多措并举，实现不良率和不良余额“双降”。（眭丽萍）

中国建设银行丹阳支行

【概况】 2016年，市建行实现拨备前利润2.75亿元，中间业务收入6236万元，一般性存款余额105.39亿元，余额占比24.16%，新增占比26.23%，列同业第二。其中企业存款余额占比27.8%，储蓄存款余额占比22%，均列同业第二。各类贷款余额103.41亿元，其中个人贷款余额占比36.65%，列同业第一。加强监督检查、合规理念传导等各类基础管理，督促网点强化风险防控。积极维护正常金融秩序。向上级行争取政策，对丹阳地区参加政府牵头联合授信的客户，不采取单边压降措施；授信批复中减少压减额度，防止在同业中引起跟风效应，形成不良；通过再融资类业务解决客户资金紧张问题，重点支持部分有技术、市场优势或者政府力保、暂时风险可控的存量制造业客户；对涉及或不涉及担保圈但暂时风险可控客户，维持存量额度；对进入不良客户，采取多种形式进行催讨清偿，积极配合政府加大打击逃废银行债务行为。（邓舒婷）

图 126　2016 年，市建行开展“警惕非法融资宣传月”活动　（邓舒婷）

交通银行丹阳支行

【概况】　2016 年，市交行面对复杂市场环境和严峻金融形势，认真贯彻落实各项监管要求，坚持以服务实体经济为导向，业务发展和风险防控两手抓，实现规模和效益平稳增长。年末，人民币存款 65.2 亿元，各项贷款 61.9 亿元。其中公司业务贷款 46.4 亿元，小企业贷款 6 亿元，个人消费贷款 9.5 亿元。实现经营利润 1.8 亿元，不良率控制 1.39%，全年不良资产处置 17798 万元。　（毛卫华）

【重点客户重大项目支持】　2016 年，市交行信贷政策支持市重点客户与重大项目，助推“四城建设”。全年在“普善片区产城一体化”5 亿元项目贷款基础上，新增丹阳市齐梁高科发展有限公司迎宾路片区改造项目贷款，以改善丹阳经济开发区人居环境，提升城市品位。重点支持丹阳水务集团、市妇幼保健院等民生领域项目，发放贷款 2.3 亿元。支持全国首批重点乡镇丹北镇建设，新增丹阳市滨江新市镇建设发展有限公司 4.8 亿元项目融资。支持百姓安居乐业，新增合作楼盘 4 个，全年累计新发放个人住房贷款 2.3 亿元。　（毛卫华）

【提升服务质量】　2016 年，市交行为提升服务质量，不断创新举措。开展服务品牌创先争优活动，营业部创建“中国银行业文明规范服务千佳示范单位”和江苏银行业五星级营业网点，丹凤路支行、开发区支行获四星级营业网点。加强消费者权益保护，全年组织和参与“普及金融知识万里行”等各类消费者金融知识宣传教育活动 35 场，接受消费者咨询 1 万多人次。开展“金融知识进校园”“小小金融家”活动 24 场，累计为 600 多名未成年人启蒙金融知识。成功堵截诈骗案件 4 次，为客户避免经济损失 15 万元。持续开展“最红星期五”“社区金邻惠”等系列促销活动，让市民享受实惠。　（毛卫华）

图 127　2016 年 3 月 15 日，市交行开展“3·15”消费者权益宣传活动（毛卫华）

江苏银行丹阳支行

【概况】　2016 年，江苏银行丹阳支行在丹阳地方政府和各级主管部门监督管理下，围绕总行年初、年中会议精神，夯实管理，严控风险，做好清息降逾，化解不良贷款工作。年末，各项存款余额 17.06 亿元，各项贷款余额 41.65 亿元；不良贷款打包核销 4.75 亿元。

（何云华）

丹阳农商银行

【概况】　2016 年，丹阳农商银行各项存款余额231.65亿元，比上年末增加23.90亿元，增长11.5%；各项贷款余额169.41亿元，比上年末增加12.66亿元，增长8.08%，存贷款总量继续保持全市金融机构之首。获丹阳市2015年度“六强”先进党委、丹阳市纳税先进企业和老区建设扶贫开发先进单位、市政府“2015年度银行金融工作先进集体”。（陈秀芬）

【涉农贷款余额151.69亿元】 2016年，丹阳农商银行强化“三农”服务，加大农业产业支持力度，以重点产品为平台，大力支持家庭农场、农业专业合作社等新型农业经济组织发展。截至12月末，涉农贷款余额151.69亿元，占全部贷款余额的89.54%，涉农贷款余额比年初新增2.64亿元，增长1.77%。（陈秀芬）

【小微企业贷款余额143.61亿元】 2016年，丹阳农商银行创新金融服务方式和手段，拓展抵押品范围，有效解决小微企业抵押物不足问题，加大支持小微企业力度。开展小微企业走访建档，摸清小微企业生产、市场、管理和财务情况，对信用好、经营正常小微企业客户，主动开展小微企业转续贷工作。截至12月末，小微企业贷款余额143.61亿元，比年初增加11.94亿元，占全部贷款余额84.77%。

（陈秀芬）

【“阳光金融”工程】 2016年，丹阳农商银行以增量扩面为切入点，做深“阳光金融”工程，进村、入户、到社区对客户评级与授信结果及时调整、动态管理。主动从工商、税务等部门获取客户信息，运用系统进行综合分析，从中筛选潜在客户，锁定重点营销目标，实施精准走访和营销，夯实普惠金融服务基础。至12月末，共走访建档11.86万户，其中授信6.76万户，授信总额105.84亿元。（陈秀芬）

【服务品种扩大】 2016年，丹阳农商银行不断扩大服务品种，满足市场需求。创新信贷产品，量身定制适应各类市场主体需求的“亲情贷”“信用贷”“惠商通”等系列信贷产品，为广大客户打造“阳光备用金”和“超级银行卡”。积极推广手机自助贷业务，引导客户网上办理申贷、放贷和还贷。拓展外汇业务市场，提高资产组合收益，逐步向多元化发展，推进资金、债券、票据、理财等业务稳健发展。

（陈秀芬）

中国邮政储蓄银行丹阳市支行

【概况】 2016年，市邮储银行保持“运行平稳、效益较好、转型加快、管理加强”良好态势，实现利润5651余万元，人均实现业务收入、利润分别为94万元、49万元，收入利润率52.28%。向上级争取信贷资源，加大信贷投入。以支持新农村建设为重点，发展农户贷款，促进三农业务健康、快速、稳步发展。以方便中小企业、个人生产生活为目标，发展各类贷款，全年，各项贷款结余24.87亿元，比年初净增5.37亿元，增长28.98%。合理规范融资收费，切实减轻小微企业财务成本。创新服务方式，单列小微企业信贷投放计划，匹配专项信贷规模，建立小微企业审批绿色通道。专门成立资产保全中心，专职排查风险及存量逾期催收。调整发展布局，在丹北三镇区域风险较大地区，谨慎发展经营性贷款，对新受理贷款提高准入标准；主城区逐步扩大小额贷款，选择经营风险与对外债务或担保较少商户发展商务贷款。注重员工内部风险把控，督促员工遵规守距。

（张新彤）

丹阳保得村镇银行

【概况】 2016年，丹阳保得村镇银行不断拓展经营空间，实现自身可持续性发展。年末，累计发放各类贷款59.87亿元，支持小微企业、三农客户4000余户。在区域经济持续下行和众多小微企业经营状况堪忧情况下，减负小微企业、三农客户，根据客户生产经营情况，优化还贷形式，为客户降低融资成本。面向全市家庭农场推出“惠农贷”，工作人员实行“一对一”上门服务，了解家庭农场需求，累计走访家庭农场300余户，对家庭农场授信支持辐射至全市各个乡镇，推动一批家庭农场快速发展。丹阳保得村镇银行获江苏省十佳村镇银行。（陈丽娜）

华夏银行丹阳支行

【概况】　2016年，华夏银行丹阳支行年末人民币各项存款余额34.15亿元，其中对公存款28.92亿元，储蓄存款5.23亿元；人民币各项贷款37.87亿元。较好完成分行下达的各项指标，实现“零案件”目标。支持重点企业和重点项目，扶持中小企业客户，发展个人贷款业务，全年新增各类贷款4.5亿元。（王荣华）

张家港农商银行丹阳支行

【概况】　2016年，张家港农商银行丹阳支行年末各项贷款余额12.67亿元，比年初增加2.46亿元，增长24.09%。信贷结构持续优化。零售业务转型良好，零售贷款余额3349.92万元，比年初增加2040.45万元，增长155.82%。零售贷款客户数229户，比年初增加106户。其中发放“白领易贷通贷款”86笔，发放金额1326万元。做好各类金融风险防控，开展不良贷款清降工作。（朱晓俊）

招商银行丹阳支行

【概况】　2016年，招商银行丹阳支行年末各项存款余额13.39亿元，其中对公存款10.41亿元，储蓄存款2.98亿元；各项贷款余额26亿元，其中公司贷款余额23.3亿元，个人贷款余额2.7亿元。支持市重点企业和重点项目，全年新增贷款3.3亿元，与资管、信托等公司帮助平台企业融资17亿元。共有用信客户80户，用信金额23.3亿元，其中大中企业33户，用信金额18.52亿元；小企业47户，用信金额4.78亿元。着力控制风险，调整思路，加强金融创新，拓宽融资渠道，找准目标，推动各项新型业务发展。（柳燕波）

浦发银行丹阳支行

【概况】　2016年，浦发银行丹阳支行年末存款余额24亿元，市场占比2%；贷款余额38亿元，市场占比4%。开立对公结算账户463户（其中人民币结算账户393户，外币结算账户70户），新增开户46户，其中外币结算户6户，外币结算户长用户15户。授信客户132户，总授信敞口145亿元，已用授信敞口113.56亿元，有力支持地方经济建设。（夏　婵）

中信银行丹阳支行

【概况】　2016年，中信银行丹阳支行年末一般性存款余额26.6亿元，比年初增加6.35亿元，其中对公存款余额22.9亿元，比年初增加6亿元；个人存款余额3.66亿元，比年初增加3358万元。一般性贷款余额47.2亿元，比年初增加17.2亿元。多项创新类业务实现突破，9月，镇江地区及南京分行全辖单笔金额最大跨境人民币资本业务增资落地；11月，南京分行辖内单笔金额最大中长期直融业务中期票据注册通过；12月，中信银行系统内首单县级平台境外债成功发行。贷款增长、金融风险控制等成效显著。中信银行丹阳支行获中信银行南京分行、中信银行镇江分行先进集体。（曾向阳）

民生银行丹阳支行

【概况】　2016年，民生银行丹阳支行各项存款余额30.91亿元，比年初增长15.78亿元，其中储蓄存款余额2.16亿元，比年初下降1.07亿元；对公存款余额28.75亿元，比年初增长16.85亿元。各项贷款余额31.09亿元，比年初下降10.4亿元，其中公司类贷款余额22.76亿元，比年初增长1.43亿元，小微贷款余额8.33亿元，比年初下降2.47亿元。

（钱卫伟）

兴业银行丹阳支行

【概况】 2016年，兴业银行丹阳支行坚持走差异化发展道路，经营实力不断增强。年末，各项存款余额28.09亿元，比年初增长30.54%；各项贷款总额22.28亿元，比年初增长206.63%。拓展全面、优质、高效金融服务，发展小微企业连连贷、快速消费贷、住房按揭贷、安愉储蓄等产品，各项指标比年初均有大幅度增长。坚持多措并举，提高不良资产处置效率，全年共处置不良贷款5500余万元，其中债权转让收回4000余万元、诉讼现金收回1500多万元，不良贷款余额降至5708万元，不良贷款率由年初11.51%降至2.58%。获兴业银行总行零售业务服务标准化样板网点。（蔡　喆）

中国人民财产保险公司丹阳支公司

【概况】 2016年，人保财险丹阳支公司实现保费收入3.18亿元，保费历史性突破3亿元，比上年增长7.19%。其中车险保费收入2.37亿元，比上年增长10.12%；非车险保费收入6025.91万元，比上年降低1.49%；农险保费收入2090万元，比上年增长2.25%。（周建农）

【界牌营业部门店开业】 2016年12月28日，位于丹阳市界牌镇新农村小区的人保社区保险营业部门店开业。门店为社区居民提供面对面“一站式”服务，内容包括保险咨询、投保、理赔等，极大方便社区居民直接体验人保便民保险服务。门店以车险、家财险、责任险、意外险及车险、非车险组合产品为主导销售产品，为客户提供保险咨询、投保出单、理赔资料收集及客户延伸服务。

（周建农）

【举办水灾理赔兑现现场兑付会】 2016年7月19日，由市农保办牵头，人保财险丹阳支公司在访仙、吕城两镇举办“7·1”暴雨农业保险理赔现场兑付会。7月初，丹阳市遭遇连续暴雨天气，主要河流均超警戒水位，农田和高效农业设施遭受不同程度损失，部分农户损失惨重。丹阳市农业保险领导小组成员单位立即启动紧急预案，组建联合查勘小组，了解受灾情况。人保财险丹阳支公司进行二次定损，两周内完成赔案170余件，累计赔付金额近700万元。

（周建农）

中国人寿保险公司丹阳支公司

【概况】 2016年，中国人寿丹阳支公司全年实现大团险保费4150.61万元，完成年度目标的104.57%；团短险保费2279.35万元，完成年度目标的102.76%，比上年增长13.83%，团险渠道围绕法人、口子、政保业务和队伍发展四大板块协调发展。企业年金指标中标和养老保障产品达成率100%，简单赔付率41%。银保渠道实现首年期交3792.8万元，全省排名第11。个险渠道五年期、十年期规模目标提前达成，全辖贡献度均保持在36%以上。首年期缴保费在3月23日提前超越1亿元，实现业务速度和总量快速提升。个险渠道实现十年期交11599万元。公司实施队伍驱动战略，队伍人力达成73人，完成目标的137%，季度新增标准人力达成11人，完成全年目标的137.5%。保险规划师持证313人，净增长143人，季均有效人力78人，比上年增长152%。2016年持证人力2205人，净增696人，季均有效人力1027人，比上年增长45.88%。实现主管数213人，比上年增长42%。（徐行燕）

中国太保财险公司丹阳支公司

【概况】 2016年，市太保财险公司全年实现保费收入7644.73万元，其中车险保费收入6726万元，非车险保费收入917万元。支付各项赔款6705万元。在组建新渠道、车商、综合、银保团队基础上推进团队化管理工作，实行考核制。合理配置人员岗位，做好业务渠道化归口承接工作。拓展新险种，在镇江市太保公司辖区内，独创信用险险种，财产保全诉讼责任险和商业农险成功开单。 （杨瑞华）

中国太保寿险公司丹阳支公司

【概况】 2016年，市太保寿险公司实现大个险总标保7848万元，比上年增长63%，法人渠道全年收放563万元，非建险485万元。合规经营，加强内部管理、外部监管，“95500”参与回访每份保单销售过程中，无违规销售业务行为。使用3G移动销售工具——神行太保，发挥其智能作用，方便客户。 （殷旭华）

中国平安寿险股份有限公司丹阳营销服务部

【概况】 2016年，平安寿险公司丹阳营销服务部完成保费收入3.4亿元，其中首年新契约保费9868万元。保险理赔1485.06万元，其中给付2818件。高保额保单承保3笔761万元。积极拓展各项业务的同时加强增员力度，人力发展产生新业务增长点，全年由1319人增长至1863人，人力成长率达58%。成立专门的运营督导队伍，针对客户续缴保费，除人工提醒保费续交外，积极推行App、网络等线上缴费方式，以便客户在既定时间内完成保费续交，同时推出“续期宝”产品，让利提前缴纳续期保费的客户。强化合规理念，进行合规内部检视，提升公司员工合规风险意识。业务队伍中落实以平安金管家App为主的“e化”经营平台，全面推动管理模式转型。借助产品系列，形成生态圈业务模式，提升客户消费体验，丰富队伍收入来源。 （邢健红）

光大证券丹阳营业部

【概况】 2016年，光大证券丹阳营业部完成A股基金交易量522.76亿元。全年销售公募基金、私募基金、资管产品6亿余元，超额完成固收任务。营业部主动发展机构业务，密切关注当地上市公司业务需求，推荐新三板项目挂牌企业1个，为上市公司完成股票质押业务5.8亿元。对核心客户提供投资顾问一对一服务，将网下新股申购与投顾咨询业务相结合，提升对高净值客户服务水平。 （李晓君）

西部证券丹阳营业部

【概况】 2016年，西部证券丹阳营业部全年A股基金交易额340亿元，实现通道业务收入1546万元，受行情影响，比上年均出现较大回落。期间，营业部利用资本市场持续低迷，积极进行现场改造，优化服务环境，同时完善制度、优化业务流程、更新过期客户身份信息等。围绕公司发展规划，各部门开拓创新，实现融资融券、约定购回、股权质押、固定收益类资产管理等业务成为营业部盈利模式转型和业务结构优化推动力。合规执业，紧跟行业监管动态，规范员工执业行为，全面落实投资者适当性规定。在客服和投教方面，多措施提高员工业务素质，标准化“95582”客服热线内容，全面落实回访制度，开展“反洗钱”“非法证券营销教育”和“股市沙龙”等活动，提高客户满意度，深化理性和价值投资理念。强化各级主体责任，开展“平安金融创建”“安全生产月”等活动，为营业部安全运行奠定基础。（裔黎敏）

国内贸易

栏目编辑 孙晓霞

综　　述

【概况】 2016年，丹阳市完成社会商品零售总额315.61亿元，比上年增长11.2%。完成卷烟销量35015.05箱，比上年多销售131.79箱，销售额13.12亿元，增长5.55%。销售盐产品7164.6吨，其中小工业盐1345吨，全年实现营业收入2259.38万元，实现利润115.47万元。入库小麦约11万吨，其中国有粮食购销企业收购入库近7万吨，占全市入库总量的64%，秋粮入库5万余吨。完成商品检测242批次，接到不合格报告20份。新增各类企业3693户，比上年同期增长46%；新增农民专业合作社156户，比上年同期增长113%；新增个体工商户7886户，比上午同期增长58%。产业类实际利用外资39954.32万美元（完成丹阳市级工作指标），商务部确认数36020万美元，完成镇江市下达的考核指标。新注册外资项目27个，注册合同外资43697.97万美元。累计完成进出口总值25.4亿美元，比上年降低9.2%。其中出口完成21.4亿美元，比上年降低8.9%；进口4亿美元，比上年降低10.9%。至年底，丹阳市出口总量在镇江各区县中保持首位。新批境外投资项目12个，比上年增长50%，中方协议投资额5328.3万美元，比上年增长4.2%；有50家企业向22个国家或地区投资70个项目，中方协议投资3.59亿美元。外派出国劳务105人，比上年降低46%。丹阳市皇塘镇、导墅镇被认定为江苏省电商示范镇，皇塘镇被认定为江苏省电商十强镇，江苏省丹阳眼镜城电子商务集聚区被认定为江苏省电商示范园区。2016年全市电子商务交易额超过50亿元。

（赵正辉）

商　　业

【概况】 2016年，丹阳市商贸系统实现商品销售总额4.25亿元，资产经营收入790万元，上缴国家税收160万元。市食品总公司按照省农委、省财政厅《关于深入开展生猪屠宰行业清理整顿工作的通知》精神，做好乡镇10家小型屠宰场（点）关闭的准备工作；投资90余万元对城区肉联厂进行升级改造，使肉联厂达到国家A级屠宰企业的标准和要求；开展自营业务，形成从生猪调运、屠宰、批发、配送等为一体的产业链；注册“丹食”自主品牌，千家乐店和开发区新欣市场店相继开业；全年共进点屠宰生猪21.27万头，无害化处理病死猪90余头，确保全市猪肉产品的安全。市再生资源开发有限公司全年销售近370万元，共收购报废车辆1720辆，其中各类报废汽车1530辆（含黄标车697辆）、摩托车190辆；拓宽报废车辆的收购领域，报废的收割机、拖拉机等农用器械一并纳入再生公司统一收购。

（汤爱军）

【商贸资产经营与管理】 2016年，丹阳市商贸系统资产经营企业规范资产的经营和管理，做到资产效益最大化。市食品总公司对城区和乡镇的闲置资产进行分类，将资产依法转让和租赁有机结合，明确专人加强对资产的规范化管理。市饮服公司因金鸡饭店片区改造，办公用房被征收，将原来属于危房的南门饭店通过维修改造为办公用房，闲置资产得到利用。针对原丹阳大酒店两间门面房对外招租的困境，结合市场行情对租金作适当调整，确保租金按时收取。市糖烟酒公司对出租房屋老化漏雨等情况进行维修。市商业总公司（托管中心）对租期即将到期的资产，提前与承租户沟通，通过公开招租保证租金收入。商业广场针对承租户经营困难的现状，经双方协商，提前终止15年的租赁合同，收回商场重新招租。（汤爱军）

供　　销

【概况】 2016年，丹阳市供销社按照“改造自我、服务农民”的要求，推进综合改革，取得一定成绩。新建麦溪等3家农村综合服务社，建办界牌丰盈农资植保专业合作社等6家合作社；举办两期农民经纪人培训班，培训学员205人；开展标准化“农资惠”服务平台创建工作，全年共建成12家经营网点。2016年10月21—23日，组织江南生物、嘉贤米业等农业龙头企业和专业合作社的50余种优质农产品参加海峡两岸（江苏）名优农产品展销会。丹阳市供销社在2016年全国基层组织建设评选中入选全国总社百强县级社（51）位。

（许　卫）

【社有集体资产管理】 2016年，丹阳市供销社按照市政府关于资产管理的相关规定，规范资产管理的每个环节，加强整个管理流程与财务的对接，促进管理的规范有序，避免闲置和不良资产的增加，扩大优质资产的利用。2016年5月，一批项目通过公共资源交易中心公开招标，其中有18个承租项目中标，租金收入125万元，比上年增长16%。2016年下半年，市政府为节约公共资源，规定对部分招标项目可以经审批同意后不经招标程序签约。丹阳市供销社对租赁到期的河阳如海超市、前艾生资公司等项目实行报批签约，提高资产租赁工作效率。

（许　卫）

【农资经营服务】 2016年，丹阳市供销社下辖全资企业市农业生产资料总公司加强与史丹利、心连心和施可丰等大型化肥企业合作，为农民提供质优价平的农资商品。为保证农资经营取得实效，公司着重做好三个“确保”：确保质量。在经营过程中，坚持质量为第一要务，决不销售假冒伪劣农资，决不坑农害农；主动要求农委对经销的农资商品进行质量检验，确保农资质量关。确保服务。在销售产品的同时，委派技术人员下乡进行测土配方、技术咨询和指导等工作；开办网上庄稼医院、农资微信平台向农民传播科学种田的知识。确保价格。在经营过程中，实行统一采购配供，确保农资商品质优价平。

（许　卫）

粮　　食

【概况】 2016年，丹阳市以保障粮食安全和促进农民增收为中心，开展各项工作。面对不利收购形势，市粮食局把售粮农民利益放在第一位，敞开收购等外小麦，化解农民因“卖粮难”引发的社会不稳定因素。全市夏粮收购共计入库小麦约11万吨，其中国有粮食购销企业收购入库近7万吨。“6·26”盐城市阜宁县境内发生龙卷风冰雹特别重大灾情后，市粮食局在阜宁县陈良镇设立夏粮收购点开展收购，完成1500吨援购任务。秋粮收购克服仓容紧张的困难，落实托市收购点8个，准备仓容6.3万吨，入库秋粮5万余吨。仓储建设进展有序。珥陵库新建7000吨仓房完工，投入夏粮收购。朝阳粮管所易地新建1.5万吨仓容、埤城粮库翻建项目完成设计立项，进入评估阶段。投资87.48万元，完成全州、九里等10个库点维修改造。投资74.65万元，对访仙等5个库点实施维修改造。推进“智慧粮库”建设，投资127.5万元，在全市22个基层粮管所建设粮食收储信息化系统，于夏粮收购时投入试运行。投资172.9万元，完成西郊国家粮食储备库智能化升级。企业改革深化有效，规范资产管理，出台《丹阳市粮食系统国有资产监督管理办法》，围绕《粮食流通管理条例》颁布实施12周年和食品安全宣传周，开展集中宣传活动，加强制度建设，建立“双随机”检查制度，完善与常州市金坛区、武进区的区域联合执法制度。强化安全生产监管，投入2.3万元为34个库点配备更新消防设备，投资31.22万元为4个单位整改电线电路。（陈军林）

烟　　草

【概况】 2016年，丹阳市烟草专卖局共查获涉烟违法案件252起、各类违法卷烟664.16件，总案值549.08万元，罚没款13.55万元。查获20万元—50万元案件1起，50万元—100万元案件5起，符合国标网络案件1起，移交公安案件10起。开展各项创优活动，推进差异化服务，提升客户服务水平，全年卷烟销量35015.05箱，比上年多销售146.47箱，完成卷烟销售额13.12亿元，比上年增加6985.95万元，增长5.62%。辖区内共有3904户实行网上订货，电子结算率达100%。市烟草专卖局获镇江烟草系统“楷模单位”“江苏省文明行业”“镇江市劳动关系和谐达标企业”等荣誉。（陈　欣）

盐　　业

【概况】 2016年，丹阳市盐务局（公司）按照“转型、创新、改革、突破”工作主线，开展盐业管理与经营，盐务管理实行宣传与稽查并重，借助“3·15”消费者权益日、“5·15”世界家庭日，开展食盐加碘宣传和“全民减盐行动”，引导市民健康消费。加强盐业稽查工作，立案处理盐业违法案件25件，罚没款3710元。面对盐业改革，推进调优经营，销售盐产品7164.6吨，其中小包装食盐3641吨、大包装食盐2178.6吨、小工业盐1345吨；全年实现营业收入2259.38万元，实现利润115.47万元。市盐务公司围绕盐业转型发展合理调整经营方式。三方物流、“直配直送”细化销售，针对不同的消费人群推出多个品种优质食用盐进入商超、集贸市场，扩大消费者选择面。引进适销对路的非盐产品，扩大非盐经营规模，迎接盐业改革。（丁夏欢）

专业市场

【概况】 至2016年底，丹阳市市场服务中心管辖范围内注册登记的各类市场有27个，其中农副产品25个，主要涉及农产品销售及批发，工业消费品专业市场2个，主要涉及服装百货、小商品、家具等。市场成交额近10亿元，其中万家欢市场超1.6亿元，千家乐市场3.3亿元。（管益辉）

2016年丹阳市专业市场基本情况

表34

市场名称	市场交易方式	建设总投资（万元）	设计摊位数（个）	设计门店数（个）	建筑面积（平方米）	占地面积（平方米）
丹阳市市场服务中心里庄市场	零售	6	88	1	0.00	680.00
丹阳市市场服务中心吕城吕蒙市场	零售	15	196	1	39.90	1285.00
丹阳市市场服务中心珥陵市场	零售	65.00	322	0	176.80	3365.00

续表 34

市场名称	市场交易方式	建设总投资（万元）	设计摊位数（个）	设计门店数（个）	建筑面积（平方米）	占地面积（平方米）
丹阳市市场服务中心延陵东进市场	零售	36.00	64	7	103.38	2450.00
丹阳市市场服务中心行宫市场	零售	6.00	70	1	0.00	886.00
丹阳市市场服务中心麦溪市场	零售	3.00	50	0	107.00	600.00
丹阳市市场服务中心千家乐市场	批发兼零售	1282.00	220	93	12255.00	14600.00
丹阳市市场服务中心万家欢小商品市场	零售	1560.00	0	94	12148.23	13426.70
丹阳市市场服务中心家家乐市场	零售	826.00	120	10	924.29	3800.00
丹阳市市场服务中心运河兴运市场	零售	16.00	73	3	76.90	698.00
丹阳市市场服务中心折柳万家市场	零售	8.00	80	0	0.00	998.00
丹阳市市场服务中心后巷市场	零售	36.00	243	3	183.30	2894.70
丹阳市市场服务中心陵口农家乐市场	零售	15.00	60	3	48.60	1760.00
丹阳市市场服务中心张埝市场	零售	3.00	30	2	0.00	200.00
丹阳市市场服务中心高桥市场	零售	28.00	156	0	46.80	3102.00
丹阳市市场服务中心蒋墅市场	零售	192.00	105	17	1810.66	5021.00
丹阳市市场服务中心界牌市场	零售	30.00	270	0	17.64	2067.00
丹阳市市场服务中心埤城市场	零售	280.00	60	56	1724.00	4268.50
丹阳市市场服务中心访仙市场	零售	46.00	80	0	32.40	1436.00
丹阳市市场服务中心窦庄市场	零售	10.00	68	0	44.00	546.00
丹阳市市场服务中心百家兴市场	零售	400.00	360 个	80	1800.00	6000.00
丹阳市市场服务中心前艾市场	零售	8.00	105	0	0.00	2300.00
丹阳市市场服务中心全家福市场	零售	136.00	316	34	616.80	2029.80
丹阳市市场服务中心皇塘市场	零售	110.00	350	0	91.20	5024.80
丹阳市市场服务中心不夜城	零售	90.00	0	96	0.00	1300.00
丹阳市市场服务中心朝阳市场	批发	41.00	0	2	139.46	1200.00
丹阳市市场服务中心江南明珠市场	批发兼零售	106.00	80	10	887.20	4360.00

（管益辉）

对外及对港澳台经济贸易

【概况】 2016年，丹阳市完成进出口总值25.4亿美元，比上年降低9.2%。其中出口完成21.4亿美元，比上年降低8.9%；进口4亿美元，比上年降低10.9%。外贸运行表现出4个主要特点：1. 以基地带产业、以产业扩市场、以市场促提升的竞争格局和竞争优势逐渐形成。丹阳市被商务部、行业商会及江苏省商务厅认定为国家科技兴贸创新基地、中国眼镜出口基地、中国汽车零部件出口基地、中国桅灯出口基地以及江苏省五金工具出口基地、汽车零部件出口基地。2. 针对国际贸易风险增加、摩擦加剧的新态势，发挥自身优势和服务功能，引领外贸企业积极应对贸易摩擦，维护出口企业跨国竞争的合法权益，预警防范能力提升，丹阳市在全省29个进出口公平贸易预警点中占有2个点。3. 拓展俄罗斯、南亚、中东、非洲、拉美等新兴经济体市场，深度拓展东盟等自贸区市场潜力，同时巩固和扩大对欧美等发达经济体市场的开拓力度。共组织境外展会42场，参展企业超150家，拓展市场范围遍及五大洲近20个国家和地区。此外，有近100家企业参加广交会，参展人数超160人。4. 出口信用保险有效防范外贸风险，全市参加出口信用保险外贸企业130家，投保总额超6.5亿美元。 （郝 璐）

【新增外贸备案登记企业934家】 自实施新的对外贸易经营者备案登记办法以来，丹阳市对外贸易备案登记企业持续增长。2016年，丹阳市新增备案登记企业934家，至年底，全市进出口备案登记企业突破2203家。 （郝 璐）

2016年丹阳市进出口额前十位的企业

表35

序号	企业名称	进出口（万美元）	同比增长(%)
1	江苏天工工具有限公司	16377.2	-14.5
2	大赛璐安全系统（江苏）有限公司	15744.2	29.5
3	江苏锐升新材料有限公司	7372.6	83.1
4	江苏福荣服装有限公司	7214.2	65.8
5	江苏肯帝亚木业有限公司	5513.8	55.2
6	恒宝股份有限公司	5066.1	-41.1
7	江苏沃得农业机械有限公司	4599.4	63.3
8	大亚车轮股份有限公司	4359.4	-30.4
9	丹阳圣西诺眼镜有限公司	4265.2	26.9

续表 35

序号	企业名称	进出口（万美元）	同比增长（%）
10	江苏大力神科技股份有限公司	4203.9	57.6

（郝 璐）

2016 年丹阳市出口额前五位的目的地国家（地区）

表 36

序号	国别/地区	出口额（万美元）	同比增长（%）
1	美国	61381	－3.6
2	欧盟	34052	－6.9
3	东盟	21903	8.7
4	日本	20872	－1.3
5	拉美	14187	－8.1

（郝 璐）

2016 年丹阳市各责任单位进出口额完成情况

表 37

单位	进出口（万美元）	出口（万美元）	进口（万美元）
合计	254346	213973	40373
开发区	73077.8	65210.9	7867.2
丹北镇	60554.8	46428.9	14126.2
云阳街道	27478.9	21236	6243.1
司徒镇	27704.8	22503	5201.9
延陵镇	13185	12905.3	279.5
珥陵镇	1731.2	1290.7	440.5
导墅镇	3611.4	3518.6	92.7
皇塘镇	6378.2	6297.8	80.4
吕城镇	8334.5	7986.5	347.6

续表 37

单位	进出口（万美元）	出口（万美元）	进口（万美元）
陵口镇	1452.6	1403.4	49.3
访仙镇	5076.4	4650.4	425.7
界牌镇	15718.8	11914.8	3803.9
其他	10041.3	8627	1414.3

（郝 璐）

对外及对港澳台经济技术合作

【概况】 2016 年，丹阳市新批境外投资项目 12 个，比上年增长 50%，中方协议投资额 5328.3 万美元，比上年增长 4.2%。至年底，全市共有 50 家企业向 22 个国家或地区投资 70 个项目，中方协议投资额 3.59 亿美元。丹阳市境外投资工作主要呈现 3 个特点：1. 新批的 12 个境外投资项目中，除江苏恒神股份有限公司外，其余 11 家企业为首次境外投资企业。2. 中小企业国际化经营意识不断提升，很多中小企业积极利用国外的技术、市场、资源和劳动力发展自身，境外投资的积极性比较高。3. 境外投资目的地仍以发达国家和地区为主，新兴市场地区虽然受到企业的关注，但对企业投资的吸引力仍然不够。（丁黎明）

【外派劳务人数继续下降】 由于出国劳务的工资收入增加不大，而国内劳动工资上升比较明显，劳务人员出国打工的意愿下降，外派劳务招工难的问题比较突出，丹阳市外派劳务人数继续大幅下降。2016 年，全市外派出国劳务 105 人，比上年降低 46%。（丁黎明）

2016 年丹阳市对外及对港澳台投资情况

表 38

单位	境外企业（机构）名称	东道国（地区）	中方协议出资额（万美元）	境外企业经营范围	核准时间
诺德科技股份有限公司	诺德科技（香港）有限公司	中国香港	5	投资服务、咨询服务	2016 年 1 月
江苏中印彩投资有限公司	中彩（香港）国际投资有限公司	中国香港	750	项目投资、进出口贸易	2016 年 3 月

续表 38

单位	境外企业（机构）名称	东道国（地区）	中方协议出资额（万美元）	境外企业经营范围	核准时间
江苏鱼跃医疗设备股份有限公司	鱼跃（德国）有限责任公司	德国	1121.2	医疗器械的生产销售、对其他公司进行投资及投资管理	2016 年 3 月
江苏乐能电池股份有限公司	乐澳矿业有限公司	澳大利亚	393.618	矿山的探矿、开采和选矿；矿山恢复工程及周边土著居民的协调等	2016 年 4 月
江苏恒神股份有限公司	云宝澳大利亚有限公司	澳大利亚	803	碳纤维及复合材料研发	2016 年 5 月
丹阳嘉源房地产开发有限公司	嘉源海外建设开发有限公司	美国	600	房地产开发与销售	2016 年 6 月
江苏水中仙东雅国际酒店有限公司	水中仙国际股份有限公司	中国台湾	217.7	餐饮业，烟酒、食品杂货等批发	2016 年 7 月
丹阳市多源金属贸易有限公司	多源海外股份有限公司	美国	200	房地产投资、建设，建材出口贸易	2016 年 9 月
希格玛精密机械（江苏）有限公司	希格玛锻造成型私人有限公司	印度	0.015	运输工业机械精密零件制造和销售	2016 年 9 月
丹阳投资集团有限公司	凤美国际投资有限公司	中国香港	257.8	投资、资本管理，发行债券	2016 年 9 月
江苏润嘉建筑工程有限公司	嘉源海外股份有限公司	美国	300	房地产开发项目	2016 年 9 月
常诚车业江苏有限公司	北美常诚设计有限公司	美国	680	汽车部件的研发和工程支持	2016 年 12 月
合计	—	—	5328.333	比上年增长 4.2%	—

（丁黎明）

2016 年丹阳市外派劳务情况

表 39

新派出人数（人）	比上年同期	在外人数（人）	合同工资收入（万美元）	实际工资收入（万美元）	备注
105	-46%	318	391	425	—

（丁黎明）

利用外资

【概况】 2016 年，丹阳市产业类实际利用外资 39954.32 万美元，完成实际利用外资工作指标的 100%，实际利用外资商务部确认 36020 万美元，完成镇江市下达考核指标的 100%。新注册外资项目 27 个，注册合同外资 43697.97 万美元。主要特点：1. 新批项目合同外资规模较大。新批外商投资企业 28 家，合同外资 49117.25 万美元，平均每家合同外资1754.19万美元。2. 新批准外商投资企业28家，其中制造业项目8家，占11.59%；服务业项目20家，占88.41%。3. 注册大项目较多。年内注册合同外资43697.97万美元，其中新注册外资项目27个，增资外资项目12个。注册合同外资500万美元以上项目（含增资项目）18个，注册合同外资41557.39万美元，占比达95.1%。4. 实到外资构成中，增资项目占多。年内增资项目到账外资17388.02万美元，占比43.52%。增资项目实到外资在3000万美元以上的项目2个，1000万美元－3000万美元的项目4个，500万美元－1000万美元的项目2个。5. 实到外资产业中，制造业项目到账外资16949.94万美元，占比42.42%，服务业项目23004.38万美元，占比57.58%。6. 实到外资月度到位情况分布极不均匀。年内完成实到外资39954.32万美元，其中1月到账6231.43万美元，6月到账8421.44万美元，9月到账9703.27万美元，12月到账7944.8万美元，4个月占比达80.84%，其余8个月占比仅19.16%。7. 外资项目经营呈健康发展态势。全市通过联合申报的外商投资企业有436家。外商投资企业自营出口8.93亿美元，占全市出口的比重达41.8%；完成涉外税收收入19.48亿元；163家规模以上外商投资企业实现工业总产值达754.43亿元，占全市的份额达28.8%。　（李文秀　邵志萍）

【两企业被外资并购】　由于国内土地紧张，外资并购境内企业不需要扩大土地，只要对企业现有厂房进行改造，经营管理提升，产品变化升级，就可以达到投资目的，所以外资对并购国内企业有较高积极性。2016年，丹阳万新光学、奥天光学两家企业被法国依视路公司并购，共利用外资5408.32万美元，其中万新光学利用外资3703.45万美元到账。

（李文秀　邵志萍）

【七家企业增资利用外资1.5亿美元】　2016年，丹阳市重点外资企业为扩大生产经营规模，优化股权结构和比例，提高公司资信度和竞争力，增加注册资本，扩建新项目，大亚家具、新城宏盛（吾悦广场）、天工工具、龙江钢铁、爱和特钢、德国汉高、万新光学7家企业通过增资利用外资达1.5亿美元，合同外资2.52亿美元。　（李文秀　邵志萍）

【融惠（江苏）融资租赁有限公司落户丹阳】　近年来，投资额度大、不占用土地资源、见效快的非银金融项目成为丹阳市对外招商工作中的创新点。2016年9月8日，融惠（江苏）融资租赁有限公司获江苏省商务厅批准落户丹阳，成为江苏省首家在县级市落户的融资租赁公司，注册资本2亿元。　（李文秀　邵志萍）

2016年丹阳市利用外资实绩

表40　　单位：万美元

单位	产业类项目实际利用外资			产业类项目注册合同外资			新注册外资项目个数	新批外资项目	
	考核指标	实绩	完成%	考核指标	实绩	完成%		个数	合同外资
全市合计	40000	39954.32	99.89	—	43697.97	—	27	28	49117.25
开发区	20000	12626.87	63.13	22000	21857.63	99.35	14	15	24109.85
丹北镇	10000	6213.78	62.14	11000	2634.61	23.95	2	2	3856.68
云阳街道	7000	4023.52	57.48	8000	8274.33	103.43	5	5	8274.33
司徒镇	1500	4312.73	287.52	1800	4234.73	235.26	1	1	4234.73
界牌镇	1500	150	10.00	1800	—	—	—	—	—
吕城镇	1000	646.81	64.68	1200	1000	83.33	1	1	1000

续表 40

单位	产业类项目实际利用外资			产业类项目注册合同外资			新注册外资项目个数	新批外资项目	
	考核指标	实绩	完成%	考核指标	实绩	完成%		个数	合同外资
皇塘镇	1000	230.57	23.06	1200	129.1	10.76	—	—	74.09
延陵镇	1000	—	—	1200	166.53	13.88	2	2	166.53
导墅镇	500	—	—	600	992	165.33	1	1	992
访仙镇	500	8.97	1.79	600	—	—	—	—	—
陵口镇	500	—	—	600	—	—	—	—	—
珥陵镇	500	—	—	600	—	—	—	—	—
练湖度假区	1000	—	—	—	—	—	—	—	—
投资集团	3000	4409.04	146.97	—	4409.04	—	1	1	4409.04
其他	—	7332.03	—	—	—	—	—	—	2000

（李文秀　邵志萍）

企业选介

【大赛璐安全系统（江苏）有限公司】 大赛璐安全系统（江苏）有限公司，是由日本大赛璐化学工业株式会社于 2004 年 12 月在江苏省丹阳市投资兴建的生产型企业，专业生产销售汽车安全气囊用气体发生器及相关零部件，负责安全气囊气体发生器及相关产品的技术创新，产品创新平台和创新人才培养平台构建方案的参与制定、组织实施等工作，同时重点开展安全气囊气体发生器及相关产品生产工艺技术、生产体系和产品的可靠性等方面的研究。公司占地面积 10 公顷，员工 1600 多人，配备专业工程技术人才队伍和机构设置，制定严格的安全生产规章制度和操作规程，通过 ISO/TS16949 和 ISO/TS14000 体系认证。公司年产安全气囊气体发生器 2200 万个，发生剂 2000 吨，年销售超 10 亿元，税收近 9000 万元，进出口总额达 1.57 亿美元。（李文秀　邵志萍）

【江苏万新光学有限公司】 江苏万新光学有限公司成立于 1973 年，占地面积 8 公顷，拥有固定资产 3.2 亿元，员工总数 1938 名。该公司率先研发树脂镜片，获得行业内第一号生产许可证，构建"三化（多元化市场推广、专业化销售运营服务、立体化培训）"体系携手合作商，拥有万新、柯达镜片等著名品牌，产品有 MR—8 高折镜片、青少年渐进片、抗疲劳镜片、成人渐进片、染色片、变色片等各类视光学产品，销售网络遍布全球近 40 个国家和地区，年产树脂镜片 3800 万副。2016 年，实现销售 5.8 亿元，进出口总额达 3.1 亿元。（李文秀　邵志萍）

图 128　江苏万新光学有限公司树脂镜片生产车间　（李文秀　邵志萍）

科技·防灾

栏目编辑　陈春芳

科技综述

【概况】　2016 年，丹阳市以项目为抓手，促进各项科技数据指标全面提升。全市建有科技公共服务平台 2 个，院士工作站 5 个，博士后工作站 13 个，研究生工作站 42 个，高新技术企业数和高新技术产值连年递增。丹阳科技型企业创新承载能力逐步提升，全年完成高新技术产业产值占规模以上工业产值 45.2%，全市研发投入占地区生产总值比重 2.41%，完成年度考核目标。获批江苏省科技型中小企业 30 个，新增省民营科技企业 38 个。　（眭　琛）

【创新人才大会】　2016 年 4 月 9 日，丹阳市召开全市创新人才大会，全面总结上年创新人才工作，部署下一步创新和人才重点工作。会议对 2015 年科技与人才先进单位和个人进行表彰，举行省人才创新创业促进会丹阳代表处揭牌仪式，出台系列文件。市委常委、组织部长杜官军发布“丹凤朝阳”人才计划，4 个单位作交流发言。市委书记童国祥强调：一是把创新驱动摆到核心位置。二是集中力量将丹阳打造成高端人才汇聚之地。三是着力推动企业成就丹阳智造。四是强化担当意识，落实配套政策，营造良好氛围。　（眭　琛）

图 129　2016 年 4 月 9 日，丹阳市召开全市创新人才大会　（眭　琛）

科技管理

【概况】　2016 年，丹阳市完善科技奖励机制，加速科技成果转化。挖掘项目源，有关部门深入相关企业服务，督促企业规范财务制度，帮助企业按研发项目正确归集、分配和汇总研发费用，鼓励其申报研发费用加计扣除（一种税收优惠措施），享受税收优惠政策。出台《丹阳市科学技术奖励办法》，组织完成 2016 年科技进步奖申报、受理、评审及授奖工作。受理丹阳市科学技术进步奖申报项目 31 项，“金融智能卡操作系统研发及产业化”等 6 个项目获丹阳市科技进步一等奖，“基于医疗物联网的智能供氧睡眠呼吸机”等 7 个项目获丹阳市科技进步二等奖，“高性能复合 ABS 板材”等 4 个项目获丹阳市科技进步三等奖。恒宝、金聚、卡威、丹毛 4 家企业完成省科学技术进步奖申报，天工、恒宝 2 家企业完成省企业技术创新奖申报。审核推荐镇江市科学技术突出贡献奖和镇江市科技创新优秀企业奖各 2 项、镇江市科学技术进步奖 20 项。组织企业申报上级各类重大成果转化项目，完成 2016 年省科技成果转化专项资金项目申报。丹阳市 10 家企业申报省科技成果转化专项资金（C 类）项目，市荣嘉精密机械有限公司“汽车发动机用高强抗疲劳铝合金及其纳米强化减震部件研发及产业化”项目和江苏天宏机械工业有限公司“基于力控制的复杂工件表面精整机器人研发及产业化”项目获得立项，并获资助资金 2000 万元。落实省科技成果转化专项资金项目验收，冰城、洪昌、中科四象、鱼跃、江南生物、新亚特钢和恒神 7 家企业做好省成果转化专项资金项目验收准备。（眭　琛）

【高新技术企业申报】 2016 年 3 月 22 日，丹阳市高新技术企业申报工作全面启动。针对 1 月 29 日科技部、财政部、税务总局修订印发的《高新技术企业认定管理办法》中对高新企业认定的相关条件和要求进行的调整，为使企业进一步提高申报工作整体水平，推动高新技术产业发展，市科技部门深入企业强化服务，通过开展调研掌握潜在申报企业，收集、整理新版管理办法和申报指南、邀请专家组织培训等，指导企业正确申报并做好税收优惠政策落实。至年底，全市拥有高新技术企业 146 个，正在培育中的高新技术企业 50 个。（眭　琛）

科技创新

【概况】 2016 年，丹阳市注重科技创新各类平台建设。申报省企业重点实验室、科技服务骨干机构能力提升和重点企业研发机构能力提升项目各 1 个。申报通过省企业研究生工作站 4 个、镇江市级企业研发平台 42 个。市财政投入建设经费近亿元，重点建设江苏省高性能合金研究院，11 支国内外顶尖团队在研项目 12 个。投资 6000 万元与北京航空航天大学共建的北航丹阳产业研究院运行，培育孵化公共技术服务平台 5 个、科技公司 6 个。成立西南交大轨道自动化中心丹阳分中心，全市一批企业搭上轨道交通产业。分别与哈工大、华中科大合作成立苏南高端装备制造研究所，与国内阿尔特汽车设计有限公司、武汉理工大学、吉林大学合作成立汽车工业外观设计中心。开展《企业大讲堂》《高绩效经理人》《企业研发机构运行管理贯标》等系列培训。（眭　琛）

图 130　2016 年 6 月 23 日，市科技局开展《企业家大讲堂》系列培训（眭　琛）

【航空航天院士工作站发挥引领作用】 2016 年，丹阳航空航天产业院士工作站院士由 12 位增加至 15 位。工作站围绕丹阳航空航天产业发展，在战略咨询、科研攻关、成果转化、产学研用相结合等方面发挥支撑引领作用。2011 年 9 月，丹阳市人民政府与北京航空航天大学签订共建“北航（丹阳）航空航天产业研究院协议”，丹阳市政府出资 6000 万元，于 2013 年 5 月注册成立北航航空航天产业研究院丹阳有限公司，丹阳航空航天产业院士工作站为研究院下设机构，2011 年 3 月成立，由王礼恒、刘大响院士领衔，聚集一批航空航天领域院士。（眭 琛）

【大连高校科技人才对接活动】 为加强丹阳市企业与高校科技人才合作，加大科研成果对接和转化力度，2016 年 4 月 24—26 日，丹阳市组建考察团到大连市，与大连交通大学、大连理工大学、中科院大连化物所等全国“985 工程”“211 工程”重点建设高校院所开展科技人才对接活动，搭建丹阳市企业与高校之间合作桥梁。其间，江苏金聚合金材料有限公司等多家企业与高校达成初步合作意向 9 项，一批教授表达到丹阳创新创业意愿。（眭 琛）

【“合金工坊”获省级众创空间认定】 2016 年 9 月，位于国家火炬计划特色产业基地和苏南国家自主示范区镇江高新核心区的丹阳市高性能合金材料特色产业基地“合金工坊”获省级众创空间认定。“合金工坊”组建于 2015 年 6 月，是专注于全方位助推创新创业产业的新型孵化平台，平台将成熟的科技、设备作为共享资源向入驻的企业提供各种技术设施的配套服务，企业可开展与国内高校院所进行产学研对接活动，帮助企业解决技术难题。（眭 琛）

科技民生

【概况】 2016 年，丹阳市围绕民生科技和“十三五”目标增强科技对社会事业领域引导促进作用。在典型领域、区域有计划分阶段开展关键技术集成应用推广，通过社会发展专项引导。在环境保护、医疗卫生、公共安全、城市和新农村建设等方面打造民生科技示范工程，提高科技惠民支持力度。持续关注农业科技发展，组织申报江苏省科技计划项目（现代农业）6 项。2 个科技超市通过省级考评，申报本年度奖励补偿资金。完成“国家级现代农业科技示范园区”现场考察。组织十余场专题型产学研对接活动，为农业企业解决多项重大技术难题。分别与西南大学、南京农业大学、江苏大学等高校院所洽谈建立合作平台。完成丹阳市农副产品加工研发中心、丹阳市环境微生物研发中心两个专业大型农业科技研发平台项目建议书编写。（眭 琛）

知识产权与专利

【概况】 2016 年，丹阳市提升城市知识产权综合能力，加快国家知识产权示范城市建设。按照激励创造、有效运用、依法保护、科学管理方针，在服务经济、服务科技中提升全市知识产权创造、运用、保护和管理能力。3 月 29 日，“中国镇江丹阳（眼镜）知识产权快速维权中心”获批设立，为眼镜产业创新发展营造便捷高效知识产权保护环境，推动丹阳眼镜产业占据全国技术制高点。强化知识产权工作组织领导，组织企业申报省市各类知识产权项目，万新光学有限公司申报的省知识产权战略推进计划重点项目立项，并获国家专利优秀奖。江苏万乐、迅捷、丹毛 3 家企业申报省知识产权战略推进计划一般项目，其中 2 家企业立项。组织丹阳眼镜城申报省正版正货示范街区获立项。强化执法和维权，增强对侵权行为打击力度，查处假冒专利案件 58 件。（眭 琛）

【知识产权联合执法行动】 为进一步依法打击侵犯知识产权和假冒专利行为力度，净化市场环境，维护消费者权益，2016 年 4 月 26 日，市知识产权局联合市场监督管理局、检察院等多家执法部门联合开展知识产权执法专项行动。活动检查各类商品 2000 余件，对存在假冒专利行为的商品进行现场处理，并通过向商家宣讲相关知识，提高知识产权保护意识，打击假冒专利行为。（眭 琛）

【国家知识产权局领导考察丹阳】 2016 年 3

月2日，国家知识产权局处长韩小非一行到丹阳考察调研成立“中国丹阳（眼镜）快速维权中心”前期的准备情况。韩小非一行先后实地考察中国（丹阳）国际眼镜城、高新区科创园和万新光学、海昌两企业，详细了解成立丹阳（眼镜）快速维权中心所做的基础工作，对丹阳市申请成立快速维权中心、保护知识产权的做法表示赞同。（眭　琛）

2016年丹阳市新增省级以上高新技术企业

表41

类别	企业名称	级别
工业	迅驰车业江苏有限公司	省级
工业	丹阳金城配件有限公司	省级
工业	江苏江龙科技发展有限公司	省级
工业	丹阳市铁龙机客车配件有限公司	省级
工业	江苏知民通风设备有限公司	省级
工业	江苏裕桥精密元件有限公司	省级
工业	中鸿纳米纤维技术丹阳有限公司	省级
工业	江苏飞亚金属制品有限公司	省级
工业	江苏新万宝车业制造有限公司	省级
工业	大力神铝业股份有限公司	省级
工业	视悦光学有限公司	省级
工业	江苏锋泰工具有限公司	省级
工业	江苏艺佳精密仪器制造有限公司	省级
工业	丹阳市盛力机械有限公司	省级
工业	江苏华燕船舶装备有限公司	省级
工业	江苏宏达电气有限公司	省级
工业	江苏梅花机械有限公司	省级
工业	江苏远洋车灯有限公司	省级
工业	江苏天乐金属制品有限公司	省级
工业	江苏鑫海铜业有限公司	省级
工业	江苏友和工具有限公司	省级

续表 41

类别	企业名称	级别
工业	江苏瑞尔光学有限公司	省级
工业	丹阳市联创汽车附件有限公司	省级
工业	釜玛机械（江苏）有限公司	省级
工业	江苏大亚印务有限公司	省级
工业	江苏大亚新型包装材料股份有限公司	省级
工业	江苏大亚滤嘴材料有限公司	省级
工业	江苏爱仕特电子科技有限公司	省级
工业	江苏锐升新材料有限公司	省级
工业	江苏全真光学科技股份有限公司	省级
工业	丹阳佰易视光学眼镜有限公司	省级
工业	江苏康美达光学有限公司	省级
工业	丹阳市镇威汽配有限公司	省级
工业	江苏和伟美科技发展有限公司	省级
工业	午和（江苏）差别化纤维有限公司	省级
工业	江苏腾飞纺织品有限公司	省级
工业	江苏轩博电子科技有限公司	省级
工业	江苏文光模具技术有限公司	省级
工业	江苏恺之电子模塑有限公司	省级
工业	江苏耀华医疗器械科技有限公司	省级

（眭　琛）

2016 年丹阳市新增省级以上高新技术产品

表 42

项目编号	项目名称	单位
161181G0054N	强走位电镀镍表面活性添加剂	江苏梦得新材料科技有限公司
161181G0055N	双一级耐水注射剂瓶	双峰格雷斯海姆医药玻璃（丹阳）有限公司
161181G0056N	超声波连续逆流提取机组	江苏华泰重工装备有限公司

续表 42

项目编号	项目名称	单位
161181G0057N	环保型装饰彩涂板	江苏大力神科技股份有限公司
161181G0058N	ZKSX－4008 光纤耦合输出高功率全固态激光器	江苏中科四象激光科技有限公司
161181G0059N	珍菊降压片	江苏云阳集团药业有限公司
161181G0060N	克霉唑片	江苏云阳集团药业有限公司
161181G0061N	ZH－P1 型改性复合纳米纤维	中鸿纳米纤维技术丹阳有限公司
161181G0062N	ZH－N1 型特种纳米吸油毡	中鸿纳米纤维技术丹阳有限公司
161181G0063N	耐划伤耐低温冲击塑化车用包围	江苏高标科技发展有限公司
161181G0064N	优美诺（赛美诺）牌黏膜抗菌剂	江苏丹晟生物科技有限公司
161181G0065N	1KW 单模连续光纤激光器	江苏天元激光科技有限公司
161181G0066N	动力渐进多焦点镜片	丹阳佰易视光学眼镜有限公司
161181G0067N	天窗冲压精密模具	江苏文光模具技术有限公司
161181G0068N	高精密太阳能天窗及其部件	江苏文光模具技术有限公司
161181G0069W	自润滑多段关节式无缝隙接触汽车雨刷	丹阳镇威汽配有限公司
161181G0070W	高耐候耐腐蚀刚性与弹性混合结构型汽车雨刷	丹阳镇威汽配有限公司
161181G0120N	新能源客车高效能、智能 LED 组合前照灯	江苏文光车辆附件有限公司
161181G0121N	智能安全提示的爆闪式 LED 警示灯具	江苏文光车辆附件有限公司
161181G0122N	雾化器	江苏鱼跃医疗设备股份有限公司
161181G0123N	高精度胶合透镜	丹阳丹耀光学有限公司
161181G0124N	基于同方 THD86EF59AC 的金融 IC 卡操作系统软件 V1.0	恒宝股份有限公司
161181G0125N	一种 Flash 存储空间的动态恢复方法及装置	恒宝股份有限公司
161181G0126N	镍铁精密合金材料	丹阳市龙鑫合金有限公司
161181G0127N	智能感应仿生肌电手	丹阳假肢厂有限公司
161181G0128N	上臂感应智能仿生手	丹阳假肢厂有限公司
161181G0129N	24W－QC3.0 快速充电器	江苏辰阳电子有限公司
161181G0130N	USBTYPECPD 适配快速充电器	江苏辰阳电子有限公司
161181G0131N	阻燃性核壳型丙烯酸酯类水性涂料组合物	丹阳市日月漆业有限公司
161181G0132W	耐磨防脱离多功能型汽车雨刷	丹阳镇威汽配有限公司
161181G0133W	黄材单反镜片	江苏双仪光学器材有限公司
161181G0134N	W1169 环氧改性不饱和聚酯浸渍漆	丹阳市沃德立电工材料有限公司

续表 42

项目编号	项目名称	单位
161181G0135N	镀锡软圆铜线（热镀）	江苏鑫海铜业有限公司
161181G0136N	无氧电工圆铜线（Φ3mm—Φ0.05mm）	江苏鑫海铜业有限公司
161181G0137N	防静电面料	江苏腾飞纺织品有限公司
161181G0193N	高光亮高整平镀铜中间体	江苏梦得新材料科技有限公司
161181G0194N	全自动节能多效蒸发器	江苏华泰重工装备有限公司
161181G0195N	多组份超弹力毛针织精纺面料	江苏丹毛纺织股份有限公司
161181G0196N	高速铁路软路基用双向高强聚酯经编土工格栅	江苏鼎泰工程材料有限公司
161181G0197N	盐酸可乐定片	江苏云阳集团药业有限公司
161181G0198W	全拉丝车轮	大亚车轮制造有限公司
161181G0199W	新型双面抗蓝光变色树脂眼镜片	视悦光学有限公司
161181G0200N	W1179 大功率机车及动车用无溶剂浸渍漆	丹阳市沃德立电工材料有限公司
161181G0201N	高光内衬纸	江苏大亚新型包装材料有限公司
161181G0202N	高强度轻量化导流罩	江苏科新汽车装饰件有限公司
161181G0203N	10KV 户外智能真空断路器	江苏宏达电气有限公司
161181G0284N	干喷湿纺 HF30S 碳纤维	江苏恒神股份有限公司
161181G0285N	汽车离合器用无刷直流电动机	江苏超力电器有限公司
161181G0286N	LED 工矿灯	江苏施诺照明有限公司
161181G0287N	磷酸铁锂正极材料	江苏元景锂粉工业有限公司
161181G0288W	JH21 开式固定台压力机	沃得精机（中国）有限公司
161181G0289N	自动远近光切换反射镜	江苏海德莱特汽车部件有限公司
161181G0290N	自适应前组合灯	江苏海德莱特汽车部件有限公司
161181G0291N	高精度耐水性 HC1 级硼硅医用玻璃瓶	江苏潮华玻璃制品有限公司
161181G0292N	汽车遮物帘	丹阳市国美汽配有限公司
161181G0293N	接触网悬挂状态检测监测装置	江苏新绿能科技有限公司
161181G0294N	管制玻璃瓶生产线自动上管设备	江苏惠宇机械制造有限公司

（眭　琛）

2016年丹阳市获省重大成果转化项目

表43

项目名称	实施单位	项目内容	项目期限	总投资（万元）	总拨款（万元）
汽车发动机用高强抗疲劳铝合金及其纳米强化减震部件研发及产业化	丹阳荣嘉精密机械有限公司	本项目目标产品是中高端汽车发动机用高强抗疲劳铝合金及其纳米颗粒强化减震部件，是基于自主创新的铝合金多相复合强化、熔体深度净化、发动机减震支架低压成型和减震壳体高密度压铸等关键技术制造，具有比强度高（较一般减震部件强度提高20%）、抗疲劳能力强（疲劳寿命提高1倍）、安全性好且附加值高等特点，主要用于中高档轿车、客车、现代商务车等汽车发动机减震系统 本项目开发的汽车发动机用高强抗疲劳铝合金及其纳米强化减震部件产品室温拉伸强度大于300MPa，屈服强度≥200MPa，伸长率大于1%，在7.6kN载荷下拉压疲劳试验寿命大于1.2×106次，相关产品将填补国内空白，性能达到国际先进水平，而成本仅为国外产品的1/2，将有力提升我国发动机减震部件产业的国际市场竞争力和汽车发动机轻量化及节能减振的迫切需求，具有十分重要的战略和经济意义	2014年4月至2019年3月	9200	1000
基于力控制的复杂工件表面精整机器人研发及产业化	江苏天宏机械工业有限公司	本项目产品应用于复杂工件表面精整，是一种带有力反馈、精准控制的先进工业机器人。一方面在原有的五自由度机器人异形工件表面精整机基础上，设计多轴联动机械手及三维可视化离线仿真软件；另一方面利用高精度多维力传感器技术成果，将机器人力觉与视觉信息相融合，设计智能化的自适应力控制器，实现镁铝合金轮毂等复杂结构工件表面的自动化精整 本项目产品研发将填补国内复杂工件表面精整自动化装备的空白，可广泛地应用于汽车、船舶等领域复杂机械零部件的加工制造，对促进我国工业机器人技术的发展与应用、实现“机器换人”与“中国制造2025”具有十分重要的意义	2014年4月至2019年3月	4500	1000

（眭　琛）

2016年丹阳市获省科技成果转化风险补偿专项资金贷款项目（备案）

表44

项目名称	单位	贷款金额（万元）	期限
苏科贷1	丹阳琦瑞机械有限公司	150	1年期
苏科贷1	江苏新航合金科技有限公司	200	1年期
苏科贷2	江苏河阳线缆有限公司	450	1年期
苏科贷2	江苏申阳电梯部件有限公司	2000	1年期
苏科贷2	江苏东方光学有限公司	2000	1年期
苏科贷2	江苏图南合金股份有限公司	2000	1年期

续表 44

项目名称	单位	贷款金额（万元）	期限
苏科贷 2	江苏汇能锅炉有限公司	819	1 年期
苏科贷 2	江苏法拉电子有限公司	600	1 年期
苏科贷 2	江苏金聚合金材料有限公司	1000	1 年期

（眭　琛）

2016 年丹阳市新增江苏省支撑计划项目

表 45

受理号	项目名称	申报单位	资金支持（万元）
SBE2016001493	汽车智能网联关键技术研究及可视化平台开发	江苏新通达电子科技股份有限公司	100
SBE2016000319	海洋工程用防漏油双骨架输送管的研发	江苏太平橡胶股份有限公司	100
SBE2016000078	双金属复合精密刀具用超硬高速钢细丝制备关键技术研发	江苏天工工具有限公司	120

（眭　琛）

防震减灾

【概况】 2016 年，丹阳市加强防震减灾工作，提升社会防御地震灾害能力，强化宣传教育，增强全民防震减灾意识。江苏省重点工程数字化深井建设完工，为丹阳市地震数据采集工作增添新的检测手段。全年新创建一个地震安全示范社区和一所科普示范学校。丹阳市获全省防震减灾综合评比县级组创新奖。（张先才）

【防震减灾宣传】 2016 年，丹阳市开展防震减灾宣传。开展防震减灾科普知识“进机关、进企业、进学校、进社区、进乡村、进家庭”宣传活动。开展纪念“5・12”防灾减灾日 8 周年活动，市地震局、经济开发区、民防局、广电局等 12 部门联合举办社区防震主题文艺晚会，宣传普及防震减灾法律法规及常识。丹阳凤凰艺术团自编自演紧贴防震减灾工作实际、具有地方特色文艺节目。利用“幸福丹阳乡村（社区）行”“文明丹阳村村行”和《纪念红军长征胜利 80 周年》等大型活动，把防震减灾知识多形式融入市民日常生活，全年演出 12 场次，受众 8 万余人次。利用各类媒体进行地震知识宣传，地震局网站开设地震科普宣传栏，广播电台开设《防震减灾》栏目，出租车投放防震减灾滚动标语，手机平台发送防灾减灾信息。市地震局提供地震应急演练指导服务，先后指导学校、社区等 6 个单位完成应急演练活动。印制《丹阳市防震知识手册》彩印本 3 万余册，向学校免费发放。在华南实验学校安装一台“地震预警终端”，为师生提供地震演练预警平台。（张先才）

【地震专业人员培训】 2016 年，市地震部门加强地震专业人员综合业务技能培训。培训专业人员独立完成海事卫星电话、对讲机、发电机、单人和多人帐篷的搭建和使用，做到单个合格，整体协调合拍。加强对全市5个宏观观测站的10名宏观观测员、15名防震减灾助理员和231名灾情速报员培训和管理，达到熟记动物异常反映，掌握辨别、验证异常能力，建立异常速报和异常处置机制。市地震局参加上级部门统一组织的各类业务培训和学习，全体班子成员参加国家地震局举办的远程视频讲座，提高组织指挥能力。（张先才）

【建筑抗震设防能力管理】 2016年，市地震部门全面加强建筑抗震设防能力管理。加强行政审批中心地震窗口管理，确保全市每个重点项目都按规定做好抗震设防。提高建筑物抗震性能，转发国家地震局《中国地震动参数区划图》（GB18306－2015），集中相关部门和单位组织培训和解读，全年对26个各类重大工程进行抗震设防要求审核和图审把关。加强老旧小区和棚户区改造新建工程抗震设计管理，确保达到抗御7度地震破坏的能力，对老住房进行抗震加固。（张先才）

气　象

【概况】 2016年，丹阳市依靠科技创新，强化公共气象服务引领，加快现代气象业务体系建设和深化各项改革，全面提高气象预测预报能力，气象防灾、应对气候变化、开发利用气候资源能力提升。发挥气象预警信息综合发布平台作用，建设高时效突发公共事件预警信息发布系统，完善城乡气象信息发布网络，在关键时期、重大天气过程和重要活动期间提供决策气象服务。向市农委、民政局、安监局、城管局等相关部门和市各企事业单位提供专项气象服务，在重大节假日、中高考、春运期间发布相应专题天气情况报告。全年共发布重要天气报告49份、夏（秋）收种服务和特色农气象服务材料20期，发布灾害性天气预警信息49次。（孔志平）

【气象综合监测】 2016年，丹阳市气象综合监测能力明显提升。全市建设双套运行自动站，集成云量云高、能见度、天气现象以及固态降水、蒸发、日照、冻土、辐射、电线结冰传感器，并配备相应地面综合观测业务软件系统。全市共建有五要素新型自动气象观测站16个、高速公路交通气象站点1个、农业小气候站2个、气象科普站2个，配备GPS/MET探测仪、自动土壤水分观测仪、能见度仪等先进专业设备。仪器设备运行正常，资料传输及时，在防汛减灾和夏秋收种等关键农事季节提供数据。（孔志平）

【气象灾害防御】 2016年，丹阳市气象灾害防御工作覆盖面扩大，由政府主导、部门联动、社会参与的气象防灾减灾机制初步形成。市气象局、市应急办与水利、农业、民政等部门形成常态化联防机制，初步建立乡镇气象信息员队伍，农村气象灾害防御体系加紧建设。由平面媒体、电视、广播、手机短信、电子显示屏等构成的气象灾害预警信息传播网络覆盖面明显扩大。普及气象灾害知识宣传进社区、学校、乡村、企业。开展世界气象日系列纪念活动，宣传气象知识和工作。（孔志平）

【2016年主要气象灾害】 2016年，丹阳市主要气象灾害：1.7月1－7日，受梅雨带影响，丹阳市出现连续性强降水，有72134人受灾，农作物受灾6355.5公顷，其中成灾2241.1公顷、绝收147.1公顷。倒塌房屋2间，损坏房屋23间，直接经济损失3595.0万元，其中农业损失2847.7万元、基础设施损失36.4万元、公益设施损失15.2万元、家庭财产损失359.5万元。2.7月20日－8月2日，受副热带高压控制，丹阳市出现连续高温天气，25日最高气温39.2度。有1人因中暑死亡，20余人因中暑住院。（孔志平）

综 述

【概况】 2016 年，丹阳市坚持“工作创建、内涵创新、作风创优”，基本完成教育现代化创建先进镇、先进学校（简称“双创”）工作，基本完成校舍安全工程，基本消除资源不足现象，教育各项工作取得阶段性成效。以开展镇江市教育现代化“双创”为载体，进一步提升教育现代化水平，全年有 7 个乡镇、22 个学校通过评估验收，通过率 96.7%，基本实现全覆盖。全面推进教育工程，拓展优质教育资源。教育主管部门和市、镇两级政府合力，推进校舍安全工程、教育重点工程和教育信息化建设。投入 2.76 亿元，完成中小学校舍消险 10.51 万平方米，中小学校舍消险总任务的 98.5%。投入近亿元，全面更新教育教学设备，所有学校都创建为数字化校园，教育信息化水平全面提升。启动“好老师”行动计划，重点抓好青年教师、拔尖人才两类群体培养。实施专业培训，注重教育思想引领，深化本土教育家思想研究和实践，出版《开示门径》等系列丛书，组织研讨论坛和参观活动，增强本土教育家思想对教育实践的指导。构建提升教育教学质量的长效机制。成立德育工作委员会，分片推进德育工作，组织学校申报心理健康教育特色学校，市云阳学校和市三中被评为江苏省心理健康教育特色学校。出台“加强教学工作的实施意见”等系列文件，加强学校教学工作调研，运用云教育平台，进行课堂展示和专题讲座，促进各校提高教学质量。全年教师参加省教育厅组织的公开课 6000 余节，获得省级评优课 100 余节，列镇江市第一。高考为标志的教育质量稳步提升，2016 年，本科达线率、名校学生录取人数等核心指标继续处于全省第一方阵、镇江市领先。丹阳市高中学生身体素质检测在镇江市获第一名。强化特色办学，丹阳市成功加入全国学校体育联盟，成为全国范围第一个“校园三大球”实验区，成功创建成江苏省校园足球试点县。10 所学校创建成全国青少年校园足球特色学校。学前教育积极推进课程游戏化建设，一批幼儿园成为省、市试点园。深化教育改革。改革职业教育，江苏省丹阳中等专业学校选择 4 家企业签署合作协议。改革教育督导制度，出台“教育督导评估制度改革方案”，协调研究和解决教育工作中重点、热点、难点问题。改革学前教育管理体制，将学前教育发展目标和重点建设任务纳入市政府与镇（区、街道）年度教育工作目标考核。改革教育评议，建立教育评议委员会制度，通过第三方评价等方式，开展“社会评教育、家长评学校、学生评教师、学校评机关”等评议工作。实施惠民教育，外来务工人员子女享受本地学生同等待遇，对经济困难学生实行免费教育，建立留守儿童资料库，改善市特殊教育学校办学条件。推进职业教育，江苏省丹阳中等专业学校成功创建国家级职业教育改革发展示范学校、第三批省高水平现代化职业学校。2016 年，丹阳市创建成江苏省“学前教育、义务教育、职业教育”示范区的县（市），7 家单位被评为江苏省教育工作先进集体。丹阳市参与由教育部委托的大市级义务教育基本均衡市和县级市优质均衡示范市的创建标准研制，接受并通过全国中小学校责任督学挂牌督导创新市省级评估验收。（袁军辉）

【全市教师队伍建设工作会议】 2016 年 8 月 25 日，丹阳市教师队伍建设工作会议在市教师发展中心召开。会上，市教育局局长韦立忠介绍丹阳市教师队伍的建设情况。“十三五”期间，丹阳将紧扣“丹阳好老师”行动计划主题，强化“乡村教师定向培养”“拔尖人才津贴发放”“高层次人才引进”，实施师德建设的“立德工程”、青年教师的“青蓝工程”、拔尖人才的“领航工程”、教师培训的“助力工程”，构建责任、管理、评价、激励、服务五项机制。副市长许伟在讲话中指出，丹阳的教师队伍建设要对标找差，工作举措上要精准施策，在保障机制上，要加强组织领导，加大经费投入，强化督导考核，统筹发展，着力培养一批有理想信念、有道德情操、有扎实学识、有仁爱之心的“四有”好老师。（袁军辉）

【全国学校体育联盟三大球实验区（丹阳）启动揭牌仪式】 为推动丹阳市以三大球为中心的“一校一品”体育教学改革发展，2016 年 10 月 20 日，丹阳市在市六中演播大厅举行全国学校体育联盟三大球实验区（丹阳）启动揭牌仪式。副市长许伟介绍丹阳市近几年不断加强学校体育、深化教体融合工作的情况，并与北京师范大学体育学院院长毛振明共同为全国学校体育联盟丹阳三大球实验区揭牌，为 15 所丹阳三大球实验区的实验学校授牌。“全国学校体育联盟”是教育部体卫艺司与北京师范大学中国基础教育质量监测协同创新中心共同建立，旨在推进全国学校体育改革的工作团队。加入全国学校体育联盟，对于全市加强体育学术研究引领，促进学生体质健康提升有着重要的意义。（袁军辉）

图 131　2016 年 10 月 20 日，丹阳市副市长许伟（左）与北京师范大学体育学院院长毛振明共同为全国学校体育联盟丹阳三大球实验区揭牌　（赵卫宁）

丹阳市教育局局管教育单位负责人

表 46

单　位	负责人	单　位	负责人
省丹中	朱禾勤	正则实小	赵辛辰
吕叔湘中学	邹立忠	丹凤实小	陈跃红
第三中学	王立新	特教中心	刘永维
云阳学校	丁叶俊	练湖中心校	陈国钰
第五中学	林辉民	前艾初中	陈玉武
第六中学	姜丹敏	荆林学校	束双林
第八中学	张文华	司徒中心校	陆志才

续表 46

单　位	负责人	单　位	负责人
第九中学	傅　辉	全州学校	步扬健
实验学校	诸华平	行宫中心校	张熙友
华南实验学校	王旭平	云林学校	杨勇杰
丹阳中等专业学校	黄　晨	麦溪中心校	孙军荣
教师发展中心	戎年中	横塘中心校	虞岳明
技工学校	黄　晨	珥陵中心校	王火平
河阳学校	郦仲兴	里庄中心校	钱明辉
司徒初中	钟东华	皇塘中心校	葛文虎
行宫中学	邹正良	蒋墅中心校	王朝军
延陵学校	石广生	匡亚明小学	蔡建良
麦溪初中	刘　忠	折柳中心校	许　瑄
横塘初中	眭国俊	陵口中心校	葛明辉
珥陵高中	魏洪平	吕城中心校	庞永红
珥陵初中	吉红军	运河中心校	赵建华
里庄初中	王辉国	窦庄中心校	周晓军
吴塘初中	黄长祎	访仙中心校	谭习龙
导墅初中	黄春方	前艾中心校	束伯华
折柳初中	顾　杰	马相伯学校	王国胜
陵口中学	叶应松	建山学校	孙诚华
吕城初中	庄天方	埤城中心校	单哲波
运河初中	吴勇俊	新桥中心校	陈全福
窦庄初中	方锁云	界牌中心校	李　强
访仙中学	欧阳忠	新区实小	钱志强
埤城初中	陈晋彦	新区幼儿园	顾丽琴
后巷学校	严东彪	云阳幼儿园	韦云华

续表 46

单　位	负责人	单　位	负责人
新桥初中	高礼平	后巷幼儿园	张丽华
界牌初中	王国忠	新桥幼儿园	汪　晔
实验小学	蒋红军	界牌幼儿园	景清华
正则幼儿园	吴益斐		
云阳第一中心幼儿园	王巧玲		

（袁军辉）

丹阳市教师发展中心

【概况】　2016 年，丹阳市教师发展中心为全面提高教育教学质量，立足校长和教师队伍建设，改革课堂教学，打造“活力课堂”教育品牌，确保丹阳市基础教育质量可持续发展。拓展教育干部培训。组建导师团队，采用多样形式调动参训者内在动力的培训活动，使校长培训类型系列化、课程规范化、成果显性化。结合教育教学改革现状，巩固横塘、珥陵、吕城、行宫、司徒、麦溪、陵口、折柳 8 所农村初中共同体建设，达到“互动开放、合作共赢”的目的；创新开展新任职校长、园长培训阶段考核工作，同时按照《丹阳市教育系统干部全员培训工作实施方案》的要求，做好全员培训工作。以促进教师发展为重点，充分发挥名教师工作室、市级学科中心组的指导作用，开展教学研究活动，全面推进素质教育；完善教育质量评估办法，开展丹阳市教育质量监测工作，提升区域教育教学质量。加强师德师风建设，改革干部、教师管理机制。推进研训一体化工作。开展“江苏省义务教育办学标准”评估体系的构建与指标解读工作，完成《县级教师发展中心“教科研一体”建设的行动研究——以丹阳市为例》等三个省规划办重点及立项课题的开题论证和研究工作。出版《丹阳教育家思想研究》丛书。9 月，中国教育学会在市教师发展中心挂牌成立“教育家成长研究丹

阳分基地”。（王剑沁）

【研训工作管理】 2016年的丹阳市青年教师基本功大赛，规模大，科目多，程序完备。市教师发展中心为做到客观、公平、公正，制定严密的竞赛方案，保证活动有序进行和竞赛结果的真实性，开展2015年新教师的分年段、分学科课堂教学考核培训，组织实施2016年新教师暑假封闭式课程培训，取得良好的培训效果。规范和健全全市7000余名教师的继续教育学时认定管理，在各类常规班正常运行的同时，新增7门学科青年名师班。根据“活力课堂”的研究成果，编纂“生态文明素养科普读本”1套9册丛书，由南京大学出版社出版。该书获省2106年少儿优秀图书二等奖。（王剑沁）

【各学段教学工作调研】 2016年，市教师发展中心为提升全市基础教育质量，对各学段教学工作进行调研。学前教育对10家幼儿园的一日保教工作调研，对各园调研情况进行反馈，促进幼儿一日活动质量的提升。小学教育，对10所学校的教学质量、专题项目调研，围绕主题开展各学科新秀班、名师班培训，发挥青年名师班在全市云教育课题研究中的带头作用，并鼓励其参加国家级课题研究。在市教学工作会议上，推出云课堂6节，受到好评，为研训一体化工作奠定良好基础。中学教育，在高中5所学校常规调研的基础上，学科质量监测工作涵盖初高中6个年级9门学科，进行55门学科的命题，64门科目的考试组织、阅卷及质量分析，引导学校规范课程实施，推动各校改进教学管理，完善教学管理机制。初中调研组织7门学科教师参加“沿江七县市区”同课异构教学研究活动。职业教育，着重抓好省职教教学评比、对口单招和省技能大赛工作。市教师发展中心组织全市教师基本功竞赛、优秀课评比、科技竞赛等活动，完成全市小学音乐教师全员培训，接受镇江市小学体育教学质量监测，协助完成2016年镇江市教师心理健康教育资格认证初中级培训和认证工作以及“镇江市心理健康教育特色学校”申报。（王剑沁）

江苏省丹阳高级中学

【概况】 江苏省丹阳高级中学是省四星级普通高中。2016年，学校推进依法治校，强化考核和队伍建设，学校管理水平全面提高，被省文明委评为“江苏省文明校园”“第三届长三角教育科研优秀团队”。教师队伍建设取得新成绩。重视名教师培养，有1人被评为江苏省特级教师、1人被评为镇江市学术技术带头人，有16人次在省市教师业务竞赛中获奖，有多人获得全国自制教具能手、江苏省理科实验说课大赛一等奖、江苏省科技创新大赛一等奖等。全面提高教学水平与质量。建设四年一贯课程体系，实现“国家课程校本化、校本课程特色化、活动课程系列化”目标，形成人生规划、科技创新、课题研究、体育艺术等校本课程，确立“竞赛服务于自主招生，自主招生服务于高考”的招生新思路，有序推进各年级的学科竞赛辅导工作。继续保持高考成绩优异的传统优势。2016届毕业生本一达线364人，达线率53%，本二以上达线645人，本二以上达线率93%。开展文化育人工程。以社团活动为形式，以主题教育为主线，以文化活动和科技创新活动为载体，推进全面发展。校团委被评为2015年度江苏省优秀共青团组织，娄宇轩被评为“全国最美中学生”，张芳妍被评为江苏省优秀学生干部。2016年，省丹中取得国家科技发明专利1项，获江苏省第二十二届青少年科技模型竞赛团体特等奖，江苏省科技创新大赛二等奖，江苏省国际科学与和平周全国金钥匙科技竞赛个人特等奖、一等奖各1项。重视阳光体育活动，推进体育选项教学和足球进校园工作。在镇江市中学生身体素质调研中，获第一名。校运动队获镇江市中学生田径运动会团体总分第一名，有3名学生获二级运动员资质。开展艺术活动，组织周末剧场、艺术特长展示活动。校艺术团获丹阳市中学生文艺会演团体一等奖，在镇江市高中艺术特长生才艺比赛中，20人获一等奖，10人获二等奖。学校积极组织学生开展各种竞赛活动，2016 年有 237 人次在省级以上奥林匹克竞赛中获奖。

（周建中）

【乡村中学政治骨干教师培育站启动】 2016 年 4 月 14 日，丹阳市乡村中学政治骨干教师培育站在省丹中举行启动仪式和第一次培训活动。启动仪式上，培育站主持人、省丹中副校长束晓霞介绍培育站的运行机制及研修内容。培育站导师王龙和介绍学员推荐选拔情况，明确学员职责。市教育局党委委员史辉金出席启动仪式，并对培育站工作和学员学习提出要求。启动仪式后，培育站导师王克苏为全体成员作《我的成长之路》的专题报告。报告会后，学员进行分组研讨。（周建中）

【省级课题开题论证会】 2016 年 4 月 11 日，省丹中召开《基于新技术理念的高中绿色生态化学实验研究》《大成智慧课堂的实践研究》两项省教育科学规划课题的开题论证会。镇江市教科所所长徐明、丹阳市教科所吴晓华、省丹中校长朱禾勤以及课题组核心成员参与活动。省丹中副校长潘国良、省丹中教师发展处吴必龙分别对主持的两个课题的核心概念、研究价值、研究内容、可能的创新之处以及课题立项以来的工作作重点说明。（周建中）

【詹姆斯密翰高级中学访问省丹中】 2016 年 7 月 4—5 日，澳大利亚詹姆斯密翰高级中学一行 26 人访问省丹中。7 月 4 日，省丹中在报告厅举行欢迎仪式。校长朱禾勤向澳大利亚客人介绍丹阳经济和社会发展情况以及省丹中的历史、教育教学成绩和国际交流情况，代表学校向詹姆斯密翰高级中学赠送校旗。詹姆斯密翰高级中学盖尔·泰勒校长回赠纪念品。访问人员参观省丹中教育教学成果展览室和笔架山。高一学生分别向客人介绍学校历史文化、校友风采。访问人员走进教室与学生进行交流，观看学生才艺展示。学校组织客人参观江苏省丹阳中等专业学校和万新光学眼镜有限公司、市特殊教育学校、江苏省美丽乡村建设示范村黄连山村。（周建中）

吕叔湘中学

【概况】 吕叔湘中学是江苏省四星级高中。2016 年有教学班 48 个、在校学生 2161 人、教职工 272 人。2016 年，学校被确定为全国学校体育综合改革实验实验学校（2016－2019 篮球）、获“我与外教”全国征文大赛优秀组织单位、全国青少年五好小公民主题教育读书征文活动示范学校、镇江市文明单位、镇江市中小学书香校园、镇江市餐饮服务食品安全量化分级管理 A 级单位、镇江市学生体质健康促进优秀监测单位、丹阳市“六强”先进基层党组织等多项荣誉。（袁东波）

【毛新宇夫妇向宏志班捐资】 2016 年 4 月 21 日，毛新宇夫人刘滨在镇江市副市长孙晓楠、镇江市妇联主席胡云霞的陪同下到吕叔湘中学，以毛新宇夫妇名义向吕叔湘中学宏志班捐赠爱心助学金 12 万元并赠言宏志班学生。吕叔湘中学于 2008 年与丹阳市民政局、慈善总会联合开办宏志班，为一批家庭困难、品学兼优的学生架设成才通道，社会效应显现。（袁东波）

图 132 2016 年 4 月 21 日，刘滨（左）以毛新宇夫妇名义向吕叔湘中学宏志班捐赠爱心助学金（袁东波）

【校篮球队获江苏省青少年校园篮球联赛苏南区亚军】 2016年7月6—10日，“奔牛杯”江苏省青少年校园篮球联赛暨第二十三届中学生学校篮球锦标赛（苏南高中男子组）开幕式在江苏省省奔牛高级中学举行。此次比赛由江苏省教育厅和江苏省体育局主办，江苏省学生体育协会协办，常州市新北区社会事业局教育文体局和江苏省奔牛高级中学承办。7月10日，A组南通大学附属中学和丹阳市吕叔湘中学、B组常州市第二中学和江苏省奔牛高级中学进行交叉决赛，吕叔湘中学篮球队获亚军。

（袁东波）

丹阳市第三中学

【概况】 市三中是镇江市首批现代化学校。2016年有教学班31个、学生936人、教职员162人，专任教师学历达标率100%。学校重视学生的全面发展，严格按照教学规范，开设施教各门课程。学生欧阳雨昕获江苏省“中学生与社会”作文大赛一等奖；3名学生在第二十七届江苏省青少年科技创新大赛丹阳赛区获奖。在江苏省第二十三届中小学科技模型竞赛（丹阳赛区）中，学校获初中组团体三等奖，3名学生获初中组个人奖。围绕国家级子课题《初中生合作精神的培养》和镇江市立项课题《初中生个性背景下的小班化实践研究》，深入推进小班化、小组合作课题的研究工作。直接从事教学工作的教师积极申报课题，参与各级各类课题研究。定期举行青年教师发展论坛活动，促进教师整体素质的提高。朱铭获镇江市中小学（职业学校）班主任基本功大赛二等奖，谭丽花等6人在丹阳市中小学青年教师教学基本功大赛中获奖。3人获丹阳市优秀教育工作者称号。学校“小班化背景下的‘导学展练’课堂教学模式研究”项目被丹阳市教育局评为学校内涵创新项目优秀奖。学校获得江苏省健康促进学校（铜牌）、镇江市节水型学校、镇江市中小学学生社团建设优秀学校等多项荣誉。

（徐东方）

【导学展练小组合作学习】 2016年，市三中先后派员外出观摩学习，校内多次举行省、市级小组合作学习研讨交流活动，为学校推进小组合作学习奠定坚实基础。暑期，学校成立课改领导小组，组建课改“五大体系”核心小组，对相关教师进行指导培训，并编印《小组合作教师工作手册》和《小组合作学生培训手册》。新学期基于小班化特点开展的“导学展练小组合作学习”模式，在初一年级全面推行。

（徐东方）

丹阳市云阳学校

【概况】 市云阳学校是“九年一贯制”学校。2016年有教学班79个、学生3520人、教职工340人。学校以建设现代学校为总目标，紧抓创建省文明校园机遇，积极参与“全国文明城市创建”各项工作，努力打造符合现代学校的内涵建设，改进学校内部管理，全面提升学校办学质量。学校获“国家社科基础课题骨干学校”称号，成功创建江苏省文明校园，获江苏省心理健康特色学校、江苏省生态文明示范校、镇江市养正学堂先进校、镇江市教育装备管理与使用先进学校等荣誉。

（唐 红）

【江苏省文明校园创建】 2016年，市云阳学校不断强化校园文明建设，努力做到“文明校园六个好”（领导班子建设好、思想道德教育好、活动阵地好、教师队伍好、校园文化好、校园环境好），先后多次被评为“镇江市文明单位”。2016年，市云阳学校全体师生秉承传统，与时俱进，打造符合现代学校的内涵建设，改进学校各项管理，9月成功创建“江苏省文明校园”。

（唐 红）

【家长学校办学取得成果】 市云阳学校是全国优秀家长学校、江苏省家长学校示范校。

2016年，市云阳学校《家长学校在家庭立德树人方面作用的研究》课题获丹阳市优秀教育教学成果奖。该校14位教师撰写《未成年人心理健康教育读本——家长篇》一书。《“互动式”家长学堂课程建设与实践研究》获得丹阳教育内涵创新一等奖。学校加大心理健康教育教师的培训力度，开展学生心理健康讲座，开展心理社团活动，承办丹阳市心理健康教育教师骨干班的考核。学校被评为“江苏省心理健康教育特色学校”。（唐　红）

丹阳市第五中学

【概况】 市第五中学是江苏省四星级高中。2016年有教学班51个、学生2400余名、教职工282人。学校重视品牌建设，创建江苏省普通高中课程基地建设项目，获江苏省青少年科技教育五星级先进集体、江苏省健康促进银奖学校、镇江市文明单位、镇江市教育现代化先进学校、镇江市依法治校示范校、镇江市中小学心理健康教育特色学校等荣誉。教师队伍建设成效显著。孔邦新被评为江苏省优秀教育者。在江苏省教师教学基本功比赛中，3名教师获奖。《高中生数学核心素养培育的实践研究》课题获江苏省教育科学“十三五”规划2016年度立项，另有8个课题获批为镇江市教育科学“十三五”规划2016年度立项课题。林伟民、侯建成著作的《活力课堂——让课堂焕发生命活力的教学艺术》获江苏省教育科学研究成果三等奖。高中语文和高中数学两个名教师工作室，开展形式多样的研究活动，为青年教师的成长搭建平台、创造条件。建设江苏省科学教育课程基地，组织参加科学教育等竞赛活动。在2016江苏省仿生机器人创意大赛暨凤凰EQ机器人大赛中，市五中获一等奖。学校获第十六届江苏省青少年机器人竞赛活动团体一等奖、丹阳市第二十三届高中生模型竞赛团体一等奖。体育教育成绩取得突破，在2016年镇江市中小学生田径运动会上，校田径队夺得团体总分第一名。继续保持艺术教育优势，学校“梦之韵”合唱团在教育部举办的第五届全国中小学生艺术展演活动中获二等奖。

（夏一生）

【校合唱团获第五届全国中小学生艺术展演活动二等奖】 市五中以开设艺术课程、开展艺术社团活动以及举办校艺术合唱节等形式提升学生的艺术品位和审美情趣，是“江苏省艺术教育特色学校”。2016年4月11—16日，市五中“梦之韵”合唱团到青岛参加由教育部主办的全国第五届中小学生艺术展演活动，获二等奖。全国中小学生艺术展演每三年举办一次，是全国规格最高、规模最大、影响最广的中小学生艺术盛会。第五届全国中小学生艺术展演共有633所学校的7000多名中小学师生参加。

（夏一生）

图133　2016年4月11—16日，市五中“梦之韵”合唱团到青岛参加由教育部主办的全国第五届中小学生艺术展演活动

（夏一生）

【科学竞赛获得省级奖】 市五中是江苏省科学教育特色学校、江苏省青少年科技教育五星级先进集体、江苏省首批STEMA项目实验学校，拥有江苏省科学教育课程基地，组建科技实验中心和科技教师工作室。2016年，市五中课程基地开设创客中心、机器人、电子电工、航模、3D打印实验室、科技成果展室等实验项目。学校师生在青少年科技创新大赛、青少年机器人

竞赛、金钥匙科技竞赛、仿生机器人创意大赛等比赛中获得江苏省特等奖和一等奖。（夏一生）

丹阳市第六中学

【概况】 丹阳市第六学是江苏省四星级高级中学。2016 年有教学班 60 个、学生 2700 余名、教职工 286 名。按照“立德树人”的总要求，引导教师规范行为，坚守师德师风。进行生本教育改革，“生本理论与教学实践、生本教学与生本管理、主课题与子课题”同步推进。改进教学方式，开设生本比武课，进行生本教育研讨，上传生本教育研讨信息，出版生本教育专著《追寻生本教育之梦》，获江苏省第四届教育科学优秀成果实践探索三等奖。打造名优教师，以“姜丹敏生本教育工作室”为平台，通过培训、名师指导、交流讲学、课题研究等形式，培养名优教师群体。姜丹敏被评为江苏省第十四批特级教师，多名教师获丹阳市表彰。开展教育科研，以“省教科院高中基地学校”活动和生本研讨为载体，促进教师教科研的水平和能力提升。成功申报并立项 2 项省规划课题和 20 项丹阳市级小课题，在全国“一师一优课”网上晒课活动中，2 名教师获教育部评优课，1 名教师获省级评优课，168 篇论文获省市级不同奖项。学校获得镇江市优秀自制教具评选先进单位荣誉。开展“民族团结进步年”活动，提高新疆学生的思想水平。新疆部工作获上级部门好评。2016 年，该校获“江苏省文明校园”“江苏省青少年科技教育先进学校”等荣誉。（朱丹平）

【校安工程改造项目】 2016 年，市六中依据《丹阳市中小学校安工程 2013—2017 年规划》，投入资金 1000 余万元，推进校安工程，改造总面积约 3500 平方米学生教工食堂和 2370 平方米的学生公寓，年底全部竣工。投入资金 200 余万元，扩建教师办公室、升级教育教学硬件设备，满足教师办公需求，进一步提高学校现代化办学水平。（朱丹平）

【宣传建校 20 周年纪念活动】 2016 年是市六中建校 20 周年。根据社会发展的趋势，结合办学实际情况，市六中以“浓厚宣传氛围、彰显办学历史”为目标，收集整理 20 年来学校发展的历史和办学成果，拍摄电视宣传片，对校史馆进重新行装潢与布展，编纂校史纪念册，在媒体发表文章，纪念建校 20 周年。（朱丹平）

【足球校园建设】 2016 年，为继续保持足球教育的传统优势项目，市六中完善领导组织，实施科学训练，强化后勤保障，普及校园足球。11 月，市六中足球代表队参加“镇江市市长杯校园足球联赛总决赛”高中组比赛，男女队均获冠军。在全省体育传统校的复评中，再次被评为“江苏省体育传统学校”。10 月 20 日，丹阳市在市六中演播大厅举行全国学校体育联盟三大球实验区（丹阳）启动揭牌仪，市六中成为“全国学校体育联盟三大球（足球）实验学校”。（朱丹平）

丹阳市华南实验学校

【概况】 市华南实验学校是“九年一贯制”学校。2016 年，小学部有教学班 56 个、学生 3074 名，初中有教学班 57 个、学生 3430 名、在编教师 360 余名。

学校以“工作创建、内涵创新、作风创优”为重点，深化教育改革，丰富教育内涵，提升教育教学质量。2016 年中考，230 人被省丹中统招，小学毕业会考、三年级质量统测，各科质量均居全市前列。紧扣“文化校园、魅力教师、生态课程、活力课堂、绿色质量”的发展思路，推进社团活动从“兴趣化”走向“课程化”。在 2016 年镇江市中学生文艺汇演中，2 个节目获一等奖，1 个获二等奖，青少年篮球、中小学足球、围棋、教工男子篮球等体育项目在省市各类比赛中获奖 30 余项，中学生田径运动会获团体第三名，省仿生机器人创意大赛获小学组特等奖 1 个、一等奖 2 个，其他科技比赛 141 人次获省级奖，取得 4 项发明专利。体育类社团获省市等级奖 30 多项。在省“小小数学家”竞赛中，17 人获省一等奖。学校被评全国体育联盟学校、第二批全国足球学校、江苏省初中课程建设特色学校、江苏省诗教先进单位、江苏省篆刻基地、镇江市科研孵化基地、镇江市中小学社团联盟。各项教育成果被媒体宣传推广。社团活动电视片《社团五彩路，放飞中国梦》在全省中小学社会主义核心价值观教育经验交流暨德育工作会议上进行展播交流。学校被镇江市教育局批准为“社团联盟学校德育实践基地”。

大力实施“1369”工程（1 年适应并胜任教学、3 年出成绩、6 年成骨干、9 年成为学科带头人），促进教师发展。2 名教师获评江苏省第十四批特级教师，7 人入选丹阳市“特后培训班”，15 人入选丹阳市“青年名师班”，1 人被评为江苏省优秀教育工作者、1 人被评为镇江市初中段十佳教师，50 余人受省市各类表彰，学校获评“丹阳市中小学教师队伍建设先进学校”。发挥名师工作室示范辐射作用。张锁荣、王旭平、邵卫平名师工作室，引领学科改革和学术研究。王旭平工作室出版专著《初中记叙文升格训练》，成为丹阳市初中作文教学校本教材。推广创新项目成果，在前期研究《九年一贯制学校学生社团的管理和实践研究》的基础上，开展项目实践操作，被省规划办确立为立项课题。（孙书平）

【华南实验学校东校区竣工】 市华南实验学校东校区是丹阳市重点民生工程。2015 年 8 月开始筹建，2016 年 12 月工程竣工。东校区总投资约 9800 万元，占地面积 5.67 万平方米，建筑面积 4.18 万平方米，设计普通教室 70 个，可接纳学生 3500 余人，东校区将于 2017 年 9 月投入使用，形成“一校两区、同步发展”办学格局。（孙书平）

图 134　2016 年 12 月竣工的市华南实验学校东校区

（孙书平）

江苏省丹阳中等专业学校

【概况】 江苏省丹阳中等专业学校是国家中等职业教育改革发展示范学校、江苏省首批四星级暨高水平示范性中等职业学校。2016 年，在校生人数 4000 余名、专任教师近 400 人，有机电、商贸、信息、综合高中四个专业部，开设机电技术应用、计算机网络技术、眼视光与配镜、会计、酒店服务与管理等 20 个专业。在 2016 年江苏省对口高考中，学校有 88 人达本科分数线，占镇江市总达线人数的 47.6%，在镇江市职业学校 13 个专业中该校有 9 个第一。本科达线人数和本科录取率均居镇江市职业类学校第一；在职业院校技能大赛中，获得 2 块国家级金牌、2 个省级一等奖、9 个省级二等奖；在全国职业院校建筑信息模型（BIM）技能比赛中，获得 1 个特等奖、1 个一等奖；在全省课堂教学大赛中，获得 1 个一等奖、1 个二等奖；在第七届江苏省职业教育创新大赛中，获得1个一等奖、3个二等奖；在第七届江苏省文明风采大赛中，获得5个一等奖、4个二等奖；在江苏省第三届职业学校田径锦标赛中，获得中职组团体总分第二名；在江苏省第三职业学校足球锦标赛中，获中职组第二名。学校获江苏省教育工作先进集体、江苏省中小学心理健康教育特色学校等荣誉。（钱文彦）

【“江苏省高水平现代化职业学校”项目建设】 2012年，为加快现代职业教育建设，江苏省重点建设一批高水平现代化职业学校，引领全省职业学校深化内涵发展、科学发展，全面提高教育教学质量。2013年，江苏省丹阳中等专业学校被省教育厅列为江苏省高水平现代化职业学校。该项目计划建设经费1000万元。学校按照省教育厅的“建设标准”和“创建计划书”的要求展开建设。经过三年努力，完成项目建设，各项指标均达标。2016年12月份，通过省教育厅验收。（钱文彦）

【现代职教体系建设】 2016年，丹阳中等专业学校落实省政府“关于加快推进现代职业教育体系建设的实施意见”，与江苏联合职业技术学院联办5年制高职（机电一体化技术、眼视光技术），与三江学院联办“3+4”本科分段培养项目（机电技术应用、电子技术应用），与常州工程职业技术学院（计算机平面设计专业）、常州轻工职业技术学院（机电技术应用、数控技术应用专业）、常州机电职业技术学院（汽车运用与维修、市场营销专业）、江苏经贸职业技术学院（会计专业）、常州信息职业技术学院（计算机网络技术专业）联办“3+3”中高职分段培养项目。学校成为本科分段培养、“五年一贯制”专科、综合性高中、中专和开放大学在内的综合性职业学校。（钱文彦）

丹阳市技工学校

【概况】 2016年，市技工学校以“资源共享，错位发展，稳步推进”的模式与江苏省丹阳中等专业学校共同办学。全校有在校生600余人、教职工48人，设有机电一体化、数控加工、汽车检测与维修、铁路客运服务、焊接加工、计算机等专业以及与之相配套的实验实训场（室）。学校坚持“使学生满意，让家长放心，受企业欢迎，为社会称赞”的办学理念，秉承“严管理、强素质、重技能、高就业”的办学特色，服务地方经济建设需要，培养道德素质与技术能力兼备的技术型、技能型、创新型人才。8月，学校通过江苏省技工院校教学管理规范评估。2016年，市技工学校与丹阳市人社局合作，开展失业职工职业指导和新增职工培训。其中失业职工职业指导培训人数500余人，新增职工培训100人。与江苏汇能锅炉有限公司合作，对该公司从事焊工的职工进行专业技能的培训，并协助该公司举办丹阳市“汇能杯”焊工技能竞赛。11月9日，参加镇江市技工院校羽毛球比赛，教工代表队获得团体第一名，孙梦蝶获得学生组女子单打第一名。（丁松民）

丹阳市第八中学

【概况】 市八中是江苏省示范性初中。2016年有教学班38个、学生2170名、教职工139名。该校以教师学生全程合作为教学理念，推进课程改革，实现教学高质量。在教育过程与课堂教学中，实施“面向全体、关注个体”的教学策略，教育教学质量全面提高，再获丹阳市初中教育质量综合评估优胜奖。学校努力实现办学水平的多元提升。发展艺术、科技、体育特色建设项目，2016年有管乐、素描、版画、刺绣、合唱、舞蹈、戏曲等36个学生艺术社团。全年有16人次在省、市各类科技比赛中获奖。校男子足球队获丹阳市中学生足球比赛第一名。学校获镇江市社团建设优秀集体、镇江市艺术教育特色学校等荣誉。学校开展艺术特色、数字化校园、优秀社团等创新项目创建工作。借助研究成果，分步骤、多渠道、全方位打造“高效、愉悦”的课堂，构建“预习自学、合作解释、展示点津、探索迁移、达标检测、总结升华”的高效课堂模式。围绕学校主课题《初中教师教育实践专业发展研究》，新建15个子课题组，重点推进“高效课堂”与“全程合作”的融合性研究。2016年，1名教师获全国青年优质课二等奖、1名教师获江苏省青年教师基本功大赛一等奖、2名教师获江苏省优质课评比一等奖，另有多名教师在镇江市和丹阳市教学中获奖。（傅晓霞）

丹阳市第九中学

【概况】 市九中是江苏省示范初中、镇江市教育现代化初中、镇江市教育现代化先进学校。2016年有教学班28个、学生1400余人、教职员工125人。学校以“上善若水”为办学理念，抓学生养成教育，组织开展“五好小公民”读书活动、小黑板文化建设、魅力校园文化艺术节、阳光体育节、科技节、学生巧手比赛、美善学生评选等主题教育活动，培养学生文明行为，促进学生健康成长。学校推进高效课堂建设，努力打造“崇善课堂”教学模式，举办面向镇江市范围的教学节，组织青年教师开展教学比赛，教学质量不断提高，2016年有54.1%的毕业生考入江苏省四星级高中。学校完善“一月一比赛一讲座”校本培训机制，提升教师的师德素养和专业技能，1名教师获全国高效课堂教学大赛一等奖，1名教师获省班主任基本功比赛二等奖，6名教师获丹阳市教学基本功比赛一、二、三等奖。学校重视课题研究，2个省级课题、4个镇江市级课题研究取得阶段性成果并得到推广。学校获得全国学校体育联盟学校、体育综合改革足球项目实验学校、江苏省第九届中学生武术锦标赛团体一等奖、镇江市中小学学生社团建设优秀学校、镇江市中小学书香校园、镇江市中小学学生社团建设优秀学校、镇江市养正学堂先进校等多项荣誉。（蔡　斌）

【获省中学生武术锦标赛团体一等奖】 市九中大力推进“武术文化”特色建设，武术队多次参加省市比赛。2016年11月25—27日，在由江苏省教育厅和江苏省体育局主办、太仓市教育局和太仓市体育局承办的江苏省第九届中学生武术锦标赛中，市九中武术队发挥出色，在42支参赛队中取得团体集体刀术和集体拳术一等奖以及单项二金四银的成绩，被授予“体育道德风尚奖”。这是学校连续九届获得江苏省中学生武术比赛团体一等奖。（蔡　斌）

丹阳市实验学校

【概况】 市实验学校为“九年一贯制”学校。2016年有教学班94个、学生5016名、教师345名。学校遵循“自然、自主、自在”的办学理念，围绕创建优质均衡特色教育品牌，大力推进内涵建设，不断提升办学品位。开展戴伯韬教育思想研究、“三自课堂”研究，构建特色文化。校长诸华平在全国著名教育家教育思想报告会苏派教育论坛、第九届江苏省初中校长论坛沙龙研讨会作专题交流。内涵发展项目《构建“三自课堂”行动研究》获丹阳市学校内涵发展创新项目成果奖。学校被评为“江苏省课程建设特色学校”。开展班花义卖、新生入学入队仪式、“知名人，学名人，做名仕”等特色德育活动，锻造班花名人建设德育品牌。学校师资建设经验被《新华日报》报道，获“丹阳市教师队伍建设先进学校”称号，教师许明被评为“江苏省特级教师”。中学组运动队获市中小学田径运动会团体总分第一名，男子群舞《黄河》获镇江市中学生文艺会演一等奖并参加江苏省首届少儿春晚节目录制。在第二届“李燕杰杯”全国演讲大赛取得特等奖和一等奖。2016年，学校获江苏省防震减灾科普示范学校、江苏省优秀生态学校、江苏省红十字示范学校、镇江市依法治校示范校、镇江市中小学学生社

团建设优秀学校、镇江市书香校园、镇江市艺术教育特色学校等荣誉。 （李芸华）

图 135 市实验学校男子群舞《黄河》，获镇江市中学生文艺会演一等奖并参加江苏省首届少儿春晚节目录制 （李芸华）

丹阳市实验小学

【概况】 2016 年，市实验小学有教学班 53 个、学生 2295 名、教师 174 名。学校围绕“学校搬迁”“学校创建”“文化传承”“创新项目”“绿色质量”五大目标全面推进现代教育，不拘一格发展学校，成就才情教师，培育本色儿童。学校新建工程项目于 8 月 20 日完工。2016 年，学校先后获得江苏省文明校园、江苏省艺术特色学校、镇江市文明单位、镇江市中小学学生社团建设优秀学校、镇江市中小学书香校园等荣誉，张学伟被评为 2016 年度全国“十大青年语文教师”，任金辉被评为“镇江市十佳教师”，蒋亚萍被评为“教学工作先进个人”，多位教师获得年度先进个人称号。 （江志伟）

【“小记者”采访全国“两会”】 2015 年，《丹阳日报》联合教育主管部门在全市中小学生中招募聘用“小记者”，丹阳日报社在市实验小学成立小记者站。“小记者”利用课余时间参加新闻采访、写作、摄影等活动，在实践锻炼中体验社会、增长知识。2016 年 3 月 10 日，丹阳市实验小学的两名《丹阳日报》“小记者”束可越、汪幸如到北京“全国两会代表委员面对面”现场，采访全国政协委员、清大筑境规划建筑设计研究院副院长许进、探讨有关城市发展等问题。 （江志伟）

图 136 市实验小学“小记者”到“全国两会代表委员面对面”现场，采访全国政协委员、清大筑境规划建筑设计研究院副院长许进 （江志伟）

【获省“校园之间”智力竞技特等奖】 2016 年 5 月 13 日，江苏省第十届金钥匙“校园之间”智力竞技活动于 5 月 13 日在扬州市举行。金钥匙“校园之间”智力竞技活动由江苏省教育厅、江苏省科学技术协会、江苏省精神文明建设指导委员会办公室、江苏省科学技术厅四个部门主办，《科学大众》杂志社承办。全省共有 200 余所学校组队参赛，市实验小学以优异的成绩进入决赛，获团体特等奖和优秀组织奖。 （江志伟）

【张学伟获评全国小语“十大青年名师”】 2016 年，《小学语文教学》编辑部、《小学教学设计》编辑部、全国小学语文名师工作室联盟联合举办的 2015—2016 年度小语“十大青年名师”评选活动，市实验小学校特级教师张学伟获 2015——2016 年度小语“十大青年名师”称号。 （江志伟）

文化·新闻

栏目编辑 孙晓霞

文 化

【概况】 2016年，丹阳市文化事业取得新进展。对三吕故居、华东财经委旧址、张家大院文物进行修缮，综合文化服务中心建设吸引新疆维吾尔自治区文化厅等外省市文化部门参观学习。品牌文化活动丰富，以“时代潮”广场文化为代表的品牌文艺活动丰富群众的业余文化生活；抢救丹剧艺术、振兴剧团发展取得突破。市戏剧总团彻底摆脱困境，地方戏曲丹剧得以传承与发展；文物安全工作走在全省前列，全市121处文保单位安装160个电子监控探头，实现文物实时远程保护。2016年，丹阳市被江苏省新闻出版广电局命名为“2015年度江苏省‘无小耳朵社区’创建工作标兵县（市区）”，市文广新局获得“2016－2018全省新闻出版广电（版权）依法行政示范点”“2014－2016年度江苏省文物行政执法案卷二等奖”“江苏省第一次全国可移动文物普查先进集体”等荣誉，涉民涉企科室“千人现场评议”活动中获“优质服务科室”称号。承办“第七届江浙沪文物行政执法合作联席会议”，丹阳市在会上作先进经验交流。 （孙 芳）

群众文化

【概况】 2016年，丹阳市加快构建现代化公共文化服务体系，全面推进基本公共文化服务均等化，在全市深入开展文化惠民工程。以市文化馆、镇（街道）文化站、村（社区）综合性文化服务中心和文化广场文艺团队为架构，建设具有丹阳地方特色的文化馆总分馆，形成“设施成网、资源共享、人员互通、服务联动”的文化馆总分馆服务体系，开展人员、设备、服务“三配送”。至年底，完成建设任务，形成3个示范点；实现村（社区）综合文化服务中心全覆盖，193个村（社区）全部建成综合文化服务中心，建成12个示范点；大力开展品牌文化活动，市文化馆先后举办迎春文艺晚会、闹元宵灯谜竞猜、丹阳市广场舞大赛、第三届方言小戏小品大赛和基层文艺巡演，吸收城乡群众的广泛参与。市图书馆举办《舌尖上的春节》和《现代文民礼仪》图片展。市总前委旧址纪念馆成为首批丹阳市干部教育培训现场教学基地和镇江市社会科学普及示范基地，相继举办《走进经典书画展》和《红军长征胜利80周年图片展》。市美术馆先后组织《新桥书画摄影展》《女书画家作品联展》等。抢救丹剧、振兴丹剧团发展取得重大突破。市戏剧总团年度预算增至四百余万元，使剧团彻底摆脱困境，走上健康发展之路。市戏剧总团排演现代丹剧《江姐》，举办50场公演。（孙 芳）

【中秋诗会】 2016年，丹阳市文广新局为扩展“中华诗词之乡”创建成果，倡导全民阅读、推进书香丹阳建设，以中秋为节点，在万善公园举办“月是故乡明”中秋诗会，用艺术形式引导和提升群众文化的普及与提高。舞美设计采用天上明月、空中灯塔、地上古桥、湖中倒影的自然景观设计理念，突出望月、怀月、追月，传承和弘扬中秋文化。诗会活动朗诵10余首古诗并配以舞蹈、书法、武术等表演。（张　丹）

【“艺术之源”全民艺术普及活动】　2016年，丹阳市文广新局根据镇江《全民艺术普及三年行动计划》相关要求，结合自身特点，以“艺术之源”为主题，从艺术知识、艺术欣赏、艺术精品、艺术技能、艺术活动五个方面，开展包括文学、绘画、书法、摄影、音乐、舞蹈、戏剧、曲艺等艺术门类的全民艺术普及系列活动，利用艺术讲座、艺术课堂、文艺演出、艺术展览展示等载体，采取一月一次的集中培训和每周一次的小课式培训等方式，针对学校、机关、企业、社区、乡镇等不同群体，开展形式多样的全民艺术普及活动106场，建设全民艺术普及品牌5个，创建全民艺术普及示范基地10个，普及全民艺术知识，营造和谐稳定的社会风尚。（张　丹）

各镇（区、街道）文体中心负责人

表47

镇（区、街道）	负责人	镇（区、街道）	负责人
开发区	毛晓红	皇塘镇	姜建红
云阳街道	张玲芳	吕城镇	吴益芳
司徒镇	王木荣	陵口镇	吴东伟
延陵镇	贡云霞	访仙镇	蒋国炎
珥陵镇	王丽萍	界牌镇	黄　跃
导墅镇	王　晖	丹北镇	戎贺彪

（张　丹）

文物保护管理

【概况】　2016年，丹阳市文广新局坚持“保护为主、抢救第一、合理利用、加强管理”的文物工作方针，加强重点文物保护，在“如何让文物‘活’起来”上动脑筋、做文章。第一次可移动文物普查顺利结束。在全省范围内率先实现文物保护监测预警机制全覆盖，采取“以租代建”模式，全市121处文保单位安装160个智能高清监控探头，实行24小时远程网络监控。创新启用计算机辅助设计软件，为全市45家建筑类文保单位设计三维模拟图，使文物修复达到预期效果。出台《文物保护以奖代补管理办法》，对新四军江南指挥部旧址进行修缮。积极推进张家大院、华东财经委旧址、三吕故居和新四军江南指挥旧址修缮等工程。推进葛城遗址保护工程，完成凤凰山遗址公园建设工程考古勘探工作，启动实施丹北镇管山遗址考古工作。建立健全业余文保员管理制度，全面落实与公安部门联合巡查机制，确保各级文物安全。（孙　芳）

【非物质文化遗产传承保护】　2016年，丹阳市文广新局组织“丹玉香醋酿造技艺”申报第五批镇江市级“非遗”名录。重视“非遗”宣传，在《丹阳日报》开辟“非遗”专栏，宣传本地“非遗”项目及传承人，刊登国家、省市级“非遗”项目简介19项。做好“记忆工程”数字化采集工作，对42项“非遗”项目及传承人进行数字化录入。组织“丹阳啷当”培训班，采取专家讲解、“非遗”传承人现场演唱等形式，将“非遗”文化带到百姓身边。以京杭大运河“非遗”项目为主题，举办“我眼中的‘非遗’”全市摄影作品大赛、“京杭大运河非物质文化遗产摄影展”丹阳巡展活动，促进丹阳市非物质文化遗产的保护和传承。（孙　芳　荆　红）

【“走进经典”书画展】　2016年2月26日，由丹阳市委宣传部、民盟丹阳市委员会主办的“走进经典”书画展在总前委旧址纪念馆举行开幕仪式，市领导任剑平、许伟、王为华、贺云华等出席仪式。此次展览由怡情轩博物馆从众多馆藏品中选择出67幅书法、绘画精品，藏品跨越宋、元、明、清至近代。本次书画展览档次为丹阳历年来最高，为推动丹阳市艺术收藏

和展览提升起到一定的引导作用。（王玉娟）

【中共建党及红军长征胜利图片展】 2016年6月30日，丹阳“红色老人”马勇的“流动红色纪念馆”在丹阳总前委旧址纪念馆举行中共建党95周年暨红军长征胜利80周年图片展开展仪式。展出的1216幅图片及文字资料是马勇从报刊上摘取的。图片展浓缩中国共产党95年来的伟大历程，展示改革开放30多年来中国经济社会发展取得的突出成就。（王玉娟）

【纪念孙中山诞辰和国家公祭日图片展】 2016年11月8—12日，丹阳市文广新局举办纪念孙中山先生诞辰150周年图片展。展览共展出800多张照片，由“推翻封建帝制创立共和”“支持新政权强国富民”和“振兴中华同心共筑中国梦”等部分组成，以时间为轴，以点带面、图文并茂地概括孙中山在辛亥革命、民国时期做出的重大贡献。2016年12月12日，在总前委旧址纪念馆举办南京大屠杀死难者第三个国家公祭日图片展。展览共展出1312张图片，分“日军新罪行”“日军暴行”“八年抗战”等8个主题。（王玉娟）

文化市场管理

【概况】 2016年，丹阳市深入推进文化市场规范化建设，深化行政审批制度改革，实行“一纸性告知”，严把审批关。利用“互联网+”信息技术，进行“双随机”检查（在线随机选择检查对象、随机选择执法检查人员），做到全程留痕、责任追溯。落实行政许可和行政处罚信用信息“双公示”工作。开展普法宣传，增印《版权登记与维权入门》及“版权登记与维权指南卡”，向市民展示、发放，举行《中华人民共和国版权法》企业法人专题培训与讲座。以皇塘镇、导墅镇、眼镜市场、汽配市场为重点现场登记版权作品，登记版权作品64件。开展“小耳朵”整治工作，增强广播电视广告和安全播出管理，加强农村公益电影放映的管理和经营性电影市场的规范，争取应急广播“村村响”试点县市建设。开展“扫黄打非”，“假日”文化市场、农村庙会市场“净演”，出版物净化，保护知识产权等12次专项行动，共收缴各类侵权盗版音像制品5600余张（盘），查缴涉嫌淫秽色情光盘131张（盘），查缴侵权盗版图书（含教辅教材、工具书、64K卡通口袋本）482本（册），没收无证经营游戏机13台、赌博机18台、电路板32块、非法安装的广播电视接收设备800余套（件）。依法取缔无证无照经营的游戏室6家、歌舞厅4家、音像书摊点9家、演出小团队1家、“黑网吧”2家，函告消防部门责令改正59家。（孙　芳　倪忠琴）

图书事业

【概况】 2016年，丹阳市图书馆围绕搞好公共文化服务，落实各项工作目标责任制，利用馆藏资源，充分发挥图书馆的职能作用。至年底，总藏书量534156册，年新增图书17718册、报纸100种、杂志550种。持证读者总数21696份，流通人次127954人。为广大读者提供优质服务，开展《舌尖上的春节》《现代文明礼仪》图片展、《红色记忆经典连环画展》等主题展览活动，组织“红领巾读书”“我阅读我快乐”“书城杯”爱阅读征文大赛等主题教育读书活动，全年举办读书活动16次，参加人次3571人，举办讲座4次，参加人次952人。累计为乡镇送图书1.5万册。“丹阳悦读”微信公众号开通，丹阳市移动图书馆暨“手机图书馆”试运行，丹阳市图书馆迈入电子图书馆行列。（孙　芳　孙　晓）

【新华书店发行销售】 2016年，丹阳新华书店全年完成销售收入5149万元，实现利润303万元，超额完成集团公司下达的量化指标。做好中小学教科书发行。新华书店严格执行国家政策，确保在不违规的前提下，做好教辅材料的发行工作，全年实现销售码洋近4000万元，较好地完成上级“课前到书，人手一册”工作目标。参与政府及社会团体工作，配合全市的“两学一做”，以及丹阳市阅读促进会等开展全民阅读等活动，实现社会和经济效益双丰收。丹阳书城进一步调动员工的工作热情，变坐商为行商，通过走进校园、签名售书、读书报告会及各类营销活动，扩大销售，全年共实现销售1409万元。（王国民）

广播电视

【概况】 2016年，丹阳市广电集团坚持“三创一争”（作品创优，广告创收，智慧城市创建，争当全媒体记者）的工作总基调，围绕融合抓改革、打基础、搭平台，统筹推进各项工作，全年完成经营创收5884.08万元，比上年增长9.44%。广播电视主打新闻栏目《丹视新闻》和《丹广新闻》全年组织《践行新理念，实现新崛起》《两学一做》《匠心独运，彰显创新魅力》等50多个系列报道和主题专栏。首次推出《绿色清明、文明祭扫》一小时大型新闻直播活动。选取浙江省6个具有代表性的特色小镇，制作7集系列报道《浙江特色小镇启示录》。每月精心设计策划公益广告，全年拍摄制作各类主题公益广告82条。电视在中央台用稿16条（其中《新闻联播》用稿5条），在江苏卫视用稿308条，在镇江电视台用稿82条。电视外宣发稿量保持全省县级台第四。在年度镇江市政府奖创优评比中，有26件作品获奖，其中一等奖5件；在省级政府奖创优评比中，共有8件作品获奖，广播剧《布衣先生》获省一等奖。（赵　俊）

【新媒体中心成立】 2016年，丹阳市广电集团成立新媒体中心，建立36人的全媒体记者队伍，实现组织管理扁平化。丹阳网、丹阳手机台、“丹阳帮”微信、微博等平台日均浏览量近8万人次，丹阳手机台终端用户近20万户，总访问量突破350万人次，在全国169家省、市、县手机台中，丹阳手机台访问量和关注度上升到第59位。在第四届中国网络视听大会上，丹阳广电集团获“轻快移动互联网＋智慧政务云平台先进典型奖”。丹阳手机台App签约推广镇（区、街道）、部门、企事业单位、村（社区）65家。（赵　俊）

【公益文化活动】 2016年，丹阳市广电集团举办公益文化活动，丰富群众业余文化生活。全年举办“5·20”公益演唱会、庆祝建党95周年大会、圣诞晚会、迎新年晚会、我最喜爱的人民警察颁奖典礼等活动58场次。其中“5·20”公益演唱会获中广联颁发的第二届中国城市电视台“华视奖”广告营销案例大奖。（赵　俊）

【广电技术事业投入】 2016年，丹阳市广电集团加大技术事业投入，智慧城市完成省级PPP试点项目招标采购程序，智慧城市一期项目明确广电牵头，由中兴智能、江苏有线和深圳迪威视讯等上市企业参与建设运营。其中大数据中心建设形成《丹阳智慧城市大数据云计算中心可行性研究报告》，智能停车项目完成《基于“互联网＋”的丹阳市智能停车项目建议书》，市民卡项目在取得住建部密钥的基础上进入方案论证评审阶段。投入213万元，购置4＋2六讯道高清直播车。投入100万元，完善800平方米演播厅LED屏、灯光音响系统功能。《丹视新闻》获得全省电视节目技术质量金帆奖。（赵　俊）

2016年丹阳电视台在中央电视台用稿情况

表48

篇目	用稿栏目	时间
农民增收新突破　农村呈现新气象	新闻联播	2月27日
投资增速回暖助力制造业	交易时间	5月3日

续表 48

篇目	用稿栏目	时间
轿车撞上护栏	第一时间	5月30日
首届丹阳眼镜文化旅游节开幕	第一时间	6月17日
一切为了人民　你的权益有人管	焦点访谈	6月30日
河湖防堤巡查人员达2万多人次	24小时	7月7日
推进司法改革　维护公平正义	新闻联播	8月5日
自信男人养甲鱼有何不同	致富经	9月21日
马凯在浙江和江苏调研	晚间新闻	9月25日
王华：一名援疆干部的983天	新闻联播	10月13日
三年新疆路　一世天山情	焦点访谈	10月13日
加快形成军民深度融合发展格局	新闻联播	10月19日
第二届军民融合发展高层论坛在京举行	军事报道	10月20日
驾驶员违规超车　撞上警车	新闻直播间	11月11日
求救电话突然挂断　110回拨探究竟	新闻直播间	11月19日
斑马线前不减速　货车撞人后侧翻	朝闻天下	12月11日

（赵　俊）

江苏有线丹阳分公司

【概况】 江苏有线丹阳分公司主营业务包括数字电视、付费电视、高清电视、互动电视、宽带上网、数据专线及视频监控、视频会议等。共有频道174个，其中基本频道75个，付费频道59，高清频道35个，实现近百个频道的7＊24小时回看，另有上海文广、江苏互动海量点播。2015年12月，依据江苏省《关于进一步整合广电网络的实施意见》的精神，丹阳市广电集团完成人员划转，并以资产为纽带进行丹阳市有线电视网络与江苏有线网络的整合，成立江苏有线丹阳分公司，公司内设8个部门、17个广电站、34个营业网点。2016年，公司在事业建设、经营创收、内部管理等方面都取得业绩，超额完成上级下达的经营和管理指标，获得“江苏省2015－2016价格诚信单位”和镇江市“巾帼文明岗”等荣誉。（周华良）

【智能机顶盒研发项目】 2016年11月，江苏有线丹阳分公司联合深圳创维数字、深圳同洲电子、南京捷得成、南京邦联等单位共同研发4K智能机顶盒。4K智能机顶盒采用晨星半导体MSD6A801UC主芯片和安卓5.1操作系统，主频2.0G，内存2GB，FLASH 8GB，具备4K@60fps解码和2K@60fps编码能力，支持个性化UI定制、IP－EPG、IP－OTA和IP广告等功能。基于4K智能机顶盒，江苏有线丹阳分公司推出云媒体OTT视频、广电看家、居家养老、视频通话和视频会议等新型业务，使4K智能机顶盒可承载的业务不断丰富和扩展，用户使用体验不断改善。（周华良）

【智慧社区项目】 丹阳智慧社区是依托数字电视网络，利用新一代智能机顶盒，借助物联网、云计算等技术，实现数字电视的高清化、互动化，实现社区管理和服务的信息化、网络化和智能化，为社区百姓提供安全、便捷、宜居的生活空间。丹阳智慧社区项目建设是在“智慧城市”框架下进行的，2013年启动建设，至2016年年底，覆盖全市11万余户家庭。智慧社区构建三大平台：信息化公共服务平台——实现“智慧社区”的信息化服务，主要包括：构建市、镇、社区三级政府民生信息发布平台和公共卫生服务平台；智能化民生服务平台——建设智慧应用体系，实现智慧社区的智能化服务。主要包括：智能家居、居家养老、物业管理、远程挂号、电视购物、公用事业缴费、交通违章查询、电视支付等。网络化跨屏服务平台——实现智慧社区的可视化跨屏服务，电视之间、电视与手机之间互通。

（周华良）

【智慧党建项目】 2016年，江苏有线丹阳分公司根据丹阳市组织部的要求，开发江苏省县（市、区）首个集教育、服务、互动等功能为一体的党建综合服务平台。该平台由“71党员教育频道”和“党员之家”网络平台组成。“71党员教育频道”全天播出约15个小时，精心编排政治理论解读、法制教育、农业实用技术培训、健康教育节目、红色电影等内容，并且每天在上午、下午、晚上三个时段滚动播出由市委组织部打造的本土党建栏目《党建播报》和《支部党课》。“党员之家”网络平台共分为三大版块（网上直播、视频点播、网上党校），点播平台分8大类16个子栏目，累计发布各类教学资源3100部近4000个小时。覆盖村、社区党建点194个、机关事业单位党建点218个，组织党员群众学习近30万人次。

（周华良）

【水利信息化视频信息采集及监控设施租用项目完成验收】 2016年12月14日，江苏有线丹阳分公司承接的丹阳市水利信息化视频信息采集及监控设施租用项目接受水利信息化系统建设专家评审验收组验收。该项目分成水利重要区域远程视频监控前端系统、监控平台系统建设、水利信息数据中心、监控中心（信息中心）建设、水利信息专网建设、虚拟桌面系统建设、17个水利站和直属单位办公及视频专网建设七个分项工程，主要用于对丹阳市境内的泵站、水库、水闸、部分重要河道、堤防进行监控，通过摄像头等视频采集设备在监控点实时采集视频文件并及时传输给监控中心，实时动态报告被检测点情况。安装监控点位330个，实时视频监控全市重点水利设施。 （周华良）

丹阳日报社

【概况】 2016年，丹阳日报社围绕中心、服务大局，聚焦办报主业。面对经济新常态，《丹阳日报》就“稳增长”“促转型”等主题，推出多个新闻专栏，着力抓住市委市政府中心工作和发展新亮点、新成就，主动回答新常态下的重点、热点和难点问题，通过多视角、立体式的新闻报道，充分展示丹阳市应对新常态、适应新常态的创新性实践和探索。围绕“换届之年”，宣传报道与换届工作同步展开。先后推出系列大型新闻策划和系列评论，营造风清气正的换届氛围，增强选举的公开性和透明度。围绕“创建之年”，《丹阳日报》聚焦“文明创建”“重点工程”“环境整治”“旧城改造”等民生实事，推出“打好城市整治攻坚战 共建美丽文明新丹阳”“创建全国文明城市 做文明有礼丹阳人”等多个新闻专栏和系列评论，强化对创建工作的思想引领。拓展对外宣传，在新华社、《中国体育报》等中央级媒体用稿13篇，在海外媒体用稿6篇，在《新华日报》《扬子晚报》《现代快报》等省级媒体用稿60多篇，在《镇江日报》《京江晚报》等镇江级媒体用稿130多篇。丹阳日报社综合经营收入近3000万元。 （董　薇）

【《丹阳日报》改版】 2016年，为了进一步提升《丹阳日报》全媒体的亲和力和服务力，《丹阳日报》开启新一轮改版，压缩国内、国际等电讯版面，对民生新闻进行重点强化，推出每周一期4个版面的“社区周刊”，保留每天2个版的“民生最关注”和“民生身边事”，以及1个版的“生活服务”，在报纸正常的16个版中，本土新闻版面占到2/3以上。通过改版，进一步明确版面的定位，议题的设置更加贴近生活，贴近百姓，在家长里短、社区话题里拉近报纸与读者、居民的距离。（董　薇）

【“两微一端”建设】 2016年，《丹阳日报》进一步实施深化改革、转型融合，采取的重组架构、流程再造、制度重置、队伍转型等一系列创新举措成效显著。新媒体、微博、微信客户端“两微一端”建设迈上新台阶，至年底，微信粉丝量超过11万人，微博粉丝量超过7万人，《丹阳日报》微信排名多次进入江苏新媒体研究排行榜媒体类前20名。2016年11月，第三届中国报业新媒体大会发布的《中国报业新媒体影响力排行榜》中，《丹阳日报》位列县市级党报第11位。（董　薇）

【多元化经营】 2016年，随着《丹阳日报》在新媒体领域的影响力增加，《丹阳日报》微信的广告受到青睐，新媒体服务外包业务得到拓展；广告经营构建的1+N融媒体平台强化《丹阳日报》纸媒和新媒体在相应行业领域的地位，如：健康领域的“丹阳健康周刊”微信公众号，财经领域的“财富汇”“股点子”微信公众号以及相应的QQ群、微信群，家装领域的“家装帮帮帮”微信公众号等。为用户定制的特色经营活动有成效。如：与丹阳科协合作，举办健康家庭评选以及全国科普日宣传活动；与卫生系统合作开设“健康讲堂”；与丹阳家装行业协会合作举办家博会；与金融行业合作构建“财富汇俱乐部”等。尝试为房产商提供整合营销服务，直接参与楼盘的营销，开展以“创意+平台+流量”的互联网思维创新设计活动，取得较好的社会效益和经济效益。（董　薇）

【创意创新获荣誉】 2016年11月，在首届中国报业短视频微电影大赛双“十佳”评选活动中，《丹阳日报》原创短视频《虚惊》获得短视频类“十佳”，这是全国唯一获此殊荣的县市级报社。《从健康周刊的1+N到广告经营的N+1》和“我是小明星”全国选拔赛两个经营项目，分别获中国县市报2016年度优秀经营案例银奖和铜奖；广告事业部负责人金文江的经营创意案例被《融合转型　创新——江苏报业经营优秀案例集萃》选登。2013年12月，《丹阳日报》出资入股丹阳天禄眼镜电商有限公司，同步布局B2C跨境电商、O2O国内电商和B2B行业大数据信息平台三大平台，给传统眼镜行业带来一场变革。在2016中国（杭州）传媒创新合作项目交流大会上，该项目以总分第四的成绩被评选为“2016中国传媒最具投资潜力TOP10”。金文江和史惠铭获中国县市报“百佳报人”荣誉。（董　薇）

图137　2016年，吾悦杯“我是小明星”全国海选赛丹阳选区（董　薇）

图138　2016年11月10日，丹阳日报社社长朱青华领取微视频双“十佳”证书（董　薇）

《丹阳日报》2015 年度获奖作品目录

表 49

篇 目	奖项	作 者
消息： 姜建新捧回国家科技进步奖	江苏省报纸优秀作品二等奖 江苏省县市报好新闻荣誉奖 中国县市区新闻奖一等奖	余桂兵 蒋须俊
消息： “小市民日记”见证时代大变迁	江苏省报纸优秀作品三等奖 江苏省县市报好新闻一等奖 中国县市区新闻奖二等奖	殷显春 刘 伟
消息： 百岁老人散尽积蓄助他人	江苏省县市报新闻奖三等奖 中国县市区新闻奖三等奖	张丹萍 尹 媛
消息： 陵口皮鞋分享“互联网红利”	江苏省县市报新闻奖二等奖	唐菀滢
通讯： 古稀老人自办“流动红色纪念馆”	江苏省县市报新闻奖三等奖 中国县市区新闻奖二等奖	殷显春
通讯： 别样招聘：“孝敬父母”成首要条件	江苏省县市报新闻奖三等奖 中国县市区新闻奖一等奖	马 骏 陈晓玲
通讯： 这个清明，英雄不寂寞	江苏省县市报新闻奖二等奖	马云燕 蒋 玉 唐菀滢
系列报道： “江苏好人”陈弘毅病重牵动众人心	江苏省县市报新闻奖三等奖	眭一正 陈晓玲
消息： 丰收之际，全国首个“稻鸭共作”种植户缘何“叹难”？	中国县市区新闻奖二等奖	王鹏翔
消息： 匿名助困者原是 92 岁老者	中国县市区新闻奖三等奖	王国禹
消息： 小院“大爱”点亮“最后的旅程”	中国县市区新闻奖三等奖	马 骏
消息： 丹阳眼镜城与阿里巴巴“喜结连理”	中国县市区新闻奖三等奖	王鹏翔
消息： 双胞胎兄弟梦圆军营	中国县市区新闻奖三等奖	曾丽萍
消息： “丹阳制造”建功大阅兵	中国县市区新闻奖三等奖	陈 静
通讯： “田埂课堂”，为农畅通“技术末梢”	中国县市区新闻奖三等奖	蒋须俊
编辑奖： 姜建新捧回国家科技进步奖	中国县市区新闻奖一等奖	周德传
编辑奖： 别样招聘：“孝敬父母”成首要条件	中国县市区新闻奖一等奖	朱江达
编辑奖： “小市民日记”见证时代大变迁	中国县市区新闻奖二等奖	符云莹
编辑奖： 丰收之际，全国首个“稻鸭共作”种植户缘何“叹难”？	中国县市区新闻奖二等奖	符云莹

续表 49

篇　目	奖项	作　者
编辑奖： 百岁老人散尽积蓄助他人	中国县市区新闻奖三等奖	符云莹
编辑奖： 匿名助困者原是 92 岁老者	中国县市区新闻奖三等奖	朱江达
编辑奖： 小院“大爱”点亮“最后的旅程”	中国县市区新闻奖三等奖	朱江达
编辑奖： 古稀老人自办“流动红色纪念馆”	中国县市区新闻奖二等奖	许　静
编辑奖： 丹阳眼镜城与阿里巴巴“喜结连理”	中国县市区新闻奖三等奖	许　静
编辑奖： “丹阳制造”建功大阅兵	中国县市区新闻奖三等奖	许　静
编辑奖： 双胞胎兄弟梦圆军营	中国县市区新闻奖三等奖	朱江达
编辑奖： “田埂课堂”，为农畅通“技术末梢”	中国县市区新闻奖三等奖	蒋须俊
编辑奖： “田埂课堂”，为农畅通“技术末梢”	中国县市区新闻奖三等奖	符云莹
版面： 9 月 4 日 1 版	江苏省县市报新闻奖好版面	许　静
版面： 12 月 2 日 1 版	中国县市区新闻奖三等奖	许　静

（董　薇）

2016 年中央及海外媒体录用丹阳日报社稿件情况

表 50

作品名称	时间	媒体名称
江苏丹阳：“非遗”封缸酒冬季酿造忙	2016 年 1 月 16 日	新华社
中国质造·首届丹阳文化旅游节开幕	2016 年 6 月 16 日	新华社
京威股份与江苏卡威股权合作在丹阳成功签约	2016 年 6 月 22 日	新华社
丹阳镜片产量占全球 50%欲借“工业旅游”积极转型	2016 年 10 月 22 日	中新社
江苏丹阳：清明节前采茶忙	2016 年 4 月 1 日	光明日报
高端人才为啥扎堆“漂”县城	2016 年 9 月 30 日	科技日报
江苏丹阳大力发展足球运动	2016 年 4 月 12 日	中国体育报
“2016 丹阳旅游推广季”活动在宁成功举办	2016 年 11 月 14 日	中国日报
江苏丹阳三措并举撑起文物“安全伞”	2016 年 11 月 8 日	中国文物报
江苏丹阳村官解昌翔的青春故事	2016 年 6 月 24 日	大学生村官报
村医张宝生的最后奉献	2016 年 4 月 1 日	健康报
丹阳发力中国“视光谷”	2016 年 7 月 5 日	香港商报
丹阳：创新活力打造现代化工贸名城	2016 年 9 月 12 日	香港商报

续表 50

作品名称	时间	媒体名称
江南生物在全国首家专业生产即食型草菇	2016 年 11 月 26 日	香港商报
江苏丹阳成立眼镜产业维权中心	2016 年 12 月 15 日	香港商报
江苏丹阳打造“出口五金工具质量安全示范区”	2016 年 12 月 16 日	香港商报
一根网线拉起一村富民产业	2016 年 12 月 20 日	香港商报

（董　薇）

2016 年《新华日报》录用丹阳日报社稿件情况

表 51

作品名称	时间
中国天工砂板乒乓代表队在丹阳正式建队	2016 年 1 月 16 日
江苏大雪后开启“速冻模式”多地严阵以待	2016 年 1 月 23 日
百姓心中的“最后一米阳光”	2016 年 2 月 16 日
丹阳 300 名“农二代”返乡种田	2016 年 3 月 3 日
花甲卖货郎带母走街巷	2016 年 3 月 29 日
丹阳：经济转型走出“微笑曲线”	2016 年 4 月 2 日
戴丹阳眼镜看美丽中国	2016 年 6 月 16 日
丹阳眼镜文化旅游节开幕	2016 年 6 月 17 日
马相伯文化研究会在丹阳成立	2016 年 6 月 19 日
丹阳建设新能源汽车产业园	2016 年 6 月 23 日
丹阳开发区科创园国家级科技企业孵化器揭牌	2016 年 6 月 25 日
七百法援哨兵撑起“维权伞”	2016 年 7 月 26 日
迎战强降雨，暴雨未歇人不歇	2016 年 7 月 4 日
暴雨洪水，冲不垮抗洪抢险决心	2016 年 7 月 8 日
丹阳各界送别“8·6 埤城电镀园火灾事故”救火牺牲烈士	2016 年 8 月 28 日
“洋眼看江苏”走进丹阳	2016 年 9 月 12 日
江苏企业赢了欧盟双反案我国特殊钢行业都将获益	2016 年 10 月 11 日
斯人已去，留得桂花满庭香	2016 年 10 月 17 日
丹阳容错纠错机制鼓励实干	2016 年 12 月 6 日
他的爱，流淌在人们心田	2016 年 12 月 8 日日

（董　薇）

卫 生

【概况】 2016年，丹阳市卫生计生事业投入资金3.5亿元，落实基本公共卫生经费3662.7万元，落实基层医疗卫生机构经常性补助1.4亿元，到位公立医院改革试点经费950万元。全市门急诊395.6万人次，比上年降低4.07%，有效遏制住门诊均次收费增长；住院总人次9.33万人，比上年增长1.66%；市域内就诊率达82.53%，比上年增长9.1%，改革成效初步显现。丹阳市被授予“2014—2016年度全国计划生育优质服务先进单位”“省人口协调发展先进市”“省病媒生物防制先进市”“省农村改厕示范市”；界牌、吕城卫生院成为国家级“群众满意的乡镇卫生院”；市人民医院继续保持“省文明单位”称号；司徒屯甸、皇塘张埝、界牌界牌新村3家村卫生室被评为“省级示范村卫生室”。

推进一批重点工程建设。界牌卫生院、横塘社区卫生服务中心和荆林东方路分中心新建和改造项目全面竣工并投入使用。丹凤社区卫生服务中心新建工程完工；市人民医院新建门急诊和病房大楼完成基坑支护和桩基，开始土建工程；市第二人民医院门急诊医技和病房楼、精神病防治院迁建，皇塘卫生院病房楼项目近尾声；访仙卫生院易地新建项目完成土建施工和室内装饰招标。

继续推进药品采供改革，出台药品（耗材）采供模式改革试点指导意见、遴选工作实施办法，建立遴选专家委员会，药品（耗材）采供进入试点配送阶段。进一步完善基层医疗机构药品（耗材）采购备案制度，允许基层医疗机构按规定比例配备使用国家基本药物和省增补药物目录外的药品，重点保障急救、妇科、儿科、特色科室以及慢性病、下转病人延续性治疗用药需求。二级以上医疗机构配备的药品，原则上在基层医疗卫生机构都能提供，并实行零差率销售。2016年，基层医疗机构累计备案采购特色专科、慢特病药物品种51个101万元。

队伍建设有新突破。完成4批公开招聘，录用卫技人员180人，有效缓解基层临床专业人才紧缺的矛盾。出台《丹阳市卫生人才引进与培养暂行办法》。首次定向培养临床医学、麻醉学、预防医学专业医学生44人。紧抓学科骨干培养，市人民医院选派医护人员赴美国、中国台湾等地学习交流，通过柔性引进高端人才，成立邱海波工作站。全年确定为镇江市“169五期工程”科技骨干11人，省“333高层次人才培养工程”中青年学术技术带头人1人；34人被推荐为省优秀基层卫生骨干人才。

继续发展中医药事业。实施中医药文化惠民工程，开展进家庭、进社区、进农村活动5场次，巡讲活动18场次。推进5个中医特色科室建设，市人民医院开展“江苏省综合医院示范中医科”创建工作，市中医院通过省级大型中医医院巡查工作验收。练湖社区卫生服务中心启动省级示范中医特色社区卫生服务中心的创建工作，皇塘镇卫生院创建成功省级乡镇卫生院示范中医科。10家单位被列入国家级基层医疗机构中医综合服务区（中医馆）建设项目，6家基层单位中医综合服务区通过镇江市级达标验收。

（陈　燕　俞丽萍）

【新农合保障水平提高】　2016年，丹阳市新农合筹资标准提高到每人610元，基本补偿398.76万人次2.58亿元。对各定点医疗机构新农合补偿费用实行总额控制管理，政策向基层倾斜，基层门诊胰岛素、住院手术、联合病房补偿费用不再列入总控指标。全年安排重大疾病保障专用资金2800万元，救治3201人次，补偿2515万元；大病保险保费标准提高至每人32元，确保大病保险支出比例超50%，全年赔付3871人次1436万元，有效减轻群众的大病负担。

（陈　燕　俞丽萍）

【无偿献血】　2016年度，丹阳市无偿献全血7222人次，采集血液245.70万毫升，比上年增长6%；机采血小板3725人次，采集血小板5545个治疗量，粒细胞79U；制备冷沉淀8178U，比上年同期增长108.2%；供应临床红细胞类220.4万毫升，增长3.1%；供应丹阳市机采血小板717单位，比上年增长37.6%；检测血液10149份，合格10064份，无经血液传染性疾病发生，满足临床用血需求，确保血液质量安全。市血站通过省采供血机构第七周期评审及联合内审。

（周远康　杭亚男）

图139　2016年3月11日，丹阳市召开卫生计生暨无偿献血工作总结表彰大会

（周远康　杭亚男）

2016年丹阳市医疗机构负责人

表52

单位名称	负责人
市人民医院	林翼金
市中医院	卢建平
市第二人民医院	罗江波
市疾病预防控制中心	王志坚
市卫生监督所	陈建新
计划生育指导站	钱梅仙
市血站	毕　磊
云阳人民医院	马正卫（1—8） 孙玉胜（8—）
云阳镇丹凤社区卫生服务中心	马正卫（1—8） 冷坚强（8—）
云阳镇横塘社区卫生服务中心	尹日飞
开发区荆林社区卫生服务中心	马春华
开发区练湖社区卫生服务中心	章国荣
开发区胡桥社区卫生服务中心	胡建军（1—8） 徐正放（8—）
司徒镇卫生院	徐正放（1—8） 胡建军（8—）
延陵镇卫生院	王林雷
珥陵镇卫生院	杨斌（1—8） 姚小军（8—）
导墅镇卫生院	张松青
皇塘镇卫生院	林国平
吕城镇卫生院	秦亚平（1—8） 蒋锁俊（8—）
陵口镇卫生院	谭小洪
访仙镇卫生院	姚小军（1—8） 杨　斌（8—）
埤城镇卫生院	戴　俊（1—8） 朱国华（8—）

续表 52

单位名称	负责人
后巷镇卫生院	蒋锁荣（1—8） 赵春俊（8—）
新桥镇卫生院	李卫平
界牌镇卫生院	孙玉胜（1—8） 秦亚平（8—）

（陈　燕　俞丽萍）

·公共卫生·

【概况】　2016年，丹阳市基本公共卫生服务项目人均补助标准为50元，按照项目清单预算安排，为城乡居民免费提供12类45项基本公共卫生服务。强化县级考核主体责任，资金拨付与认可的工作量考核、绩效考核得分以及管理成本挂钩，全年结算拨付项目补助资金4901万元。市人大常委会举行2017年基本公卫项目预算初审和近三年项目绩效评价听证会。截至2016年底，全市累计建立居民电子健康档案77万份，达78%。界牌镇、皇塘镇、导墅镇建成镇江市卫生应急工作规范镇。丹阳市卫生应急规范化乡镇建设经验在全省交流。有力有序应对“埤城电镀园火灾事故”，第一时间参与现场检测、处置和伤员救治。强化人感染H7N9禽流感疫情联防联控，有效落实源头管控措施，对活禽交易区外环境检测阳性的农贸市场实行临时休市，全年无人感染H7N9禽流感疫情发生。高血压患者、糖尿病患者、孕产妇和0—6岁儿童等重点人群健康管理，启动“免费服务券”制度。结合G20杭州峰会，对重性精神疾病患者完成两轮摸底排查，并开展签约服务试点。卫生计生委和丹阳邮政签署《卫邮战略合作协议》，确立“健康邮路”共建模式。　（陈永忠　宗　俊　傅灵妍）

【疾病预防控制】　2016年，丹阳市传染病总体发病水平有效控制，全市报告法定甲乙类传染病1110例，无甲类传染病病例报告，报告发病率111.90例/10万，与上年同期相比降低5.38%；推进医疗机构HIS系统传染病管理报告信息化建设。扩大免疫规划的11种疫苗的合格接种率均在95%以上；新建数字化门诊1家，建成留观门禁系统6家，实现预防接种告知电子签核系统全覆盖；积极推广预防接种APP客户端。深化防艾宣传教育与政策倡导，强化行为干预工作，创新高危人群干预方式方法，巩固社区随访管理成效，借力“丹阳市健康360组”，发挥社会组织参与艾滋病防治基金项目支撑作用，将随访管理内容向关怀救助、心理支持、协调就医等多方位拓展。落实中盖项目“三新一加强”（新的结核病诊断技术、新的患者治疗和管理技术、新的筹资工作机制，加强结核病防治服务体系）措施，完善结核病“三位一体”（定点医院、疾控中心、基层医疗机构）服务体系，落实肺结核医保与救助政策，新型结核病防控模式在全市逐步确立。血防工作坚持综合治理科学防治，完成查螺1585.21万平方米、巩固性药物灭螺272.12万平方米，全年未发生血吸虫病急性感染疫情，“消除血吸虫病”工作高分通过省级考评。血清学查病1.44万人、病原学查病3092人。持续巩固消除疟疾达标成果，共完成“三热”（临床诊断疟疾、疑似疟疾、不明发热）病人血检2928人，连续五年未发现本地感染疟疾病例。慢病防控工作坚持长效管理，在卫生院和社区卫生服务中心建立全科—专科联合门诊和慢性病防治首席医生制，探索“1+1+1”（1名二、三级医院专科医生，1名全科医生，1名乡村医生）防治新模式，高血压、糖尿病患者健康管理率分别达43.8%、27.09%。积极打造“健康邮路”，充分利用邮政资源发放讲座通知，动员群众参加讲座。组织开展健康素养巡讲22次，参与讲座1600余人次。全年采集水质样品343份，项目合格率为99.13%。职业病危害因素监测108家、检测作业点565个，职业健康检查单位358家、体检11906人，射线装置检测25家33台、个人剂量检测520余人次。建成流感网络实验室，通过省疾控中心验收。继续有序实施国家科技重大专项“重大传染病综合防治示范区”项目和“结核病流行与干预模式研究”项目。2016年，丹阳市疾病预防控制中心被江苏省卫生和计划生育委员会评为“全省疾控先进集体”。（谈　枫）

【卫生监督】　2016年，市卫生监督所确立国家卫生城市复审迎检为中心工作，加强监督巡查力度，完善公共场所卫生监督信息公示，丹阳顺利通过国家卫生城市复审。以高压态势，严厉打击无证行医活动。在丹阳市金鹰广场、人民广场、红叶颐馨园等地开展以“打击非法行医进社区（农村）”为主题的宣传活动，全年共查处无证行医案件15起。开展学校卫生监督工作，对106所学校及托幼机构饮用水卫生进行监督检查，对21所使用桶装水学校和14所使用保温桶水学校进行监督采样，对样品不符合标准的单位出具责令限期整改意见书。开展医疗机构卫生监督、专项检查工作，主要内容有医疗机构传染病防治、消毒管理、发热门诊和预检分诊专项监督检查。2016年，丹阳市卫生监督所获“镇江市消费者权益保护活动消费维权先进集体”“镇江市公共场所卫生监督先进集体”、丹阳法制办案卷评比行政许可一等奖和行政处罚二等奖等荣誉。（沈俊伶）

·爱国卫生·

【概况】　2016年，市爱卫会有成员单位47个。全年检测水样343份，水样合格率99.13%，项目合格率99.96%。开发区镇北村、镇南村、锦湖社区、联观村，云阳街道石城村、城北村、天元村，丹北镇滨江村、新桥社区、高桥村，延陵镇联兴村、延星村，皇塘镇皇塘村、蒋墅村，吕城镇留庄村、井园村，访仙镇永丰村、萧家村、池塘村，珥陵镇护国村、祥里村，导墅镇大华村、导墅村、芭桥村，陵口镇居庄村、肇巷村、新庙村、留士村、新陵村、陵口村，界牌镇界中村、界牌新村共32个村被省爱卫会新命名为江苏省卫生村，全市累计建成江苏省卫生村151个。丹阳市以831.6分的高分顺利通过国家卫生城市复审，司徒镇顺利通过国家卫生镇复审。全面完成省下达的农村改厕项目2000户任务，其中新改1600户，修缮提升400户，丹阳获2016年省农村改厕示范县称号。继续巩固省灭鼠、灭蟑、灭蝇先进城市成果，组织开展春秋季灭鼠，夏秋季灭蚊蝇、灭蟑螂活动，主要病媒生物密度控制在标准以内，顺利通过省病媒生物防制先进城市复审。完成省健康素养监测项目任务，城乡居民健康素养水平进一步提升。继续推进“健康镇江”行动项目，健康单位4个、健康社区5个。（伍传宏）

·农村卫生·

【概况】　2016年，丹阳市出台《关于推行全科—专科联合门诊和慢性病防治首席医生制的实施意见》，在各基层医疗机构组建全—专联合门诊，选择高血压、糖尿病先行开展家庭医生签约服务试点，采用“1+1+1”模式，由48名二、三级医院专科医生成立4个专科医生团队，定期到基层全—专科联合门诊坐诊，为签约对象提供个性化的诊疗服务。签约对象享有优先预约、优先就诊、优先住院和新农合报销倾斜等优惠政策。推行全科—专科联合门诊和慢性病防治首席医生制后，卫生室、社区卫生服务站与7615人居民签约，村卫生室就诊1.15万人次，基层全—专科联合门诊就诊6241人次，签约“个性化服务包”463个。联合病房纵深推进，练湖社区卫生服务中心康复联合病房、吕城镇卫生院的中医肛肠联合病房、界牌镇卫生院的儿科联合病房整体运行情况良好，启动中医院与荆林社区卫生服务中心肿瘤联合病房建设，不断促进城区优质医疗资源下沉。完成45名农村订单定向医学生的招录工作。11个基层特色专科发展态势良好，司徒屯甸、皇塘张埝、界牌新村省级示范村卫生室创建工作通过省级验收。（俞丽萍）

·妇幼保健·

【概况】 2016年，丹阳市地区胎儿活产数8181例，孕产妇系统管理率95.07%，高危孕妇管理率及住院分娩率100%，无孕产妇死亡。3岁以下儿童系统管理人数2.04万人，系管率91.53%。农村孕产妇住院分娩补助3333人，完成率101%；农村妇女补服叶酸6376人，完成率106.27%；农村妇女宫颈癌和乳腺癌检查完成3.14万人，完成率104.69%；孕产妇艾滋病、梅毒、乙肝表面抗原检测率100%。为2908对新婚夫妇进行免费婚前医学检查，免费婚检率为90%；免费孕前优生健康检查3017对，完成率101%，查出高风险人群612人；上报避孕药具不良反应事件769例，达961例/百万人口。妇幼重大公共卫生服务项目省级绩效考核得分95.24分。优化整合市妇幼保健院和计划生育指导站技术服务资源，成立市妇幼保健计划生育服务中心。对全市7个项目启动实施分级服务，妇幼健康项目在辖区内的医疗卫生机构完成服务量占总量的50%以上。强化行业监管，完成227人母婴保健技术考核合格证书换证工作，对全市58所托幼机构进行卫生保健工作评估检查，卫生保健合格率100%。

（张 嵘）

·医政管理·

【概况】 2016年，丹阳市共有医疗卫生计生机构255个。其中等级医院5个，卫生院12个，城市社区卫生服务中心5个，妇幼保健院、精神病防治院、采供血机构（镇江市中心血站丹阳分站）、疾病控制中心及卫生监督机构各1个，其他为医疗机构的下设分支机构、个体诊所、民营医疗机构等。2016年，丹阳市常住人口为98.02万人（其中户籍人数81.1万人），住院手术病人29125人次，比上年增长6.18%；全市医疗机构拥有医疗床位3043张，每千人床位数3.10张，其中医院床位1903张，卫生院床位660张，社区卫生服务中心床位131张，民营医疗机构床位349张，床位使用率78.09%，比上年增长2.19%。执业医师和执业助理医师2062人，每千人执业（助理）医师数2.10人；注册护士2000人，每千人注册护士数2.04人。在全市二、三级医院和卫生院、社区卫生服务中心及民营医院23个单位中，启动医疗机构满意度第三方满意评价工作。评价工作为患者满意度和职工满意度调查，二、三级医院和一级医院根据调查结果分别按月度和按季度进行患者满意度测评，职工满意度按半年进行测评。开展基层医务人员岗位练兵竞赛活动，选出部分优秀医务人员组队参加镇江市级竞赛，丹阳市获团体第一名，农村医生类获第二名，获2个优胜奖，并代表镇江区域参加省级竞赛，获二等奖。

（周远康 杭亚男）

【医疗机构行政许可】 2016年，市医政管理部门按照医疗机构执业校验工作要求，加强事中事后监管，规范医疗机构的执业行为，对全市227家医疗机构进行集中校验，通过校验224家，注销3家，并完成机构管理档案资料的整理归档工作。新注册口腔门诊部1家、医务室2家、中医坐堂医诊所6家。

（周远康 杭亚男）

·红十字会·

【概况】 2016年，丹阳市红十字会实施“公益性应急救护百万培训项目”，指导基层红十字医院开展应急救护知识和技能培训工作，注重对社区群众、学校师生和企事业单位员工的应急救护知识和技能培训，完成1000名初级救护员和1.2万名普及性救护培训年度目标任务。以纪念“5·8”世界红十字日、“5·12”防灾减灾日、“6·14”献血者日为契机，大力弘扬“人道、博爱、奉献”的红十字精神，广泛传播红十字理念，提升红十字会的社会知晓率和公信力，广泛凝聚社会力量，关心、支持和参与红十字事业。与《丹阳日报》《健康周刊》微信、电视台、网站等媒体合作，投稿50余篇，宣传红十字理念和精神。（王 琦）

【红十字博爱周纪念活动】 2016年5月6日，丹阳市红十字会联合市卫计委，组织30余名志愿者在人民广场开展与红十字相关知识宣传、义诊。通过宣传展板、横幅、图册资料向现场群众普及红十字相关知识，传播红十字精神，共有800余名市民接受医疗专家的健康咨询和义诊，发放宣传资料1000余份。5月9日，丹阳市红十字会的救护师到云阳街道社区服务中心，为50多名群众进行心肺复苏知识和技能培训，现场进行模拟操作和试卷考核，受到市民欢迎。市红十字会联合市教育局组织全市学校开展红十字主题班会、课外活动、应急救护技能竞赛和疏散演练。5月10日，市红十字会的救护师为市华南实验学校的教师举办心肺复苏知识讲座。5月11日，市红十字会的救护师到丹阳龙江钢铁有限公司为150名管理人员进行应急救护知识培训。（王 琦）

【人道救助领域拓展】 2016年春节前夕，丹阳市红十字会在市云阳街道社区中心举行物资发放仪式，向22个社区400余户困难家庭以及社会福利院、精神病防治院、爱心车队等单位发放总价值7万余元的大米、食用油、棉被和毛毯等救助物资。实施“爱心一元捐”“小天使基金”等救助项目，深入开展0—14周岁白血病患者、特困学生等专项救助。组织会员和志愿者开展困难和空巢老人家庭帮扶活动，通过健康体检、法律援助、经济和生活帮扶、精神慰藉等方式，帮助解决生活中的实际困难。组织志愿者走进社会福利院看望和慰问孤残儿童，送去价值6000元的生活用品，并为孤残儿童进行健康体检等。（王 琦）

【生命健康工程】 2016年，丹阳市红十字会继续推进造血干细胞捐献工作，常年与市血站联合，组织志愿者开展造血干细胞捐献宣传活动。全年向省骨髓库送样本133份，志愿者魏燕成功实现造血干细胞捐献，成为丹阳市第二例捐献者。6月14日，丹阳市红十字会联合市卫计委、血站、爱心车队、齐梁义工群的志愿者到人民广场开展庆祝第十三个“世界献血者日”宣传活动，发放宣传资料1000余份，向市民宣传无偿献血知识。市区常年设立2个献血点，临床用血基本来自无偿献血。2016年登记遗体捐献志愿者3人，实现遗体捐献3例，器官捐献1例。（王 琦）

·丹阳市人民医院·

【概况】 2016年，丹阳市人民医院进一步完善绩效考核体系，积极开展“质量提升年”活动，巩固医疗质量安全，建设人才梯队，不断提升医疗服务能力，成功创建省三级乙等医院。全年实现业务收入6.18亿元，其中医疗收入5.99亿元，比上年增长10.79%。出院人数39515人，比上年增长7.9%。门诊总人次106.95万人次，其中门急诊93.90万人次，比上年增长5.29%。手术例数17569例，比上年增长11.4%。床位使用率96.5%，比上年增长5.5%。平均住院日7.8天，危重病人抢救成功率95.2%，体检人次42752人次，比上年增长14%。完成三级手术6707台，比上年增长11.4%；四级手术1676台，比上年增长11.7%；介入手术1156台，比上年增长8.9%。开展胸腔镜房颤射频消融手术，填补镇江市房颤微创外科治疗的空白，开展丹阳市第一例夹层动脉瘤支架植入术。2016年获镇江市卫计委新技术引进奖2项、镇江市科学技术进步奖三等奖1项，丹阳市科学技术进步奖一等奖1项、三等奖1项。获得国家卫计委医政医管局“进一步改善医疗服务行动计划先进集体”、江苏省文明单位等荣誉，成为南京医科大学康达学院附属医院。（张玉梅 仇昇平）

图 140 2016 年 12 月 9 日，丹阳市人民医院新外科大楼工程项目完成桩基工程和基坑支护第一层支撑工程，土建工程开工 （张玉梅 仇昇平）

【“质量提升年”活动】 2016 年，市人民医院以“质量提升年”活动为统领，重新修订《医疗质量持续改进方案》，明确改进目标，重点加强手术安全核查和核心制度落实。运用 Drgs（诊断相关组）系统，按 6 个指标分析疾病质量，使质量管理更精准。改进危急值报告制度。巩固抗生素药物专项整治活动成果，对辅助用药实施权限管理和信息控制。全院 DDD 值（每 100 人天中消耗抗菌药物数）为 41，住院患者抗生素使用率 52%，门诊患者抗菌药物使用率 29%，一类切口抗菌药物预防使用率 29%，均达标。建立“脑卒中”单元，建成胸痛中心，消化系统恶性肿瘤住院患者实施多学科会诊，为患者提供高效、便捷的诊疗服务。市人民医院获 2016 年度江苏省平安医院称号。

（张玉梅 仇昇平）

【江苏省三级乙等医院创建】 2016 年 4 月，江苏省卫生和计划生育委员会发文，确认丹阳市人民医院为江苏省三级乙等医院。自 2011 年以来，市人民医院紧紧抓住县级医院转设为三级综合医院历史机遇，围绕医院质量、安全、技术、服务、管理等核心问题，对照《江苏省综合医院评价标准与细则》，按照“管理再加强、质量再提高、服务再完善、特色再突出”的总体要求，为把医院打造成“全国一流县级综合医院”，咬定建成三级乙等医院目标，全力以赴抓创建。坚持以评促建、以评促改，落实迎评工作的各项措施，全面提升医院内涵品质和服务能力，充分凸显公立医院的公益性。经过 3 年多的努力工作，市人民医院通过江苏省三级乙等医院的评审，成为镇江辖市区唯一的一所三级乙等综合医院。 （张玉梅 仇昇平）

【省级“冠心病诊治进展学习班”】 2016 年 5 月 7 日，由市人民医院主办的省级继续医学教育项目“冠心病诊治进展学习班”在丹阳市水中仙国际酒店开办，全省 300 余名心血管内科著名专家、教授汇聚丹阳，分享交流心血管疾病诊治尤其是冠心病诊治领域的最前沿信息，“冠心病诊治进展学习班”的举办对江苏省心血管内科的发展起到有力地促进作用。 （张玉梅 仇昇平）

【“邱海波教授工作站”挂牌】 2016 年 7 月 7 日，“国家著名重症医学专家邱海波教授工作站”在市人民医院正式签约揭牌。丹阳市卫生计生委主任陆中华、东南大学附属中大医院副院长邱海波教授共同为工作站成立揭牌。邱海波教授工作站成立后，以邱海波教授为首的专家团队每月派专家到市人民医院进行教学查房、讨论疑难病例；开展急会诊、远程会诊和双向转诊。对市人民医院重症医学科医务人员进行结对培养，指导开展科研活动及论文发表。工作站的建立，将对提升市人民医院重症医学科的医疗技术、科研水平，创新高层次人才引进模式，实现医院跨越发展起到很大的促进作用。 （张玉梅 仇昇平）

【南京医科大学康达学院附属丹阳医院签约挂牌】 2016 年 8 月 18 日，南京医科大学康达学院附属丹阳医院签约挂牌仪式在丹阳市人民医院举行。丹阳市委常委、市委宣传部部长李莉珺与南京医科大学副校长、康达学院院长张前德为南医大康达学院附属丹阳医院揭牌。丹阳市人民医院院长林翼金与南医大康达学院张前德院长签署合作协议。市人民医院成为南京医科大学康达学院附属医院，是丹阳市医院发展史上的一个新的里程碑，有利于医院科研、教学水平的提高，有利于推动医院临床医疗卫生事业的发展，对提升丹阳市医疗服务水平、加快卫生人才培养、促进医院内涵建设、增强医院服务能力具有重要的意义。（仇昇平）

图 141　2016 年 8 月 18 日，南京医科大学康达学院附属丹阳医院签约揭牌

（仇昇平）

【心胸外科医疗新技术】　2016 年 7 月，市人民医院心胸外科相继成功开展两例新医疗技术。一例是施行丹阳地区首例“心脏二尖瓣置换合并房颤射频消融术”获得成功，患者二尖瓣前叶脱垂伴中重度关闭不全、三尖瓣中重度关闭不全合并心房颤动。另一例是实施丹阳地区首例“经股动脉穿刺主动脉带膜支架植入术”获得成功，病人为危重型主动脉夹层瘤患者。这两项技术达到国内先进水平，填补丹阳市在该领域的空白。（张玉梅　仇昇平）

【“消毒供应区域化管理”培训班】　2016 年 11 月 12 日，市人民医院主办的省级继续医学教育项目“消毒供应区域化管理”培训班在水中仙国际酒店举办，江苏省护理学会理事长霍孝蓉出席会议并致贺词。全省近 200 名消毒供应管理专家共同分享、交流消毒供应区域化管理领域的最前沿信息与技术。（张玉梅　仇昇平）

【门急诊住院综合大楼建设】　2016 年，丹阳市民生工程——丹阳市人民医院门急诊住院综合大楼建设进展顺利，12 月 5 日举行土建、安装、消防工程项目签约仪式。12 月 9 日，丹阳市人民医院新外科大楼土建工程举行开工仪式，市领导李莉珺、薛军民，市卫计委、市人民医院、施工方通州建总集团等方面的代表出席开工仪式。该外科大楼总高度 83.75 米，地上 20 层、地下 2 层，总建筑面积 50498.26 平方米，床位数 672 张，内设手术间 16 间，预计 2018 年 12 月完成土建、安装和消防工程。

（张玉梅　仇昇平）

【胸痛中心网点医院签约仪式】　2016 年 12 月 16 日，为建立区域协同救治体系，市人民医院举行与市各镇区等胸痛中心网点医院签约仪式。市人民医院牵头成立市胸痛中心，市胸痛中心由市人医心内科、急诊科、胸心外科、呼吸科、医疗服务部及院前 120 急救系统以及市各级医院相关科室共同参与，为急性胸痛患者提供快速诊疗通道，以缩短包括急性冠状动脉综合征、主动脉夹层、肺动脉栓塞等致死性急性胸痛患者的诊疗时间，提高救治成功率，改善预后并避免医疗资源浪费。

（张玉梅　仇昇平）

·丹阳市中医院·

【概况】　2016 年，市中医院进一步发挥中医药特色优势，全面落实医改工作任务和每个环节。医院门急诊 52.50 万人次，出院 13698 人次，门诊均次费用降低 0.84%；住院均次费用降低 0.43%；床位使用率 93.44%，比上年上升 1.53 个百分点，药占比 46.36%（含中药饮片），比上年降低 2.53 个百分点，医院总收入（含财政补助）2.79 亿元。通过省级大型中医医院巡查和针灸康复科省中医重点专科评审，骨伤科、肛肠科、脾胃病科通过镇江市卫计委中医重点专科复评，内分泌科通过镇江市中医重点专科评审。2016 年，3 人获评镇江市

“169 工程”五期科技骨干，1 人获评江苏省“333 工程”五期培养对象。“贺玥全国基层名中医工作室”及镇江市老中医专家学术经验继承工作启动。1 项科研项目获丹阳市科技进步一等奖，全年共发表各类学术论文 120 余篇，其中 1 篇论文获镇江市优秀科技论文二等奖。

（董洪根）

【接受省大型中医医院巡查】 2016 年，江苏省中医药局下发《关于印发江苏省大型中医医院巡查工作方案的通知》。市中医院把大型中医医院省级巡查作为推进医院改革和发展、提高医院管理科学化、规范化、标准化、精细化的重要途径。市中医院精心准备，按照要求，落实每一个工作环节。12 月 7—10 日，接受省巡查组专家的巡查。市中医院在反腐倡廉建设、坚持公立医院公益性、发挥中医药特色优势、医院管理、医院服务方面的工作得到专家组的肯定，通过省级大型中医医院巡查。

（董洪根）

图 142 12 月 7—10 日，丹阳市中医院接受江苏省大型中医医院巡查组巡查 （董洪根）

【改善医疗服务】 2016 年，市中医院注重中医药特色优势发挥，重新修订药占比和西、成药均次收费水平的考核指标，安装药品使用监控软件，开展 26 种中医护理方案，10 个病区共开展中医护理操作 12 项 95310 人次，药品收入降低 2.47%。成功举办“丹阳市第六届膏方节”，中医内涵有新提升。建立市中医院微信公众号，充分运用新媒体，实施日间手术、网上预约、掌上 App 预约病人、医技科室和内科门诊叫号系统，开通院前急救绿色通道，院内急诊医疗信息共享与医疗服务无缝衔接。有 17 个科室 42 个病种开展临床路径工作，全年总例数 4416 例，进入路径病例数 3211 例，临床路径合格率 83%。强化抗菌药物专项整治工作，门诊抗菌药物使用率 10.0%，住院抗菌药物使用率 58.1%，抗菌药物 DDD 值 47.2。7 月 1 日起，市中医院门诊（除儿科）全面停止静脉输注抗菌药物。（董洪根）

【中医技能大比武活动】 2016 年，市中医院为全面提高医护人员的技术水平，开展大范围、全方位为期 4 个月的“岗位大练兵、中医技能大比武”活动。按照“强化基础，注重实效”的原则，以“三基、三严”为重点，以强化急救技能培训为切入点，全面考核服务行为规范、理论知识、操作技能三个方面。12 月 23 日，市中医院举行“岗位大练兵，技能大比武”总决赛。通过活动，达到提高医院内涵质量，提高临床服务能力和危急重病人的抢救能力的目的，全面提升医院的核心竞争力。护理人员参加市卫计委与市妇联联合举办的护理岗位技术竞赛活动，1 名护士获“巾帼建功标兵”，5 名护士获“巾帼建功明星”称号。（董洪根）

【“5S 管理”活动】 2016 年，市中医院实施“5S（整理、整顿、清扫、清洁和素养）管理”活动，全年列出 250 项主要工作，逐项抓好落实。投入 750 万元，购置医技诊疗设备，信息化投入 250 余万元，完成中心机房改造和核心设备升级改造，实施医院科室级 PACS 数字化医学影像信息系统，对专家门诊进行布局改造，使服务流程更加合理。对血透室、检验科、消毒供应中心布局进行调整改造，使其符合规范，服务病人的能力明显提升。（董洪根）

·丹阳市第二人民医院·

【概况】 2016年，丹阳市第二人民医院（丹阳市妇幼保健院）全年门急诊42.86万人次，出院8506人次，手术2221人次。各科室在国内外医学杂志上发表各类论文75篇，开展新技术、新项目16项。医院抓医护质量，完善各项管理制度，加强临床医师、护理人员管理。护理安全管理委员会继续加强高危因素的管理，有效提高重症护理合格率，保障护理安全。医院全面推进基本和重大公共卫生服务项目，加强妇幼保健服务能力建设，提高妇幼保健服务质量，依法做好妇幼健康服务管理，完成镇江市下达的各项目标任务，有效控制孕产妇死亡率、婴儿死亡率和出生缺陷发生率。开展“仁爱行”志愿者服务活动，定期举行“乳腺病友沙龙”，社会各界均有人员参加。内科病区党员干部成立“糖尿病友”工作小组，每周对在院糖尿病患者进行科普宣教及常规体检，惠及糖尿病友及家属。医院改建工程门诊楼，病房楼净化工程结束。（夏 毅）

·丹阳市云阳人民医院·

【概况】 2016年，丹阳市云阳人民医院门急诊45.91万人次，出院1.08万人次，业务总收入1.55亿元。儿科的《375例小儿尿路感染病原菌分布及耐药性分析》成功立项，全年在国家级及省级刊物上发表论文30篇，《科学引文索引》收录1篇；开展各类创建活动、科室管理年活动及品管圈工作，与新疆生产建设兵团第四师62团医院开展对口支援。儿科三病区被授予“江苏省五一巾帼标兵岗”。在“健康镇江”微视频大赛中，云阳医院获“十佳微视频”，在镇江市医院药学品管圈大赛中，云阳医院“彩虹圈”获三等奖。加强学科建设，提升技术水平，南京儿童医院九三学社专家组定期到云阳医院查房、举办专题讲座、进行技术指导、会诊疑难病人等。医院组织第二届骨干护士选拔、院感知识竞赛等活动，提高了全院医务人员的业务水平。（张祥花）

体　育

【概况】 2016年是实施“十三五”体育发展规划的开局之年，市体育局以增强人民体质为根本，深化各项体育事业改革，努力适应经济社会发展新常态，联动全民健身、训练竞赛、体育产业和作风建设四大板块，促进提高丹阳市体育发展水平和核心竞争力，全面推进全市体育工作协调、有序、可持续发展。（贺媛华）

·群众体育·

【群众体育工作部署】 2016年3月23日，丹阳市体育局召集乡镇文体中心主任研究部署2016年群体工作，明确深化改革创新、建设公共体育服务体系示范区、优化场地建设、培育和扶持社会体育组织、健身活动开展、科学健身指导队伍建设、国民体质监测、强化健身宣传等七个方面的群体工作要点。与会人员对全市场地建设、体育器材安装和维修等方面进行探讨。会议指出，丹阳群体工作一是要贯彻全民健身国家战略，贴近基层百姓实际，使更多群众了解健身知识，参与健身活动，引导群众走进各类体育活动场所，提高群众健康幸福指数；二是要创新群众体育形式，以新思路、新方法积极开展全民健身活动，汲取各地的好经验，提升创造力，主动适应新形势下全民健身发展需求；三是要提高对群体工作难点的判断和系统分析研究，为丹阳市群众体育工作“十三五”良好开局奠定基础。（贺媛华）

图 143　2016 年 6 月 6 日，江苏省广场舞大赛丹阳赛区（海选）暨 2016 年丹阳市城市社区广场舞大赛　（贺媛华）

【江苏省第七届全民健身老年体育节丹阳分会场启动仪式】　2016 年 3 月 29 日，由丹阳市体育局、丹阳市老龄委、丹阳市老年体协主办，延陵镇政府承办的江苏省第七届全民健身运动会暨 2016 年省老年体育节丹阳分会场启动仪式在延陵镇文体广场开幕。丹阳市西部片区的 12 支老年健身团队和 500 多名老年健身爱好者参加仪式，共同快乐健身。江苏省第七届全民健身运动会于 2016 年 6 月 20 日开幕，丹阳是其分会场之一。省老体节丹阳分会场是引领广大老年人自觉投身健身活动的重要平台，举办过 10 届。各镇（街）通过全市联动，创新形式，广泛开展利民惠民的体育健身展示、项目推广和培训等活动，动员和吸引更多的老年人加入。　（贺媛华）

【社会体育指导员健步走（广播操）培训班】　2016 年 3 月 31 日至 4 月 2 日，江苏省 10 个城市的近 170 名社会体育指导员在丹阳市丹亚大酒店接受为期 3 天的健步走（广播操）一级社会体育指导员的培训。本次培训内容为健步走和国家推广的第九套广播体操。通过培训，更好发挥基层社会体育指导员骨干队伍的作用，促进江苏省全民健身事业的蓬勃发展。　（贺媛华）

【云阳街道社区文体大展示活动】　2016 年 6 月 10 日，市体育局、云阳街道办事处、市木兰拳协会联合举办丹阳市 2016 年“泛沿江体育带”全民健身大联动“全民健身月”启动仪式暨云阳街道社区文体大展示活动，全市 600 多名全民健身志愿者参加展示活动。　（贺媛华）

【城市社区广场舞大赛】　2016 年 6 月 4 日，江苏省广场舞大赛丹阳赛区（海选）暨 2016 年丹阳市城市社区广场舞大赛在丹阳奥体馆落幕。比赛由江苏省体育总会、中共丹阳市委宣传部、丹阳市体育局等单位联合主办，共有 18 支队伍参加，木兰艺术团、西门大街木兰健身队、艺轩艺术等 5 支队伍获得比赛的优胜奖，葆春艺术团等 6 支队伍获得优秀奖，其余队伍获得优秀组织奖。　（贺媛华）

【健身项目大汇展活动】　2016 年 8 月 8 日，丹阳市在人民广场举办江苏省“全民健身日”丹阳分会场暨健身项目大汇展活动，近千人参与此次展示活动。活动由丹阳市人民政府主办，丹阳市体育局、丹阳市体育总会协办，市领导李莉珺、刘云珍、许伟、贺云华等出席活动。活动表演舞龙、拉丁舞、气功展示、滑轮、武术、跆拳道等项目。　（贺媛华）

【全国青年女篮邀请赛】　2016 年，为推进全市教体融合，展示篮球活动独特的魅力，丹阳市体育局在全市开展“篮球送下乡，体育惠大众”的“体育乡村行”篮球赛活动，9 月 20—22 日，由丹阳市体育局主办，丹北镇人民政府、延陵镇人民政府、华南实验学校联合承办的全国青年女篮四强邀请赛，分别在延陵文体中心体育馆、华南学校体育馆、埤城文体中心体育馆举行。江苏省青年女子篮球队、山东省青年女子篮球队、湖北省青年女子篮球队、解放军八一青年女子篮球队4支代表队应邀参赛。（贺媛华）

【国民体质测试】 2016年7月11日—8月2日，丹阳市体育局相继到市全民健身中心、丹阳市堂皇家纺、丹阳市澳丹奴家纺、开发区晓墟社区等单位进行国民体质测试。总体体质合格率为94.1%，比上年有所增加。国民体质测试结果，能让市民了解到自身的健康状况，用于指导个性化的科学锻炼，从而提高生活质量和健康水平。（贺媛华）

图144　2016年7月11日至8月2日，丹阳市体育局在全民健身中心进行国民体质测试（贺媛华）

·体育赛事·

【省青少年足球锦标赛】 为推动和促进全省青少年足球活动，提高青少年足球运动水平，2016年7月14日，江苏省青少年足球锦标赛（女子丙组）在丹阳市中等专业学校足球场开赛。经过3天的比赛，于7月16日圆满落幕。本次比赛由江苏省体育局、江苏省教育厅等主办，丹阳市人民政府承办，徐州、苏州、连云港、淮安、盐城、镇江、泰州7市的7支代表队参加比赛，泰州队获得冠军，徐州队、苏州队分别夺得二、三名。（贺媛华）

【镇江市少儿田径比赛在丹阳举行】 2016年9月23日，镇江市青少年阳光体育运动联赛（镇江市少儿田径比赛）在丹阳市中等专业学校田径场举行。比赛由镇江市体育局、镇江市教育局举办，丹阳市体育局、丹阳市教育局联合承办，为期3天，共有丹阳、句容、扬中、丹徒、京口、润州、镇江新区7个代表队参加，丹阳代表队获得团体第一名，并打破10项赛会纪录。（贺媛华）

【CBA丹阳站季前赛】 2016年10月9日，由丹阳市人民政府主办，丹阳市体育局、江苏有线丹阳分公司、丹阳市思博英体育产业公司联合承办的CBA丹阳站季前赛在丹阳市奥体中心体育馆落幕。江苏肯帝亚、上海大鲨鱼、浙江广厦、浙江稠州4个队参加此次比赛。此次比赛时间为10月7—9日，为期3天，共计6场比赛。浙江广厦夺得冠军，江苏肯帝亚、浙江稠州、上海大鲨鱼分获二、三、四名。（贺媛华）

·体育产业·

【概况】 2016年，丹阳市体育局根据国务院“关于加快发展体育产业促进体育消费的若干意见”的要求，扶持体育产业发展取得好的效果。市体育局、市财政局出台《丹阳市体育产业专项资金管理办法》，设立体育产业发展引导资金，用于支持全市体育产业创新发展。配合上级体育部门完成体育产业专项调查，核实体育产业相关企业378家，摸清全市体育产业底数。10月，江苏省下发《省财政厅、省体育局关于下达2016年度省级体育产业发展引导资金项目及补助经费的通知》，丹阳市中新玻璃纤维有限公司“利用闲置厂房改扩建万豪健身中心”项目获补助经费30万元。体育彩票总销量2.0亿元，排名全省第十二位，增幅排名全省第二十二位。（贺媛华）

社会生活

栏目编辑 尹宏蔚

民政工作

【概况】 2016年，丹阳市将养老机构内设护理院等纳入基本医疗保险（职工医保、居民医保、新农合）定点管理范围。实施本市户籍人员全民惠民殡葬政策，促进公共服务均等化和绿色生态殡葬改革。修订完善丹阳市《临时救助办法》，增强“救急难”实效。城乡居民最低生活保障标准从每人每月610元调整提高到625元，全年发放低保金2994万元，惠及救助对象5721人。城市“三无”老人供养标准从每人每年8784元提高到15430元，农村“五保”集中和分散供养标准分别从每人每年8200元和6400元提高到9000元和8000元。全年投入临时救助资金657万元，救助突发性困难群众4470户；资助15782名困难群众参加基本医疗保险1015.4万元，支出医疗救助金448万元，救助3681人次。设立2730个自然村低保信息公示栏，实现社会救助公示全覆盖。

市社会福利中心二期投入使用，市老年服务中心挂牌成立。投入3800万元，新建、改建、扩建镇级标准化立体式公益性骨灰堂9个。推进社区居家养老服务中心提档升级，新改建居家养老服务中心25个、助餐点31个。孤儿机构养育标准和散居养育标准分别达到每人每月1730元和1140元，困境儿童实施分类保障。流浪未成年人得到及时救助并护送返乡，推进农村留守儿童关爱保护工作，启动“合力监护、相伴成长”专项行动。做好残疾人“两项补贴”接收工作。

开展优抚对象“精神抚慰”“结对帮扶”系列关爱活动。投入190万元，组织3685名优抚对象参加活动。投入40余万元对市烈士陵园进行改造。做好下岗志愿兵、“两参”对象的政策解答和关爱帮扶工作，对所有符合条件的2016年转业士官进行积分选岗、阳光安置。救助站开展“夏季送清凉、寒冬送温暖”专项救助活动，全年救助流浪乞讨人员800余人。依法有序开展村（居）委会换届选举，一次性成功率达98%，其中村委会、居委会无候选人直选率分别达20.1%和83.0%。新达标命名2个城市社区和5个农村社区为城乡和谐社区，城乡和谐社区达标率分别达到98%和100%。开展首届公益创投大赛，投入45万元，资助10个公益创投项目。

建立丹阳市地名保护工作和地名论证专家制度，出台《丹阳市地名保护实施方案》，下发《关于进一步加强地名管理工作的通知》，完成主城区道路命名设标、大部分乡镇镇村道路命名及标准化处理工作，开展重要桥梁命名社会公开征集等活动，规范地名管理。完成1990－2008年的5万余条婚姻登记档案数据电脑录入，确保历史婚姻登记数据的信息化采集和精准化查询。对观音山公墓周边环境进行整治，新建大型停车场，改善群众治丧需求和祭扫环境。

2016年，丹阳市福彩销售突破1.6亿元，全省县（市）排名第七，连续十一年跻身省十强，募集福彩公益金 1000 多万元。市民政局社会救济科、优抚安置科在全市优质服务科室评比中分获三、四名，连续第五年位列前十位。（朱黎辉　孙燕霞）

人口和计划生育

【概况】 2016 年，丹阳市贯彻落实《中共中央国务院关于实施全面两孩政策改革完善计划生育服务管理的决定》，实施生育登记服务制度和便民化服务，解决计划生育特殊困难家庭的生活及生产困难，开展新一轮全国计划生育优质服务先进单位创建活动。坚持计划生育工作“一票否决”，继续落实计划生育目标责任制和考评体系。深入推进诚信计生活动和基层群众自治、基层计划生育工作规范化服务。对生育两个以内子女的夫妻，不实行审批，由家庭自主安排生育。做好生育信息的统计，为公共服务做好预警，全年一孩登记 3148 对，二孩登记 2080 对。全市出生政策符合率 100%。企业退休职工独生子女父母一次性奖励对象 1570 人，城镇非从业居民独生子女父母一次性奖励对象 340 人，全市农村奖扶对象达 40819 人，特扶对象 1453 人，总奖扶资金达 4521 万元。丹阳市获“2014—2016 年全国计划生育优质服务先进单位”荣誉。（俞丽萍）

图 145　2016 年 8 月 23 日，丹阳市创建全国计划生育优质服务先进县（市）工作接受镇江市复审（俞丽萍）

【出生人口性别比综合治理】 2016 年，丹阳市深入开展“关爱女孩”行动。强化卫生计生、市场监督、公安等部门综合治理力度，从落实孕期全程随访服务、规范医疗器械、医疗技术和终止妊娠药品管理、建立信息交流沟通机制、加大“两非”案件查处、加强目标管理责任制等四个方面综合治理出生人口性别比。发挥卫生计生机构合并优势，抓好禁止 B 超性别鉴定、非医学需要的人工终止妊娠和出生实名登记工作。至年底，全市出生人口男女性别比 106∶100。（俞丽萍）

图 146　2016 年 8 月 26 日，丹阳市卫生计生委开展“关爱女孩成长激励女孩成才”资助活动（俞丽萍）

【流动人口计划生育服务均等化】 2016 年，丹阳市流动人口计划生育服务管理工作以推进流动人口计划生育公共服务均等化为切入点，把流动人口的健康档案、健康教育、儿童预防接种、传染病防控、重性精神病患者管理、孕产妇和儿童健康管理、计划生育基本公共服务、职业病防治和帮扶行动纳入市基本公共卫生服务范畴，做到同服务、同管理。至年底，全市流动人口总数 56441 人，其中流入育龄妇女 41752 人，流出已婚育龄妇女 3124 人，全年网上核查流动人口信息 19000 余条，向户籍地通报避孕节育信息 496 条，办理婚育证明 131 人，让流动人口在现居住地以最快最简洁的方式得到同等化的服务。流动人口基本公共服务率达 85%以上，流动人口管理服务率 98%。（俞丽萍）

【计划生育特殊家庭联系人制度建立】 2016年，丹阳市在建立“连心家园——关爱失独家庭”项目的基础上，为全市计划生育失独、伤残家庭建立计划生育特殊家庭联系人制度，建立档案854户1461人，组建2340人志愿者队伍，通过“特殊家庭自我组织，连心家园提供阵地，志愿者团队主动服务”的模式，为计划生育特殊家庭提供法律援助、心理疏导和生产生活上的关心扶助，为计划生育特殊困难家庭每人投保120元的团体意外伤害险。开展计划生育特别扶助对象医疗服务，为市计划生育特别扶助对象提供就医绿色通道、家庭医生签约服务、专家免费会诊服务和中医预防保健服务全方位医疗服务。（俞丽萍）

社会保障

【概况】 2016年，丹阳市围绕有“更可靠的社会保障”目标，突出抓好“金保工程”上线，推进五险统一征缴，完成社会保障卡人员信息登记工作，各项保险参保人数持续增长，主要险种覆盖率稳定在98％以上，基金运行平稳。初步设定市机关事业单位工作人员视同缴费指数，进行过渡率验算并上报江苏省人力资源和社会保障厅。完成首次统筹调整机关事业单位和企业退休人员养老金。实施工伤保险费率由三类改为八类的政策，根据参保单位行业属性调整工伤保险费率，平均费率由1.4％下降到1.2％。制定市建筑业工伤保险工作的相关操作流程及办法，全市有227项建筑工程项目进行参保登记，累计征缴工伤保险费1150.87万元。实施阶段性降低养老保险新政，再次调低失业保险费率，全年为企业减轻用工成本支出1736.41万元。提高城乡居民养老保险缴费基本标准，加大个人账户积累，提升保障水平。提高城乡居民基础养老金最低标准，从1月份开始每人每月提高基础养老金10元。全市企业职工基本养老保险在职参保人数24.6万人，基金征缴收入15.80亿元，基金清欠额5000万元。失业保险参保人数14.61万人，完成年度目标的100.76％。（朱君芬）

【“金保工程”上线运行】 为实现全市社会保障卡数据管理统一扎口，全面详细登记人员信息，保证个人信息的完整性、唯一性和准确性，2016年10月11日，丹阳市上线运行“金保工程”，完成机构职能、人员整合、相关政策调整、人员信息采集比对以及软件开发、测试等工作。至年底，全市社会保障卡个人信息采集与确认录入人员信息65.4万人，人员信息复核通过65.1万人，上报制卡数据50.9万人，超额完成镇江市下达的目标任务。（朱君芬）

【被征地农民社会保障】 为有效破解新老制度衔接矛盾，妥善解决历年统筹被征地农民保障问题，2016年，丹阳市政府出台市级统筹被征地农民保障办法，原老政策产生的10858名被征地农民保障对象实现全员转入新保障政策，其中劳动年龄段人员6642人，养老年龄段人员4216人，首批保障资金1.79亿元全部到位。（朱君芬）

【社保维权维稳工作】 2016年，丹阳市召开企业欠薪维权维护社会稳定工作会议，整合监察、仲裁、信访等维稳资源，开展劳务派遣用工、人力资源市场清理整顿、旅游行业、高温天气劳动保护检查、劳动用工和社会保险、违法使用童工、农民工工资清欠等专项检查，累计检查用人单位3000余家，涉及劳动者10万余人。责令补签劳动合同5500份、清退童工4名，为农民工追讨工资600余万元。日常巡视检查用人单位1850家。共处理劳动争议案件2375件，结案2365件，结案率达99.9％。（朱君芬）

医疗保险

【概况】 2016年，丹阳市推进“全民医保”建设，扩大社会医疗保险覆盖范围，确保基金安全运行，保障参保人员的基本医疗需求。做好异地就医实时联网结算基础工作。做好医疗救助工作。2012 年以来，免费参加医保的低保对象、重残人员及优抚对象共计 1.1 万多人次。解决 200 多名市属歇业、破产企业退休人员的医疗保险问题。在原有 88 家定点零售药店、30 家定点医疗机构的基础上，新增 3 家医保定点口腔诊所，满足各类人群持卡就医的需求。2016 年，全市基本医保（不含新农合）参保人数达 27.04 万人，其中职工医保 18.94 万人，居民医保 8.1 万人，医保基金征缴 7.2 亿元。（王　平）

慈善事业

【概况】 2016 年，丹阳市慈善总会募集慈善资金 4180.54 万元，其中捐赠收入 2598.49 万元，增值收入 1582.05 万元。慈善救助支出 2449.33 万元，救助困难群众 10060 人次。至年底，慈善资金余额 2.04 亿元。在第四届（2015—2016 年）"中国城市公益慈善指数"评价发布活动中，丹阳市位列中国城市公益慈善指数百强榜第 42 位、全国县级市第 9 位。办好《丹阳日报》每周一期的慈善专版，会同丹阳电视台民生频道提升《八姑娘帮你忙》专栏的慈善宣传实效，办好慈善网站、慈善手机周报、慈善简报、慈善微信平台，增强社会各界慈善意识。投入 2449.33 万元，实施"慈善助学工程""大病救助工程""临时救助工程""复明和健行工程""情暖丹阳助困工程""关爱五保老人夕阳工程""失独家庭关爱工程""定向救助工程"8 项救助工程。（市慈善总会）

【慈善助学工程】 为切实帮助丹阳市贫困家庭学生顺利完成学业，2016 年，丹阳市慈善总会继续在全市实施"慈善助学工程"，全年共投入助学金 318.79 万元，有 1754 名学生受到资助。其中投入 237.7 万元，资助 506 名贫困家庭大学生；投入 14.4 万元，资助吕叔湘中学宏志班 18 名贫困家庭高中生；投入 48.8 万元，资助 244 名贫困家庭高中生；与慈善教育分会共同投入 45 万元（慈善总会投入 15 万元），资助 986 名义务教育阶段学生；义工服务总队会同"爱在飘扬"义工团队实施暑期公益助学班项目支出 2.89 万元。（市慈善总会）

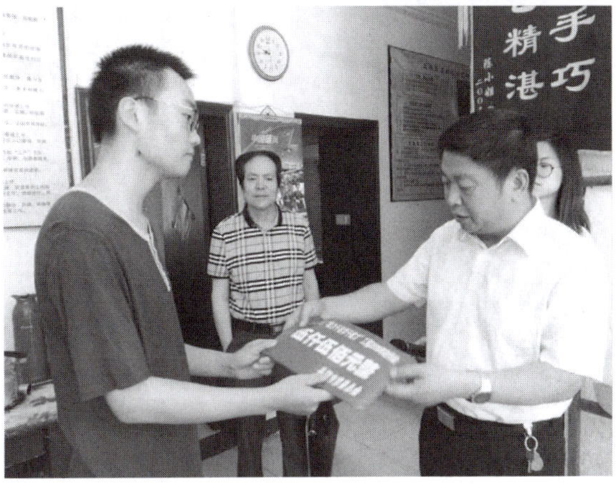

图 147　2016 年 8 月 29 日，丹阳市副市长符卫国（右）到徐文涛等 3 名贫困大学生家中送助学金　（市慈善总会）

【临时性救助工程】 2016 年，丹阳市慈善总会修订实施《临时性救助实施细则》，制定实施《企业理事单位定向救助实施办法》《对积极参与慈善捐赠和公益慈善活动的个人及其家庭成员予以优先资助实施办法》，扩大临时救助范围，进一步规范临时救助行为，鼓励更多社会成员参与慈善公益活动，将临救范围由因患血液病、尿毒症、青少年大病、一户两人以上大病、遭逢灾祸等导致基本生活临时性困难对象，扩大到一户一人大病、参与慈善捐赠和公益活动个人及家庭成员遇有特殊困难导致基本生活临时性困难的对象。全年投入资金 314.35 万元，临救 480 名困难群众，比上年增长 50%以上。（市慈善总会）

【关爱五保老人"夕阳工程"】 为更好地履行慈善宗旨，提高五保老人的生活质量，2016 年，市慈善总会开展关爱五保老人"夕阳工程”。投入资金 126.85 万元，对全市集中和分散供养的所有五保老人，提供每人每月 12.5 公斤优质大米，全年发放量达 28.83 万公斤。投入 7.9 万元为集中供养五保老人赠订 274 份《丹阳日报》。向 2 名国民党抗战老兵发放生活补助金 2 万元。（市慈善总会）

图 148 2016 年 1 月 9 日，丹阳市慈善助老爱心大米发放现场（市慈善总会）

【通过“AAAA”级公益社会组织评审】 2016 年，丹阳市慈善总会以申报“AAAA”公益社会组织为契机，从基础条件、内部治理、工作绩效、社会评价四个方面，推进规范化建设。制定并实施会长办公会、常务理事会、理事会、监事会议事规则和工作制度，明确决策、执行、监督机构的权限，加强救助项目管理和绩效评估，建立项目管理制度，所有救助项目都做到事先论证并拟定实施方案，事中有监督反馈，事后有总结评价，确保规范运作。严格执行国家会计制度，依法进行会计核算，总会每月制定会计报表，分会和工作站每季度汇总核算，严格会计监督。年底，市慈善总会通过了镇江市“AAAA”级公益社会组织评审。

（市慈善总会）

【慈善义工工作】 2016 年，丹阳市慈善总会共有慈善义工团队 17 个、注册义工 946 人，长年参加公益服务活动义工 2100 多人。开展空巢老人生活服务、留守儿童教育培训、五保老人健康普查等社会公益服务，组织义工服务活动 2005 场次，义工参加服务 7411 人次，累计服务时间 25300 小时，投入资金 49.23 万元，投放衣物、床上用品等物资 7434 件，受益群众 7252 人次。（市慈善总会）

民族宗教

【概况】 2016 年，丹阳市以深化星级场所创建和档案建设为突破口，创新服务载体，提升服务水平，优化管理服务平台，维护合法权益，促进宗教与社会主义社会相适应、民族关系和谐提升。按照“政治上靠得住、学识上有造诣、品德上能服众、关键时刻起作用”的标准，配备宗教团体领导班子。11 月，完成道教协会换届工作。针对市少数民族群众居住相对松散的特点，以海报形式印制新《中国公民民族成分登记管理办法》200 余份，张贴到全市各社区、村委会及人口密集区，让少数民族群众了解政策。全年为 315 人发放清真饮食补贴 45132 元。深化和谐寺观教堂创建，开展星级场所认定工作，9 家寺观教堂全部通过省级档案评定，其中省一级 6 家、省二级 3 家，新桥教堂被认定为四星级宗教活动场所。（倪国义）

【海会寺工程建设】 海会寺建设是丹阳市政府重点工程。2016 年 9 月，市政府召集市民宗局、人社局、国土局、发改委、住建局、规划局、城管局、云阳街道相关人员，召开海会寺建设会议，专题研究海会寺工程建设相关工作，并形成会议纪要。至年底，海会寺大雄宝殿、讲经堂二楼装修完毕并启用，可以做到局部开放。

（倪国义）

【县级城市宗教信仰抽样调查】 2016 年，丹阳市民宗局配合南师大调研组在丹阳开展县级城市宗教信仰抽样调查，本次抽样调查研究的目的是从信教者的个人情况、家庭状况、社会生活、微观环境、超念世界、意识形态环境、虔诚程度、教友关系、宗教组织等具体因素入手，了解丹阳群众形成宗教信仰的影响因素及丹阳宗教复兴过程中的重要推动或阻碍因素，以期描绘丹阳市群众宗教信仰的立体图景，为进一步做好丹阳市的宗教工作提供有益的政策建议。（倪国义）

【检查市少数民族发展资金管理使用情况】 2016年6月23日，江苏省民族事务委员会检查组组长骆晓玲一行5人到丹阳，对丹阳市少数民族发展项目资金管理使用情况开展检查。检查组实地察看丹阳皇塘镇宏图村苗木合作社道路拓宽工程建设、珥陵中仙钢架大棚建设等扶持项目的情况，听取关于少数民族发展项目建设情况的汇报，查阅项目台账资料、拨款单据等，对丹阳市少数民族发展资金管理使用和项目建设工作取得的成绩给予肯定，并提出工作意见和建议。（倪国义）

【民族团结宣传月活动】 为深入贯彻落实中央和江苏省民族工作会议精神，宣传党和国家的民族政策及民族工作取得的成果，宣传民族团结进步先进典型，进一步巩固和发展平等团结互助和谐的社会主义民族关系，在全市上下营造民族团结进步的良好氛围，10月17日，市民宗局在凤美新村社区开展民族团结宣传月活动。活动围绕“加强民族团结教育携手共创伟大中国梦”主题，在社区居民中开展“民族团结郑重承诺”“我为民族团结宣誓”“民族知识灯谜有奖竞猜”“民族团结主题展板”“少数民族家庭慰问”等活动，推动民族团结进步创建活动不断深化。（倪国义）

【健康家庭评比活动】 为进一步增强社区居民及少数民族群众的健康意识，自觉摒弃健康陋习，践行健康生活方式，5月13日，凤美新村社区举行健康家庭评比活动。此次健康家庭评比活动，历时1个多月，旨在通过开展一系列健康科普活动，进一步改善社区环境，倡导健康文明的生活方式，最大限度地减少和控制疾病传播流行隐患，提高社区居民及少数民族群众的幸福指数。少数民族书画家余康宁等家庭在活动中受到表彰。（倪国义）

旅　　游

【概况】 2016年，丹阳市围绕国家旅游产业创新发展实验市建设，推进重点旅游项目建设，加强旅游质量管理，开展旅游宣传推介。做好旅行社组团合同、用车合同的规范以及旅游从业人员安全意识的提升，定期开展旅游市场安全专项检查，加大对旅游行业违法违规经营行为的专项整治力度，打击扰乱旅游市场秩序的行为。加强旅游从业人员对《中华人民共和国旅游法》等法律法规和行业标准的学习，组织导游人员的年审培训，加强导游人员的培训和管理。与《丹阳日报》、丹阳电视台、丹阳广播电台、《中国旅游报》和《华东旅游报》等媒体合作，发布丹阳市旅游资源和旅游信息，播报丹阳旅游时讯。组织参加国际旅游交易会、南京度假旅游展览会、高雄旅游展览会、厦门旅游博览会、“宁镇扬马都市圈”赴贵州湖南旅游说明会等旅游促销活动。举办“丹亚杯·中国大运河美食文化旅游节暨长江三鲜品鉴会”“中国质造·首届丹阳眼镜文化旅游节”，策划、组织丹阳市重点旅游景区赴无锡、南京举办专题推介会。（侯范文）

【重点旅游项目建设】 2016年，丹阳市建设6项重点旅游项目。1. 中国（丹阳）国际眼镜城项目。中国眼镜博物馆完成建设并对外开放，游客接待中心进入装修，华阳大酒店片区完成拆迁，火车站片区站房改造进行。2. 水晶山旅游度假区项目。开展管山宕口整治，推进跨度假区高速公路建设，管山村249户完成拆迁。3. 练湖度假区项目。下练湖退田还湖项目接洽合作伙伴。4. 九里景区项目。崇福寺周边配套设施建设完工，蛟塘、庄湖湿地继续推进项目设计方案。5. 红色旅游及名居项目。张家大院完成主体内部原有装饰、后花园不保留建筑的拆除，屋面木椽的拆除、木桁条的检修、更换等工作；华东财经委旧址主体结构建设完工，开始内部装修，“三吕”故居地下工程建设完工，地面物清理拆除结束。6. 香海琴枫休闲农业项目。园区绿化栽植及景观铺装完工，婚庆基地摄影楼、餐厅、住宿设施内部装修基本完工。（侯范文）

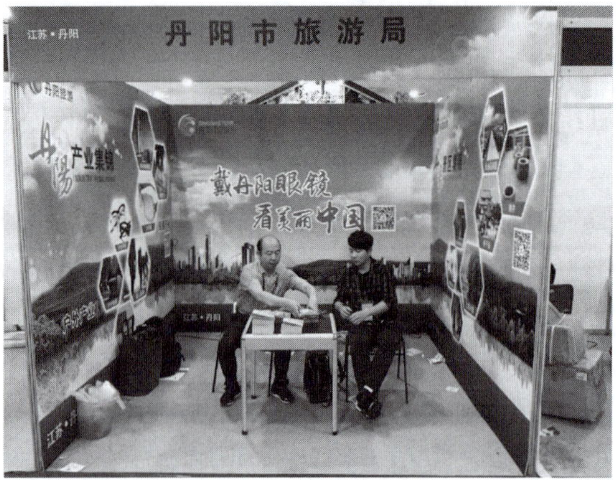

图 149　2016 年，丹阳市参加海峡两岸旅游博览会展厅（侯范文）

【旅游企业品牌创建】 2016 年，丹阳市继续推进旅游企业品牌创建工作。锦豪大酒店通过镇江市星级饭店星评委员会三星级饭店评定；丹凤公园创建国家“AAA”级旅游景区；金地闲庭氧吧创建江苏省三星级乡村旅游点。组织乱针绣、赵军二胡、檀香木文房四宝等旅游商品参加江苏省旅游局主办的首届“乐购江苏”旅游商品创意设计大赛活动；组织江苏省丹阳酒厂、江苏江南生物科技有限公司参加镇江市特色旅游商品直销活动。（侯范文）

关心下一代工作

【概况】 2016 年，丹阳市组建各级各类关工委组织 272 个，动员组织 3200 多名“五老”开展关爱活动。实行“校站结合、村校联办”校外辅导站，并开设电子阅览室和图书阅览室，在江苏省率先实现村（社区）全覆盖。建立镇级校外辅导站 12 个、村级校外辅导站 189 个，校外辅导员 1300 多人，形成覆盖全市各镇、街道、村、社区、机关、学校、企业的工作网络。建立 23 个市、镇两级青少年校外教育基地，组织开展“学雷锋、知党恩、讲道德、见行动”“老少共话中国梦”“学党史、学国史，听党话、跟党走”等主题教育活动。开展创建“五有五好”标兵村（社区）关工委评比活动。

开展“结对帮教，引领人生”、争创未成年人“零犯罪村（社区）”等活动；组织“五老”开展网吧义务监督，依法参与“社区矫正”工作。至年底，全市建立法治教育报告团 45 个，有“五老”法治教育报告员 200 多名，参与网吧义务监督的“五老”人员 1300 多名。在青年农民中开展“三扶两创一助力”活动，开办“银潮”农业科技培训学校培育新型农民，帮助青年农民科技致富。组织 32 名老农业科技人员定期下乡培训和指导，先后为 6 个农业生态园和 32 家农业专业合作社提供服务。

关注留守儿童和外来务工流动儿童的学习和生活，先后与教育、民政、市场监督、妇联等部门联手，对部分幼儿园和中小学进行扩容改造，具备吸纳 2400 多名外来工的幼儿和 3100 多名流动儿童进校读书的能力。市关工委自筹资金 10 余万元，资助 120 名孤残困青少年。（陆国庆）

【钱协寅检查关工委基层组织建设】 2016 年 12 月 6 日，江苏省关工委副主任钱协寅，到丹阳市检查关工委基层组织建设情况，市关工委主任杨志峰、常务副主任陆国庆、副主任柯进等陪同现场考察并参加座谈会议。调研组先后到丹阳开发区管委会、开发区前艾行政村进行实地检查组织建设情况，查看“五有五好”建设台账，听取前艾村关工委近年来的工作汇报，与街道、村关工委交流。调研组对市关工委的工作给予充分肯定，希望丹阳以检查为契机，进一步明晰工作思路，更好地为青少年服务，努力开创丹阳关工委工作新局面。（陆国庆）

残疾人事业

【概况】 2016年，丹阳市实施各项助残工程，为残疾人提供精准有效服务。全年免费实施白内障手术128例，为67名残疾儿童实施实效性康复，对1431户残疾人家庭进行无障碍环境改造，配发辅助器具1442件，免费发放轮椅673辆、辅助器具64件，捐赠助听器114台、盲人听书机1774台，救助贫困精神病患者633名，免费住院救助精神病患者15名。加强扶贫基地项目建设指导，对13家市级残疾人扶贫基地进行审核并授牌，共扶助近百名残疾人就业。举办淘宝网店运营提升班、电子商务培训班和针织绣、盲人按摩、农村残疾人实用技术等职业技能培训班，共免费培训180名残疾人，培训就业率达50%，扶持40名残疾人创业。开展农村贫困残疾人建档立卡工作，识别出722个贫困残疾人户。为19471名持证残疾人购买意外伤害险。在江苏省残联系统内率先采取购买社会化服务模式，开展残疾人托养服务。为6705名重残、404名一户多残人员办理重残补贴、一户多残补贴审批手续，发放补贴资金5098.06万元。为1173名重残人员、88名低保内重残人员发放护理补贴、低保内补贴125.63万元。对75名在校残疾学生发放教育补贴4.25万元。对377名残疾人机动轮椅车车主发放燃油补贴9.8万元。市残疾人运动员刘赟涛参加巴西里约残疾人奥林匹克运动会，获得S4级50米仰泳银牌，被江苏省人民政府记一等功一次，被省总工会授予江苏省“五一”劳动奖章，被共青团江苏省委授予“江苏省青年岗位能手”称号。 （景银山）

居民收支

【概况】 2016年，丹阳市城镇非私营单位在岗职工年平均工资68444元，比上年增加5689元，增长9.03%。其中国有经济单位、集体经济单位和其他经济单位在岗职工平均工资分别为87306元、82762元和61987元，分别比上年增长5.1%、5.5%和7.8%。 （市统计局）

【城镇常住居民人均可支配收入41653元】 2016年，丹阳市城镇常住居民人均可支配收入为41653元，比上年增加3079元，增长8.0%。其中工资性收入32145元，占77.2%；经营性净收入4936元，占11.9%；财产性净收入2187元，占5.3%；转移性净收入2385元，占5.7%。 （市统计局）

【城镇常住居民人均生活消费支出22452元】 2016年，丹阳市城镇常住居民人均家庭生活消费支出22452元，比上年增长7.4%。其中食品烟酒支出7642元，占34.0%；衣着支出2560元，占11.4%；居住支出3195元，占14.2%；生活用品及服务支出1190元，占5.3%；交通通讯支出3129元，占14.0%；教育文化娱乐支出2725元，占12.1%；医疗保健支出1195元，占5.3%；其他用品及服务支出816元，占3.6%。 （市统计局）

【农村常住居民人均可支配收入21706元】 2016年，丹阳市农村常住居民人均可支配收入为21706元，比上年增加1814元，增长9.1%。其中工资性收入13398元，增长9.9%，占61.7%；家庭经营净收入6016元，增长5.7%，占27.7%；财产性净收入1032元，增长20.6%，占4.8%；转移性净收入1260元，增长8.9%，占5.8%。 （市统计局）

【农村常住居民人均生活消费支出18791元】 2016年，丹阳市农村居民人均生活消费支出18791元，比上年增长12.5%。其中食品烟酒支出5795元，占30.8%；衣着支出1329元，占7.1%；居住支出3168元，占17.0%；生活用品及服务支出1150元，占6.1%；交通和通讯支出2993元，占15.9%；教育文化娱乐支出2744元，占14.6%；医疗保健支出1098元，占5.8%；其他用品及服务支出514元，占2.7%。（市统计局）

镇、街道概况

栏目编辑 孙晓霞

司　徒　镇

【概况】 司徒镇位于丹阳市西郊，是全国知名的“眼镜之乡”。司徒镇为江苏省20个行政管理体制改革试点镇之一，是镇江市唯一的“强镇扩权”乡镇。镇域面积91.73平方公里，辖10个行政村、1个社区、1个居委会，年末总人口5万余人。司徒镇交通、区位优势明显，境内有沪蓉高速、312国道、122省道、丹西公路、沪蓉高速丹阳西入口。拥有中国最大的树脂镜片生产企业江苏万新光学眼镜有限公司、中国最大的隐形眼镜企业海昌隐形眼镜有限公司、中国网络销售出口成品眼镜排名第一企业江苏淘镜有限公司。建有丹阳唯一的省级现代农业示范园区。2016年度被评为全国环境优美乡镇、国家卫生镇、江苏省卫生镇、江苏省文明乡镇。 （罗　麟）

2016年司徒镇主要经济社会指标

表53

地区生产总值（亿元）	52.7	注册合同外资（万美元）	4235
财政总收入（万元）	2.79	实际利用外资（万美元）	4312
财政支出（亿元）	1.26	第三产业增加值（亿元）	21.7
工农业总产值（亿元）	136.1	全镇总户数（户）	15554
工业销售收入（亿元）	109.39	全镇总人口（人）	49424
粮食总产量（吨）	34569	全镇从业人员数（人）	16750
油料总产量（吨）	1393	银行、信用社（个）	5
肉类总产量（吨）	6400	中小学校（所）	4
水产品产量（吨）	4943	医院、卫生院（所）	2
规模以上工业投入（亿元）	11.56	卫生室（个）	14
工业用电（亿千瓦时）	2.42	工业企业总数（个）	352
私营企业数（个）	322	个体工商户（户）	2325

（罗　麟）

2016年司徒镇骨干企业情况

表54

企业名称	法人代表	工业产值（万元）	销售收入（万元）
江苏万新光学有限公司	汤龙保	54608	49148
海昌隐形眼镜有限公司	蔡国洲	107012	101842
江苏海伦隐形眼镜有限公司	蔡国洲	35701	33970
丹阳市万隆化工有限公司	史丽娟	27846	25540

续表 54

企业名称	法人代表	工业产值（万元）	销售收入（万元）
江苏美乐集团	王国宝	70195	67211
江苏东方光学有限公司	蔡国洲	13618	7655
江苏淘镜有限公司	章月缘	25502	27030
江苏金聚合金材料有限公司	吴晓金	17006	17825
易佰得(丹阳)光学有限公司	韩瑞毅	12191	12213
江苏兴澳混凝土有限公司	吴正青	7563	7563
江苏侨谊厨房设备有限公司	梅金和	7824	7285
江苏御石新材料科技有限公司	谭　震	7183	5208
江苏省中亚玻纤有限公司	杨云胜	9470	8687
丹阳市瑞倍爱冷热疗产品有限公司	CURTISSCOTT	3123	3352
江苏恒翔印务	王　翔	5323	4791

（罗　麟）

2016 年司徒镇行政村、居委会情况

表 55

行政村、居委会名称	书记姓名	主任姓名	总人口（人）	村集体收入（万元）	农民人均纯收入（元）
薛甲村	束红益	束红益	3195	84	—
张寺村	薛晓明	薛晓明	3159	60	—
培棠村	王雷军	王雷军	5211	101	—
丁庄村	杭和秀	杭和秀	3887	85	—
屯甸村	毛锁龙	毛锁龙	3140	68	—
谭巷村	谭来训	谭来训	4501	125	—
杏村村	周志贤	周志贤	3236	103	—
固村村	吴东方	吴东方	7486	155	—
吴塘村	朱荣良	朱荣良	3661	86	—
杏虎村	吴建新	吴建新	3880	42	—
东风社区	梅玉华	梅玉华	2857	210	—
光明路居委会	—	殷志贤	2081	—	—

（罗　麟）

【产业结构转型升级】　2016 年，司徒镇推进项目建设，实施科技创新，落实“三农”工作。建设重点产业类项目 10 个，总投资 75.95 亿元，建成投产 6 个，在建 1 个。新兴产业销售 36.2 亿元，规模以上新兴产业投资 10.34 亿元，完成高技能人才培训 160 人，各级科技计划项目立项 8 项。高效设施农业占耕地比重 20.8%，农机化水平稳步推进。新引进上海陆家嘴有限公司市政绿化项目。成功申报“创牌立信”示范单位 1 家。农产品诚信等级企业 5 家、守信企业 1 家。基本完成农村土地确权工作。完成省级农业园区建设水平监测考核。通过农业面源污染连片治理示范区建设项目的省级验收。完成防汛抗旱水利建设工程和市镇村三级“一事一议”公益事业建设。（罗　麟）

【西城区综合整治】　2016 年，司徒镇统筹镇村建设。启动丹句路拓宽工程，推进东风片区的拆迁安置。做好国家卫生城市创建相关工作。成立集镇管理办公室和西城区管理办公室，建立数字信息指挥平台和执法抽查“双随机”平台，对西城区的环境进行综合整治，共拆除户外广告牌 86 块 4650 平方米，清理丹句路两侧木材市场乱堆乱放 27 户 5340 平方米。（罗　麟）

【推进低碳发展】　2016 年，司徒镇淘汰落后产能，整顿“地条钢”等非法生产企业，关闭 3 家砖瓦企业，停产整顿 6 家砖瓦企业，确保中央环保督察组交办问题整改到位。完成畜禽养殖污染整治年度任务，推进污水处理工程，建立农村环境卫生长效管理月通报制度，生态环境有效改善。（罗　麟）

【司徒文体公园建成】　2016 年，司徒文体公园基建工程完成。建成占地面积 6324 平方米的大型活动广场和占地面积 2394 平方米的停车场，完成户外健身器材、儿童滑梯等公共健身休闲设施建设，新增笼式足球、门球、软质步道等公共体育服务设施，满足群众公共文化体育活动需求。（罗　麟）

【社会保障水平提升】 2016年，按照市政府统一部署，司徒完成全镇2896名市级统筹历年被征地农民参加社会保障。开展第二十六次"全国助残日"系列活动，为536户贫困残疾人发放家庭适配辅具541件。推进"百村万户"达新标行动，完成"江苏省脱贫致富奔小康工程建档立卡"工作，共登记低收入260户426人。增加就业人数2219人，完成农村劳动力转移1179人。核实社会保障卡录入审核，完成42118人的信息采集、录入和审核，确保"金保工程"上线。（罗　麟）

【行政管理体制改革试点工作】 2016年，丹阳市下放给司徒镇113项行政审批许可类、278项行政处罚类和30项公共服务类权限落实到位。针对试点改革专家评估意见书，结合实际情况，在镇江、丹阳专家指导下，围绕"权限再梳理、执法再规范、制度再完善、管理再创新、保障再加强"，行政管理体制改革试点工作向更高水平迈进。（罗　麟）

延　陵　镇

【概况】 延陵镇位于丹阳市西南部，与丹徒、金坛接壤，属省级革命茅山老区，是丹阳四大古镇之一。全镇总面积116平方公里、耕地面积0.43万公顷、水面面积0.23万公顷，总人口6.7万人，辖13个行政村、2个社区居委会。延陵历史文化底蕴深厚，境内有6000多年历史的凤凰山遗址、国家"AA"级季子风景区，是牛郎织女的民间传说发源地，拥有国家级、省级"非遗"保护项目2个。区域内交通便捷，沪宁、扬溧两条高速公路和312国道、241省道、122省道、丹茅路、丹西路、丹宝路等交通干道交汇贯通。2016年，延陵镇获省级"四好"农村路示范镇、农村文化工作先进集体、体育工作先进单位等荣誉。

（魏红利）

2016年延陵镇主要经济社会指标

表56

地区生产总值（亿元）	43.3	注册合同外资（万美元）	167
财政总收入（亿元）	2.88	实际利用外资（万美元）	—
公共财政预算收入（亿元）	1.47	自营出口额（万美元）	1.76
财政支出（亿元）	1.38	第三产业增加值（亿元）	18.9
工农业总产值（亿元）	108.9	农民人均纯收入（元）	17890
产品销售收入（亿元）	105.7	全镇总户数（户）	21686
粮食总产量（吨）	7329	全镇总人口（人）	64092
油料总产量（吨）	602.9	全镇从业人员数（人）	—
肉类总产量（吨）	2617.9	外来从业人员数（人）	3629
水产品产量（吨）	5401.2	各类科技人员数（人）	1351
规模以上工业投入（亿元）	21.5	农业技术人员数（人）	13
工业用电（万千瓦时）	18865	银行、信用社（个）	5
工业企业总数（个）	511	中小学校（所）	5
私营企业数（个）	511	医院、卫生院（所）	1
个体工商户（户）	3181	卫生室（个）	13

（魏红利）

2016年延陵镇骨干企业情况

表57

企业名称	法人代表	工业增加值（万元）	销售收入（万元）
江苏福荣制衣有限公司	张锦云	16011.5	64046.96
丹阳海企宝德服装有限公司	孙建东	810.2	3352.43
丹阳佳润服装有限公司	潘荣汉	2790.1	11141.8
丹阳佳源服饰有限公司	潘荣正	623.4	2487.65
丹阳依斯泰户外用品有限公司	林书炳	1550.2	6175.02
丹阳市巨贸康健医疗器材有限公司	姚文彬	3760.3	14985.02

续表 57

企业名称	法人代表	工业增加值（万元）	销售收入（万元）
丹阳市同泰化工机械有限公司	柏兆钰	1461	5844.32
丹阳市万乐复合材料有限公司	徐卫国	4750.3	18980.53
江苏科信光电科技有限公司	张钊连	5770.8	23057.17
丹阳润泰纺织有限公司	王叶华	2725.8	10941.86
丹阳市恒新面粉有限公司	袁新芳	1014.7	4089.61
丹阳市恒成金属制品有限公司	邓留花	1989.6	7957.97
丹阳市飞轮气体阀门有限公司	鲁卫国	1140.3	4789.03
江苏华东空分设备有限公司	程　云	840.9	3355.94
丹阳市文魁无纺制品有限公司	张文魁	1110.7	4407.46
江苏安得利新材料科技有限公司	吴玉平	2114	8457.44
江苏梅花机械有限公司	韦梅芳	450.3	1808.67
江苏汇天机电科技有限公司	康海欣	2140.5	8611.36
诺德科技股份有限公司	钱志军	9877.3	39413.19
江苏新万宝车业制造有限公司	王剑中	5450.1	21828.18
江苏虎劲新能源科技有限公司	陈发龙	440	1764.53
江苏新中信电器设备有限公司	韦东良	752.7	2996.81
江苏通达纸业有限公司	邹炳华	4030.8	16171.59
江苏康耐特凯越光学眼镜有限公司	乔静鸣	905.6	3597.68

（魏红利）

2016 年延陵镇行政村、居委会情况

表 58

行政村、居委会名称	书记姓名	主任姓名	总人口（人）	村集体收入（万元）	农民人均纯收入（元）
东皇村	束和平	束和平	3576	73.6	—
行宫村	马建国	马建国	7070	131	—

续表 58

行政村、居委会名称	书记姓名	主任姓名	总人口（人）	村集体收入（万元）	农民人均纯收入（元）
九里村	郦友良	郦友良	5447	174	—
大吕村	韦梅芳	韦梅芳	4875	121	—
联兴村	陈国连	吴永俊	9039	239	—
利民村	王保庚	王保庚	5447	73.3	—
麦溪村	张春保	张春保	5460	116	—
松卜村	吴欢欢	林云才	2832	88	—
柳茹村	何建军	何建军	2962	74.2	—
赵巷村	鲁卫国	鲁卫国	2954	76.7	—
延陵村	钟建荣	钟建荣	4880	131	—
延星村	陈芬照	陈芬照	3407	73.3	—
宝林村	魏红利	潘志成	4662	117	—
麦中路社区居委会	—	—	358	—	—
延陵社区居委会	—	张锁青	1123	—	—

（魏红利）

【打击违规用地和违章建设】 2016 年，延陵镇积极采取措施，研究出台《延陵镇打击违规用地和违章建设实施意见》，加强对“两违”工作的打击力度。明确控违主体。明确各行政村为各自区域内控制“两违”行为的第一责任主体，村书记、主任是第一责任人。健全管理体制。建立联席会议制度，每月召开一次会议，听取“两违”查处情况汇报，研究讨论出现的新情况、新问题。建立工作机制。成立以自然村为支网的包片、包村网络监管机制，对责任区范围内的“两违”行为进行巡查上报。通过出台文件，形成制度，全镇共查处违法建设 162 起，违法建设主动发现率 90%，及时拆除率 98%，全镇的违法建设势头得到遏制。（魏红利）

【企业创新转型】 2016年，延陵镇抓住创新转型主线，实施企业转型提质。全年新申报专利400件，其中发明专利160件、实用新型专利240件、授权发明专利20件；有4家企业申报知识产权战略推进计划，1家企业申报镇江市级工程研发中心，3家企业申报丹阳市级研发中心；新万宝车业、诺德科技股份等3家企业创成省级高新技术企业；梅花机械、同泰化机2家企业完成丹阳市科技计划立项；万乐复合材料公司创成丹阳市级科技小巨人企业；工业园区与云阳高新区联合组建的丹阳高新区获批省级高新区。

（魏红利）

【诚信友善“333＋1”工程】 2016年，延陵镇开展“333＋1”工程（即成立一支300名的志愿服务队伍，每年集中开展3场敬老爱老活动、3场关爱留守儿童活动、1场孝子孝女评选活动）。成立一支300名的志愿服务队，以社区享受居民养老服务、延陵敬老院集中供养的孤寡空巢老人为主要对象，集中开展3场精神慰藉、生活保障、权益维护等志愿服务；围绕“蒲公英之家”留守儿童及各学校的困难学生，集中开展3场爱心助学、关爱留守儿童等志愿服务；围绕弘扬孝敬父母的传统美德，集中开展“孝暖延陵——寻找最美孝心人”活动，举办弘扬孝文化主题晚会，对评定的11名“最美孝心人”进行表彰，起到教育群众、引领风尚的作用。 （魏红利）

图150 2016年10月8日，延陵镇在敬老院开展关爱老人“为爱延行”志愿者在行动活动 （魏红利）

【教育现代化建设先进镇创建】 2016年，延陵镇对照教育现代化先进镇的创建目标，按照丹阳市委、市政府《关于推进教育现代化建设的实施意见》，召开教育现代化工作推进会，自加压力、对标找差，立足以创建为引领，以创建促发展，在组织领导、宣传发动及重点任务推进方面打出“组合拳”，创建工作取得成效。投资500余万元，完成麦溪中心校、麦溪中学校安工程；投入50余万元对校园周边环境进行综合整治；延陵幼儿园创成镇江市教育现代化先进幼儿园，麦溪中学、麦溪中心校通过镇江市教育现代化先进学校评估验收，延陵镇创成镇江市教育现代化先进镇。 （魏红利）

图151 2016年8月12日，延陵镇召开“百村万户达新标行动”挂钩帮扶现场推进会

（魏红利）

珥 陵 镇

【概况】 珥陵镇位于丹阳市南郊，具有1400余年历史，是丹阳市四大古镇之一。241省道、新241省道、丹西一级公路及丹金溧漕河贯穿境内。区域总面积83.65平方公里、耕地面积4835公顷、集镇面积3.5平方公里。辖10个行政村、1个社区居委会。年末总户数17620户、总人口50342人。2016年，珥陵镇获江苏省精神文明乡镇、2015年度村庄环境长效管理先进集体、2015年度镇江市人口和计划生育阳光统计示范单位、2015年度“平安镇”、2013－2015

年度“百村万户”双达标行动先进集体等荣誉。

（赵　艳）

2016年珥陵镇主要经济社会指标

表59

地区生产总值（亿元）	28.88	注册合同外资（万美元）	—
财政总收入（亿元）	0.47	实际利用外资（万美元）	—
公共财政预算收入（亿元）	0.42	自营出口额（万美元）	1541
财政支出（亿元）	0.38	第三产业增加值（亿元）	12.98
工农业总产值（亿元）	68.6	农民人均纯收入（元）	24416
产品销售收入（亿元）	47.3	全镇总户数（户）	17620
粮食总产量（吨）	57633	全镇总人口（人）	50342
油料总产量（吨）	475	全镇从业人员数（人）	28585
肉类总产量（吨）	1300	外来从业人员数（人）	1065
水果产量（吨）	506	各类科技人员数（人）	690
水产品产量（吨）	3200	农业技术人员数（人）	35
规模以上工业投入（亿元）	6.98	银行、信用社（个）	5
工业用电（万千瓦时）	9841	中小学校（所）	5
工业企业总数（个）	532	医院、卫生院（所）	2
私营企业数（个）	532	卫生室（个）	16
个体工商户（户）	2605	职工人均工资（元）	34500

（赵　艳）

2016年珥陵镇骨干企业情况

表60

企业名称	法人代表	工业增加值（万元）	销售收入（万元）
丹阳市江南面粉有限公司	陈国平	24969	80546
镇江丹玉食品有限公司	史荣炳	10546	34020

续表60

企业名称	法人代表	工业增加值（万元）	销售收入（万元）
江苏汇能锅炉有限公司	陈云龙	6296	25186
江苏洁美生物能源有限公司	史荣炳	2957	11828
江苏怡华光学眼镜有限公司	陈立军	2521	10085
江苏上一道科技股份有限公司	廖小玲	475	1901
丹阳市盛世鞋业有限公司	盛玉书	389	1557
江苏润澳新型建材有限公司	吴立忠	1262	5051
丹阳鹏鹞污水处理有限公司	徐建新	835	3340
丹阳市兴丹纺织有限公司	孙金龙	505	2023
丹阳大圣服饰有限公司	周忠阳	638	2552
丹阳市福龙寝品有限公司	蒋吉新	253	1013
镇江丹和醋业有限公司	史荣炳	871	3484
丹阳市华丝制衣有限公司	史锡荣	365	953
丹阳市凯迪线业有限公司	吉利美	287	1148

（赵　艳）

2016年珥陵镇行政村、居委会情况

表61

行政村、居委会名称	书记姓名	主任姓名	总人口（人）	村集体收入（万元）	农民人均纯收入（元）
护国村	苗国芳	苗国芳	5953	79.3	25579
珥城村	胡夫林	胡夫林	5172	79.5	29703
黄埝村	李兰定	李兰定	3821	82.1	23910
中仙村	谢明光	谢明光	5331	77.6	25001
积庆村	武明忠	武明忠	5529	77.8	22081

续表 61

行政村、居委会名称	书记姓名	主任姓名	总人口（人）	村集体收入（万元）	农民人均纯收入（元）
扶城村	吴明芳	汤锁方	5767	79.1	26001
祥里村	陈建阳	陈建阳	3962	75.8	23402
丈山村	金向阳	李兆书	4918	77.7	22698
新庄村	虞福贵	虞福贵	3840	82.5	22595
大施村	史光云	史冲云	4133	76.1	22100
新珥街社区居委会	—	庄　玉	1989	—	—

（赵　艳）

【为民办实事工程】 2016 年初，珥陵镇人代会制定六件为民办实事工程：总投资 3000 余万元的珥陵中心幼儿园易地新建工程开工建设；投资 5100 万元的上新河堤防加固工程沿线 6 座泵站建成，完成 5 座涵闸的重建和部分薄弱河堤的加固；总投资 2000 余万元的珥陵大桥重建工程完成招投标工作；丹金溧漕河“五改三”工程的珥东片区拆迁工作进入扫尾阶段；总投资 220 余万元的省级农村道路提档升级工程大潘园路 9 月份竣工通车；农村河道和二级沟疏浚整治工程筹备招投标工作。办理总投资 400 余万元的珥陵公共汽车站新建工程手续，年底开工建设；筹划总投资 1.1 亿元的云林 220 千伏高压变电站建设。（赵　艳）

【土地确权完成】 2016 年，珥陵镇作为丹阳市土地确权整镇推进的试点乡镇，确定“试点先行，以点带面，逐步推开，稳步实施”的工作思路。至年底，完成入户调查、测绘制图、公示审核，完成 10 个行政村的合同签订工作。发挥确权成果，在全市率先组建“珥陵镇农村集体资产交易中心”，为规范集体资产交易及土地流转开辟新平台。（赵　艳）

【科技创新】 2016 年，珥陵镇推动企业自主创新和人才引进，几年来共开发高新技术产品 12 件，创成省级工程技术中心 3 家，培育专利大户 18 家，申请发明专利 560 余件，专利总数 2100 余件；引进各类高层次人才 26 名，其中省“双创”人才 1 名，镇江“331 计划”人才 2 名。注重品牌建设，全镇有中国驰名商标 1 个、江苏省著名商标 4 个、镇江市知名商标 7 个。（赵　艳）

【农业园区建设】 2016 年，珥陵镇加强农业园区建设，科学规划农产品加工园区，完善园区功能配套，“三纵三横”的园区道路框架全面拉开，园区吸纳和承载能力进一步增强。农产品精深加工、农副产品物流、特种种养殖等农业项目的引进力度进一步加大，至年底，入园企业达 19 家，其中省级农业龙头企业 3 家，镇江市级农业龙头企业 6 家。中德农业示范项目——拜耳植保技术示范培训基地入驻园区。（赵　艳）

【社会事业】 2016 年，珥陵镇大力推进文化和社会事业，校安工程累计投入 4000 余万元，校车接送工程全面实施，小学和初中均通过省义务教育优质均衡发展示范区验收，创成镇江市教育现代化先进乡镇。葛城遗址被列入第七批全国重点文物保护单位。葛城遗址保护规划进入招投标程序。成功举办篮球联赛、健身舞蹈比赛等大型文体活动 12 场，新增丈山、扶城等村文化健身广场 8 片。完成 475 人农村奖扶申报审核工作。落实“单独二孩”政策，审批再生育 60 例。珥陵镇被评为“镇江市文明镇”，新增“镇江市文明单位”2 家（派出所、农水站），护国村成为珥陵镇首个“镇江市文明村”。（赵　艳）

导　墅　镇

【概况】 导墅镇位于丹阳市东南部，是鹤溪河畔的千年古镇，也是中国孔子学会前会长匡亚明故里。镇域总面积 80.5 平方公里，辖 11 个行政村、2 个社区居委会，年末总户数 17218 户、总人口 49925 人。2016 年，导墅镇获“中国家纺名镇”“江苏省农村电子商务示范镇”“江苏省档案工作四星级”等荣誉。（殷　鑫）

2016年导墅镇主要经济社会指标

表62

地区生产总值（亿元）	41.89	注册合同外资（万美元）	1158
财政总收入（亿元）	1.95	实际利用外资（万美元）	—
公共财政预算收入（亿元）	0.77	自营出口额（万美元）	3611
财政支出（亿元）	1.31	第三产业增加值（亿元）	13.21
工农业总产值（亿元）	132.13	农民人均纯收入（元）	27871
产品销售收入（亿元）	107.39	全镇总户数（户）	16985
粮食总产量（吨）	50241	全镇总人口（人）	49088
油料总产量（吨）	781	全镇从业人员数（人）	29021
肉类总产量（吨）	4205	外来从业人员数（人）	2914
水果产量（吨）	932	各类科技人员数（人）	1402
水产品产量（吨）	4612	农业技术人员数（人）	38
规模以上工业投入（亿元）	16.59	银行、信用社（个）	8
工业用电（万千瓦时）	12636	中小学校（所）	4
工业企业总数（个）	563	医院、卫生院（所）	2
私营企业数（个）	563	卫生室（个）	24
个体工商户（户）	2389	职工人均工资（元）	34991

（殷　鑫）

2016年导墅镇骨干企业情况

表63

企业名称	法人代表	工业增加值（万元）	销售收入（万元）
江苏申阳电梯部件有限公司	姜锁宝	14917	59196
丹阳市永达化工有限公司	贺　弥	4985	19781
鸿运汽车有限公司	蒋耀坤	4398	17452

续表63

企业名称	法人代表	工业增加值（万元）	销售收入（万元）
江苏奥佩尔体育用品有限公司	曹嘉伟	2287	9075
江苏未来轨道交通装备股份有限公司	陈志军	1550	6152
江苏爱伦家纺有限公司	符惠琴	1447	5742
江苏润阳伟业科技有限公司	蒋蔼其	1400	5557
江苏恒力炉业有限公司	祝　琦	1215	4822
丹阳市丽娜寝品有限公司	仲国定	1141	4529
江苏利隆户外用品有限公司	周国平	1129	4479
江苏澳帆旅游用品有限公司	祁建明	1089	4323
江苏贝斯特新型建材有限公司	陈岳良	1081	4289
江苏恒立弹簧有限公司	袁国平	1027	4077
江苏诚泰旅游用品有限公司	曹加祥	873	3463
江苏圣罗兰寝品有限公司	刘腊梅	855	3391

（殷　鑫）

2016年导墅镇行政村、居委会情况

表64

行政村、居委会名称	书记姓名	主任姓名	总人口（人）	村集体收入（万元）	农民人均纯收入（元）
小华村	何金华	何金华	5043	99	27062
大华村	仲建平	仲建平	3797	80	27501
葩桥村	葛国全	葛国全	5448	70	24424
下琴村	张建良	张建良	5873	83	23560
导墅村	潘伟方	潘伟方	3209	95	34308
后庄村	罗方平	罗方平	4736	109	28078

续表 64

行政村、居委会名称	书记姓名	主任姓名	总人口（人）	村集体收入（万元）	农民人均纯收入（元）
东新村	王玉定	许云留	5042	76	25988
东河村	汤国琦	陈书祥	3837	147	28799
里庄村	徐建忠	徐建忠	3561	77	29087
白马村	徐锁柱	王建新	3259	87	34651
镇东村	段留华	段留华	3232	75	29557
新征路居委会	—	尹俊华	1270	—	28034
李庄桥居委会	—	金通海	781	—	27045

（殷　鑫）

【导墅镇十七届人大五次会议】 2016年2月25日，导墅镇召开第十七届人民代表大会第五次会议，全镇69名人大代表听取政府工作报告、人大主席工作报告、财政预决算报告和建议办理情况报告。大会审议通过《选举办法》，讨论通过镇长候选人名单。选举王啸为导墅镇人民政府镇长。（殷　鑫）

【纪念匡亚明诞辰110周年】 2016年4月1日，为纪念著名革命家、教育家匡亚明诞辰110周年，丹阳市政协在匡亚明家乡导墅镇，举行“匡亚明生平事迹陈列馆”揭牌和“匡亚明图书馆”开工奠基仪式，开展《丹阳骄傲——匡亚明诞辰110周年纪念展》等系列活动。（殷　鑫）

【重点项目建设】 2016年，导墅镇推进项目建设，总投资3.6亿元，超亿元项目2个：申阳集团轨道交通新建6000平方米厂房竣工，定制风挡等相关设备；鸿运汽车有限公司设备改造完成。超3000万元项目3个：江苏恒立弹簧有限公司汽车专用弹簧项目竣工投产；江苏澳帆旅游用品有限公司年产3万套户外旅游用品项目竣工投产；江苏利隆户外用品有限公司年产5万套户外旅游用品项目竣工投产。丹阳红日肥业有限公司年产3000吨秸秆腐熟剂项目竣工投产，丹宁钢结构交通标示牌项目投产。（殷　鑫）

【基础设施建设】 2016年，导墅镇优化基础设施。兴业路、鸿运路按照序时进度推进，配合市交运局完成导墅镇域内埤导线改造工程。投资1500万元完成葩桥千亿斤粮食产能项目工程，投资1000万元开工建设中央农田水利建设维修项目。新增高标准农田666.67公顷，改造泵站6座，衬砌节水灌溉渠道54公里，渠系建筑物配套2320座，铺设砂石路4610米，浇筑水泥路3327米。完成葩桥排水涵、下琴排水涵、马堰排水涵等改造项目，加固鹤溪河堤防2000余米。（殷　鑫）

【生态环境整治】 2016年，导墅镇落实省、市专项活动，抓好环保整治。强化问题整改，对全镇涉及重大危险源的13家企业所查出的115条隐患及时整改到位。在全市率先完成28台锅炉拆除任务。强化水环境治理，对丹金溧漕河及鹤溪河沿岸重点涉水企业进行定期、不定期的执法监管；实行环保网格化监管，推进村庄环境长效管理；召开畜禽污染整治推进会，全面关停取缔禁养区和整治非禁养区的畜禽养殖场。至年底，关闭禁养区各类养殖场81家，面积17余万平方米。（殷　鑫）

【民生事业】 2016年，导墅镇为提高居民收入，扩大增收渠道，新增就业1350人，农民人均可支配收入增长8%。开展“扶村帮户”达新标活动，实施6个扶贫项目，84户贫困户脱贫。提升保障水平，关注弱势群体，妥善安置241名残疾人，累计发放城乡低保金176万元、五保户生活费222万元。优化公共服务，协调里庄幼儿园新建工程，完成项目整体方案和工程设计。（殷　鑫）

皇　塘　镇

【概况】 皇塘镇位于丹阳市东南部，东临常州25公里，西毗金坛12公里，312国道、340省道横贯全境，水、陆、空交通较为便利，具有较好的区位优势和良好的经济发展环境。全镇总面积80.44平方公里，总人口5.9万人，辖11个行政村、2个社区居委会。皇塘镇是“全国重点镇”“中国家纺名镇”“全国小城镇发展与改革综合试点镇”“江苏省创新型试点乡镇”“江苏省电子商务示范镇”。（徐　烈）

2016年皇塘镇主要经济社会指标

表65

地区生产总值（亿元）	66.56	注册合同外资（万美元）	129
财政总收入（亿元）	2.56	实际利用外资（万美元）	231
公共财政预算收入（亿元）	1.37	自营出口额（万美元）	6298
财政支出（亿元）	1.87	第三产业增加值（亿元）	21.31
工农业总产值（亿元）	193.1	农民人均纯收入（元）	22317
产品销售收入（亿元）	180.9	全镇总户数（户）	20995
粮食总产量（吨）	43491	全镇总人口（人）	59110
油料总产量（吨）	582	全镇从业人员数（人）	40580
肉类总产量（吨）	4607	外来从业人员数（人）	7715
水产品产量（吨）	5922	各类科技人员数（人）	2438
规模以上工业投入（亿元）	17.23	农业技术人员数（人）	10
工业用电（万千瓦时）	20435	银行、信用社（个）	12
工业企业总数（个）	680	中小学校（所）	6
私营企业数（个）	846	医院、卫生院（所）	1
个体工商户（户）	3348	卫生室（个）	11

（徐　烈）

2016年皇塘镇骨干企业情况

表66

企业名称	法人代表	工业增加值（万元）	销售收入（万元）
江苏鑫海铜业有限公司	张小芳	53175	224693
江苏合发集团有限责任公司	荆夕坤	31440	112295
江苏中彩印务有限公司	焦小林	24250	94466
江苏辰阳电子有限公司	何新友	21261	83252
江苏堂皇集团有限公司	荆玉堂	11591	45702
丹阳荣嘉精密机械有限公司	殷来大	11240	43842
丹阳市助剂化工厂有限公司	冯玉平	8548	35527
江苏乐能电池股份有限公司	丁建民	7940	25749
江苏绿叶锅炉有限公司	陈建平	5197	20783
丹阳市丽宏汽车部件有限公司	姜丽娟	3507	13467
丹阳市鹏飞布厂	仇洪坤	3385	13305
江苏晨光偶联剂有限公司	丁建峰	3447	13091
江苏江南生物科技有限公司	姜建新	5630	11276
丹阳港奇车辆部件有限公司	贺跃新	1809	7051
江苏元景假日旅游用品有限公司	潘丽敏	1689	6304
江苏美亚新型饰材有限公司	孙新福	1049	4418
中港包装制品江苏有限公司	罗　盛	1157	4317
丹阳飞翔汽车配件有限公司	顾留平	1069	4166
江苏皇马国际贸易有限公司	宦小马	815	4079
江苏澳丹奴家纺有限公司	吴国平	1026	4059
丹阳克隆电子线缆有限公司	汤优钢	1004	4017
江苏利普机械有限公司	蒋　波	915	3650
丹阳市宏铸涂料有限公司	贺锁柱	868	3470
江苏港宏电线电缆有限公司	吴小明	837	3252
丹阳市嘉赐精密机械有限公司	姜志清	740	2798
江苏台新纺织有限公司	曾玉增	811	2525

（徐　烈）

2016 年皇塘镇行政村、居委会情况

表 67

行政村、居委会名称	书记姓名	主任姓名	总人口（人）	村集体收入（万元）	农民人均纯收入（元）
皇塘村	张正明	张正明	4162	95	—
大南庄村	范金林	范金林	4023	75	—
白兔村	祝广庆	祝广庆	6889	111	—
丁桥村	戎伟仁	戎伟仁	7768	84	—
张埝村	严国荣	严国荣	5397	81	—
积善村	戴江华	戴江华	4344	70	—
宏图村	史锁明	史锁明	3101	94	—
鹤溪村	贺志新	贺志新	6151	51	—
蒋墅村	仇洪坤	仇洪坤	5512	80	—
滕村村	姜亚庆	姜亚庆	3157	89	—
后亭村	卫腊坤	卫腊坤	5070	69	—
新丰街社区居委会	杨新梅	杨新梅	1484	—	—
白鹤社区居委会	张和平	张和平	770	—	—

（徐　烈）

【工业“四精两新”格局形成】 2016 年，皇塘镇工业形成精工机械、精品家纺、精致包装、精密电子和新材料、新能源为主的“四精两新”产业格局。鹤溪产业园占地面积 5.4 平方公里，进园规模工业企业 49 家，其中亿元工业企业 11 家。荣嘉精密、辰阳电子、绿叶锅炉、堂皇集团 4 家企业位列全市工业企业纳税前 50 强，鑫海铜业销售连续多年突破 20 亿元。（徐　烈）

【特色农业示范基地】 2016 年，皇塘镇形成食用菌、雪山草鸡、土元、花卉苗木、特种水产、无公害大棚蔬菜等六大特色农业示范基地，是国家级食用菌标准化生产示范区，也是全国最大的草菇、土元生产基地，全省最大的金针菇和蛹虫草生产基地。拥有现代渔业产业园、现代食用菌产业园两个镇江市级农业现代园区，重点农业企业江苏江南生物科技有限公司年获得 2016 年“镇江市长质量奖”。（徐　烈）

【科技创新】 2016 年，皇塘镇拥有全国首个食用菌院士工作站、省级家纺创新设计公共技术服务中心，拥有省研究生工作站 2 家、省级研发中心 3 家、省科技型中小企业 13 家、省级高新技术企业 12 家。专利申请和授权量居全市前列，引进国家“千人计划”专家 1 人、省“双创团队”3 个，江苏江南生物科技有限公司获“国家科技进步”二等奖，姜建新获全国优秀科技工作者荣誉；江苏辰阳电子有限公司创成镇江市工程技术研究中心；江苏绿叶锅炉有限公司获镇江市产学研项目一等奖，创成丹阳市企业院士工作站。丹阳荣嘉精密机械有限公司获省重大科技成果转化项目资金支持，全镇获各类科技扶持资金 2000 余万元。（徐　烈）

【互联网论坛】 2016 年 9 月 27 日，皇塘镇召开互联网论坛。阿里巴巴苏沪城市经理、阿里店小二代表、金陵“聚商盟”会长等嘉宾出席本次论坛。论坛明确皇塘镇将依托本地特色产业，积极筹建电子商务行业协会，规划建设电子商务产业园，重点做好精品家纺、文胸内衣等终端消费品的电子商务服务平台建设，形成政府与企业推动相结合，电子商务与产业相结合的发展模式。（徐　烈）

【帐篷旅游文化节】 2016 年 10 月 1—3 日，皇塘镇以丰富群众精神文化生活为目的，宣传皇塘生态，推介皇塘文化和社会经济发展、引领健康生活方式为主线，在天地石刻园举办以“文明、绿色、共享”为主题的第三届“世外源”帐篷旅游文化节。帐篷节举行搭帐篷比赛、定向越野、篝火晚会等活动。（徐　烈）

【再获“中国家纺名镇”称号】 2016 年 12 月 20 日，2016 年度全国纺织产业集群复评工作总结会议在人民大会堂举行，中国纺织工业联合会表彰 3 年来在纺织产业集群建设工作中做出突出成绩的单位、集体。皇塘镇再次获得“中国家

纺名镇”荣誉。（徐　烈）

【获“江苏省纺织服装特色名镇建设示范单位”称号】 2016 年 9 月 8 日，第十八届江苏国际服装节新闻发布会在新华传媒粤海国际大酒店举行。经过江苏省纺织工业协会前期组织专家实地考察，交流座谈，皇塘镇被江苏省纺织工业协会表彰为江苏纺织服装特色名镇建设示范单位。皇塘镇镇长邵翔参加会议并领奖。（徐　烈）

【皇蒋公路主体竣工通车】 2016 年 12 月 30 日，丹阳市皇塘镇举行皇蒋公路通车仪式。皇蒋公路建设工程起于皇塘镇 1 号路，向东与 312 国道相交，全长 13.5 公里，总投资约 2.5 亿元。该道路为二级公路标准，双向二车道。道路建设涉及皇塘村、丁桥村、积善村、张捻村、蒋墅村和鹤溪村六个行政村。（徐　烈）

吕　城　镇

【概况】 吕城镇地处丹阳市东南部，有 1700 多年历史，因三国时东吴大将吕蒙在此屯兵筑城而得名。京杭大运河、沪宁城际铁路、沪蓉高速公路穿境而过，常州机场坐落境内，具备立体化交通格局。全镇总面积 68 平方公里，辖 11 个行政村、265 个自然村、2 个社区居委会。年末总户数 1.8 万余户、总人口 5.4 万余人。工业以高温合金、轨道交通、轻纺、粮油加工、新材料 5 个行业为主，每个行业均有代表性龙头企业。镇内高性能合金产业园 1 平方公里核心区被镇江市确定为军民融合式高性能合金材料示范基地，享受国家级高新区政策。高效农业以花卉苗木、生态观光农业为主，以粮油加工为基础的农业产业化带动辐射能力较强。粮油加工贸易集中区被列为首批江苏省省级农产品加工集中区，有国家级 6 万吨食用油储备库以及大型粮食码头、省级粮食储备库各 1 座。吕城镇是全国“千强镇”“国家级生态乡镇”“江苏省文明镇”“江苏省重点中心镇”“江苏省创新型乡镇”“江苏省特色文化镇”。（吴路平）

2016 年吕城镇主要经济社会指标

表 68

地区生产总值（亿元）	51.62	注册合同外资（万美元）	1000
财政总收入（亿元）	2.38	实际利用外资（万美元）	1000
公共财政收入（亿元）	1.19	自营出口额（万美元）	8334.5
财政总支出（亿元）	1.14	第三产业增加值（亿元）	22.8
工农业总产值（亿元）	163.88	农民人均纯收入（元）	28705
产品销售收入（亿元）	128.39	全镇总户数（户）	18790
粮食总产量（吨）	43544	全镇总人口（人）	54944
油料总产量（吨）	981	全镇从业人员数（人）	32165
肉类总产量（吨）	656	外来从业人员数（人）	3698
水产品产量（吨）	714	各类科技人员数（人）	925
规模以上工业投入（亿元）	24.71	农业技术人员数（人）	15
工业用电（万千瓦时）	28894	金融机构网点数（个）	8
企业个数（个）	1125	学校总数（所）	5
私营企业个数（个）	1125	医院、卫生院（所）	2
个体工商户（户）	1310	卫生室（个）	9

（吴路平）

2016 年吕城镇骨干企业情况

表 69

企业名称	法人代表	工业增加值（万元）	销售收入（万元）
江苏丹毛纺织股份有限公司	徐荣良	13374.86	46120.23
江苏图南合金股份有限公司	万柏方	7580.11	28074.49
丹阳市同乐面粉有限公司	张百平	4781.41	17077.17
丹阳四达化工有限公司	张国生	3030.48	10101.64
江苏顺发电热合金有限公司	沙国伟	3671.74	13113.35
江苏鼎泰工程材料有限公司	陈国贤	1573.45	5426.19

续表 69

企业名称	法人代表	工业增加值（万元）	销售收入（万元）
丹阳市华龙特钢有限公司	蒋明文	1983.20	6886.12
丹阳市苏中实业有限公司	潘三大	1599.03	5953.79
江苏龙鑫特殊钢实业总公司	王国年	2002.07	7112
丹阳市华强特殊钢有限公司	刘兴忠	2097.76	7492.55
万盛精密钣金江苏有限公司	万金生	1743.16	6225.60
丹阳兄弟合金有限公司	沙国兴	1815.45	6483.73
丹阳市永兴面粉有限公司	张书平	1221.07	4478.15
丹阳市正大油脂有限公司	张文伟	1211.87	4488.40
丹阳伍洲涂料有限公司	陈如根	1094.19	3648.10
丹阳重真锦绣制衣有限公司	王玉琪	1342.30	4334.57
丹阳市鸿业机械有限公司	张红星	1419.63	5070.21

（吴路平）

2016 年吕城镇行政村、居委会情况

表 70

行政村、居委会名称	书记姓名	主任姓名	总人口（人）	村集体收入（万元）	农民人均纯收入（元）
虎墅村	徐荣力	徐荣力	6401	72.6	24948
西墅村	葛华虎	葛华虎	5660	80.1	27634
河南村	卢夕耀	卢夕耀	3651	72.2	27856
河北村	庄国兴	姜锁平	4327	80.15	27301
井园村	徐建卫	徐建卫	3844	72.7	27523
蔡塔村	陈国贤	郭伟平	5010	80.19	27523
花龙村	万柏方	张建国	4702	80.17	27634
中心村	袁建国	顾金敖	3260	80.3	28078
西符村	庄国祥	王建军	4182	80.13	27523

续表 70

行政村、居委会名称	书记姓名	主任姓名	总人口（人）	村集体收入（万元）	农民人均纯收入（元）
运河村	周金东	梅荣俊	3650	74.3	27301
留庄村	胡州平	胡州平	2110	71.6	27412
吕城镇街道办事处	—	高秀峰	3349	—	—
向阳居委会	—	王忠华	638	—	—

（吴路平）

【建设 9 个重点项目】 2016 年，吕城镇抓重点项目建设，9 个重点项目取得进展，完成项目总投资 22 亿元。其中省重点项目 1 个，镇江市重点项目 1 个，丹阳市重点项目 7 个。总投资 15 亿元的省级重点项目图南合金一期工程管材扩能项目竣工投产，总投资 5 亿元的镇江市级重点项目立新合金的药芯焊丝生产线项目实现批量生产。江苏鼎泰工程材料有限公司、江苏班夫户外用品有限公司等丹阳市级重点工程有效推进。（吴路平）

【园区建设】 2016 年，吕城镇立足优势产业，重点打造精品特色园区。高性能合金产业园“区镇共建”模式取得成效，园区总体规划和路网、水系等各类专项规划论证完成。“两纵三横”道路完工，经二路开工建设，园区吕蒙北路、朝阳路、通园路的绿化、亮化工程进入招标阶段。核心区 1 平方公里被镇江市确定为“军民融合式高性能合金材料示范基地”，享受国家级高新区政策。至年底，园区有 5 个重点项目开工建设。（吴路平）

【新农村建设】 2016 年，吕城镇推进新农村建设，完成吕城镇总体规划修编和“三水规划”编制，进一步理清发展思路。荷花池中心社区二期 9 万平方米安置房完成交付。大运河“四改三”工程有 1.1 万平方米安置房交付使用，沿运河段安置房工程启动。农村环境改善成效显现，被评为“镇江市集镇管理优秀镇”。（吴路平）

【科技创新】 2016 年，吕城镇新增省级博士后工作站1家、省研究生工作站1家、镇江市工程技术中心2家。引进镇江“金山英才”顶尖人才1人、制造业领军人才2人、高技能领军人才2人,有5人入围“丹凤朝阳”人才计划。江苏丹毛纺织股份有限公司获工信部国家贯标试点企业,公司针织车间被认定为省级示范智能车间。龙鑫合金获江苏省科技进步奖一等奖,江苏天琦生物科技有限公司获江苏省科技进步奖二等奖。江苏天元金属粉末有限公司雾化铝粉生产线被认定为丹阳市级示范智能车间。（吴路平）

【基础设施建设】 2016年,吕城镇加强基础设施建设,累计投入1.2亿元建设“三座桥”,吕城公路大桥东半幅、吕东公路大桥、新泰定桥建成通车,吕城公路大桥西半幅在建。投入1000万元改造的新珥线(泰定南路)竣工通车,改善集镇通行状况。投入60万元,新增垃圾中转站6处、公厕2座,新增停车位360个。累计投资超4000万元,完成泵站改造、渠道衬砌、河沟疏浚等水利工程项目18个,新增水利配套建筑物500余座。（吴路平）

陵　口　镇

【概况】 陵口镇位于丹阳市东南部,交通便捷,区位优势突出,312国道、122省道、京沪铁路、沪蓉高速、京杭大运河穿境而过。镇政府驻地距离市区9公里,全镇总面积64.5平方公里、集镇面积3平方公里、耕地面积3945公顷,全镇辖12个行政村、2个社区居委会,年末总人口43232人。2016年,陵口镇获江苏省文明乡镇、镇江市教育现代化先进镇、镇江市电子商务示范镇、镇江市法治工作先进单位等荣誉。（龚　凯）

2016年陵口镇主要经济社会指标

表71

地区生产总值（亿元）	27.21	合同利用外资（万美元）	—
财政总收入（亿元）	1.23	实际利用外资（万美元）	—
公共财政预算收入(万元)	5858	自营出口额（万美元）	—
财政支出(亿元)	1.33	第三产业增加值（亿元）	14.18
工农业总产值（亿元）	—	农民人均纯收入（元）	30348
产品销售收入（亿元）	39.5	全镇总户数(户)	14955
粮食总产量(吨)	40628	全镇总人口(人)	43232
油料总产量(吨)	819	全镇从业人员数（人）	26689
水果产量(吨)	—	外来从业人员数（人）	1022
水产品产量(吨)	1413	各类科技人员数（人）	680
规模以上工业投入(亿元)	5.34	农业技术人员数（人）	9
工业用电(万千瓦时)	9620	银行、信用社（个）	6
工业企业总数（个）	335	中小学校(所)	4
私营企业数(个)	584	医院、卫生院（所）	1
个体工商户(个)	1767	卫生室(个)	6

（龚　凯）

2016年陵口镇骨干企业情况

表72

企业名称	法人代表	工业增加值（万元）	销售收入（万元）
江苏丹通电气有限公司	孔东波	2090	6644
江苏华苏亚生物科技有限公司	钱夕荣	1715	5359
江苏超峰工具有限公司	陈银福	1620	5144
江苏金茂制链有限公司	束建平	1580	5041
江苏华晟电气科技有限公司	束荣辉	1562	4992
丹阳飞亚服饰有限公司	黄火忠	1285	4040

续表 72

企业名称	法人代表	工业增加值（万元）	销售收入（万元）
丹阳柏盛服装有限公司	郦海荣	1135	3608
江苏天乐金属制品有限公司	樊国忠	1198	3511
江苏丹乐鞋业有限公司	田锁如	1046	3485
江苏万奔汽车配件有限公司	张　华	1098	3217
丹阳市金泰不锈钢材料有限公司	鲁　云	1024	3202
江苏捷达机械有限公司	陈国宝	872	2791
丹阳市伟鹤祥线缆制造有限公司	束弘鹤	818	2555
江苏金茂化纤股份有限公司	吴　健	745	2339
丹阳信德电气设备有限公司	孔东波	789	2103
丹阳市方达金属制品有限公司	印志方	706	2070
江苏双盛医疗器械有限公司	张双照	669	1891
江苏林兴光学有限公司	张国林	533	1666
丹阳市蜻蜓鞋业有限公司	陈建平	580	1650
丹阳市祥辉塑料制品有限公司	郦锋辉	409	1409
丹阳市卫华玻璃纤维窗纱有限公司	黄跃华	445	1390

（龚　凯）

2016 年陵口镇行政村、居委会情况

表 73

行政村、居委会名称	书记姓名	主任姓名	总人口（人）	村集体收入（万元）	农民人均纯收入（元）
留墅村	陈林中	陈林中	2459	73.1	28031
乐善村	邹双定	邹双定	3090	80	29299

续表 73

行政村、居委会名称	书记姓名	主任姓名	总人口（人）	村集体收入（万元）	农民人均纯收入（元）
新庙村	蒋栋林	陈　睿	2381	70.2	33112
肇巷村	张伟民	张伟民	2323	80.1	34976
煦庄村	蔡国辉	孔　伟	3071	110.41	32714
陵口村	蒋朝辉	蒋朝辉	4578	74.5	30794
新陵村	倪玉惠	倪玉惠	5926	80	31010
漕糖村	周和宝	周和宝	4745	70	31642
折柳村	王新娣	王新娣	3486	72	29735
郑店村	黄东海	黄东海	4408	82.8	29588
居庄村	葛培正	葛培正	2309	71	27097
城墅村	黄建忠	黄建忠	2576	81	26574
陵口居委会	—	彭雪松	1282	—	—
折柳居委会	—	黄志良	598	—	—

（龚　凯）

【工业经济增长】 2016 年，陵口镇工业经济取得增长，全年实现地区生产总值 27.21 亿元，比上年增长 5.5%，固定资产投入 7.3 亿元，应税销售 19.39 亿元，比上年增长 0.3%，新增注册资本 3.8 亿元，比上年降低 28.7%，完成公共预算收入 5858 万元，比上年增长 37.9%，农民人均纯收入 30349 元，比上年增长 9%。新增省级著名品牌 2 个、申请发明专利 150 件、发明授权 10 件，新增江苏省高新技术企业 1 家。（龚　凯）

【萧梁物流园项目建设】 2016 年，陵口镇加强江苏萧梁物流园项目建设，该项目占地总面积 133 公顷，预计总投资 36 亿元，是陵口镇利用丹阳铁路货场迁入陵口的机遇，主动对接现代物流，打造“物流新港”。自 2009 年启动以来，完成投资 5.2 亿元，完成土地流转和村民搬迁，园区内铁路货场、货场路建成投入使用。连接京沪铁路和京杭大运河的两条铁路专线铺设完成

投入使用，完成14个1000吨级港池码头建设。

（龚 凯）

【基础设施建设】 2016年，陵口镇加强基础设施建设，陵口大桥、中山大桥竣工通车，折柳人渡桥完成主体工程。实施埤导线、罗横线公路拓宽改造工程。云河湾安置小区1—7号楼安置入户，9号楼建设正式启动。御河口文化街一期建设完工，二期办理土地调规、挂牌等手续。对40座泵站进行机电设备维修更新，投资31万元完成小型农田水利工程维修36处，完成9条二级沟疏浚工程，完成3个自然村的“水美乡村”建设。（龚 凯）

【特色电商孵化平台建设】 2016年，陵口镇在集镇免费提供3000平方米的孵化基地，引导3家企业成立“乐淘”有限公司共同运营，孵化助力本土电子商务企业。通过企业联合运行等方式，有利于品牌建设，有利于增量降本。加强对“创二代”的培养。通过“创二代青年沙龙”、组织参观电商基地等活动方式，加强与青年企业家的联系，转变营销理念，鼓励企业加大对电商人才的投资，建立一支优秀、稳定的营销团队。

（龚 凯）

【《工会信息》主编到陵口镇调研】 2016年7月5日，中华全国总工会工人日报社《工会信息》旬刊主编吴明福、编辑张军华一行到陵口镇调研工会工作。吴明福先后观看丹阳市工会工作专题片，听取陵口镇皮鞋、服装行业工会及行业工资集体协商等工作介绍。走访蜻蜓鞋业有限公司，了解陵口皮鞋行业和该行业工会开展情况，参观陵口镇石刻文物——麒麟。（龚 凯）

【民营经济协会结对助学】 2016年8月27日，陵口镇民营经济协会结对帮扶大学生活动在陵口镇政府举行。陵口镇党委、政府领导，民营经济协会理事会成员及相关企业负责人等参加启动仪式。18家民营企业筹集资金30余万元，现场发放第一批结对人员的帮扶款。（龚 凯）

【刘赟涛里约残奥会创佳绩】 2016年9月17日，在巴西里约残奥会S4级男子50米仰泳比赛中，丹阳市陵口镇籍运动员刘赟涛以45.01秒的成绩获得银牌。这是丹阳市运动员在残奥会中获得的首枚奖牌。（龚 凯）

访 仙 镇

【概况】 访仙镇位于丹阳市东郊，镇域面积74平方公里，耕地面积4285公顷。辖11个行政村、2个社区居委会，年末总人口5.1万人。122省道、京沪高铁、沪蓉高速、九曲河穿镇而过。该镇是以汽车零部件、纺织织造、医药包装、光学镜片、五金制锁为支柱产业的工贸型乡镇。（王丽君）

2016年访仙镇主要经济社会指标

表74

地区生产总值（亿元）	29.23	合同利用外资（万美元）	8.79
财政总收入（亿元）	1.68	实际利用外资（万美元）	—
工农业总产值（亿元）	102	自营出口额（万美元）	—
产品销售收入（亿元）	68	第三产业增加值（亿元）	14.1
粮食总产量（吨）	48696	三产从业人员（人）	6480
粮经种植比例	30∶70	个体工商户（户）	2106
水果产量（吨）	493	电话总数（门）	14000
水产品产量（吨）	2079	电话普及率（%）	95
工业投入（万元）	175000	有线电视开通数（户）	17668
工业用电（万千瓦时）	18689	有线电视普及率（%）	89
工业企业总数（个）	1975	中小学校（所）	4
三资企业数（个）	2	医院、卫生院（所）	2
私营企业数（个）	381	卫生室（个）	10
当年新办三资企业数（个）	—	职工年人均工资（元）	38000
人均储蓄存款（元）	26000	农民年人均可支配收入（元）	22066

（张坚强）

2016 年访仙镇骨干企业情况

表 75

企业名称	法人代表	工业增加值（万元）	销售收入（万元）
江苏超力电器有限公司	沈中泉	26120	103000
江苏文光车辆附件有限公司	张文学	18905	74548
丹阳市车船装饰件有限公司	李　明	13964	55065
江苏潮华玻璃制品有限公司	王　华	13635	53766
丹阳市光华汽车内饰件有限公司	张建蓉	5521	21772
江苏文光模具技术有限公司	张文学	3625	14293
江苏特耐奇工程塑业有限公司	朱建方	2513	9910
丹阳市金星光学仪器有限公司	胡汉民	2097	8270
江苏天宏机械工业有限公司	张培军	1972	7776
丹阳丹耀光学有限公司	王　洪	1845	7275
丹阳市华通针织有限公司	刘伟华	1898	7483
丹阳市飞越车辆附件有限公司	杨正炳	1359	5361
江苏新丽源南亚新材料有限公司	王　峰	1116	4403
丹阳市俊帆汽车部件厂	杨伟英	955	3766
丹阳市丹辉光学仪器厂	马云法	945	3729
江苏永信光学仪器有限公司	季永红	958	3779
江苏省德懿翔宇光电科技	刘荣坤	909	3568
江苏鑫通汽车部件有限公司	孙宝斌	857	3380
江苏仙境网纱有限公司	孙锁坤	671	2648
丹阳市朝阳窗纱厂	孙朝华	618	2436
丹阳市强国纺织有限公司	薛爱国	530	2093

续表 75

企业名称	法人代表	工业增加值（万元）	销售收入（万元）
丹阳市毛蕾纺织有限公司	毛建军	651	2569
江苏金昌实业有限公司	刘兆卿	595	2346
丹阳市永凯纺织有限公司	戎永建	705	2779
丹阳飞跃丝绸网纱制造厂	孙国荣	557	2198
丹阳市窦庄中心校光学仪器厂	景全定	550	2171
江苏玉宇电器有限公司	王玉良	778	3066

（张坚强）

2016 年访仙镇行政村、居委会情况

表 76

行政村、居委会名称	书记姓名	主任姓名	总人口（人）	村集体收入（万元）	农民人均纯收入（元）
访仙村	吴建华	许小林	6866	—	22066
永丰村	邱勤华	邱勤华	3858	—	22066
红光村	孙银炳	张国富	3413	—	22066
独山村	孙友方	孙友方	4323	—	22066
萧家村	戎洪初	肖荣庆	4838	—	22066
双茆村	周小良	周小良	4776	—	22066
窦庄村	王永炳	王永炳	4133	—	22066
杨城村	周群良	周群良	3207	—	22066
草塘村	束锁芳	束锁芳	3444	—	22066
池塘村	马光益	马光益	3194	—	22066
仁里村	潘书平	尹志辉	6038	—	22066

续表 76

行政村、居委会名称	书记姓名	主任姓名	总人口（人）	村集体收入（万元）	农民人均纯收入（元）
访仙桥居委会	刘宏泉	王泽民	1452	—	22066
永兴路居委会	刘生伟	刘生伟	646	—	22066

（张坚强）

【“三农”工作】 2016 年，访仙镇加强农业园区建设，投入 880 万元开展小型农田水利重点县工程（访仙项目区）建设，投入 1360 万元推进千亿斤粮食工程建设。新增市级农业龙头企业 2 家，华晟米业、红叶福茸、聚秀农业等 3 家企业获得无公害农产品认证。推进农村土地承包经营权确权登记，完成入户调查 449 个组、外业测绘 441 个组，审核公示 441 个组。壮大新型农业经营主体，新增家庭农场 4 家。做好农村“一事一议”项目申报，完成农村“一事一议”项目 6 个，争取资金 60 万元。（王丽君）

【项目建设】 2016 年，访仙镇推进项目建设。实施重点产业类项目 9 个，开工建设 8 个，其中超力电器、文光车灯（一期）、车船防撞梁、潮华技改等项目年内实现试生产。实施创新驱动发展，完成新兴产业投入 1.8 亿元，比上年增长 8%；实现销售 18.6 亿元，增长 10%；技改投入 6.57 亿元。申报科技创新基金 5 个，市科技小巨人鉴定入库 3 个。申报各类产品专利 100 余件，其中发明专利 50 件；授权 147 件，其中发明专利 29 件，主导制定国家标准 1 项。（王丽君）

【镇村建设】 2016 年，访仙镇推进镇村建设。小商品市场建设完成前期工作。投入 1000 万元完成访中路拓宽改造和访孙路建设，修补乡村道路 13 条 3800 平方米；完成迎宾路道路绿化 4000 余平方米；访仙大桥、土桥重建工程纳入 2017 年市重点工程。完成草塘村“美丽宜居村庄”主体工程建设，双茆村入围镇江市“美丽乡村”提名，鸾集翔自然村纳入镇江市 2017 年度“美丽宜居村庄”项目；完成萧家村“省级传统村落保护”项目认定，完成规划设计对接。加大管理力度，开展集中整治 24 次，查处违章经营商户 40 余家，拆除违章建设面积 2600 平方米。（王丽君）

【生态文明建设】 2016 年，访仙镇完成节能减排任务，开展燃煤锅炉整治，拆除 10 蒸吨以下燃煤锅炉 27 台，完成企业“一企一档”工作及中央环保督察组交办整改工作，加大畜禽养殖整治力度，关闭禁养区畜禽养殖点 6 家。开展农村卫生长效管理，月均清运生活垃圾 630 吨。

（王丽君）

【社会救助体系完善】 2016 年，访仙镇举办劳动力转移培训 4 次、创业培训 2 次，新增城镇就业 638 人。推进社保扩面，城乡居民医疗、养老保险实现动态全覆盖，完成社保保障卡扫描、录入、上传工作。改善中小学办学条件，访仙幼儿园分园、窦庄幼儿园教学楼工程完工，访仙中心校食堂及多功能楼建设完工。推进农村医疗卫生体系建设，访仙卫生院主体工程完工。实施低保动态管理，全年新增低保 36 人、停止 71 人、动态调整 125 人，发放低保金 235.92 万元。加大残疾人救助力度，新办残疾证 87 本，重新进行级别鉴定 3 人，发放重残救助金 321.9 万元。救灾、救助、慈善工作深入，全年发放春荒、洪灾救助金 16 万元，大病临时救助金 17.9 万元，发放各类慈善救助金 40.89 万元，成立“汪深渠助困奖学基金”，完成首批 10 名困难中小学生助学金发放。（王丽君）

界 牌 镇

【概况】 界牌镇位于丹阳东北角，东临长江，122 省道穿镇而过，常泰高速出口距界牌 100 米，全镇总面积 23.5 平方公里、耕地面积 990 公顷，辖 5 个社区居委会，年末总人口 5 万余人。界牌镇被评为全国农村教育综合改革先进镇、全国小城镇建设试点镇、江苏省新型示范小城镇、江苏省环境与经济协调发展示范镇、江苏省农村现代化示范镇、省级文明镇、镇江市首富镇、全国千强镇。（庄资源）

2016 年界牌镇主要经济社会指标

表 77

地区生产总值（亿元）	69.07	注册合同外资（万美元）	—
财政总收入（亿元）	2.72	实际利用外资（万美元）	150
公共财政预算收入（亿元）	2.47	自营出口额（万美元）	14900
财政支出（亿元）	1.95	第三产业增加值（亿元）	27.5
工农业总产值（亿元）	209	农民人均纯收入（元）	37886
产品销售收入（亿元）	176.37	全镇总户数（户）	14255
粮食总产量（吨）	8117	全镇总人口（人）	50105
油料总产量（吨）	30	全镇从业人员数（人）	32650
肉类总产量（吨）	435	外来从业人员数（人）	27731
水产品产量（吨）	320	各类科技人员数（人）	1860
规模以上工业投入（万元）	28.54	农业技术人员数（人）	5
工业用电（万千瓦时）	38600	银行、信用社（个）	8
工业企业总数（个）	948	中小学校（所）	2
私营企业数（个）	1090	医院、卫生院（所）	1
个体工商户（户）	4960	卫生室（个）	2

（庄资源）

2016 年界牌镇骨干企业情况

表 78

企业名称	法人代表	工业增加值（万元）	销售收入（万元）
江苏瑞美福实业有限公司	唐旭明	21850	94990
长江摩托车消声器有限公司	王礼生	9343	34605
丹阳新华美塑料有限公司	殷永祥	4535	19718

续表 78

企业名称	法人代表	工业增加值（万元）	销售收入（万元）
江苏彤明车灯有限公司	姚纪荣	8522	34090
江苏卡威汽车工业集团有限公司	孟明华	13438	55989
丹阳市金业来车辆装饰件有限公司	陈金芳	4128	16514
丹阳市新美龙汽车软饰件有限公司	柳顺龙	3500	14001
江苏飞亚金属制品有限公司	姚盛云	6316	25265
江苏海德莱特汽车部件有限公司	浦新华	7068	28269
丹阳镇威汽配有限公司	张传枝	4278	15845

（庄资源）

2016 年界牌镇行政村、居委会情况

表 79

行政村、居委会名称	书记姓名	主任姓名	总人口（人）	村集体收入（万元）	农民人均纯收入（元）
界东社区	朱富顺	李明堂	5366	324	37886
界南社区	倪玉才	耿桃芬	3898	102	37886
界西社区	姚纪平	孟志斌	4091	313	37886
界北社区	姚玉林	柳激峰	3126	88	37886
界中社区	吴全康	乔　红	3899	539	37886

（庄资源）

【卡威集团公司引进战略合作伙伴】 2016 年 6 月，江苏卡威与京威股份进行股权战略合作，总标的 10.5 亿元。通过合作，双方加快拓展新能源汽车市场，以卡威新能源汽车产业园为依托实现新能源汽车产业的突破，带动丹阳汽车零部件产业的更新换代和转型升级，进一步做大做强丹阳汽车零部件产业。京威股份是一家中德合资的汽车零部件供应商，是国内中高档乘用车外饰件行业的龙头企业、上市公司，2015 年销售 50 亿元。

（庄资源）

【新型城镇化建设】 2016年,界牌镇围绕"全镇一体化建设新农村,率先建成现代化镇级市"的总目标,坚持新村社区和集镇街区两翼联动发展,新型城镇化"界牌模式"占地面积100公顷、建筑面积147万平方米的新农村被誉为"东方威尼斯"。"界牌模式"是界牌镇按照"生产发展、生活宽裕、村容整洁、乡风文明、管理民主"的总体要求,以"集中居住区"建设为突破口,推进五大功能区的整体联动。探索"农民向社区集中、工业向园区集中、农业向规模集中、土地向适度规模经营集中"的四集中集约发展模式。新型城镇化的"界牌模式"得到各阶层的认同。 (庄资源)

【新四军江南指挥部旧址修缮】 2016年,界牌镇完成爱国主义教育基地新四军江南指挥部旧址的修缮工程。该工程以房屋屋面修缮、内外墙修复和屋内大梁、门窗出新为重点,目的是恢复原有的建筑风貌,加强建筑的安全。工程总投资约116万元,修缮后可以提高不可移动文物的开放和利用水平,进一步发挥省级文保单位的宣传教育价值。 (庄资源)

【汽摩配产业提档升级】 2016年,界牌镇发挥汽摩配产业促进中心的作用,组织汽配产业企业负责人赴武汉考察,学习新能源汽车智能制造技术和产业化模式,就智能汽车制造、电子信息系统及自动驾驶示范项目进行洽谈,促成武汉理工大学与金长江、卡威、彤明等汽配企业的技术合作,促进界牌汽摩配产业升级。 (庄资源)

【为民办实事工程】 2016年,界牌镇为民办实事工程有:1. 占地面积5.6公顷,建筑面积25470平方米,拥有72间教室的界牌中心小学一期工程建设完工,9月1日投入使用。2. 通港路与丹界路连接工程动工建设。3. 界牌路、灯城大街改造完成。4. 新四军江南指挥部旧址的修缮工程完工,通过竣工验收。5. 灯城广场、界牌体育馆、幼儿园分园的规划设计稳步推进。界牌中心小学新校区投入使用。6. 笆斗山烈士陵园改造工程进场施工。7. 推进农村土地承包经营权确权登记颁证工作。 (庄资源)

丹 北 镇

【概况】 丹北镇总面积115.62平方公里,辖20个行政村、2个社区居委会,户籍人口7.8万人、常住人口近15万人。丹北镇有5.68公里的长江夹江岸线资源、15.2平方公里的山林资源,是全国重点镇、全国文明镇,是丹阳发展的"三大板块"之一。2016年,全镇实现地区生产总值219.45亿元,比上年增长6%;工业应税销售349.1亿元,比上年增长30.41%;一般公共预算收入7.78亿元,比上年增长16.9%。 (张金伟)

2016年丹北镇主要经济社会指标

表80

地区生产总值(亿元)	219.45	注册合同外资(万美元)	2635
财政总收入(亿元)	14.56	实际利用外资(万美元)	6214
公共财政预算收入(亿元)	7.78	自营出口额(万美元)	60554
财政支出(亿元)	4.4	第三产业增加值(亿元)	60.75
工农业总产值(亿元)	957.94	农民人均纯收入(元)	26292
产品销售收入(亿元)	896.01	全镇总户数(户)	32989
粮食总产量(吨)	37856	全镇总人口(人)	109635
油料总产量(吨)	707	全镇从业人员数(人)	73551
肉类总产量(吨)	1388	外来从业人员数(人)	30150
水产品产量(吨)	1850	各类科技人员数(人)	4810
规模以上工业投入(亿元)	92.16	农业技术人员数(人)	11
工业用电(万千瓦时)	174025	银行、信用社(个)	23
工业企业总数(个)	2855	中小学校(所)	6
私营企业数(个)	3681	医院、卫生院(所)	3
个体工商户(个)	5729	卫生室(个)	18

(张金伟)

2016 年丹北镇骨干企业情况

表 81

企业名称	法人代表	工业增加值（万元）	销售收入（万元）
江苏天工集团	朱小坤	518709	2055754
江苏沃得集团	王伟耀	597261	2273764
江苏晶工集团	朱宏昌	147275	587419
大赛璐安全系统（江苏）有限公司	眭骏飞	31792	122222
江苏飞达集团	朱国平	421264	1509924
江苏新天洋机械制造有限公司	吴全强	2342	9371
江苏长丰集团	朱建农	93464	362059
江苏常诚汽车部件有限公司	常国民	14852	56796
江苏丰裕集团	贾文郁	47630	183376
汉高（江苏）汽车零部件有限公司	朱华平	14153	51891
江苏新泉汽车饰件股份有限公司	唐志华	10244	50179
江苏迅驰汽车部件有限公司	张荣平	6785	27141
江苏新通达电子科技股份有限公司	徐锁璋	7790	30223
江苏新昌汽车部件有限公司	唐建平	8674	34690
江苏华凯线束有限公司	顾步良	7772	31090
江苏东方汽车装饰件总厂	聂刚龙	5582	22061
江苏林泉汽车装饰件有限公司	陈建林	8753	34765
江苏呈飞精密合金股份有限公司	朱建平	31521	123894
江苏华宇灯具有限公司	郑志伟	4495	16534
镇江三鑫铝业有限公司	曾昭芳	9250	18390
丹阳谊善车灯设备制造有限公司	郭志强	10048	39700

续表 81

企业名称	法人代表	工业增加值（万元）	销售收入（万元）
江苏洪昌科技股份有限公司	崔洪昌	3794	15984
丹阳市铁龙机客车配件有限公司	陈　俊	4124	16101
丹阳金城配件有限公司	孙明桂	7235	28833
丹阳飓风物流股份有限公司	赵国荣	7469	24896
江苏晨扬交通器材有限公司	万久年	2406	8984
江苏晨宇车业有限公司	张亚军	3172	12710
江苏东亚电子有限公司	汪东峰	3165	12962
江苏远宏混凝土有限公司	管红军	2275	9379
丹阳兴隆车辆部件有限公司	姚纪龙	2962	10452

（张金伟）

2016 年丹北镇行政村、居委会情况

表 82

行政村、居委会名称	书记姓名	主任姓名	总人口（人）	村集体收入（万元）	农民人均纯收入（元）
埤城村	王敏胜	杨　琴	3104	188	27425
城中村	郑志伟	郑　喜	3099	151	26228
常兴村	朱昌宏	朱卫国	4220	203	33392
尧巷村	严木云	严木云	5185	462	23234
西丰村	陈苏萍	杨阿金	4274	93	24924
宝山村	吴海宝	殷国强	1415	151	23364
东方村	张　伟	吴　翔	2841	81	28812
前巷村	朱金鹏	朱金鹏	4132	1020	50453
丰裕村	夏菊娣	刘宇楼	1928	82	34661
飞达村	邵国林	顾奇华	5189	473	34931

续表 82

行政村、居委会名称	书记姓名	主任姓名	总人口（人）	村集体收入（万元）	农民人均纯收入（元）
新弄村	陈建胜	陈志芳	3770	80	31111
济德村	王庭开	王庭开	3751	92	33153
高桥村	戎全福	戎全福	3097	144	25940
管山村	管德荣	管二平	4069	93	23862
群楼村	张伟明	陈　俊	3126	251	43129
新巷村	冷朝鲜	李　俊	4180	143	34633
姚家弄	王国青	陆国胜	2166	266	42498
金桥村	范秀琴	陈建芬	4068	1016	43436
长春村	唐国庆	陆志军	2593	72	46037
滨江村	方道明	郭洪寿	3148	32	37049
中心居委会	彭海波	彭龙国	3247	92	35103
新桥社区	邹泽清	张建卫	4092	294	49466

（张金伟）

【网格化环境监管体系建立】 2016年，丹北镇网格化环境监管体系建立。一是建立网格架构。镇政府统一组织，建立“横向到边、纵向到底”的网格体系，镇（二级网格）责任主体为镇政府、沿江装备产业园区、电镀整合园区；村（三级网格）责任主体为村委会，负责网格内环境监管任务。二是实行“四定”。即：定区域、定人员、定职责、定任务。做到网格边界清晰、责任主体明确、目标任务具体，保障网格化管理的高效运转。三是建立责任制。镇与村签订责任状，严格落实各村（居）对本辖区内环境质量负责的要求，将环保工作纳入各村（居）年终考核。横向之间（各部门）建立联动机制，协调解决环境保护工作中遇到的热点、难点、重点问题；充分发挥部门各自职责，形成执法合力，整治突出环境问题，确保环境安全。（张金伟）

【“两查一保”专项整治行动】 2016年，丹北镇为加强企业安全责任落实，在全镇范围内开展“查违章、查隐患、保安全”（两查一保）活动。一是强化责任落实。按照“党政同责、一岗双责、失职追责”要求，强化各村（居）和部门监管责任落实，树立安全生产“红线”意识和底线思维，做到“一企出事故、万企受教育，一地有隐患、全镇受警示”。二是强化隐患整治。加大执法检查力度，对非法生产经营和建设的企业，一律取缔；对不具备安全生产条件的企业，一律停产停业整顿；对存在安全隐患且拒不整改或到期整改不到位的企业，一律关闭。加强跟踪执法，确保执法效果，防止蒙混过关、前纠后犯、明纠暗犯。三是强化检查督察。坚持边检查边整改、以督察促整改，查清安全生产状况，找出安全生产事故发生的规律特点，找准制约安全生产的问题和症结，排除各类事故隐患。加大暗访暗查、突击检查力度，对发现的突出问题和隐患跟踪督办形成“闭环”，推动安全生产监管基层基础工作，构建安全生产长效机制。（张金伟）

【村（社区）妇代会改建妇联工作启动】 2016年11月29日，丹北镇姚家弄村妇女第一次代表大会在姚家弄村召开，大会选举产生姚家弄村妇女联合会第一届执行委员会、主席、副主席，标志着丹北镇正式启动村（社区）妇代会改建妇联工作。将妇代会改建成妇联，有利于改变妇代会人员有限、力量不足的劣势；有利于拓宽服务对象，贯彻执行上级妇联组织及同级妇代会的决议；有利于随时了解妇女的需求，解决实际问题。在妇女老人儿童为主力的乡村，该镇启动的村（社区）妇代会改建妇联工作对开展妇女工作具有重要意义。（张金伟）

【江苏天工集团取得欧盟“反倾销、反补贴”案胜诉】 2016年，江苏天工集团在为期8个月的欧盟“反倾销、反补贴”案中获欧盟执行委员会官员判胜诉，成为中国特殊钢行业首个成功案例。天工本次的胜诉使中国企业对美国反倾销案起到鼓舞作用，为中国特殊钢铁行业起到示范作用，对民族产业的振兴和发展具有重大的意义。

（张金伟）

图 152 2016 年 1 月 16 日，中国天工砂板乒乓代表队建队 （张金伟）

丹阳高新区（云阳街道）

【概况】 丹阳高新区（云阳街道）是丹阳市经济和文化中心，总面积 72 平方公里，辖 16 个行政村、21 个社区居委会，总人口约 20 万人。境内丹阳高新区区位优势明显，交通网络发达，服务环境优良，资源要素齐备，集聚各类企业 380 余家，2016 年实现新兴产业销售 130 亿元。

（盛嘉彬）

2016 年丹阳高新区主要经济社会指标

表 83

地区生产总值（亿元）	206.82	注册合同外资（万美元）	8274
财政总收入（亿元）	16.26	实际利用外资（万美元）	4024
公共财政预算收入（亿元）	11.15	自营出口额（万美元）	21236
财政支出（亿元）	2.64	第三产业增加值（亿元）	—
工农业总产值（亿元）	—	农民人均纯收入（元）	28612
产品销售收入（亿元）	213.09	总户数（户）	64849
粮食总产量（吨）	32071	总人口（人）	192358
油料总产量（吨）	681	从业人员数（人）	121616
肉类总产量（吨）	1258	外来从业人员数（人）	25121
水产品产量（吨）	2230	各类科技人员数（人）	4558
规模以上工业投入（亿元）	27.75	农业技术人员数（人）	15
工业用电（万千瓦时）	11190	银行、信用社（个）	20
工业企业总数（个）	684	中小学校（所）	17
私营企业数（个）	1339	医院、卫生院（个）	6
个体工商户（户）	1201	卫生室（个）	15

（盛嘉彬）

2016 年丹阳高新区骨干企业情况

表 84

企业名称	法人代表	工业增加值（万元）	销售收入（万元）
恒宝股份有限公司	钱云宝	38824	130433
江苏鱼跃医疗设备股份有限公司	吴光明	54332	187347
丹阳市丹盛纺织有限公司	邵育浩	6062	22462
丹阳市华一医疗器械有限公司	王铁妹	7541	25147
丹阳市永泰纺织有限公司	陈可霸	2524	13345
丹阳宏泰纺织有限公司	胡国泉	1258	7689
江苏建亚树脂科技有限公司	戴建平	2248	7852
江苏吟春碧芽股份有限公司	王金和	113	458
江苏冰城电材股份有限公司	朱艾成	1138	4380
丹阳市华星贵金属材料有限公司	孙苏华	2527	10109
丹阳丹京华尔服装有限公司	肖　楠	3569	13728
江苏昊泰气体设备科技有限公司	林新生	412	1590
江苏鑫丰源装饰材料有限公司	胡建平	1964	7557

续表 84

企业名称	法人代表	工业增加值（万元）	销售收入（万元）
丹阳法拉电子有限公司	夏　杰	1780	6357
江苏奥尔帝光学眼镜有限公司	朝同军	1803	6936
江苏云阳集团混凝土有限公司	马志尔	1336	5254
丹阳正通电力设备有限公司	胡俊华	1709	5890
丹阳朗诗包业有限公司	蒋洪耀	1034	3979

（盛嘉彬）

2016 年丹阳高新区行政村、居委会情况

表 85

行政村、居委会名称	书记姓名	主任姓名	总人口（人）	村集体收入（万元）	农民人均纯收入（元）
城南村	马志尔	张冬英	1804	882.2	29122
城北村	王建国	周正富	1071	385	28867
九房村	景腊敏	王　平	3265	394.9	29250
迈村村	王金和	景陆俊	2245	176	28995
石城村	钱保元	李正花	2497	323.4	28739
汤甲村	韩同军	汤乐益	1401	173.8	28816
双合村	景建军	马木俊	3397	110	28152
永福村	尹夕炳	徐元忠	3287	101.2	28279
天元村	潘大治	张国宝	4066	110	28382
东马场村	张玉平	张冬生	5627	160.6	28458
留雁村	冷荣俊	冷林华	1824	105.6	28509
大圣村	眭林辉	眭小军	3420	123.2	28305
汉皇村	眭越江	许和平	2348	128.7	28331
花园村	眭越江	蔡梅芳	2410	82.5	28177
大钱村	印　浩	—	4248	124.3	28228
横塘村	张建平	胡辉强	3351	365.2	28203
云阳桥社区	马艳琴	朱长华	10700	—	—

续表 85

行政村、社区名称	书记姓名	主任姓名	总人口（人）	村集体收入（万元）	农民人均纯收入（元）
新民中路社区	戎秀娟	丁　敏	5747	—	—
中山路社区	钱彩霞	—	5603	—	—
华南新村社区	李淑君	柳　晨	19446	—	—
市民广场社区	张二青	吴爱芳	7165	—	—
凤凰新村社区	马慧芳	王　丹	8670	—	—
兴隆苑社区	赵美群	韦　涛	9748	—	—
水关路东社区	史正华	姚　静	6281	—	—
大定船社区	蒋成平	张淑宁	9821	—	—
太阳城社区	眭云宝	孙　倩	14523	—	—
西门大街社区	王　丹	张　赟	5159	—	—
阜阳社区	朱文霞	—	5477	—	—
朝阳新村社区	周建平	姜汝稳	6121	—	—
凤美新村社区	刘翠萍	赵玉华	9245	—	—
化肥路社区	赵伟花	王海燕	7672	—	—
公园新村社区	陶瑞国	陈明跃	4643	—	—
白云街社区	郭蓓蓓	朱　军	4475	—	—
万善园社区	蔡　静	岳　蕾	9223	—	—
江南人家社区	蒋爱华	贡振华	11200	—	—
华都锦城社区	巴斌兵	—	15000	—	—
锦尚名都社区	束慧娟	张　翔	21000	—	—
社区服务中心	林　波	—	—	—	—

（盛嘉彬　秦夕林）

【丹阳高新区创成省级高新区】 丹阳高新区突出“大规划、强投入、广集聚”三个关键环节，发展成为丹阳高新技术产业集聚区、科技研发创新孵化区和产城融合发展示范区。2016 年 5 月 17 日，经江苏省政府正式批复，同意在丹阳筹建

江苏省丹阳高新技术产业开发区，实行现行的省级高新技术产业开发区政策，标志着丹阳高新区正式升格为省级高新区。（盛嘉彬）

【丹阳高新区被认定为省双创示范基地】 2016年，丹阳高新区高新技术产业快速发展，产业结构优化合理，创业创新要素集聚、体制机制完善，成为丹阳市创新驱动发展的主引擎、产业转型升级的主阵地。2016年12月，经江苏省发改委认定，丹阳高新区成为"江苏省大众创业万众创新示范基地"。（盛嘉彬）

【华南实验学校分校投入使用】 华南实验学校分校改建工程是解决丹阳华南片区入学矛盾、进一步优化教育资源配置的重要工程项目，为丹阳市重点民生工程。该项目新建建筑面积17902平方米，加固改造面积23178平方米，工程造价约9800万元。2015年10月通过公开招标，确定施工单位为江苏丹凤集团有限公司。经过前期准备，施工单位2015年11月1日进场施工，2016年10月完成竣工验收。经过各有关单位的检测检验，满足投入使用的要求。

（盛嘉彬）

【人才公寓投入使用】 为推进"人才强区、产城融合"战略，营造"引得进、育得出、留得住"的良好人才环境，吸引人才就业创业，2016年，在科技小镇核心区内规划建设人才公寓项目。该项目总投资1.3亿元，建筑面积约3.8万平方米，总层数25层，有住房303套(住宅92套、单身公寓211套)。至年底，该项目投入使用，第一批高端人才入住。（盛嘉彬）

【企业挂牌孵化基地成立】 2016年3月31日，丹阳高新区、上海股交中心联合主办的企业挂牌孵化基地在丹阳高新区正式成立。企业挂牌孵化基地由具有证券业务经验的专业机构直接运营，协助有融资需求或有挂牌上市意愿的企业，高效对接资本市场，建立优质合作机构目录，协助企业审慎选择合作机构，包括证券公司、投资机构、审计评估机构等，为中小微企业提供低成本、高效率的专业服务。（盛嘉彬）

【横塘村花园村入选中国淘宝村】 2016年10月29—30日，以"新乡村、新经济"为主题的第四届中国淘宝村高峰论坛在江苏沭阳举办。会上，阿里研究院和阿里新乡村研究中心共同发布《中国淘宝村研究报告(2016)》。截至2016年8月底，全国有1311个淘宝村，镇江市共有5个，丹阳高新区横塘村、花园村上榜中国淘宝村。入选淘宝村需全村电子商务年交易额1000万元以上，活跃网店数量达到100家以上，或活跃网店数量达到当地家庭户数的10%以上。

（盛嘉彬）

【"双11"鱼跃医疗网售额6100万元】 2016年"双11"网购日，鱼跃医疗在天猫、京东超市分别完成4600万元、1500万元销售，在两大电商平台医疗器械行业排名榜首，并以6100万元的网络销售总额再次卫冕医疗器械第一热销品牌，比上年增长72%。鱼跃旗下五条产品线——电子血压计、制氧机、雾化器、血糖仪、轮椅车均夺各自领域的销售冠军。（盛嘉彬）

【老旧小区物业全覆盖】 2016年，丹阳高新区按照市委、市政府要求，成立物业管理办公室，投入大量人力、物力和财力，对辖区内老旧住宅小区开展"五个有"(即有治安防范、有清扫保洁、有绿化养护、有物业维护、有停车管理)物业管理全覆盖创建，落实管理人员228个、清扫保洁人员236人，安装投入使用927个监控，规范小区内停车位2935个。全区234个老旧小区中，达标小区223个。（盛嘉彬）

【社区建设】 2016年，丹阳高新区各社区围绕"强化社区建设，提高居民的生活质量，化解社会矛盾，促进社会和谐"的总要求，把握新机遇，释放新能量，整合社区资源，创新管理方式，健全服务网络，强化服务功能，拓宽服务领域，推进服务社会化，坚持依法行政，扩大基层民主，深化民主自治。云阳桥社区被评为"中华诗词先进单位"，江南人家社区被评为"江苏省科普示范社区”，太阳城社区被评为“省民主法制示范社区”。年末社区总户数 74283 户、总人口 196919 人。（秦夕林）

图 153　2016 年 10 月 13 日，江苏副省长马秋林（前排右二）到丹阳高新区调研企业运行（盛嘉彬）

丹阳经济开发区（曲阿街道）

【概况】 丹阳经济开发区是首批省级开发区。全区总面积 178 平方公里，辖 20 个行政村、18 个社区。年末居民总户数 44971 户、总人口 131341 人。建有生命科学产业园、汽车零部件产业园、精密制造产业园、航天航空产业园、科技创业园、众创产业园等特色园区。经过 20 多年发展，开发区成为全市重要工业经济集聚区、科技创新引领区、城市建设样板区，综合实力位居全省同等级开发区第 3 位。（王　铸）

2016 年开发区主要经济社会指标

表 86

地区生产总值（亿元）	302.33	注册合同外资（万美元）	21858
财政总收入（亿元）	32.4	实际利用外资（万美元）	12627
公共财政预算收入（亿元）	19.78	自营出口额（万美元）	65211
财政支出（亿元）	11.09	第三产业增加值（亿元）	141.13
工农业总产值（亿元）	910.75	农民人均纯收入（元）	24685

续表 86

产品销售收入（亿元）	795.01	总户数（户）	44971
粮食总产量（吨）	44651	总人口（人）	131341
油料总产量（吨）	1801	从业人员数（人）	82395
肉类总产量（吨）	1054	外来从业人员数（人）	24618
水产品产量（吨）	5087	各类科技人员数（人）	2289
规模以上工业投入（亿元）	181.42	农业技术人员数（人）	15
工业用电（万千瓦时）	175593	银行、信用社（个）	31
工业企业总数（个）	1428	中小学校（所）	12
私营企业数（个）	2498	医院、卫生院（所）	3
个体工商户（户）	101036	卫生室（个）	32

（王　铸）

2016 年开发区骨干企业情况

表 87

企业名称	法人代表	工业增加值（万元）	销售收入（万元）
大亚科技集团有限公司	陈晓龙	412488	1580414
江苏大力神科技集团	曹晓国	121884	476110
丹阳龙江钢铁有限公司	曾昭勇	91491	361624
江苏肯帝亚木业有限公司	郦海星	49341	186192
江苏彤明高科汽车电器有限公司	姚纪荣	12308	49038
江苏同力机械有限公司	李国平	11510	43765
江苏明月光电科技有限公司	谢公晚	8887	33285
吉凯恩（丹阳）工业有限公司	孙立宇	8622	32785
江苏仅一包装技术有限公司	吴立平	8011	29668
江苏河阳线缆有限公司	谭秋福	7158	27530
江苏欣隆羽绒有限公司	谈　进	6369	24687
江苏锐升新材料有限公司	郦国双	5315	20602

续表 87

企业名称	法人代表	工业增加值（万元）	销售收入（万元）
江苏优立光学有限公司	张加富	5355	20595
江苏恒神纤维材料有限公司	钱云宝	4973	19125
双峰格雷斯海姆医药玻璃（丹阳）有限公司	MaxRaster	4318	16864
江苏锋泰钻石工具制造有限公司	邱新国	3875	14902
柯诺（江苏）木业有限公司	张国宪	3293	12812
江苏奇一科技股份有限公司	朱华平	3230	12569
江苏华晟生物发电有限公司	王甲云	3232	12529
江苏双仪光学器材有限公司	蔡秀英	2938	11386

（王　铸）

2016 年开发区行政村、居委会情况

表 88

行政村、居委会名称	书记姓名	主任姓名	总人口（人）	村集体收入（万元）	农民人均纯收入（元）
晓星村	眭社戈	眭富祥	1740	293.08	31302
石潭村	朱英争	眭建强	1396	76.77	29299
大泊岗村	夏国荣	杜红军	1706	185.04	31231
马陵村	吴霖刚	吴霖刚	2500	69.78	23765
镇北村	花国林	花国林	2586	60.38	24065
镇南村	王月萍	王月萍	2617	276.6	25575
联观村	邵金风	邵金风	2462	187.62	24424
荆林村	胡佳平	胡佳平	6911	116.9	23511
东青村	马文跃	束国平	3637	52.5	23435
新民村	戎银荣	吴国辉	3548	57.68	24295
前艾村	虞云路	王胜俊	3894	66.69	24377
颜春村	徐金林	徐金林	2910	60.05	24130
祈钦村	徐双春	徐培军	2979	217.02	23939
胡桥村	周书明	束荣亭	4188	99.38	23626
大贡村	史国庆	贡国金	2928	136.1	24322
张巷村	陈兴福	刘华元	2833	79.22	23126
其林村	毛洪福	施扣宝	3143	73.59	22858

续表 88

行政村、居委会名称	书记姓名	主任姓名	总人口（人）	村集体收入（万元）	农民人均纯收入（元）
建山村	丁志峰	丁国平	2478	142.88	25242
河阳村	许梅红	许梅红	2090	109.56	22891
三桥村	刘剑锋	刘剑锋	2507	109.38	22040
普善社区	张东方	张东方	3870	214.62	25052
贺巷社区	吴建新	朱林林	2456	173.87	31690
车站社区	胡小锁	邱国民	6786	1391.86	—
善巷社区	毛宏良	管彩娥	4171	482.89	—
路巷社区	杭云锁	杭云锁	3477	113.47	—
双庙社区	聂明达	聂国强	7083	655.68	—
晓墟社区	刘建秋	刘建秋	4633	421.06	—
史巷社区	叶振龙	陈志然	4507	294.05	—
华甸社区	汤明亮	蒋夕金	7038	419.16	—
毛家社区	许建军	卢荣华	3597	118	—
永安社区	毛双文	赵金龙	3718	170.93	—
大泊社区	胡守铭	彭国南	1663	159.13	—
前进社区	周秋发	洪　权	2040	192.48	—
高楼社区	丁金平	丁金平	3483	328.26	—
嘉荟新城社区	王金根	朱秋林	3492	368.5	—
锦湖社区	朱正兰	杨国平	4736	—	—
练湖新城社区	朱俊杰	马建汉	5538	—	—
居安社区	朱东云	王小俊	—	—	—

（王　铸）

【基础设施建设】 2016 年，开发区投资约 8500 万元对麒麟路等市政道路、大桥东苑等老小区、河阳集镇兴阳路进行全面改造建设，城市面貌得到明显提升。总投资 5 亿元的嘉荟新城二期竣工安置交付，总投资 2 亿元的公共租赁房竣工销售，总投资 18 亿元的嘉荟新城三期、胡桥新镇一期和河阳新城安置小区的建设接近尾声，总投资 7 亿元的众创产业园一期 19 万平方米 26 幢厂房、办公楼和宿舍楼竣工投入使用。

（王　铸）

【开发区文联成立】 2016年1月23日，开发区文学艺术界联合会第一次会员代表大会暨开发区文联成立大会召开，市委常委、开发区党工委书记赵立群出席会议，开发区文艺团体、文化单位、企业社区、村文化活动中心代表及文学艺术界近百人参加大会。大会通过《开发区文学艺术界联合会章程》，选举产生区文联第一届主席团，开发区党工委副书记谭纵横当选为第一届文联主席。　（王　铸）

【苏南激光产业园项目】 2016年4月14日，苏南激光产业园项目落户开发区，市委常委、开发区党工委书记赵立群和江苏楚天激光有限公司总经理孙涵宇出席项目签约仪式。该项目总投资1亿元，预计建成投产后年销售不低于2亿元，年缴税金不低于1500万元，对于推动开发区产业结构的优化升级，提升丹阳在苏南经济圈中的地位有重要意义。　（王　铸）

【国家级科技企业孵化器揭牌】 2016年5月25日，“国家级科技企业孵化器”在开发区高新技术创业园揭牌。开发区高新技术创业园是开发区吸引海外留学人员回国创业、科技创新、项目研发的重要平台。园区总规划用地面积20公顷，总投资10亿元，总建筑面积35万平方米，建成的一期占地面积8.4公顷，建筑面积8万平方米。2016年，高新技术创业园被评定为国家级众创空间。　（王　铸）

【科技成果转移与人才合作交流中心揭牌】 2016年6月3日，哈尔滨理工大学和丹阳经济开发区共建的“科技成果转移与人才合作交流中心”揭牌仪式在开发区科创园举行，市领导童国祥、沈岳方、赵立群、陈中建，哈尔滨理工大学副校长郭二军出席揭牌仪式。开发区管委会主任黄俊杰和哈尔滨理工大学科技处副处长张辉签订合作协议。中心将以国家、省市创新驱动战略和地区产业发展需求为牵引，充分利用哈尔滨理工大学的技术、人才优势和丹阳科技创新、人才政策优势以及在新材料、装备制造、汽车零部件、五金工具等产业集群的发展优势，推动高校科研资源和地方经济发展有机结合，将科研成果迅速转化为生产力。　（王　铸）

【石泰峰考察日本汽车零部件产业园昆山交易会展厅】 2016年5月19日，由商务部、中国国际贸易促进委员会和江苏省人民政府共同主办的2016中国（昆山）品牌产品进口交易会在花桥国际博览中心开幕，丹阳开发区日本汽车零部件产业园参加交易会。开幕式后，江苏省省长石泰峰到丹阳日本汽车零部件产业园展厅考察。在参观23家日资企业精密汽车零部件产品、听取园区规划与发展的介绍后，石泰峰高度赞扬丹阳园区的精细化、智能化、生态化和高效化的发展理念。　（王　铸）

【恒神碳纤维产品取得技术突破】 2016年3月，丹阳市“国家军民融合示范基地”核心龙头企业、开发区高新技术企业恒神公司率先突破国产T1000G级碳纤维技术，送测北京化工大学和北京航空航天大学的HF50S－12K碳纤维，各项参数水平均达到日本东丽公司T1000G标准。10月19日，恒神公司应邀参加在北京举办的第二届军民融合发展高技术成果展。中共中央总书记、国家主席、中央军委主席习近平参观恒神公司的碳纤维系列产品。　（王　铸）

图154　2016年10月18日，丹阳市“互联网＋新资本”商业模式专题培训会在丹阳市政府会展中心举行。丹阳经济开发区各相关部门，各县（市）区的龙头企业负责人、中小企业主、创业者等500多位人员参加培训会　（王　铸）

荣 誉

栏目编辑 尹宏蔚

县级以上荣誉

2016 年丹阳市获全国性荣誉

表 89

单 位	荣 誉 名 称	授 予 单 位
市人社局	《中国劳动保障报》先进单位	中国劳动保障报社
市佳洁环卫服务公司	中国城市环境卫生协会光大杯系列“最美公厕”综合奖、管理奖、创意奖、文化奖、科技奖	中国城市环境卫生协会
丹阳市	全国绿化模范单位	全国绿化委员会
市植物保护站	2016 年度农业技术推广通联工作先进单位	《中国植保导刊》杂志社
市供销合作总社	百强县级社	全国供销总社
市供销总社	农业专业合作社示范社	全国供销总社
江苏省车用灯具产品检测中心	拖拉机行业标准化工作先进单位	全国拖拉机标准化技术委员会
市统计局	2015 年—2016 年度中国信息报社统计宣传工作先进单位	中国信息报社
市公安局	诗词工作先进单位	中华诗词学会
市检察院	2016 年度全国检察宣传先进单位	最高人民检察院、检察日报社
市检察院	全国检察微博二十强	正义网、检察日报社网络信息中心
市总工会	2015 年度职工互助保障优秀单位	中国职工保险互助会
市教育局	全国红十字防灾避险知识竞赛最佳组织一等奖	中国红十字总会

续表 89

单 位	荣 誉 名 称	授 予 单 位
市教育局	全国第五届中小学生艺术展演活动优秀组织奖	全国第五届中小学生艺术展演活动组委会
市五中	全国第五届中小学生艺术展演活动艺术表演类中学甲组二等奖	全国第五届中小学生艺术展演活动组委会
云阳桥社区	国家级中华诗教工作示范社区	中华诗词学会
丹阳市	2014—2016 年度全国计划生育优质服务先进单位	国家卫生计生委
丹阳市	通过国家卫生城市复审并重新命名	全国爱国卫生运动委员会
丹阳市人民医院	全国改善医疗服务示范医院	国家卫计委医政管理局、健康报社
司徒镇	通过国家卫生镇复审	全国爱国卫生运动委员会
界牌、吕城镇卫生院	群众满意的乡镇卫生院	国家卫生计生委
云阳人民医院	爱婴医院	国家卫计委、联合国儿童基金会、世界卫生组织

（史志办）

2016 年丹阳市获省级荣誉

表 90

单 位	荣 誉 名 称	授 予 单 位
丹阳市	江苏省人口协调发展先进市	江苏省政府
市气象局	2013 年—2015 年度江苏省文明单位	江苏省委、省政府
市人武部	军事训练先进单位	江苏省军区
市教育局	江苏省促进义务教育均衡发展先进单位	江苏省政府

（史志办）

【省级部门表彰的先进集体】

1. 省政府办公室表彰：丹阳市政府办公室
2. 省人才工作领导小组表彰：丹阳市
3. 省国土厅、省经信委表彰：丹阳市
4. 省国土厅表彰：市国土局
5. 省文明委表彰：市国土局、曲阿财政分局、市审计局、市检察院、市国税局、市国税局第一分局、市国税局第七分局、市国税局第八分局、市人行、丹阳移动公司、云阳街道汤甲村、云阳街道城南村、云阳街道迈村村、云阳桥社区、陵口镇
6. 省农委表彰：丹阳市统筹委
7. 省人社厅、省农村工作领导小组、省扶贫工作领导小组办公室表彰：市统筹委
8. 省综治委表彰：丹阳市
9. 省档案局表彰：石城污水档案室
10. 省文明委表彰：水务集团、市九曲河枢纽管理处、市珥陵水利站、市地税局、市地税局第一分局
11. 团省委表彰：丹阳公积金管理中心、团市委
12. 省住房和城乡建设行业委员会表彰：市征收办
13. 省工程造价管理协会表彰：市正人造价咨询公司
14. 省太湖治理工程建设管理局表彰：市新孟河延伸拓浚工程建设处
15. 省人社局、省民防局表彰：市民防局
16. 省人防局表彰：市民防局
17. 省建设工程(招投标)监管办、省建筑市场质量安全跟踪调查办、省施工企业管理协会表彰：市朝阳城市管理养护公司
18. 江苏名特优农产品交易组委会办公室表彰：丹阳市
19. 省动物疫病预防控制中心表

彰：丹阳市
20. 省林业局表彰：市农委
21. 省委农村工作领导小组办公室、省扶贫工作领导小组表彰：市扶贫办
22. 省农机推广站表彰：市农机推广站
23. 省植保站表彰：市植保站
24. 省森林防火指挥部表彰：市森林防火指挥部办公室
25. 省财政厅表彰：市财政局
26. 省财政厅、省水利厅表彰：市财政局
27. 省人社厅、省财政厅表彰：云阳财政分局
28. 省档案局表彰：市档案局
29. 省统计局表彰：市统计局、市经济开发区管委会
30. 省教育厅、省教委表彰：市教师发展中心
31. 省教育厅、省科技厅、省科协表彰：市教师发展中心
32. 省教育厅、省科技厅、省科协、省文明办表彰：市教师发展中心
33. 省教师培训中心、江苏教育行政干部培训中心表彰：市教师发展中心
34. 省公安厅表彰：市公安局、市公安局指挥中心、市巡特警大队、市公安局治安大队、市公安局法制大队、市公安局警务保障室、和平桥派出所、开发区派出所
35. 省委 610 办公室、省公安厅表彰：市公安局国保大队
36. 省高院表彰：市法院
37. 省县市报研究会表彰：丹阳日报社
38. 省总工会表彰：市总工会、云阳人民医院儿科三病区
39. 省国税局党建领导小组表彰：中共丹阳市国税局机关委员会
40. 省残疾人工作委员会表彰：市地税局
41. 省农村信用联社表彰：丹阳农商行
42. 省城镇妇女"巾帼"建功领导小组、省妇女"双学双比"竞赛领导小组表彰：市妇联、市开发区车站社区、市开发区三桥村、市开发区双庙社区、界牌镇界中社区
43. 省妇联表彰：市妇联、市广电集团妇联
44. 省妇女儿童工作委员会表彰：市妇联
45. 省中行党委表彰：市中行
46. 省中行表彰：市中行
47. 省新闻出版广电局表彰：丹阳市、市文广新局
48. 省委宣传部、省文化厅、省新闻出版广电局表彰：市文化行政综合执法大队、吕城镇文化站
49. 省文化厅表彰：市文广新局、市文化馆
50. 省文物局表彰：市文广新局
51. 省委老干部局表彰：总前委旧址纪念馆
52. 省广播电视总台表彰：市广电集团
53. 中广联城市台工作委员会表彰：市广电集团
54. 中国传媒大学互联网信息研究院表彰：市广电集团
55. 省广播影视协会表彰：市广电集团
56. 教育部关工委表彰：市教育局
57. 省政府教育督导委员会表彰：丹阳市
58. 江苏教育报刊总社表彰：丹阳市
59. 省教育厅、省财政厅表彰：市教育局、市民广场社区
60. 省教育厅表彰：市三中、市五中、云阳街道宣传科
61. 省科协、省教育厅表彰：市五中
62. 省教科院表彰：市五中
63. 省质监局表彰：市中医院
64. 省科协表彰：朝阳新村社区、江南人家社区
65. 省司法厅表彰：朝阳新村社区、云阳桥社区
66. 省环保委办公室表彰：太阳城社区、华南新村社区
67. 省依法治省领导小组表彰：水关路东社区、云阳街道留雁村
68. 省委宣传部表彰：云阳街道宣传科
69. 省委组织部、省委宣传部表彰：云阳街道宣传科
70. 省人社厅、省财政厅表彰：云阳街道财政所
71. 省社区教育中心表彰：江南人家社区
72. 省科协、省委组织部、省发改委、省教育厅、省科技厅、省财政厅、省人社厅、省农委表彰：云阳街道迈村村
73. 省诗词协会表彰：云阳桥社区
74. 省人社厅表彰：云阳桥社区
75. 省科协表彰：市民广场社区
76. 省商务厅表彰：市经济开发区管委会
77. 省委组织部表彰：中国(丹阳)眼镜城远教学用基地
78. 团省委表彰：中国(丹阳)眼镜城市场管理办公室
79. 省档案局表彰：丹北镇财政分局
80. 省卫计委表彰：丹阳市疾病预防控制中心、吕城镇卫生院、司徒屯甸、皇塘张埝、界牌新村卫生室
81. 省精神文明建设领导小组表彰：丹阳市人民医院
82. 省卫计委、中医药局表彰：皇塘镇卫生院
83. 省卫计委 共青团江苏省委表彰：丹阳市人民医院急诊科
84. 省爱国卫生运动委员会表彰：镇北村、镇南村、锦湖社区、联观村、石城村、城北村、天元村、联兴村、延星村、护国村、祥里村、永丰村、萧家村、池塘

村、大华村、导墅村、葩桥村、皇塘村、蒋墅村、居庄村、肇巷村、新庙村、留士村、新陵村、陵口村、留庄村、井园村、滨江村、新桥社区、高桥村、界中村、界牌新村　　（史志办）

2016 年丹阳市获镇江市级荣誉

表 91

单　　位	荣　誉　名　称	授　予　单　位
市水务集团	2012 年—2014 年度镇江市文明单位	镇江市委、镇江市政府
市佳洁环卫服务公司	2012 年—2014 年度先进单位	镇江市委、镇江市政府
市财政局	镇江市百村万户“双达标”行动先进集体	镇江市委、镇江市政府
珥陵镇人大办	镇江市百村万户“双达标”行动先进集体	镇江市委、镇江市政府
司徒镇财政所	2012 年—2014 年度镇江市文明单位	镇江市委、镇江市政府
延陵镇财政所	2012 年—2014 年度镇江市文明单位	镇江市委、镇江市政府
珥陵镇财政所	2012 年—2014 年度镇江市文明单位	镇江市委、镇江市政府
皇塘镇财政所	2012 年—2014 年度镇江市文明单位	镇江市委、镇江市政府
吕城镇财政所	2012 年—2014 年度镇江市文明单位	镇江市委、镇江市政府
访仙镇财政所	2012 年—2014 年度镇江市文明单位	镇江市委、镇江市政府
云阳财政分局	2012 年—2014 年度镇江市文明单位	镇江市委、镇江市政府
吕城派出所	2012 年—2014 年度镇江市文明单位	镇江市委、镇江市政府
新桥派出所	2012 年—2014 年度镇江市文明单位	镇江市委、镇江市政府
界牌派出所	2012 年—2014 年度镇江市文明单位	镇江市委、镇江市政府
司徒派出所	2012 年—2014 年度镇江市文明单位	镇江市委、镇江市政府
珥陵派出所	2012 年—2014 年度镇江市文明单位	镇江市委、镇江市政府
埤城派出所	2012 年—2014 年度镇江市文明单位	镇江市委、镇江市政府
皇塘派出所	2012 年—2014 年度镇江市文明单位	镇江市委、镇江市政府
市检察院	2012 年—2014 年度镇江市文明单位	镇江市委、镇江市政府
市委党校	2012 年—2014 年度镇江市文明单位	镇江市委、镇江市政府
市地税局稽查局	2012 年—2014 年度镇江市文明单位	镇江市委、镇江市政府
市地税局第一分局	2012 年—2014 年度镇江市文明单位	镇江市委、镇江市政府
市地税局第四分局	2012 年—2014 年度镇江市文明单位	镇江市委、镇江市政府
市地税局第五分局	2012 年—2014 年度镇江市文明单位	镇江市委、镇江市政府

续表 91

单位	荣誉名称	授予单位
市地税局第六分局	2012 年—2014 年度镇江市文明单位	镇江市委、镇江市政府
市地税局第七分局	2012 年—2014 年度镇江市文明单位	镇江市委、镇江市政府
市地税局第八分局	2012 年—2014 年度镇江市文明单位	镇江市委、镇江市政府
市地税局第九分局	2012 年—2014 年度镇江市文明单位	镇江市委、镇江市政府
市地税局第十分局	2012 年—2014 年度镇江市文明单位	镇江市委、镇江市政府
市五中	2012 年—2014 年度镇江市文明单位	镇江市委、镇江市政府
市公安局	双拥七创三等功单位	镇江市委、镇江市政府
市检察院	2011 年—2015 年全市普法工作先进单位	镇江市委、镇江市政府
丹阳市国税系统	2012 年—2014 年度镇江市文明行业	镇江市委、镇江市政府
丹阳市地税局	2012 年—2014 年度镇江市文明行业	镇江市委、镇江市政府
丹阳市教育系统	2012 年—2014 年度镇江市文明行业	镇江市委、镇江市政府
中国（丹阳）眼镜城党支部	先进基层党组织	镇江市委
陵口镇	镇江市教育现代化先进镇	镇江市政府

（史志办）

【镇江市级部门表彰的先进集体】

1. 镇江市委办公室表彰：丹阳市委办公室、市农委
2. 镇江市委组织部表彰：市委组织部、市九曲河枢纽管理处财务科、市地税局第十分局党支部、丹阳移动公司市场经营部、界牌镇界北社区
3. 镇江市春运领导小组表彰：市春运办
4. 镇江市化治办表彰：丹阳市
5. 镇江市经信委表彰：市发改经信委
6. 镇江市服务发展领导小组表彰：丹阳市
7. 镇江国土局表彰：市国土局
8. 镇江市综治委表彰：丹阳市、珥陵镇综治办
9. 镇江市委政法委表彰：市政法委综治科
10. 镇江市综治办表彰：市政法委综治科
11. 镇江市企业职工文化示范单位创建领导小组表彰：水务集团
12. 镇江市总工会、镇江市体育局表彰：水务集团篮球队
13. 镇江市总工会表彰：集团管线公司抢修科、市城管执法大队、市佳洁环卫服务公司、市路灯管理所、市路灯管理所检修二班、市烟草专卖局、市公安局、市总工会、市人行办公室、丹北镇总工会、珥陵镇总工会
14. 镇江市住房公积金管理中心表彰：丹阳公积金管理中心
15. 镇江市住建局表彰：市建设工程管理处、市建设工程质监站、市建设工程质量检测中心
16. 省勘察设计行业协会施工图审查分会表彰：安信审图咨询中心
17. 镇江市工程造价管理协会表彰：市正大造价咨询公司
18. 镇江市建设工程质量检测协会表彰：市建设工程质量检测中心
19. 镇江市消协表彰：丹阳港华燃气公司、丹阳市移动公司
20. 镇江市规划局表彰：市规划局
21. 镇江市依法行政领导小组办

公室表彰：市民防局
22. 镇江市政府办公室表彰：丹阳市
23. 镇江市商务局表彰：市商务局
24. 镇江团市委表彰：市城管执法大队、团市委
25. 镇江市城管局表彰：市佳洁环卫服务公司
26. 镇江市妇联表彰：市园林公司绿化管理科
27. 镇江市协调劳动关系三方委员会表彰：市园林工程公司、丹阳烟草公司、市广电集团
28. 省农委办公室表彰：丹阳市
29. 镇江市“三集”发展推进工作领导小组表彰：丹阳市
30. 镇江市农业资源开发局表彰：市农业资源开发局
31. 镇江市财政局表彰：市财政局、市财政局综合科、市曲阿财政分局
32. 镇江海关表彰：丹阳办事处综合业务科
33. 镇江市体育彩票管理中心表彰：市体育彩票管理中心
34. 镇江市放心消费创建领导小组办公室、镇江市消协表彰：丹阳烟草专卖局、丹阳农商行、市人行
35. 镇江市烟草专卖局表彰：丹阳烟草公司
36. 镇江市供销社表彰：市供销总社
37. 镇江市统计局表彰：市统计局、市开发区管委会
38. 镇江市机关事务管理局表彰：市机关事务管理局
39. 镇江市政法委表彰：市公安局、和平桥派出所、市检察院第四党支部
40. 省公安厅政治部表彰：市公安局政治处
41. 镇江市公安局表彰：市公安局政治处、市公安局治安大队、市公安局法制大队、中山路派出所、和平桥派出所、南环路派出所、开发区派出所、吕城派出所、新桥派出所、访仙派出所
42. 镇江市检察院表彰：市检察院、市检察院职务犯罪侦查预防局、市检察院公诉局、市检察院法警大队
43. 镇江市政法委、镇江市政法系统关工委表彰：市检察院关工委、市法院第七党支部
44. 镇江市政法委、镇江市依法治市领导小组办公室表彰：市检察院民事行政检察科、市法院行政审判庭
45. 镇江市预防职务犯罪工作领导小组表彰：市国税局、市人行
46. 镇江市国税局表彰：市国税局、市国税局金属制品业团队、市国税局仪器依表制造业团队
47. 镇江市地税局表彰：市地税局、市地税局党组
48. 镇江人行表彰：丹阳农商银行
49. 镇江市银行业协会表彰：丹阳农商行
50. 镇江银监分局表彰：丹阳农商行
51. 镇江市妇联表彰：市妇联、丹北镇妇联
52. 镇江市人行表彰：市人行办公室、市人行金融服务一部
53. 镇江市人行党委表彰：市人行党支部
54. 镇江中行表彰：市中行
55. 镇江市“打黄打非”工作领导小组表彰：市文化行政执法大队、市开发区“扫黄打非”办公室
56. 镇江市文化广电出版局表彰：市文广新局
57. 镇江市社科联表彰：总前委纪念馆
58. 镇江市教育局表前：市教育局
59. 镇江市节水办表彰：市教育局
60. 镇江市教育局表彰：市三中、市五中
61. 镇江市水利局、镇江市教育局、镇江市财政局表彰：市五中
62. 镇江市体育局、镇江市教育局表彰：市五中
63. 镇江市医学会表彰：市中医院百草圈
64. 镇江市卫生局、镇江团市委表彰：市中医院
65. 镇江市人社局、镇江市民政局表彰：云阳街道人社中心
66. 镇江市退管中心表彰：云阳街道人社中心
67. 镇江市阅读办表彰：云阳街道宣传科
68. 镇江市综治委表彰：云阳街道综治办
69. 镇江市文明委办公室、镇江市志愿者协会表彰：水关路东社区
70. 镇江市科协表彰：中山路社区
71. 镇江市委宣传部表彰：朝阳新村社区
72. 镇江市科协、镇江市财政局表彰：凤凰新村社区
73. 镇江市全民阅读领导小组办公室表彰：云阳街道
74. 镇江市民政局表彰：市民广场社区
75. 镇江市关工委、镇江市文明委办公室表彰：丹北镇
76. 镇江市人口计生领导小组表彰：珥陵镇计生办
77. 镇江市村庄环境长效管理联席会议办公室表彰：珥陵镇城管办
78. 镇江市卫生和计划生育委员会表彰：市卫生和计划生育委员会

（史志办）

2016年丹阳市个人获国家级、部级荣誉

表92

姓 名	供职单位	荣 誉 名 称	授 予 单 位
张俊辉	市水利局	“筑梦2016”征文活动二等奖	中国水利报社
马建军	市农委	2015年全国农机安全监理示范岗位标兵	国家安监总局
仲明初	市农委	全国绿化奖章	全国绿化委
范 磊	市农委	全国农业广播电视学校2015年度报刊应用工作先进个人	中央农业广播电视学校
许 琳	市检验检测中心	拖拉机行业标准化工作先进者	全国拖拉机标准化技术委员会
徐宇进	市统计局	2015年—2016年度中国信息报宣传发行工作先进个人	中国信息报社
张叶宏	市公安局	全国五好文明家庭标兵户	中央文明委
张叶宏	市公安局	全国最美家庭	中华妇女联合会
张卫莺	市公安局	2016年“档案与民生”全国征文二等奖	国家档案局
史惠铭	丹阳日报社	全国县市区域“百佳优秀报人”	中国县市报研究会
金文江	丹阳日报社	全国县市区域“百佳优秀报人”	中国县市报研究会
魏星华	市五中	全国第五届中小学生艺术展演活动艺术表演类中学甲组二等奖	全国第五届中小学生艺术展演活动组委会
崔忠艳	市五中	全国第五届中小学生艺术展演活动艺术表演类中学甲组二等奖	全国第五届中小学生艺术展演活动组委会
陆江萍	市五中	全国第五届中小学生艺术展演活动艺术表演类中学甲组二等奖	全国第五届中小学生艺术展演活动组委会
王金和	云阳街道迈村村	全国科普带头人	中国科协、财政部
林翼金	丹阳市人民医院	改善医疗服务优秀管理者	国家卫计委医政管理局、健康报社

（史志办）

2016年丹阳市个人获江苏省级荣誉

表93

姓 名	供职单位	荣 誉 名 称	授 予 单 位
周爱仙	市政法委	省“六五”普法先进个人	江苏省委、省政府
陶 岩	市人武部	优秀共产党员	江苏省军区
崔荣岭	市人武部	先进个人	江苏省军区

续表93

姓 名	供职单位	荣 誉 名 称	授 予 单 位
王金和	云阳街道迈村村	江苏省劳动模范	江苏省委、江苏省政府

（史志办）

【省级部门表彰的先进个人】

1. 省政府办公厅表彰：
张 燕 聂 晴 庄 英
徐铁军
2. 省总工会、省文明办、省委宣传部表彰：
武 静
3. 省住建厅表彰：
裴宗武 刘 强
4. 省白蚁防治协会表彰：
周新和 蒋兆耇
5. 省工程造价管理协会表彰：
朱 振 沈有娣 袁 翀
肖 逶
6. 省水利信息中心表彰：
严红霞
7. 省太湖治理工作建设管理局表彰：
贡书锁 张 峰 王 璐
8. 省民防局表彰：
胡正龙
9. 省交运厅表彰：
景国芳
10. 省总工会表彰：
李敏芳
11. 省海洋与渔业局表彰：
刘建华
12. 省农委表彰：
范 磊 张 凯 黄婉熙
王丹萍 王 勇
13. 省森林防火指挥部表彰：
洪 君
14. 省农机安全协会、省农机服务协会表彰：
马建军 鲁秋忠
15. 省农机安全监理所表彰：
钟金桥
16. 省名特优农产品交易会组委会办公室表彰：
刘冬平
17. 省财政厅表彰：
殷晓天 朱旭东
18. 南京海关表彰：
易 斌
19. 省安监局表彰：
崔海涛
20. 省九三学社表彰：
虞伟林
21. 省统计局表彰：
徐 君 刘 敏 张俊平
22. 省妇女儿童工作委员会表彰：
周辉平
23. 省公安厅表彰：
薛晓静 刘建中 张 伟
张美云 徐鹰杰 蔡静毅
24. 省检察院表彰：
马春艳 朱 玲
25. 省高院表彰：
耿振英 徐云方 景银霞
26. 省县市报研究会表彰：
唐文彪 胡玉芬 王国禹
萧也平 尹 媛
27. 团省委表彰：
马艳洁
28. 省国税局党建工作领导小组表彰：
巢汉成 杨 亮
29. 省城镇妇女“巾帼”建功领导小组、省妇女“双学双比”竞赛领导小组表彰：
姜 琪
30. 省中行表彰：
毛莉霞
31. 省图书馆学会、省学校图书馆情报工作委员会表彰：
孙 晓
32. 省群众学会表彰：
郦伟华
33. 省文物局表彰：
郭 蓓
34. 教育部关工委表彰：
蒋东生
35. 省教育厅表彰：
许国霞 蒋明玉 邵卫平
姜丹敏 许 明 孔帮新
戴 银 蔡建良 郁丽萍
周炳兴 黄玉红 文庆江
36. 省教育基金会、省教育报刊总社表彰：
殷瑞芳
37. 省教育厅、省科协表彰：
毛国方 束建华 许 燕
石 华
38. 省卫生思想政治工作促进会表彰：
吴如雷 史亚晶
39. 省药学会表彰：
翟洪发
40. 省人社厅、省旅游局表彰：
眭林辉
41. 省档案局表彰：
纪锁明 姜杰华
42. 省关工委、省文明委办公室表彰：
戎国平
43. 省人口抽样调查领导小组办公室表彰：
费爱峰 周丽军
44. 省委政法委表彰：
徐腊娥
45. 省宣传部、省文明办、省卫计委表彰：
陈小燕 张宝生(已故)
46. 省中医药局表彰：
周 峰
47. 省人才工作领导小组办公室表彰：
王国方

（史志办）

2016年丹阳市个人获镇江市级荣誉

表 94

姓　名	供职单位	荣　誉　名　称	授　予　单　位
胡　海	市委组织部	镇江市优秀党务工作者	镇江市委
刘绛昱	市法院	镇江市优秀党务工作者	镇江市委
贺福红	市委组织部	镇江市七创全国双拥模范城市三等功	镇江市委、镇江市政府、镇江军分区
马国祥	市政法委	镇江市普法工作先进个人	镇江市委、镇江市政府
张银富	市人社局	镇江市七创全国双拥模范城市嘉奖	镇江市委、镇江市政府、镇江军分区
庄　英	市农委	优秀共产党员	镇江市委
洪素娣	市农委	2016年镇江市优秀科技论文三等奖	镇江市政府
黄建华	市农委	2016年镇江市优秀科技论文三等奖	镇江市政府
沈迎春	市农委	2016年镇江市优秀科技论文三等奖	镇江市政府
洪素娣	市农委	镇江市学术技术带头人	镇江市委、镇江市政府
吉承东	市财政局	镇江市“百村万户”双达标帮扶先进工作个人	镇江市委、镇江市政府
汤　锦	市人武部	嘉奖	镇江军分区
宗浩敏	市人武部	优秀基层干部	镇江军分区
杨建军	市人武部	先进个人	镇江军分区
葛秀华	市公安局	见义勇为先进个人	镇江市政府
张　丹	市公安局	见义勇为先进个人	镇江市政府
徐文霞	市公安局	2015年度政府服务中心群众满意工作人员	镇江市政府
力利泽	市委党校	2011年—2015年全市普法工作先进个人	镇江市委、镇江市政府
曹丹霖	团市委	镇江市“六五”普法先进个人	镇江市委、镇江市政府
吴卫东	市卫计委	镇江市科技进步三等奖	镇江市政府

（史志办）

【镇江市级部门表彰的先进个人】

1. 镇江市委办公室表彰：

　刘　佳

2. 镇江市妇联表彰：

　贺福红　袁建芬　丰月华

3. 镇江市经信委表彰：

　周　晶　韦　东　秦叶红

　刘　伟　潘惠俊　陆建芬

4. 镇江市春运领导小组表彰：

　陆文栋

5. 镇江市“三集”办表彰：

　朱栋栋

6. 中共第四师可克达拉市委员会

表彰：
司马军
7. 镇江市服务业发展领导小组表彰：
史忠良
8. 镇江市政法委表彰：
马国祥 朱和平
9. 镇江市住建局表彰：
吴光平 束 俊 曾建国
赵惠星 汤亚娟 姜建彬
张 敏 王夕坤
10. 镇江市住房公积金管理中心表彰：
杨 敏 武佳斐
11. 镇江市建设工程质量检测协会表彰：
高秋琴 朱 维 徐君祥
钱 辉 夏 磊
12. 镇江市建设监理协会表彰：
吴 骏 庄分庚 薛向珍
13. 省勘察设计行业协会施工图审查分会表彰：
艾 迁
14. 镇江市城市规划协会表彰：
李 云 徐 涛
15. 镇江市规划局表彰：
潘云兴 庄 煜 张雨生
邱叶方 马晓燕 丁志健
16. 镇江市安委会表彰：
王志中
17. 镇江市文明委表彰：
景金仙 李志荣
18. 镇江市城管局表彰：
贺 鑫 薛伟英 潘明龙
19. 镇江市文明办、镇江市总工会表彰：
周 东
20. 镇江市总工会表彰：
汤 静 刘立霞 吴 平
王立新
21. 省农委办公室表彰：
范 磊
22. 镇江市农业资源开发局表彰：
陆伟斌 陈 坚 陈新辉
23. 镇江市动物疫病预防控制中心表彰：
赵 琼
24. 镇江市委宣传部、镇江市妇联表彰：
孙莉华
25. 九三学社镇江市委员会表彰：
洪素娣
26. 镇江市财政局表彰：
吉承东
27. 镇江海关表彰：
杨 概 陈丹军 李天生
濮 政
28. 镇江市安监局表彰：
李才志
29. 镇江放心消费创建领导小组办公室、镇江市消协表彰：
邵 尉
30. 镇江市九三学社表彰：
虞伟林
31. 镇江市信访工作联席会议表彰：
杨忠俊 张玉春 许忠惠
32. 镇江市妇女儿童工作委员会表彰：
陈素琴 陈 慧
33. 镇江市机关事务管理局表彰：
曹健栋 眭晓斌 步寒冰
34. 镇江市公安局表彰：
薛晓静 张荣辉 王永芳
张 丹 郭 良 孙 毅
丁 飞 董兴书 姜志勇
蔡 镇 张荣辉 朱文俊
夏 晨 何 佳 唐晨晖
王 尧 胡秀刚 侯飞军
毛丹霖 王国锋 马妮娜
孔丹明 腾 达 罗方臻
张 群 宋 佩 蒋惠琴
贺国红 王佳薇 陶文伟
邵 臻 张晓芳 徐 孟
董兴书 沈 浩 袁 涛
孟国辉 支 冰 杨华英
夏志伟 周海忠 王志军
35. 镇江市政法委表彰：
王晓军 刘建平 颜连良
36. 镇江市委宣传部、镇江市妇联表彰：
何 剑 王妮娇
37. 镇江市检察院表彰：
冷红华 殷海峰 马秋燕
魏 巍 朱 玲 郝庆富
杨 磊 张 磊 周成平
38. 镇江市人才工作领导小组表彰：
李 军 朱富顺 丁金福
陆建忠 李新和 朱华晓
张晨雷 陈建和 乔 红
钱奕婷
39. 镇江市人才工作领导小组办公室表彰：
蔡洪江 王 坚 胡江鸿
王小红 吴卫东 杨国涛
韦宁仙 吴树华 袁劲涛
丁冬生 刘红军 王国方
40. 镇江团市委表彰：
陈 辉 朱劲宇 曹丹霖
41. 镇江市国税局表彰：
贺明华 吴兴春 洪 宁
高琴美 李建中 孙明亮
臧星波 赵 茜 葛 超
陈长中 张 颖 蒋明月
杨 亮 丁国芳 王海荣
王兴宇 鲁 斌 唐辉平
王藏生 徐迎战 刘国俊
周 璟 戴洪建 吴 平
朱春新 陆火云 王 洁
蒯润新 符 晶 胡 伟
胡玲芳 张朝辉 韦和平
张 亮 张文斌
42. 镇江市预防职务犯罪工作领导小组表彰：
吴兴春 陈黎明
43. 镇江银监分局表彰：
眭龙辉
44. 镇江市人社局表彰：
方 明
45. 镇江市银行业协会表彰：
任菁华 符佳君
46. 镇江市人行表彰：
蒯理所 黄安平 孙 萍
丁静静
47. 镇江市人行党委表彰：
刘丹平 曹 旻
48. 镇江致公党表彰：

郭晓燕

49. 镇江市教育局表彰：
张荣二

50. 镇江市卫计委表彰：
王艳华　解卫华

51. 镇江市药学会表彰：
李　琴

52. 镇江市委宣传部、镇江市妇联表彰：
刘湘家庭　石朝群

53. 镇江建筑行业协会表彰：
马志尔

54. 镇江市创建中华诗词之市工作领导小组表彰：
马艳琴

55. 镇江市全民阅读领导小组办公室表彰：
张玲芳

56. 镇江市文广新局表彰：
张荣良

57. 镇江市科协表彰：
张二青

58. 镇江市总工会、镇江市文明办表彰：
朱　霞

59. 镇江市关工委、镇江市文明委办公室表彰：
戎国平

60. 镇江市安委会表彰：
王黎军

61. 镇江市司法局表彰：
陆冬平

62. 镇江市文明办表彰：
张宝生　魏　燕
毛月珍　马朝斌

63. 镇江市卫生计生委表彰：
吴宗泽

（史志办）

丹阳市先进单位和个人

【2016 年丹阳市 12345 服务热线先进集体、先进个人】

1. 先进集体
开发区、珥陵镇、皇塘镇、吕城镇、公安局、环保局、城管局、农委、市场监管局、水务集团、供电公司、港华燃气

2. 先进个人
陈三华　丁伟东　丁　敏
马秀萍　王艳俊　毛雅盈
冯智超　刘　芳　刘志华
李倩雯　刘瑞花　邹　群
徐利阳　朱向阳　景　娇

（史志办）

【2016 年丹阳市第二轮“扶村帮户”活动先进集体、先进个人和优秀“第一书记”】

1. 帮扶先进集体
皇塘镇、云阳街道、曲阿街道、组织部、财政局、农　委、投资集团有限公司、民政局、公安局、交运局、丁庄村委会、东皇村委会、蒋墅村委会、大华村委会、新庄村委会、大圣村委会、煦庄村委会、双茆村委会、蔡塔村委会、建山村委会

2. 帮扶先进个人
周宏年　贡江林　戎晓虎
倪国平　束国英　张利平
眭丽丽　支琴华　吴春芳
李　瑾

3. 优秀“第一书记”
朱黎辉　虞　伟　毛二生
朱三山　殷兆龙　孙亦新
谭飞云　唐　俊　邹为民
王国新

（史志办）

【2016 年“张雅琴式优秀村（社区）书记”】

胡小锁　丁志峰　韩同军
周志贤　郦友良　胡夫林
张建良　卫腊坤　陈国贤
王新娣　吴建华　杨纪财
范秀琴

（史志办）

【2014—2015 年度优秀共产党员、优秀党务工作者和“六强”先进党组织】

1. 优秀共产党员
胡佳平　束友山　徐双春
许建军　毛洪伟　黄东虹
陈国祥　朱洪雷　郦新建
张　平　束振宏　唐云浩
戴云方　钱志强　顾祎平
贡锁忠　郦志强　丁生春
吕　忠　钱鸿川　孙　丽
潘新华　钱保元　景建军
眭林辉　张建平　马慧芳
张二青　史正华　钱彩霞
赵美群　李淑君　殷秋成
黄荣强　陈斯福　蒋　杰
何飞跃　眭伟涛　何启峰
王　佩　束建平　潘海军
邵爱民　步扬健　唐云芳
卢坚峰　石海峰　贡仁俊
李国平　张　赟　钟东华
臧敖云　张云忠　刘永刚
岳云成　王保庚　鲁卫国
束和平　陈国连　徐云飞

赵春红　潘金二　贡云霞
刘　忠　马国生　魏红利
肖国强　汤锁方　金向阳
李亚球　眭健辉　朱辉明
杨　斌　吉红军　陈伟华
陈伟俊　周忠阳　何金华
王书平　殷许琴　陈荣刚
董　静　顾建伟　彭华梅
姚月琴　贺　弥　路玉明
祝广庆　仇洪坤　贺志新
沈香辉　陈爱萍　葛文虎
殷来大　焦小林　何新友
庄国祥　胡州平　赵　锐
朱伟峰　朱建中　吴安军
吴路平　叶永强　张荣辉
杜晓良　王二坤　陈　睿
袁法坤　郑正武　王　浩
毛金华　叶应松　陈发荣
赵银良　邱国庆　孙国平
孙耀洪　王丽君　王建荣
谭习龙　沈中泉　束玉平
李德兴　杜雅琴　姚玉林
倪玉财　殷荣鑫　李　炜
王永士　徐　俊　张光红
邹泽清　朱　斌　冷朝鲜
夏菊娣　刘春明　裴有喜
陈　飞　姜剑波　蒋　铮
李卫平　戴　俊　严东彪
陈全福　张丽华　严荣华
陈建林　顾新华　韩维哲
姜　琪　徐镇芳　闫晓瑜
袁卫华　闵仲鹏　汤　昊
刘　奇　王　文　张春辉
刘绪争　李群雄　杨忠俊
毛丹霖　彭建明　路云祥
朱国昌　庄　英　陈曦远
眭金祥　朱益湘　匡洪浩
蒯建华　陈锦荣　张志辉
董洪根　潘　辉　何新锋
包红琴　徐　民　陈　康
王志锁　夏　婷　程文燕
冯　潇　周利军　张菊仙
梁　鹏　夏荣堂　吴良才
姜文烨　许竹梅　汤双龙
陈敖春　邹华强　杨志荣
步云峰

2. 优秀党务工作者

邵金风　马文跃　邵金柏
陈　瑶　管双燕　刘荣尔
郦吉明　张冬英　葛卫忠
张淑宁　姜汝稳　张冬娟
贡晓燕　史　慧　岳　顺
吴一平　周国友　张叶宏
邓夏平　陈斌锁　魏洪平
史荣炳　臧小强　金云良
聂兰芳　史锁明　丁金泉
孙新福　顾金敖　束洪涛
庄建平　袁士华　卢金仙
朱文军　孙文艇　吴春荣
王庭开　唐国庆　朱　霞
马春虎　景正慧　张建顺
曹晓霞　张跃华　江丽霞
贺　宏　张兴鹏　钱琴芬
史仁忠　丁　彧　陆志奇
周丽俊　李敏芳　史明强
张钟斌　孙九成　潘发明
王瑞宁

3.“六强”先进党组织

(1)“六强”先进党（工）委

开发区工委、云阳街道工委、延陵镇党委、皇塘镇党委、吕城镇党委、访仙镇党委、丹北镇党委、机关工委、公安局党委、民政局党委、农委党委、广电集团党委、住建局党委、城管局党委、供电公司党委、农商银行党委

(2)“六强”先进基层党组织

车站社区党总支、普善社区党总支、开发区派出所党支部、实验学校党总支、大亚科技集团党委、中国丹阳眼镜城党委、迈村村党委、留雁村党委、云阳桥社区党委、凤美新村社区党委、云阳集团党委、丹凤集团党支部、东风村党委、固村村党委、杏村村党委、司徒派出所党支部、延陵村党委、延陵财政分局党支部、延陵卫生院党支部、凯越眼镜有限公司党支部、中仙村党总支、丈山村党总支、珥陵水利站党支部、汇能锅炉有限公司党支部、东河村党委、大华村党总支、国土局丹南分局党支部、申阳集团党委、皇塘村党委、后亭村党总支、地税局第七分局党支部、绿叶锅炉有限公司党支部、河北村党委、花龙村党委、吕城镇卫生院党支部、丹毛纺织股份有限公司党总支、郑店村党委、煦庄村党总支、陵口中心校党支部、万奔汽车配件有限公司党支部、草塘村党总支、双茆村党总支、访仙水利站党总支、文光车辆附件有限公司党支部、界牌派出所党支部、离退休干部党支部、彤明车灯有限公司党支部、金弘燕车辆部件有限公司党支部、埤城村党委、姚家弄村党总支、国税局第八税务分局党支部、天工集团党委、沃得机电集团党委、档案局党支部、水利局党总支、发改经信委党总支、财政局党总支、地税局党总支、指挥中心党支部、法制大队党支部、殡葬管理所党支部、畜牧兽医站党支部、吕叔湘中学党总支、第八中学党支部、云阳幼儿园党支部、文化馆党支部、人民医院党委、城市频道党支部、水务集团党委、港华燃气有限公司党支部、市容管理中心路灯管理所党支部、公路管理处党总支、邮政局市场党支部、电信公司工程维护党支部、供电公司营销部党支部、天辰化工设计院有限公司党支部、石化党支部、食品总公司党支部、粮食局机关党支部、法拉电子有限公司党支部、农商银行前艾支行党支部、市场监管局机关第三党支部　（史志办）

【2016年度丹阳市纳税先进企业】

1. 特等奖（2016年纳税总量2亿元以上的企业）
大亚集团、沃得集团、国网江苏省电力公司丹阳市供电公司、天工集团
2. 一等奖（2016年纳税总量1亿元以上的企业）
丹阳新城宏盛房地产发展有限公司、海昌隐形眼镜集团、鱼跃集团、丹阳市天怡房屋建设开发有限责任公司、恒宝集团、汉高（江苏）汽车零部件有限公司
3. 二等奖（2016年纳税总量5000万元以上的企业）
大赛璐安全系统（江苏）有限公司、云阳集团、江苏丹阳农村商业银行股份有限公司、镇江市烟草公司丹阳分公司、万新集团、江苏美乐投资有限公司、丹凤集团
4. 三等奖（2016年纳税总量3000万元以上的企业、2016年纳税总量1000万元以上且同比增长30%以上的总部企业、2016年亩均纳税位居前两位的工业企业）
(1) 2016年纳税总量3000万元以上的企业
江苏仅一包装技术有限公司、江苏同力机械有限公司、吉凯恩（丹阳）工业有限公司、丹阳荣嘉精密机械有限公司、丹阳港华燃气有限公司、花王集团、江苏明月光电科技有限公司、江苏辰阳电子有限公司、丹阳市华东工程塑料有限公司、申阳集团
(2) 2016年纳税总量1000万元以上且同比增长30%以上的总部企业
江苏同力机械有限公司、江苏明月光电科技有限公司、江苏文光车辆附件有限公司
(3) 2016年亩均纳税位居前两位的工业企业
江苏仅一包装技术有限公司、汉高（江苏）汽车零部件有限公司

（史志办）

【2016年度丹阳市精神文明建设先进单位】

1. 镇（区、街道）
云阳街道、开发区、丹北镇、吕城镇、皇塘镇
2. 城区单位
城管局、公安局、市场监管局、住建局、妇联

（史志办）

【2016年度优质“效能服务部门、科室、标兵”】

1. 优质“效能服务部门”
宣传部文明办、纪委监察局、政法委综治办、交运局、农委、发改经信委、住建局、水利局、财政局、气象局、国调队、中国银行
2. 优质“效能服务科室”
发改委投资与社会发展科、财政局会计科、民政局社会救济科、民政局优抚安置科、商务局外资管理科、科技局高新技术发展科、人社局社会保险管理中心、农委农业资源开发办公室、人社局调解仲裁科、发改经信委工业与技术改造科、发改经信委中小企业发展科、卫计委疾控中心
3. 优质“效能服务标兵”
王东庆　陈　飞　林翔宇
庄　英　司马琼　王金耀
周文华　曹林玲　赵晓群
尹　媛　唐志辉　胡云涛
朱万东　王　军　贡小明
孔志平　戴峰俊　张　萌
赵月华　张智慧

（史志办）

【2016年度丹阳市高级技能人才工作先进单位和先进个人】

1. 先进单位
江苏云阳集团有限公司、江苏卡威汽车工业集团有限公司、丹阳市雅美服装厂、江苏鱼跃医疗设备股份有限公司、镇江欧尚超市有限公司、丹阳市云阳镇人力资源和社会保障服务中心、丹阳市司徒镇人力资源和社会保障服务中心、丹阳市珥陵镇人力资源和社会保障服务中心、丹阳市界牌镇人力资源和社会保障服务中心、丹阳市吕城镇人力资源和社会保障服务中心
2. 先进个人
邵一翎　龚洪炳　彭建平
王卫忠　潘云法　束华跃
唐玲芬　贺建涛　方志钢
朱　彤

（史志办）

统　计　资　料

栏目编辑　尹宏蔚

综　合

2016 年丹阳市行政区划、面积和人口

表 95

项　　目	单位	2016 年	2015 年
一、行政区划	—	—	—
镇	个	10	10
街道	个	2	2
村民委员会	个	146	146
居民委员会	个	69	69
自然村	个	3854	3854
二、土地总面积	平方公里	1047.44	1047.44
三、全市总户数	户	277963	278541
全市总人口	人	811460	812061
其中:男性	人	400891	401313
女性	人	410569	410748
其中:乡村人口	人	464696	442936
城镇人口	人	346764	369125
年内出生人口	人	5948	6543
年内死亡人口	人	5756	6397

续表 95

项　　目	单位	2016 年	2015 年
年内迁入人口	人	7598	6342
年内迁出人口	人	8391	7881
四、全市常住人口	万人	98.16	98.02
每平方公里人口密度	人	937	935

（统计局）

2016 年丹阳市城市人口和建设用地

表 96

项　　目	单位	2016 年	2015 年
城区总户数	万户	10.97	10.91
城区总人口	万人	30.81	30.62
其中:城镇人口	万人	22.04	24.52
城区面积	平方公里	154.22	154.22
其中:建城区面积	平方公里	33.76	33.30
城市规划建设用地面积	平方公里	50.50	49.80
城市现状建设用地面积	平方公里	33.76	33.30
居住用地	平方公里	7.01	6.88
公共管理与公共服务用地	平方公里	5.65	5.48
商业服务业设施用地	平方公里	7.16	6.82
工业用地	平方公里	7.26	7.70
物流仓储用地	平方公里	0.80	0.78
道路与交通设施用地	平方公里	0.81	0.59
公用设施用地	平方公里	4.19	4.17
绿地与广场用地	平方公里	0.88	0.88
本年征用土地面积	平方公里	2.82	1.99
其中:耕地	平方公里	1.24	1.10

说明:本表数据来源于市住建局

（统计局）

2016年丹阳市地区生产总值构成项目(按当年价格计算)

表97

单位:亿元

项目	2016年	2015年	2016年:2015年(±%)
地区生产总值	1136.03	1070.25	6.1
农、林、牧、渔业	60.60	59.15	2.5
农业	36.89	36.51	1.0
林业	1.21	1.25	−3.2
畜牧业	6.41	5.93	8.1
渔业	7.80	7.25	7.6
农、林、牧、渔服务业	8.29	8.21	1.0
工业	544.57	518.22	5.1
制造业	543.09	516.89	5.1
电力、燃气及水的生产和供应业	1.48	1.33	11.3
建筑业	23.00	22.73	1.2
批发和零售业	89.55	83.34	7.5
批发业	39.98	37.43	6.8
零售业	49.57	45.91	8.0
交通运输、仓储和邮政业	33.53	32.84	2.1
住宿和餐饮业	29.21	27.83	5.0
住宿业	3.62	3.63	-0.3
餐饮业	25.59	24.20	5.7
信息传输、软件和信息技术服务业	12.22	9.89	23.6
金融业	53.88	47.14	14.3
货币金融服务	51.68	45.32	14.0
资本市场服务	0.28	0.26	7.7
保险业	1.92	1.56	23.1
房地产业	53.13	50.64	4.9
房地产开发经营业	28.92	27.47	5.3
物业管理业	3.69	3.30	11.8
房地产中介服务业	0.55	0.52	5.8
自有房地产经营活动	19.97	19.35	3.2
租赁和商务服务业	52.91	45.88	15.3

续表 97

项　　目	2016 年	2015 年	2016 年：2015 年(±%)
租赁业	1.33	1.15	15.7
商务服务业	51.58	44.73	15.3
科学研究和技术服务业	26.62	25.84	3.0
水利、环境和公共设施管理业	9.80	9.52	2.9
居民服务、修理和其他服务业	19.71	18.40	7.1
教育	31.37	29.49	6.4
卫生和社会工作	23.88	22.24	7.4
文化、体育和娱乐业	7.30	6.12	19.3
公共管理、社会保障和社会组织	64.76	60.98	6.2
第一产业	52.31	50.94	2.7
第二产业	567.57	540.95	4.9
第三产业	516.16	478.36	7.9

（统计局）

2016 年丹阳市地区生产总值构成项目(按不变价格计算)

表 98　　单位：亿元

项　　目	2016 年	2015 年	2016 年：2015 年(±%)
地区生产总值	1167.68	1070.25	9.1
农、林、牧、渔业	59.14	59.15	0.0
农业	35.90	36.51	−1.7
林业	1.21	1.25	−3.2
畜牧业	6.20	5.93	6.1
渔业	7.32	7.25	1.0
农、林、牧、渔服务业	8.42	8.21	2.5
工业	565.18	518.22	9.1
制造业	563.72	516.89	9.1
电力、燃气及水的生产和供应业	1.46	1.33	9.8
建筑业	23.40	22.73	2.9
批发和零售业	88.85	83.34	6.6
批发业	39.66	37.43	6.0

续表 98

项　　目	2016 年	2015 年	2016 年：2015 年(±%)
零售业	49.19	45.91	7.1
交通运输、仓储和邮政业	33.29	32.84	1.4
住宿和餐饮业	28.52	27.83	2.5
住宿业	3.64	3.63	0.3
餐饮业	24.88	24.20	2.8
信息传输、软件和信息技术服务业	13.85	9.89	40.0
金融业	53.59	47.14	13.7
货币金融服务	51.42	45.32	13.5
资本市场服务	0.28	0.26	7.7
保险业	1.89	1.56	21.2
房地产业	54.81	50.64	8.2
房地产开发经营业	30.14	27.47	9.7
物业管理业	3.80	3.30	15.2
房地产中介服务业	0.55	0.52	5.8
自有房地产经营活动	20.32	19.35	5.0
租赁和商务服务业	57.63	45.88	25.6
租赁业	1.45	1.15	26.1
商务服务业	56.18	44.73	25.6
科学研究和技术服务业	27.32	25.84	5.7
水利、环境和公共设施管理业	10.06	9.52	5.7
居民服务、修理和其他服务业	20.92	18.40	13.7
教育	32.20	29.49	9.2
卫生和社会工作	24.51	22.24	10.2
文化、体育和娱乐业	7.95	6.12	29.9
公共管理、社会保障和社会组织	66.47	60.98	9.0
第一产业	50.72	50.94	−0.4
第二产业	588.58	540.95	8.8
第三产业	528.38	478.36	10.5

（统计局）

2016 年丹阳市各镇(街道)地区生产总值

表 99

单位:亿元

项目	地区生产总值		第一产业		第二产业				第三产业		人均地区生产总值(元)
	实绩	增长±%	实绩	增长±%	实绩	增长±%	工业	建筑业	实绩	增长±%	
司徒镇	51.50	9.8	4.77	2.6	25.62	10.0	24.05	1.57	21.11	11.3	110873
延陵镇	43.24	8.3	6.42	2.2	17.67	8.6	14.62	3.05	19.15	9.6	67277
珥陵镇	26.35	8.5	3.98	2.2	9.42	8.6	8.87	0.55	12.96	9.7	52172
导墅镇	42.29	8.5	4.77	2.2	23.67	8.9	23.47	0.20	13.84	10.2	85931
皇塘镇	66.60	10.7	7.67	4.0	37.63	12.8	35.28	2.35	21.31	9.6	131904
吕城镇	51.63	8.2	3.15	2.5	26.85	8.1	26.53	0.32	21.63	9.5	102749
陵口镇	27.17	8.4	3.89	2.3	9.11	6.9	8.83	0.28	14.18	10.6	62641
访仙镇	29.22	7.0	3.32	2.5	12.63	6.0	12.55	0.08	13.27	8.9	58054
界牌镇	69.08	11.6	0.92	2.2	39.01	11.9	37.05	1.96	29.15	12.2	308584
丹北镇	220.44	5.9	3.76	3.7	159.15	6.2	156.93	2.22	57.52	7.6	285323
云阳街道	206.23	10.4	3.82	2.6	47.90	9.0	40.86	7.04	154.50	10.8	116886
曲阿街道	302.30	10.4	5.85	2.2	158.91	10.5	155.53	3.38	137.54	11.0	231131

(统计局)

2016 年丹阳市总人口和总户数

表 100

单位:户、人

项 目	年末总户数	年末总人口(人)			
		合计	性 别		其中:城镇人口
			男	女	
合计	277963	811460	400891	410569	346764
司徒镇	15554	46424	22594	23830	3996
延陵镇	21686	64092	31622	32470	23612
珥陵镇	17620	50342	25098	25244	2774
导墅镇	16656	49058	24647	24411	10265
皇塘镇	17809	50399	25335	25064	3423
吕城镇	16843	50040	24754	25286	12698
陵口镇	14955	43232	21455	21777	7325

续表 100

项　目	年末总户数	年末总人口（人）			
		合计	性　别		其中：城镇人口
			男	女	
访仙镇	16564	50188	24856	25332	14474
界牌镇	6455	22374	10952	11422	22374
丹北镇	24092	77172	37947	39225	25391
云阳街道	64849	176798	87065	89733	148911
曲阿街道	44880	131341	64566	66775	71521

说明：本表数据来源于市公安局　　（统计局）

2016 年丹阳市人口年龄构成

表 101　　单位：人

项目	年末总人口				
	合计	年龄			
		0—17 岁	18—34 岁	35—59 岁	60 岁及以上
合计	811460	95485	165974	345693	204308
司徒镇	46424	4728	8977	19244	13475
延陵镇	64092	5296	12602	27069	19125
珥陵镇	50342	4292	10788	21153	14109
导墅镇	49058	4350	10067	20596	14045
皇塘镇	50399	4700	10089	21335	14275
吕城镇	50040	4985	9918	21308	13829
陵口镇	43232	3906	8544	18644	12138
访仙镇	50188	4891	9894	22120	13283
界牌镇	22374	3878	5195	8645	4656
丹北镇	77172	9724	16492	31993	18963
云阳街道	176798	26122	34704	78304	37668
曲阿街道	131341	18613	28704	55282	28742

说明：本表数据来源于市公安局　　（统计局）

2016 年丹阳市全部年末从业人员

表 102　　　　单位：人

项目	全部从业人员	女性	1. 在岗职工	2. 劳务派遣人员	3. 其他从业人员
一、按企业、事业、机关分	104885	40763	96044	2966	5875
企业	80429	29832	77557	680	2192
事业	16328	8927	13017	1341	1970
机关	8128	2004	5470	945	1713
二、按国民经济行业分	—	—	—	—	—
农、林、牧、渔业	—	—	—	—	—
采矿业	—	—	—	—	—
制造业	67087	25127	66304	171	612
电力、煤气及水的生产和供应业	788	335	788	—	—
建筑业	2158	308	1526	154	478
交通运输业、仓储和邮政业	1239	245	906	166	167
信息传输、计算机服务和软件业	501	175	501	—	—
批发和零售业	1407	886	1353	4	50
住宿和餐饮业	218	190	218	—	—
金融业	3058	1418	2811	185	62
房地产业	886	349	846	—	40
租赁和商务服务业	1558	340	1264	5	289
科学研究、技术服务和地质勘查业	2808	1235	1350	552	906
水利、环境和公共设施管理业	2011	606	1504	4	503
居民服务和其他服务业	104	21	104	—	—
教育	8150	4293	7699	143	308
卫生、社会保障和社会福利业	5067	3164	3670	640	757
文化、体育和娱乐业	213	99	211	—	2
公共管理和社会组织	7632	1972	4989	942	1701

（统计局）

2016年丹阳市劳动工资主要指标

表103

项　　目	单位	全市合计	国有单位	集体单位	其他类型
一、年末职工人数	人	104885	26652	2045	76188
其中：女性	人	40763	11371	695	28697
（1）在岗职工	人	96044	20694	2003	73347
（2）劳务派遣人员	人	2966	2146	2	818
（3）其他从业人员	人	5875	3812	40	2023
二、全部职工平均人数	人	103996	27180	2051	74765
（1）在岗职工	人	95502	21323	2010	72169
（2）劳务派遣人员	人	2936	2129	2	805
（3）其他从业人员	人	5558	3728	39	1791
三、全部职工工资总额	千元	6879352	2076731	168241	4634380
（1）在岗职工	千元	6536539	1861626	166352	4508561
（2）劳务派遣人员	千元	133617	87648	149	45820
（3）其他从业人员	千元	209196	127457	1740	79999
四、全部职工平均工资	元	66150	76407	82029	61986
（1）在岗职工	元	68444	87306	82762	62472
（2）劳务派遣人员	元	45510	41169	74500	56919
（3）其他从业人员	元	37639	34189	44615	44667

（统计局）

工　商　业

2016年丹阳市工业总产值完成情况（按现价计算）

表104　　单位：万元

项　　目	2016年	2015年	2016年：2015年（±%）
全市合计	31234095	29910211	4.4
司徒镇	1361025	1287253	5.7
延陵镇	848041	812058	4.4

续表 104

项　　目	2016 年	2015 年	2016 年：2015 年（±%）
珥陵镇	542053	522125	3.8
导墅镇	1259689	1212252	3.9
皇塘镇	1931368	1775165	8.8
吕城镇	1448815	1398621	3.6
陵口镇	555429	543561	2.2
访仙镇	693050	680627	1.8
界牌镇	2083149	1941256	7.3
丹北镇	9476322	9352053	1.3
云阳街道	2157346	2025964	6.5
曲阿街道	8877808	8359276	6.2

（统计局）

2016 年丹阳市主要工业经济指标完成情况

表 105　　单位：万元

项目	销售收入			利税总额		
	2016 年	2015 年	增长（±%）	2016 年	2015 年	增长（±%）
全市合计	28322481	27128406	4.4	2333394	2243213	4.0
司徒镇	1093922	1035532	5.6	130949	123347	6.2
延陵镇	800046	765210	4.6	80009	74717	7.1
珥陵镇	481708	464128	3.8	21507	20958	2.6
导墅镇	1075085	1034253	3.9	66145	64797	2.1
皇塘镇	1809861	1662501	8.9	104152	94787	9.9
吕城镇	1283868	1240256	3.5	99093	95128	4.2
陵口镇	412934	404054	2.2	32797	31325	4.7
访仙镇	560266	551263	1.6	56067	55844	0.4
界牌镇	1763680	1642585	7.4	144993	135720	6.8
丹北镇	8960114	8831380	1.5	702013	680398	3.2

续表 105

项目	销售收入			利税总额		
	2016 年	2015 年	增长（±%）	2016 年	2015 年	增长（±%）
云阳街道	2130891	2001386	6.5	272545	255991	6.5
曲阿街道	7950106	7495858	6.1	623124	610201	2.1

（统计局）

2016 年丹阳市规模以上工业主要经济指标按所有制分组（一）

表 106

单位：个、万元、人

指标名称	企业单位数	亏损企业数	现价工业总产值	现价工业销售产值	工业增加值	应收账款	产成品	流动资产年平均余额	累计折旧
总计	724	113	25293147	24776049	6062469	2471962	1038424	9172782	8917890
在总计中 制造业	719	112	25220274	24703305	6030575	2452005	1035967	9010205	8836076
电力、燃气和水供应业	5	1	72873	72744	31894	19957	2457	162577	81814
在总计中 内资企业	578	92	18458936	18011802	4339925	1818875	843242	7204038	7587771
其中：国有企业	1	0	52961	51434	10094	9	1	173	19545
集体企业	9	1	28604	27641	8593	7590	1293	14703	1890
有限责任公司	33	4	3249691	3228665	603816	205472	177579	1366172	1088382
股份有限公司	14	2	2102524	2032828	515766	186117	94099	770113	1702382
私营企业	521	85	13025156	12671234	3201657	1419687	570272	5052878	4775571
在总计中 港、澳、台商投资企业	63	7	4413924	4379209	1090266	357880	91118	983596	801490
在总计中 外商投资企业	83	14	2420287	2385038	632278	295207	104064	985147	528629
在总计中 亏损企业	113	113	552831	524262	141887	192251	85129	698108	204054
在总计中 国有控股企业	3	0	75272	73545	23785	2611	2689	95948	66429
在总计中 大中型企业	113	9	19012641	18638476	4578695	1549318	803319	6575115	7274642
其中：大型企业	21	1	13239089	12947057	3226087	821740	582082	4314609	5983370
中型企业	92	8	5773552	5691419	1352609	727578	221237	2260506	1291272
在总计中 小型企业	596	102	6195487	6055459	1464600	908848	233841	2566598	1625187
在总计中 微型企业	15	2	85018	82114	19173	13795	1264	31069	18060

续表 106

指标名称	企业单位数	亏损企业数	现价工业总产值	现价工业销售产值	工业增加值	应收账款	产成品	流动资产年平均余额	累计折旧
在总计中 轻工业	289	35	4925947	4777049	1220513	726693	230410	2405132	1546765
重工业	435	78	20367199	19998999	4841955	1745269	808014	6767649	7371125

（统计局）

2016 年丹阳市规模以上工业主要经济指标按所有制分组（二）

表 107

单位：个、万元、人

指标名称	固定资产合计	资产合计	负债合计	主营业务收入	主营业务成本	主营业务税金及附加	营业费用	管理费用
总计	3690843	14943705	8121125	24761056	20762365	52544	390236	1309488
在总计中 制造业	3587055	14636326	7874101	24687033	20706514	52089	386102	1301660
电力、燃气和水供应业	103788	307380	247024	74023	55851	455	4134	7828
在总计中 内资企业	2872429	11675807	6368749	18010808	15226274	43139	321669	820041
其中：国有企业	3441	8185	230	51434	47036	27	181	113
集体企业	2410	18535	14373	27896	24552	100	464	1931
有限责任公司	444816	2056236	1482876	3324763	2764571	12600	106500	254962
股份有限公司	210259	1429970	383834	1922339	1568482	4495	49319	110372
私营企业	2211503	8162881	4487436	12684377	10821634	25917	165204	452663
在总计中 港、澳、台商投资企业	451320	1626134	848526	4362750	3607359	4273	25148	311092
在总计中 外商投资企业	367095	1641764	903850	2387498	1928732	5132	43420	178356
在总计中 亏损企业	416773	1398119	1023238	531790	476564	3616	18574	59119
在总计中 国有控股企业	52376	157997	139115	73407	63608	97	4463	2066
在总计中 大中型企业	2603755	10748814	5436119	18518804	15347300	39366	299106	1046512
其中：大型企业	1699789	7075236	3308241	12809407	10573230	25996	211781	760415
中型企业	903966	3673579	2127878	5709396	4774070	13370	87325	286097
在总计中 小型企业	1071778	4140869	2649649	6160264	5338392	13043	90681	261239
在总计中 微型企业	15311	54022	35357	81989	76672	135	450	1738
在总计中 轻工业	1032944	4264698	2286287	4898510	4150850	13538	95693	222153
重工业	2657899	10679007	5834838	19862546	16611514	39006	294544	1087334

（统计局）

2016 年丹阳市规模以上工业主要经济指标按所有制分组（三）

表 108

单位：个、万元、人

指标名称	财务费用	营业利润	利润总额	亏损企业亏损总额	利税总额	应缴增值税	全部从业人员平均人数
总计	247538	1659270	1596579	51098	2198735	549339	182889
在总计中 制造业	244500	1653682	1589374	48550	2190561	548825	18
电力、燃气和水供应业	3038	5588	7205	2549	8175	515	0
在总计中 内资企业	210311	1176750	1117628	43598	1566973	406086	131125
其中：国有企业	3	4073	4073	0	4288	187	52
集体企业	728	113	81	421	680	499	650
有限责任公司	50010	86868	124791	832	232745	95354	22678
股份有限公司	27884	189755	193563	5448	246150	48092	9357
私营企业	131686	895941	795120	36897	1083112	261954	98388
在总计中 港、澳、台商投资企业	16324	295157	292787	2382	382075	85015	25616
在总计中 外商投资企业	20904	187363	186165	5118	249687	58238	26148
在总计中 亏损企业	25026	-54461	-51098	51098	-37676	9805	16907
在总计中 国有控股企业	-609	3736	4335	0	5086	654	768
在总计中 大中型企业	188537	1286602	1222052	29238	1694016	432484	120026
其中：大型企业	134744	896884	857678	2591	1178424	294637	69756
中型企业	53793	389718	364375	26647	515592	137847	50270
在总计中 小型企业	58658	370018	371781	21840	500889	115905	62478
在总计中 微型企业	343	2651	2746	21	3831	950	385
在总计中 轻工业	49450	356118	347164	35564	481482	120623	53155
重工业	198089	1303153	1249415	15534	1717253	428716	129734

（统计局）

2016 年丹阳市全社会固定资产投资完成情况

表 109

单位：亿元

项　　目	2016 年	2015 年	2016 年：2015 年（±%）
全社会固定资产投资	672.31	610.08	10.2
其中：工业投资	471.76	443.80	6.3
规模以上投资完成额	514.01	446.58	15.1
其中：工业投资	359.99	331.49	8.6
服务业投资	149.03	115.09	20.6
工业投资按投资规模分组	—	—	—
1. 1 亿元以上投资	167.20	88.36	89.2
2. 5000 万元—1 亿元投资	46.09	157.18	-70.7
3. 1000 万元—5000 万元投资	146.05	85.73	70.4
4. 500 万元—1000 万元投资	0.04	0.22	-81.8
其他投资按投资规模分组	—	—	—
1. 1 亿元以上投资	66.16	75.01	-11.8
2. 5000 万元—1 亿元投资	39.90	30.28	31.8
3. 1000 万元—5000 万元投资	45.63	9.53	378.8
4. 500 万元—1000 万元投资	2.95	0.27	990.7
按投资性质分组	—	—	—
1. 国有经济投资	29.50	18.64	58.2
2. 集体经济投资	6.85	8.72	-21.5
3. 私营个体经济投资	371.12	313.71	18.3
4. 其他经济类型投资	106.55	105.51	1.0

（统计局）

2016年丹阳市规模以上固定资产投资完成情况

表110

项目	单位	城镇固定资产投资			
		合计	工业投资	房地产投资	其他投资
本年完成投资	万元	5140102	3613359	717322	809421
一、构成：1. 建筑工程	万元	2769904	1628261	551891	589752
2. 安装工程	万元	409079	263192	96442	49445
3. 设备购置	万元	1516603	1434350	1575	80678
4. 其他费用	万元	444516	287556	67414	89546
二、房屋建筑面积	—	—	—	—	—
1. 本年施工房屋面积	万平方米	1007.42	333.62	571.22	102.5735
2. 本年竣工房屋面积	万平方米	375.50	221.64	83.24	70.62
三、性质：1. 新建	万元	3096894	1717456	717322	662116
2. 扩建	万元	1015606	941651	—	73955
3. 改建	万元	501324	456394	—	44930
四、项目施工个数	个	568	387	46	135
项目竣工个数	个	443	313	9	121
五、本年新增固定资产	万元	3816279	2929060	241579	645640
六、资金来源	—	—	—	—	—
本年资金来源合计	万元	5910648	3600112	1492095	818441
1. 上年末结余资金	万元	549299	37608	507827	3864
2. 本年资金来源小计	万元	5361349	3562504	984268	814577
①国家预算内资金	万元	132008	17181	—	114827
②国内贷款	万元	596808	361518	195050	40240
③利用外资	万元	11650	11650	—	—
其中：外商直接投资	万元	—	—	—	—
④自筹资金	万元	3962169	3160163	174196	627810
其中：企事业单位自有资金	万元	526744	463098	2506	61140
⑤其他资金来源	万元	658714	11992	615022	31700
本年各项应付款合计	万元	510609	153978	311755	44876

（统计局）

2016 年丹阳市社会消费品零售总额

表 111

单位：万元

项　　目	2016 年	2015 年	2016 年：2015 年（±%）
社会消费品零售总额	3156136	2839363	11.2
一、按销售单位所在地分组	—	—	—
1. 城镇	2973653	2659163	11.3
其中：城区	1979806	1757749	12.6
2. 乡村	182483	180200	9.1
二、按行业分组	—	—	—
（一）批发业	258046	247336	4.3
1. 限额以上	124267	134850	68.3
2. 限额以下	133779	112486	－22.9
（二）零售业	2535890	2261572	12.1
1. 限额以上	537522	497253	4.0
大个体	33297	32251	3.2
2. 限额以下	1998369	1764320	14.5
（三）住宿业	9041	9452	－4.3
1. 限额以上	8385	8888	－5.7
2. 限额以下	657	565	16.3
（四）餐饮业	353159	321002	10.0
1. 限额以上	80916	78485	3.1
大个体	57682	56005	3.0
2. 限额以下	272243	242517	12.3

（统计局）

农　　业

2016 年丹阳市农作物面积和产量

表 112

项　　目	播种面积（亩）	单产（公斤）	总产量（吨）
农作物总播种面积	1268876	—	—
一、全年粮食作物合计	1070885	461	493332
1. 夏收粮食	509557	301	153564
（1）小麦	495909	304	150853

续表 112

项目	播种面积（亩）	单产（公斤）	总产量（吨）
（2）元麦	5992	215	1289
（3）大麦	807	197	159
（4）蚕豌豆	6849	184	1263
2. 秋收粮食合计	561328	605	339768
（1）稻谷	528402	629	332131
在稻谷中 a、糯稻	18853	599	11292
b、粳稻	509550	630	320839
（2）玉米	2772	277	769
（3）大豆（包括黑豆）	21087	223	4697
（4）绿豆	480	167	80
（5）红小豆	812	188	153
（6）薯类（5 折 1）	7774	249	1938
二、经济作物播种面积合计	56599	—	—
1. 油料合计	54753	155	8487
（1）花生	4424	194	859
（2）油菜子	48279	153	7400
（3）芝麻	2050	111	228
（4）其他油料	—	—	—
2. 药材（万元）	—	—	—
3. 棉花（皮棉）	—	—	—
4. 糖料（甘蔗）	—	—	—
5. 麻类小计	—	—	—
其中：黄红麻	—	—	—
6. 其他经济作物面积	1846	—	—
三、其他农作物播种面积合计	141392	—	—
1. 绿肥	1379	—	—
2. 青饲料	3316	—	—
其中：胡萝卜	—	—	—
3. 蔬菜	130938	2269	297036
其中：茭白	—	—	—
4. 瓜类	3600	1602	5767
（1）西瓜	1787	2564	4581
（2）甜瓜	—	—	—
5. 其它一些主要农作物	184	—	—

续表 112

项　目	播种面积（亩）	单产（公斤）	总产量（吨）
（1）藕	175	920	161
（2）慈菇	5	1532	8
（3）荸荠	2	1710	3
（4）菱角	2	1700	3
6. 家庭育苗面积	1975	—	—
附报：常年种植蔬菜的耕地面积	32297	—	—

（统计局）

2016 年丹阳市各镇（街道）农作物面积和产量（一）

表 113

项　目	农作物总播种面积	一、全年粮食作物合计			1. 夏收粮食			其中：小麦		
		面积（亩）	单产（公斤）	总产量（吨）	面积（亩）	单产（公斤）	总产量（吨）	面积（亩）	单产（公斤）	总产量（吨）
司徒镇	91266	72847	460	33487	33720	281	9485	33399	281	9389
延陵镇	152922	136999	496	68016	66383	312	20696	65909	312	20582
珥陵镇	125437	111201	470	52213	53554	301	16117	52914	302	15978
导墅镇	127057	108007	456	49239	51092	283	14466	48892	286	14004
皇塘镇	119822	90985	485	44147	44886	314	14106	44150	318	14020
吕城镇	111459	90968	451	41007	42481	306	12993	39334	316	12448
陵口镇	101593	88904	464	41214	42918	309	13246	41348	315	13014
访仙镇	118033	107551	444	47746	52370	300	15723	51375	303	15584
界牌镇	17560	15514	488	7574	6994	354	2478	6940	354	2457
丹北镇	98036	83689	437	36548	39978	315	12593	38669	317	12271
云阳街道	90088	66314	454	30101	31083	299	9279	30325	300	9090
曲阿街道	115604	97907	429	42042	44098	281	12384	42654	282	12016

说明：本表粮、棉、油产量为乡镇的汇总数

（统计局）

2016 年丹阳市各镇（街道）农作物面积和产量（二）

表 114

项目	2. 秋收粮食合计			其中：稻谷			二、油料合计			其中：油菜子		
	面积（亩）	单产（公斤）	总产量（吨）	面积（亩）	单产（公斤）	总产量（吨）	面积（亩）	单产（公斤）	总产量（吨）	面积（亩）	单产（公斤）	总产量（吨）
司徒镇	39127	613	24002	36681	637	23382	6240	158	988	6140	160	984
延陵镇	70616	670	47321	68619	682	46822	3613	150	543	3254	146	474
珥陵镇	57647	626	36096	55427	642	35576	2853	149	425	2377	150	356
导墅镇	56915	611	34773	53801	633	34048	5388	165	890	4812	163	783

续表 114

项目	2. 秋收粮食合计			其中：稻谷			二、油料合计			其中：油菜子		
	面积（亩）	单产（公斤）	总产量（吨）	面积（亩）	单产（公斤）	总产量（吨）	面积（亩）	单产（公斤）	总产量（吨）	面积（亩）	单产（公斤）	总产量（吨）
皇塘镇	46099	652	30041	43302	678	29380	3805	153	582	3583	150	536
吕城镇	48487	578	28014	44893	608	27317	6967	135	943	5589	127	712
陵口镇	45986	608	27969	43428	630	27371	4947	166	819	3536	172	609
访仙镇	55181	580	32023	53034	594	31507	2889	169	489	2326	159	370
界牌镇	8520	598	5096	7843	627	4915	88	186	16	88	186	16
丹北镇	43711	548	23955	39678	580	23023	4666	134	626	4253	131	559
云阳街道	35231	591	20822	33676	607	20455	3781	164	621	3452	166	572
曲阿街道	53809	551	29658	48021	590	28335	9517	162	1544	8870	161	1428

（统计局）

2016 年丹阳市农业机械、水利化情况

表 115

项　目	单位	2016 年	2015 年	2016 年：2015 年（±%）
农用机械总动力	万千瓦	37.35	38.04	-1.8
一、耕作机械	—	—	—	—
1. 大中型拖拉机	台/万千瓦	2147/11.06	2037/10.04	5.4/10.2
大中型拖拉机配套农具	部	5456	5111	6.8
2. 小型拖拉机	台/万千瓦	1653/1.26	1653/1.26	平
小型拖拉机配套农具	部	5959	5959	平
3. 机动水稻插秧机	台/万千瓦	2307/2.24	2098/1.92	10/16.7
二、农用排灌动力机械	台/万千瓦	10486/8.14	10486/8.14	平
其中：农用水泵	台	6300	6300	平
二、收获机械	台/万千瓦	—	—	—
联合收割机	台/万千瓦	1405/3.35	1271/3.03	10.5/10.6
机动脱粒机	台	600	600	平
四、农副产品加工机械	—	—	—	—
粮食加工机械	部	1852	1852	平
棉花加工机械	部	—	—	—
油料加工机械	部	215	215	平
五、运输机械	—	—	—	—
农用运输车	辆/万千瓦	1653/1.26	1923/4.6	-14/-72.6
六、植保机械	—	—	—	—
机动喷雾（粉）器	部/万千瓦	4187/0.64	4074/0.63	2.8/1.6
七、畜牧业机械	—	—	—	—

续表 115

项　　目	单位	2016 年	2015 年	2016 年：2015 年（±%）
饲料粉碎机	部	1125	1125	平
八、渔业机械	—	—	—	—
增氧机	台/万千瓦	7861/1.73	7861/1.73	平
九、农业机械化作业	—	—	—	—
机耕面积	千公顷	69.51	72.26	-3.8
机播面积	千公顷	61.51	63.67	-3.4
其中：机播水稻	千公顷	4.55	5.24	-13.2
机插水稻	千公顷	29.15	29.54	-1.3
机播三麦	千公顷	27.20	27.33	-0.5
机电排灌面积	千公顷	41.27	41.26	平
机械植保面积	千公顷	69.52	68.28	1.8
机械收获面积	千公顷	69.52	68.90	0.9
其中：机收水稻	千公顷	34.76	35.32	-1.6
机收三麦	千公顷	31.36	31.84	-1.5
十、有效灌溉面积	千公顷	49.73	49.40	0.7
节水灌溉面积	千公顷	35.44	34.10	3.9
十一、堤防达标长度	公里	28.45	28.45	平
十二、除涝面积	千公顷	16.99	16.32	4.1
十三、水土流失综合治理面积	千公顷	6.68	6.68	平
十四、已建成水库座数	座	9.00	9.00	平
已建成水库总库容	万立方米	1674.00	1674.00	平
十五、水利工程供水能力	万立方米	44290.00	44290.00	平
十六、固定机电排灌站	个	943.00	935.00	0.9

（统计局）

居民收支

2016 年丹阳市每百户城镇常住居民主要耐用消费品拥有情况

表 116

项目	单位	2016 年	2015 年
1. 摩托车	辆	24	32
2. 助力车	辆	174	168

续表 116

项目	单位	2016 年	2015 年
3. 家用汽车	辆	62	52
4. 洗衣机	台	110	106
5. 电冰箱	台	110	110
6. 彩色电视机	台	239	220
7. 家用电脑	台	120	108
8. 组合音响	套	38	33
9. 摄像机	架	9	12
10. 照相机	架	60	55
11. 中高档乐器	件	7	10
12. 微波炉	台	105	100
13. 空调器	台	258	236
14. 热水器	台	115	121
15. 消毒碗柜	台	15	18
17. 洗碗机	台	2	3
18. 健身器材	套	29	33
19. 固定电话	部	87	81
20. 移动电话	部	282	268

（统计局）

2016 年丹阳市城镇常住居民人均收支情况

表 117　　　　单位：元

项目	2016 年	2015 年	2016 年：2015 年（±%）
人均可支配收入	41653	38574	8.0
工资性收入	32145	29926	7.4
经营净收入	4936	4767	3.5
财产净收入	2187	1890	15.7
转移净收入	2385	1991	19.8
人均消费性支出	22452	20907	7.4
食品烟酒	7642	7487	2.1
衣着	2560	2373	7.9
居住	3195	2804	13.9

续表 117

项目	2016 年	2015 年	2016 年：2015 年（±%）
生活用品及服务	1190	1133	5.0
交通通信	3129	2877	8.8
教育文化娱乐	2725	2318	17.6
医疗保健	1195	1129	5.8
其他用品和服务	816	786	3.8

（统计局）

2016 年丹阳市农村常住居民调查基本情况

表 118

项目	单位	2016 年	2015 年
一、调查户数	户	100	100
二、家庭常住人口	人	339	331
平均每户常住人口	人	3.39	3.31
三、整半劳动力	人	277	269
平均每户劳动力	人	2.77	2.69
外出务工劳动力	人	12	11
四、负担系数	人	1.22	1.23
五、劳动力文化程度	—	—	—
1. 文盲和半文盲人数	人	2	2
所占比例	%	0.72	0.74
2. 小学文化程度人数	人	38	43
所占比例	%	13.70	16.00
3. 初中文化程度人数	人	168	150
所占比例	%	60.60	55.80
4. 高中和中专文化程度人数	人	41	50
所占比例	%	14.80	18.60
5. 大专以上文化程度人数	人	28	24
所占比例	%	10.10	8.90
平均每人年可支配收入	元	21706	19892
平均每个劳动力年可支配收入	元	26564	24477
平均每人年生活费支出	元	18791	16701
平均每户年末住房面积	平方米	188	172

续表 118

项目	单位	2016 年	2015 年
平均每人年末住房面积	平方米	55.6	51.9
平均每户年末住房价值	元	386700	369540

（统计局）

2016 年丹阳市每百户农村常住居民家庭年末耐用消费品拥有量

表 119

项目	单位	2016 年	2015 年
1. 洗衣机	台	106	103
2. 电冰箱	台	111	107
3. 空调机	台	214	176
4. 抽油烟机	台	85	69
5. 健身器材	台	18	21
6. 微波炉	台	95	86
7. 热水器	台	117	111
8. 助力车	辆	165	144
9. 摩托车	辆	45	50
10. 汽车（生活用）	辆	55	48
11. 固定电话机	部	82	90
12. 移动电话	部	283	258
13. 彩色电视机	台	217	190
14. 照相机	架	25	32
15. 摄像机	台	3	5
16. 家用计算机	台	85	70
17. 中高档乐器	件	2	2

（统计局）

2016 年丹阳市各镇（街道）农村居民人均可支配收入情况

表 120　　单位：元

项　　目	2016 年	2015 年	2016 年∶2015 年（±%）
司徒镇	19345	16930	14.3
延陵镇	17890	16834	6.3

续表 120

项　　目	2016 年	2015 年	2016 年：2015 年（±%）
珥陵镇	19233	17109	12.4
导墅镇	20788	19697	5.5
皇塘镇	22317	19885	12.2
吕城镇	22760	20933	8.7
陵口镇	20556	20281	1.4
访仙镇	22066	19991	10.4
界牌镇	37886	32750	15.7
丹北镇	26292	24415	7.7
云阳街道	21344	19637	8.7
曲阿街道	17382	16855	3.1

（统计局）

2016 年丹阳市农村常住居民收支构成

表 121

单位：元

项　　目	2016 年	2015 年	2016 年：2015 年（±%）
可支配收入	21706	19892	9.1
工资性收入	13398	12187	9.9
经营净收入	6016	5692	5.7
财产净收入	1032	856	20.6
转移净收入	1260	1157	8.9
生活消费支出	18791	16701	12.5
食品烟酒	5795	5189	11.7
衣着	1329	1178	12.8
居住	3168	2885	9.8
生活用品及服务	1150	939	22.5
交通通信	2993	2516	19.0
教育文化娱乐	2744	2619	4.8
医疗保健	1098	936	17.3
其他用品和服务	514	439	17.1
人均住房面积	55.6	51.9	7.1
恩格尔系数	30.8	31.1	-1.0
百户家庭电话拥有量	365	348	4.9
百户家庭电脑拥有量	85	70	21.4
百户家庭电视拥有量	217	190	14.2
百户家庭家用汽车拥有量	55.0	48.0	14.6

（统计局）

中共丹阳市委、丹阳市人民政府关于实施“丹凤朝阳”人才计划的意见（摘要）

丹发〔2016〕23号　2016年4月9日

一、总体目标

“十三五”期间，围绕我市新兴产业发展和传统产业升级，重点在制造业、现代服务业、现代农业等领域，突出“高精尖缺”导向，重点引进并支持200名以上海内外高层次人才，构筑高端人才荟萃、创新要素集聚、创业激情涌动的“魅力之城”。

二、主要任务

“丹凤朝阳”人才计划，包括顶尖人才计划、制造业创新创业人才计划、现代服务业创新创业人才计划、现代农业创新创业人才计划和高技能人才计划。

（一）顶尖人才计划

在学术技术界享有很高声望，是某一领域的开拓人、奠基人；或对某一领域的发展有过重大贡献的著名科学家；或拥有自主知识产权和发明专利，且技术成果为国际先进或填补国内空白，并具有较强的产业化能力的顶尖人才（团队），进行重点支持。用5年时间，重点引进和支持5名（个）左右顶尖人才（团队）。

对于引进的顶尖人才采取一事一议、特事特办的方式，可给予1000万元的资助资金，特别突出的资助金额上不封顶。

（二）制造业创新创业人才计划

对接“中国制造2025丹阳行动计划”，以促进制造业转型升级为目标，突出新兴产业、互联网+、军民融合等重点领域，推动丹阳制造做精做优做强。用5年时间，重点引进和支持130名（个）左右带技术、带项目、带资金的制造业创新创业人才（团队）。

制造业创新创业人才（团队），分三年给予60万元—300万元的资金资助；优先推荐申报省级制造业创新创业人才团队项目，优先推荐申报国家、省级相关先进制造业专项资金项目。

（三）现代服务业创新创业人才计划

重点支持生产性服务业和制造业服务化，加强服务业技术创新、品牌创新、模式创新，鼓励发展服务业新业态。用5年时间，重点引进和支持30名（个）左右现代服务业创新创业人才（团队）。

现代服务业创新创业人才（团队），分三年给予60万元—100万元的资金资助；优先推荐申报省级现代服务业创新人才团队项目，优先推荐申报省、镇江市级服务业专项引导资金。

（四）现代农业创新创业人才计划

对接现代化生态农业发展要求，大力推进农业生产规模化、农业装备设施化、农业经营产业化、农业服务社会化。用5年时间，重点引进和支持15名（个）左右现代农业创新创业人才（团队）。

现代农业创新创业人才（团队），分三年给予60万元的资金资助；符合市农业项目奖补条件的，给予项目奖补支持；优先推荐申报省级农业创新人才团队项目，优先推荐申报国家、省级相关农业项目。

（五）高技能人才计划

围绕传统优势产业和战略性新兴产业，引进具有较高专业技能、技艺精湛的高技能人才，满足高质量产品生产和服务要求。用5年时间，重点引进和支持30名（个）左右高技能人才（团队）。

高技能人才（团队），给予20万元或者10万元的资金资助；对获得“技术能手”“高技能人才工作室”等称号和在“职业技能大赛”中获奖的高技能人才，同时给予相应的奖励。

三、配套政策

（一）对入选“丹凤朝阳”人才计划中顶尖人才计划、制造业创新创业人才计划、现代服务业创新创业人才计划、现代农业创新创业人才计划的，享受以下配套政策：

1. 免租用房。创业园区提供100平方米～200平方米的创业场所，以租金补贴或入驻人才公寓的方式为创业人才和团队成员提供100平方米左右的生活住房，3年内免收租金。

2. 金融支持。推行知识产权质押融资、科技保险保费补贴等政策，推广小额贷款保证保险。对于符合条件的人才，优先推荐申请“苏科贷”“镇科通”“镇科贷”“镇保贷”“人才贷”等金融产品的支持。对有产业化前景的创新创业项目，经论证评估，市风险投资公司予以风险投资支持。

3. 立项扶持。创新创业企业从事高新技术科技成果转化，进行产业化时，在对其产品前景、生产规模、获利能力等情况进行充分论证后，列入市科技项目扶持，并优先推荐申报国家、省各类科技计划项目。

4. 定向补助。对引进人才新创办的符合高新技术产业要求的企业，根据财税贡献额度，按前三年100%，第四年、第五年50%的比例，经认定后用于补助企业。对引进人才，根据财税贡献额度，按前三年100%，三年后按照50%的比例补助给人才本人。

5. 生活支持。给予诺贝尔奖获得者、国家最高科学技术奖获得者、“两院”院士每月5000元的薪酬补贴，期限3年；“千人计划”等国家级人才计划入选者每月4000元的薪酬补贴，期限3年；博士每月3000元、硕士每月2000元的薪酬补贴，期限2年。按规定办理人事关系，在本市工作5年以上，且在我市经济社会发展中做出突出贡献的人才，在本市购置自住房的，经考核评审，提供60万元—150万元的购房补贴，分5年支付，其中诺贝尔奖获得者、国家最高科学技术奖获得者、“两院”院士，补贴150万元；“千人计划”等国家级人才计划入选者，补贴100万元；江苏省“双创计划”人才和《江苏省海外高层次人才居住证》持证人，补贴80万元；镇江“金山英才”计划人才和“丹凤朝阳”人才，补贴60万元。

6. 人才奖励。鼓励人才申报国家、省人才计划和培养工程，对入选国家“千人计划”、“万人计划”、“新世纪百千万人才工程”、国务院特殊津贴等国家级人才计划（工程）和省产业人才高峰行动计划、省“333高层次人才培养工程”第一、二层次和省有突出贡献中青年专家等省级人才计划（工程）资助和培养的高层次创新创业人才，给予上级资助（奖励）资金1∶1配套奖励。

7. 培训补贴。加强对全市重点领域人才和团队的培训，组织和支持人才到高等院校、跨国公司、上市企业等培训机构和研发中心进修深造。人才本人或团队成员自主参加境内外科技类专题研修班的，给予50%的培训费补贴。

（二）对入选“丹凤朝阳”人才计划中高技能人才计划的，享受以下配套政策：

1. 对新获得地市级以上“技术能手”称号的按上级部门奖励资金 1∶1 的比例给予奖励。

2. 对地市级以上“技术能手”在我市领衔建立技能大师工作室、开展高技能人才培训的，分别给予 8 万元、5 万元、2 万元的启动经费。对新获得“丹阳市高技能人才工作室”称号的发放一次性项目经费 1 万元。

3. 对获得全国一类职业技能大赛前六名的一次性奖励 5 万元，获得全国二类职业技能大赛及江苏省职业技能大赛前六名的一次性奖励 3 万元，获得镇江市职业技能大赛前三名的一次性奖励 1 万元，获得丹阳市技能大赛前三名的分别一次性奖励 5000 元、3000 元、2000 元。对获得“丹阳市有突出贡献的高技能人才”称号的，每人奖励 1000 元。

其他配套政策按照《关于深入推进“人才强市”工作的意见》

四、组织实施

（一）加强组织保障。略。市科技局、市人社局组织评审；市财政局负责人才专项资金的落实和跟踪管理。

（二）保障经费投入。“丹凤朝阳”人才计划专项资金纳入财政预算，保障本计划的有效实施。整合各条口、各部门政策和资金，加大扶持力度。鼓励社会资本、民间资本加大对优质人才项目的投入，构建多元化人才投入体系。

（三）严格准入退出。（略）

中共丹阳市委员会、丹阳市人民政府关于推进供给侧结构性改革的意见（摘要）

丹发〔2016〕41 号　2016 年 5 月 12 日

一、指导思想（略）

二、基本原则

（一）坚持改革统领

聚焦产业层面的结构问题、企业层面的效益问题、政府层面的体制问题，全面深化改革，破除体制和机制性障碍，把优化存量、引导增量、主动减量过剩产能结合起来，推动改革向更深层次领域推进。

（二）坚持市场主导

发挥市场在资源配置中的决定性作用，充分运用市场机制减少低端无效供给，扩大中高端有效供给，提高资源配置的效率。正确处理政府与市场的关系，大力推进简政放权、放管结合、优化服务，通过市场“无形之手”和政府“有形之手”同向发力，激发市场活力和社会创造力。

（三）坚持问题导向

针对当前我市经济依然存在的产业层次低、产品附加值低、创新能力弱、资源环境消耗大等突出问题，坚持正向激励与反向倒逼相结合，持之以恒打好转型升级组合拳，提高供给结构对需求变化的适应性和灵活性。

（四）坚持创新驱动

大力实施创新驱动发展战略，大力推进企业创新、人才创业，大力加强企业技术改造，加大科技创新投入，加速科技成果转化，加快培育发展新产业、新技术、新业态，不断增强持续发展动力。

三、主要目标

（一）去产能

自 2016 年起，每年实施 3 个以上淘汰落后产能项目。积极推进去“同质化”产能，增强企业创新力和核心竞争力。到 2020 年底，“僵尸企业”基本出清，全面完成省下达的去产能工作任务，产能利用率明显提升，传统行业退出一批低端低效产能。

（二）去库存

2016年，全市商品住宅库存去化周期控制在20个月以内。到2018年底，全市商品住宅库存去化周期控制在15个月以内。到2020年底，购租并举的住房体系基本建立，市场供求关系基本平衡，商品住宅库存去化周期保持在合理区间。

（三）去杠杆

2016年，全市直接融资在社会融资规模增量中的比重提高到35%左右，当年政府存量债务置换计划全部按期完成。到2018年底，直接融资占比提高到40%左右，不良贷款率低于全省平均水平，符合置换条件的政府存量债务全部置换为政府债券。到2020年底，直接融资占比提高到45%左右，企业、政府负债水平保持在合理范围，金融风险受到严格管控。

（四）降成本

2016年，为全市企业直接降低生产经营性成本15亿元左右；其中通过实施“营改增”，为企业降低税负6亿元左右。到2018年底，企业制度性交易成本和生产经营性成本进一步“双下降”。到2020年底，降成本政策体系更加健全，企业的发展活力和盈利能力提升到新水平。

（五）补短板

增强企业核心竞争力，加速提升智能制造水平，到2020年，全市争创省级以上智能车间示范企业5家以上。提升产品质量标准，加大研发设计力度，加快品牌建设步伐。加强基础设施建设，改善生态环境，改善群众生活。加强公共服务和社会事业建设。

四、重点任务

（一）控减结合，扎实推进去产能

1. 严控增量。加强项目准入管理和行业规范管理，按照生态优先、产业导向、节能减排和投入产出四条标准，严格落实“四个一律不准上”的市场准入要求，切实防止新增过剩和落后产能。加快实施《中国制造2025丹阳行动计划（智能制造推广计划）》，加强要素调控，积极推动传统产业去“同质化”进程。建立重点行业产能的动态检测预警机制，将去产能的工作任务分解、细化到重点行业、重点企业。（牵头单位：发改经信委）

2. 主动减量。继续开展化工企业整治工作，逐步对化工企业予以关停，引导符合产业定位的企业进区入园。继续推进电镀专项整治行动，全面关停不符合环保要求的电镀企业，淘汰落后工艺，加快电镀园区建设步伐。鼓励企业主动淘汰落后产能，压减过剩产能，每年实施3个以上淘汰落后项目。（牵头单位：化治办；配合单位：环保局、发改经信委）

3. 推进“三集”建设。推动企业集中，开展企业“退城进园”行动，有序引导各类企业进入相应的“三集”园区，提高产业集中度。推动产业集聚，以龙头企业为核心，引导其他企业开展强链、补链、延链，打造全产业链。推动生产方式集约，大力运用循环经济理念和绿色低碳技术改造园区。2016年，全市“三集”园区新开工标准厂房36万平米以上，竣工标准厂房32万平米以上；先进制造业特色园区和现代服务业集聚区入库税收收入增长10%；现代农业园区规模经营面积增长8%。（牵头单位：三集办）

4. 稳妥处置“僵尸企业”。坚持市场导向、企业主体、政府推动、依法处置，采取破产重建、破产清算和兼并重组的方式，分类分批处置全市“僵尸企业”，以优质增量去存量、扩总量、提质量。高度重视破产“僵尸企业”的职工安置，鼓励兼并重组企业优先吸纳原企业职工，破产企业清算资产优先用于清偿职工欠薪和职工安置。（牵头单位：金融办，配合单位：发改经信委、人社局、市场监管局）

5. 大力推动产业转移。结合“一带一路”建设，鼓励和引导纺织、五金等传统产业中有条件的企业“走出去”，结合援疆、援藏、援陕、援川工作，在中西部地区和境外设立生产加工基地，转移过剩产能。（牵头单位：发改经信委；配合部门：商务局）

（二）供需平衡，扎实推进去库存

1. 强化土地调控。加强土地“编制规划条件、基础设施配套、地块信息发布、征地拆迁模式、土地储备管理、市场交易监管”“六统一”管理，出台土地收储、征收、出让管理规定，科学把握土地上市节奏，当商品住房去化周期高于合理期限时停止供地。优化用地结构，对新征收拆迁项目积极倡导货币化安置，政府原则上不再新建安置房。（牵头单位：国土局；配合单位：住建局）

2. 着力释放刚需。加快推进新型城镇化和城乡发展一体化，深化户籍制度改革，促进农业转移人口进城落户。引导开发企业给予适当优惠出售存量商品房，落实国家差别化住房信贷政策和税收优惠政策，加大对改善性住房需求的支持力度。进一步完善稳定房地产市场相关政策，落实购房补贴政策和人才安居政策，实现本市户籍人口和外来人口全覆盖。（牵头单位：住建局）

3. 深化住房制度改革。以满足新市民住房需求为主要出发点，实施购房落户和租房落户政策，建立购租并举的住房制度。构建住房租赁信息政府服务平台，大力发展住房租赁市场，培育和发展专业化、规模化租赁企业。对符合条件的低收入住房困难家庭租房给予货币化租金补助。对符合条件的外来人口逐步纳入公租房供应范围。（牵头单位：住建局）

4. 推进房地产行业转型升级。鼓励房地产企业开发建设高品质住房，允许适当调整不适合市场需求的产品，支持发展旅游、养老等地产，提升住房供给水平。完善交通和公共服务配套设施，提升城市宜居性，更好满足居民购房需求。全面执行绿色建筑标准和标识，积极推广二星及以上的绿色建筑。加强市场监管，推进房地产市场诚信体系建设。（牵头单位：规划局；配合单位：住建局、交运局、城管局）

（三）破圈解链，扎实推进去杠杆

1. 降低企业杠杆率。支持多层次资本市场建设，加快上市企业梯队建设，推动企业在境内外资本市场股权融资，2016 年，新增各类上市挂牌企业 5 家以上。加大债券发行力度，2016 年，全市发行各类债券 120 亿元以上。加快发展产业基金，支持重点产业发展。大力发展私募股权融资，鼓励商业银行与创投企业合作，通过参股股权投资基金、投贷结合等多种形式，满足中小微企业发展资金需求。（牵头单位：金融办；配合单位：发改经信委、财政局）

2. 逐步化解“担保链”风险。创新处置方法，积极开展金融风险防控“五大行动”，大力争取金融资源，保障重点领域、重点行业和重点项目资金需求。按照“企业自救、银行合力、政府帮扶”的原则，开展中小微企业银行贷款授信总额联合管理工作。发挥财政资金引导作用，放大企业周转贷款效应，引导企业进行瘦身，降负债、降低担保链风险，发挥融资性担保公司作用。加快企业信用体系建设，2016 年底，全面建成企业信用数据库。（牵头单位：金融办；配合单位：人民银行、财政局、发改经信委）

3. 加强政府债务管理。合理确定债务限额，严禁在限额之外通过企业举借政府债务、违法违规为企业举债提供担保。实行政府债务预算管理全覆盖，加强新增政府债务管理，做好存量政府债务置换工作。在基础设施和公共服务领域积极推进 PPP 模式，推进政府和社会资本合作。积极向上争取棚改楼基金、政府各类奖补政策等。（牵头单位：财政局；配合单位：投资集团、金融办、发改经信委）

4. 优化金融生态环境。加强对各类债务风险的监测预警，增强防范化解债务风险能力。加大不良贷款核销力度，探索资产管理公司、银行、担保方共同参与的不良贷款处置模式和损失分摊机制。防范打击非法集资等各类违法违规金融活动。着力降低企业互保规模，重点化解大型骨干企业担保风险。（牵头单位：金融办；配合单位：人民银行）

（四）简政减负，扎实推进降成本

1. 着力降低企业制度性交易成本。深化行政审批制度改革，完善和固化“五证合一”、“多评合一”；推动“一个窗口管审批、一支队伍管执法、一个平台管服务”综合改革；加快推进建设领域“多图联审”“联合验收”，实现公共服务及行政审批事项全流程网上办理。全面清理整治“红顶中介”，推进行业协会、商

会等与行政机关脱钩，引导中介服务市场健康发展。（牵头单位：审批中心；配合单位：编办）

2. 着力降低企业生产经营性成本。全面实施“营改增”，确保所有行业税负“只减不增”。结合资源价格改革，深化水电气等要素的服务，推进“金屋顶”计划等企业用电减负方案。鼓励企业优化生产方式。灵活采取长期租赁、先租后让、租让结合、弹性出让等工业用地供应方式，降低企业用地成本。全面实行“四险一金”，降低企业用工、物流等成本，打造物流“多式联运”、“特需专列”等新模式。加大对企业职工培训的补贴力度。（牵头单位：物价局；配合单位：国土局、人社局、发改经信委）

（五）精准发力，扎实推进补短板

1. 增强企业核心竞争力。加速提升智能制造水平，加快智能制造装备的研发和应用，提升智能制造创新能力，逐步建立面向生产全流程、管理全方位的智能制造模式，到 2020 年，全市争创省级以上智能车间示范企业 5 家以上。提升产品质量标准，建设丹北五金工具质量安全示范区、五金质量标准联盟，加快传统产业质量标准建设工作。加大研发设计力度，加大工业设计在产业发展中的促进作用，建设工业设计研发中心。加快品牌建设步伐，鼓励企业创建自有品牌。（牵头单位：发改经信委；配合单位：科技局、市场监督局）

2. 加强基础设施建设。加快通港路延伸、大运河桥梁改造、皇蒋线、航道整治工程、城河北路片区路网改造工程等重点项目建设。提升主城功能，打通“断头路”“瓶颈路”，加快信息、水利、城市地下网等基础设施建设。（牵头单位：住建局；配合单位：交运局、城管局）

3. 积极改善群众生活。实施精准帮扶特困家庭奔小康工程，以党支部“一对一”结对帮扶的形式，以实物救助的方式，对城乡低保家庭、特困供养人员、困境儿童等六类人群进行帮扶救助，确保同步实现小康。改善生态环境，加快推进低碳城市建设，将丹阳市建设成为国家级、具有特色和亮点的循环经济示范城市。加强教育、卫生、文化、体育等社会事业建设，大力推进基本公共服务标准化和均等化，促进全市基本公共服务水平提升，解决公共服务有效供给不足、均衡化程度不高等问题。（牵头单位：民政局；配合单位：人社局、发改经信委、教育局、文广新局、卫计委、体育局）

五、保障措施（略）

丹阳市国民经济和社会发展第十三个五年规划纲要（摘要）

丹政发〔2016〕10 号　2016 年 1 月

第一章　发展基础和发展环境（略）

第二章　指导思想和发展目标

第二节　发展原则（略）

第三节　发展定位

经过“十三五”的努力，力争把丹阳建设成为充满创新活力的“经济强、百姓富、环境美、社会文明程度高”的苏南现代化工贸名城。具体内涵表现为：

产业特色鲜明的工贸名城。

充满活力的创新城市。

宜居宜业的江南水乡。

第四节　发展目标

坚持产业强市、生态领先，围绕打造充满创新活力的“强富美高”苏南现代化工贸名城总体定位，加大产业强市建设力度。通过“十三五”时期建设，创新能力显著增强，转型升级取得显著成效，经济发展质量和效益显著提升，创新、创业城市建设步伐明显加快，城乡一体化水平明显提高，生态文明达到新高度，民生幸福实现新突破，社会更加繁荣和谐，民主法治制度更加完备，“工贸名城”地位更加巩固，率先建成更高水平小康社会，率先在探索基本实现现代化的道路上迈出坚实步伐。

经济强。就是坚持以提高发展质量和效益为中心，着力构建新的产业结构，全力增强区域综合实力、科技创新能力、企业发展活力，努力实现更高质量、更有效率、更加公平、更可持续的发展。

百姓富。就是按照“坚守底线、突出重点、完善制度、引导预期”的总体要求，着力拉长和补好民生“短板”，深入推进民生工程，健全社会保障体系，不断提高群众的获得感和满意度。

环境美。就是抓住生态文明建设综合改革机遇，坚持从生产和生活两头入手、治理和保护两手齐抓、约束和激励两端发力，使生态环境质量明显改善，生活家园更加美好，让全市人民共同享受天蓝、地绿、水净、景美的宜居生活。

社会文明程度高。就是把创新社会治理、建设更高水平法治丹阳摆上突出位置，让社会主义核心价值观深入人心，市民素质高，社会风尚好，尊法守法成为习惯，诚信友善蔚然成风，社会大局和谐稳定，高标准创成全国文明城市。

第三章　加快结构调整构建绿色高效现代产业体系

加快结构调整，积极培育壮大新兴产业、做精做大做强传统优势产业，大力发展现代服务业，稳步发展现代农业，优化产业布局，建设以先进制造业为主体、新兴产业和现代服务业为支撑、现代农业为基础的具有鲜明丹阳特色的现代产业体系。

第一节　高端化引领壮大制造产业

以《中国制造 2025 丹阳行动计划（2015—2020）》为抓手，通过创新驱动、智能化带动和项目拉动，促进产业高端化、规模化、智能化、绿色化、集聚化、服务化发展，打造具有丹阳特色的先进中高端制造业基地。

1. 高端化、规模化、绿色化升级，做精做强传统优势产业

以优化结构、提升价值链为重点主攻方向，以高端、规模、绿色发展为指导思想，加快提质增效、转型发展，做优存量，进一步巩固扩大传统优势产业竞争力。“十三五”时期，重点转型提升眼镜、汽车及零部件、五金工具、木业、鞋服家纺等传统优势产业。

向产业中高端转型。强化传统产业重点产业链，实现从低端向中高端的整体跃升。开展以企业为主体、产学研相结合的科技创新，更多采用先进技术，研制高附加值产品、高科技含量产品、高品质产品、地方特色产品和适应市场最新需求的产品。加强上下游产品的生产联合、配套协作，形成更多的整机产品及相关的配套和设备。

向规模化转型。以 10 亿以上培强企业为重点，有针对性地实施一批技改扩能项目，引导企业走兼并重组式、参股控股式的低成本扩张之路，培育基地型、龙头型企业。加大对重点骨干企业的培扶力度，及时帮助企业解决项目推进过程中存在的问题。着力打造产业集聚区，形成一批重要的产业集群和产业技术研发扩散基地。依托丹阳市森工产业园，积极引进上下游配套企业，大力发展木材与其他材料相结合的复合木地板和木制品，形成较为完善的产业链，打造亚洲最大的复合木制品产业基地。全力推进中国（丹阳）眼镜城建设，形成眼镜原料配件、镜架制造及电镀、镜片生产、太阳镜、眼镜机械、印刷包装等完整的产业体系，把丹阳打造成全国乃至亚洲的眼镜产业生产中心，集散中心和研发中心。以“华东汽车灯具城”和“中国汽配城”两大专业性市场为依托，发展汽车零部件贸易。高标准高规格建设五金工具国际工业园、沿江五金国际物流园，优化载体建设，突出发展产业集聚。大力推动纺织业转型升级，着力打造全国领先的床上用品产业基地，加大开拓国际市场力度，以品牌和品质参与国际竞争，打响丹阳纺织国际品牌。

向绿色化转型。按照绿色发展要求，以知

识化和生态化改造提升传统产业，组织实施企业能效提升、清洁生产、源头减量、废弃物资源化利用等技术改造，支持企业建立能源管理中心，推动制造业可再生能源利用，提高清洁能源利用比例。通过实施锅炉及窑炉排烟余热资源化深度利用技术及其产业化项目、高速钢节能技改项目、电机及重点能耗设备节能改造项目等一批应用工程与产业示范项目，在我市制造业企业中全面推广节能减排、循环经济等绿色发展方式，推动国家循环经济示范市建设。

2. 加速发展新模式、新业态，全产业链培育壮大新兴产业

对航空航天、农机装备、新材料、生物医药和医疗器械、先进轨道交通装备等技术含量高、资源消耗少、经济效益好、发展潜力大的新兴产业，以高技术、智能化为方向，以攻克关键技术、突破产业链重点环节、提高核心竞争力、膨胀产业规模为主攻方向，做大增量，成为丹阳经济增长新引擎。

全产业链培育、壮大新兴产业。立足本地产业基础，以培育龙头企业为抓手，在现有产业的基础上，以新增、在建大项目为增量提升主要手段，加快培育、放大新兴产业；健全新兴产业配套产业体系，进一步补足关键产业链配套环节，有效提升新兴产业；通过产业链延伸，提升设计能力和服务能力，创新营销途径，把生产加工优势转化为设计研发优势，增强品牌优势和市场优势，迅速壮大新兴产业。

加速发展新模式、新业态。一是加速发展现代技术和前沿科技创新产生的新模式与新业态。以互联网＋与制造业深度融合为核心，加快发展以电商平台制造、互联协同制造、绿色环保制造、服务型制造、国际化制造等为代表的制造业新模式，加快推进以智能物流管理、智能能源管理、品牌经营管理、标准经营管理、综合服务外包等各类为制造业发展服务的新业态。二是注重以传统产业转型升级为需求，在产业高端化、智能化发展中催生的新模式、新业态，延伸产业链发展。重点培育纺织、五金工具、眼镜等产业转型升级中所需的新材料、智能装备、节能环保装备等。三是大力发展个性化定制规模化生产制造新模式。在技术标准、现代设计方法、信息技术和先进制造技术支持下，由纺织、眼镜、机械等行业率先做起，根据客户的个性化需求，从目前的标准化规模生产，逐步发展定制化小批量生产，进一步在更大范围内实现定制化规模生产，以规模生产的低成本、高质量和高效率，为客户提供定制产品和服务，实现由大规模标准化生产向定制规模化制造新模式转型。

3、智能化提升制造业

加快推进“机器换人”，鼓励全市眼镜、汽车及零部件、五金工具、木业、鞋服家纺等行业以及劳动密集型企业，结合企业工艺技术装备开展智能化升级改造。选择一批重点企业，实施工业机器人的应用示范推广工程，推进企业生产过程的智能化。提高企业在工艺流程改造、在线检测、质量性能提升、研发设计、营销服务等领域的智能化程度，实现智能管控和全流程管控，构建智能化、网络化的生产系统。

第二节　融合发展提升现代服务业

围绕先进制造业发展和新兴产业集群培育，按照服务业发展提速、比重提高、结构提升、融合发展的总体要求，注重信息化提升作用，加快发展现代服务业，全面提高服务业整体发展水平，打造苏南信息化商贸名城。大力发展生产性服务业。以丹阳现有“大产业”、“大市场”优势，推进服务业与先进制造业的“两业融合”、服务业与信息技术的信息融合，重点打造商务会展服务中心、现代物流服务枢纽，不断提升服务业对工业转型升级的支撑能力，形成制造业和生产性服务业互动的良好局面。提升发展生活性服务业。加快建设现代服务业集聚区，全面提高服务业整体发展水平，努力建成中央商务区、中央商业区、专业市场区（包括产品交易市场）、现代物流园区、旅游休闲集聚区、商贸零售街区、体育专项训练服务基地等一批布局科学、功能完善、特色鲜明的现代服务业集聚区。

1. 大力发展生产性服务业

结合丹阳制造业基础，以制造业需求为导向，充分发挥生产性服务业在技术、成本、信息等方面的优势，为制造业提供急需的服务，通过先进制造业催生发展生产性服务业，通过制造业转型升级衍生生产性服务业，通过上海自贸区、长江经济带、宁镇扬同城化建设所带来的生产性服务业扩展和转移，全力引进具有竞争优势和产业特色的生产服务型企业，重点推进现代物流业、金融服务业、商务服务会展业、信息服务等产业提速发展，倾力打造商务会展服务中心和现代物流服务枢纽。

现代物流业。坚持以市场为导向，以企业为主体，以主导产业特别是先进制造业为重要支撑，以专业化、信息化、标准化、规模化为方向，依托区位、交通、产业等优势，形成三层节点模式：综合物流园区——专业物流中心——物流配送中心。重点建设丹阳的公、铁、水等一批物流中心，逐步实现物流集聚、集约发展，积极推进物流信息公共服务平台建设和第三方物流、第四方物流发展，加速推进制造业与现代物流联动发展，打造苏南区域特色的物流中心。

金融服务业。积极引入金融机构，按照现代服务业发展优惠政策，全方位吸引国内外金融机构到丹阳设立总部和分支机构；对新设立的企业信用担保机构、风险投资公司、保险公司等给予积极的政策扶持，打造区域性金融集聚区。增进银企对接，拓宽中小企业贷款途径。建立多元化的融资机制，拓宽融资渠道，通过企业上市、企业债券、项目融资、资产重组、股权置换、信用担保等方式筹措发展资金，进一步完善金融体系。

商务服务会展业。大力培育发展商务服务业，重点发展企业管理、法律服务、会计审计、市场营销、广告服务等专业服务。加强知识产权服务，推动知识产权服务与经济社会发展有机结合。积极培育发展人力资源服务，构建人力资源服务体系和多元化人力资源服务产业链。积极发展会展经济，带动商贸、制造业、旅游、酒店、餐饮等相关行业发展。加强会展业统筹管理与策划，以多种形式举办眼镜、纺织、五金工具等传统优势产业展示交易会，带动提升发展各种专业会展，打造长三角重要的特色产业商务会展服务中心。

科技与研发设计服务业。面向眼镜、五金工具、汽车零部件等优势产业和特色产业，通过搭建重点行业研发设计平台、公共科技信息平台等重点培育发展工业设计服务业、科技研发服务业、科技咨询服务业。培育委托研发设计、研发设计服务管理、合同研发设计组织等研发设计服务新业态，努力扩大科技与研发设计外包市场。大力发展创业服务、基础技术服务、技术改造服务等科技创新服务业。

信息服务业。一是完善通信、计算机、广播电视等基础网络。深度开发利用信息资源，不断拓展服务领域，推进信息服务业的产业化、集约化和现代化，建设一批具有特色的信息服务产业基地与综合信息平台，逐步建立门类齐全、完整高效的信息服务产业体系。二是推进通信企业拓展信息服务业务。依托移动、联通、电信、广电等通信运营公司及其他行业部门的网络资源，构筑适应未来发展的信息传输骨干网。鼓励移动通信企业建设宽带多媒体平台、移动通信平台，整合开发信息资源，建设市级信息交换中心，支持和培育网络教育、数字图书馆、数字档案馆、网上旅游、电子出版物、网上社区的信息服务业发展，提高网络文化产业的规模化、专业化水平，为公众提供不同类型的个性服务。三是整合丹阳电子商务企业，启动建设电子商务产业园，打造丹阳电子商务综合服务平台。鼓励和引导企业积极采用线上与线下结合的发展模式，对电子商务购物平台进行综合管理，重点构建丹阳眼镜、鞋服家纺等终端消费品的电子商务服务平台。

创意产业。以互联网产业、设计产业、动漫创意、教育产业为发展重点，以打造“丹阳创意产业基地”为目标，培育市场、企业和人才，引进资金、智力和企业，打造丹阳眼镜创意园区、户外用品创意园区等，把丹阳建设成为苏南重要的创意产业中心。

2. 提升发展生活性服务业

倾力打造高端商贸流通服务业、旅游业，

有序发展房地产业，积极培育社区服务业。使生活性、生产性服务业协同并进，为经济社会持续健康发展打造新引擎。

高端商贸流通服务业。提升以大型综合性商贸中心和专业市场为支撑的商贸流通功能。改造提升传统商贸流通业，重点建设丹阳眼镜城、汽车零部件贸易中心等一批具有一定区域服务功能的大型综合性商贸中心和专业市场，完善服务功能，扩大市场规模、创新管理模式、提高辐射能力，提升市场对现代服务业其他领域的带动能力和优势特色产业的结构优化。按照便民利民原则，进一步完善商贸网点规划布局，编制完成《丹阳市商业网点规划》，积极引进知名品牌生活型商贸流通连锁服务企业，推广社区商业网点建设和连锁经营，通过竞争改造传统业态经营理念，提升企业效益，改善和提高居民生活。

旅游业。以建设国家旅游产业创新发展实验市为抓手，以深度融合为路径，以转型升级、引领发展为目标，推进旅游与工业、农业、城市建设、文化的深度融合与创意衍化，发展工业旅游、乡村旅游、商务旅游、文化旅游、度假旅游等产品。重点打造以中国（丹阳）国际眼镜城为核心的城市商务购物旅游区、以水晶山旅游度假区为核心的北部观光度假区、以九里季子庙为核心的西南文化旅游区。

房地产业。以打造“宜居丹阳”为目标，为居民提供环境友好、生活舒适的住宅，以增强城市综合服务功能为产业支撑，构建房地产开发体系，促进房地产业与其他社会服务业的协调发展。

社区服务业。构建政府扶持，社会参与的现代社区服务发展机制。运用市场机制，促进各类社区服务资源优化配置，形成广覆盖、多层次、社会化的社区服务体系；鼓励各类民间资本投资兴办家政服务、职业介绍、托幼养老、人文关怀、配送快递等各类社区服务业，提高社区为民、便民、利民的服务功能。加快社区公益性岗位的开发，不断提高社区就业率。鼓励和支持下岗职工、失业人员、复转军人创办社区服务企业；加快医疗卫生服务体系建设，提高社区卫生服务水平。

第三节 稳步发展现代化生态农业

落实全国农业可持续发展规划精神，大力推动农业可持续发展，坚持城乡统筹发展战略，以增加农民收入为中心，以确保粮食安全和主要农产品的供给为目标，以发展现代农业产业园区为重点，以推进农业科技创新为抓手，以改善农村生态环境为支撑，以健全农业服务体系为保障，大力推进农业生产规模化、农业装备设施化、农业经营产业化、农业服务社会化，全面提高土地产出率、资源利用率、劳动生产率，全面提高农业综合生产能力，力争在省内率先基本实现农业现代化，积极争创国家级现代农业示范区。

1. 提高农业综合生产能力，确保重要农产品保障供给

严格耕地保护，强化高标准农田、农田水利、粮食仓储设施等农业基础设施建设，推进农机农艺配套，提高农机装备水平。大力推进“米袋子”、“菜篮子”工程与健康养殖业基地、优质标准化种植基地等农产品基地建设。力争到2020年，粮食播种面积稳定在100万亩以上，新建高效设施农业面积4万亩，新增现代化粮食仓容8万吨，完成1万亩池塘标准化改造，满足社会对农产品不断增长的需要。

2. 调整优化农业空间布局，形成区域特色优势

优化农业结构，发展特色产业，重点发展优质粮油、设施蔬菜、畜禽养殖、水产养殖、苗木生产等产业，积极发展食用菌、茶叶、果品、休闲观光农业产业等特色产业，稳定提升农业收益。丹西依托现代农业产业园区，重点发展优质稻米、应时鲜果、茶叶、高档苗木、畜禽规模养殖，推进循环农业优势产业，积极发展休闲观光农业。丹中依托吕城粮油加工集中区、珥陵农产品加工园区、现代园艺产业园等，重点发展优质粮油、设施园艺等优势农业产业。丹南依托皇塘现代渔业园区、食用菌园区等，重点发展优质粮油、特种水产、食用菌、特色蔬菜等优势农业产业。丹北重点发展

生态林和经济林（名特地方茶叶、应时鲜果、花卉苗木）、休闲观光农业等优势产业。沿江圩区农业板块主要依托长江沿线重点发展长江名贵鱼类养殖。

3. 加快转变农业发展方式，提升农业产业化经营水平

以园区化、集聚化、规模化为方向，大幅度提升农产品加工业的规模和效益，建设一批产业聚集、辐射带动能力强的农产品加工示范基地和创业基地，培育壮大现有农业龙头企业，稳步提高“大亚科技集团”等国家级农业龙头企业发展，加快“江苏江南生物科技有限公司”等省级农业龙头企业的健康发展，积极培育一批起点高、规模大、市场竞争力强、辐射带动面广的镇江市级农业龙头企业，加大财政扶持、信贷支持、税收优惠力度，推进大型涉农企业上市，做大做强农业龙头企业，争取到2020年，主要农产品加工转化率达60%，农产品附加值不断提高。

4. 培育新型农业经营主体，促进适度规模经营

积极发展家庭农场、专业合作社、农业企业、新型职业农民等新型农业生产经营主体，培育扶持一批产业基础牢固、产品质量安全、品牌效益较高、带动农户较多、规范化程度高的农民专业合作示范社。引导和扶持合作社、家庭农场采取多种方式，实施农产品加工、储藏、保鲜等项目，提高农产品附加值和市场竞争力。积极稳妥引导土地承包规模经营，促进发展多种形式的适度规模经营。

5. 强化农业科技创新，拓展农业多功能性

加强同国内外农业科研院校的科技合作与交流，推动现代农业产业技术支撑体系的不断完善。推行“院地合作、所市合作、农企联合”等产学研结合模式与机制，打造科技合作平台。按照不同产业、不同层次、不同模式高起点、高标准地打造现代农业示范基地，推进农业科技创新，加快新技术、新品种、新模式、新设施的研发、引进和示范推广，推动特色优势产业提质增效，将丹阳打造为高端农业的研发中心、现代农业技术的推广和示范展示中心。推进一三产业互动融合发展，依托田园化、景观化的农业园区和生产基地，结合美丽乡村创建和农村新型社区建设，拓展农业多功能性，发展各具特色的观光农业。

第四节　大力推进“互联网+”应用

1. 积极推进互联网+在制造业中的应用。通过新一代信息技术和互联网技术加强制造业企业内部、企业间、企业与消费者间的联系。鼓励制造业企业通过互联网与产业链各环节紧密协同、全面互联，推动互联网+协同制造。大力发展电子商务，推动制造业企业电子商务平台的建设和发展。积极开展基于互联网的数字化制造，建立基于网络的开放式个性化定制平台和云服务平台，培育基于大数据、云计算、物联网的制造业配套服务应用和创新，开展网络协同开发、个性化定制、在线监测、远程诊断服务与云服务等，实现企业与消费者的紧密联系。

2. 智慧消费促进现代服务业创新。完善提升眼镜、家纺、冶金工具、汽车零部件、木材、建材家居、农副产品、大宗商品结算中心等专业市场，利用互联网+，实现“实体+虚拟”立体运营、线上线下融合发展，从产业结构、行业布局、配套服务、销售渠道进行调整和升级。抓住基于大数据、云计算、物联网、智慧城市等的服务应用和创新日益活跃的机遇，加快建设以体验消费为核心的城市综合体，积极吸引、扶持体验经济、远程诊断、远程教育、数字家庭、智慧社区等服务业新业态、新模式。

3. 全面触网推进农业产供销业态升级。积极推进农业触网化，利用互联网信息技术，推动全市农业智能化升级，鼓励各类农业经营主体与电商平台、物流平台等第三方平台深度融合，探索资本跨界运营，推动现代农业产供销业态升级。

第四章　全面深化改革激发经济社会发展新动能（略）

第五章　优化创新环境打造创新创业新高地（略）

第六章　统筹城乡发展推进新型城镇化建

设（略）

第一节 优化城市功能布局

依据《丹阳市城市总体规划（2014—2030）》和《丹阳市城乡一体化规划》，坚定不移实施主体功能区制度，加强全市区域空间开发统筹优化。根据全市空间特点和基础条件，科学规划城市主体功能空间、产业发展空间，坚持沿江、沿河、沿路，横融纵拓，区域联动，优化主（中心）城区，打造滨江区，振兴东南区，保育西部生态区，提升中心城市首位度，形成布局合理、主题突出、城乡互动、生态文明的市域空间发展格局，使丹阳成为沪宁线上新兴的地区中心城市。

沿江、沿河、沿路充分利用我市区位优势：北临长江，水网、河道密布，拥有京杭运河和丹金溧漕河两条江苏省干线航道和九曲河、香草河等等级以上航道；公路、铁路纵横，沪宁高速公路、常泰高速公路、312 国道、241 省道、122 省道、338 省道、340 省道、京沪铁路、沪宁城际铁路、京沪高速铁路等形成以城区为中心，向外发散的网状结构。以沿江、沿河、沿路要素禀赋推动空间可持续开发，通过众多的放射线加强中心城市与各城镇之间的联系，以开放的空间格局实现大区域发展与市域发展的有机结合，带动市域整体提升发展。

横融纵拓，区域联动东西方向上，以快速交通为载体，积极融入区域发展轴线，强化与镇江、常州同城化发展，以相对低的成本、较充裕的资金、良好的创新创业环境等优质资源，积极对接南京、苏锡常都市圈，并主动承接上海辐射。南北方向上，加强腹地拓展，以商贸、工业、生态、文化等职能为载体，依托跨江大桥、连淮扬镇铁路等交通设施，强化与江北地区的联系，为未来发展探索战略腹地，同时，持续保持对苏南点状地区的吸引力。

中心优化提升区包括云阳街道、开发区、司徒镇的镇区及其以东部分以及延陵镇临近中心城区的小部分地域。调整中心城区产业结构，优化开发，提升公共服务水平和城市环境品质。以大项目、大企业为依托，实现产业结构从二产为主向二、三产并重转型，重点发展高新产业和现代服务业。以“垂直一体化”的生长模式强化产业集聚，提高中心城区产业集聚度；以“高端化”为目标着力引进科技含量高、竞争能力强的项目，带动产业升级扩张。重点关注新材料、新能源、新型光学、IT 产品、金融、商贸、房地产、文化创意产业、休闲体验型产业。提升中心城区公共服务水平和环境品质，重点提升开发区档次与能级，同时有序地进行老城区更新改造，均衡人口与设施分布，逐步增强城市对人口和高端经济要素的吸引力，进一步提高中心城区首位度，做强中心城区。

滨江重点发展区主要指丹北镇、界牌镇。发挥既有产业基础优势，重点开发，打造丹阳市先进制造业基地。以第二产业为主，探索适应本地产业发展的特色化集群模式，强化企业间、产业间联系，提升产品竞争力，大力发展新兴产业，向现代制造业转型，重点关注特钢工具、特殊零配件、特种车、新能源汽车、机械制造、光伏配套制品以及房地产业。以长江丹北码头建成为契机，以滨江装备制造产业园和汽车零部件产业园为引领，突出引进大项目，增强产业支撑，并带动提升中小企业创业园区的发展。

东南产业促进区包括访仙、陵口、吕城、导墅、皇塘五镇。依托产业基础，改善交通区位，重点开发，促进工业竞争力提升。依托产业基础，积极对接沪宁第二通道，进一步发挥区位交通优势，促进工业竞争力提升，注重二产与一产的对接，强调产业和企业的规模增长，做大做强品牌产业和品牌企业，提升工业企业竞争力。以现有优势产业为基础，进一步做大做强汽车及零部件、高温合金、彩印包装、鞋服家纺、户外用品等特色产业，重点加快航空航天产业园、鹤溪产业园、粮油加工贸易集中区等特色园区建设。依托特色产业园区，鼓励皇塘镇区、吕城镇区规模扩张和功能提升，共同打造东南片区的两大中心，重点吸纳周边农业人口，加大就业培训力度，鼓励农村人口向中心城区和中心镇区集聚。

西部生态保育区包括珥陵、延陵镇大部分和司徒镇西部。生态开发，限制工业发展，以高效农业、都市休闲、文化旅游为主导，着力打造丹阳现代农业基地与旅游基地，强化生态屏障。以农副产品加工园为引领，提升涉农产业附加值；依托九里风景区、庄湖湿地和大吴塘水库，大力发展休闲旅游；限制工业尤其污染企业发展，工业逐步向其他镇区集中；城镇规模适度发展，提升镇区公共服务水平与环境品质，鼓励农村人口向中心城区迁移集聚。

第二节　加速城乡一体化建设

按照主体功能区的要求，打破行政界限，推进城乡规划、产业发展、基础设施、公共服务和就业保障一体化。

市域人口与城镇化水平。市域总人口：市域近期 2020 年常住人口 105 万人，远期 2030 年常住人口 115 万人。城镇化水平：市域近期 2020 年城镇化水平达到 70%，远期 2030 年城镇化水平达到 83.5%。城市规模：到 2020 年，城市人口 45 万人，建设用地规模 53.0 平方公里，人均城市建设用地 117.8 平方米。

城乡规划布局一体化。统筹安排城乡空间、生产力、交通、生态、人口等各类布局，不断优化城乡资源配置。统筹城乡各类规划，做好总体规划和各专项规划的相互衔接，发挥对城乡空间发展和布局的引导作用。

城乡产业发展一体化。以工业化带动城市化，以产业布局及产业结构一体化为重点，延伸产业链，壮大产业集群，转变经济增长方式，促进城乡经济优势互补、良性互动，推进产业一体化发展。

城乡基础设施建设一体化。强化城乡基础设施衔接、互补，加大对农村道路、公交、供水、供气、供电、通讯、污水处理的建设投入，实现基础设施城乡共建、城乡联网、城乡共享。

城乡公共服务均等化。加大政府购买公共服务力度，提高公共服务的质量和水平。大力推进社会公共资源向农村倾斜，城市公共设施向农村延伸，城市公共服务向农村覆盖，使广大农民享受到与城市居民平等的公共服务和公共产品。构建城乡一体的公共服务网络体系，综合考虑人口分布现状、资源环境条件和发展潜力，形成“中心城区一中心镇区一（农村）中心社区”三级服务网络，分别为一定规模的城乡居民提供相应等级的公共服务。

城乡就业保障一体化。进一步推动就业和社会保障政策向农村延伸、服务平台向农村覆盖、公共投入向农村倾斜，积极促进城乡居民就业和社会保障机会平等、服务共享和共同发展，努力形成就业和社会保障事业城乡一体化发展新格局。

第三节　全面提升城市品质

充分利用城市独特的山水人文历史资源，突出生态特色、文化特色，着力提升基础设施水平，推动城市环境的大改善和城市品质的大提升。在“十三五”期间努力将城区建设成为设施齐全、功能完善、经济活跃、环境优美的宜居宜业的江南水乡城市。

完善城市功能，加速城区改造。以“功能优化、整合提升”为发展引导，一方面优化现有城市功能，加快整合城区商贸、商务、旅游、居住等高度集中的功能，促其进行“退二进三”或“退三优三”的产业结构调整，提供综合服务功能，形成具有开发潜力、活力张扬的老城区。另一方面按照城市功能实行合理分区，改善城市环境，更新并完善城市道路系统、水循环系统、地下管网系统，建设公共服务设施，有步骤地改造和更新老城区的物质生活环境，从根本上改善生产生活条件。有计划启动建成区的老城区改造项目，加大城中村、棚户区改造力度。拓展城市空间，进一步加大城市地下空间开发利用力度，兼顾设防，提高城市综合防护能力。建设公共停车场、城市绿地，打通断头路，解决停车难、行路难的问题，缓解城区交通压力。

加强水环境建设。加强水环境保护，整治入河排污口，确保水安全。以城市、集镇段为重点，开展水环境综合整治，因地制宜局部造景，丰富水景观、水文化内涵，以点带面，推进水生态文明建设。加强水土保持工作，恢复练湖水系，提高蓄水能力，降低城市洪涝风险。通过保护、种植（养殖）水生植物（动物）和微生物，改善生物群落结构和多样性，增加水体的自净能力，消除或减轻水体污染。通过生态拦截工程建设，对主要河道两侧的农田沟渠塘、支浜进行生态修复。通过修复河道蜿蜒形态，改造硬质堤岸，构建堤岸植物群落，加强河流水体与底质中物质循环，最终修复成为具有较强自然净化能力和良好景观效果的河流生态系统，打造河畅、水清、岸绿、景美的城乡水环境。

完善城市管理行政执法体系，全面提升城市管理综合水平。实行城市管理模式由突击式、被动式向制度化、常态化转变；由粗放式管理向精细化管理转变。树立多元化管理理念，全面实行城市管理网格化、常态化、精细化、联动化、数字化，宣传动员全体市民关注城管、参与城管、奉献城管，将城市打造得更洁、更靓、更亮，不断提升市民对城市的满意度。

加快构建智慧城市。抓住国家“两化融合、三网融合”的机遇，加快建设覆盖城乡、超大容量、安全可靠的信息基础网络，推动现代信息技术在社区服务、城市管理、电子政务、电子商务等领域的应用。加快推进数字档案馆（室）建设，形成以数字资源为基础、安全管理为保障、远程利用为目标的数字档案馆（室）体系，打造“智慧城市支撑体系、智慧城市政务体系、智慧城市生活体系”。落实《江苏省绿色建筑行动实施方案》要求，研究制定低碳建筑的政策体系、标准体系和管理制度，建设绿色建筑综合管理系统，在中心城区进行低碳生态智慧核心区试点应用。到“十三五”期末，初步形成以数字化、网络化、智能化为主要特征的智慧城市基本框架。

第四节　推进“美丽镇村”建设（略）

第五节　增强基础设施支撑和保障能力

强化薄弱环节，突出重点，全面提升交通、水利、市政、水务、燃气等基础设施网络化、现代化水平，打造适度超前、功能完善、配套协调、高效安全的基础设施支撑保障体系，为全市经济社会发展、人民安居乐业提供更有力的支撑保障。

1. 完善交通网络建设

公路建设。加快构建更加快捷、更加方便的交通路网体系。对外交通，改扩建 S122 全州段、S358 老路段，实现与南京多点对接的发展目标。新建 S357 丹阳段，实现丹阳与常州机场的快速连接。新建东部干线中段（S358 珥陵—G312 段）、新丹快速通道、S203（京沪高铁站前路二期）、加强丹阳与周边镇江、常州和金坛等地区的一级以上公路连通。对内交通新建滨江快速通道、改扩建丹界公路，实现丹阳市区与滨江新区的快速连接。改建云阳大桥、续建吕东大桥及连接线工程及皇蒋线、新改建丹金溧漕河 8 座桥梁，加速推进路网连接，方便居民出行。进一步提高通乡通村路网的联通深度广度，提升农村公路通行能力和养护水平，有效保障农村居民出行安全，推动农村公路发展再上新台阶。

港口和航道建设。新建苏南运河丹阳作业区码头，新增 1000 吨级泊位 11 个，500 吨级码头 7 个。完成丹金溧漕河丹阳段“五改三”工程建设，新建三级标准航道 18.36 公里。

机场建设。对延陵通用机场、人民医院和市政府广场直升机起降点的服务范围、建设方式、运营模式、投资来源等开展前期研究，积极谋划利用通用航空优势提升丹阳对外交通环境，立足服务丹阳社会经济发展大局，加快丹阳通用航空基础设施项目推进进度。

交通枢纽建设。结合京沪铁路丹阳站和沪宁城际丹阳站的建设，布局整合长途、公交、出租车等客运方式的综合性公路客运枢纽，整合城际和普铁客运的城际客运站共同形成综合型公铁客运枢纽，带动枢纽周边，促进市域交通枢纽地位的提升。

2. 强化水利基础设施建设

围绕到 2020 年江苏全面实现水利现代化的总要求，紧扣水安全与水生态，强化水利基础设施建设，丰富水生态文明建设载体，加大水环境整治力度，推进水利信息化建设，建立健全水利管理服务体系，提高水利支撑和保障经济社会发展综合能力。

防洪减灾。建设海绵城市，全面提高区域内防洪除涝能力。完成九曲河整治、新孟河拓浚延伸（丹阳段）、大吴塘水库扩容等工程，使防洪排涝标准全面达到二十年一遇，同时实施长江堤防防洪能力提升工程，使长江防洪标准达到一百年一遇。水资源供给与节约。重点应对形势变化及产业结构调整带来的用水需求改变，全市实行用水总量控制，提高用水效率，及时调整灌溉翻水线路，提高抗旱能力，继续进行节水型社会建设。农村水利。继续实施2016－2018年农田水利重点县项目，实施小型水源工程建设、田间灌排沟渠配套工程、高效节水灌溉工程、县乡河道疏浚和村庄河塘疏浚工程等农村水利工程建设，提升全市农田抗灾减灾能力，提高农田综合生产能力。水利信息化。以现有水利系统办公网络和防汛决策支持系统（一期）为基础，全面升级建设水利信息化系统，以水利信息化带动水利现代化，提高水利综合服务能力和效率，进行信息采集监控系统与业务应用系统建设。水利管理和改革。进一步完善水利长效管理体制与机制，建立水利良性发展、科学发展长效机制，充分利用已有制度体系和规划体系，形成管理软体支撑的良性运作体系，全面提升水利综合服务和发展保障能力；加强依法行政，规范行政许可，提高依法行政能力；加强河湖库水域管理，提高水利空间管控能力；强化防洪风险管理，严格控制水面率，全面落实建设项目占用水域补偿制度，加强城区、镇区防洪治涝建设，加强圩区管理，增强次高地风险管理意识，密切关注高水高排控制运用动态，全面提升水利综合服务和发展保障能力。通过“十三五”期间的水利建设，疏通宜居宜业江南水乡之水系脉络。

3. 加快水务基础设施建设

供水设施建设。进一步提升供水生产能力，完成长湾水厂一期20万吨/日深度处理工艺的改造，到2020年30万立方米/日的供水全部实现深度处理工艺及自动化监测；全面完成乡镇供水内网改造，保障城乡居民饮用水安全，有效降低漏损率。污水治理项目建设。按照“因地制宜、分类实施，点面结合、示范引路”的总体思路，充分收集生活、生产污水，提高污水处理率和处理能力，改善城乡居民生活居住和生产环境，推进规划发展村庄和撤并乡镇集镇区所在地村庄生活污水治理工程，新建污水管网229.791公里，污水提升泵站10座，建立健全信息管理系统和远程自动化监控系统。

4. 推进天燃气通达建设

坚持“稳健、运筹、飞跃、再创新高”的指导方针，基本建成覆盖主要乡镇的燃气主干管网，满足乡镇区位重点工业项目和新农村集中建设区天然气需求。确保城乡天燃气年供应能力达1.6329亿立方米，建成区燃气普及率达到100%，乡镇燃气普及率达到85%（含液化气）。

5. 推进热电联产集中供热建设

认真贯彻国务院、国家发改委、住建部等部委关于节能及热电联产的文件精神，结合我市经济、社会和环境发展状况，科学编制《丹阳市热电联产规划》（2016－2020)》，构建全市热电联产集中供热框架，以提高能源利用率、优化热源布局、改善区域环境为目标，以集中供热为主要任务，以管理创新和体制创新为手段，推进清洁高效的热源点项目建设和集中供热管网建设，满足我市经济社会发展需求。

第七章 强化环境保护推进生态文明建设（略）

第一节 继续加大节能减排力度（略）

第二节 加强生态保护和修复（略）

第三节 强化环境监管（略）

第四节 第四节建好国家循环经济试点示范市

以发展循环经济为主要实现路径，推进国家低碳城市试点和生态文明先行示范区的建设。以提高资源产出率为目标、构建全社会循环经济体系为重点，把循环经济理念融入工业、农业和服务业发展以及城市基础设施建设，在生产、流通、消费各环节推行循环型生产方式和绿色生活方式。大力实施重点工程项目，构建循环型生产方式、形成循环型流通方式、推广普及绿色消费模式、推进城市建设的绿色化循环化、建立健全社会资源循环利用体系。创新全社会循环经济发展机制和管理模式，全面提高城市环境友好水平、资源节约效益和新型城镇化质量，实现丹阳市循环经济发展从“小循环”向“大循环”转变、从产业循环向全社会循环转变，全面系统地建立较为完善的循环经济发展机制，营造出绿色、低碳、循环发展的生产、生活与生态环境。将丹阳市建设成为国家级、具有特色和亮点的循环经济示范城市。

第八章　深化区域合作协调发展内外源经济

深化区域开放合作，统筹国内国际，立足市内市外，充分利用“两种资源、两个市场”，坚持引进来与走出去并重，对外开放与加强区域合作并重方针，进一步拓展发展空间。

第一节　推进区域合作发展

明确自身区域定位，做特做强中心城区、强化承东启西的区位优势，以快速交通为载体，积极融入区域发展轴线，着力构建区域竞争力，主动接受上海、南京辐射，承接高层级、投射式产业转移。

积极融入宁镇扬一体化建设。加速推进宁镇扬同城化建设，积极参与三市在基础设施互连互通、公共服务共建共享、环境治理联防联控等方面的同城化建设，加大规划统筹，协调长江岸线开发利用、共筑滨江风光带，加快完善城市公共服务功能和水平，完善合作机制，实现经济、社会、人口、资源、环境“五位一体”的制度一体化，助推城市品质提升。

深入对接长三角地区。有效抢抓国家战略实施机遇，加快与长三角城市形成产业协作、资源共享，加强与长三角城市在发展规划、交通基础设施建设、产业发展、商贸市场、旅游发展、科技教育与人才等方面的对接，着力推动与常州的同城化发展。依托吕城、导墅、皇塘三镇构筑区域增长极，形成连接常州与丹阳的纽带，对接区域性公共交通、市政管网，融入到苏锡常都市圈。强化与苏南相关地区以交通为引领的区域协调，以专业化的现代服务吸引周边要素汇集。

第二节　优化对外经济贸易合作

积极开拓国内外市场。紧紧抓住国家扩大内需的机遇，完善政策措施，支持、引导企业积极开拓市外、省外市场，重点开拓长三角大市场，主动承接上海辐射，不断拓展企业发展空间。顺应国家“一带一路”战略部署，鼓励企业主动对接上海自贸区建设，积极开拓国际市场，引导企业对外投资，有效转移过剩产能，加快实施“腾笼换鸟”。

优化对外经济贸易合作结构。继续稳定和拓展外需，保持现有出口竞争优势，加快培育以技术、品牌、质量、服务为核心竞争力的新优势，大力发展服务贸易，促进出口结构转型升级。鼓励发展跨境电子商务、市场采购贸易等新型贸易方式，采取各种途径让以丹阳眼镜为代表的“丹阳制造”走向世界。优化进口商品结构，鼓励先进技术、关键设备和零部件进口。推动加工贸易转型升级，提升产业层次，提高加工贸易的质量和附加值，延长加工贸易产业链，提高加工贸易增值率。

建立健全对外贸易服务体系。加大政策扶持力度，加强金融信贷支持，积极打造优势产业进出口平台，建立健全中介咨询、信息发布、人才培养等方面的服务体系，紧密跟踪、及时发布国内外各类市场的发展趋势和国内外重点区域市场的需求动态，努力为本地企业寻求商机和开拓市场提供实时、动态、网络化的信息服务。完善符合世贸规则和市场经济要求的配套政策，营造开放透明、规范高效的对外投资环境。积极利用长三角区域通关一体化之便利，降低商务成本与运作风险。加强政府、行业协会、企业的协调配合，健全进出口风险预警机制，加强反倾销应对工作，促进公平贸易，保障企业跨国经营的合法权益。

第三节　强化投资引资

提高招商选资水平。引进外资项目要从重规模、重投入向重质量、重效益、重产业带动转变。以传统特色产业和新兴产业为重点领域，有的放矢开展对外招商，重点关注新兴产业和智能制造领域的先进项目。同时围绕“中国制造 2025”，一方面继续做好国际优质资本与我市优质企业的对接，通过在欧洲、香港、新加坡等世界金融高地开展产业主题类资本对接会，寻求国际资本对我市传统产业的并购和提升。重点把我市生命医药、高端汽车零部件、航空航天新能源、新材料等具有代表意义的企业推向国际资本市场；另一方面借助外力，以商引商，通过组织本地涉外企业赴东北亚、北欧、南美等新兴资本和经济活跃地区进行专题招商。

创新招商引资模式。不断完善驻点招商、专业招商方式，有针对性地实行专业招商、产业链招商、技术招商、专题招商、节会招商，努力提高招商实效。重点引进龙头型、基地型大项目，积极推进与本地企业产业链的融合，力争形成若干个产业集群。强化产业链招商，引导产业园区研究梳理产业链，细分产业链各个环节，做好产业链补足、补强、补细招商，引进一批成长性好、关联度高的项目，延伸和拉长产业链，推动产业链的形成和完善。完善招商引资考核，在考核数量基础上，进一步考核项目的投资强度、开工率、投产率和投资效益，真正建立起完善的责任体系。

加快境外投资步伐。鼓励本土企业走出去广泛开展国际合作，拓宽利用外资渠道。加快新兴地区、新兴市场的投资开拓工作，按国家“一带一路”战略布局，创建境外丹阳特色产业集中区。鼓励成功“走出去”的企业对本土企业进行技术和人才反哺，引导有条件的优势企业广泛在境外开展技术合作和专利收购等业务，快速吸收国际先进技术，并在国内逐步消化。鼓励本土企业开展国际并购，引导技术型企业在境外科技资源密集的国家和地区设立研发机构，向国内输出技术和管理团队。鼓励五金工具、木业、汽车零部件等国际化程度高的生产企业开展海外兼并、股权收购、品牌并购，引进战略投资者，在主要原料供应地或主销市场设立机构，以海外利润再投资等方式开辟对外投资的新渠道、新方法。

培养国际化商务人才。培养适应开放型经济新体制要求的人才队伍，培养一批具备国际经贸、商务行情、国际金融等方面的知识，了解有关国际礼仪、政治经济，熟悉国际市场规则，国际市场动向的国际化人才。健全引进人才制度，鼓励并支持从事国际合作的社会化专业队伍加快发展，更好地利用社会资源开展国际合作。注重引进，多渠道吸纳人才，选派有潜力的人员到招商一线、跨国公司接受锻炼；强化管理，加强培训，通过业务培训和学习，提升专业化水平。

第九章　增进民生福祉促进人的全面发展

积极发展各项社会事业，通过提高城乡居民收入、推进教育及体育现代化、提高医疗卫生服务水平、加强公共服务体系建设、提高人口发展素质、加强公共管理和社会服务等措施保障和改善民生，促进人的全面发展，实现社会和谐发展。

第一节　完善人的全面发展环境

1. 改善居民就业环境

深入实施就业优先战略，贯彻实施“劳动者自主创业、市场调节就业、政府促进就业和鼓励创业”的就业方针，着力推动实现更加充分更高质量就业。健全政府促进就业责任制度，建立公共投资和重大项目就业评估机制与就业质量评估指标体系，推动经济与就业同步增长。配套出台更加有利于各类人群就业的产业政策、财政政策、金融政策、城乡和区域统筹、就业援助等政策，重点完善运用失业保险基金、援企稳岗补贴等政策和措施促进就业，大力推进更加普惠化和实效化的积极就业政策，着力推动实现更加充分更高质量就业。“十三五”期间，努力做到全市就业形势稳定，全民创业更具活力，社会就业更加充分，就业创业工作继续走在镇江前列。

实施就业托底计划。继续把高校毕业生就业工作放在首位，推进“万名大学生创业就业促进工程”，拓展就业岗位，加强见习指导，完善离校未就业高校毕业生实名登记服务，确保丹阳籍高校毕业生年终就业率达 95%，确保每名毕业生有 2 次以上就业机会，确保困难家庭毕业生保底就业。完善城乡一体就业援助政策，实施社保补贴、岗位补贴、转岗培训补贴和创业贴息等“四补一贴”就业奖补政策，加大公益性岗位开发和储备，拓宽家庭服务业、养老服务业等安置渠道，开展“就业社区行”帮扶活动，健全“一对一”帮扶机制，确保城乡零就业家庭“实时动态清零”。

大力推进创业兴业。完善支持创业的政策制度和服务体系，推动形成政府激励创业、社会支持创业、劳动者勇于创业的良好机制。

2. 完善社会保障体系

坚持“全覆盖、保基本、多层次、可持续”的方针，以“增加公平性、适应流动性、保证可持续性”为重点，加快完善城乡覆盖、人人享有、保障更好的社会保障体系，实现社会保障制度更加完备，体系更加健全，覆盖范围进一步扩大，保障水平稳步提高，服务质量逐步提升，使人民群众共享经济社会发展成果。

做大做强企业职工基本养老保险。“十三五”期末，全市适龄参保人群企业职工基本养老保险的参保覆盖率由目前的40%左右提高到65%，保持基金收支平衡，基金规模逐年增长，全面提升抗风险能力。确保企业退休人员养老金按时足额发放，社会化发放率继续保持100%。按照社保制度改革要求，做实养老保险个人账户，提高社保统筹层次。努力确保有雇工的个体工商户、小微企业职工参加社会保险，使更多的人能享受到社会保险带来的全方位保障，工伤伤残职工享有基本的职业康复服务。

建立完善机关事业社会养老保险新制度。改革机关事业单位养老保险制度，建立起独立于机关事业单位之外，资金来源多渠道、保障方式多层次、管理服务社会化的养老保险体系。实行社会统筹与个人账户相结合的基本养老保险制度，全面推行机关事业单位养老金社会化发放。

稳步提高城乡居民养老金水平。鼓励有条件的适龄参保人群将城乡居民基本养老保险转入企业职工基本养老保险，提高城乡低保水平，逐步实现从低水平保障向高水平保障过渡。

强力推进被征地农民保障工作。对被征地农民实行即征即保、应保尽保，按照分类施保、逐步提高的原则，将被征地农民全部纳入社会保障体系，在实施过程中不断完善政策，使之在全市范围内被征地农民普遍接受。

提升社会保险服务质量。转换服务理念，积极推行“电子社保”、“网上社保”及“掌上社保”新模式。建设以“信息准确、操作规范”为主要内容的社会保险经办管理体系，全社保系统内所有参保人员的参保信息100%准确，建立健全各险种操作规程，严格程序，使具体业务操作有规可据。

创新退休人员社会化管理水平。使企业退休人员“有事有人管，生病困难有人慰问，日常活动有人组织”，真正实现“老有所乐”。全市企业退休人员社会化管理服务覆盖率、社区管理率均达100%。

继续强化住房保障工作。加大保障性住房供给力度，逐步提高保障能力。一是统筹考虑解决好乡镇低收入、中等偏下收入家庭的住房困难，逐步纳入保障范围，二是完善各项制度，严格执行工程招投标、施工图审查、施工许可、质量监督、工程监理、竣工验收各案等法定建设程序，确保监督到位。

建立多层次医疗保障体系。加快建立和完善以基本医疗保障为主体，其他多种形式医疗保险和商业健康保险为补充，覆盖城乡居民的多层次医疗保障体系。全面落实城乡居民医保筹资稳定增长机制，稳步提高医保筹资和保障水平。全面实现省内异地就医联网即时结算，积极推进跨省联网即时结算。健全完善城乡居民大病保险制度，提高重特大疾病患者保障水平。完善和落实职工医保、居民医保和新农合之间的衔接办法，加强基本医保和医疗救助制度的衔接。全面建立疾病应急救助制度，筑牢救助底线。加快发展商业健康保险，加大政府购买服务力度，鼓励商业保险机构参与各类医疗保险经办服务。

保障老年人的合法权益。基本形成“党政主导、社会参与、全民关怀”的“大老龄”工作格局，老年事业纳入国民经济和社会发展计划，逐步增加对老年事业的投入，老年社会保障体系、养老服务体系不断完善，老年人的社会参与有效扩大，老年优待工作不断加强，老年维权服务成效明显。

完善社会综合救助体系。构建包括最低生活保障、特困人员供养、受灾人员救助以及医疗、教育、住房、就业和临时救助衔接配套的社会综合救助体系，完善救助申请家庭经济状况核对机制，健全主动发现、快速响应、综合救助的“救急难”工作机制。积极推进扶贫帮扶，精准扶贫，实施特困群体托底保障工程，加强专项帮助和医疗扶持。统筹推进扶老，助残、救孤、济困、优抚等福利事业发展，建设绿色殡葬服务体系，推动福利服务范围有序向社会公众拓展。发挥红十字会、慈善会、基金会等作用，促进慈善事业与社会救助功能互补。发扬拥军优属光荣传统，完善优抚对象的保障机制。

提升慈善事业发展水平。鼓励发展基层慈善组织，建设覆盖城乡、布局合理、层级多元的慈善组织网络。多元化募集善款，更大力度地扶危济困。提倡人人慈善，持续提升慈善事业发展水平。

第二节　提高城乡居民收入

多途径提高城镇居民收入。在不断改善城乡居民就业环境基础上，加大收入分配调控力度，完善收入分配调节机制，健全最低工资保障机制，增加低收入者收入；鼓励劳动、资本、技术、管理等要素按贡献参与分配，实行股权激励，持续扩大中等收入群体；完善收入再分配机制，逐步缩小城乡收入分配差距。健全城镇居民收入增长保障机制，建立有利于增加城镇居民工资性、资产性、经营性收入的长效机制，突出中低收入者和困难家庭增收，提高困难群体和经济薄弱地区居民生活水平，适时提高最低工资标准。完善工资稳定和正常增长机制，多渠道增加居民财产性收入，优化机关事业单位绩效工资制度，调整优化工资结构，建立职务与职级并行制度，继续做好规范津贴补贴工作。健全资本、知识、技术、管理等由要素市场决定的报酬机制。在政府主导的再次分配领域，健全税收、社会保障、转移支付等再分配调节机制。

持续增加农民收入。将农村经济发展作为农民增收的重要源泉，不断拓宽农民增收渠道，进一步优化农民收入结构。积极推进农业信息化建设和农产品流通服务，发展各具特色的生态农业、观光农业，增加农民收入。培养有文化、懂科技、会管理的高素质农民，加强职业农民教育培训，让农民获得人力资本溢出的收入效应。建立高素质人才回流机制，从政府补贴、项目扶持、金融服务、土地流转等方面创新制度和政策，以稳定的收入保障吸引农村有志青年学习农业、投身农业。

第三节　推进教育、体育现代化

以立德树人为根本，以实现教育现代化为总目标，完善教育体系，优化教育结构，坚持教育公平，提升教育质量，提高专业化教师队伍建设。到2017年底，全市现代教育发展水平总体实现省定教育现代化建设市县监测评估指标要求。综合得分在90分以上，各项检测点实现程度达80%以上，学生、社会对学校的满意度和学校对政府管理与服务的满意度达80%以上；到2020年底，全市现代教育发展水平全面实现省教育现代化指标体系要求。率先实现教育现代化，率先建成学习型社会，努力办出“更具实力、充满活力、彰显魅力”的丹阳教育。

优质发展基础教育。巩固“学前教育和义务教育改革发展省级示范区”建设成果。加快发展学前教育，实施学前教育五年行动计划，推动学前教育优质均衡发展。到“十三五”末，省级优质园达90%。提升义务教育优质均衡发展，优化教育资源配置，实施义务教育学校“改薄”计划。推进特殊教育向学前教育和高中阶段教育延伸，保障残障儿童15年教育。实施基础教育教学改革五年行动计划，提高育人质量。普及高中阶段教育，推进普通高中教育特色多样发展，对接好高考改革，深化课程改革，优化人才培养模式

创新发展职业教育。推进校企一体化办

学、中高等职业教育联合培养，建设中高等职业教育相衔接的课程体系。以体制机制改革为突破口，建设职教现代学校制度。以国家示范（骨干）中等职业学校建设项目为引领，做大、做强现代服务业职业教育集团。打造产教深度融合实训平台，创新人才培养模式，开展现代学徒制试点。深入推进江苏省职业教育创新发展实验区建设，打造具有区域特色、在全省有影响的现代中职教育品牌。

合作发展高等教育。加快推进高等教育重点项目建设，积极扩大高层次高等教育资源，推进南京师范大学中北学院项目，将中北学院的建设、发展与丹阳社会事业发展计划相衔接，到2019年全面完成建设任务。

加快发展继续教育。规范发展社会教育，推进开放大学、老年大学建设，完善城乡一体的社会教育体系。开展从业人员继续教育培训，满足各类居民学习提高和修身益智需求。新增劳动年龄人口平均受教育年限达15年以上，建成江苏省社区教育示范区和学习型县（市、区）。

强化教育事业发展各类保障。一是加强高素质教师队伍建设；二是进一步加大教育投入；三是完成中小学校舍安全工程建设任务，完成幼儿园校舍消险任务，新改扩建一批中小学校和幼儿园；四是大力推进教育信息化；五是着力推进依法治教；六是着力深化教育领域综合改革；七是积极推进教育国际化。

发展体育事业。在“十二五”体育事业发展的基础上，进一步加强完善惠及群众的多元化体育公共服务体系建设，有效推动全民健身，提升群众身体素质。加强对公共体育设施的建设和管理，规划建设丹阳市足球训练基地和体育公园，积极筹建丹阳市体育中心。引入社会化竞争合作机制，建立密集型公共体育网络，提高现有体育场馆数字化水平。均衡城乡体育资源，积极抓好各镇区街道和行政村以及较大自然村的公共体育设施建设。继续加快推进镇区街道“新四个一”建设，继续实施“农民体育健身工程”，为群众提供便利，完善体育组织网络建设，推广群众喜爱、效果明显的健身方法，组织吸引群众广泛参与，使体育人口逐年增加，国民体质主要指标达到全省一流水平。挖掘潜力、整合资源、优化项目结构，提高业余训练水平，保证体育后备人才的培养数量和质量，部分项目取得新的突破，体育后备人才输送取得新成绩，提升竞技体育在全省的排位。体育健身工程有较大的发展，体育场馆数量明显增加，挖掘学校和体育场馆等设施的服务功能，体育设施开放共享不断推进，具备承办省级以上综合性体育赛事的能力。体育产业实现加快发展，积极扶持体育产业发展，创建特色体育产业基地，体育彩票销售逐年增加。

第四节　提高医疗卫生保健服务水平

坚持共享发展理念，把基本医疗卫生作为公共产品向全民提供，更加注重预防为主和健康促进，更加注重提高基本医疗服务质量和水平，更加注重医疗卫生工作重心下移和资源下沉，建设健康丹阳。

完善医疗卫生服务体系。重在调结构、整资源、促均衡。在公立医院方面，举办好人民医院、中医院，完成市人民医院、中医院“提档升级”，加强精神病、妇幼保健、儿童等专科医院建设，确保布局优化，功能明确。在基层医疗卫生机构方面，坚持在每个乡镇至少办好1所标准化乡镇卫生院，完成皇塘、访仙等卫生院改扩建任务；按照标准完成城市社区卫生服务中心、分中心、站（室）布局和建设，提升疾病控制、卫生监督机构建设水平和服务能力。加强区域公共卫生服务资源整合，尤其要强化卫生（妇幼保健）、计生（计划生育指导）资源整合，按要求设置妇幼保健和计划生育技术服务中心。坚持中西医并重方针，强化中医医疗资源配置和服务。推进医养一体机构建设，加强医疗卫生服务对养老服务的支撑，推动医养结合，融合发展。

合理设置医疗机构规模。2020年全市每千常住人口床位数控制在4.65张，政府办综合性医院床位数原则上不超过1000张，其他专科医院的床位规模按照标准设置。平衡政府与市场的关系，公立医疗服务体系承担70%服务量，为社会办医院预留规划空间，到 2020 年，非公立医院每千常住人口拥有 1.5 张床位。支持社会力量举办非营利性医疗机构，鼓励公立医院与社会力量以合资合作的方式共同举办新的非营利性医疗机构。

推进“人才强卫”、“科教兴卫”战略。2020 年每千常住人口执业（助理）医师数达到 2.3 人、注册护士数达到 3.1 人，医护比达到 1：1.25，每千常住人口公共卫生人员数达到 0.83 人。创新卫生人才工作机制，完善卫生人才发展政策，优化卫生人力资源配置，促进卫生人才结构调整，推动卫生人才全面发展。重点实施基层卫生人才“强基工程”，通过实施全科医师特岗计划、定向培养、骨干医师培训等办法，加强基层医疗卫生人才队伍建设，满足基层医疗卫生服务需求。强化医学科研、医学高级人才的培养，多层次、多渠道加强人才培养、交流、引进和合作，培养造就一批优势学科带头人队伍和骨干人才队伍。推进医学科技创新，注重新技术应用，加强医学学科和专业团队建设，实施省、镇江市级重点专科培育计划。

推进智慧医疗建设。提升医疗卫生信息化水平，完成区域影像会诊、临床检验、远程病理、远程心电等中心建设；开展预约挂号、远程医疗、网络诊疗和健康咨询服务。实施居民健康卡工程，推进电子健康档案、电子病历系统应用，实现居民健康信息和检查检验结果、医学影像、用药记录等信息共享，促进医疗卫生服务便利化、规范化和管理精细化。

第五节　加强人口素质与发展调控（略）

第十章　推进素质建设提升社会文明程度（略）

第一节　大力推动文化建设

到 2020 年，基本建成覆盖城乡、便捷高效、保基本、促公平的现代公共文化服务体系。公共文化设施网络全面覆盖、互联互通，公共文化服务的内容和手段更加丰富，均等化水平稳步提高，公共文化管理、运行和保障机制进一步完善，文物保护与利用成果突出，广播影视实力显著增强，文化市场、新闻出版管理水平明显提升，文化产业发展壮大。人民基本文化权益得到更好的保障。

大力推进公共文化阵地建设。高标准建设市图书馆、市博物馆等市级重点公共文化设施，全市所有社区和行政村建成综合性文化服务中心。规模较大的乡镇适当增加文化专职人员。设立城乡基层公共文化服务岗位，配置由公共财政补贴的工作人员。大力开展文化惠民活动。加强文化精品创作生产，争创江苏省“五个一工程奖”、“五星工程奖”。以“时代潮”为品牌，以百姓剧场、文化广场和公益性文化阵地为依托，组织开展多种形式的文化活动，引领、带动全市广场文化、社区文化、乡村文化、校园文化、企业文化、家庭文化、节庆文化、法治文化的全面开展。扶持地方戏曲，促进丹阳市戏剧总团良性化发展。大力开展文化遗产保护。建设丹阳市文物远程监控系统，建设张家大院民俗文化馆，完成三吕故居、华东财经委旧址修缮及周边环境整治，保护利用齐梁文化遗址、葛城遗址，九里村争创“中国历史文化名村”，柳茹村争创“江苏省历史文化名村”，加强非物质文化遗产数字化保护工作。大力加强文化市场监管。强化文化市场综合管理，培育娱乐市场，规范网络市场，净化演出市场，加强未成年人保护。加强广播影视管理，实现市、镇、村应急广播全覆盖。加强版权管理，建立版权信息库。促进印刷发行产业健康发展。推进全民阅读，建设书香丹阳。到 2020 年居民综合阅读率达到 90%以上。加强文化市场综合管理，培育娱乐市场，发展游艺娱乐场所。规范网吧市场，强化娱乐场所日常经营活动管理。大力发展文化产业。壮大传统文化产业，积极扶持小微文化企业发展，加大文化园区建设，大力推动文化与创意设计、文化与旅游、文化与互联网、文化与农业等其他产业深度融合，培育新型业态。

第二节　加强精神文明建设（略）

第十一章　强化社会治理建设“平安法治丹阳”（略）

第十二章　加强党的领导确保规划有效实施（略）

2016 年丹阳市部分文件题录

表 122

序号	文件名	发文号
1	关于市信访突出问题及群体性事件联席会议更名为市信访工作联席会议的通知	丹发〔2016〕1 号
2	关于下达 2016 年城乡重点工程计划的通知	丹发〔2016〕2 号
3	关于批转市人大党组《关于召开镇人民代表大会的意见》	丹发〔2016〕3 号
4	关于批转《丹阳市人大常委会 2016 年工作要点》的通知	丹发〔2016〕6 号
5	关于命名 2015 年度“星级平安村（社区）”的决定	丹发〔2016〕9 号
6	关于印发《2016 年政法工作要点》的通知	丹发〔2016〕11 号
7	关于落实发展新理念，推动现代农业建设迈上新台阶，建设“强富美高”新农村的实施意见	丹发〔2016〕17 号
8	2016 年双拥工作意见	丹发〔2016〕19 号
9	关于批转《政协丹阳市委员会 2016 年工作要点》的通知	丹发〔2016〕21 号
10	关于实施“丹凤朝阳”人才计划的通知	丹发〔2016〕23 号
11	关于印发《中共丹阳市委关于进一步深化“效能革命”的意见》的通知	丹发〔2016〕24 号
12	丹阳市镇（区、街道）“五位一体”建设和党建工作考核实施意见	丹发〔2016〕25 号
13	丹阳市市级机关绩效考核实施意见	丹发〔2016〕26 号
14	关于推进供给侧结构性改革的意见	丹发〔2016〕41 号
15	关于深化推进“星级平安（社区）”创建的实施意见	丹发〔2016〕54 号
16	关于成立非公有制经济代表人士综合评价工作联席会议的通知	丹发〔2016〕64 号
17	关于批转市委宣传部、市司法局关于在全市党员中开展法制宣传教育的第七个五年规划（2016～2020 年）》的通知	丹发〔2016〕95 号
18	关于进一步加强国有资产管理工作的意见	丹发〔2016〕98 号
19	中共丹阳市委关于开展巡察工作的实施意见（试行）	丹发〔2016〕99 号
20	关于印发《丹阳市国民经济和社会发展第十三个五年规划纲要》的通知	丹政发〔2016〕10 号
21	关于继续执行《关于保持房地产市场平稳发展的意见》的通知	丹政发〔2016〕18 号
22	关于进一步加强政府督察工作的通知	丹政发〔2016〕22 号
23	关于进一步加强住宅小区物业管理工作的实施意见	丹政发〔2016〕25 号
24	关于做好 2016 年度民兵和预备役部队组织整顿的通知	丹政发〔2016〕26 号
25	关于公布《2016 年度丹阳市政府重大决策事项目录》的通知	丹政发〔2016〕30 号
26	丹阳市人民政府关于印发《丹阳市镇域综合行政执法体制改革试点方案》的通知	丹政发〔2016〕31 号
27	关于拓展数字化城市管理范围的通知	丹政发〔2016〕32 号
28	关于推进 2016 年度秸秆综合利用工作的实施意见	丹政发〔2016〕36 号
29	关于粮食生产全程机械化的实施意见	丹政发〔2016〕46 号
30	关于印发《丹阳市村庄生活污水治理实施方案》的通知	丹政发〔2016〕64 号
31	关于印发《丹阳市畜禽养殖污染防治及综合利用工作专项整治实施方案》的通知	丹政发〔2016〕71 号
32	关于明确江苏省丹阳高新技术开发区管辖范围的通知	丹政发〔2016〕90 号
33	关于开展 2016 年度丹阳市有突出贡献的中青年专家选拔工作的通知	丹政发〔2016〕92 号
34	关于印发《2016 年度丹阳市关于降低实体经济企业成本的实施意见》的通知	丹政发〔2016〕102 号
35	丹阳市人民政府关于加快质量发展的实施意见	丹政发〔2016〕106 号

（市委办　市府办　史志办）

说 明

本索引采用主体分析法编制，按标引词第一字汉语拼音字母的音序排序。第一字相同，按第二字的音序排列，依次类推。标引词后的阿拉伯数字表示内容所在的页码，数字后的英文字母(a、b)分别表示从左至右第一、第二栏。类目、分目名称用黑体字标明。

A

B

C

D

E

F

G

H

J

K

T

W

X

Y

Z

中共丹阳市委政法委

市委政法委员会会议

全市政法工作会议

2016年，丹阳市政法系统认真贯彻市委的决策部署，围绕中心，创新思路、齐心协力、攻坚克难，积极应对各种风险挑战，依法妥善处置各类敏感案事件，不断探索创新社会治理，全力推进平安丹阳、法治丹阳和过硬队伍建设，各项工作取得新成效，社会大局和谐稳定的局面得到进一步巩固和提升。丹阳再次获得省“综治工作先进县（市、区）”称号，连续13年被命名为省“平安县（市、区）”。

律师参与涉法涉诉信访现场推进会

综治法治干部培训班

开展“综治基层基础规范提升年”暨基层党建“书记项目”活动

启动“法治惠民村村（社区）行”工程

中共丹阳

江苏省委常委、组织部部长王炯（右二）考察中国（丹阳）眼镜城诚信党建工作

市领导参加“严格组织生活，增强政治自觉”统一活动日

“两学一做”暨书记党建看齐行动推进会

2016年，市委组织部深入贯彻十八届四中、五中、六中全会以及习总书记系列重要讲话、全国、省市组织部长会议精神，紧密围绕市委“五个更”要求，突出组织工作“四个为”原则和“五个年”主题，深入落实“五大发展理念”，立足市第十三次党代会要求，持续推进全面从严治党，扎实开展“两学一做”学习教育；选优干部配强班子，全力做好市镇村三级换届工作；聚焦服务中心，全面加强干部队伍建设；强化人才引领，推动“丹凤朝阳”人才计划；着眼党建创新，不断提升基层管党治党水平；注重自身建设，努力打造模范部门和过硬队伍。一年来，组织工作智慧转型进一步加快、创新发展进一步加强、服务大局能力进一步提升、党内政治生活进一步严肃，为加快建设充满创新活力的苏南现代化工贸名城提供了坚强组织保证和人才支撑。

基层党支部开展“严格组织生活，加强政治自觉”统一活动日

组织工作会议暨镇领导班子换届工作会议

市委组织部

中国共产党丹阳市第十三次代表大会

举办全市庆祝建党九十五周年纪念大会

《名家讲坛》讲政治 有信念 做合格党员

召开省人才创新创业促进会丹阳代表处第一次会员大会

丹阳市在中国浦东干部学院举办第一期“一把手”阳光讲坛

组织27名“创二代”企业家到美国斯坦福大学研修

丹阳市人力资源

市领导考察人力资源市场

市委书记陈可可(右二)考察人力资源市场

2016年，丹阳市人力资源社会保障工作以“民生为本、人才优先”为工作主线，锐意改革、克难奋进，全面完成各项目标任务。全年新增专业技术人才4120人、高技能人才2483人；106名人才申报镇江“金山英才”计划，27人申报省“双创计划”“博士计划”，拥有国家级博士后工作站5家、省级8家。引进本科以上人才4068人。执行13个外专引智项目，引进外国专家16人。实施更加积极的就业政策，多渠道开发就业岗位。全年城镇新增就业1.67万人，其中促进城镇失业人员再就业8400人、扶持就业困难人员再就业614人、城镇登记失业率2.29%。全年发放创业贷款贴息94.86万元，创业贷款规模达2560万元，有效扶持1866人实现创业，带动8503人就业。围绕有“更可靠的社会保障”目标，突出抓好“金保工程”上线，着力推进五险统一征缴，全面完成社会保障卡人员信息登记工作，各项保险参保人数持续增长，主要险种覆盖率稳定在98%以上，基金运行平稳。

“两学一做”学习教育工作座谈会

廉政建设工作会议

和社会保障局

全市欠薪维权维护社会稳定工作会议

金保工程新闻发布会

全市劳动协理员知识竞赛

2016丹阳市创业大赛总决赛

大学生户外联谊活动

创业项目大赛

丹阳市人才流动服务中心

2016年，丹阳市人才流动服务中心对原机构部门设置进行调整，成立丹阳市人力资源管理办公室，并实现人才中心行政业务与市场经营业务的分离，科学管理，为建设“人才强市”夯实人才基础。全年共引进本科以上人才4068人、硕士以上人才250人，举办各类招聘会96场次，进场招聘单位3971家次，提供就业岗位3万个次。第一季度和第三季度深入开展“知名企业进校园”和“校园引才”系列品牌活动，全市377家次规模企业参与，进入省内外55所重点高校搭建优秀大学生引进平台，收到简历15000多份，达成初步意向1600余人。8月初举办“创业丹阳　智胜未来”大学生创业大赛，共汇集全国近20所高校72个参赛项目，涵盖一、二、三产业以及电商服务等领域，取得了较好的社会效果，在全市范围内营造出“鼓励大学生创业、支持大学生创业”的良好氛围。2016年，人才中心获江苏省文明单位、镇江市级青年文明号、丹阳市四星机关党支部等荣誉。

举办人力资源年会

大连交通大学授牌仪式

夏季大型人才交流会

大学生户外联谊活动

“创翼丹阳 智胜未来”丹阳市大学生创业大赛

丹阳市医保中心

市人大领导视察医保定点药店

2016年，丹阳市医保中心推进“全民医保”建设，不断扩大全市社会医疗保险覆盖范围，确保基金安全运行，保障参保人员的基本医疗需求。

丹阳市做好医保服务民生工作。一是异地结算。以金保工程建设为契机，力争早日实现省内外异地就医实时结算。二是做好医疗救助。2012年以来，免费参加医保的低保对象、重残人员及优抚对象共计1.1万多人次。三是解决歇业、破产企业退休人员医保问题。2012年以来共解决200多名市属歇业、破产企业退休人员的医疗保险问题。四是增设医保定点医药机构。在原有88家定点零售药店、30家定点医疗机构的基础上，新增3家医保定点口腔诊所，基本满足各类人群持卡就医的需求。

2016年，全市基本医保（不含新农合）参保人数达27.04万人，其中职工医保18.94万人、居民医保8.1万人，医保基金征缴7.2亿元。

医保中心领导参加行风热线节目

丹阳在沪异地安置人员委托上海金卫医保送来锦旗

“爱心药店”精准帮扶活动启动仪式

参加12345政府公共服务热线开办五周年现场直播活动

丹阳市史志办公室

2016 年 3 月 17 日，江苏省志办主任漆冠山（右二）、镇江史志办主任吴海平（左二），由市史志办主任邹文学（右一）陪同参观市革命陈列馆

2016年，丹阳史志工作继续发挥资政、教化、育人功能，认真履职，取得较好成绩。编纂出版《丹阳村村记忆》（司徒卷、延陵卷、吕城卷）《丹阳年鉴（2016）》《丹阳年鉴编纂工作手册》。完成《丹阳革命英烈传选编》《丹阳地名故事》编纂和《清光绪丹阳县志》点校出版工作。中共丹阳第一个党支部诞生地旧址纪念馆重建布展，7月1日重新对外开放。组织《抗日战争在丹阳》《纪念中国共产党成立96周年》《纪念中国工农红军长征胜利80周年》大型图片巡回展。开展史志文化“六进”活动，推进革命传统教育和爱国主义教育。党员志愿者到有关单位宣讲12次，向农村、学校等单位赠送红色书籍400余册，受众数万人次。

2016 年 5 月 17 日，重庆涪陵区党史办到丹阳考察村志编修

2016 年 5 月 18 日，市史志办党员在“两学一做”座谈会上重温入党誓词

2016 年 9 月 19 日，市史志办到常州方志馆学习考察

2016 年 9 月 30 日，市史志办领导班子赴基层慰问贫困户

2016 年 6 月 29 日，市史志办在职及退休人员参观中共丹阳第一个党支部旧址纪念馆

2016 年 9 月 9 日，市史志办赴宜兴学习交流展馆布置

2016 年 9 月 8 日，市史志办送史志书籍到农村基层

2016 年 10 月 18 日，市史志办在人民广场举办红军长征胜利 80 周年图片展

丹阳市信访局

江苏省信访局局长莫宗通（右二）调研丹阳信访工作

2016年，丹阳市信访局认真贯彻落实丹阳市委、市政府部署的中心工作，以“‘两学一做’学习教育工作”“信访积案集中攻坚化解”和“领导干部接访下访百县千案”等活动为切入点，进一步畅通信访渠道，创新工作机制，积极打造“法治信访、责任信访、阳光信访”。为全国“两会”、丹阳眼镜文化旅游节、杭州G20峰会、各级党代会、十八届六中全会等重大活动的信访稳定工作发挥积极作用，圆满完成省、市提出的“四个确保”工作目标，得到江苏省和镇江市的充分肯定。

江苏省信访局副局长史国君（右一）调研丹阳信访工作

市四套班子主要领导春节前慰问信访干部

丹徒区信访局参观丹阳市信访矛盾调处服务中心

全市信访稳定工作会议

丹阳市人民法院

市领导调研法院工作

打击毒品犯罪新闻发布会

“两学一做”学习教育动员部署大会

2016年，丹阳市人民法院深入学习贯彻党的十八大和十八届三中、四中、五中、六中全会精神，紧紧围绕“努力让人民群众在每一个司法案件中感受到公平正义”的目标，坚持司法为民、公正司法，认真履行审判职责，强化民生权益保护，深入推进司法改革，加强法院队伍建设，各项工作取得新进展。全年共受理各类案件25706件，审执结19185件，比上年分别增长12.23%和12.06%，为全市的经济发展和社会稳定提供有力的司法保障。

集中发还农民工工资

首批员额法官宪法宣誓仪式

“12·4国家宪法日暨全国法治宣传日”活动

丹阳市人民检察院

代检察长方红卫向丹阳市第十七届人民代表大会报告检察工作

江苏省人民检察院巡视员方晓林到丹阳市人民检察院调研司法体制改革工作

最高人民检察院民事行政厅厅长郑新俭一行到丹阳市人民检察院调研

2016年，丹阳市人民检察院以体系化建设为抓手，突出司法办案，全面提升监督能力，先后获得全国检察宣传先进单位、江苏省文明单位、全省检察机关规范办案工作区、镇江市先进基层检察院等荣誉。

首批员额检察官进行宪法宣誓

丹阳市生态环境修复基地正式成立

丹阳市公安局

丹阳市委书记陈可可高温季节慰问交警

省公安厅副厅长程建东（右三）一行调研丹阳公安工作

2016年，全市公安机关遵循“平安建设再上新台阶、赢得丹阳群众点赞、公安工作走在全省前列”的总要求和“一切在于干”的最强音，扎实推动反恐维稳、信息实战、警务创新、作风建设等工作。维稳安保实现新提升，民生治理实现新突破，警务创新实现新拓展，警队建设实现新提振。涌现出“全国青年文明号”110报警服务台、“全国诗教先进单位”金盾诗社，“全国文明家庭”张叶宏、第四届“江苏最美警察”薛晓静（个人一等功）等部省先进典型，25个集体、92名个人获得各级表彰，治安大队被评为“全省打击食药环犯罪成绩突出集体”，指挥中心荣膺“全省公安调研工作成绩突出集体”，法制大队被评为“全省公安信访一级窗口”，巡特警被表彰为“全省公安机关G20峰会安保工作成绩突出集体”，开发区派出所荣获“全省公安机关执法示范单位”称号。

指挥中心获得“全国青年文明号”

升国旗仪式

第三届我最喜爱的人民警察颁奖典礼

禁毒宣传进社区

丹阳市公安消防大队

江苏省消防总队总队长周祥（前左一）到丹阳督导消防工作

丹阳消防大队在镇江消防支队组织的队列汇操中取得团体第一名

丹阳市公安消防大队下辖消防中队8个，其中有云阳、开发区2个现役中队（正连级编制），开发区、滨江、导墅、界牌、延陵、司徒6个政府专职队。配有55米云梯车、32米高喷车、18吨泡沫车、宣传车等各类消防车28辆。

2016年，大队党委围绕年初目标责任书，紧密结合丹阳工作实际，齐心合力抓工作，较好地完成各项工作任务。一年来，政府专职队、微型消防站建设得到有力推进；在镇江消防支队率先开展队伍正规化建设试点并申报达标验收；政府专职队事业单位法人登记、消防教育馆建设等重点难点工作取得全面突破；连续三年被省消防总队评为“基层建设先进大队”；大队党委被公安部消防局表彰为全国消防部队“先进基层党委”；大队在镇江消防支队组织的队列汇操中取得团体第一名；在支队组织的执勤岗位练兵比武竞赛中，下属云阳中队取得第三名，开发区中队取得第五名，政府专职队分别取得第一、三、四、五、六名，队伍建设取得新成效；防灭火基础工作进一步夯实，队伍管理和社会面防灾防控持续稳定。

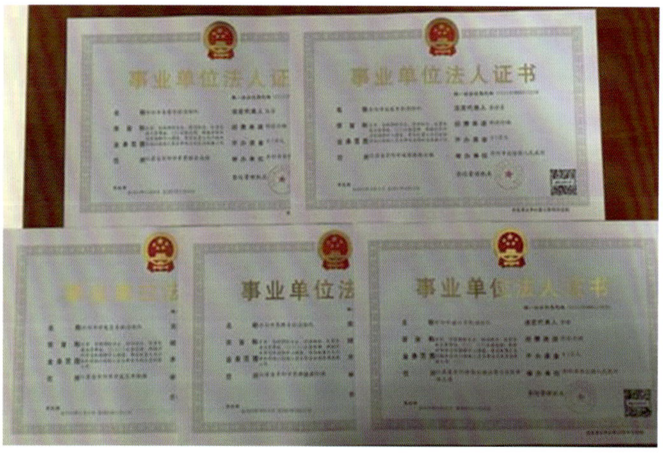

丹阳市司法局

招聘会“法律服务台”开展法律法规宣传

2016年，全市司法行政系统以习近平总书记系列重要讲话精神为指引，认真落实省司法厅、镇江市司法局的工作要求和丹阳市委、市政府的决策部署，不断丰富发展创建“人民满意的服务型司法行政机关”的目标内涵，以“七五”普法启动为契机，以司法行政基层基础“规范化建设”为切入点，围绕中心，创新思路、齐心协力、攻坚克难，各项工作取得长足进步，圆满地履行司法行政各项职能，司法行政工作走上新台阶。

“司法行政开放日”活动，邀请社会各界建言献策

举办首届青年律师论坛

“行风热线”节目直播与听众进行互动交流

组织全市人民调解员培训

开展“法律援助进军营”活动

开展“美好城市 法律相伴 你我共创”法治宣传倡议推广活动

走进陵口镇开展“公证敬老月”活动

丹阳市残疾人联合会

全市残联工作会议

丹阳市第二十六次全国助残日系列活动

刘赟涛获里约残奥会银牌

2016年，丹阳市残疾人联合会实施各项助残工程，为残疾人提供精准有效服务，残疾人生活质量进一步提升。康复服务形式多样，就业服务成效明显，社会保障服务不断创新，残疾人体育工作取得历史性突破。在2016里约残疾人奥林匹克运动会上，运动员刘赟涛获得S4级50米仰泳银牌，这是丹阳市运动员获得的首枚残奥会奖牌。刘赟涛被江苏省人民政府记一等功一次，被省总工会授予江苏省“五一”劳动奖章，被共青团江苏省委授予“江苏省青年岗位能手”称号。为全市人民赢得了荣誉，为全市5多万残疾人做出了“自尊、自信、自强、自立”的榜样。

迎接国际聋人节皇塘镇听力障碍康复训练

关爱残疾人 真情暖民心

爱心义卖

丹阳市卫生和计划生育委员会

2016年，全市卫生计生工作坚持“保基本、强基层、建机制”的基本原则，稳步落实全面两孩政策，有序推进体系建设、综合医改、公共卫生、生育服务等工作，取得成效。全市卫生计生事业投入3.5亿元,落实基本公卫经费3662.7万元，落实基层医疗卫生机构经常性补助1.4亿元，到位公立医院改革试点经费950万元。全市门急诊395.6万人次，同比下降4.07%，门诊均次收费水平高速增长得到有效遏制；住院9.33万人次，同比增长1.66%。丹阳市被授予“2014-2016年度全国计划生育优质服务先进单位”“省人口协调发展先进市”“省病媒生物防制先进市”“省农村改厕示范市”；界牌、吕城卫生院创建成为国家级“群众满意的乡镇卫生院”；人民医院连续保持省文明单位称号；司徒屯甸、皇塘张埝、界牌界牌新村3家村卫生室被评为“省级示范村卫生室”。

镇江副市长孙晓南（前右一）一行视察丹阳市卫生工作

市中医院接受江苏省大型中医医院巡查组专家巡查

市疾控中心联合市人民医院到丹阳市职中开展防艾宣传

卫生计生委开展“关爱女孩成长 激励女孩成才”资助活动

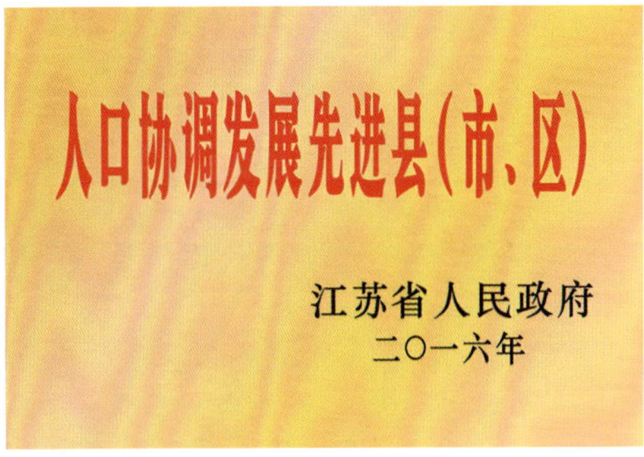

丹阳市民政局

省人大常委会党组副书记、常务副主任蒋宏坤（右二），省民政厅厅长侯学元（右一）到建山村调研换届选举工作

丹阳市人大重要建议督办暨养老事业发展座谈会

救助站开展“寒冬送温暖”专项救助活动

市民政局举办救灾应急演练活动

市优抚对象服务中心正式启动

市社会福利中心二期投入使用

市老年服务中心挂牌成立

开发区晓墟社区日间照料中心

丹 阳 市 国

丹阳市国土资源局局长吴正飞向市民王先生颁发全市首本不动产权证书

丹阳城镇地质调查 2016 年专题成果移交仪式在丹阳举行

2016，全市国土资源系统坚持服务发展和保护资源并重、提升节地水平和产出效益并重，圆满完成年度目标任务，实现“十三五”良好开局。

切实以“高效服务，快捷便民”为宗旨推进不动产统一登记工作，主动对接全市“十三五”重点项目和中远期规划需求，开展全域永久基本农田划定和土地利用总体规划调整完善工作，科学划定“三线”，优化空间布局；多措并举狠抓落实，全力完成卫片工作，慧眼守土工程助力巡查，严肃查处各类违法用地；完善土地供应政策，各项建设向节约集约要空间，向存量要增长效益，全市上报并经批准建设用地402.1公顷，供地318.2公顷；大力实施土地整治，实现了耕地占补平衡，新增耕地122公顷；国家级废弃矿山地质环境治理示范项目（二期）基本完成主体工程；公开挂牌经营性用地55宗，面积119.4公顷，出让地价33亿元；工业用地122宗，面积124.4公顷；高标准化厂房建设再上新水平，进一步清理低效、闲置土地，节地水平和产出效益持续提升，征地补偿水平不断提高；城镇地质环境综合调查项目有力服务城乡建设；数字丹阳地理空间框架建设项目通过了省级专家验收。

全市工业用地调查和低效产业用地再开发动员大会

世界地球日科普讲座

土 资 源 局

数字丹阳项目通过省级验收

开展“土地日”广场咨询活动

推进“智慧守土”工程建设

国家级废弃矿山地质环境治理示范项目(二期)基本完成主体工程

丹阳市气象局

2016年，丹阳市气象局进一步转变发展方式，依靠科技创新，强化公共气象服务，加快现代气象业务体系建设，深化各项改革，全面提高气象预测预报、气象防灾、应对气候变化、开发利用气候资源等能力，提高服务水平，为丹阳市经济社会发展和人民生活需求作出积极贡献。丹阳气象局获得2013-2015年度江苏省文明单位荣誉。

办公大厅

丹阳市水利局

江苏省水利厅厅长李亚平（左三）调研丹阳市水利工程

镇江市委书记夏锦文（中）督查丹阳市水利建设

市委书记陈可可在防汛指挥中心

九曲河整治工程动员部署会

2016年，全市实现水利总投资7亿元，完成利民河流域、排涝能力达标建设、上新河堤防加固三大防洪除涝工程；完成2015、2016两个年度的小型农田水利重点县建设项目，其中2015年重点县项目在全省绩效考核中获得优秀；开工建设九曲河整治工程，有序推进新孟河延伸拓浚工程。九曲河枢纽管理处通过国家级水管单位复核，长江堤防管理处通过省二级水管单位复检；农村河道管护年终考核优秀率达80%以上；出台《<丹阳市农村河道管护办法>补充意见》和《丹阳市农村二级沟管护考核细则（试行）》，将二级沟及其配套水工建筑物纳入管护范围。7月初，市防指及时启动防洪Ⅱ级应急响应，科学处置险情，将灾害损失降到最低。农田水利设施产权制度改革和创新运行管护机制试点工作通过验收；有序推进河湖和水利工程管理范围划定工作以及农业水价综合改革工作；创成2所省级、9所镇江市级节水型学校。

九曲河枢纽管理处通过国家级水管单位复核

丹阳市九曲河枢纽管理处

水利部部长陈雷（中）视察九曲河枢纽

国家级水管单位复核验收

九曲河水利枢纽是国家“太湖治理十大工程之一”“湖西引排工程”的重要组成部分，承担着丹阳市乃至湖西地区防洪排涝、水资源调节、航运交通、水环境改善等重要职能，是镇江市唯一的国家级水利工程管理单位。

2016年汛期，全处干部职工牢固树立防大汛、抗大灾意识，坚持24小时值守，全年共引排水7.65亿立方米。6月26日-7月22日，泵站抽排湖西地区涝水1.8亿立方米，为全市及湖西地区抗灾减灾，最大限度降低灾害损失作出积极贡献。

严格按照国家级水管单位标准要求，抓好建筑物、机电设备的日常检查、观测、保养、试验和等级评定等工作。开展工程维修养护和配套建设，完成闸站厂房屋面修复、船闸电梯安装、景观改造、船闸交通桥栏杆及悬浮门改造、泵站闸门维修、清污系统大修等工程维修养护和配套建设工作。实现工程养护精细化，区内环境园林化。2016年6月，高分通过国家级水管单位复检。

九曲河枢纽风景区休闲广场

泵站厂房内景

管理区内景

枢纽全景

丹阳市体育局

国民体质监测

江苏省广场舞大赛丹阳赛区海选

CBA季前赛

2016年，市体育局坚持以党的十八大和十八届五中全会精神为指导，在市委、市政府的正确领导下，以增强人民体质为根本，深化各项体育事业改革，努力适应经济社会发展新常态，全民健身、训练竞赛、体育产业和作风建设四大板块联动，促进切实提高全市体育发展水平和核心竞争力，全面推进全市体育工作协调、有序、可持续发展，全市体育工作实现新跨越，体育彩票销售额首次突破两亿元。

省青少年足球锦标赛（女子丙组）

全国青年女篮邀请赛在丹阳举行

"泛沿江体育带"全民健身大联动

丹阳市广播电视集团

省委组织部远教中心主任邰成平(中)到广电集团调研

2016年，广电集团坚持“三创一争”的工作总基调，统筹推进各项工作，在宏观环境不利的情况下，确保事业产业的平稳发展。全年共完成经营创收5884.08万元，比上年增长9.44%。广播电视主打新闻栏目《丹视新闻》和《丹广新闻》全年共组织“践行新理念，实现新崛起”、“两学一做”、“匠心独运，彰显创新魅力”等50多个系列报道和主题专栏。推出“绿色清明、文明祭扫”一小时大型新闻直播行动。选取浙江6个具有代表性的特色小镇，制作7集系列报道《浙江特色小镇启示录》，社会反响较好。全年拍摄制作各类主题公益广告82条。在中央电视台用稿16条，其中“新闻联播”用稿5条，在江苏卫视用稿308条，在镇江台用稿82条。电视外宣发稿量继续保持全省县级台第四位置。在年度镇江市政府奖创优评比中，共有26件作品获奖，其中一等奖5件，在省级政府奖创优评比中，共有8件作品获奖，广播剧《布衣先生》获省一等奖。

“两学一做”学习教育工作座谈会

干部员工参观丹阳市规划馆

中国工程院院士、中国电子科技集团第五十四研究所首席科学家孙玉院士围绕智慧城市“物联网”产业作专题讲座

永远跟党走——丹阳市庆祝中国共产党成立 95 周年大会

“我最喜爱的人民警察”颁奖典礼

打造组织执行力专题培训

“文明在我心 欢乐镇村行”展演

JSCN 江苏有线 江苏有线丹阳分公司

丹阳分公司

2015年12月，江苏有线丹阳分公司正式挂牌运营。江苏有线丹阳分公司内设8个部门、17个广电站，34个营业网点。丹阳市广电集团完成人员划转，以资产为纽带进行丹阳市有线电视网络与江苏有线网络的整合，划转在职员工数为463人，退休人员54人，共计517人。

2016年4月，成立党委，下辖直属支部4个，镇区11个广电站党支部归镇区地方党委管理。

2016年9月28日，江苏有线丹阳分公司工会第一次代表大会暨第一届职工代表大会在丹阳分公司召开，分公司工会共有24个工会小组，61名工会会员代表。

2016年，公司在事业建设、经营创收、内部管理等方面都取得业绩，超额完成上级下达的经营和管理指标，获得“江苏省2015-2016价格诚信单位”和镇江市巾帼文明岗等荣誉。

中组部党员教育中心主任、全国基层办副主任陈燕楠一行到丹阳调研

加强4K智能机顶盒研发，丰富电视功能

开展“两学一做”学习教育

送服务进社区

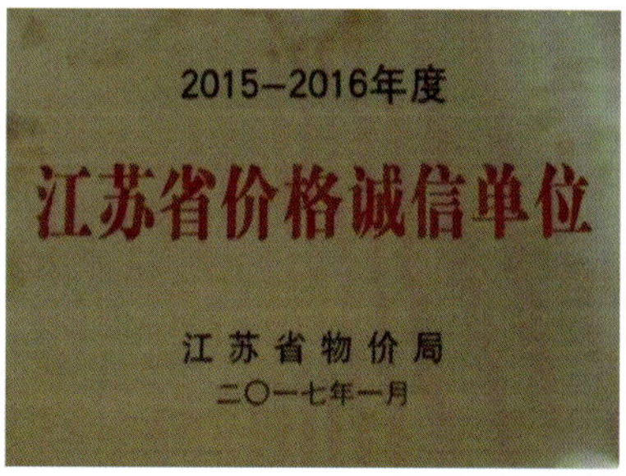
2015—2016年度

江苏省价格诚信单位

江苏省物价局

二〇一七年一月

中共丹阳市委党校

现场教学基地——市规划展示馆

开班典礼

江苏恒神股份有限公司现场教学

丹阳市委党校党员干部教育培训基地。该校有高级讲师13人、讲师7人，建有12个全市首批现场教学基地和由100多名省内外知名专家、学者和丹阳市党政领导等组成的师资库，开设具有一定规模的省内外现场教学路线。

市委党校始终坚持党校姓党原则，始终坚持把干部教育培训工作作为首要任务，以强化领导干部党性修养、提高科学决策能力、提升党员干部的综合素质为重点，以教学科研服务于全市中心工作、服务于社会，充分发挥党校“主阵地”“主渠道”和“思想库”的作用，先后被授予丹阳市文明单位、镇江市文明单位、江苏省先进县级党校等称号。

2016年，市委党校共举办主体班次12期，培训轮训党员、干部共1067人次；组织9名教师围绕22个专题深入镇村、企业进行理论宣讲83场次；完成调研课题13项，在省级以上刊物发表论文3篇，在市级刊物发表论文多篇。

丹阳市吕叔湘中学

吕叔湘中学是江苏省四星级高中，有教学班48个，在校学生2161人，教职工272人，其中专任教师243人。2016年，学校获得全国学校体育综合改革实验实验学校（2016-2019）（篮球）、“枫叶杯”我与外教全国征文大赛优秀组织单位、全国青少年五好小公民主题教育读书征文活动示范学校、镇江市文明单位、镇江市中小学书香校园、镇江市餐饮服务食品安全量化分级管理A级单位、镇江市学生体质健康促进优秀监测单位、丹阳市“六强”先进基层党组织、丹阳市教育局党建工作示范点、基础教育工作先进集体、教科研工作先进集体、教师队伍建设工作先进学校等荣誉。

教师成长推进会

毛新宇刘滨夫妇捐赠宏志班

宏志班毕业典礼

学生参观丹阳市规划馆

十八岁成人仪式

丹阳市云阳学校

校长　丁叶俊

丹阳市云阳学校有9个年级，79个班级，在校学生3500余人，教职工340人。三十余年孕育了云阳学校“爱国、守纪、勤奋、创新”的优良校风，“严谨、博学、善教、爱生”的踏实教风和“勤学、进取”的良好学风。

学校关注学生的全面发展和个性发展，努力为每一个孩子提供充分、均衡、优质的教育条件和机会，着力打造一所“内涵深厚、质量一流、特色鲜明”的九年一贯制学校。近年来，学校以建设现代学校为总目标，以“二十四字”办学要求为总指导，以调整完善深度突破为总基调，以深度推进自分教改为总抓手，紧扣省文明校园创建标准，精心打造队伍建设、七彩德育、家长学校、社团建设、教体融合等内涵项目，不断丰富和厚实学校品牌形象，全面推动学校跨越发展。学校先后获得全国群众体育先进学校、全国优秀家长学校、全国绿色学校、全国书法艺术教育实施先进学校、全国写字教育实验学校、全国首批校园足球示范学校、江苏省示范初中、江苏省体育传统项目学校、江苏省文明校园、江苏省生态文明示范学校、江苏省心理健康教育特色学校等上百项荣誉。

自分教学活力课堂

古筝表演

校园足球

丹阳市华南实验学校

2016年，学校以“工作创建、内涵创新、作风创优”为工作重点，进一步凝心聚力，加强学校管理，深化教育改革，丰富教育内涵，提升绿色质量，不断实现华校第二个十年发展目标。学校先后获全国体育联盟学校、全国校园足球特色学校 、江苏省初中课程建设特色学校、江苏省诗教先进单位、江苏省艺术教育特色学校、江苏省初中物理教学研究基地学校、镇江市学校养正学堂、镇江市中小学生社团联盟基地、镇江市中小学教育装备管理与使用先进学校、镇江市中小学（幼儿园）教师全员远程培训优秀项目学校荣誉。邵卫平、蒋明玉两位教师被评为江苏省特级教师。黄玉红、洪云俊等三十余位教师获得省级教学竞赛一、二等奖，五十余位教师获得镇江市级各类竞赛奖。一千多位学生在市级以上各类竞赛中获得一、二等奖。

镇江市副市长孙晓南（右四）等领导考察学校东校区

校长王旭平在苏派教育论坛上作专题发言

镇江市小学“数学实践活动课”专题研讨在学校举行

2017年迎新年教职工联欢会

“华校情”金秋音乐会钢琴专场

学校代表队获丹阳市中华诗词大赛（小学）第一名

丹阳市实验学校

全国教育专家参观戴伯韬陈列馆

著名演讲家李燕杰（左五）指导“李燕杰教育艺术实践基地”建设工作

丹阳市实验学校为九年一贯制市属学校，现有94个教学班，5016名学生，345名教师。学校遵循“自然、自主、自在”的办学理念，在本土教育家戴伯韬教育思想引领下，坚持立德树人，培养核心素养，创建优质均衡特色教育品牌，大力推进内涵建设，不断提升办学品位。

在全国著名教育家教育思想报告会苏派教育论坛、第九届江苏省初中校长论坛沙龙研讨会上，校长诸华平作“三自教育”实践探索的交流展示。内涵发展项目《构建“三自课堂”行动研究》获得丹阳市内涵发展创新项目成果奖，学校被评为“江苏省课程建设特色学校”。开展班花义卖等特色德育活动，班花名人德育特色鲜明。实施“333”教师培训工程，成立十个校级名师工作室，搭建教师发展新平台，荣获“丹阳市教师队伍建设先进学校”，许明老师被评为“江苏省特级教师”。中学组运动队获市中小学田径运动会团体总分第一名，男子群舞《黄河》获镇江市中学生文艺会演一等奖并参加江苏省首届少儿春晚节目录制，第二届“李燕杰杯”全国演讲大赛取得特等奖、一等奖的佳绩。2016年，学校获得江苏省防震减灾科普示范学校、江苏省先进基层党组织、江苏省优秀生态学校、江苏省红十字示范学校、镇江市依法治校示范校、镇江市中小学学生社团建设优秀学校、镇江市书香校园、镇江市艺术教育特色学校等荣誉。

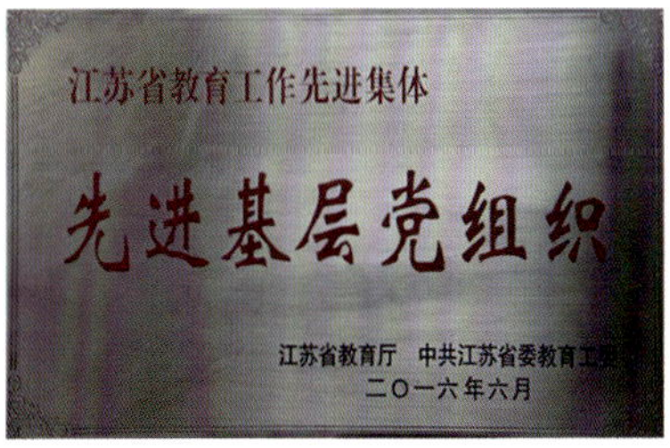

名师工作室展评活动

男子群舞《黄河》参加江苏省首届少儿春晚录制

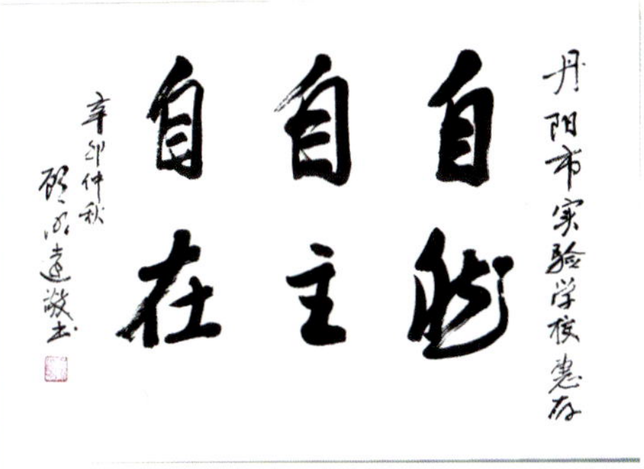

原中国教育学会会长顾明远题词

丹阳市界牌中心小学

校长 李强

界牌中心小学有学生4073人、81个教学班，其中外来创业务工人员随迁子女占学生总数的80.5%。学校现有镇江市教学骨干5人，丹阳市教学骨干和学科带头人共计20人，中学高级教师9人。拥有400米标准塑胶操场1个，标准篮球场4片，劳技教室、音乐室、美术室、实验室、标本室、电脑房、学生阅览室、微格教室等33个专用教室。

学校以“培养有理想、会学习、爱生活的新界牌人”为办学理念，凝炼“求真”校训、弘扬“诚实、勇敢、勤奋、守纪”的校风，践行“求实、创新、爱生、导行”的教风和“勤学、善思、明理、求真”的学风，坚持质量立校，聚焦内涵发展，坚持不懈地开展以劳技教育为核心的综合实践活动，同时加强艺术、科技、体育（田径）三个特色项目建设，不断丰富学校办学内涵，2016年，学校内涵创新项目《校本实施小学综合实践特色课程》获丹阳市内涵创新成果奖。学校连续多年被评为江苏省“金钥匙”科技教育先进学校、江苏省学校体育工作先进集体、镇江市科技教育示范学校、镇江市创新大赛优秀组织奖、镇江市体育传统校。学校为江苏省科学教育特色学校、江苏省语言文字规范校、镇江市教育现代化先进小学、镇江市志愿导学先进集体、镇江市社团建设先进学校、镇江市劳技教育特色学校、镇江市艺术教育特色学校。

镇江市教坛新秀展示课

劳技馆

展示学生才艺的舞台——艺术节

丹阳市埤城中心小学

校长　单哲波

丹阳市埤城中心小学创办于1905年，占地面积3万多平方米，建筑面积1万多平方米，本部开设32个教学班，另设两个教学点8个班，在校学生总数达1700多人，教职员工100余人。学校先后获全国“十一五”教科研先进集体、中华诗教先进单位、江苏省实验小学、江苏省教育工作先进集体、江苏省绿色学校、江苏省青少年科技教育先进学校、江苏省平安文明校园、江苏省健康促进金牌学校、镇江市文明单位、镇江市教育现代化小学、镇江市特色学校、镇江市养正学堂先进学校、镇江市语言文字规范学校、镇江市信息化示范学校、镇江市优秀家长学校、丹阳市文明单位、丹阳市模范学校、丹阳市和谐校园等荣誉。

校长单哲波在中华诗词之市授牌大会作经验交流

围墙文化：诗行春秋画卷

接受中华诗教先进单位评估验收

诗词长廊

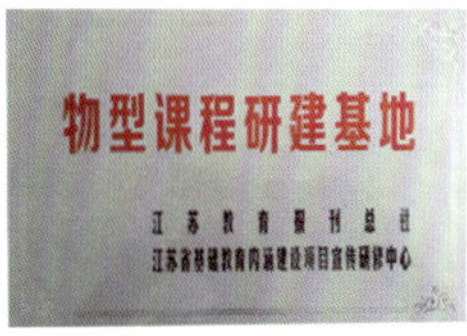

丹阳市发展改革和

国务院副总理马凯(前右二)到丹阳调研新材料产业发展

2016年，丹阳市发展改革和经济信息化委员会以供给侧结构性改革为主线，以“中国制造2025”丹阳“5+2”行动计划为切入点，以推进重点项目建设为重心，直面挑战，克难奋进，推动全市经济平稳健康发展。

全年新增上市、挂牌企业7家，新增直接融资52.09亿元，花王股份在上交所主板上市，成为2016年镇江范围内唯一上市企业；完成规模以上工业技改投资201亿元，增长52.3%；完成新兴产业规模以上规定资产投资118.9亿元，实现销售收入1019.7亿元，占规模以上工业比重42%；完成服务业增加值516.2亿元，增长10.4%，服务业占地区生产总值比重达45.6%；丹阳市发展改革和经济信息化委员会先后荣获“2016年度镇江市服务企业工作先进单位”“2016年度丹阳市优质服务部门”等荣誉，3个科室被评为“丹阳市2016年度优秀效能服务科室”。

市领导给全委机关干部上党课

“互联网＋美丽乡村”论坛

经济信息化委员会

深入开展“两学一做”教育实践活动

组织召开上市工作推进会

机关干部学习市“十三次”党代会精神

花王股份在上交所主板上市

中国移动
China Mobile
中国移动极光宽带
不止是快
4G+手机 形象佳
• 网络好，随时随地高速上网
• 手机多，更多更好任君选择
• 优惠大，多种赠送应有尽有
光宽带 品质好
• 品质宽带，百姓价格
• 性价比好，更好选择
• 百兆宽带+高清电视
高清电视 内容优
• 互联网+时代 看互联网电视
• 高清大片 精彩热剧
电视回看 点播免费
and和
家庭
注：活动具体以当期促销为准，客户参加本活动需符合相应条件，
具体活动条件或活动详情可咨询营业厅工作人员或10086。
中国移动
China Mobile
www.10086.cn
10086

丹阳市规划局

丹阳市规划局规划审查会

丹阳市规划局镇村规划培训

2016年，丹阳市规划局以开展“两学一做”专题教育活动为契机，以打造“科学规划、阳光规划、效能规划、廉洁规划”为目标，充分发挥规划引领作用，通过抓队伍、转作风、强问责、促落实，各项工作取得明显成效，为“十三五”创造了良好开局。《丹阳市城市总体规划》报批工作有序推进，各类专项规划编制积极完善，为城乡建设提供了有力的技术支撑。规划展示馆开馆试运行一年，先后荣获“镇江市爱国主义教育基地”“镇江未成年人社会实践基地”等荣誉。规划委员会规范运作，全年召开专家咨询会11次，召开规委会审查会6次，规划决策更加民主、科学。规划局先后被授予“江苏省精神文明单位”“丹阳市综治联系点共建先进集体”“市级机关妇女工作先进集体”等多项荣誉。

规划局召开村镇规划管理工作会议

241省道西侧地块城市设计

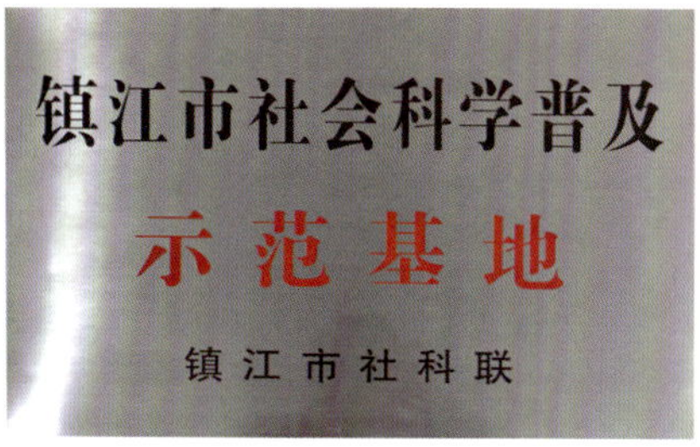

丹阳市民防局

省民防局局长钱国超（中）调研丹阳市民防工作

2016年，丹阳民防局认真贯彻落实全国第七次人防工作会议和中央“决定”、南京军区及五省一市政府贯彻意见和省政府人防工作会议精神，坚持规划引领，深化改革创新，强化规范管理，注重法制建设，全面提升全市民防部门履行“战时防空、平时服务、应急支援”的使命任务能力。被省人社厅、省民防局评为“全省民防系统先进集体”“全省先进单位”，被市委、市政府评为全市普法先进集体，被市委命名为“法治型、服务型”四星党支部，被市全面推进依法行政工作领导小组办公室评为“行政许可案卷”一等奖。

机关工委老干部参观民防工程

组织开发区实验小学疏散演练

组织行风监督员听取意见建议

开展野外拉练活动

丹阳市旅游局

实地调研对接扶贫帮困

市民广场法制宣传活动

2016年，丹阳市围绕国家旅游产业创新发展实验市建设，推进重点旅游项目建设，加强旅游质量管理，开展旅游宣传推介。做好旅行社组团合同、用车合同的规范以及旅游从业人员安全意识的提升，定期开展旅游市场安全专项检查，加大对旅游行业违法违规经营行为的专项整治力度，打击扰乱旅游市场秩序的行为。加强旅游从业人员对《中华人民共和国旅游法》等法律法规和行业标准的学习，组织导游人员的年审培训，加强导游员的培训和管理。与丹阳日报、丹阳电视台、丹阳广播电台、中国旅游报和华东旅游报等媒体合作，发布丹阳市旅游资源和旅游信息，播报丹阳旅游新时讯。组织参加国际旅游交易会、南京度假旅游展览会、高雄旅游展览会、厦门旅游博览会、“宁镇扬马都市圈”赴贵州湖南旅游说明会等旅游促销活动。举办丹亚杯·中国大运河美食文化旅游节暨长江三鲜品鉴会、“中国质造·首届丹阳眼镜文化旅游节”，策划、组织丹阳市重点旅游景区赴无锡、南京举办专题推介会。

星级酒店文明旅游宣传

指导文明旅游

旅游车辆安全演练

上海国际旅交会

南京推介会

丹阳市物价局

"两学一做"学习教育工作座谈会

走进行风热线，为群众答疑解惑

2016年，丹阳市物价局围绕中心工作、发展大局，以降成本助发展、稳物价保民生、强监管促和谐、优服务树品牌为重点，依法履职，主动作为，扎实推进价格工作再上新台阶。获得"江苏省文明单位""镇江市价格工作先进集体""丹阳市'三星'党支部"等荣誉。

清费减负出实招。对云阳、开发区、丹北等7个乡镇31家企业的收费减免、政策落实、付费负担等情况开展调研，了解企业的真实诉求；实行收费目录清单管理，编制《2016丹阳市主要收费项目（政府性基金）目录》，做到目录之外无收费；开展涉企收费减免政策落实情况专项检查，落实惠企政策，同时开展与企业的"一对一"帮扶活动，开辟企业维权"绿色通道"，促进企业发展。

全市价格工作会议

全局党员干部重温入党誓言

"清费减负"工作座谈会

与结对社区举行升国旗仪式

开展农本调查工作

丹阳市公路管理处

辖区内公路病害进行全面整治

干线公路桥梁泄水孔清理

2016年，丹阳市公路运输管理处以“畅·镇江”五大发展计划为载体，团结一心、锐意进取，圆满完成年度各项任务，取得良好成绩。

养护管理上，省道优良率保持100%，公路路况综合评定指标（MQI）达94%,县道平均好路率96.56%，乡村道好路率83.47%。工程建设上，投入2890万元，完成县道大中修项目建设里程1.72公里；投入2800元，完成县道提档升级建设里程25.52公里；投入5050万元，完成县乡道安防工程804公里。路政治超上，共清除障碍物710立方米,清除摊点273个，清除非标悬挂物307块，办理行政许可44件，累计检查货运车辆1525余辆，查处违法超限运输车辆464辆，卸驳载2249.87吨。党建工作上，全面提升文明创建工作水平，荣获“省级文明单位”；扎实开展“两学一做”学习教育,科室党支部被评为法治型、服务型“四星”先进党支部。

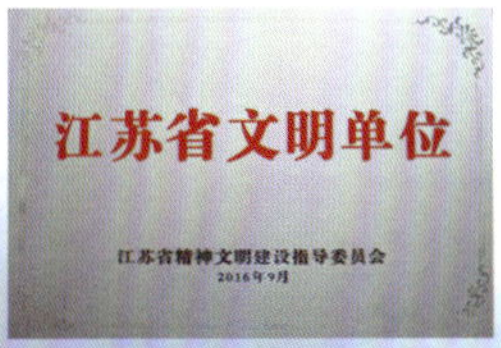

丹阳市交通运输管理处

2016年，丹阳市交通运输管理处围绕“发展”和“民生”主题，深入践行五大发展理念，不断改善公共服务，科学引导行业发展，依法监管运输市场，打造平安运输行业，实现了“十三五”良好开局，为建设“强富美高”新丹阳提供坚强的运输保障，先后被评为全省“十二五”镇村公交发展工作先进集体、镇江市交通运输行业“十佳党组织”、丹阳市技防建设先进集体。

江苏省交通运输厅副厅长汪祝君调研丹阳市宏福物流园

发展多式联运，引导宏马物流开通华东三省一市首条“丹阳—北京”特需班列

丹阳市交通运输管理处唐明仙被评为镇江市交通运输行业“最美交通人”

强化运输市场的日常监管

成立治安巡逻小分队

圆满完成“春运”期间运输组织和安全保障任务

丹阳市商务局

市委书记陈可可（左二）一行拜访港华燃气总部

2016年，丹阳市商务局在市委、市政府的正确领导下，以“扩大对外开放程度、稳定对外贸易增长、提高民生幸福指数”为目标，以“廉洁、务实、勤政、高效”为原则，认真按照市委、市政府的部署，围绕“十三五”总体规划的要求，扎实开展各项工作，为全市实现新崛起战略目标作出应有的贡献。

市长黄春年在2016中国丹阳产业类项目签约仪式上致辞

“两学一做”专题座谈会

市商务局行风热线上线

国家级五金工具出口质量安全示范区通过验收

大赛璐安全气囊气体发生器点火具项目签约仪式

联合国考察团考察丹阳市

小微企业出口信用保险培训班

镇江市丹阳地方税务局

2016年，镇江市丹阳地方税务局牢固树立大局意识、责任意识，迎难而上、尽职尽力，各项工作取得显著进展。围绕中心、服务大局，开发“税收分析平台”“收入预测系统”，增强组织收入工作的前瞻性和税源管控能力，抓好税收征管；推陈出新，有序推进营改增，开展专题调研，为政府献计献策；对接需求、提高效能，打造“互联网+涉税审批”品牌，在全省首批实现涉税审批网上办理，真正实现“两个减负”；深化两学一做，在全系统深入开展“坚守底线、勇攀高线”思想教育专项活动，开发“先锋亮绩、积分管理”电子考核系统，完善机制，完成工作量化考评，有效解决长期存在的“多做多扣，少做少扣，不做不扣”的考评弊端，在绩效管理系统中给每位干部建立个人绩效档案，有效激发干部的绩效意识。2016年，市地税局在镇江市局考核中排名首位，被评为全市地税系统先进单位，市地税局和一分局被命名为2013-2015年度江苏省文明单位。纳税服务局获镇江市青年文明号、镇江市党员示范岗。2016年，市地税局获江苏省“2015年按比例安置残疾人就业工作先进单位”，有35人次获得丹阳市级以上表彰。

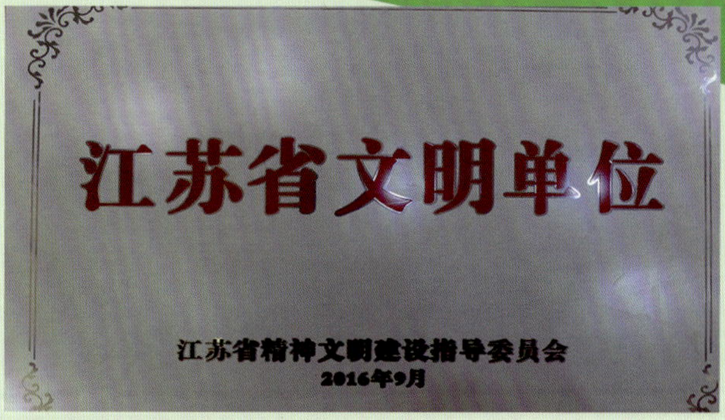

按季组织业务考试，提升队伍整体素质

地税局干部到丹阳酒厂，了解企业经营状况

“纳税人之家”走入眼镜行业，指导税收业务知识

“地税开放日活动”开展涉税辅导，收集纳税需求

镇江市地税系统篮球和激情啦啦操比赛在丹阳举办

中国农业银行丹阳市支行

丹阳农行组织“七一”革命传统教育

丹阳农行组织重走长征路活动

丹阳农行打造农民家门口银行

丹阳农行走社区开展反假币宣传

中国农业银行丹阳市支行秉承“面向三农、服务城乡、双轮驱动”的战略布局，努力建设“大强优特”的精品支行。

倾心服务地方经济发展。结合全市构筑“五大新高地”战略举措，紧扣重大发展战略对丹阳经济叠加的机遇、全面深化农村综合改革和产业转型升级的机遇以及化解过剩产能和去库存政策对个贷带来机遇，在信贷投放上坚持抓大、扩小、优农。多策并举化解信用风险。紧紧依靠政府充分发挥组织协调优势，积极降旧控新，快速压降不良。用足用活上级行的风险处置政策快速消化不良。推进“崇法维信”，配合法院打击各种规避执行行为，营造打击“老赖”高压态势。转型创新发展普惠金融。推进产品创新，成功推出“金穗丹阳眼镜主题卡”，打造丹阳特色金融名片。推进渠道转型，用现代金融机具提高服务效率，实现“超级柜台”网点全覆盖。深化“三农”金融服务，加快“金穗惠农通”服务点转型升级，打造农民家门口银行，实现全市各乡镇、行政村助农取款的全覆盖。加快农村金融互联网的推广应用，成功帮助10余户农村电商客户上线“e农管家”。

丹阳农行新春送福进市场

丹阳农商银行
DANYANG RURAL COMMERCIAL BANK

行领导走进行风热线

举办“成功—从优秀员工做起”专题培训

2016年，丹阳农商银行各项存款231.65亿元，比上年末增加23.90亿元，增幅11.5%；各项贷款余额169.41亿元,比上年末增加12.66亿元,增幅8.08%，存贷款总量继续保持全市金融机构之首。2016年，该行被丹阳市委评为2015年度“六强”先进党委，被丹阳市委市政府评为纳税先进企业和老区建设扶贫开发先进单位，被丹阳市政府评为“2015年度银行金融工作先进集体”。

开展“一日捐”活动，并向阜宁受灾群众捐款

举办第四届业务技能比赛

开展“金融知识进万家”宣传服务月活动

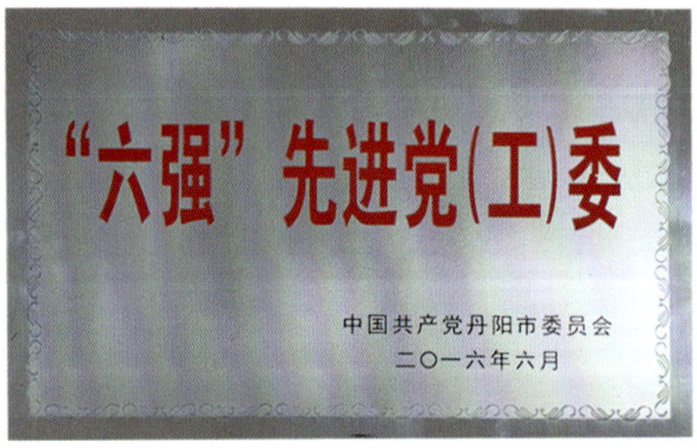

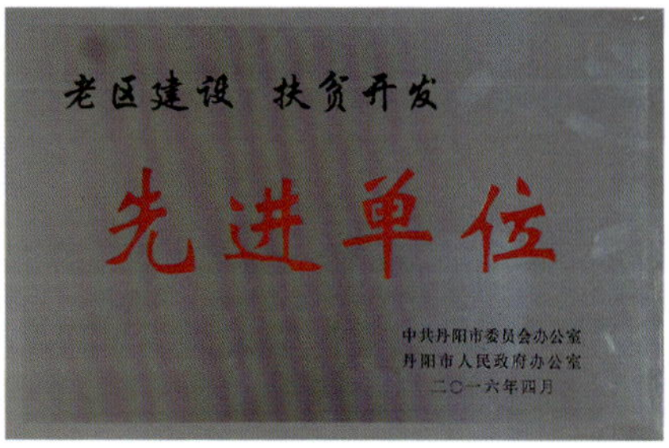

丹阳保得村镇银行

市人行领导到丹阳保得村镇银行调研

银行员工走访小微企业，了解新设备使用情况

丹阳保得村镇银行是国家批准设立的商业银行。截至2016年末，累计发放各类贷款59.87亿余元，支持小微企业、三农客户4000余户。

丹阳保得村镇银行奉行同心、同行、同发展的服务追求，在区域经济持续下行和众多小微企业经营状况堪忧的情况下，把为小微企业、三农客户减负工作落到实处，根据客户生产经营情况，优化还贷形式，实实在在为客户降低融资成本，确保小微企业生产经营的正常开展。

丹阳保得村镇银行坚持“支农支小”的定位不动摇，在丹阳市政府相关部门的协助下，面向丹阳广大家庭农场推出了快捷便利的“惠农贷”金融服务，该行工作人员深入到田间、塘口，实行“一对一”上门服务，了解家庭农场的需求，累计走访300多户家庭农场，对家庭农场的授信支持辐射至丹阳市各个乡镇。在该行“惠农贷”的金融扶持下，一批家庭农场飞速发展，取得不俗的成绩，2014年至2016年间，有8家家庭农场被评为省级示范家庭农场。

银行员工走访家庭农场

开展“防范电信网络违法犯罪”宣传活动

青年员工参加“凝‘青’聚力·益暖丹阳——三五公益集市”活动

浦发银行 SPD BANK 丹阳支行

笃守诚信 创造卓越

2016年，浦发银行丹阳支行年末存款余额24亿元，市场占比2%；贷款余额38亿元，市场占比4%。截至2016年末共开立对公结算账户463户（其中人民币结算账户393户，外币结算账户70户），新增开户46户，其中外币结算户长用户15户。授信客户132户，总授信敞口145亿元，已用授信敞口113.56亿元。

总行副行长刘以研、南京分行副行长王久高到丹阳调研

孟文峰参加丹阳市人大代表选举

“乐善生活，为爱开跑”活动

地址：丹阳市开发区凤凰路85号（人社局旁）

客服电话： 95528

南京银行 丹阳支行

领导寄语

作为镇江分行首家县城支行，成立一年来，丹阳支行经营业绩显著提升、队伍建设初见成效、风险管控扎实有力、基础管理持续优化。希望丹阳支行今后继续树立牢固的发展意识、高度的责任意 识、自觉的协作意识，坚持科学发展、稳健发展、创新发展，争做行内基层网点中的佼佼者、当地同业中的领头羊。

——镇江分行行长 汤松

南京银行股份有限公司丹阳支行成立于2015年12月，是南京银行镇江分行下辖的首家支行，截至2017年5月末，存款余额为43.3亿元，各项贷款余额30.79亿元，在丹阳所有股份制商业银行排名中处于领先地位。

南京银行丹阳支行一直秉承“强合规，控风险，调结构，促发展”的工作思路，主动适应业务发展的需要和外部监管的要求，不断夯实机制建设和流程管理，抢抓发展机遇，强化风险管控，推动结构优化，各项业务取得显著成效。在以后的发展过程中，丹阳支行将紧紧围绕丹阳市经济发展规划，充分发挥业务特色和产品优势，着力为实体企业、民营经济和广大市民提供更具竞争力的金融支持和更具特色的金融服务。

支行全体员工合影

参观总前委旧址

知识竞赛

扶贫帮困

关怀员工

中国人民财产保险股份有限公司丹阳支公司

丹阳市“7·1”暴雨农业保险理赔现场兑现会

人保财险界牌营业部隆重开业

2016年,中国人民财产保险股份有限公司丹阳支公司抢抓发展机遇，锐意进取、乘势而上、奋力拼搏，实现公司在更高起点、更高层次、更高水平上的持续健康发展。公司实现保费收入3.18亿元，比上年上升7.19%，其中车险保费收入2.37亿元，比上年上升10.12%；非车险保费收入6025.91万元，比上年下降1.49%；农险保费收入2090万元，比上年上升2.25%。市场主导地位进一步巩固。